철학이야기

철학이야기

THE STORY OF PHILOSOPHY

The Lives and Opinions of the Greatest Philosophers

by Will Durant

철학이야기

THE STORY OF PHILOSOPHY

윌 듀랜트 지음
황문수 옮김

문예출판사

1. 플라톤

7. 쇼펜하우어

8. 허버트 스펜서

9. 프리드리히 니체

10. 현대 유럽 철학자들

11. 현대 미국의 철학자들

철학의 효용에 대하여

철학에는 즐거움이 있고 형이상학의 신기루에도 매력이 있다. 그것은 자연적 생존의 필요 때문에 사상의 언덕으로부터 경제적 투쟁과 획득의 시장으로 끌려내려올 때까지 모든 학생들이 느끼는 즐거움이다. 우리들 대부분은 철학이 '귀중한 즐거움'이었던 청년이라는 인생의 황금기를 알고 있다. 알 듯 모를 듯한 진리에의 사랑이 육신의 쾌락이나 세상의 보잘것없는 일들과는 비교할 수 없을 만큼 영광스럽게 여겨지던 때이다. 그리고 우리들의 마음속에는 청년 시절의 지혜에 대한 갈망의 아쉬운 자취가 언제나 남아 있다.

우리는 브라우닝처럼 '인생은 의미 있는 것이며 이 의미를 찾는 것이 나의 양식이고 음료수'라고 느낀다. 우리들의 삶은 대체로 무의미하고 자아 말살적인 미혹이며 공허하다. 우리는 우리 주위와 우리 마음속의 혼돈과 싸우고 있다. 그러나 우리들은 우리들의 영혼의 암호를 풀 수만 있다면 마음속에서 싱싱하고 중요한 것을 찾아낼 수 있으리라고 한결같이 믿고 있다. "삶은 우리의 모든 본질과 경험을 끊임없이 빛과 불꽃으로 바꿔놓는 것을 의미한다"(니체, 『즐거운 지혜』 서문)는 사실을 우리들은 이해하고 싶은 것이다. 우리는 『카라마조프 가의 형제들』의 미챠처럼 백만장자가 되기를 바라지 않고 자신의 여러 가지 의문에 대해 한 가지 대답을 구하는 사람들 중의 하나이다. 우리는 스쳐지나가는 사물의 가치와 전망을 파악하고 일상적인 환경의 소용돌이로부터 벗어나고자 한다. 우리는 너무 늦기 전에 작은 일은 작고 큰 일은 크다는 것을 알게 되기를 바란다. 우리는 이제 사물을 영원한 모습으로—영원의 빛에 비추어서—보려고 한다. 우리는 불가피한 일에 직면해서도 웃고 죽음이 다가올 때에도 미소짓게 되기를 바란다. 우리는 완전하기를 바라고 여러 가지 욕망을 비판하고 조화시킴으로써 우리의 정력을 조절하고 싶어한다. 정력의 조절은 윤리학과 정치학, 그리고 논리학과 형이상학의 마지막 가르침이기 때문이다.

소로는 "철학자가 된다는 것은 단지 교묘한 사상을 갖거나 학파를 창설하는 것이 아니라, 지혜의 가르침에 따라 단순하고 독립적이고 아량과 신뢰가 있는 삶을 살기 위해 지혜를 사랑하는 것을 의미한다"고 말했다. 지혜를 찾아내기만 하면 다른 것은 저절로 얻게 되리라고 확신해도 좋다. 베이컨은 "우선 마음의 양식을 추구하라. 그러면 나머지는 저절로 얻게 되거나 그 상실을 전혀 느끼지 못할 것이다"(『학문의 진보』)라고 권고한다. 진리는 우리를 부자로 만들지는 못하지만 자유인이 되게 한다.

성급한 독자는 이쯤에서 말을 가로막고 철학은 장기(將棋)처럼 무익하고 무지처럼 궁색하고 만족처럼 정체된 것이라고 말하리라. 키케로는 "철학자의 책 속에서 찾을 수 있는 것은 오직 어리석음뿐이다"라고 말했다. 확실히 어떤 철학자들은 상식을 제외하고는 온갖 지혜를 갖고 있다. 그리고 대부분의 철학적 비상은 희박한 공기의 상승력에 의존하고 있다. 우리의 이번 항해에서는 빛이 가득 찬 항구에만 머물고 형이상학의 탁류와 신학적 논쟁의 '요란한 바다'는 피하기로 하자.

철학은 정녕 침체했는가? 과학은 항상 진보하고 있는 것처럼 보이고 철학은 언제나 근거를 잃고 있는 것처럼 보인다. 이는 철학이 과학적 방법으로는 해결하지 못하는 문제들——선과 악, 아름다움과 추함, 질서와 자유, 삶과 죽음 같은 문제들——을 다루는 어렵고 위험한 일을 떠맡고 있기 때문이다.

어떤 탐구 분야든지 정확한 공식화가 가능한 지식을 산출하면 곧 과학이라고 일컬어진다. 모든 과학은 철학으로 시작되어 기술로 끝나고 가설로부터 기원하여 성취로 흘러들어간다. 철학은(형이상학으로서는) 미지의 것에 대한, 또는(윤리학 또는 정치철학으로서는) 부정확하게 알고 있는 것에 대한 가설적 해석이다. 철학은 진리의 포위망 속에 있는 최전방 참호이다. 과학은 점령 지대이며 그 후방에는 지식과 기술이 불완전하지만 놀라운 세계를 건설하고 있는 안전 지대가 있다. 철학은 어쩔 줄 몰라서 우두커니 서 있는 것 같다. 그러나 철학은 승리의 열매를 과학이라는 딸들에게 넘겨주고 거룩한 불만을 느끼며, 아직도 탐구되지 않은 불확실한 지역으로 나아가고 있다.

좀더 전문적으로 말하자면, 과학은 분석적 기술(記述)이고 철학은 종합적 해석이다. 과학은 전체를 부분으로, 유기체를 기관(器官)으로, 애매한 것을 확실한 것으로 분해하려고 한다. 과학은 사물의 가치나 이상적 가능성을 탐구하지 않으며 사물의 전체적인 궁극적 의미를 묻지 않는다. 과학은 사물의 현재 실정과 작용을 밝히는 것에 만족하고 현존하는 사물의 성질과 과정에 단호하게 시야를 국한시킨다. 과학자는 투르게네프의 시(詩)에 나오는 '자연'처럼 공평무사하다. 과학자는 천재의 창조적 진통에 흥미를 느끼는 것과 마찬가지로 벼룩의 다리에도 흥미를 느낀다. 그러나 철학자는 사실의 기술만으로는 만족하지 못한다. 철학자는 사실과 경험 일반의 관계를 확정함으로써 그 의미와 가치를 찾아내려고 한다. 철학자는 사물을 결합하여 종합적 해석을 한다. 철학자는 호기심 많은 과학자가 분석적으로 분해해놓은 우주라는 거대한 시계를 전보다 더 훌륭하게 조립하려고 애쓴다.

과학은 치료술과 동시에 살해술도 가르쳐준다. 과학은 사망률을 조금 낮추는가 하면 전쟁으로 인해 인간을 대규모로 살해한다. 다만 지혜—모든 경험에 비추어 조절된 욕구—만이 언제 고치고 언제 죽여야 할 것인가를 가르쳐준다. 과정을 관찰하고 수단을 안출해내는 것이 과학이라면 여러 가지 목적을 비판하고 조절하는 것은 철학이다. 오늘날은 우리의 수단과 도구가 우리의 이념과 목적에 대한 해석과 종합을 넘어서서 다양해졌기 때문에 우리들의 생활은 소란하고 어지러우며 중요한 것이 하나도 없다. 욕망과 관련되지 않는 경우에는 사실(事實)은 아무 소용도 없기 때문이다. 목적 및 전체와 관련되지 않는 한 사실은 결코 완전해질 수 없다. 철학이 없는 과학, 전망과 평가가 없는 사실은 황폐와 절망으로부터 우리를 구해내지 못한다. 과학은 인간에게 지식을 제공하나 오직 철학만이 지혜를 줄 수 있다.

세분해서 말하면 철학에는 다섯 가지 탐구 분야—논리학, 미학, 윤리학, 정치철학, 형이상학이 있다. 논리학은 사고와 탐구의 이상적 방법에 대한 연구이다. 관찰과 내성(內省), 연역법과 귀납법, 가설과 실험, 분석과 종합—이러한 것들이 논리학이 이해하고 안내하고자 하는 인간 활동의 형태들이다. 이것은 우리들 대부분에게는 지루한 연구이지만 사상사상(思想史上)의 위대한 사건들은 인간의 사고와 탐구 방법을 개선함으로써 이루어진 것이다. 미학은 이상적 형식, 곧 아름다움에 대한 연구로서 예술철학이다. 윤리학은 이상적 행위에 대한 연구이다. 소크라테스에 의하면 최고의 지식은 선과 악에 대한 지식, 인생의 지혜에 대한 지식이다. 정치철학은 이상적 사회 조직에 대한 연구이다(흔히 생각하듯이 지위의 획득 및 유지에 대한 기술이나 학문이 아니다). 군주정치, 귀족정치,

민주주의, 사회주의, 무정부주의, 여성해방론—이러한 것들은 정치철학의 '등장 인물들'이다. 끝으로 형이상학은 모든 사물의 '궁극적 실재'에 대한 연구, 곧 '물질'의 참된 궁극적 본성에 대한 연구(존재론)이고, '정신'의 참된 궁극적 본성에 대한 연구(철학적 심리학)이며, 지각 및 인식의 과정에 있어서의 '정신'과 '물질'의 상호 관계에 대한 연구(인식론)이다(형이상학은 철학의 다른 형태와는 달라서 이상의 빛에 비추어서 현실을 조절하려는 노력이 아니므로 많은 문제를 야기시킨다).

이러한 것들이 철학의 여러 분과이다. 그러나 이렇게 해체하면 철학의 아름다움과 매력은 사라진다. 우리는 시들어버린 추상성이나 형식성이 아니라 천재의 생생한 옷을 입고 있는 형태에서 철학의 아름다움과 매력을 찾기로 하자. 그리고 단지 철학만이 아니라 철학자들도 연구하기로 하자. 사상의 성자(聖者)와 순교자들과 함께 지내면서 그들의 빛나는 정신에 젖어보기로 하자. 그러면 아마 우리들도 어느 정도는 레오나르도가 말한 '가장 고상한 즐거움, 곧 이해의 기쁨'에 참여할 수 있을 것이다.

우리가 올바르게 접근한다면 이 철학자들은 각기 우리들에게 가르침을 줄 것이다. 에머슨은 "당신은 진정한 학자의 비밀을 아는가? 모든 사람에게는 배울 만한 점이 있는 법이다. 이러한 점에서 나는 모든 사람의 학생이다"라고 말한다. 그렇다. 확실히 우리는 역사상의 위인들에 대해 우리의 자존심을 상하지 않고 이러한 태도를 취할 수 있는 것이다! 또한 "천재들이 우리들에게 말할 때, 우리는 아득한 젊은 시절에 천재가 지금 말하고 있는 것과 똑같은 사상을 막연하게나마 스스로 생각한 적이 있으며, 단지 이 사상을 정리해 형식과 표현이라는 옷을 입히는 재주, 또는 용기가 없었을 뿐이라는 희미한 기억을 되살리게 된다"고 에머슨은 말했다. 우리는 이 말에 영합해도 좋을 것이다. 사실상 위인들은 우리들에게 그들의 말을 들을 줄 아는 귀와 영혼이 있을 때에만, 적어도 우리들의 마음속에 그들이 꽃피게 한 사상의 뿌리가 간직되어 있을 때에만 우리들에게 말을 하는 것이다. 우리도 위인들과 같은 경험을 했으나 우리는 이러한 경험에 간직된 비밀과 미묘한 의미를 남김없이 흡수하지 못했다. 우리는 주위에서 윙윙거리는 실재의 배음(倍音)을 들을 만큼 민감하지 못했다. 천재는 실재의 배음과 천체의 음악을 듣는다. 천재는 피타고라스가 철학을 최고의 음악이라고 말한 의미를 알고 있다.

그러므로 우리는 이러한 사람들에게 귀를 기울이자. 그들의 하찮은 잘못은 잊기로 하고 그들이 열심히 가르친 교훈을 열심히 배우자. 노경(老境)의 소크라테스는 크리톤에게 이렇게 말했다. "철학의 교사들이 좋으냐 나쁘냐 하는 문제는 개의치 말고 오직 철학 자체만을 생각하라. 철학 자체를 충분히 충실하게 검토해보라. 그래서 철학이 나쁘거든, 모든 사람들로 하여금 철학을 외면하게 하라. 그러나 철학이 내가 믿고 있는 바와 같은 것이라면, 철학에 따르고 철학에 이바지하며 기운을 내라."

1

플라톤

1. 플라톤의 상황

유럽 지도를 보면 그리스는 지중해를 향해 구부러진 다섯 손가락을 내밀고 있는 해골 같은 손으로 보일 것이다. 그 남쪽에는 이 탐욕스러운 손가락들이 B.C. 2000년에 문명과 문화를 발생시킨 커다란 크레타 섬이 있다. 동쪽에는 에게 해를 지나서 지금은 조용하고 냉담하지만 플라톤 이전의 시대에는 산업, 상업, 그리고 투기로 들끓던 소아시아가 있다. 서쪽에는 이오니아 해를 건너서 마치 바닷속의 사탑(斜塔) 같은 이탈리아와 시칠리아와 스페인이 있으며 당시에는 이 지역에서 그리스 식민지가 번창하고 있었다. 그리고 그 끝에는 고대의 선원들이 감히 통과하지 못했던 '헤라클레스의 기둥' (우리는 지브롤터라고 부른다)이 있다. 북쪽에는 당시 테사리아, 에페이로스, 마케도니아라고 불리던 아직도 길들여지지 않은 반야만적인 지역이 있으며 이 지역으로부터, 또는 이 지역을 거쳐서 호메로스나 페리클레스 시대의 천재들의 선조가 된 정력적인 무리들이 들어왔다.

다시 지도를 보면, 해안의 무수한 굴곡과 육지의 기복을 볼 수 있다.

어디에나 크고 작은 항구가 있고, 바다가 육지 깊숙이 들어와 있으며, 지상에는 산과 언덕이 중첩되어 있다. 그리스는 바다와 육지의 장벽에 의해 고립된 여러 지역으로 갈라져 있다. 당시는 지금보다도 여행과 통신이 훨씬 어렵고 위험했다. 따라서 하천 유역마다 자급자족의 경제생활, 독립된 정치, 독자적 제도, 방언, 종교, 문화가 발달했다. 어느 유역에나 하나 또는 두 개의 도시가 있었고, 산허리로 뻗은 각 도시 주변에는 농업에 알맞은 오지가 있었다. 이러한 도시들은 에우보이아, 로크리스, 아이톨리아, 포키스, 보이오티아, 아카이아, 아르골리스, 엘리스, 아르카디아, 메세니아, 스파르타가 포함된 라코니아, 아테네가 포함된 아티카 등의 '도시국가'를 이루었다.

마지막으로 다시 지도를 보고 아테네의 위치를 살펴보자. 아테네는 그리스의 대도시들 중에서 가장 동쪽에 위치하고 있었다. 아테네는 그리스 사람들이 소아시아의 번화한 도시로 나가는 문의 역할을 할 수 있는 좋은 위치에 놓여 있었고, 아테네를 통해 소아시아의 오래 된 도시들은 청년기의 그리스에 사치품과 문화를 수출했다. 아테네에는 피라이에우스라는 훌륭한 항구가 있어서 무수한 배들이 이 항구에서 바다의 거친 파도로부터 안식처를 찾았을 것이다. 또한 아테네에는 거대한 상선대(商船隊)가 있었다.

B.C. 490년부터 470년까지 스파르타와 아테네는 상호 간의 적대감정을 버리고 힘을 합쳐, 그리스를 아시아 제국의 식민지로 만들려는 다리우스와 크세르크세스 치하의 페르시아 사람들의 공격을 물리쳤다. 노쇠한 동방에 대한 젊은 유럽의 이 항전에서 스파르타는 육군, 아테네는 해군을 동원했다. 전쟁이 끝나자 스파르타는 군대를 해산했고, 이러한 과정에 따르기 마련인 경제적 불안을 겪었다. 그러나 아테네는 해군을 상선대로 전환하여 고대 세계의 가장 거대한 상업도시의 하나가 되었다.

스파르타는 폐쇄적이고 정체된 농업 도시로 되돌아갔으나 아테네는 번창하는 시장과 항구가 되었고, 여러 인종과 여러 가지 종파와 관습이 마주치는 장소가 되었다. 이러한 접촉과 적대 관계로 비교와 분석과 사상이 탄생했다.

플라톤

여러 가지 전통과 교리는 이 다양한 교류의 중심지에서 서로 마찰을 일으켰으나 이 마찰은 최소한에 그쳤다. 여러 가지 신앙이 있는 곳에서는 사람들이 모든 신앙에 회의적 태도를 보이기 쉽다. 아마도 무역업자들은 최초의 회의주의자였으리라. 그들은 열렬한 신앙을 갖기에는 너무나 견문의 폭이 넓었다. 모든 인간을 바보가 아니면 악한이라고 분류하는 상인들의 일반적인 기질은 모든 신앙을 의심하게 했다. 또한 그들은 서서히 과학을 발달시켰다. 교역이 점점 복잡해지자 수학이 발달했고, 항해가 더욱 대담해짐에 따라 천문학이 발달했다. 부(富)의 축적은 연구와 사색의 필요 조건인 여유와 안전을 가져왔다. 이제 사람들은 해상에서 방향을 가리기 위해서가 아니라 우주의 수수께끼를 풀기 위해서 별을 연구하게 되었다. 아리스토텔레스는 "페르시아 전쟁 이후, 사람들은 자신들의 업적을 자랑하며 더욱 멀리 진출했다. 그들은 온갖 지식을 수입하고 더욱 광범하게 학문을 연구했다"(『정치학』)고 말한다. 사람들은 매우 대담해져서 어떤 변화나 사건을 초자연적 섭리나 초자연적 힘의 탓으로 돌리지 않고 자연적 설명을 시도하게 되었다. 마술과 제사는 점차 과학과 관리에 굴복하고 철학이 탄생했다.

처음에 철학은 자연학이었다. 이 철학은 물질 세계에 주목하고 사물의 궁극적·불가분적 요소는 무엇인가를 문제로 삼았다. 이러한 사상 계열의 자연적 종착점은 "사실상 원자(原子)와 공간이 있을 뿐이다"라고 주장한 데모크리토스(B.C. 460~370년)의 유물론이었다. 이것은 그리스 사상의 주류의 하나였다. 이 사상은 플라톤 시대에는 잠시 잠적했으나 에피쿠로스(B.C. 342~270년)에 의해 재등장하고, 루크레티우스(B.C. 98~55년)에 이르러 도도한 흐름이 되었다. 그러나 그리스 철학의 가장 특색 있고 풍요한 발전은 방랑하는 지혜의 교사인 소피스트들에 의해 형성되었다. 그들은 밖으로 사물의 세계를 주시하기보다는 오히려 안으로 자기 자신의 사상과 본성을 주시했다. 그들은 모두 현인들이었으며(예컨대 골기아스와 히피아스), 대부분 심원한 사상가였다(프로타고라스, 프로디코스). 정신과 행위에 대한 현대 철학의 문제 제기와 해결 방법에 대해서 그들이 알지 못했거나 논하지 않은 것은 거의 없었다. 그들은 모든 것을 문제로 삼았고, 종교적 또는 정치적 금기에 부딪쳐도 두려워하지 않았다. 그들은 대담하게 모든 신앙과 제도를 이성의 법정에 출두시켰다. 정치학에서는 그들은 두 학파로 갈라졌다. 한 학파는 루소와 마찬가지로 자연은 선이고 문화는 악이며 만인은 본래 평등하지만 오직 계급을 구분하는 제도 때문에 불평등이 생겼다고 주장했다. 다른 학파는 니체처럼 자연은 선악을 초월해 있고 만인은 본래 불평등하며, 도덕은 강자를 제약하고 저지하려는 약자의 발명품이고, 권력은 최고의 덕이며, 인간의 최고의 욕망이고, 모든 통치 형태 중 귀족정치가 가장 현명하고 자연스럽다고 주장했다.

민주주의에 대한 이러한 공격은 아테네에 과두정치파라고 자칭하며 민주주의를 무능한 속임수라고 비난하는 소수의 부유층이 대두되었다는 사실을 분명히 반영하고 있다. 40만 명의 아테네 주민 중에서 25만 명은 어떠한 정치적 권력도 갖지 못한 노예들이었고, 15만 명의 자유민, 또는 시민 중에서 국가의 정책을 토의, 결정하는 에클레시아(Ecclesia), 곧 인민회의에 참석할 수 있는 사람은 극소수뿐이었기 때문이다. 그러나 그들이 실시한 민주주의는 유례가 없을 만큼 철저했다. 인민회의는 최고의 권력을 갖고 있었고 최고의 관청인 디카스테리아(Dikasteria), 곧 최고재판소는 전 시민의 명부로부터 알파벳 순으로 기계적으로 선발된 1천 명 이상의 구성원으로 구성되었다(매수하려면 돈이 많이 들게 하기 위해서). 이보다 더 민주적인 제도는 없을 것이다. 비록 반대자들은 더 불합리한 제도는 없을 것이라고 말했지만.

스파르타의 육군이 아테네의 해군과 싸워 마침내 승리를 거둔, 한 세대에 걸친 펠로폰네소스 전쟁(B.C. 430~400년) 중, 크리티아스가 영도하는 아테네의 과두정치파는 전시에는 비능률적이라는 이유로 민주주의의 폐지를 주장하고 은근히 스파르타의 귀족정치를 찬양했다. 그 결과로 많은 과두정치파 지도자들이 추방되었다. 마침내 아테네가 항복했을 때, 스파르타가 강요한 강화 조건의 하나는 추방된 귀족주의자들의 복귀였다. 그들은 돌아오자마자 크리티아스를 영도자로 삼고 전쟁 중 통치해온 민주정치파에 대해 부유층의 혁명을 선언했다. 이 혁명은 실패했고, 크리티아스는 싸움터에서 쓰러졌다.

그 크리티아스는 소크라테스의 제자였고, 플라톤의 숙부였다.

2. 소크라테스

고대부터 전해 내려오는 흉상으로 판단하건데, 소크라테스는 아무리 철학자라고는 하지만 너무나 못생겼다. 대머리에 크고 둥근 얼굴, 깊숙하고 쏘아보는 듯한 눈, 많은 연회에 참석했다는 역력한 증거인 빨간 납작코——가장 유명한 철학자의 얼굴이라기보다는 오히려 짐꾼의 얼굴이었다. 그러나 다시 한번 자세히 보면 거친 돌을 통해 이 못생긴 사상가를 아테네의 가장 우수한 청년들의 사랑을 받는 교사로 만든 인간적인 자애와 소박함을 볼 수 있다. 우리는 소크라테스에 대해 거의 아는 바가 없다. 그럼에도 불구하고 우리는 귀족적인 플라톤이나 말이 없고 학자적인 아리스토텔레스보다 소크라테스를 더욱 친숙하게 생각한다. 우리는 2천 3백 년의 세월을 가로질러서, 언제나 구겨진 튜니카[1]를 입고 한가하게 광장을 걸어가며 소란스러운 정치는 거들떠보지도 않고 우연히 마주친 사람과 긴 이야기를 나누며, 청년들과 학자들을 모이게 한 다음 그들을 사원 주랑의 그늘진 구석으로 끌고 가서 그들의 용어를 정의하라고 요구하는 그의 모습을 눈앞에 그릴 수 있다.

그의 주위에 몰려들어 그가 유럽 철학을 창조하는 것을 도와준 청년들——그들은 잡다한 군중이었다. 그 중에는 아테네의 민주주의에 대한 그의 풍자적인 분석을 즐기던 플라톤과 알키비아데스 같은 부잣집 청년도 있었고, 가난을 개의치 않는 스승의 태도에 반해 이를 종교로 삼았던 안티스테네스 같은 사회주의자들도 있었다. 또한 그 중에는 아리스티포스처럼 주인도 노예도 없다고 하며 모든 사람이 소크라테스처럼 태평하고 자유로울 수 있는 세계를 갈망하는 한두 명의 무정부주의자도 있었다. 오늘날 인간 사회를 뒤흔들고 청년들의 무한한 토론의 재료가 되고 있는 온갖 문제들이 스승과 마찬가지로 토론 없는 삶은 인간답지 못하다고 느끼고 있던 사상가와 변론가 소집단을 선동했던 것이다. 사회 사상의 모든 학파는 여기에서 그 대표자를 찾을 수 있고 아마도 그 기원도 여기에 있을 것이다.

스승이 어떻게 생활해나가는지는 거의 아무도 알지 못했다. 그는 일을 하지 않았고, 내일을 걱정하지 않았다. 그는 제자들이 그들의 식탁을

---

1 고대 그리스인들이 입었던 셔츠 같은 옷.

빛내달라고 초청할 때에 식사를 했다. 신체적으로 모든 면에서 건강이 나무랄 데가 없었던 것으로 미루어보아, 제자들은 그와 동석하는 것을 좋아했음에 틀림이 없다. 그는 아내와 자녀를 소홀히 했으므로 집에서는 그다지 환영받지 못했다. 크산티페의 입장에서 보면 그는 가족에게 빵보다는 악평을 몰아다주는 쓸모 없는 게으름뱅이였다.

왜 그의 제자들은 그를 존경했을까? 아마도 그것은 그가 철학자일 뿐 아니라 인간이었기 때문일 것이다. 그는 싸움터에서 엄청난 모험을 해서 알키비아데스의 목숨을 구해준 일이 있었고, 또한 신사답게—두려워하지도 않고 과도하지도 않게—술을 마실 줄 알았다. 그러나 그들이 가장 좋아한 것은 그의 겸손한 지혜였다는 점에는 의심의 여지가 없다. 그는 지혜를 소유하고 있다고 주장한 적이 없었으며, 오직 지혜를 애구(愛求)할 뿐이라고 주장했다. 그는 지혜의 아마추어이지 프로는 아니었다. 델포이 신전의 신탁은 뛰어난 형안으로 그가 그리스인들 중에서 가장 현명하다고 선언했다고 전한다. 그는 이 신탁을 그의 철학의 출발점이 된 불가지론—나는 오직 내가 무지하다는 한 가지 일을 알고 있을 뿐이다—의 시인이라고 해석했다. 철학은 회의를 배울 때—특히 자신의 소중한 신념, 자신의 독단, 자신의 공리를 의심할 줄 알 때—시작된다. 이 소중한 신념이 어떻게 확실한 것이 되었는지, 그리고 어떤 은밀한 소망으로 말미암아 욕망에 사상의 옷을 입혀 수상한 경로로 이 신념을 탄생시켰는지 아는 자가 있는가? 정신이 자기 자신을 뒤돌아보며 검토하기 전까지는 진정한 철학은 존재하지 않는다. "너 자신을 알라(Gnothi Seauton)"고 소크라테스는 말했다.

물론 소크라테스 이전에도 철학자는 있었다. 탈레스나 헤라클레이토스처럼 강한 사람들, 파르메니데스나 엘레아의 제논처럼 예민한 사람들, 피타고라스나 엠페도클레스 같은 예언가들이 있었으나 그들은 대체

로 자연철학자였다. 그들은 자연(Physis) 또는 외계 사물의 본성, 물질적
이며 계량적인 세계의 법칙과 구성요소를 탐구했다. 이것은 매우 좋은 일
이라고 소크라테스는 말했다. 그러나 모든 나무나 돌, 심지어 별보다도
철학의 주제로서 무한히 가치 있는 것이 있다. 곧 인간의 정신이다. 인간
은 무엇이며 인간은 무엇이 될 수 있는가?

그러므로 그는 억견(臆見)을 폭로하고 확실성을 의심하면서 인간
의 영혼을 기웃거렸다. 사람들이 너무 쉽게 정의를 논하면 그는 조용히
그것은 무엇인가?라고 물었다. 당신은 이 추상적인 말로 아주 쉽게 삶과
죽음의 문제를 해결하거니와 도대체 그 뜻은 무엇인가? 당신이 말하는
명예, 덕, 도덕, 애국심은 어떠한 뜻을 갖고 있는가? 당신은 자기 '자신'
이라는 말로 무슨 뜻을 나타내는가? 소크라테스가 즐겨 다룬 문제는 이
러한 도덕적·심리학적 문제였다. 정확한 정의와 명석한 사고와 치밀한
분석을 요구하는 '소크라테스적 방법' 때문에 시달린 사람들 중에는 그
가 대답하기보다는 오히려 더 많은 질문을 해서 사람들의 마음을 이전
보다도 더 혼란에 빠뜨린다고 반대하는 사람도 있었다. 그럼에도 불구
하고 그는 가장 어려운 두 가지 문제—덕의 의미는 무엇인가? 최선의
국가는 어떤 것인가?—에 대한, 두 가지 매우 분명한 대답을 철학에 물
려주었다.

당시의 아테네 청년들에게는 이 문제보다 더 중요한 화제는 없었다.
소피스트들은 이 청년들이 올림포스의 신들에게 품고 있던 신앙과 사람
들이 편재하는 무수한 신들에 대한 공포 때문에 준수해오던 도덕률을 파
괴시켰다. 그들이 법의 테두리를 벗어나지 않는 한, 이제 그들이 좋아하
는 대로 행동해서는 안 될 이유는 분명히 없었다. 인간의 마음을 분열시
키는 개인주의는 아테네 사람들의 성격을 약화시켰고 결국은 아테네를
엄격한 훈련을 받은 스파르타 사람들의 희생물로 만들었다. 오합지졸의

통치, 감정에 치우친 민주주의, 토론회에 의한 통치, 장군의 경솔한 선발과 해임과 처형, 국가 최고재판소의 구성원을 농민과 상인 중에서 알파벳 순으로, 윤번제로 뽑는 것보다 더 한심한 일이 있을까? 어떻게 하면 아테네에 새롭고 자연스러운 도덕을 발달시킬 수 있으며, 어떻게 하면 나라를 구할 수 있을까?

소크라테스에게 죽음과 불멸을 준 것은 이러한 문제에 대한 대답이었다. 만일 그가 고대의 다신교적 신앙을 회복하기 위해 노력하고, 해방된 영혼을 갖고 있는 그의 무리들을 사원과 신성한 숲으로 이끌고 가서 선조의 신들에게 다시 제물을 바치라고 명령했다면 나이 많은 시민들은 그를 찬양했을 것이다. 그러나 그는 이렇게 하는 것은 절망적인 자살적 수단으로 '무덤을 넘어서는 것'이 아니라 무덤 속으로 들어가는 것이라고 생각했다. 그에게는 독자적인 종교적 신앙이 있었다. 그는 유일신을 믿었고 죽음도 그를 완전히 파괴하지는 못하리라고 겸손하게 바라고 있었다.[1] 그러나 그는 불변의 도덕률이 이와 같이 불확실한 신학에 근거를 둘 수 없다는 사실을 알고 있었다. 만일 종교적 교리로부터는 완전히 독립된, 무신론자에게도 경건파(敬虔派)에게도 타당한 도덕 체계를 세울 수 있다면, 신학은 흥망성쇠를 거듭하더라도 도덕적 결합은 이완되지 않고 변덕스러운 사람들을 공동체의 평화로운 시민으로 만들 것이다.

예컨대 '선'이 '이성적'인 것을 의미하고 '덕'이 '지혜'를 의미한다면, 그리고 사람들이 그들의 진정한 이해 관계를 깨닫고 그들 행동의 먼 훗날의 결과를 간파해서 비판과 조정에 의해 그들의 욕망을 자기 부정적

---

1) 소크라테스에 대해 이야기하고 있는 두 명의 아테네 사람을 다룬 볼테르의 이야기를 참조할 것. 그들은 "유일신을 말하는 자는 무신론자이다"라고 말한다(『철학사전』 중 소크라테스 항목).

인 혼돈으로부터 벗어나 합목적적이고 창조적인 조화를 갖게 할 수 있다면, 아마도 학식이 있고 말이 많은 사람들도 도덕—무식한 사람에게는 교훈의 반복과 외부적 강제에 의해 심어진다—을 몸에 익히게 될 것이다. 어쩌면 모든 죄악은 오류이고 불완전한 통찰이며 어리석음이 아닐까? 학식 있는 사람도 무식한 사람과 마찬가지로 난폭하고 비사회적인 충동을 느낄 것이다. 그러나 학식 있는 사람은 이러한 충동을 더 잘 통제할 것이고 동물의 흉내를 내는 일은 드물 것이다. 그리고 이성적으로 통치되고 있는 사회—자유를 제한함으로써 개인으로부터 빼앗는 것보다는 오히려 권리의 확대에 의해 개인에게 되돌려주는 것이 훨씬 많은 사회—에서는 각자의 이익은 사회적인 정직한 행위에 있으며, 평화와 질서와 선의를 확보하기 위해서는 오직 명료한 통찰만이 필요할 것이다.

그러나 정치 자체가 혼돈하고 부조리하며, 도움은 주지 않고 다스리기만 하고, 지도는 하지 않고 명령만 한다면, 우리는 이러한 국가에서 어떻게 각 개인에게 법을 지키고 전체의 복지를 위해 이기심을 제한하라고 설득할 수 있을 것인가? 알키비아데스 일파가 능력을 불신하고 지식보다는 수효를 존중하는 국가에 반대한 것은 이상한 일이 아니다. 사상이 없는 곳에서 혼돈이 지배자가 되는 것은 당연한 일이며, 군중은 무지 가운데서 서둘러 결정하고는 한가하고 조용해지면 후회하기 시작한다. 단순한 수효가 지혜를 대표한다는 것은 불순한 미신이 아닌가? 오합지졸 같은 군중이 개개의 고립된 사람들보다 더 어리석고 더 난폭하고 더 잔인하다는 것은 일반적인 사실이 아닌가? "한 번 두드리면 손을 댈 때까지 계속 울리는 놋쇠단지처럼 장광설을 늘어놓는"(플라톤, 『프로타고라스』) 웅변가들의 통치를 받는 것은 부끄러운 일이 아닌가? 확실히 국가의 경영은 최대한의 이성을 요구하는 일이며 최고의 인물들의 자유로운 사상을 필요로 하는 문제이다. 가장 현명한 사람들에 의해 영도되지 않는다면, 어떻게 사회가 구제되고 강해질 수 있을 것인가?

전쟁이 모든 비판에 침묵을 요구하는 것 같고 부유하고 학식 있는 소수자들이 혁명을 획책했을 때, 이 귀족적인 복음에 대해 아테네의 인기 있는 정당이 보인 반응을 상상해보라. 그의 아들이 소크라테스의 제자가 되어 아버지가 믿는 신들을 부정하고 아버지의 면전에서 이 신들을 비웃은 민주주의의 지도자 아뉴토스의 감정을 생각해보라. 비사회적인 이성에 의해 낡은 덕이 외관상으로만 교체될 때 일어나는 이러한 결과를 아리스토파네스는 정확히 예언하지 않았던가.[2]

그런데 혁명이 일어났고 사람들은 혁명을 위해서 또는 혁명에 반대하며 최후까지 분전했다. 민주주의가 승리했을 때, 소크라테스의 운명은 결정되었다. 그는 평화주의자이기는 했지만 혁명파의 지적 영도자였다. 그는 미움을 받고 있는 귀족주의적 철학의 근원이었다. 그는 청년들을 토론에 열중시켜서 타락하게 한 장본인이었다. 소크라테스는 죽는 편이 낫다고 아뉴토스와 멜레토스는 말했다.

나머지 이야기는 온 세계가 다 알고 있다. 플라톤이 시보다도 아름다운 산문으로 이 이야기를 기록해놓았기 때문이다. 우리는 (만일 전설이 아니라면) 간결하면서도 용감한 『변명 *Apologia*』을 읽는 행운을 누리고 있다. 이 『변명』에서 철학의 최초의 순교자는 자유로운 사상의 권리와 필요

---

2) 아리스토파네스는 『구름』(B.C. 423)에서 소크라테스와 그의 '사고상점(思考商店)'을 조롱한다. 이 상점에서 사람들은 아무리 옳지 못할 때라도 자신의 정당성을 입증하는 기술을 배운다는 것이다. 필리피데스는 아버지가 늘 자기를 때렸고 모든 빚은 반드시 갚아야 한다는 이유로 아버지를 때린다. 이 풍자는 선의의 풍자인 듯하다. 우리는 아리스토파네스가 소크라테스와 자주 자리를 같이했으며, 그들은 민주주의를 조소하는 점에서 의견의 일치를 보였고, 플라톤은 『구름』을 디오니시우스에게 추천했다는 것을 알고 있다. 이 연극은 소크라테스의 재판보다 24년이나 앞서 상연되었으므로 이 철학자의 비극적 최후에 큰 영향을 미치지는 못했을 것이다.

성을 선언하고 국가에 대한 자기 자신의 가치를 주장하고 항상 경멸해온 군중에게 자비를 애걸하는 것을 거절했다. 군중은 그를 용서할 권한을 갖고 있었으나 그는 애소(哀訴)는 떳떳한 행동이 아니라고 생각했다. 재판관들은 그를 방면하려고 했으나 노한 군중이 그의 사형을 투표로 결정해버린 것은 그의 이론의 기묘한 확인이었다. 그는 신들을 부정하지 않았던가? 불행하게도 그는 아직 배울 능력이 없는 사람들을 너무 일찍 가르치기 시작했던 것이다.

그러므로 그들은 소크라테스가 독약을 마셔야 한다는 판결을 내렸다. 그의 친구들은 감옥으로 와서 그에게 쉬운 탈옥 방법을 제시했다. 친구들은 그와 자유 사이를 가로막고 있는 모든 관리들을 매수했던 것이다. 그는 거절했다. 그때 그는 70세였다(B.C. 399년). 그는 지금이 바로 죽을 때이며, 다시는 이와 같이 훌륭하게 죽을 때를 맞이하지 못하리라고 생각했다. 그는 슬픔에 잠긴 친구들에게 "기운을 내게. 자네들은 오직 내 육신을 묻으려 하고 있을 뿐이라고 생각하게"라고 말했다. 플라톤은 세계 문학 중 가장 감동적인 문장에서 다음과 같이 말하고 있다.

그는 일어나 크리톤과 함께 욕실로 갔다. 크리톤은 우리들에게 기다리라고 말했다. 그래서 우리들은……우리의 큰 슬픔에 대해 말하거나 이를 생각하며 기다렸다. 그는 아버지와 같았는데 이제 우리는 그를 여의고 여생을 고아처럼 지내야 하는 것이다……이제 해가 질 때가 가까워졌다. 그가 안으로 들어간 다음 상당한 시간이 흘렀던 것이다. 그는 밖으로 나와 다시 우리와 함께 앉았다……그러나 말은 별로 하지 않았다. 곧 간수가……들어와 그의 옆에 서서 말했다. "소크라테스, 나는 당신이 지금까지 이곳에 들어온 사람들 중에서 가장 고상하고 가장 너그럽고 가장 훌륭한 분임을 알고 있습니다. 다른 사람들은 내가 상부의 명령으로 독약을 마시라고 명령할 때, 나에게 화를 내고 저주를 합니다만, 당신은 나에게 화를 내지 않으리라고 정녕 확신하고 있습니다. 아시다시피 죄는 나에게 있지 않고 다른 사람들에게 있습니다. 그러므로 당신이 편안한 마음으로 운명의 짐을 가볍게 지기를 바랍니다. 당신은 내가 온 용건을 아실 테죠." 이렇게 말하고 그는 눈물을 흘리며 돌아서서 나갔다.

소크라테스는 그를 바라보면서 말했다. "자네도 잘 있게. 자네가 하라는 대로 하겠네." 그리고 우리를 바라보며 말했다. "얼마나 좋은 사람인가. 내가 감옥에 들어온 후 그는 언제나 나를 보러 왔네. 그리고 보다시피 지금도 그는 진심으로 슬퍼하고 있네. 따라서 크리톤, 우리는 그가 시키는 대로 해야 하네. 독약이 준비되었거든 잔을 갖고 오라고 하게. 아직 준비되지 않았거든 담당자에게 준비하라고 하게."

크리톤은 말했다. "그러나 해는 아직도 언덕 위에 있고 밤 늦게야 약을 마신 사람도 많다네. 이 사람들은 통고를 받고 난 다음에도 먹고 마시는 등 감각적 즐거움을 즐겼다네. 서두르지 말게. 아직 시간은 있네." 소크라테스는 말했다. "크리톤, 자네가 방금 말한 사람들이 그렇게 한 것은 당연하네. 그들은 잠시라도 죽음을 지연시키면 그만큼 이롭다고 생각하거든. 그러나 나는 독약을 조금 늦게 마신다고 해서 소득이 있으리라고 생각하지 않으므로 그렇게 하지 않는 것이 옳은 일일세. 내가 이미 죽은 목숨을 아끼고 아쉬워한다면 그것은 내가 생각해도 우스운 일일세. 제발 내가 하라는 대로 해주고 내 말을 거절하지 말게."

크리톤은 이 말을 듣고 하인에게 신호를 했다. 하인은 안으로 들어가 잠시 있다가 독이 든 잔을 가진 간수와 함께 돌아왔다. "여보게, 자네는 이 일에 밝을 테니 어떻게 하면 되는지 가르쳐주게." 간수는 대답했다. "다리가 무거워질 때까지 걸으십시오. 다음에는 누우십시오. 그러면 독이 퍼지기 시작합니다." 이렇게 말하고 그는 잔을 소크라테스에게 건네주었다. 소크라테스는 가장 태평하고 가장 온화한 태도로 조금도 두려워하지 않고 안색이 변하거나 자세를 흐트러뜨리는 일도 없이 평상시와 조금도 다름없는 태도로 눈을 크게 뜨고 간수를 바라보며 잔을 받아들고 말했다. "이 잔에 든 것으로 신에게 헌주(獻酒)하고 싶은데 어떨까? 괜찮을까? 안 될까?" 간수는 대답했다. "소크라테스, 우리는 꼭 필요한 만큼만 준비했습니다." 소크라테스는 말했다. "알았네.
그러나 이 세상에서 저 세상으로 가는 나의 여행이 편안하도록 기도 드
릴 수는 있겠지, 아니 기도 드리지 않으면 안 되지. 이것이 나의 기도이
니 내 뜻을 받아주소서." 이렇게 말하고 그는 잔을 입술에 대고 태연하
고 쾌활하게 독을 마셨다.

　　이때까지는 우리들은 대부분 간신히 슬픔을 참고 있었다. 그러나
이제 그가 독을 마시기 시작하고 또 독약을 다 마신 것을 보자 우리는
더 이상 참을 수 없었다. 나 역시 더 참을 수가 없어서 눈물이 줄줄 흘
러내렸다. 그래서 나는 얼굴을 가리고 나 자신을 위해 울었다. 확실히
나는 소크라테스를 생각하고 운 것이 아니라 이러한 벗을 잃게 된 나
자신의 불행을 생각하고 울었다. 내가 처음으로 울기 시작한 것은 아니
었다. 크리톤은 눈물을 억제할 수 없게 되자 일어나서 나가버렸다. 나
도 그의 뒤를 따랐다. 그러자 그 순간 지금까지 줄곧 눈물을 흘리고 있
던 아폴로도로스가 통곡하기 시작했다. 그의 통곡은 우리들 모두의 마
음을 약하게 만들었다. 소크라테스만이 침착했다. 그는 말했다. "무슨
괴상한 울음소린가? 나는 이런 꼴을 보일까 두려워 부녀자들을 내보냈
던 거야. 사람은 조용히 죽어야 한다는 말을 들었네. 제발 조용히 참도
록 하게." 우리는 이 말을 듣고 부끄러워 눈물을 참았다. 소크라테스는
걸어다니다가 다리가 무거워지기 시작했다고 말하고 간수의 지시대로
반듯이 누웠다. 그에게 독을 준 간수는 가끔 그의 발과 다리를 살펴보
았다. 잠시 후 간수는 그의 발을 세게 누르면서 감각이 있느냐고 물었
다. 소크라테스는 "없다"고 대답했다. 다음에 간수는 다리를 눌러 보고
차츰 위쪽으로 손을 옮기다가 소크라테스의 몸이 차가워지고 굳어진다
고 우리들에게 눈짓을 했다. 소크라테스도 이것을 느끼고 말했다. "독이
심장에 미치면 마지막일세." 하반신이 뻣뻣해지자 그는 얼굴을 덮었던 것
(그는 몸을 덮고 있었다)을 젖히고 말했다. 이것이 그의 마지막 말이었다.
"크리톤, 나는 아스클레피오스에게 닭 한 마리를 빚졌네. 자네가 잊지 않
고 이 빚을 갚아주겠나?" 크리톤은 말했다. "빚은 꼭 갚겠네. 다른 할말은
없나?" 이 물음에는 대답이 없었다. 그러나 1, 2분 동안은 몸을 꿈틀거렸
다. 그러자 간수가 몸을 가렸던 것을 벗겨냈다. 그의 눈은 움직이지 않았

다. 크리톤이 눈을 감기고 입을 다물게 했다.

　이것이 내가 알고 있는 사람들 중에서 가장 현명하고 가장 올바르고 가장 훌륭한 사람이라고 진심으로 말할 수 있는 우리들의 벗의 최후였다(플라톤, 『파이돈』).

3. 플라톤의 준비기

　플라톤이 소크라테스를 만난 것은 그의 일생의 전환점이 되었다. 그는 안락하게 그리고 아마도 부유하게 자라났다. 그는 아름답고 정력적인 청년이었다. '플라톤'이라고 불린 것도 그의 어깨가 넓었기 때문이라고 한다. 그는 병사로서도 뛰어났고 이스토모스의 경기대회에서도 두 번이나 상을 탔다. 이러한 청년기를 보낸 사람이 철학자가 되는 경우는 드물다. 그러나 플라톤의 예리한 영혼은 소크라테스의 '변증법'이라는 게임에서 새로운 기쁨을 찾았다. 스승이 날카로운 질문으로 독단을 물리치고 억측을 깨뜨리는 것을 보면 저절로 기쁨이 솟아났다. 플라톤은 레슬링 같은 거친 스포츠에 가담하듯, 이 스포츠에 가담했다. 늙은 '등에'(소크라테스는 이렇게 자처했다)[3]의 지도를 받으며 그는 단순한 논쟁을 넘어서서 용의주도한 분석과 유익한 토론을 할 줄 알게 되었다. 그는 지혜와 스승을 매우 정열적으로 사랑하게 되었다. 그는 언제나 "나는 야만인이 아니라 그리스 사람으로, 노예가 아니라 자유민으로, 여자가 아니라 남자로, 그리고 무엇보다도 소크라테스의 시대에 태어난 것을 신에게 감사한다"고 말했다.

　스승이 죽었을 때 그는 28세였다. 스승의 조용한 생애의 비극적 종

---

3) 소크라테스는 비대하고 우둔한 말〔馬〕과 같은 아테네인의 양심을 쏘는 등에라고 자처했다. 『변명』 참조.

말은 제자의 사상의 모든 차원에 자취를 남겼다. 그의 귀족적 혈통이나 교육으로 보아 도저히 불가능한 일이었지만, 그의 마음속은 민주주의에 대한 조소와 대중에 대한 증오로 가득 차 있었다. 그 결과로 그는 민주주의는 파괴되어야 하고 가장 현명하고 훌륭한 인물에 의한 통치로 대체되어야 한다는 카토[2] 같은 결심을 하게 되었다. 가장 현명하고 가장 훌륭한 인물을 찾아 내서 그가 통치할 수 있는 길을 찾아내고 또한 그를 설득하는 방법을 찾아내는 것 —이것이 그가 생애를 통해 전념한 문제였다.

한편 그는 소크라테스를 구해내려고 애쓰다가 민주파 지도자들의 의심을 샀다. 친구들은 그에게 아테네는 안전한 곳이 못 되며, 세계를 돌아보기 위한 절호의 기회라고 주장했다. 따라서 B.C. 399년에 그는 출발했다. 그가 어디로 갔는지 우리는 확실히 알 수 없다. 그의 자세한 여정에 대해서는 권위자들 사이에 즐거운 논쟁이 있다. 그는 우선 이집트로 간 듯하다. 그는 이 나라를 다스리는 승려 계급으로부터 그리스는 안정된 전통이나 심원한 문화가 없는 유치한 나라이며, 따라서 나일 강의 스핑크스적 현인들은 그리스를 대수롭게 여기지 않는다는 말을 듣고 다소 충격을 받았다. 그러나 충격은 훌륭한 교육이다. 조용한 농민을 신권정치로 다스리고 있는 이 유식 계급에 대한 기억은 플라톤의 사상에 오랫동안 생생하게 남아 있었고, 그가 유토피아[3]를 그릴 때에도 상당한 영향을 미쳤다. 그 후 그는 배를 타고 시칠리아를 거쳐 이탈리아로 갔다. 여기서 그는 잠시 동안 위대한 피타고라스가 창설한 학파, 또는 종파에 가담했다. 그는 연구자와 통치자로 선발된 소수의 사람들이 권력을 장악하고 있음에도 불구하고 검소한 생활을 하는 것을 보았고 이 기억은 그의 예민한 마음에 다시금 자취를 남겼다. 그는 12년 동안 온갖 원천으로부터 지혜를 흡수하고

---

2 Cato : 로마의 장군, 정치가
3 『공화국』을 말한다.

온갖 사원을 찾아보고 온갖 교리를 음미하면서 방랑했다.

B.C. 387년, 그는 이제는 40세의 장년으로 여러 종류의 많은 사람들을 만나보고 많은 고장의 지혜를 흡수해서 원숙한 경지에 이르러 아테네로 돌아왔다. 청년 시절의 뜨거운 정열은 어느 정도 잃었지만 그는 모든 극단을 반(半)진리로 보고 모든 문제의 많은 측면을 진리의 각 차원에 따라 공정히 분배하는 사고의 시야를 얻었다. 그에게는 지식과 예술이 있었다. 그의 영혼 속에는 철학자와 시인이 함께 살고 있었던 것이다. 따라서 그는 스스로 아름다움과 참이 동시에 활동 무대를 갖는 표현 수단, 곧 '대화편'을 창작해냈다.4) 이전에는 철학이 이와 같이 찬란한 옷으로 성장한 적이 없었다. 물론 그 후에도 없었다. 번역문으로 읽어도 그의 문체는 빛나고 불꽃을 튀기고 생동한다. 그의 예찬자의 한 사람인 셸리는 말한다. "플라톤은 엄밀하고 정교한 논리와 예언적인 시적 정열의 진기한 결합을 보여주며 그의 시대의 광휘와 조화를 숨막힐 듯한 설득력을 가진 음악적 표현의 거스를 수 없이 조화되는 흐름에 용해시킨다." 젊은 철학자가 극작가로 변모한 것은 결코 우연이 아니었다.

바로 이러한 철학과 시, 과학과 예술의 도연한 결합 때문에 플라톤은 난해하다. 우리는 저자가 '대화편'의 어떠한 인물, 어떠한 형식을 통해 자기 사상을 말하고 있는지, 또는 문자 그대로 받아들일 것인지, 비유를 통해 말하는지, 또는 농담을 하는지, 진지한지 가려내기 어렵다. 그는 농담과 아이러니와 신화적 표현을 좋아하므로 우리는 때때로 당황하지 않을 수 없다. 그는 오직 비유를 통해서 가르친다고 말해도 과언은 아닐 것이다. 그의 '대화편'에 나오는 프로타고라스는 "나는 노인이므로 젊은 당신들에게 우화로 말할까, 또는 신화로 말할까?"(『프로타고라스』)라고

---

4) 대화편 중 가장 중요한 것은 다음과 같다. 『공화국』, 『소크라테스의 변명』, 『크리톤』, 『파이돈』, 『향연』, 『파이드로스』, 『골기아스』, 『파르메니데스』, 『정치가』 등이다.

묻고 있다. 이 '대화편' 들은 플라톤이 당시의 일반 독자를 위해 쓴 것이라고 전한다. '대화편' 의 대화 방식, 찬반양론의 활발한 싸움, 모든 중요 논의의 점진적 전개와 잦은 반복 때문에 가끔 사치삼아서 철학을 맛보거나 인생은 짧아서 겅둥겅둥 읽지 않을 수 없는 사람들에게는 분명히 '대화편' 이 이해하기에 적합한 것이었다(오늘날 우리들의 눈에는 애매하지만). 그러므로 우리는 '대화편' 에서 허다한 익살과 비유에 마주칠 것을 각오해야 한다. 다시 말하면 플라톤 시대의 사회와 문학을 자세히 알고 있는 학자가 아니면 이해할 수 없는 것, 오늘날의 안목으로는 엉뚱하고 기상천외한 것이 허다하다. 그러나 이것은 철학적인 음식에 익숙하지 못한 사람들에게 소화가 잘 안 되는 사상이라는 요리를 먹기 쉽게 만들어주는 양념과 향료로서는 유익했을 것이다.

플라톤은 그가 비난하던 여러 가지 성질을 듬뿍 갖고 있었다는 점도 시인하기로 하자. 그는 시인과 그들의 신화를 비난했으나 스스로 시인의 수효를 한 명 더 늘렸고, 수백 가지 신화를 첨가했다. 그는 성직자들에 대해 불평을 했지만(그들은 지옥에 대해 설교하고 돌아다니며 보수를 내면 구제해주겠다고 한다—『공화국』), 그 자신이 성직자요, 신학자이고 전도사, 도덕군자로서, 예술을 비난하며 공허한 것은 불 속에 던져버리라고 권유한 사보나롤라[4] 같은 사람이다. 그는 셰익스피어처럼 "비유는 교활하다"(『소피스트』)고 비난하면서도 첫째 비유에 둘째 비유를, 다시 셋째 비유를 연속시킨다. 그는 소피스트들을 미사여구를 나열하는 논쟁가라고 비난하면서 스스로 대학 2학년생처럼 억지 논리를 펴고 있다. 파게는 그를 다음과 같이 풍자하고 있다. "전체는 부분보다 큰가? 물론. ——그리고 전체는 부분보다 작은가? 네……. 그러므로 확실히 철학자가 나라를 다스려

---

4 Savonarola : 15세기 후반의 이탈리아 종교개혁자.

야 하지 않겠는가? 왜 그렇지요?——자명한 일이다. 다시 한번 되풀이해보자"(『플라톤을 읽기 위하여』).

그러나 이것은 우리가 그에 대해 말할 수 있는 최악의 말이다. 이런 말을 하더라도, '대화편'이 세계의 가장 값진 보배의 하나임에는 변함이 없다. '대화편' 중에서 가장 훌륭한 『공화국』은 그 자체가 완전무결한 논문이며 플라톤의 사상 전체를 한 권에 집약하고 있다. 이 책에서 우리는 그의 형이상학, 신학, 윤리학, 심리학, 교육학, 정치학, 예술론을 볼 수 있다. 이 책에서 우리는 근대와 현대의 취향에 맞는 문제들, 곧 공산주의와 사회주의, 여성해방론과 산아제한과 우생학, 도덕과 귀족정치에 대한 니체의 문제들, 자연으로 돌아가라고 하고 자유주의적 교육을 말하는 루소의 문제들, 베르그송의 '생의 약진', 프로이트의 정신분석을 발견할 수 있다. 모든 문제가 이 책에 담겨 있는 것이다. 이 책은 인색하지 않은 주인이 베푼 엘리트를 위한 향연이다. 에머슨은 "플라톤이 철학이고 철학은 플라톤이다"라고 말한다. 그리고 "도서관을 태워버려라. 이 책 안에는 도서관이 갖추어져 있기 때문이다"라는 오마르[5]의 코란에 대한 찬사는 바로 『공화국』에도 해당되는 찬사이기도 하다.

이제 『공화국』을 검토하기로 하자.

4. 윤리적 문제

토론은 부유한 귀족 케팔로스의 집에서 벌어진다. 좌중에는 플라톤의 형제인 글라우콘과 아데이만토스, 거칠고 흥분하기 잘하는 소피스트인 트라시마코스도 있다. 이 대화에서 플라톤의 대변적 역할을 하는 소크

---

5 Omar : 11~12 세기에 활약한 페르시아 시인.

라테스가 케팔로스에게 묻는다.

"당신은 부(富)로부터 얻는 최대의 행복이 무엇이라고 생각하십니까?"

부는 사람들을 관대하고 정직하고 올바르게 만들어주므로 그에게는 축복이라고 케팔로스는 대답한다. 이어서 소크라테스가 그의 짓궂은 방식에 따라 정의라는 말을 어떠한 의미로 사용하고 있느냐고 물어서 철학적 전투가 시작된다. 정의보다 어려운 일은 없고 정신의 명료성과 숙련을 시험하거나 훈련하는 데 정의보다 더 가혹한 것은 없기 때문이다.

소크라테스에게 있어 차례차례 제시되는 정의를 논파하는 것은 어려운 일이 아니었다. 마침내 누구보다도 성미가 급한 트라시마코스가 고함을 지르며 갑자기 끼어들었다. "소크라테스, 당신들은 언제까지 어리석은 말싸움을 할 셈인가? 왜 당신들은 바보처럼 서로 발꿈치를 밟고 있지? 정의가 무엇인지 알고 싶으면 당신은 묻지만 말고 대답도 해야 해. 다른 사람의 의견을 반박하는 것을 능사로 삼다니……질문은 잘하지만 대답은 못하는 친구는 얼마든지 있거든"(『공화국』).

소크라테스는 겁내지 않았다. 그는 여전히 대답은 하지 않고 묻기만 했다. 잠시 동안 논쟁을 하다가 그는 경솔한 트라시마코스로 하여금 정의를 내리게 만들었다.

"그렇다면 들어보시오"라고 노한 소피스트는 말했다. "나는 힘이 정의이고 정의는 강자의 이익이라고 선언한다……. 여러 가지 형태의 정부는 각각의 이익에 따라 민주주의에 적합한 법, 귀족정치에 적합한 법, 전제정치에 적합한 법을 제정하는 것이다. 각각의 이익을 위해서 제정한 이 법률을 각 정부는 국민에게 '정의'로 제시하고 이 법을 어긴 자를 부정하다고 처벌한다…… 나는 지금 대규모의 부정에 대해 말하고 있다. 내가 말하고자 하는 뜻은 전제정치에서 가장 명백히 알 수 있다.

전제정치는 기만과 폭력으로 타인의 재산을 일부가 아니라 전부 빼앗는다. 한 사람이 시민들의 돈을 빼앗고 노예로 삼아도 그를 사기꾼이나 도둑놈이라 부르지 않고 모두 축복받은 행복한 사람이라고 말한다. 부정을 비난하는 사람들은 부정을 저지를까 두려워하기 때문이 아니라 부정한 일을 당할 것이 두렵기 때문에 비난하는 것이다"(『공화국』).

이 말은 물론 오늘날 다소간 정당한 관련을 갖고 니체의 이름을 연상시킨다. "자기가 절름발이이기 때문에 착하다고 생각하는 약자를 나는 정녕 여러 번 비웃었다"(『차라투스트라는 이렇게 말했다』). "가방에 가득 찬 정의보다는 한줌의 권력이 낫다"고 말했을 때 쉬티르너도 똑같은 사상을 간결히 표현하고 있다. 아마도 철학사상(哲學思想) 이 사상은 플라톤의 또 다른 '대화편' 『골기아스』에 가장 잘 표현되어 있을 것이다. 『골기아스』에서 소피스트인 칼리클레스는 도덕을 강자의 힘을 약화시키기 위한 약자의 발명품이라고 비난한다.

약자들은 그들의 이익에 따라 칭찬도 하고 비난도 한다. 그들은, 부정직은 부끄럽고 부정한 일이라고 말하지만 이때 부정직은 이웃보다 더 많이 소유하려는 욕망을 말한다. 그들은 스스로 열등하다는 것을 알고 있으므로 평등하기만 하면 더 이상 기쁜 일은 없을 것이다……그러나 충분한 힘을 가진 자가 있다면(초인의 등장), 그는 이쯤은 털어버리고 짓부순 다음 자유로워질 것이다. 그는 자연에 어긋나는 모든 의식, 주문, 마술, 법률을 짓밟아버릴 것이다……참되게 살려는 자는 욕망을 최대한으로 증대시켜야 한다. 그러나 욕망이 최대한도로 커지면 그는 욕망을 만족시키고 자신의 모든 갈망을 충족시키는 용기와 지혜를 가져야 한다. 이것이야말로 자연스러운 정의이며 고귀함이라고 나는 단언한다. 그러나 이렇게 할 수 있는 자는 드물다. 따라서 그들은 자신의 부끄러운 무능을 숨기고 싶어서 충분한 힘을 가진 자를 비난한다…… 그들은 부절제를 천하다고 한다……그들은 보다 고상한 천성을 속박하면서, 비겁한 자들이기 때문에 정의를 찬양하는 것이다.

이러한 정의는 주인을 위한 도덕이 아니라 하인을 위한 도덕이며 영
웅의 도덕이 아니라 노예의 도덕이다. 인간의 진정한 덕은 용기와 지혜이
다[5](『골기아스』).

이 격렬한 비도덕주의는 아테네 외교정책의 제국주의적 전개와 약
소국에 대한 무자비한 조처를 반영하고 있다. 페리클레스는 투키디데스
가 초안을 만든 연설에서 "당신들의 제국은 국민의 선의보다는 오히려 당
신들 자신의 힘에 기반을 두고 있다"고 말한 바 있다. 그리고 같은 역사가
는 아테네의 사절단이 멜로스를 위협하여 대 스파르타전에 가담시킨 사
실을 다음과 같이 기록하고 있다. "우리와 마찬가지로 당신들도 정의는
현실적으로 오직 동등한 힘을 가진 자 사이의 문제임을 알고 있다. 강자
는 할 수 있는 일을 하고 약자는 해야만 하는 일을 묵묵히 수행하는 것이
다"(『펠로폰네소스 전쟁사』). 우리는 여기서 윤리의 근본적 문제, 곧 도
덕적 행위에 대한 학설의 난점에 부딪친다. 정의란 무엇인가? 우리는 정
의를 추구할 것인가, 힘을 추구할 것인가? 착한 것이 더 좋은가, 강한 것
이 더 좋은가?

소크라테스—다시 말하면 플라톤—는 이러한 이론적 도전에 어
떻게 응전하는가? 처음에는 그는 이 도전에 전혀 응하지 않는다. 정의는
사회 조직에 의존하고 있는 개인 간의 관계이며, 따라서 개인적 행위로
다룰 성질의 것이 아니라 사회 구조의 일부로서 연구하는 편이 더 좋다고
그는 지적한다. 만일 우리가 정의로운 국가를 묘사할 수 있다면 정의로운
개인을 말하기에 훨씬 유리한 입장에 놓일 것이라고 그는 시사한다. 플라

---

5) '덕'은 지혜 더하기 힘이라는 마키아벨리의 정의(定義)를 참조할 것.

톤은 이러한 탈선의 핑계로 인간의 시력검사는 우선 큰 글씨를 읽고 다음
에 작은 글씨를 읽는다는 사실을 내세운다. 그러므로 그는 개인적 행위라
는 작은 범위보다는 더 큰 범위에서 정의를 분석하는 것이 훨씬 쉽다고
주장한다. 그러나 우리는 그의 말에 속을 필요는 없다. 사실 플라톤은 두
권의 책을 꿰매놓은 것이고 위에서 말한 논의를 솔기로 이용하고 있다.
그는 개인 도덕의 문제만이 아니라 사회적 · 정치적 개조의 문제도 검토
하려고 하는 것이다. 그는 소매 속에 유토피아를 감추어두었다가 적당한
때에 내놓을 셈인 것이다. 이 탈선이야말로 이 책의 핵심이고 진가이기
때문에 그를 용서하기는 쉽다.

5. 정치적 문제

인간이 단순하다면 정의는 단순한 문제가 될 것이라고 플라톤은 말
한다. 무정부주의적 공산주의로 충분할 것이기 때문이다. 잠시 동안 그는
모든 것을 상상에 맡긴다.

그러면 우선 그들의 생활이 어떠할 것인지 살펴보기로 하자……그들
은 곡물, 술, 옷, 신발을 생산하고 스스로 집을 짓지 않겠는가? 그리고
집을 갖게 되면 그들은 통례대로 여름에는 옷을 벗고 맨발로 일하고,
겨울에는 옷을 충분히 입고 신을 신고 일할 것이다. 그들은 보리와 밀
을 주식으로 삼을 것이고 밀을 빻고 밀가루를 개서 맛있는 푸딩과 빵을
만들 것이다. 그들은 이 음식을 갈대잎이나 나뭇잎으로 짠 돗자리에 차
려놓고 주목(朱木)이나 도금양(挑金孃) 가지로 만든 침대에 누워서 먹
을 것이다. 그리고 그들은 자녀들과 함께 손수 빚은 술을 마시고 머리
위에 화관을 쓰고 신들을 찬미하며 잔치를 열 것이고 즐거운 공동생활
을 하면서 가족 수가 생활 수단을 초과하지 않도록 조심할 것이다. 그

들은 가난이나 전쟁에 대비해야 하는 것이다. 물론 그들은 소금, 올리브 기름, 치즈, 양파 등 양념과 양배추나 그 밖의 끓여 먹기에 알맞은 야채를 먹을 것이다. 그리고 우리들이 디저트로 무화과, 콩, 도금양 열매, 너도밤나무 열매 등을 내놓으면 그들은 이것을 불에 구워 안주삼아 적당히 술을 마실 것이다. 이러한 생활을 하면서 그들은 적당한 노령에 이르기까지 평화롭게 살고 똑같은 생활을 대대로 물려주려고 할 것이다(『공화국』).

여기서 인구 제한(아마도 영아 살해), 채식주의, 자연으로 돌아가라—헤브라이의 전설이 에덴 동산에서 그리고 있는 원시적 단순성으로 돌아가라—는 사상을 간략하게 언급하고 있음을 주의하라. 전체적으로 보면 "우리는 동물에게 돌아가 동물과 함께 살아야 한다. 동물은 평온하고 자족적이다"라고—그 형용사가 암시하듯이—생각한 견유(犬儒) 디오게네스의 인상을 풍기고 있다. 그리고 우리는 잠시 플라톤을 생시몽, 푸리에, 윌리엄 모리스, 톨스토이와 같은 부류로 분류해도 좋으리라. 그러나 플라톤은 따뜻한 신념을 가졌던 이 사람들보다는 약간 더 회의적이다. 그는 조용히 그가 상상하고 있는 소박한 낙원이 왜 실현되지 않는가? 왜 이 유토피아가 지도 위에 나타나지 않는가 하는 문제로 넘어간다.

플라톤은 그것이 탐욕과 사치 때문이라고 대답한다. 사람들은 단순한 생활에 만족하지 못한다. 인간에게는 욕심과 야망, 경쟁심과 질투심이 있는 것이다. 인간은 갖고 있는 것에는 곧 싫증을 내고 갖고 있지 못한 것을 갈망한다. 인간은 남이 갖고 있는 것이 아니면 탐내지 않는다. 따라서 집단 간의 영토 침범, 토지 자원의 쟁탈전, 마침내는 전쟁이 일어난다. 상업과 경제의 발달로 새로운 계급 분열이 생긴다. "보통의 도시는 사실상 두 개의 도시로 갈라져 있다. 하나는 가난한 자의 도시이고 또 하나는 부자의 도시로 두 도시는 서로 다투고 있다. 이와 같은 구분은 더 작게 쪼갤 수 있다. 만일 당신들이 이 도시를 단일한 국가로 다룬다면, 그것은 큰 잘못이다"(『공화국』). "상업 부르주아지가 대두하고 그 구성원은 부(富)와 낭비에 의해 사회적 지위를 추구하는 것이다. 그들은 아내를 위해 막대한 돈을 지출할 것이다"(『공화국』). 부의 분배의 이러한 변화에는 정치적 변화가 따른다. 상인의 부가 지주의 부를 능가하면 귀족정치는 금권적 과두정치에 굴복한다. 부유한 상인과 은행가가 나라를 지배하는 것이다. 이렇게 되면 사회의 여러 세력을 조정하고 정책을 발달에 적응시키는 정치는 당리당략과 공직의 부패를 부채질하는 정략으로 변한다.

모든 정치 형태는 기본 원칙의 과잉으로 멸망하는 경향이 있다. 귀족정치는 권력층을 지나치게 제한함으로써 멸망하고, 과두정치는 목전의 부를 에워싼 무모한 쟁탈전 때문에 멸망한다. 두 경우에 있어서 종말은 혁명이다. 혁명은 사소한 원인과 보잘것없는 변덕 때문에 일어나는 것 같지만, 경미한 계기로 일어났다 하더라도 사실은 오랫동안 누적되어 온 중대한 악의 돌연한 결과인 것이다. 병을 소홀히 다루면 조금만 바람을 맞아도 중태에 빠질 수 있다. "그러면 민주정치가 등장한다. 가난한 자들은 반대자를 타도하고 일부는 학살하고 나머지는 추방한다. 그리고 인민에게 자유와 권리를 평등하게 분배한다"(『공화국』).

그러나 민주정치도 민주주의의 과잉으로 멸망한다. 민주주의의 기본 원칙은 누구에게나 공직 취임과 공공정책 결정의 동등한 권리를 부여하는 것이다. 얼핏 보기에는 즐거운 제도 같지만 인민은 최선의 통치자와 가장 현명한 방향을 선택하는 교육을 제대로 받지 못하므로 민주정치는 재난이 된다. "인민들은 이해력이 없다. 그들은 지배자들이 말하는 것을 되풀이할 뿐이다"(『프로타고라스』). 어떤 이론을 채택하거나 배척하게 하려면 인기극에서 찬양하거나 조롱하면 된다(이것은 분명히 희극으로

거의 모든 새 사상을 공격한 아리스토파네스에 대한 공격이다). 중우정치
(衆愚政治)는 국가라는 배가 저어 가기에는 너무나 거친 바다이다. 웅변
의 폭풍우가 휘몰아쳐서 물결이 사나워지고 방향을 빗나가게 한다. 이러
한 민주정치의 결말은 참주정치(僭主政治) 또는 전제정치이다. 민중은
매우 아첨을 좋아하고 매우 '꿀맛에 주렸기' 때문에 마침내 가장 교활하
고 가장 파렴치한 아첨쟁이가 '인민의 보호자'를 자칭하면서 최고의 권
좌에 오른다(로마의 역사를 생각해보라).

플라톤은 이 점을 깊이 생각할수록 변덕스럽고 속기 쉬운 민중에게
정치적 요직의 선발을 맡겨놓는 어리석음에 더욱 경악하지 않을 수 없었
다. 그렇다고 해서 민주정치의 무대 뒤에서 과두정치의 꼭두각시를 조종
하고 있는 부자의 주구(走狗)들인 음흉한 모사(謀士)들에게 요직의 선택
을 맡기라고 하는 것은 아니다. 플라톤은 간단한 문제—예컨대 제화(製
靴)—에서는 특별한 훈련을 받은 자들만이 목적 달성에 적합하다고 생
각하면서 정치에 있어서는 투표를 조종할 줄 알면 누구든지 도시나 국가
를 다스릴 줄 안다고 생각하는 것을 탄식하고 있다. 우리는 병에 걸리면
전문적 교육과 기술적 숙련을 보증하는 면허증을 가진 전문의를 부른다.
미남 의사나 언변이 좋은 의사를 부르지는 않는다. 그렇다면 국가 전체가
병들었을 때, 우리는 가장 현명하고 가장 훌륭한 사람의 봉사와 지도를
구해야 하는 것이 당연하지 않은가? 공직으로부터 무능과 부패를 몰아내
고 공공의 복리에 이바지하는 가장 훌륭한 인물을 선발하고 양성하는 방
법의 발견—이것이 정치철학의 과제이다.

6. 심리적 문제

그러나 이러한 여러 가지 정치적 문제의 배후에는 인간의 본성이 도

사리고 있다. 불행한 일이지만 정치를 이해하려면 우리는 심리학을 이해해야 한다. "사람에 따라 국가도 다르다"(『공화국』). "인간의 성격이 다르듯이 국가도 다르다……국가는 그 안에 사는 인간성으로 구성된다"(『공화국』). 국가의 현상은 시민의 현상의 반영이다. 그러므로 인간이 더 훌륭해지지 않는 한, 더 좋은 국가는 기대하지 말아야 한다. 인간이 더 훌륭해지기까지는 어떠한 변화에 의해서도 본질적 변화는 일어나지 않을 것이다. "사람들은 얼마나 매력적인가!——그들은 언제나 무질서를 진찰하고 증대시키고 복잡하게 만들면서 다른 사람이 권한 엉터리 비방으로 무질서가 치료되리라고 상상하지만, 결코 치유되지는 않고 항상 악화된다……그들이 입법에 손을 대고 개혁에 의해 인류의 부정직과 악당적 행동을 근절시킬 수 있다고 상상하는 것은 희극이 아닐까? 그들은 사실상 히드라[6]의 머리를 자르고 있다는 것을 모르고 있다"(『공화국』).

잠시 정치철학이 다루어야 할, 인간이라는 재료를 검토해보자.

인간의 행동은 세 근원, 곧 욕망, 감정, 지식으로부터 흘러나온다고 플라톤은 말한다. 욕망, 기호, 충동, 본능 이것이 하나이고, 감정, 활기, 야망, 용기 이것이 하나이고, 지식, 사상, 지성, 이성 이것이 하나이다. 욕망은 허리에 자리잡고 있다. 이것은 정력——근본적으로는 성적인——의 넘쳐흐르는 공급원이다. 감정은 심장, 곧 피의 흐름과 힘에 자리잡고 있다. 이것은 경험과 욕망의 유기적 공명(共鳴)이다. 지식은 머리에 자리잡고 있다. 이것은 욕망의 눈이며 영혼의 조종사가 될 수 있다.

이러한 모든 능력과 성질은 만인에게 갖추어져 있지만 그 정도는 다양하다. 어떤 사람은 욕망의 화신일 뿐이며 물질적 추구와 투쟁에 여념이 없고 사치와 허영에 몸부림치고 가진 것이 아무리 많아도 안달을 하는,

---

6 Hydra : 그리스 신화에 나오는 9두사(九頭蛇)로 머리 하나를 자르면 그 자리에 새로 두 개가 생긴다.

불안하고 욕심 많은 사람들이다. 이 사람들은 산업을 지배하고 조종하는 사람들이다. 한편 감정과 용기의 덩어리 같은 사람들도 있다. 그들은 왜 싸우느냐 하는 것보다는, 승리를 '그 자체에 있어서, 그리고 그 자체를 위해서' 존중한다. 그들은 욕심이 많다기보다는 오히려 호전적이다. 그들은 소유보다는 힘을 자랑하는 것을, 시장보다는 싸움터를 좋아한다. 이들은 세계의 육·해군을 구성하는 사람들이다. 끝으로 명상과 이해를 즐기는 소수의 사람들이 있다. 그들은 재산이나 승리가 아니라 지식을 갈망한다. 그들은 시장과 싸움터를 떠나 고요하고 투명하고 초연한 사색에 잠긴다. 그들의 의지는 불이라기보다는 빛이며, 그들의 안식처는 권력이 아니라 진리이다. 이들은 세상이 등용하지 않아서 비켜서 있는 지자(智者)들이다.

한편 개인의 행위가 실효를 거두려면 욕망이, 비록 감정에 의해 따뜻해졌더라도, 지식의 인도를 받아야 하는 것처럼 완전한 국가에서는 산업의 힘은 생산을 맡지만 통치하지는 않을 것이고, 군사력은 방어를 맡지만 통치하지는 않을 것이며, 지식과 과학과 철학의 힘이 보호, 육성되어 이 힘이 통치할 것이다. 지식에 의해 인도되지 않으면 인민은 난잡한 욕망처럼 무질서한 군중이 된다. 욕망이 지식의 계몽을 받아야 하는 것처럼 인민은 철학자의 지도를 받아야 한다. "부에만 마음이 쏠려 있는 상인이 통치자가 될 때 파멸이 온다"(『공화국』). 혹은 장군이 군대를 이용하여 군사 독재를 확립할 때 파멸이 온다. 생산자는 경제 분야에서, 전사는 싸움터에서 가장 진가를 나타낼 수 있다. 그들은 공직에는 가장 적합하지 못하다. 그들의 미숙한 손으로 꾸며진 정략은 정치를 침몰시킨다. 정치는 과학이며 기술인 것이다. 정치가가 되려면 정치를 위해서 살고 장기간에 걸쳐 준비를 갖추어야 하는 것이다. 오직 철인 왕만이 국민을 지도할 자격을 갖고 있다. "철학자가 왕이 되거나 현재의 왕족들이 철학적 정신과 힘을 갖추게 되어서 지혜와 정치적 지도력이 동일인에게서 합치될 때까지는……국가도 인류도 결코 재난을 면하지 못할 것이다"(『공화국』).

이것은 플라톤 사상의 아치의 초석이다.

7. 심리적 해결

그러면 어떻게 할 것인가?

"10세 이상의 도시 주민들을 모두 시골로 보내 어린이들을 격리시킴으로써 어버이의 버릇에 물들지 않도록 보호하는 일"(『공화국』)부터 시작해야 한다. 청년들이 나이 많은 사람들을 본받아 모든 면에서 부패하는 한, 유토피아는 건설될 수 없다. 가능한 한 백지 상태에서 출발해야 한다. 어떤 계몽된 군주가 그의 영토의 일부나 식민지에서 이러한 일을 시작하도록 권력을 부여하는 것은 가능한 일이다(앞으로 알게 되겠지만 이렇게 한 통치자가 있었다). 어쨌든 우리는 모든 어린이들에게 처음부터 교육의 완전한 기회 균등을 부여하지 않으면 안 된다. 재능이나 천재의 빛이 어디서 번쩍일지 전혀 예측할 수 없기 때문이다. 우리는 어디서든 지위나 인종을 불문하고 공정하게 이 빛을 찾아야 한다. 우리의 진로의 첫걸음은 보통교육이다.

태어나서 10년 동안의 교육은 주로 체육이다. 모든 학교는 반드시 체육관과 운동장을 갖춰야 하고, 유희와 체육이 교육 과정의 전부가 되어야 한다. 그러면 첫 10년 동안에 약 따위는 전혀 불필요한 건강이 축적될 것이다. "게으르고 사치스러운 생활 때문에 물과 바람으로 가득 찬 연못처럼……소화불량과 카타르에 걸린 만신창이가 되어 약의 도움을 받게 되는 것—이것은 불명예가 아닌가? 우리의 현재의 의료제도는 질병을 키우는 것이라고 말할 수 있다." 곧 질병을 치료하지 못하고 오히려 질질 끌려가는 것이다. 그러나 이것은 게으른 부자들의 어리석은 짓이다. "목수는 병들었을 때 토제(吐劑), 하제(下劑), 소작(燒灼), 수술 등 거칠기는 하지만 신속한 치료를 의사에게 부탁한다. 누가 식이요법이나 안정요법, 그 밖의 이러한 종류의 요법을 권하면, 그는 병을 앓고 있을 여유가 없을 뿐 아니라 생업을 소홀히 하며 병을 간호하는 생활에는 보람이 없다고 당장 대답한다. 그는 이러한 의사에게는 작별을 고하고 평상시 먹던 음식을 먹게 되고, 따라서 병이 나아 생업을 계속하거나 혹은 신체가 허약해져 죽고 말 것이다"(『공화국』). 우리는 꾀병쟁이와 환자의 나라를 유지할 수는 없다.

그러나 경기와 체육뿐이라면 너무 일변도적이다. "우리는 어떻게 하면 온화하면서도 동시에 매우 용감한 성질을 찾아낼 수 있는가?──이 두 성질은 양립할 수 없는 것 같기 때문이다"(『공화국』). 우리는 현상(懸賞) 레슬링 선수나 역도 선수만으로 구성된 국민을 원하지는 않는다. 아마도 음악이 이 문제를 해결해 줄 것이다. 음악을 통해 영혼은 조화와 리듬, 심지어 정의로운 성질까지도 배우는 것이다. "조화를 이룬 성격을 가진 사람이 부정을 저지를 수 있을까?……글라우콘이여, 리듬과 조화는 그 움직임에 우아함을 간직한 채, 영혼의 은밀한 곳까지 파고들어 영혼을 우아하게 만들기 때문에 음악적 훈련은 강력한 것이 아니겠는가?"(『공화국』, 『프로타고라스』). 음악은 성격을 형성하며 따라서 사회적·정치적 문제의 결정과도 관련이 있다. "다이몬[7]은 나에게 음악의 양식이 변하면 국가의 기본법도 변한다고 말했는데 나는 이 말을 확신할 수 있다."[6] "음악은 감정과 성격을 세련시킬 뿐 아니라 건강의 유지와 회복에도 이바지하기

---

[7] 소크라테스에게 항상 옳지 못한 일을 금지시킨 내면의 소리.

[6] "나에게 국가(國歌)를 쓰게 한다면 누가 법률을 만들든 개의하지 않겠다"고 한 다니엘 오코넬의 말을 참조할 것.

때문에 가치가 있다. 마음을 통해서만 치료할 수 있는 병도 있다"(『카로미데스』). 그러므로 코류반토의 사제[8]는 히스테리에 걸린 여자를 요란한 관악기 음악으로 치료했는데, 이 음악은 히스테리에 걸린 여자를 흥분시켜 지쳐서 땅바닥에 쓰러져 잠들 때까지 춤추게 만든다. 잠에서 깨어나면 이미 병은 치료되어 있다. 이러한 방법으로 인간 사고의 무의식적 근원에 접촉하여 진정시키는 것이다. 천재는 이러한 행동과 감정의 심층에 뿌리를 내리고 있다. "인간은 의식이 분명할 때가 아니라 오히려 잠들거나 병, 또는 정신착란에 걸려서 지력(知力)이 속박당해 있을 때, 참된, 또는 영감적인 직관에 도달한다. 예언자 또는 천재는 광인과 같다"(『파이드로스』).

플라톤은 '정신분석'을 주목할 만큼 선취하고 있다. 그는 인간의 여러 가지 욕구와 본능을 적절하게 연구하지 못한 것이 정치심리학의 혼미의 원인이라고 말한다. 꿈은 이 미묘하고 포착하기 어려운 성향의 일면을 푸는 실마리를 제공할지도 모른다.

어떤 불필요한 쾌락과 본능은 불법적인 것으로 생각된다. 그리고 누구나 이러한 쾌락과 본능을 갖고 있는 것 같다. 그러나 어떤 사람들은 이러한 쾌락과 본능을 법과 이성, 그리고 쾌락과 본능을 극복하는 보다 좋은 욕망의 지배 밑에 두어서('승화[9]되어서') 이러한 쾌락과 본능을 전적으로 억압하거나 그 강도와 수를 감소시킨다. 반면 어떤 사람의 경우에는 이러한 욕망은 더욱 강하고 더욱 풍부하다……내가 말하고 있는 것은 특히 인격의 추진력과 제어력과 지배력('검열')[10]이 잠들었을 때에도 깨어 있는 욕망이다. 우리의 천성에 자리잡은 야수는 고기와 술을 실컷 먹고 나서 벌떡 일어나 벌거벗고 돌아다니다가 다시 마음대로

---

8 여신 키베레를 섬기는 고대 소아시아의 사제.
9 성적 충동을 성적이지 않은, 사회적으로 인정된 행위로 돌리는 무의식적 과정을 가리키는 정신분석의 용어.
10 잠재의식의 억압력을 서적의 검열에 비교한 정신분석의 용어.

포식한다. 이러한 본성이 범하지 않는 어리석음이나 죄는, 그것이 아무리 파렴치하고 부자연스러울지라도——근친상간이나 어버이 시살(弑殺)('오이디푸스 콤플렉스')도 예외는 아니다——생각할 수 없다……그러나 맥박이 건강하고 적당해서 침착하게 편안한 마음으로 잠드는 사람은……과다하지도 과소하지도 않아 잠들기 좋을 정도로 식욕을 만족시키기 때문에……환상적이고 방종한 공상의 놀림을 받는 일은 거의 없을 것이다……우리들 모두에게는 착한 사람에게조차도 이러한 잠재적 야수성이 있으며 잠들었을 때 슬그머니 나타난다(『공화국』).

음악과 선율은 영혼과 육체를 우아하고 건강하게 만든다. 그러나 과도한 음악은 과도한 체육과 마찬가지로 위험하다. 단지 체육가에 지나지 않는 사람은 야만인과 다름이 없고 단지 음악가에 지나지 않는 사람은 "바람직한 정도를 넘어서 감정적이고 유약"(『공화국』)하다. 양자는 반드시 결합되어야 한다. 16세 이후에는, 합창은 단체 경기와 마찬가지로 평생 계속되지만 음악의 개인적 연습은 중지해야 한다. 또한 음악은 단지 음악으로 그쳐서는 안 된다. 음악을 이용해서 수학, 역사, 과학 등 흔히 무미건조한 내용에 매력적인 형식을 마련해야 한다. 청년들로 하여금 이 어려운 과목들을 부드러운 시로 써서 아름다운 노래로 부르지 못하게 할 까닭은 없는 것이다. 그러나 싫어하는 사람들에게도 이 과목들을 강요할 필요는 없다. 어느 한계 안에서는 자유로운 정신이 존중되어야 한다.

기본 과목은……어릴 적부터 가르쳐야 하지만 강요해서는 안 된다. 자유인은 지식 획득에 있어서도 자유인이어야 하기 때문이다……강제에 못 이겨 습득한 지식은 기억되지 않는다. 그러므로 강요하지 말아야 한다. 초등교육은 일종의 오락이어야 한다. 이렇게 하는 것이 어린이의 자연적 소질을 알아내는 데 더욱 유리할 것이다(『공화국』).

이와 같이 자유롭게 성장한 정신과 각종 스포츠와 야외생활로 단련된 신체가 있으면 우리들의 이상국가는 모든 가능성과 모든 발전을 실현시키기에 충분한 광범하고 확고한 심리적 · 생리적 기초를 갖게 될 것이다. 그러나 도덕적 기초도 마련되어야 한다. 공동체의 구성원들은 단결해야 하며, 그들은 서로 의지하고 있다는 것, 따라서 서로 호의와 의무를 가져야 한다는 것을 배워야 한다. 그런데 인간은 원래 탐욕스럽고 시기심이 많고 호전적이고 호색적인 존재인데, 어떻게 그들을 설득하여 점잖게 행동하게 할 수 있는가? 경찰관의 만능의 곤봉에 의해서? 이것은 잔인한 방법으로 비용이 들고 자극적이다. 더 좋은 방법은 사회적 · 도덕적 요구에 초자연적 권위의 승인을 부여하는 것이다. 우리는 종교를 갖지 않으면 안 된다.

플라톤은 신을 믿지 않는 국민은 강해질 수 없다고 믿는다. 인격이 아닌 단순한 우주의 힘이나 제1원인이나 생의 약진은 희망, 헌신, 희생의 정신을 고취하지 못할 것이다. 또한 절망한 심정을 위안하거나 임전태세를 갖춘 영혼에 용기를 주지도 못할 것이다. 그러나 살아 있는 신은 이러한 모든 일을 할 수 있고 이기적인 개인주의자를 선동하거나 위협해서 어느 정도 탐욕을 억제하고 정욕을 억압하게 할 수 있다. 특히 신앙과 개인의 영생에의 희망이 결부되어 있을 때 그러하다. 내세의 삶에 희망을 두면 자기 자신의 죽음을 직시하고 사랑하는 사람의 죽음을 감내할 용기가 생긴다. 신앙을 갖고 싸우면 우리는 이중의 무장을 한 것과 같다. 비록 신앙은 결코 논증되지 않고, 신은 결국 우리들의 사랑과 희망을 의인화한 이상에 지나지 않고, 영혼은 수금(竪琴) 소리와 같아서 영혼에 형태를 주는 악기와 함께 사멸한다 하더라도 믿음이(파스칼의 주장과 비슷하지만 『파이돈』의 논의는 이렇게 진행된다) 해가 되지 않는다는 것은 확실하며 우리와 우리의 후손들에게 헤아릴 수 없는 이익이 될 것이다.

왜냐하면 어린이의 단순한 마음을 상대로 모든 일을 설명하고 정당화하려면 우리는 어린이들과 마찬가지로 상당한 곤란에 직면할 것이기 때문이다. 어린이들은 20세가 되면 그 동안의 공통교육의 성과에 대해 검토와 시험을 받게 되는데, 이때가 우리들에게는 가장 쓰라린 때이다. 이때에 무자비한 도태가 시작되는 것이다. 우리는 이러한 도태를 '대량 제거'라고 부를 수도 있다. 이 시험은 단순한 학술적 시험에 그치지 않고 이론적인 동시에 실천적이다. "그들은 노고와 고통과 투쟁에 대한 시험도 받게 될 것이다"(『공화국』). 모든 재능을 발휘할 기회가 주어질 것이고, 동시에 온갖 무능력이 백일하에 드러날 것이다. 이 시험에 실패한 자들은 경제 분야에서 일하게 되어 상인, 점원, 공장 노동자, 농부가 되는 것이다. 이 시험은 공평무사하다. 누가 농부가 되고 누가 철학자가 되느냐 하는 것이 배타적인 기회나 연고에 따른 편애에 의해 결정되는 일은 없을 것이다. 이 선발은 민주주의보다도 더 민주적일 것이다.

최초의 시험에 합격한 자들은 다시 10년 동안 육체, 정신, 성격에 걸쳐 교육과 훈련을 받는다. 그 후 그들은 최초의 시험보다 훨씬 어려운 제2의 시험을 보게 된다. 이 시험에 실패한 자들은 국가의 보조원, 곧 행정관이나 군장교가 될 것이다. 그리고 이 대량 제거의 시기에 우리는 제거된 자들이 그들의 운명을 침착하고 조용하게 받아들이도록 최대의 설득력을 동원해야 한다. 최초의 시험에서 제거된 많은 실격자들과 이보다 수는 적지만 더욱 정력적이고 능력 있는 제2차 시험의 실격자들이 무기를 들고 우리의 유토피아를 옛이야기가 되도록 궤멸시키려고 한다면 어떻게 막을 것인가? 그리고 그들이 단순히 수효와 힘이 지배하는 사이비 민주주의의 병든 희극을 다시 한번 싫증이 나도록 재연하는 세계를 다시 건설하려고 한다면 어떻게 막을 것인가? 이때 종교와 신앙은 유일한 구제책일 것이다. 우리는 이 청년들에게 그들이 속하게 된 계급은 신의 섭리로서 취소

할 수 없다고—눈물을 흘리며 애걸하더라도 단 한마디도 취소될 수 없다고—설득해야 한다. 우리는 그들에게 금속의 신화를 들려 줄 것이다.

시민 여러분, 여러분은 형제이지만 신은 여러분을 서로 다르게 창조했다. 여러분 중에는 명령권을 가진 사람들도 있다. 신은 그들을 금으로 만들었고, 따라서 그들에게는 최대의 명예가 부여된다. 신은 보조원이 될 자들은 은으로 만들었고, 또한 농부나 직공이 될 자들은 청동과 쇠로 만들었다. 그런데 종족은 일반적으로 어린이를 통해 유지된다……그러나 여러분은 원래 친척들이므로 금으로 된 어버이가 때로는 은으로 된 아들을 낳는 일도 있고, 은으로 된 어버이가 금으로 된 아들을 낳는 일도 있을 것이다……그리고 신은 선언한다……금 또는 은으로 된 어버이의 아들에게 청동 또는 쇠가 섞이면 자연은 지위의 변화를 요구하며, 따라서 통치자는 자녀가 낮은 계급으로 떨어져 농부나 직공이 되더라도 자녀를 가엾이 여겨서는 안 되며 반면 직공계급으로부터 지위가 높아져 군인이나 보조원이 되는 자들도 있을 것이다라고. 어떤 신탁에 의하면 청동이나 쇠로 된 자들이 국가를 수호할 때 그 국가는 파멸된다(『공화국』).

이 '국왕의 우화'로 아마도 우리는 유토피아 계획을 추진해나가기 위한 일반적 동의를 확보할 수 있을 것이다.

그러면 연속적인 선발의 물결을 이겨낸 행운의 잔류자들은 어찌 되는가?

그들은 철학을 배운다. 그들은 이제 30세가 된 것이다. 그들이 '너무 일찍 고귀한 기쁨을 맛보는 것'은 현명하지 못하다. "청년들이 처음으로 철학의 맛을 알게 되면……가까이 오는 사람들은 가리지 않고 물어뜯는 하룻강아지처럼……장난삼아 논쟁을 하고 항상 반박하거나 부정하게 되기 때문이다"(『공화국』). 철학이라는 고귀한 기쁨에는 주로 두 가지 의미가 있다. 명석한 사고, 곧 형이상학과 현명한 통치, 곧 정치학이다. 따라서 젊은 엘리트들은 우선 명석한 사고를 배워야 한다. 이러한 목적으로 그들은 '이데아론' 을 배울 것이다.

그러나 플라톤의 상상력과 시에 의해 수식되고 애매해진 이데아론은 현대의 연구자들을 당황하게 하는 미로인 만큼, 거듭된 도태 과정을 거쳐온 생존자들에게는 분명히 또 하나의 가혹한 시련이었을 것이다. 한 사물의 이데아는 그 사물이 속해 있는 유(類)의 '일반 개념' (철수, 명수, 진수라는 사람들의 '이데아' 는 '인간' 이다)이다. 또는 이데아는 법칙 또는 법칙들로서 이에 따라 사물이 작용한다고 할 수도 있다(철수의 '이데아' 는 그의 모든 행동을 '자연법칙' 에 환원시킨 것이다). 또는 이데아는 완전한 목적 내지 이상으로서 사물과 이 사물이 속해 있는 유는 이 목적을 향해 발전한다고 할 수 있다(철수의 '이데아' 는 '유토피아' 에 있는 철수이다). 아마도 이데아는 위에서 말한 모든 것—관념, 법칙 및 이상—일 것이다. 우리의 감각에 나타나는 표면적 현상과 특수성의 배후에는 감각에 의해서는 지각되지 않으나 이성과 사고에 의해 인식되는 일반화, 규칙성, 발전의 방향이 있다. 이러한 관념, 법칙, 이상은 감각적으로 지각된 특수한 사물—이러한 사물을 통해 우리는 관념, 법칙, 이상을 파악하고 연역하지만—보다 더 영속적이고 따라서 더 '실재적' 이다. '인간' 은 철수, 명수, 진수보다는 더 영속적이다. 내가 연필로 그려놓은 원은 지우개로 지워버릴 수 있지만 '원' 의 개념은 영속한다. 이 나무는 서 있고 저 나무는 쓰러져 있다. 그러나 어떤 물체가 언제, 어떻게 쓰러질 것인가를 결정하는 법칙은 시작도 끝도 없이 과거와 현재와 미래에 존재한다. 온화한 스피노자가 말한 것처럼 감각에 의해 지각되는 사물의 세계와 사고에 의해 추구되는 법칙의 세계가 있다. 역평방(逆平方)의 법칙은 눈에 보이지 않지만, 이 법칙은 어디에나 존재하고 있다. 이 법칙은 사물이 생기기 전부터 존재했고 사물의 세계가 옛이야기가 된 다음에도 존재할 것이다. 여기에 다리가 있다고 하자. 감각은 1억 톤에 달하는 콘크리트와 쇠를 지각한다. 그러나 수학자는 심안(心眼)으로 이 거대한 재료들이 모두 역학, 수학, 공학의 법칙, 곧 훌륭하게 건조된 모든 다리가 따르고 있는 법칙에 대담하고 교묘하게 적응한 것을 본다. 만일 이 수학자가 동시에 시인이기도 하다면 그는 법칙이 이 다리를 지탱하고 있다는 것을 알 수 있다. 만일 법칙을 어기면 이 다리는 다리 밑의 분류 속으로 무너져버릴 것이다. 법칙은 손바닥으로 다리를 치켜들고 있는 신이다. 아리스토텔레스는 플라톤이 말하고 있는 이데아를, 피타고라스가 이 세계는 수의 세계(아마도 세계는 수학적 항구성 및 규칙성의 지배를 받고 있다는 뜻이리라)라고 가르쳤을 때의 '수'의 의미와 동일한 것으로 보았거니와, 이때 아리스토텔레스도 위에서 말한 점을 암시하고 있다. 플루타르크는 플라톤에 의하면 "신은 항상 기하학적으로 처리한다"고 말한 바 있다. 또한 스피노자도 신과 구조 및 생기의 보편적 법칙들은 동일한 실재라고 같은 사상을 말한 바 있다. 따라서 플라톤에게는, 버트란드 러셀의 경우와 마찬가지로 수학은 철학의 불가결한 서곡이고 최고의 형식이다. 플라톤은 아카데메이아[11]의 문에 단테를 상기시키는 다음과 같은 말을 게시해놓았다. "기하학을 모르는 자는 들어오지 말라."

이러한 이데아—곧 일반화, 규칙성, 이상—가 없으면 세계는 갓난애가 처음 눈을 떴을 때 본 세계와 다름이 없을 것이다. 곧 무질서하고 무의미한 개별적 감각의 덩어리에 지나지 않을 것이다. 오직 사물을 분류하고 일반화하는 경우에만, 사물의 존재법칙과 사물의 활동 목표가 발견되는 경우에만, 사물에 의미가 부여될 수 있기 때문이다. 도서목록함에는

---

11 플라톤이 아테네 교외에 설립한 학교.

많은 책 이름이 그 유(類)와 관련과 목적에 따라 정연하게 배열되어 있다. 이 목록함에 비교한다면 이데아 없는 세계는 목록함에서 우연히 쏟아져 나온 카드와 같다. 또한 어떤 동굴이 있고 밖에는 햇빛이 밝아서 밖의 실재의 환상적이고 괴상한 그림자가 동굴벽에 비친다면, 이데아 없는 세계는 이 그림자와 같은 것이다. 그러므로 고등교육의 핵심은 이데아의 탐구, 곧 일반화, 연속의 법칙 등 발전적 이상의 탐구이다. 우리는 사물의 배후에서 사물의 관계와 의미, 작용의 양식과 법칙, 사물을 통해 작용하거나 희미하게 나타나는 기능과 이상을 찾아내야 한다. 우리는 감각적 경험을 법칙과 목적에 따라 분류하고 조정해야 한다. 이와 같이 하지 못하는 점이 저능아의 정신과 시저의 정신의 차이다.

자, 이 심원한 이데아설, 곧 감각의 혼란과 우연 속에서 의미 있는 형식과 인과계열과 이상적 가능성을 파악하는 기술을 5년 동안 배운 다음, 이 원리를 인간 행동과 국가 경영에 적용하는 훈련을 5년 동안 받은 다음, 어릴 적부터 시작해서 청년기를 거쳐 35세의 장년기에 이르는 기나긴 준비를 마친 다음, 이 완성품들은 과연 왕복(王服)을 입고 공공생활의 최고의 직책을 떠맡게 될 것인가?—마침내 그들은 인류를 다스리고 해방하는 철인 왕이 되는가?

슬프다! 아직도 그럴 수 없다. 그들의 교육은 아직 끝나지 않은 것이다. 지금까지는 주로 이론적 교육을 받았을 뿐이다. 그 밖에도 필요한 것이 있다. 이제 이 철학박사들을 철학의 언덕으로부터 인간과 사물의 세계인 '동굴' 속으로 떨어뜨리자. 일반화와 추상은 구체적인 세계에서 시험되지 않으면 무가치하다. 우리의 철학박사들을 비우호적인 세계에 들어가게 하자. 그들은 실무자, 완고하고 욕심 많은 개인주의자, 완력이 세고 교활한 자들과 경쟁을 할 것이다. 이 투쟁의 와중에서 실제의 인생을 배울 것이다. 그들은 세상의 거친 현실 속에서 손가락을 다치고 철학의 정강이에 상처를 입을 것이다. 그들은 이마에 땀을 흘리며 양식을 벌어들일 것이다. 이 가장 신랄한 마지막 시험은 무자비하게도 15년이라는 긴 세월 동안 계속된다. 일부 완성품들은 압력에 눌려 부서지고 마지막 제초(除草)의 거대한 물결 때문에 가라앉기도 할 것이다. 그러나 살아남은 자들은 상처투성이로 나이는 50세, 냉정하고 자신에 넘치며 삶의 무자비한 알력으로 학자적 허영심은 사라지고 이제는 전통과 경험, 교양과 투쟁이 합쳐서 이루어진 지혜로 무장되어 있다——마침내 이 사람들은 자동적으로 국가의 통치자가 된다.

8. 정치적 해결

자동적이라고 한 것은 투표라는 위선이 없다는 뜻이다. 민주주의는 완전한 기회 균등, 특히 교육에 있어서의 기회 균등을 의미한다. 철수, 명수, 진수가 윤번제로 공직에 취임한다는 뜻은 아니다. 누구에게나 행정상의 복잡한 문제를 감당하기에 알맞은 자질을 기를 균등한 기회가 주어질 것이다. 그러나 자신의 기질(또는 우화로 말하면 금속)을 입증하고 모든 시험을 통과하여 능력을 나타낸 자들만이 통치할 자격을 가질 것이다. 공무원은 투표나 위장 민주정치의 보이지 않는 줄을 조종하는 비밀 단체에 의해서가 아니라, 국민동권(國民同權)이라는 근본적 민주주의에 있어서 입증된 능력에 따라 선발된다. 또한 특별 훈련 없이 공직에 취임하거나 낮은 자리에서 능력을 발휘하지 않고 높은 자리로 올라가는 일은 없을 것이다(『골기아스』).

이것이 귀족주의인가? 그렇다. 우리는 어떤 말이 나타내는 사실이 좋기만 하다면 말을 두려워할 필요가 없다. 말은 현명한 사람들의 산(算)가지로서 말 자체에는 가치가 없다. 바보와 정략배들만이 말을 현금으로 생각한다. 가장 훌륭한 사람의 통치를 받고 싶어한다는 것—이것이 귀족주의라는 말의 의미이다. 우리는 칼라일처럼 가장 훌륭한 인물의 통치를 갈망하고 또 하느님께 빌어오지 않았는가? 그러나 우리는 귀족주의를 세습적인 것으로 생각하고 있다. 플라톤의 귀족주의는 이러한 것이 아님을 명심하자. 오히려 민주주의적 귀족주의라고 부를 수 있는 것이다. 인민은 당파가 후보자로 지명한 두 악한 중에서 약간 나은 자를 맹목적으로 선출하는 것이 아니라, 여기서는 인민 각자가 후보자이고 '교육에 의한 선발'이라는 균등한 기회를 갖기 때문이다. 여기에는 계급적 차별, 지위나 특권의 세습은 없으며, 가난하게 태어난 자의 재능이 저지되는 일도 없다. 통치자의 아들이나 구두닦이의 아들이나 동일한 평면에서 출발하고 동일한 대우를 받고 동일한 기회를 갖는다. 통치자의 아들일지라도 멍청이라면 최초의 제초에서 베어진다. 구두닦이의 아들이라도 유능하기만 하면 국가의 수호자가 되는 길이 열려 있다. 어떠한 처지로 태어났든 재능만 있으면 전도양양하다. 이것은 교육에 의한 민주주의로서 투표에 의한 민주주의보다 1백 배나 공정하고 효과적이다.

그러므로 "수호자들은 다른 모든 일은 젖혀두고 국가의 자유 유지에 전적으로 헌신하며 이를 천직으로 삼고 이 목적과 관련되지 않는 일에는 종사하지 않을 것이다"(『공화국』). 그들은 입법자인 동시에 행정가, 재판관이다. 사정이 변했을 때에는 법률조차도 그들을 독단에 묶어두지 못할 것이다. 통치자의 수칙은 선례에 속박되지 않는 유연한 지성을 갖는 것이다.

그러나 50세나 된 사람의 지성이 어떻게 유연할 수 있는가? 매일 매일의 정해진 일과 때문에 그들의 정신도 굳어버리지 않았을까? 아데이만토스는(분명히 플라톤의 집에서 일어난 형제 간의 열띤 논쟁의 계속이다) 철학자란 바보이거나 악한이므로 멍청하게 또는 이기적으로 다스리거나, 멍청하고 이기적으로 다스릴 것이라고 이의를 제기한다. "청년 시절에 교양을 목적으로 철학을 연구하는 데 그치지 않고 어른이 된 다음에도 직업으로 삼고 있는 철학의 심취자들—이들은 극악한 악한이라고 할 수는 없지만 대체로 매우 이상한 괴물이 된다. 그 결과로 가장 뛰어났다고 생각될 만한 자도 결국 당신이 찬양하는 학문 때문에 세상에 대해서는 쓸모없는 인간이 된다"(『공화국』). 이 말은 안경을 쓴 일부 현대 철학자들에게도 충분히 해당되는 말이다. 그러나 플라톤은 철학자들에게 학교 교육만이 아니라 생활 경험도 시킴으로써 이 곤란한 사태를 피할 수 있고, 이렇게 하면 그들은 사색하는 자에 그치지 않고 행동하는 자—오랜 경험과 시련을 통해 고상한 목적과 고귀한 기질을 체득한 자—가 된다고 대답한다. 플라톤에 의하면 철학은 능동적 교양, 곧 분망한 실생활과 밀착된 지혜를 뜻한다. 그는 폐쇄적이고 비실제적인 형이상학자를 생각하고 있는 것이 아니다. 플라톤은 "칸트와는 전혀 다른 인물이며 이것은 (모든 면에 있어서) 중요한 장점이다"(파게, 『플라톤을 읽기 위하여』).

무능력에 대해서는 이쯤 해두자. 다음에는 수호자들이 나쁜 짓을 하지 않을까 하는 문제인데, 이 문제는 수호자들 사이에 공산제도를 세우면 방지할 수 있다.

첫째로 그들은 누구든 꼭 필요한 정도 이상의 재산을 가져서는 안 된다. 또한 들어오려는 사람을 빗장으로 막아내는 사택을 가져서도 안 된다. 그들은 절제 있고 용감한, 훈련받은 병사에게 필요한 정도의 식량을 받아야 하고 시민들로부터 1년 간의 경비로 충당할 일정액을 보수로 받아야 한다. 그 이상은 안 된다. 그리고 그들은 야영 중인 병사처럼 공동 숙식을 할 것이다. 금과 은에 대해서는 우리는 그들에게 다음과 같이 말할 것이다. "곧 그들은 신으로부터 금과 은을 받았고, 보다 신성한 금속이 그들의 마음속에 있으므로 금이라는 이름으로 통용되는 지상의 쇠부스러기는 필요하지 않으며 지상의 불순물로 신성한 금속을 더럽혀서는 안 된다. 비천한 금속은 신성하지 못한 많은 행동의 근원이고 그들의 내면의 금속은 원래 더럽혀지지 않을 것이기 때문이다." 모든 시민들 중에서 그들만은 은이나 금을 만지거나 다루지 못하며 금은과 같은 지붕 밑에서 지내지 못하며 금은의 패물을 달거나 금이나 은으로 만든 잔으로 술을 마시지 못한다. 이렇게 해서 그들도 구제되고 국가도 구제되는 것이다. 만일 그들이 자기 자신의 집이나 토지나 돈을 갖고 있다면 그들은 수호자가 아니라 가옥 관리인, 또는 농부가 될 것이고, 다른 시민의 벗이 아니라 적과 폭군이 될 것이다. 따라서 미워하고 미움의 대상이 되고 음모를 꾸미고 음모의 대상이 되며, 그들은 외부의 적보다도 내부의 적을 더 무서워하며 일생을 보낼 것이다. 또한 그들 자신과 그들 이외의 시민들에게 파멸의 시간이 다가올 것이다 (『공화국』).

이러한 제도라면 수호자가 공동체 전체가 아니라 자기 계급의 이익만을 추구하는 도당으로서 통치한다는 것은 불리할 뿐 아니라 위험한 일일 것이다. 그들은 곤궁으로부터 보호받고 고상한 생활의 필수품과 적절한 사치품을 정기적으로 공급받으므로 경제적 고통으로 야위거나 주름이 잡히는 일은 없을 것이기 때문이다. 동시에 그들은 탐욕과 더러운 야망으로부터 구제될 것이다. 그들은 언제나 꼭 필요한 만큼의 속세의 재산을 갖고 그 이상은 갖지 못하기 때문이다. 그들은 국민에게 식이요법을 처방해주고 자기 자신도 이 처방을 지키는 의사와 같을 것이다. 그들은 성직자처럼 공동 식사를 하고 검소한 생활을 서약한 병사처럼 바라크에서 잠잘 것이다. 피타고라스가 항상 주장한 바와 같이 "친구들은 모든 것을 공유해야 한다"(『법률』). 그러므로 수호자의 권위는 살균되고 그들의 권력은 해독된다. 그들의 유일한 보상은 명예와 전체에 대한 봉사심이다. 그리고 그들은 이와 같이 물질적 제한이 많은 생애에 처음부터 자진해서 동의한 사람들이며 엄격한 훈련 끝에 엽관을 능사로 하는 정략배나 '경제적 인간'의 어리석은 이익보다는 정치가의 높은 명성을 존중할 줄 알게 된 사람들이다. 그들이 등장하면 도당정치의 싸움은 종식될 것이다.

그러나 그들의 아내는 이러한 모든 일에 대해 어떻게 말할까? 아내들이 과연 사치스러운 생활과 재산의 한없는 낭비를 단념하는 데 동의할 것인가? 수호자는 결혼하지 못한다. 그들의 공산제도는 재산만이 아니라 여자에게도 적용된다. 그들은 자아의 이기주의로부터 해방될 뿐 아니라 가족의 이기주의로부터도 해방된다. 그들은 조바심난 남편의 안달난 욕심에 사로잡힐 만큼 마음이 비좁지 않다. 그들은 여자가 아니라 공동체에 헌신한다. 그들의 자녀조차도 각별히 다른 아이와 구별해서 자기 아이라고 할 수 없다. 수호자의 자녀는 모두 태어나자마자 어머니 곁을 떠나 공동으로 양육된다. 그들의 개별적인 부자 관계는 애들이 얼크러져 싸우는 가운데서 사라지고 만다. 수호자의 아내들은 수호자의 자녀들을 모두 돌보아줄 것이다. 이러한 환경에서는 인간은 모두 형제라는 사상은 구호가 아니라 사실이 될 것이다. 소년들은 모두 서로 형제가 되고 소녀들은 모두 자매가 되고 모든 남자는 아버지, 모든 여자는 어머니가 될 것이다.

수호자의 아내들의 출신은 어떠한가? 물론 일부는 수호자들이 산업 계급이나 군인 계급으로부터 뽑아올 것이고, 그 밖의 여자들은 그들 자신의 자격으로 수호자 계급의 일원이 될 것이다. 이 공동체에는 성별에 의한 차별은 없기 때문이다. 적어도 교육에 있어서는 소녀는 소년과 마찬가지의 지적 기회와 국가의 최고직에 오를 기회를 갖는다. 글라우콘이 시험에 통과했다고 해서 여자를 아무 공직에나 취임시킨다면 이것은 노동 분업의 원칙에 어긋나는 일이라고 항의했을 때, 그는 적성과 능력에 의해 노동의 분업이 정해지는 것이지 성별에 의해 정해지는 것이 아니라는 날카로운 대답을 듣는다. 만일 여자에게 통치 능력이 있다면, 여자가 다스려야 하고, 남자에게 접시닦이의 능력밖에 없는 경우에는 천부의 기능을 발휘하게 해야 한다는 것이다.

　　아내의 공동 소유는 난혼(亂婚)을 의미하지는 않는다. 오히려 모든 생식 관계에 대해서는 우생학적 관리가 실시된다. 동물의 사육과 비교하는 것으로 시작된 논의는 여기서부터 장황해진다. 가축 사육에 있어서 좋은 품종을 선택적으로 기르고 각 세대의 가장 좋은 가축을 교배시켜 훌륭한 성과를 거두었다면 동일한 원칙을 왜 인간의 배우(配偶)에 적용해서는 안 되는가? 어린이를 올바르게 교육하는 것만으로는 충분하지 못하다. 어린이는 선택된 건강한 어버이로부터 정당하게 태어나야 한다. "교육은 출생 이전부터 시작되어야 한다. 따라서 남자든 여자든 건강이 완전하지 않을 때에는 아이를 낳아서는 안 된다. 모든 신랑 신부에게는 건강 증명서가 요구될 것이다. 남자는 30세 이상 45세 이하일 때, 여자는 20세 이상 40세 이하일 때 아이를 낳아야 한다. 35세까지 결혼하지 않은 남자에게는 과세로 결혼을 강요한다"(『법률』). 허가를 받지 않은 배우자 사이에서 태어난 아이나 불구의 아이는 내다버려 죽인다. 허가된 생식 연령 이전 또는 이후의 배우 관계는 태아를 유산시킨다는 조건하에서만 자유롭다. "이러한 일은 당사자들이 태아가 햇빛을 보지 못하도록 최선을 다해야 한다는 엄격한 규정을 마련한 다음 허용된다. 또한 무리하게 아이를 낳더라도, 이러한 결합으로 생긴 아이는 기를 수 없다는 것을 알아야 하고 그들은 적절한 조치를 취해야 한다"(『공화국』). 근친 결혼은 퇴화를 유발한다고 해서 금지된다. "각 성(性)의 최우수자는 가능한 한 자주 최우수자와 결합해야 하고 열등한 자는 열등한 자와 결합해야 한다. 그리고 전자에게서 태어난 아이는 기르지만 후자에게서 태어난 아이는 기르지 말아야 한다. 이것이 인간의 최선의 조건을 유지하는 유일한 방법이기 때문이다……보다 용감하고 보다 우수한 젊은이에게는 다른 명예와 보상 이외에 배우자와의 잦은 동침이 허가되어야 한다. 이러한 아버지들은 가 능한 한 많은 아들을 낳아야 하기 때문이다"(『공화국』).

그러나 우리들의 우생학적 사회는 내부의 질병이나 퇴화로부터 보 호받을 뿐 아니라 외부의 적으로부터 보호받아야 한다. 일단 유사시에는 전쟁에서 승리할 수 있는 준비를 항상 갖추고 있어야 한다. 물론 우리들 의 모범적인 공동체는 평화를 사랑할 것이다. 생계 수단이 허용하는 한도 내에 인구를 제한하기 때문이다. 그러나 이와 같이 하지 않는 이웃 나라 들은 우리의 유토피아의 착실한 번영을 침입과 약탈에의 초대로 생각할 지도 모른다. 그러므로 유감스럽기는 하지만 우리는 중간 계급 중에 잘 훈련된 충분한 수의 병사를 두어야 할 것이다. 그들은 '부양자 및 조상' 곧 국민이 공급하는 규정된 최소의 물품으로 수호자처럼 엄격하고 검소 한 생활을 할 것이다. 동시에 전쟁 발발을 회피하기 위해 온갖 주의를 기 울여야 한다. 전쟁 발발의 첫째 요인은 인구 과잉이다. 둘째는 외국 무역 으로 이 문제에 대해서는 본론을 중단시키는 논쟁이 불가피했다. 사실상 무역 경쟁은 전쟁의 한 형태이다. "평화는 명목일 뿐이다"(『법률』). 그러 므로 우리의 이상국가는 아무리 발달한 외국 무역도 침입할 수 없는 깊숙 한 내륙에 자리잡는 것이 좋으리라. "바다가 있으면 그 나라는 상품과 돈 벌이와 흥정의 도가니가 된다. 바다 때문에 인간의 마음속에는 국내 관계 에 있어서나 대외 관계에 있어서나 경제적 탐욕과 불신의 습관이 생긴다" (『법률』). 해외 무역의 보호를 위해 거대한 해군이 필요한데 대해군주의 는 대육군주의와 마찬가지로 좋지 않다. "어떤 경우든 전쟁의 책임은 소 수의 사람들에게 있으며 대다수의 사람들은 친구이다"(『공화국』). 가장 빈번한 전쟁은 바로 가장 비열한 전쟁, 곧 내란——그리스인과 그리스인 의 전쟁——이다. "그리스 전체가 언젠가 야만인의 지배를 받게 되는"(『공

화국』) 날이 없도록 그리스 사람들은 단결해서 범(汎)그리스 동맹을 형성
해야 한다.

　따라서 우리의 정치 조직은 소수의 수호자 계급을 정상으로 하고 다
수의 군대와 '보조원' 계급에 의해 보호되고 상공농민의 광대한 기반에
의존할 것이다. 이 마지막 계급, 곧 경제 계급은 사유재산, 개별적 배우
관계, 자신의 가족을 갖게 될 것이다. 그러나 개인의 과도한 치부나 빈궁
을 방지하기 위해 상업과 산업은 수호자의 통제 밑에 놓인다. 누구든 시
민의 평균 재산의 네 배 이상을 소유하면 초과분을 국가에 바쳐야 한다
(『법률』). 아마도 이자는 금지되고 이익은 제한될 것이다(『법률』). 수호
자 계급의 공산제도는 경제 계급에서는 실행되기 어렵다. 경제 계급의 현
저한 특색은 강렬한 소유 본능과 경쟁 본능이다. 이 계급에도 고귀한 자
들이 있어서 경쟁적인 소유의 열병에 걸리지 않는 경우도 있지만 대다수
는 이 병에 걸려 있다. 그들은 정의나 명예가 아니라 소유의 무한한 증대
를 갈망한다. 그런데 돈벌이에 여념이 없는 자는 국가 통치에는 적합하지
못하다. 그리고 우리의 계획 전체는 수호자가 잘 다스리고 소박한 생활을
한다면, 경제적 인간은 사치의 독점을 조건으로 통치자의 행정의 독점을
허용하리라는 희망에 의존하고 있다. 요컨대 완전한 사회는 각 계급과 각
구성원이 본성과 재능에 알맞는 일을 하며 어떠한 계급, 어떠한 개인이든
서로 간섭하지 않고 다양성 가운데서 효과적이고 조화로운 전체를 실현
하기 위해 서로 협력하는 사회다. 이것이 정의로운 국가이다.

9. 윤리적 해결

　이제 정치적 산책은 끝났다. 우리는 드디어 최초의 질문, 곧 정의(正
義)는 무엇인가 하는 질문에 대답할 수 있게 되었다. 이 세상에서 가치 있

는 것은 정의, 아름다움, 진리 셋뿐이지만 아마도 그 어느 것도 정의되지 못할 것이다. 플라톤이 죽고 4백 년이 지나서 어떤 로마의 유태 태수[12]가 "진리는 무엇인가?"라고 물었으나 철학자는 대답하지 못했고, 아름다움은 무엇인가 하는 것도 밝히지 못했다.

그러나 정의에 대해서는 플라톤이 정의(定義)를 내리고 있다. 그는 "정의는 자신에게 알맞은 것을 소유하고 자신에게 알맞은 일을 하는 것"(『공화국』)이라고 말한다.

이 대답은 실망을 안겨준다. 이만큼 기다렸으므로 우리는 무류(無謬)의 계시를 기대하고 있었다. 도대체 이 정의(定義)의 뜻은 무엇인가? 단순히 각자는 자기가 일한 만큼 받고 자기에게 가장 알맞은 직분을 수행한다는 뜻이다. 곧 올바른 사람은 적재적소에서 최선을 다하고 자기가 받은 만큼 어김없이 주는 사람이다. 그러므로 올바른 사람들의 사회는 고도의 조화가 있고 능률적인 집단이다. 이 사회의 각 구성원은 완벽한 오케스트라의 여러 악기처럼 자기 자리에서 가장 적합한 기능을 발휘할 것이기 때문이다. 사회에 있어서의 정의는 많은 유성이 질서 정연하게(또는 피타고라스가 말하듯 음악적으로) 운행하면서 결합을 유지하는 조화로운 관계와 같다고 할 수 있다. 이와 같이 조직된 사회는 오래 존속할 수 있고 따라서 정의는 일종의 다원적 시인을 받는다. 인간이 본래의 자리에 있지 못한 경우, 다시 말하면 실업가가 정치가를 지배하고 군인이 왕위를 빼앗는 경우, 각 부분의 협동은 파괴되고, 결합은 분해되고, 해체 붕괴된다.

그리고 개인의 경우에도 정의는 효과적인 협동, 곧 한 사람 안에 있는 여러 요소들의 조화로운 기능 발휘로서 각 요소들이 적합한 자리에서

---

12 빌라도. 「요한복음」 18장 38절 참조.

각기 행동에 협동적 기여를 하는 것이다. 각 개인은 여러 가지 욕망, 감정, 관념의 코스모스, 또는 카오스이다. 욕망, 감정, 관념이 조화를 이루면 개인은 살아남아서 성공을 거두지만, 적절한 자리와 기능을 잃어서 감정이 행위의 열일 뿐 아니라 빛이 되려고 하거나(광신자의 경우처럼), 사상이 행위의 빛일 뿐 아니라 열이 되려고 하면(지식인의 경우처럼), 인격의 해체가 시작되고 실패는 어김없이 찾아오는 밤처럼 다가온다. 정의는 영혼의 각 부분의 질서와 아름다움이며, 정의와 영혼의 관계는 건강과 신체의 관계와 같다. 모든 악은 부조화, 곧 인간과 자연, 나와 타인, 나와 나 자신 사이의 부조화이다.

그러므로 플라톤은 트라시마코스와 칼리클레스 및 장차도 끊어지지 않을 모든 니체주의자[13]에게 다음과 같이 대답한다. 정의는 단순한 힘이 아니라 조화로운—온갖 욕망과 인간이 이성과 조직의 본질인 질서를 갖고 있는—힘이며, 강자의 권리가 아니라 전체의 효과적인 조화이다. 어떤 개인이 자신의 성품과 재능에 맞는 자리에서 벗어날 때, 당분간 이익을 얻는 것은 사실이다. 그러나 피할 수 없는 복수의 여신—아낙사고라스가 말한 궤도를 벗어나 방황하는 유성을 뒤쫓는 복수의 여신—의 추적을 면할 수 없다. '사물의 본성'이라는 '지휘봉'은 빗나간 악기를 자기 자리로 되돌아가게 하고, 자기 음계와 음색을 되찾게 한다. 코르시카 섬 출신의 중위가 하룻밤 사이에 급조된 왕조보다는 고대의 군주정치에 더 적합한 의식적 독재정치로 유럽을 지배하려고 할 수는 있다. 그러나 그는 뉘우치는 마음으로 스스로 '사물의 본성의 노예'임을 깨달으면서 대해의 고도에서 눈을 감는다. 부정은 제거될 것이다.

이 견해에는 신기할 만큼 새로운 것이 없다. 사실 철학에서는 새로

---

13 니체도 강자를 위한 도덕을 주장했다.

움을 자랑하는 학설을 의심해볼 필요가 있다. 진리는 '아름다운 숙녀가 모두 그렇듯이' 자주 옷을 갈아입지만, 새로운 옷을 입더라도 진리는 항상 동일하다. 도덕의 경우에도 괄목할 개혁을 기대할 수는 없다. 소피스트나 니체주의자들의 흥미진진한 모험에도 불구하고 모든 도덕적 개념은 '전체의 복지'를 축으로 회전하고 있다. 도덕은 결합, 상호의존, 조직과 함께 시작되고, 사회생활은 공동의 질서를 위해 개인에게 주권의 일부를 양도하라고 요구한다. 그리고 궁극적으로는 그 집단의 복지가 행위의 규범이 된다. 자연이 이와 같이 요구하는 것이며 자연의 판결은 언제나 최종적이다. 어떤 집단이 다른 집단과의 경쟁 또는 전쟁에서 살아남는 것은 그 집단의 단결과 힘, 그 집단 구성원의 공동 목적을 위해 협동하는 능력에 달려 있다. 그런데 각자가 가장 잘할 수 있는 일을 한다는 것보다 더 훌륭한 협동이 있을 것인가? 이것은 사회가 생명을 갖고 있는 한, 추구해야 할 조직의 목표이다. 도덕은 약자에게 친절한 것이라고 예수는 말하고, 도덕은 강자의 늠름함이라고 니체는 말하지만, 플라톤은 전체의 효과적인 조화라고 말한다. 완벽한 윤리학을 세우려면 이 세 견해를 합쳐야 할지도 모른다. 그렇다면 이 세 요소 중 어느 것이 기본적인 것인가?

10. 비판

우리는 이 유토피아 전체를 어떻게 평할 수 있을까? 실현될 수 있을까? 실현될 수 없다 하더라도, 현대에 적용할 수 있는 실용적인 면이 다소라도 있을까? 혹은 어느 곳에서 다소라도 실현된 적이 있을까?

적어도 마지막 질문에 한해서는 플라톤에게 유리한 대답을 하지 않을 수 없다. 유럽은 1천여 년 동안 플라톤이 상상한 바와 매우 흡사한 수호자 계급의 지배를 받았다. 중세를 통해서 기독교국의 주민은 노동자,

병사, 성직자로 분류되는 것이 상례였다. 성직자 집단은 비록 소수이기는 했지만 교양을 얻는 수단과 기회를 독점했고, 거의 무제한의 권력을 갖고 지구상의 가장 강력한 대륙의 반을 통치했다. 성직자는 플라톤의 수호자들처럼 인민의 투표에 의해서가 아니라 성직교육과 행정에서 보여준 재능, 명상과 검소한 생활의 기질, 그리고(이 말의 첨가는 당연한 일이겠지만) 국가와 교회의 권력층에 있는 친척의 영향력에 의해 권좌에 올랐다. 성직자 통치의 후반기에 성직자들은 플라톤이 바랐던 바와 마찬가지로 가족 문제에서 해방되었다. 그리고 때로는 그들은 수호자에게 부여된 생식의 자유를 적지 않게 향락한 것 같다. 독신생활은 성직자의 권력의 심리적 구조의 일부였다. 그들은 한편으로는 가족의 편협한 이기주의에 얽매이지 않았고, 또 한편으로는 그들이 육신의 유혹을 극복한 것이 분명했기 때문에 속인들의 외경심을 높여주어 죄 많은 속인들은 고해실에서 자진하여 자신의 생활을 적나라하게 털어놓았던 것이다.

가톨릭 정치의 대부분은 플라톤의 '웅대한 허구'로부터 나왔거나 그 영향을 받은 것이다. 곧 중세적 형태의 천국, 연옥, 지옥의 관념은『공화국』의 최종편에서 찾아볼 수 있고, 스콜라 철학의 우주론은 대부분『티마이오스』에서 나온 것이다. 실념론(實念論, 보편 개념의 객관적 실재를 말하는 학설)은 이데아론의 한 해석이었다. 교육상의 '4과'(산술, 기하, 천문학, 음악)도 플라톤이 윤곽을 제시한 교과 과정을 모방한 것이다. 유럽 사람들은 이러한 학설에 의해 거의 폭력을 사용하지 않고 통치했다. 또한 유럽 인민들은 이러한 통치에 만족하고 1천여 년 동안 통치자에게 풍족한 물질적 지원을 하면서도 정부에 아무런 발언권도 요구하지 않았다. 게다가 이러한 묵종은 일반 대중에게 국한되지 않았다. 상인과 군인, 봉건 영주와 민간 유력자도 모두 로마에 무릎을 꿇었다. 결코 얕볼 수 없는 정치적 지혜로 무장한 귀족주의였다. 아마도 세계 역사상 가장 놀랍고도 가장 강력한 조직이었을 것이다.

그러나 아리스토텔레스 이후 오늘에 이르기까지 비평가들은 『공화국』에서 반대와 의혹의 많은 단서를 찾아냈다. 스타기라인[14]은 빈정거리듯 간단하게 "이 계획과 그 밖의 많은 것들은 옛부터 몇 번씩 발견된 것"이라고 말했다. 모든 사람들이 형제인 사회를 구상한다는 것은 매우 좋은 일이다. 그러나 이러한 관계를 현대의 남성 전체에 확대시키면 이러한 관계의 따뜻함이 사라지고 그 의의가 상실될 것이다. 재산의 공유도 마찬가지다. 이것은 책임감의 희박화를 뜻한다. 모든 것이 모든 사람들에게 속해 있다면, 아무도 재산을 돌보려고 하지 않을 것이다. 끝으로 공산주의는 타인과의 끊임없는 접촉으로 사람들을 지치게 할 것이고, 프라이버시나 개성이 남을 여지는 없을 것이며, 소수의 성자들만이 가질 수 있는 인내와 협동의 덕을 전제하게 될 것이라고 이 위대한 보수주의자[15]는 주장한다. "우리들은 평범한 사람들이 미치지 못하는 덕(德)의 기준이나 천성과 환경으로부터 특별한 혜택을 받는 교육을 전제해서는 안 된다. 오히려 우리는 대다수의 사람들이 참여할 수 있는 생활과 국가라면 일반적으로 달성할 수 있는 통치 형태를 생각하지 않으면 안 된다"(아리스토텔레스, 『정치학』).

이것은 플라톤의 가장 위대한(그리고 가장 시기심 많은) 제자의 비판이다. 그 후의 비판자들도 대부분 비슷한 비판을 하고 있다. 플라톤은 일부일처제와 이 제도에 따르는 도덕률에 축적된 관습의 힘을 과소평가하여 남자는 아내의 몇 분의 일쯤을 소유하는 것으로 만족하리라고 가정함으로써 남자의 소유욕을 가볍게 보았고, 또한 자기 자식을 가로채서 누군지도 모르는 냉정한 사람의 손으로 키우도록 어머니가 동의하리라고

---

14 아리스토텔레스.
15 아리스토텔레스.

가정함으로써 모성의 본능을 무시했다. 그리고 무엇보다도 그는 가족을 폐기함으로써 도덕의 위대한 요람과 그의 이상국가의 심리적 기초가 될 협동적인 공산주의적 습관의 주요 원천을 파괴하고 있다는 것을 망각하고 있었다. 그는 유례 없는 웅변으로 자기가 앉아 있는 나뭇가지를 베어버렸다는 비판도 있었다.

이러한 모든 비판에 대해서는, 이러한 비판은 오직 허수아비를 쓰러뜨리는 것에 지나지 않는다고 간단히 대답할 수 있다. 플라톤은 분명히 그의 공산주의적 계획에서 대다수의 사람들을 제외했다. 통치 계급에 요구한 물질적 자제의 능력을 가진 자는 소수일 뿐이며, 수호자들만이 서로 형제 자매로 부를 수 있고 수호자들만이 금이나 재산을 무시하고 살 수 있다는 것을 그는 명확히 알고 있다. 대다수의 사람들은 존중할 만한 온갖 제도—재산, 돈, 사치, 경쟁, 그리고 그들이 원하는 만큼의 프라이버시—를 유지할 것이다. 그들은 참을 수만 있다면 일부일처의 결혼을 할 것이고, 일부일처제와 가족제도에서 파생되는 모든 도덕을 준수할 것이다. 아버지는 아내를, 어머니는 자녀를 싫증이 날 때까지 마음대로 곁에 있게 할 것이다. 수호자들에게는 공산주의적 기질보다는 오히려 수치심과 명예욕이 필요하다. 친절이 아니라 긍지가 그들을 지탱해주어야 한다. 그리고 모성 본능을 보면 이 본능은 아이가 태어나기 전에는, 심지어 아이가 성장하는 동안에도 강하지 않다. 평범한 어머니는 아이를 기쁨보다는 체념을 갖고 받아들인다. 아이에 대한 사랑은 일종의 발달이지 갑작스러운 기적이 아니다. 아이가 성장함에 따라, 아이가 어머니의 정성으로 모습을 갖추게 됨에 따라, 어머니의 사랑도 성장하는 것이다. 아이는 모성 본능이 구현될 때까지는 어머니의 마음을 최종적으로 사로잡지는 못한다.

다른 비판은 심리적이라기보다는 경제적인 것이다. 플라톤의 공화국은 도시가 둘로 갈라진 것을 비난하면서 셋으로 갈라져야 한다고 제안하는 것이라고 말하는 사람도 있다. 도시가 둘로 갈라지는 것은 경제적 알력 때문이지만, 플라톤의 국가에서는 수호자 계급과 보조원 계급은 결코 돈이나 재산을 위한 경쟁에 관여하지 못한다. 그렇다면 수호자는 책임 없는 권력을 갖고 있으므로 폭군으로 변하지 않을까? 천만에. 그들은 정치적 권력과 지휘권을 갖고 있으나 경제력이나 부는 갖고 있지 못하다. 경제 계급은 수호자의 통치 방식에 불만을 느끼면, 국회가 예산을 통제해서 행정부를 견제하듯이 식량 공급을 억제할 수 있다. 그런데 정치적 권력만 있을 뿐 경제적 권력은 없는 수호자들은 어떻게 지배력을 유지할 수 있었는가? 해링턴,[16] 마르크스, 그 밖의 많은 사람들이 정치적 권력은 경제적 권력의 반영이고, 경제적 권력이—18세기의 중간 계급의 경우에서 보듯이—정치적 피지배 계급으로 넘어가는 즉시 정치적 권력은 불안해진다고 증명하지 않았는가?

이것은 매우 근본적이고 어쩌면 치명적인 비판이다. 이에 대해서는 카노사에서 왕들을 무릎꿇게 한 로마 카톨릭 교회의 권력은, 그 통치의 최초 수세기 동안에는 부의 전략보다는 오히려 교리의 주입에 기초를 두고 있었다고 대답할 수도 있다. 그러나 교회의 장기적 지배력은 유럽의 농업 상태에 그 원인이 있었을 것이다. 농민은 변덕스러운 자연에 절망적으로 얽매여 있을 뿐 자연을 제어할 수 없기 때문에 항상 자연을 두려워하고 마침내는 숭배하게 되어 결국 초자연적 신앙으로 기울어진다. 산업과 상업이 발달했을 때 새로운 형태의, 보다 현실적이고 보다 현세적인 정신과 인간이 출현했고 교회의 권력은 새로운 경제적 사실과 충돌하자 붕괴하기 시작했다. 정치 권력은 경제적 세력의 균형 변화에 끊임없이 적

---

16 영국의 정치학자.

응하지 않으면 안 된다. 플라톤의 수호자들은 경제 계급에 경제적으로 의존함으로써 곧 경제 계급이 조종하는 정치기관으로 전락한다. 군사력을 동원하더라도 이 불가피한 사태를 오랫동안 저지하지는 못할 것이다. 혁명 러시아의 군사력 이상 가는 것이 있더라도 식량의 증산, 따라서 국민의 운명을 지배하는 농민 사이에 탐욕스러운 개인주의가 발달하는 것을 막지 못할 것이다. 오직 다음과 같은 사실이 플라톤에게 유리할 뿐이다. 곧 국가의 정책은 경제적으로 유력한 집단에 의해 결정될 수밖에 없다 하더라도 이 정책은 정치가의 솜씨를 익히지 못한 채 불쑥 상업계나 산업계에서 관계(官界)에 나온 사람들이 아니라 특별한 정치적 훈련을 받은 사람들에 의해 집행되는 것이 더 바람직할 것이다.

플라톤에게 결여된 것은 아마도 유전과 변화에 대한 헤라클레이토스적 감각일 것이다. 그는 세계라는 활동사진을 고정되어 움직이지 않는 그림으로 만들려고 애를 썼다. 그는 다른 소심한 철학자들처럼 오직 질서만을 사랑했고, 아테네 민주정치의 소란에 놀라서 개인의 가치를 극단적으로 무시했다. 그는 곤충학자가 파리를 분류하듯, 인간을 여러 계급으로 나누고, 목적 달성을 위해서는 성직자 같은 속임수도 서슴지 않았다. 그의 국가는 정적(靜的)이다. 이 국가는 자칫하면 창의를 적대시하고 변화를 미워하는 완고한 80대 노인들이 지배하는 고루한 사회가 될 것이다. 이 국가에는 과학만 있고 예술은 없다. 이 국가는 과학적 정신에 소중한 질서만을 찬양하고 예술의 정수인 자유는 전적으로 무시한다. 이 국가는 명목상 아름다움을 숭상하지만 아름다움을 창조하거나 찾아내는 예술가는 추방한다. 이것은 스파르타나 프러시아 같은 국가이지 이상국가는 아니다.

이제까지는 어쩔 수 없이 불쾌한 비판을 솔직히 말했지만 지금부터는 플라톤 사상의 힘과 심원성에 경의를 표하기로 하자. 이 세계는 가장 현명한 인물에 의해 통치되어야 한다는 그의 말은 본질적으로 올바르다. 그렇지 않은가? 그의 사상을 우리 시대와 제한에 적용하는 것이 우리들의 과제다. 오늘날 우리는 민주주의를 당연한 것으로 생각하지 않을 수 없다. 우리는 플라톤의 제안에 따라 선거권을 제한할 수는 없으나 공직 취임에 제한을 가해 플라톤이 생각한 듯한 민주정치와 귀족정치의 혼합을 실현할 수는 있다. 우리는 정치가가 의사와 마찬가지로 철저한 전문적 훈련을 받아야 한다는 그의 주장을 이의 없이 받아들일 수 있다. 우리는 대학에 정치학과와 행정학과를 설치하는 것이 좋으리라. 그리고 이 학과들이 충분한 기능을 발휘하기 시작하면 이러한 학과 출신자가 아닌 한, 공직 취임의 자격을 주지 말고 이러한 훈련을 받은 사람에게는 누구에게든 공직 취임의 자격을 부여하면 될 것이다. 이렇게 하면 민주정치의 부패의 근원인 복잡한 지명제도를 완전히 제거할 수 있을 것이다. 선거인들이 적절한 훈련을 받고 충분한 자격을 갖춘 후보자들 중에서 선택하도록 해야 한다. 이렇게 되면 비슷비슷해서 구별하기 어려운 자들이 4년마다 무대에 나와 쇼를 하고 허풍을 떠는 지금보다는 민주적 선택의 폭이 훨씬 넓어질 것이다. 공직 취임의 자격을 행정학과 졸업생에게 국한시키는 이 계획을 참으로 민주적인 것으로 만들려면 오직 한 가지 수정으로 충분할 것이다. 곧 부모의 재산과 상관없이 모든 남녀에게 대학교육의 기회 균등을 보장하고, 정치적 상승의 길을 열어주는 것이다. 중학교, 고등학교, 대학에서 일정한 기준의 재능을 나타냈으나 부모에게 재정적 능력이 없어서 상급학교 진학을 포기한 모든 졸업생에게 도·시·군이 장학금을 지급하는 것은 매우 간단한 일일 것이다. 이야말로 명실상부한 민주주의이다.

끝으로 플라톤도 그의 유토피아가 실제로 이 땅 위에 실현될 수 없다는 것을 알고 있었다는 점을 첨가해두는 것이 공정하다. 그는 달성하기 어려운 이상을 말했다는 점을 스스로 시인하지만, 그럼에도 불구하고 그는 이러한 소망의 표현에는 가치가 있다고 주장한다. 인간의 의의는 보다 좋은 세계를 상상하고 최소한 그 일부나마 실현하려고 하는 데 있기 때문이다. 인간은 유토피아를 계획하는 동물이다. '우리는 앞뒤를 바라보며 현존하지 않는 것을 갈망한다.' 그렇지 않으면 모든 일은 무익하다. 우리의 숱한 꿈은 사지가 생겨 걸어다니게 되거나 날개가 돋아 날아다니게 되었다. 날아다니려고 한 이카로스[17]의 꿈처럼, 비록 상상에 지나지 않는다 하더라도 유토피아는 우리의 운동과 행동의 목표와 모범으로 이바지할 것이다. 충분한 사람들이 이러한 상상의 광채를 따라간다면 유토피아는 지도 위에 실현될 것이다. 한편 "하늘에는 이러한 국가의 전형이 있어서 원하는 자는 이 전형을 볼 수 있고 이 전형을 본 다음에는 이를 모범으로 삼아 자신을 다스릴 수 있다. 그러나 이 국가가 지상에 실재하든, 또는 장차 실현되든……그는 이 국가의 법률에 따를 수밖에 없으리라"(『공화국』). 선량한 인물은 불완전한 국가에서도 완전한 법률을 실시할 것이다.

　　그럼에도 불구하고 플라톤은 이러한 모든 의문을 의문으로 남겨둔 채 그의 계획을 실현할 기회가 주어지자 대담하게도 모험을 서슴지 않았다. B.C. 387년, 플라톤은 당시의 번창하고 강력했던 시라쿠사—시켈리아의 수도—의 통치자 디오니시우스로부터 그의 왕국을 유토피아로 만들어달라는 초청장을 받았다. 우리 철학자는 튀르고[18]처럼 전 인민보다는 한 사람—비록 왕이더라도—을 교육시키는 것이 더 쉽다고 생각하고 초청에 응했다. 그러나 디오니시우스는 플라톤의 계획에 따르면 자신이 철학자가 되거나 왕위를 버려야 한다는 것을 알고는 망설이게 되었다. 결

---

17 초로 붙인 날개로 날았으나 태양에 너무 접근하여 초가 녹아 바다에 떨어졌다는 전설적 인물.

18 프랑스의 정치가, 경제학자.

국 결말은 쓰디쓴 논쟁이었다. 일설에 의하면 플라톤은 노예로 팔렸다가 친구이자 제자인 아니케리스에게 구출되었다고 한다. 아테네의 플라톤 추종자들이 아니케리스에게 스승을 위해 치른 몸값을 되돌려주려고 했을 때, 그는 아테네 사람들만이 철학을 도와줄 특권을 가진 것은 아니라고 하면서 거절했다. 이러한(그리고 우리가 디오게네스 라에르티우스[19]를 믿는다면 이와 비슷한 또 하나의) 경험이 플라톤의 마지막 저술 『법률』의 미몽에서 깨어난 듯한 보수주의를 설명해줄 것이다.

그럼에도 불구하고 그의 긴 생애의 만년은 매우 행복했던 것 같다. 제자들이 모든 방면에 진출하여 성공을 거두었기 때문에 그의 명성이 높아졌다. 그는 아카데메이아에서 평화로운 생활을 하며, 학생들의 그룹을 차례차례 찾아가 연구 문제와 과제를 내주었고, 다시 찾아갔을 때에는 결과 보고를 받았다. 라 로슈푸코는 "늙을 줄 아는 사람은 적다"고 말했다. 플라톤은 늙는 법을 알고 있었다. 그것은 솔론처럼 공부하고, 소크라테스처럼 가르치고, 열성적인 청년들을 지도하고, 지적인 동지애를 찾아내는 것이다. 그가 제자들을 사랑하듯, 제자들도 그를 사랑했다. 그는 제자들의 철학자요, 지도자인 동시에 벗이었다.

제자 중 한 사람이 결혼이라는 커다란 심연에 직면하여 스승을 결혼 피로연에 초대했다. 80 고령의 플라톤은 잔치에 참석하여 축하객들과 즐겁게 어울렸다. 그러나 웃고 떠들다가 밤이 깊어지자 늙은 철학자는 잠시 눈을 붙이려고 조용한 구석으로 물러나 의자에 앉았다. 아침이 되어 잔치가 끝났을 때, 피로한 주정꾼들은 그를 깨우러 왔다. 그들은 밤 사이에 플라톤이 조용히 고통도 없이 잠시 동안의 잠에서 영원한 잠으로 빠져든 것을 발견했다. 아테네의 모든 사람들이 그의 묘지까지 따라갔다.

---

19 3세기 초의 철학사가.

2

아리스토텔레스와 그리스 과학

1. 역사적 배경

아리스토텔레스는 아테네 북쪽 약 3백 킬로쯤에 있는 마케도니아의 도시, 스타기라에서 B.C. 384년에 태어났다. 아버지는 마케도니아 왕이고 알렉산드로스 대왕의 할아버지인 아뮨타스의 친구이자 시의(侍醫)였다. 아리스토텔레스 자신도 아스클레피오스 대의료단[1]의 일원이었던 것 같다. 그는 후세의 많은 철학자들이 신성한 분위기 속에서 자란 것과는 달리 약 냄새에 싸여 자라났다. 그에게는 과학적 경향을 발달시킬 온갖 기회와 자극이 있었다. 처음부터 과학의 창시자가 될 준비가 갖추어져 있었던 셈이다.

그의 청년기에 대해서는 여러 가지 이야기가 전해내려온다. 일설에 의하면 방탕한 생활로 유산을 탕진하고 호구책으로 군대에 입대했다가 병원 개업을 하려고 스타기라에 돌아왔으며, 플라톤 밑에서 철학을 공부하기 위해 아테네로 간 것은 30세 때였다고 한다. 좀더 근엄한 이야기에

---

1 의신(醫神) 아스클레피오스의 신전에서 치료를 한 의사 단체.

의하면, 그는 18세 때 아테네로 가서 곧 위대
한 스승의 지도를 받기 시작했다고 하지만
이 그럴듯한 이야기에도 무모하고 불규칙적
이며 성급하게 산 청년 시절이 충분히 반영
되어 있다. 이러한 이야기에 실망한 독자는
어느 이야기에서든 우리 철학자가 결국 아카
데메이아의 조용한 숲 속에 정착하게 되는
것을 보고 마음을 놓을 것이다.

아리스토텔레스

　　플라톤 밑에서 그는 18년——또는 20년——동안 공부했다. 그런데 아
리스토텔레스의 사상에 —— 가장 반(反)플라톤적인 사상에까지도 ——
스며든 플라톤주의로 보아 20년 동안이라는 설이 옳은 것 같다. 아마도
이 기간이 가장 행복했던 때였을 것이다. 총명한 제자가 비길 데 없는 스
승의 지도를 받으며 그리스의 연인들처럼 철학이라는 정원을 산보한 것
이다. 그들은 둘 다 천재였다. 그리고 천재끼리는 다이너마이트와 불처럼
잘 어울린다는 것은 주지의 사실이다. 그들의 연령 차이는 거의 반세기나
된다. 아무리 이해하려고 해도 이러한 연령의 차이에 다리를 놓고 영혼의
대립을 해소한다는 것은 어려운 일이었다. 플라톤은 야만으로 여겨지던
북국으로부터 온, 이 기묘한 새 제자의 위대함을 인정하고 그를 아카데메
이아의 ‘정신’이라고 부른 적도 있었다. 말하자면 예지의 화신이라는 뜻
이다. 아리스토텔레스는 서적(인쇄술을 몰랐던 시대이므로 필사본이지
만) 수집에 돈을 아끼지 않았다. 그는 에우리피데스 이후로 도서관을 만
든 최초의 인물이었다.

　　그리고 그의 허다한 학문적 공헌 중에는 도서 분류 원칙의 창안도
들어 있다. 그러므로 플라톤은 아리스토텔레스의 집을 ‘독서인의 집’이
라고 불렀고, 이 말은 가장 진지한 칭찬이었던 것 같다. 그러나 고대의 험

담에 의하면 스승은 아리스토텔레스의 책벌레 같은 기질을 은근하지만 아프게 헐뜯었다고 한다. 그러나 보다 진정한 논쟁은 플라톤의 만년에 일어난 듯하다. 우리의 야심만만한 젊은이는 철학에 심취한 끝에 정신적 아버지에 대해 분명히 '오이디푸스 콤플렉스'를 일으킨 듯하며, 지혜가 플라톤과 함께 죽지는 않을 것이라고 암시하기 시작했다. 한편 늙은 현인은 제자에 대해 젖을 다 빨아먹고 어미소를 차는 송아지와 같다고 말했다. 아리스토텔레스를 거의 열반의 경지에 도달한 사람으로 생각하는 박학한 첼러[2]는 이 이야기를 믿지 말라고 할 것이다. 그러나 불을 때지 않은 굴뚝에서는 연기가 나지 않는 법이다.

아테네 시대에 대해서는 그 밖에도 더욱 의심스러운 이야기들이 있다. 어떤 전기작가에 의하면 아리스토텔레스는 이소크라테스에 맞서 웅변학교를 세웠는데, 얼마 후 도시국가 아타르네이오스의 독재자가 되는 부유한 헤르미아스도 학생 중의 하나였다고 한다. 독재자의 지위에 오르자 헤르미아스는 아리스토텔레스를 궁전으로 초대하고 B.C. 344년에는 지난날의 은혜에 보답하고자 누이동생(일설에는 조카딸)을 주었다고 한다. 그리스인은 이러한 선물도 했느냐고 의심하는 사람도 있겠지만, 사가(史家)들은 아리스토텔레스가 천재였음에도 불구하고 이 아내와 행복하게 지냈으며 유언장에는 아내에 대한 애정어린 말이 들어 있었다고 고증한다. 마케도니아의 필립포스 왕이 아리스토텔레스를 펠라의 궁전으로 불러 알렉산드로스의 교육을 맡긴 것은 그 다음해의 일이었다. 당시의 가장 위대한 군주가 가장 위대한 스승을 구하다가, 장래 세계의 지배자의 스승으로 아리스토텔레스를 선택했다는 것은 그의 명성이 높아졌다는 증거이다. 필리포스는 아들에 대해 원대한 계획을 세우고 있었으므로 최상

---

2 독일의 저명한 그리스 철학사가.

의 교육을 받게 하려고 결심하고 있었다.

아리스토텔레스가 도착했을 때, 알렉산드로스는 13세의 난폭한 소년으로 성급하고 신경질적인데다가 거의 알코올 중독 상태에 빠져 있었다. 그는 남들이 길들이지 못하는 말을 길들이는 것으로 소일하고 있었다. 이 폭발하는 화산의 불을 끄려는 철학자의 노력은 그다지 성과를 거두지 못했다. 아리스토텔레스의 알렉산드로스에 대한 교육보다는 알렉산드로스의 부케팔로스[3]에 대한 교육이 더 성공적이었다. 플루타르크는 "알렉산드로스는 아리스토텔레스를 마치 아버지가 되는 듯이 사랑하고 존경했으며, 비록 생명은 아버지로부터 받았으나 생활의 슬기는 아리스토텔레스에게서 배웠다고 말했다"고 전한다(그리스에는 '생명은 자연의 선물이지만 아름다운 삶은 지혜의 선물이다' 라는 멋진 격언이 있다).

알렉산드로스는 아리스토텔레스에게 보낸 편지에서 "나는 권력이나 영토의 확장보다는 선에 대한 지식에 있어서 남들보다 뛰어나고 싶다"고 말했다. 그러나 이 말은 젊은 왕자의 의례적인 인사였으리라. 이 열렬한 철학의 초심자의 마음속에서는 야만적인 왕비와 야성적인 왕의 아들다운 불꽃이 타오르고 있었다. 이 조상 전래의 격정을 제어하기에는 이성의 분별은 너무나 섬세했다. 그래서 2년 후 알렉산드로스는 철학을 버리고 왕위에 올라 세계 정복의 길에 나섰다. 알렉산드로스의 통일에의 정열 중 그 힘과 위엄의 일부는 사상사상 가장 종합적인 사상가인 스승으로부터 받은 것이고, 정치적 영역에서는 제자가, 철학적 영역에서는 스승이 질서를 세운 것은——두 명의 위대한 마케도니아인이 혼란한 두 세계를 통일한 것은——하나의 고상하고 웅장한 계획의 두 측면이라고 믿는 것을 역사는 각자의 자유에 맡겨놓고 있다(비록 이 아름다운 생각을 의심하지

---

3 알렉산더의 군마(軍馬).

않을 수 없지만).

　알렉산드로스가 아시아 정복의 길에 나설 때 뒤에 남겨놓은 그리스의 여러 도시에서, 정부는 그에게 호의적이었으나 대중은 몹시 적대적이었다. 자유스럽고 한때는 당당하던 아테네의 오랜 전통은——세계를 정복한 혁혁한 독재자에 대해서조차도——복종을 참을 수 없는 것으로 생각하고 있었다. 그리고 데모스테네스의 비통한 웅변으로 말미암아 인민회의는 아테네의 실권을 장악한 '마케도니아 당'에 대해 항상 반역의 기세를 보이고 있었다. 아리스토텔레스는 B.C. 334년 두 번째 여행을 마치고 아테네에 돌아와 마케도니아 당과 결탁하고 알렉산드로스의 통일적 통치에 대한 찬성 의사를 조금도 숨기지 않았는데, 이것은 당연한 일이었다. 아리스토텔레스가 만년의 12년 동안에 이룩한 사색과 연구의 놀라운 업적을 음미하거나 학교를 창립하고 일찍이 한 사람의 정신 속에 간직되어 본 적이 없었을 막대한 지식을 체계화하는 등의 다양한 활동을 고려할 때, 우리는 이러한 업적이 조용하고 안정된 진리 탐구의 결과가 아니라 어느 순간에 정치적 변동이 일어나 그의 평온한 철학적 생활에 폭풍우가 닥칠지 모르는 상태에서 이루어졌다는 점을 때때로 상기하기로 하자. 이러한 상황을 염두에 두었을 때, 비로소 우리는 아리스토텔레스의 정치철학과 그의 비극적 최후를 이해할 수 있다.

2. 아리스토텔레스의 저서

　왕 중의 왕을 가르친 스승이었던 만큼 적대적인 도시 아테네에서도 제자를 어렵지 않게 찾아냈다. 아리스토텔레스가 53세 때 류케이옴이라는 학교를 세웠을 때, 학생들이 너무 몰려들어 복잡한 규칙을 만들지 않고서는 질서를 유지하지 못할 정도였다. 학생들이 스스로 규칙을 정하고

10일마다 학생 중의 한 사람을 학교 관리위원으로 선출했다. 그러나 우리는 이 학교를 엄격한 훈련장이라고 생각해서는 안 된다. 오히려 오늘날까지 전해오는 그림을 보면 제자들은 스승과 함께 식사를 했고, 스승과 함께 운동장 연변의 '산보로' ——여기에서 류케이옴이라는 이름이 생겼다[1]——를 거닐며 스승으로부터 가르침을 받았다.

이 새로운 학교는 플라톤이 남겨놓은 학교의 모방만은 아니었다. 아카데메이아는 수학과 사변철학 및 정치철학에 특히 중점을 두었으나, 류케이옴은 오히려 생물학과 자연과학에 중점을 두는 경향이 있었다. 만일 플리니우스를 믿어도 좋다면 알렉산드로스는 사냥꾼, 사냥터지기, 정원사, 어부에게 아리스토텔레스가 원하는 동물학 및 식물학 상의 모든 자료를 공급해주라고 명령했다. 다른 고대의 저술가들에 의하면 아리스토텔레스는 한때는 그리스와 아시아에 흩어져 있는 1천 명의 부하들을 시켜 각지의 동식물 표본을 수집했다고 한다. 이와 같이 풍부한 자료가 있었기 때문에 그는 세계 최초의 대동물원을 세울 수 있었다. 이러한 수집이 그의 과학과 철학에 미친 영향은 새삼스럽게 강조할 필요가 없을 것이다.

아리스토텔레스는 이러한 일을 뒷받침하는 자금을 어디서 마련했는가? 이때 그는 자신의 수입도 상당했을 뿐 아니라 그리스의 가장 유력한 정치가와 인척이 되어 재산을 모을 수 있었다. 아테나이오스에 의하면(분명 약간 과장한 것이지만) 알렉산드로스가 아리스토텔레스의 물리학 및 생물학의 시설비와 연구비로 지출한 돈은 총액 8백 텔런트에 달했다고 한다. 알렉산드로스가 나일 강의 수원을 탐험하여 주기적 범람의 원인을

---

1) 산보로는 peripatos(소요라는 뜻)라고 불렸다. 여기에 페리파토스학파 또는 소요학파라는 후년의 명칭의 유래가 있다. 운동장은 아폴론 류케이오스로 신전의 일부로서 아폴론 류케이오스는 양떼를 늑대로부터 보호하는 신이었다.

규명하기 위해 막대한 경비를 들여 탐험대를 파견한 것도 아리스토텔레스의 건의 때문이었다고 생각하는 사람도 있다.[2] 아리스토텔레스를 위해 조사된 1백 58개 법규의 편찬으로 미루어보아 상당한 수의 조수와 비서들이 있었던 것 같다. 요컨대 이것은 유럽 역사상 국가가 학문에 대규모의 자금을 지원한 최초의 예이다. 현대국가가 학문 연구에 이와 같이 대규모의 적절한 지원을 해준다면 어떤 지식인들 정복하지 못할 것인가!

아리스토텔레스의 저서는 수백 종에 달했다. 고대의 어떤 저술가는 4백 권이라고 하고, 또 어떤 저술가는 1천 권이라고도 한다. 현존하는 것은 일부에 지나지 않지만 그 전체적 범위와 위용으로 보아 그 자체가 하나의 도서관이다. 첫째는『범주론』,『토피카』,『분석론 전서』,『분석론 후서』,『명제론』,『소피스트 논박』등 논리학 관계 저서로, 후기의 소요학파(逍遙學派) 사람들은 이 저서들을 수집 편찬하여『오르가논』──올바른 사고의 기관이자 도구 ── 이라는 제목을 붙였다. 둘째는『자연학』,『천체론』,『성장과 쇠퇴』,『기상학』,『박물학』,『영혼론』,『동물부분론』,『동물의 운동』,『동물의 발생』등 과학 관계 저서이다. 셋째는『수사학』,『시학』등 미학 관계 저서이다. 넷째는 좁은 의미의 철학 관계 저서로서『윤리학』,『정치학』,『형이상학』등이다.[3]

이것은 분명히 그리스의 엔사이클러피디어 브리태니카이다. 여기에는 천상천하의 모든 문제가 나열되어 있다. 따라서 아리스토텔레스에게 일찍이 글을 쓴 어느 철학자들보다도 더 많은 오류와 불합리가 있는 것은 이상한 일이 아니다. 여기에는 스펜서의 시대에 이르기까지 아무도 두번 다시 이룩하지 못한 지식과 이론의 종합이 있고, 스펜서의 경우에도 그

---

2) 탐험대는 홍수의 원인은 아비시니아 산의 눈이 녹기 때문이라고 보고했다.
3) 이상은 알려진 한에 있어서는 연대순이다. 이 장의 논의는『형이상학』을 제외하고는 이 순서에 따르기로 한다.

장관은 절반에도 미치지 못한다. 이것은 알렉산드로스의 발작적이고 잔인한 승리보다도 뛰어난 세계 정복이었다. 철학이 통일의 탐구라면, 아리스토텔레스는 2천 년 동안 그에게 주어진 '철학자(Ille philosophus)'[4]라는 높은 명성에 어긋남이 없는 인물이었다.

이와 같은 과학적 경향을 가진 사람에게 시가 결여되는 것은 당연한 일이다. 우리는 아리스토텔레스에게서 극작가이며 철학자인 플라톤의 문장에 넘치고 있는 문학적 광채를 기대해서는 안 된다. 아리스토텔레스의 철학은 신화와 비유로 구체화한(그리고 애매하게 만든) 위대한 문학이 아니라 전문적, 추상적이고 집약적인 과학을 남겨놓았다. 우리가 오락 삼아 그의 책을 읽는다면 손해배상 청구소송을 제기하지 않을 수 없을 것이다. 그는 플라톤처럼 문학에 새로운 표현을 부여한 것이 아니라 과학과 철학의 용어를 확립했다. 오늘날 우리는 그가 창작한 용어를 사용하지 않고서는 과학에 대해 말할 수 없을 것이다. 이러한 용어는 화석처럼 우리의 언어의 지층에 놓여 있다. '기능' '수단' '공리'(아리스토텔레스의 경우, 삼단논법의 대전제를 말한다) '범주' '에너지' '현실태' '동인(動因)' '목적' '원리' '형상(形相)' ——이러한 철학적 사고에 불가결한 화폐는 그의 머릿속에서 주조되었다.

그리고 즐거운 '대화편' 으로부터 엄격한 과학적 논문으로의 이행은 철학의 발전을 위해 필요한 단계일 것이다. 그리고 철학의 기초이며 배경인 과학은 독특하고 엄밀한 연구 수단과 표현 수단이 발달하기까지는 성장하지 못했다. 아리스토텔레스도 문학적인 '대화편' 을 썼고 당시에는 플라톤의 '대화편' 과 마찬가지로 명성을 떨쳤으나 플라톤의 과학적 논문이 전해지지 않는 것처럼 그의 '대화편' 도 사라져버렸다. 아마도 시간이

---

4 라틴어로 Ille philosophus(철학자)라고 하는 경우, 스콜라 철학에 있어서는 아리스토텔레스를 말한다.

각자의 더 좋은 부분만을 간직한 것이리라.

아리스토텔레스의 저술 중 대부분은 그가 직접 쓴 것이 아니라 제자나 학생들이 그의 강의를 그대로 기록해두었다가 편찬한 것일 수도 있다. 아리스토텔레스는 생전에 논리학 및 수사학 관계 저서를 제외하고는 전문적 저서를 발간하지 않은 듯하다. 게다가 논리학 관계 논문의 현재의 형태도 그의 사후에 편찬된 것이다. 『형이상학』과 『정치학』은 유고(遺稿) 관리인들이 그가 남겨놓은 노트를 수정이나 변경 없이 연결해놓은 것인 듯하다. 아리스토텔레스의 저술의 특징을 이루고 그가 직접 집필했다는 주장의 논거가 되고 있는 문체의 통일성도 결국 소요학파의 공동 편찬으로 생긴 것이다.[4]

3. 논리학의 창시

아리스토텔레스의 으뜸가는 위대한 업적은 선구자도 거의 없이 스스로의 각고의 사색에 의해 논리학이라는 새로운 학문을 창설한 것이다. 르낭은 "직접 또는 간접으로 그리스적 훈련을 받지 못한 모든 사람들의 훈련 부족"(『이스라엘 민족사』)에 대해 말하고 있다. 그러나 사실은 아리스토텔레스의 무자비한 공식이 사상을 음미하고 바로잡고 적절한 방법을 제공할 때까지는 그리스의 지성도 무질서하고 혼란했다. 플라톤조차도 (애호자가 이렇게 말해도 괜찮다면) 애매하고 불규칙해서 오히려 자주 신화의 운무에 휩쓸려 진리의 얼굴을 매우 아름다운 베일로 감싸는 사람이었다. 앞으로 알게 되겠지만, 아리스토텔레스 자신도 자기 자신이 세운 규범을 자주 어겼으나 이것은 과거의 타성의 결과였을 뿐, 그의 사상이

---

4) 철학자에게 직접 부딪치고 싶은 독자는 『기상학』에서 아리스토텔레스의 흥미 있는 과학적 업적을 발견할 것이다. 또한 『수사학』에서는 많은 실제적 지식을 얻을 것이다.

건설하게 될 미래에 있어서는 그렇지 않았다. 그리스의 정치적·경제적 몰락으로 아리스토텔레스 이후의 그리스 정신과 성격은 약화되었다. 그러나 1천 년 간의 야만적인 암흑이 걷히고 새로운 인종[5]이 다시 사색의 여유와 능력을 갖게 되었을 때, 보에티우스(480~524년)가 번역한 아리스토텔레스의 『오르가논』은 중세 사상의 원형이 되었고, 스콜라 철학의 엄격한 모태가 되었다. 스콜라 철학은 비록 교리에 묶여 메마른 것으로 끝났지만 유럽의 젊은 지성에게 추리와 치밀한 사고를 가르쳤고, 근대 과학의 용어를 확립했으며, 스콜라 철학을 탄생시킨 체계와 방법을 능가하게 될 정신적 성숙의 기반을 닦았다.

간단히 말하면 논리학은 정확하게 사고하는 기술이고 방법이다. 논리학은 모든 학문, 모든 이론, 모든 기술의 방법으로 음악에도 논리학이 깃들여 있다. 올바른 사고의 과정은 물리학이나 기하학처럼 대체로 규칙으로 환원시킬 수 있고 또한 정상적인 사람이면 누구나 배울 수 있기 때문에 논리학은 일종의 과학이다. 또한 피아니스트의 손가락이 결국은 무리 없이 건반 위에서 화음을 내게 하는 무의식적이고 직접적인 정확성을 사고에 부여하기 때문에 논리학은 일종의 기술이기도 하다. 논리학만큼 재미없으면서도 중요한 것은 없다.

소크라테스가 정의(定義)를 광적으로 고집하고, 플라톤이 모든 개념을 끊임없이 세련시킨 것도 이 새로운 학문에 대한 시사였다. 아리스토텔레스의 「정의(定義)」라는 소논문을 보면 그의 논리학이 이 선구자들로부터 얼마나 많은 영양을 섭취했는가를 알 수 있다. 볼테르는 "나와 이야기하고 싶다면 먼저 당신의 용어를 정의하라"고 말한 바 있다. 논쟁자들이 그들의 용어를 정의한다면 얼마나 많은 논쟁이 한마디로 압축될 것인

---

5 로마인을 말한다.

가! 중요한 논의에서의 모든 중요한 용어는 가장 엄격하게 음미하고 정의해야 한다는 것이 논리학의 알파이고 오메가이며, 논리학의 심장이고 영혼이다. 이것은 어려운 일이고, 정신에 대한 가혹한 시험이지만 일단 치르고 나면 일이 반은 끝난 셈이다.

어떻게 대상 또는 용어를 정의할 수 있는가? 아리스토텔레스는 모든 뛰어난 정의(定義)에는 두 부분이 있고 두 가지 확고한 기준이 있다고 대답한다. 첫째, 정의는 당면한 대상을 동일한 일반적 특성을 가진 유(類) 또는 집단에 귀속시킨다. 예를 들면 인간은 우선 동물에 귀속된다. 둘째, 정의는 이 대상이 어떤 점에서 같은 유에 속하는 다른 모든 대상과 차이를 갖는가를 밝힌다. 예를 들면 인간은 아리스토텔레스의 체계에서는 '이성적' 동물이며, 그 종차(種差)는 다른 모든 동물과는 달리 이성을 갖고 있다는 것이다(여기서 아름다운 전설이 생긴다). 아리스토텔레스는 대상을 유(類)라는 바닷속에 집어넣었다가 꺼내는데, 이때 유적(類的) 의미, 곧 유(類) 내지 집단의 여러 특징이 물방울처럼 뚝뚝 떨어진다. 이렇게 하면 이 대상의 개성과 차이점이 이 대상과 매우 비슷하면서도 매우 다른 대상들과 대조되기 때문에 더욱 분명해진다.

이러한 논리학의 후방을 지나면 우리는 '보편'이라는 무서운 문제를 에워싸고 아리스토텔레스가 플라톤과 싸우고 있는 격전지에 들어선다. 이것은 오늘날까지 계속되는 전쟁[5]의 서전(序戰)이었고, 중세의 유럽은 실념론자(實念論者)와 유명론자(唯名論者)의 함성으로 가득 차 있었다. 아리스토텔레스에 의하면 보편은 보통명사, 곧 어떤 유에 속하는 모든 것에 보편적으로 적용될 수 있는 이름이다. 예컨대 '동물' '사람' '책' '나무' 등은 보편이다. 그러나 이러한 보편은 주관적 관념이지 지각

---

5) 이 논쟁에 대해 프리드리히 슐레겔은 "인간은 플라톤주의자가 아니면 아리스토텔레스주의자로 태어난다"고 말했다.

할 수 있는 객관적 실재는 아니다. 명칭일 뿐, 사물은 아니다. 우리들의 외부에 존재하는 모든 것은 개별적이고 특수한 사물의 세계에 속하며, 유(類)적이다. 보편적인 사물의 세계에 속하는 것이 아니다. 개별적 인간들, 개별적 나무들, 개별적 동물들은 존재하지만 인간 일반 또는 보편적 인간은 사상 속에만 존재한다. 이것은 편리한 정신적 추상물일 뿐, 객관적 존재나 실재는 아니다.

그런데 보편은 객관적 존재라고 플라톤은 주장했다고 아리스토텔레스는 이해하고 있다. 보편은 개체와는 비교할 수 없을 만큼 영속적이고 중요하고 본질적이며, 개체는 끊임없이 밀려오는 파도의 잔물결에 지나지 않고 '개별적 인간들'은 태어났다 죽어버리지만 '인간 일반'은 영원히 존재한다――사실상 플라톤은 이렇게 말한 바 있다. 아리스토텔레스는 사실을 존중하는 사람이다. 윌리엄 제임스의 말을 빌면 부드러운 정신이 아니라 끈기 있는 정신의 소유자다. 그는 플라톤의 '실재론'을 무한한 신비주의와 학자의 난센스의 근원으로 보고 최초의 논쟁에서 사납게 공격한다. 카이사르보다도 로마를 사랑한 브루투스처럼, 아리스토텔레스는 '플라톤도 소중하지만 더 소중한 것은 진리'라고 말한다.

적대적인 비판자들은 아리스토텔레스가 (니체처럼) 플라톤을 날카롭게 비판한 것은 플라톤으로부터 많은 것을 빌려왔다는 것을 잘 알고 있었기 때문이라고 말할지 모른다. 채권자 앞에서 영웅이 될 수 있는 사람은 없는 것이다. 그럼에도 불구하고 아리스토텔레스의 태도는 건전하다. 그는 거의 현대적 의미에서 현실주의자이다. 플라톤이 주관적 미래에 열중한 데 대해 그는 객관적 현재만을 취급하기로 굳게 결심하고 있다. 소크라테스와 플라톤의 정의(定義)에 대한 요구에는 사물과 사실로부터 이론과 관념으로, 특수로부터 일반으로, 과학으로부터 스콜라 철학으로 기울어지는 경향이 있었다. 마침내 플라톤은 일반성에 몰두하여 일반성에 의해 특수성을 결정하고, 이데아에 열중한 끝에 이데아에 의해 사실을 결정하기 시작했다. 아리스토텔레스는 사물로 돌아가라, 곧 '자연의 왜곡되지 않은 얼굴'을 보라고 설교한다. 그는 구체적인 특수, 피와 살이 있는 개체를 몹시 좋아한다. 하지만 플라톤은 일반적이고 보편적인 것을 사랑했기 때문에『공화국』에서 완전한 국가의 건설을 위해 개인을 파괴해버렸다.

그러나 역사에 흔히 있는 유머이거니와 젊은 전사는 자신이 공격하고 있는 늙은 스승으로부터 많은 특성을 물려받았다. 우리는 항상 자기 자신도 상당히 갖고 있는 면을 공격하기 마련이다. 비슷한 것들만을 유익하게 비교할 수 있는 것처럼, 비슷한 사람들 사이에서만 싸움이 일어나는 것이며 가장 참혹한 전쟁도 목적이나 신념의 보잘것없는 차이 때문에 일어난다. 십자군의 기사들은 살라딘을 신사로 생각하고 유쾌한 논쟁을 벌였으나 유럽의 기독교 교도들이 적대 진영으로 갈라졌을 때, 아량의 여지는 없었다. 아리스토텔레스가 플라톤을 용서하지 못한 것은 플라톤의 사상을 대부분 계승했기 때문이었다. 그도 추상적인 것, 일반적인 것을 사랑했고, 단순한 사실을 화려한 이론으로 왜곡하기 일쑤였고 천국을 탐험하려는 철학적 정열을 억제하기 위해 끊임없이 노력해야 했다.

철학에 대한 아리스토텔레스의 가장 현저하고 독창적인 공헌, 곧 삼단논법의 이론을 보면 이러한 자취가 뚜렷이 드러난다. 삼단논법은 세 명제로 되어 있고 제3명제(결론)는 다른 두 명제(대전제와 소전제)의 명백한 자리로부터 연역된다. 예를 들면 인간은 이성적 동물이다. 그런데 소크라테스는 인간이다. 그러므로 소크라테스는 이성적 동물이다. 수학을 아는 독자는 곧 삼단논법의 구조가 두 사물이 모두 제3의 사물과 같으면 이 두 사물은 서로 동일하다는, 다시 말하면 A=B, C=A라면 B=C라는 명제와 같다는 것을 알 수 있으리라. 수학의 경우, 두 전제로부터 공통항

A를 지워버리면 결론을 얻을 수 있는 것처럼, 삼단논법에서도 두 전제로부터 인간이라는 공통 명사를 지워버리고 나머지를 결합하면 결론에 도달한다. 퓨론 시대로부터 스튜어트 밀의 시대에 이르기까지 논리학자들이 지적한 것처럼, 이 경우 난점은 삼단논법의 대전제가 증명이 필요한 것까지도 자명한 것으로 보는 데 있다. 만일 소크라테스가 이성적이 아니라면(그가 사람이라는 점은 의심의 여지가 없지만), 인간은 이성적 동물이라는 명제는 보편적 진리가 될 수 없기 때문이다. 물론 아리스토텔레스는 한 개체가 어떤 유(類)의 대부분의 특성을 갖고 있다면('소크라테스는 인간이다'), 이 개체는 유(類)의 다른 특성('이성적이라는 것')도 갖고 있다는 강력한 가정을 할 수 있다고 대답할 것이다. 그러나 분명히 삼단논법은 진리 발견의 메커니즘이라기보다는 오히려 설명과 사상을 명료화하는 메커니즘이다.

『오르가논』의 다른 많은 항목과 마찬가지로 이러한 것은 그 나름의 가치를 갖고 있다. "아리스토텔레스는 어떠한 칭찬도 과찬이 되지 않을 근면과 형안으로 이론적 정합성(整合性)의 모든 기준과 변증법적 논의의 모든 기술을 발견하고 정식화했다. 그리고 이 방면의 그의 노작은 후세의 지적 자극으로서 어느 사상가보다도 더 큰 공헌을 했다"(벤, 『그리스 철학자들』). 지금까지 논리학을 이와 같이 강조한 사람은 없었다. 올바른 추리를 위한 안내는 에티켓 교본처럼 인간의 마음을 향상시킨다. 그러나 우리가 논리학을 이용하는 것은 좋은 일이지만 논리학이 우리를 고상하게 만들지는 못한다는 것도 알아둘 필요가 있다. 아무리 용감한 철학자라도 나무 밑에서 논리학 책을 위해 찬가를 부르지는 않을 것이다. 우리는 언제나 논리학에 대해 베르길리우스가 단테에게 무색(無色)의 중립성 때문에 저주받은 사람들에게 취하라고 한 태도를 취한다. "그들에 대해서는 더 이상 생각하지 말고 한 번 보고 지나쳐버려라"(『신곡』 중 「지옥」편).

4. 과학의 조직

아리스토텔레스 이전의 그리스 과학

"소크라테스는 인류에게 철학을 남겨주었고 아리스토텔레스는 인류에게 과학을 남겨주었다. 물론 소크라테스 이전에도 철학이 있었고 아리스토텔레스 이전에도 과학이 있었다. 그리고 소크라테스와 아리스토텔레스 이후로 철학과 과학은 엄청난 진보를 했다. 그러나 모든 것은 그들이 닦아놓은 기반 위에서 이루어졌다"(『예수의 생애』)고 르낭은 말한다. 아리스토텔레스 이전의 과학은 태아였고 그와 함께 과학은 탄생했다.

그리스 이전의 문명도 과학을 시도했다. 그러나 아직도 애매한 설형문자나 상형문자를 통해 그들의 사상을 파악하는 한, 그들의 과학은 신학과 구별되지 않는 것이었다. 다시 말하면 그리스 이전의 사람들은 자연의 이상한 작용을 모두 초자연적 힘에 의해 설명했고 어디에나 신이 있었다. 우주의 복잡한 현상과 신비한 사건에 대해 처음으로 자연적 설명을 시도한 것은 분명히 이오니아의 그리스인들이었다. 그들은 자연학에서 개별적 사건의 자연적 원인을, 철학에서 전체의 자연적 이론을 추구했다. '철학의 시조'인 탈레스(B.C. 640~550년)는 원래 천문학자로 밀레토스의 원주민들에게 태양과 별(그들은 신으로 숭배하고 있었다)은 단지 불덩어리일 뿐이라고 가르쳐 그들을 놀라게 했다. 그의 제자 아낙시만드로스(B.C. 610~540년)는 천문도(天文圖)와 지도를 처음으로 만든 그리스 사람으로, 우주는 처음에는 미분화된 덩어리였으나 여기에서 반대물(反對物)들이 분리되어 만물이 생겼고, 우주의 역사는 무수한 세계의 생성과 소멸을 통해 주기적으로 되풀이되며 지구는 내부 추진력의 평형에 의해(부리단의 당나귀처럼) 공간에 정지해 있고, 모든 유성은 처음에는 유

동체였으나 태양 때문에 증발되었다고 믿었다. 또한 그는 생명은 처음에
는 바다에서 형성되어 바닷물이 줄어들자 육지에 남게 되었고, 이 좌초한
동물들 중의 일부가 공기를 호흡하는 능력을 발달시켜 이후의 모든 육상
생명의 선조가 되었고, 인간은 처음에는 지금과 달랐다고——만일 처음
등장할 때에도 지금처럼 무력하게 태어나고 장기간의 성장기가 필요했다
면 인간은 살아남지 못했을 것이기 때문에——믿었다. 역시 밀레토스 사
람인 아낙시메네스(B.C. 450년경)는 사물의 원시 상태를 매우 엉성한 덩
어리였다고 설명하고, 점차로 이 덩어리가 응측되어 바람, 구름, 물, 흙,
돌이 되었고, 물질의 세 형태——기체, 액체, 고체——는 응축의 진행 단계
로서 열과 추위는 단순한 희박화와 응축의 현상에 지나지 않고, 지진은
원래 유동체인 지구가 응고한 데 원인이 있고, 생명과 영혼은 동일한 것
이며 생명력과 팽창력으로서 어디에서나 만물에 깃들여 있다고 주장했
다. 페리클레스의 스승 아낙사고라스(B.C. 500~428년)는 일식과 월식
을 정확하게 설명한 것 같다. 그는 식물과 어류의 호흡 작용을 발견했고
인간의 지성을 손을 사용하는 능력에 의해 설명하고 이 능력은 앞발이 보
행에서 해방되었을 때 생겼다고 설명했다. 이러한 사람들을 통해 지식은
천천히 과학으로 성장했다.

부(富)와 부에 따르는 번민을 버리고 가난한 생활을 하며 에베소스
의 신전 주랑의 그늘에서 연구한 헤라클레이토스(B.C. 530~470년)는
과학을 천문학으로부터 보다 지상적인 것으로 끌어내렸다. 만물은 영원
한 유전(流轉)이고 변화라고 그는 말했다. 정지한 듯한 물질에도 보이지
않는 유동과 운동이 있다. 우주의 역사는 원을 그리며 순환하고 언제나
불로부터 나와서 불로 되돌아간다(스토아학파나 그리스도교의 최후 심
판론과 지옥론의 한 근원이 여기에 있다). 헤라클레이토스는 "투쟁에 의
해서 만물은 생성되고 소멸된다. …… 전쟁은 만물의 아버지이고 왕이다.

전쟁이 어떤 것을 신으로, 어떤 것을 인간으로, 어떤 사람을 노예로, 어떤 사람을 자유인으로 만든다'고 말한다. 투쟁이 없는 곳에는 멸망이 있을 뿐이다. '혼합물은 흔들리지 않으면 분해된다.' 변화와 투쟁과 도태라는 이 흐름 속에서 항구적인 것은 오직 하나 법칙뿐이다. '이 질서는 만물에 대해 동일하며 신이나 인간이 만든 것이 아니다. 그러나 이 질서는 과거, 현재, 미래를 통해 영속한다.' 엠페도클레스(B.C. 445년경. 시켈리아에서 살았다)는 진화의 관념을 더욱 발전시켰다. 기관(器官)은 계획에 의해서가 아니라 도태에 의해 발생한다. 자연은 유기체에 많은 시련과 실험을 실시하고 기관을 여러 가지로 결합한다. 이러한 결합이 환경의 필요에 적응하면 유기체는 살아남아 영원히 후손을 갖게 된다. 그러나 이 결합이 환경 적응에 실패하면, 이 유기체는 제거된다. 시간이 지남에 따라 유기체는 더욱 복잡해지고 환경에 더 잘 적응한다. 끝으로 트라키아의 압데라 사람으로 스승과 제자의 관계인 레우키포스(B.C. 445년경)와 데모크리토스(B.C. 460~360년)에 이르러 아리스토텔레스 이전의 과학은 마지막 단계, 곧 유물론적 결정론적 원자론에 도달한다. 레우키포스는 "모든 것은 필연에 따라 움직인다"고 말하고, 데모크리토스는 "사실은 오직 원자와 공간이 있을 뿐이다"라고 말한다. 대상으로부터 방사(放射)된 원자가 감각기관에 닿을 때 지각(知覺)이 생긴다. 무수한 세계가 존재하고 또 존재해왔고 앞으로도 존재할 것이다. 모든 순간에 유성들은 충돌, 사멸하고 있고 같은 크기와 모양의 원자들의 선택적 결합에 의해 새로운 세계가 혼돈으로부터 생긴다. 우주는 기계일 뿐, 아무 계획도 없다.

지금까지의 어지러운 피상적 개괄이 아리스토텔레스 이전의 과학 이야기이다. 이 개척자들은 실험 도구도, 관찰 도구도 거의 없는 상태에서 연구해야만 했다는 점을 감안한다면 그들의 조잡한 연구 결과는 용서받을 수 있을 것이다. 노예경제의 악몽에 시달리던 그리스 산업의 정체 때문에 출발은 장엄했으나 충분한 발달은 저지되었다. 게다가 아테네의 정치생활이 너무 빨리 복잡해져서 소피스트, 소크라테스, 플라톤 등은 물리적 및 생물학적 연구를 젖혀놓고 윤리학과 정치학의 이론을 연구하는 오솔길로 들어섰다. 아리스토텔레스가 그리스 사상의 두 계열, 곧 자연적 계열과 윤리적 계열을 총괄하고 결합할 만한 넓은 폭과 용기를 갖추고 있었다는 것은 그의 많은 영광 중의 하나이다. 그는 스승을 넘어서서 소크라테스 이전의 그리스인들의 과학적 발전의 실마리를 다시 찾아내고, 그들의 일을 그 세목에 있어서 더욱 단호하게, 또한 다양한 관찰을 바탕으로 계속했고 지금까지 축적되어 온 모든 결과를 집대성해서 조직적 과학의 장엄한 체계를 이루어놓았다.

자연과학자로서의 아리스토텔레스

여기서 연대순에 따라 『자연학』으로부터 시작한다면 우리는 실망하게 될 것이다. 이 논문은 사실은 '형이상학'을 다룬 것으로 물질, 운동, 공간, 시간, 무한, 원인 그 밖의 '궁극적 개념'의 난해한 분석이기 때문이다. 그 중 가장 생생한 구절은 데모크리토스의 '공간'을 공격한 구절이다. 진공 속에서는 모든 물체가 등속도로 낙하할 것이므로 자연에는 공간이나 진공이 있을 수 없다고 아리스토텔레스는 말한다. 이러한 일은 불가능하므로 가정되고 있는 공간은 그 안에 아무것도 들어 있지 않은 것[6]임을 알 수 있다. 이것은 아리스토텔레스의 매우 드문 유머의 한 예인 동시에 그의 증명되지 않은 가정에 대한 열중도, 선철(先哲)을 헐뜯는 그의 경향을 보여준다. 저서의 서문에서 당면한 주제에 대한 선인의 공헌을 개괄하고 이러한 공헌을 가혹하게 논박하는 것은 우리 철학자의 습관이었다.

---

6 공허한 개념이라는 뜻.

베이컨은 "아리스토텔레스는 오토만처럼 모든 동포를 살해하지 않는 한, 안전하게 통치할 수 없다고 생각했다"(『학문의 진보』)고 말한다. 그러나 이 형제 살해광 때문에 우리는 소크라테스 이전의 사상에 대해 많은 지식을 얻게 되었다.

이미 말한 바와 같은 이유 때문에 아리스토텔레스의 천문학은 선배들에 비해 약간 앞서 있을 뿐이다. 그는 태양이 우주의 중심이라는 피타고라스의 견해를 부정하고 이 명예를 지구에 부여하려고 한다. 그러나 기상학에 대한 소논문은 뛰어난 관찰로 가득 차 있고, 그 사변도 밝은 불꽃을 튀기고 있다. 우주는 순환한다고 우리 철학자는 말한다. 태양은 영원히 바닷물을 증발시키고 강과 샘을 건조시켜 마침내는 가없는 대해를 앙상한 바윗덩어리로 바꾸어놓는다. 한편 상승한 습기는 구름이 되었다가 비로 내려서 다시 강과 바다를 이룬다. 어디서나 지각되지는 않으나 사실상으로 변화가 계속되고 있다. 이집트는 '나일 강의 작품'으로 수천만 년 동안의 퇴적물의 소산이다. 여기서는 바다가 육지를 침식하고, 저기서는 육지가 조금씩 바다로 뻗쳐나가고 있다.

새로운 대륙, 새로운 대해가 생기고, 낡은 대해 낡은 대륙은 사라진다. 세계의 표면은 성장과 쇠퇴의 거대한 고동에 따라 끊임없이 변한다. 때로는 이러한 대변화가 갑자기 일어나 문명을, 심지어 생활의 지리적 물질적 기반도 파괴한다. 대재난으로 지구는 주기적으로 파괴되고 인간은 원점으로 되돌아간다. 시시포스처럼 문명은 정상에 접근했다가 야만 상태로 추락하고 원점에서 다시 정상을 향해 올라가는 일을 되풀이하고 있다. 그러므로 계기(繼起)되는 문명에 있어서의 동일한 발명과 발견의 거의 '영원한 순환', 점진적인 경제적·문화적 축적의 동일한 '암흑기', 학문과 과학과 예술의 동일한 부활이 되풀이된다. 확실히 인기 있는 신화는 앞선 문명에서 살아남은 막연한 전설이다. 따라서 인간은 아직도 인간을 지탱해주는 지구의 주인이 아니기 때문에 인간의 역사는 음울한 순환을 거듭하고 있다.

생물학의 창시

아리스토텔레스는 경이감을 갖고 자신이 세운 대동물원을 거닐다가, 무한히 다양한 생명은 연속적인 계열로 배열될 수 있고 한 계열과 다른 계열의 접합점은 거의 분간하기 어렵다는 확신을 얻었다. 구조, 생태, 생식, 성장, 감각, 감정 등 모든 점에서 최저의 유기체로부터 최고의 유기체에 이르기까지 미세한 점진적 이행(移行)이 있다(『박물학』). 최저 단계에서는 생명과 '무생물'은 거의 구별되지 않는다. 자연은 무생물계로부터 생물계로의 이행을 매우 점진적으로 실현시켰기 때문에 양자를 구별하는 경계선은 애매하고 의심스럽다. 어쩌면 무기물에도 어느 정도 생명이 있을지 모른다. 또한 식물 또는 동물이라고 확실히 말할 수 없는 종(種)도 허다하다. 이러한 저급의 유기체는 때로는 적절한 속(屬)과 종(種)을 분류하기 어려울 만큼 비슷하다. 따라서 생물계의 모든 질서에 있어서 단계적 차이의 연속은 기능과 형태의 다양성과 마찬가지로 현저하다. 그리고 그 구조는 엄청나게 다양하지만, 여기에는 몇 가지 확실한 사실이 있다. 곧 생명은 착실하게 복잡하고 강력한 것으로 성장하고(『영혼론』) 지능은 구조가 복잡해지고 운동하기 쉽게 됨에 따라 발달하고(『동물부분론』), 기능은 점점 특수화되고 생리적 통제는 끊임없이 집중되어 왔다(『동물부분론』). 생명은 천천히 스스로 신경 계통과 두뇌를 만들어냈다. 그리고 정신은 환경을 지배하는 방향으로 단호한 발전을 보였다.

여기서 주목할 만한 사실은 아리스토텔레스가 이러한 모든 단계적 차이와 유사성에 착안했음에도 불구하고 진화론에 도달하지 못했다는 점이다. 그는 모든 기관과 유기체는 적자생존의 결과라는 엠페도클레스의 이론과 인간의 지성은 손을 보행이 아니라 일을 처리하는 데 쓰게 됨으로써 생겼다고 하는 아낙사고라스의 이론을 배척한다. 반대로 인간은 지능을 갖게 되었기 때문에 손을 사용할 수 있게 되었다고 아리스토텔레스는 생각한다(『동물부분론』). 사실상 아리스토텔레스는 많은 오류를 범하고 있으나 이것은 생물학의 창시자에게는 불가피한 일이리라. 예를 들면 그는 생식 작용에 있어서 남성적 요소는 단지 자극과 촉진의 역할을 할 뿐이라고 생각한다. 정자의 가장 중요한 기능은 오늘날 우리가 단성생식의 실험을 통해 알고 있는 바와 같이 난자를 수정시키는 것이 아니라 오히려 아버지의 유전질을 태아에게 전해서 자손을 건장한 변종, 곧 부모 양계의 새로운 혼합종으로 만드는 것이라는 점을 그는 생각하지 못했다. 당시에는 인체 해부가 실시되지 않았기 때문에 그에게는 특히 생리학상의 오류가 많다. 그는 근육의 존재조차도 몰랐다. 그는 동맥과 정맥도 구별하지 못했고, 두뇌를 피를 냉각시키는 기관이라고 생각했다. 그는 남자의 두개골에는 여자보다도 봉합선이 더 많다고 생각했는데 이것은 용서할 만하다. 또한 인간은 양쪽에 각기 여덟 개의 늑골이 있다고 믿었는데 이것도 용서할 여지가 있다. 그러나 여자는 남자보다 이빨이 적다고 믿은 것은 믿을 수도, 용서할 수도 없는 일이다.

그러나 생물학의 거대한 전체적 진보라는 면에서는 그리스인으로서는 전후를 막론하고 그에게 필적할 자가 없다. 그는 새와 파충류는 구조가 비슷하다는 것, 원숭이는 네발짐승과 인류의 중간 형태라는 것을 알고 있었고, 대담하게도 인간은 태생 네발짐승(오늘날 우리가 말하는 '포유류')의 일종이라고 선언한 적이 있다(『박물학』). 또한 그는 갓난아이의 영혼은 동물의 영혼과 거의 구별되지 않는다고 말한다(『박물학』). 그는 때로는 음식물이 생활 양식을 결정한다는 탁월한 관찰을 했다. "동물 중에는 떼를 지어 사는 것도 있고 고립해서 사는 것도 있다. 동물은 원하는 먹이를 얻기에 가장 알맞은 방식으로 생활한다"(『박물학』). 그는 속(屬)(눈, 귀 등)에 공통되는 성질은 그 종에 특유한 성질(이빨의 '형태' 등)이나 개체에 특유한 성질(눈의 최종적 빛깔 등)에 앞서서 발달하는 유기체에 나타난다는 폰 베르의 유명한 법칙을 예상하고 있고(『박물학』), 또한 2천 년 전에 이미 개성화는 발생 양식에 역비례한다——다시 말하면 종이나 개체가 고도로 발달하고 특수화하면 그럴수록 산아 수는 줄어든다——는 스펜서의 법칙을 예상하고 있다(『동물의 발생』). 그는 유형(類型)의 환원——뛰어난 변종(예컨대 천재)이 배우 관계에 의해 희미해지다가 대를 거듭함에 따라 소멸해버리는 경향—— 에 주목하고 또 설명한다. 그의 동물학적 관찰 중에는 한때 후세의 생물학자들에 의해 부정되었으나 근대의 연구에 의해 확인된 것이 허다하다. 예컨대 고기가 보금자리를 만든다거나 상어가 태반(胎盤)을 과시하는 것 등이다.

끝으로 그는 태생학(胎生學)이라는 과학을 창시한다. 그는 '사물의 성장을 처음부터 관찰하는 사람은 사물을 가장 잘 보는 사람'이라고 말한다. 그리스의 최고의 의사인 히포크라테스(B.C. 460 출생)는 부화의 여러 단계에서 달걀을 깨뜨려봄으로써 실험적 방법의 훌륭한 예를 보여주고, 이 연구의 결과를 「유아의 기원에 대하여」라는 논문에서 이용했다. 아리스토텔레스는 이를 본받아 오늘날도 태생학자들이 경탄해 마지않는 병아리의 성장을 기술하는 실험을 했다(『동물부분론』). 그는 유전학 분야에서도 몇 가지 신기한 실험을 한 듯하다. 그는 아버지의 오른쪽 고환을 졸라맸으나 자녀의 성(性)은 각기 달랐다는 실례를 제시하면서 자녀의 성은 어느쪽 고환에서 정액이 나왔느냐에 달려 있다는 이론을 부인하고 있기 때문이다. 그는 매우 근대적인 유전 문제를 제기한다. 엘리스의 어떤 여자가 흑인과 결혼했으나 자녀는 모두 백인이었다. 그런데 다음 대

에는 흑인이 태어났다. 아리스토텔레스는 이 흑색은 중간 세대의 어디에
숨어 있었는가라고 묻는다. 이 중요하고 총명한 의문은 그레고르 멘델
(1822~1882년)의 획기적 실험의 바로 앞 단계가 아닌가. 무엇인가라고
물을 줄 알면 이미 반을 알고 있는 셈이다. 이러한 생물학상의 업적을 훼
손시키는 많은 오류가 있기는 하지만 그의 업적은 한 개인이 생물학을 위
해 세운 기념비 중 최대의 것임에는 틀림이 없다. 아리스토텔레스 이전에
는 우리가 아는 한, 단편적인 관찰 이외에는 생물학다운 것이 없었다는
사실을 고려할 때, 이러한 업적을 이룩하는 데만도 일생이 걸렸을 것이
고, 또한 불후의 명성을 남겨주었을 것이라고 생각할 수 있다. 그러나 아
리스토텔레스의 경우, 이것은 겨우 시작에 지나지 않는다.

5. 형이상학과 신의 본성

그의 형이상학은 생물학으로부터 성장했다. 세계의 모든 것은 내부
의 충동에 따라 지금보다도 더 큰 것이 되려는 움직임을 보인다. 모든 것
은 질료 또는 원료였던 어떤 것으로부터 성장한 형상 또는 실재이다. 그
리고 이 형상은 동시에 보다 높은 형상을 성장시킬 질료이다. 예를 들면
어른이 형상이라면 어린이가 그 질료이고, 어린이가 형상이라면 태아가
그 질료이고, 태아가 형상이라면 난자가 그 질료이다. 이와 같이 소급해
가면 우리는 막연하게나마 형상이 전혀 없는 질료라는 개념에 도달한다.
그러나 이 형상 없는 질료는 아무것도 아니다. 모든 사물은 형상을 갖고
있기 때문이다. 가장 광범한 의미로는, 질료는 형상의 가능성이고 형상은
질료의 현실태, 완성된 실재이다. 질료는 방해하고 형상은 건설한다. 형
상은 단순한 형태에 그치지 않고 형성하는 힘, 곧 단순한 재료를 특수한
모양과 목적에 맞도록 형성하는 내적 필연성이며 충동이다. 형상은 질료

의 잠재적 능력의 실현으로 만물에 깃들여 있는 활동의 힘, 존재의 힘, 생성의 힘의 총화이다. 자연은 형상에 의한 질료의 정복이고 삶의 항구적 진보와 승리를 의미한다.[6]

세계 안의 모든 것은 자연적으로 특별한 실현을 위해 움직이고 있다. 어떤 사건을 결정하는 여러 원인 중에서 목적을 결정하는 목적인(目的因)이 가장 결정적이고 가장 중요하다. 자연의 과오나 도로(徒勞)는 목적의 형성력에 저항하는 질료의 타성 때문에 생긴다. 인생의 파노라마에 흠을 내는 유산이나 기형아도 이 때문에 생긴다. 발달은 우연이나 사고가 아니다(우연이라면 우리는 어떻게 유용한 기관의 보편적 출현과 유전을 설명할 수 있는가?). 만물은 그 본성과 구조와 엔텔레케이아[7](완성태)에 의해 내면에서 일정한 방향으로 인도되고 있다. 달걀은 오리가 아니라 병아리가 되도록, 도토리는 버드나무가 아니라 참나무가 되도록 내면적으로 계획 또는 결정되어 있다. 아리스토텔레스의 경우, 이것은 지상의 구조와 사건을 결정하는 외적 섭리의 존재를 뜻하는 것은 아니며, 오히려 계획은 내면적인 것으로 사물의 유형과 기능으로부터 생긴다. "아리스토텔레스의 경우, 신의 섭리는 자연적 원인의 작용과 완전히 일치한다"(첼러,『아리스토텔레스와 초기 소요학파』).

그러나 신은 존재한다. 비록 미숙한 정신의 애교 있는 신인동형론(神人同形論)에 의해 상상된, 단순하고 인간적인 신은 아니지만. 아리스토텔레스는 오래 된 운동에 대한 수수께끼로부터 이 문제에 접근한다. 운

---

6) 질료와 형상에 대해 아리스토텔레스가 즐겨 인용하는 예에는 남자와 여자도 들어 있다는 것을 알면, 독자의 반은 즐거울 것이고 다른 반은 재미있다고 생각할 것이다. 남성은 능동적 형성원리(形成原理)이고 여성은 형성되기를 기다리는 수동적 점토이다. 여자애는 형상이 질료를 지배하지 못한 결과로 생긴다(『동물의 발생』).

7) entelecheia는 스스로의 목적(telos)을 내면에(entos) 갖고 있다(echo)는 것. 철학 전체를 내포하고 있는 아리스토텔레스의 장엄한 용어의 하나이다.

동은 어떻게 시작되었는가라고 그는 묻는다. 그는 질료에는 시작이 없다고 생각하면서도 운동에 시작이 없을 가능성은 인정하지 않는다. 질료는 미래의 형상의 무한한 가능성이므로 영원할 수 있다. 그렇다면 이 광활한 우주를 마침내 무수한 형태로 가득 채워놓을 운동과 형성의 광대한 과정은 언제, 어떻게 시작되었는가? 아리스토텔레스는 운동에는 반드시 근원이 있다고 말한다. 이 문제를 한걸음 한걸음 무한히 더듬어올라가다가 음울하고 무한한 소급에 빠지지 않으려면, 우리는 무형적·불가분적·비공간적이며 성별도, 감정도, 변화도 없는 완전하고 영원한 존재인 '부동의 원동자'(Primum mobile immotum)를 가정하지 않을 수 없다. 신은 세계를 창조하지 않고 움직인다. 신은 기계적인 힘이 아니라 세계의 모든 활동의 포괄적 동인으로서 세계를 움직인다. "사랑받는 자가 사랑하는 자를 움직이듯이 신은 세계를 움직인다"(『형이상학』). 신은 자연의 궁극적 원인, 사물의 원동력과 목적, 세계의 형상, 세계의 생명원리, 세계의 생동하는 과정과 힘의 총화, 세계의 성장의 내재적 목표, 전체를 현실화하는 엔텔레케이아이다. 신은 순수한 에네르게이아(현실태)이며(『형이상학』), 스콜라 철학이 말하는 능동성 자체(Actus Purus)[7]이고 아마도 현대 물리학과 철학이 말하는 신비한 힘일 것이다. 이 신은 인격이라기보다는 오히려 자력이다.

그런데 그는 이것도 그가 흔히 일으키는 모순 중의 하나이며 신은 자기 의식적인 영(靈)이라고 묘사한다. 이것은 오히려 불가사의한 영(靈)이다. 아리스토텔레스의 신은 하는 일이 아무것도 없기 때문이다. 신에게는 욕망도, 의지도, 목적도 없다. 신은 순수한 활동력이므로 결코 행동하지 않는다. 신은 절대로 완전하므로 아무것도 욕구하지 않고 아무 일

---

7 아리스토텔레스는 질료의 현실화를 energeia라고 하며 Actus Purus는 순수한 에네르게이아의 라틴어 번역으로 질료가 포함되지 않은 능동성을 말한다.

도 하지 않는다. 신이 하는 유일한 일은 사물의 본질을 관조하는 것이지만 신 자체가 모든 사물의 본질이고 모든 형상의 형상이기 때문에 신이 하는 유일한 일은 자기 자신을 관조하는 것이다(『형이상학』, 『윤리학』). 아리스토텔레스의 가엾은 신이여! 이 신은 '무위의 왕' 인 것이다. 왕은 통치하지만 지배하지는 못한다. 영국인이 아리스토텔레스를 좋아하는 것은 무리가 아니다. 아리스토텔레스의 신은 바로 영국 왕의 복사판이기 때문이다.

혹은 아리스토텔레스 자신의 복사판이다. 우리의 철학자는 너무나 관조를 좋아해서 관조를 위해 신성(神性)의 개념을 희생시킨 것이다. 그의 신은 조용한 아리스토텔레스 형의 신으로 낭만적인 면은 전혀 없고 속세의 투쟁과 긴장을 떠나 상아탑에 은거하고 있다. 플라톤의 철인왕, 엄격하지만 피와 살이 있는 실재인 여호와, 온화하고 자애로운 아버지 같은 기독교의 신과는 전혀 다르다.

6. 심리학과 예술의 본성

아리스토텔레스의 심리학도 역시 애매하고 정연하지 못한 것이 흠이다. 물론 습관의 힘을 강조하고 처음으로 습관을 '제2의 천성' 이라고 불렀다든가, 연상의 법칙이—비록 더 이상 발전되지는 않았더라도—명확히 표현되어 있다든가 하는, 매우 흥미 있는 곳도 많다. 그러나 철학적 심리학의 두 가지 어려운 문제—자유의지와 영혼 불멸—는 애매하고 모호하게 남아 있다. 때로 아리스토텔레스는 결정론자처럼 우리는 본래의 자기와 다른 자가 되려고 직접 욕구할 수는 없다고 말한다. 그러나 그는 곧 결정론에 반대하고 환경이 우리의 성격을 형성하므로 환경의 선택에 의해 장래의 자신의 성격을 선택할 수 있다고 말한다. 따라서 우리는 벗, 책, 직업, 오락 등을 선택함으로써 우리 자신의 성격을 형성할 수 있다는 의미에서 자유롭다(『윤리학』). 그러나 그는 이러한 형성적 선택 자체가 선행된 성격에 의해 결정되고 또 선행된 성격은 결국 선택의 여지가 없는 유전과 어릴 적의 환경에 의해 결정되어 있다는, 결정론자들의 상투적인 대답을 예상하지 못한다. 우리가 칭찬이나 비난을 끊임없이 이용하고 있는 것도 도덕적 책임과 자유의지를 전제하기 때문이라고 그는 강조하지만, 그는 결정론자들이 동일한 전제로부터 정반대의 결론—— 곧 다음 행위를 결정하는 요인의 일부로서 칭찬도 하고 비난도 한다는 결론——을 이끌어낼 수 있다는 점을 생각하지 못한다.

아리스토텔레스의 영혼론은 흥미 있는 정의로부터 시작된다. 영혼은 유기체의 단일한 생명 원리, 곧 유기체의 힘과 작용의 총화이다. 생물의 경우, 영혼은 단지 영양과 번식의 힘이고, 동물의 경우, 그 밖에 감각과 운동의 힘이고, 인간의 경우, 그 밖에 추리와 사고의 힘이다(『영혼론』). 영혼은 육체의 힘의 총화이므로 육체 없이는 존재하지 못한다. 영혼과 육체는 관념적으로는 형식과 내용으로 구분할 수 있지만 실제로는 하나의 유기적 전체이다. 영혼은 다이달로스[8]가 비너스 상이 '쓰러지지 않도록' 그 안에 집어넣은 수은처럼 신체 속에 들어 있는 것은 아니다. 개인의 특수한 영혼은 오직 그 자신의 신체 속에 존재할 수 있을 뿐이다. 그러나 영혼은 데모크리토스가 주장한 것처럼 물질적인 것이 아니며 또한 죽는 것도 아니다. 인간 영혼의 정신적 힘의 일부는 수동적이고 이 부분은 기억과 결합되어 있어서 기억을 보존하고 있는 육체와 함께 죽는다. 그러나 '능동적 이성' 곧 순수한 사고력은 기억으로부터 독립되어 있고 쇠퇴를 모른다. 능동적 이성은 인간의 개인적 요소와는 달라서 보편적인

---

8 크레타의 미로(迷路)를 만든 아테네의 명장(明匠).

것이다. 사후에 남는 것은 인격과 그 무상한 감정과 욕망이 아니라 가장 추상적인 비인격적 형식인 정신이다(『영혼론』). 요컨대 아리스토텔레스는 영혼에 불멸을 부여하기 위해 영혼을 파괴한다. 불멸의 영혼은 마치 아리스토텔레스의 신이 활동에 의해 더럽혀지지 않는 순수한 능동성인 것처럼 현실에 의해 더럽혀지지 않은 '순수한 사고'이다. 이 신학에서 위안을 받을 수 있는 자는 내버려두자. 사람들은 아리스토텔레스가 형이상학에서 다른 사람의 주장을 무자비하게 공격하면서 동시에 받아들인 것은 반마케도니아파의 독배로부터 자신을 지키기 위한 빈틈없는 술책이 아니었을까 의심하고 있다.

심리학의 보다 안전한 영역에서는 그는 훨씬 독창적이고 적절한 표현을 하고 있으며, 거의 혼자 힘으로 미학, 곧 아름다움과 예술의 이론을 창조하고 있다. 예술적 창조는 형성적 충동과 정서적 표현에 대한 갈망으로부터 생긴다고 아리스토텔레스는 말한다. 예술의 형식은 본질적으로 현실의 모방이고 자연에 거울을 비춰보는 것이다(『시학』). 분명히 하등 동물에서는 볼 수 없는 일이거니와 인간은 모방에서 기쁨을 느낀다. 그러나 예술의 목적은 사물의 외적 현상이 아니라 내적 의미를 표현하는 데 있다. 사물의 진상은 내적 의미에 있는 것이지 외부적 수법이나 세밀함에 있는 것이 아니기 때문이다. 『트로이아의 여자들』의 현실적인 눈물이 아니라 『오이디푸스 왕』의 엄격한 고전적 자제 속에 더 많은 인간적 진실이 있을지도 모른다. 가장 고상한 예술은 감정만이 아니라 지성에도 호소한다(심포니가 화성과 반복 진행에 의해서만이 아니라 구성과 전개에 의해서 호소하듯이). 그리고 이러한 지적 쾌락은 인간이 도달할 수 있는 환희의 최고 형식이다. 그러므로 예술작품은 형식을, 특히 통일성을 중요시해야 한다. 통일성은 구성의 핵심이고 형식의 초점이기 때문이다. 예를 들면 희곡은 줄거리에 통일성이 있어야 한다. 여러 가지 곁줄거리가 있거나 빗나간 에피소드가 있어서는 안 된다. 그러나 예술의 작용은 무엇보다도 카타르시스, 곧 정화에 있다. 사회적 억압 밑에서 축적되어 자칫하면 비사회적·파괴적 행동으로 폭발되기 쉬운 감정은 극을 보는 동안에 느끼는 흥분의 무해한 형식에 의해 발산되고 씻겨내려가는 것이다. 그러므로 비극은 "연민과 공포를 통해 이러한 감정을 적절히 정화하는 효과를 갖고 있다"(『시학』).

아리스토텔레스는 비극의 몇 가지 특징(예컨대 원칙과 인격의 갈등)을 간과하고 있으나 그의 카타르시스설은 거의 신비에 가까운 예술의 힘을 이해하는 데 무한히 많은 시사를 하고 있다.[8] 이것은 어떠한 사색의 분야이든 손을 대기만 하면 뛰어난 업적을 남기는 그의 능력을 보여주는 빛나는 예의 하나이다.

7. 윤리학과 행복의 본성

아리스토텔레스는 그의 학문이 발전하고 청년들이 학식과 인격을 닦고자 그의 주위에 운집함에 따라, 과학 분야보다는 훨씬 광범하고 애매한 행위와 성격의 문제에 관심을 두게 되었다. 그는 자연 세계의 여러 가지 문제를 넘어서서 '최선의 삶은 무엇인가?' '삶의 최고선(最高善)은 무엇인가?' '덕은 무엇인가?' '어떻게 우리는 행복을 실현할 수 있는가?' 하는 문제 중의 문제를 훨씬 명료하게 의식하게 되었다.

그는 윤리학에서는 소박한 현실주의자이다. 그는 과학적 훈련을 거쳤으므로 초인적 이상을 설교하거나 공허한 완전성을 권고하지 않는다.

---

8) 아리스토텔레스는 오직 한 곳에서만 시간의 통일을 말하고 있으며, 장소의 통일에 대해서는 언급이 없다. 따라서 흔히 그가 주장했다고 하는 '세 가지 통일'은 후세의 조작이다.

산타야나는 "아리스토텔레스의 경우, 인간성의 개념은 매우 건전하다. 모든 이상에는 자연적 기초가 있고, 자연적인 것은 모두 이상적 발전을 하고 있다"고 말한다. 아리스토텔레스의 출발점은 인생의 목적이 선을 위한 선이 아니라 행복에 있다는 것을 솔직히 시인하는 것이다. "왜냐하면 우리는 행복 그 자체를 원하는 것이지 그 밖의 것을 바라는 것은 아니기 때문이다. 한편 우리가 명예, 쾌락, 지성을 원하는 것은……이러한 것들에 의해 우리들이 행복해질 거라고 믿기 때문이다"(『윤리학』). 그러나 그는 행복을 최고선이라고 부르는 것이 자명한 이치에 지나지 않음을 알고 있다. 따라서 필요한 것은 행복의 본성과 행복에 이르는 방법에 대한 보다 분명한 해명이다. 인간은 어떠한 점에서 다른 존재와 다른가를 묻고 인간의 행복은 인간 특유의 성질을 충분히 발휘하는 데 있다고 생각함으로써 이러한 방법을 찾아낼 수 있다고 그는 생각한다. 그런데 인간 특유의 탁월성은 사고의 힘이다. 인간이 다른 모든 생물을 능가하고 지배하는 것은 사고의 힘이 있기 때문이다. 따라서 이 능력의 증대가 인간을 우월하게 만든 것처럼, 이 능력의 발달이 인간을 완성하고 행복하게 만들리라고 가정해도 좋을 것이다.

이 경우 행복의 주요 조건은, 어떤 육체적 선행 조건을 제외한다면, 인간의 특별한 영광이며 능력인 이성적 생활이다. 덕(德) 혹은 탁월성[9]은 명석한 판단, 자제, 욕망의 조절, 수단의 세련에서 생긴다. 탁월성은 성실한 자의 전유물도 아니고 순결한 의지의 선물도 아니다. 충분히 발달

---

[9] excellence(탁월성)는 보통 virtue(덕)로 오역되고 있는 arete라는 그리스 말에 가장 잘 어울리는 역어이다. 번역자가 virtue라고 번역한 것을 excellence, ability, capacity 등으로 대체해 놓으면 독자는 플라톤과 아리스토텔레스에 대한 오해를 피할 수 있을 것이다. 그리스어 arete는 라틴어의 virtus로 둘 다 남성적 장점을 의미하고 있다(ares는 전쟁의 신, vir는 남자라는 뜻). 고대인은 virtue를 남성으로 생각했다. 마치 중세 그리스도교가 여성으로 생각한 것처럼.

한 사람이 경험을 통해 획득하는 것이다. 그러나 탁월성에 이르는 길, 탁월성에의 안내가 있어서 많은 우회와 지체를 예방할 수 있다. 그것은 곧 중도 또는 중용이다. 성격의 여러 성질은 세 갈래로 구분할 수 있다. 그 중 첫 번째 성질과 마지막 성질은 극단과 악덕이고, 중간 성질이 덕 또는 탁월성이다. 예컨대 비겁과 만용 사이에 용기가 있고, 인색과 낭비 사이에 관후(寬厚), 나태와 탐욕 사이에 포부, 비열과 자만 사이에 겸손, 비밀과 다변 사이에 정직, 침울과 익살 사이에 쾌활, 호전성과 아첨 사이에 우정, 햄릿의 우유부단과 돈키호테의 저돌성 사이에 극기가 있다(『윤리학』). 그러므로 윤리 또는 행위의 '올바름'은 수학 및 기술의 '올바름'과 다름이 없다. 이 경우 올바름은 각기 최선의 결과를 위한 최선의 활동의 정확함, 적절함을 의미하기 때문이다.

그러나 중용은 수학의 중수(中數)처럼 정확하게 계산할 수 있는 두 외항(外項)의 평균은 아니다. 중용은 그때 그때의 상황의 부수적인 환경에 따라 변화하고, 오직 원숙하고 유연한 이성에 의해서만 발견된다. 탁월성은 훈련과 습관화에 의해 획득되는 기술이다. 우리는 덕 또는 탁월성이 있기 때문에 올바르게 행동하는 것이 아니라 올바르게 행동하기 때문에 덕 또는 탁월성을 갖는다. "이러한 덕은 행위함으로써 인간에게 형성된다"(『윤리학』). 현재의 우리는 반복적 행위의 소산이다. 그러므로 탁월성은 행위가 아니라 습관이다. "인간의 선은 탁월성에 의해 완전한 생활을 하려는 영혼의 활동을 말한다. ……제비 한 마리가 왔다고 해서 또는 하루쯤 날씨가 따뜻했다고 해서 봄이 아니듯이, 일조일석에 인간이 축복을 받고 행복해지는 것은 아니다"(『윤리학』).

청년기는 극단에 치우치기 쉬운 시기이다. "청년이 과오를 범한다면 언제나 과도와 과장 때문이다"(『윤리학』). 청년에게(그리고 대부분의 장년에게) 매우 어려운 일은 한쪽의 극단에서 벗어나 다른 쪽의 극단에 빠지지 않는 것이다. 한 극단은 '과도한 교정(矯正)'[9]이나 그 밖의 원인으로 쉽게 다른 극단으로 넘어가기 때문이다. 너무 자주 성실하지 못하다고 비난하면 비열한 마음이 자만심의 벼랑에서 방황한다.[10] 어떤 극단에 집착하고 있는 자들은 중용이 아니라 반대의 극단에 덕이라는 이름을 붙일 것이다. 경우에 따라서는 이것도 좋다. 우리가 어떤 극단에 치우쳐 잘못을 저지르고 있다는 것을 알게 되면 "우리는 구부러진 목재를 바로잡을 때처럼……정반대의 극단을 목표로 삼아야 하며 이렇게 하면 중간 위치에 도달할 수 있기"(『윤리학』) 때문이다. 그러나 분별없는 극단주의자들은 중용을 최대의 악덕으로 보고 "각기 중간에 있는 사람들을 반대쪽 극단으로 쫓아버린다. 용감한 사람은 비겁한 자로부터는 경거망동하다는 말을 듣고, 경거망동하는 자로부터는 비겁하다는 말을 듣는다. 다른 경우에도 마찬가지다"(『윤리학』). 그러므로 현대 정치에 있어서도 '자유주의자'는 급진주의자로부터는 '보수주의자', 보수주의자로부터는 '급진주의자'라고 불린다.

이 중용설은 분명히 그리스 철학의 거의 모든 체계에 나타나 있는 특징적인 태도를 공식화한 것이다. 플라톤이 덕을 조화로운 행동이라고 불렀을 때, 소크라테스가 덕과 지를 동일시했을 때, 그들도 중용설을 염두에 두고 있었다. 일곱 현인은 델포이의 아폴론 신전에 '과도한 일을 하지 말라'고 새겨놓음으로써 이러한 전통을 확립했다. 어쩌면 니체가 주장한 바와 같이(『비극의 탄생』) 이러한 모든 일은 그리스인들이 그들 자신의 난폭하고 충동적인 성격을 억제하려는 시도일지도 모른다. 오히려 정열은 그 자체가 악덕이 아니라 과도하고 치우치게 작용하느냐, 절도 있고

---

9 어떤 약점을 교정하려는 생각 때문에 반대의 성질을 극단적으로 과장하려는 무의식적 노력을 가리키는 정신분석의 용어.

10) "안티스테네스〔犬儒學徒〕의 허영심이 외투 터진 구멍으로 엿본다"고 플라톤은 말했다.

조화롭게 작용하느냐에 따라 덕의 원료도, 악덕의 원료도 된다고 본 그리스인의 감정을 반영한다고 보는 것이 더 타당하리라.[11]

그러나 우리의 실제적인 철학자는 중용이 행복의 비결의 전부는 아니라고 말한다. 우리는 상당한 세속적 재산도 갖고 있어야 한다. 가난은 인색과 탐욕의 근원이지만 재산은 귀족적 침착성과 매력의 근원인, 근심과 탐욕으로부터의 자유를 가능케 한다. 행복에 대한 외부적 보조 중에서 가장 고상한 것은 우정이다. 사실상 우정은 불행한 사람보다는 행복한 사람에게 필요한 것이다. 행복은 서로 나누어가짐으로써 증대되는 것이기 때문이다. 우정은 정의보다도 더 중요하다. 사람들이 벗인 경우에는 정의가 불필요하지만 사람들이 공정한 경우에는 우정은 여전히 혜택이고 벗은 두 육체에 깃든 하나의 영혼이기 때문이다. 그러나 우정은 많은 벗들 사이에서보다 오히려 소수의 벗들 사이에서 가능하다. 벗이 많은 사람은 벗이 없는 것과 같으며, 완전한 우정을 갖고 많은 사람들의 벗이 된다는 것은 불가능하다. 아름다운 우정은 발작적인 강도보다는 오히려 지속을 요구하고, 여기에는 성격의 안정이 전제된다.

우정이 만화경처럼 변하는 것은 성격의 변화에 원인이 있다. 또한 우정은 평등을 요구한다. 감사하는 마음은 기껏해야 미끄러지기 쉬운 기반일 뿐이기 때문이다. '은혜를 베푸는 자는 일반적으로 은혜를 받는 자가 자신에게 갖는 것보다도 더 많은 우정을 그에게 베풀고 있다고 생각한다. 대부분의 사람을 만족시킬 수 있는 이 문제에 대한 설명은 한쪽은 채

---

11) 같은 사상을 다음과 같이 표현한 사회학적 정식화(定式化)도 참조할 것. "가치는 결코 절대적이 아니라 오직 상대적일 뿐이다. ……인간성의 어떤 성질은 당연히 있어야 할 만큼 풍부하지 않은 것 같다. 그러므로 우리는 이러한 성질에 가치를 두고…… 함양, 계발한다. 이러한 평가의 결과로서 우리는 이러한 성질을 덕이라고 부른다. 그러나 같은 성질이 지나치게 풍부하면 우리는 이것을 악덕이라 부르고 억압하려고 한다"(카버, 『사회정의론』).

권자, 한쪽은 채무자이고……채무자는 채권자가 없어지기를 바라지만 채권자는 채무자의 안녕을 간절히 바라고 있다는 것이다.' 아리스토텔레스는 이러한 해석에 반대한다. 오히려 은혜를 베푸는 자가 더욱 마음이 부드럽다는 것은 자기 작품에 대한 예술가의 사랑이나 자기 자식에 대한 어머니의 사랑에 유추해서 설명할 수 있다고 그는 믿는다. 우리는 자신이 만든 것을 사랑하기 마련인 것이다(『윤리학』).

그러나 외부적인 재산이나 관계가 행복에 필요하다 하더라도 행복의 본질은 우리들의 내면, 곧 원숙한 지식과 맑은 영혼에 있다. 분명히 감각적 쾌락은 행복에 이르는 길이 아니다. 이 길은 순환도로여서, 소크라테스가 노골적인 쾌락주의적 사상을 비판한 바와 같이, 긁으면 가려워지고 가려우면 긁는 것이다. 또한 정치적 출세도 행복에 이르는 길은 아니다. 정계에서는 우리는 민중의 변덕에 끌려다녀야 하고, 민중은 가장 변하기 쉽기 때문이다. 그렇다. 행복은 정신적 쾌락이어야 한다. 그리고 행복을 진리의 추구 또는 획득으로부터 얻을 때에만 우리는 이 행복을 믿을 수 있다. "이성의 움직임은……그 자체 이상의 목적을 갖지 않고 이성을 자극해서 그 움직임을 촉진하는 쾌락도 그 자체 안에 있다. 또한 자기 만족, 지치지 않는 것, 휴식 능력 등도……분명히 이성의 활동에 속해 있으므로 이 활동 안에 반드시 완전한 행복이 있을 것이다"(『윤리학』). 그러나 아리스토텔레스의 이상적 인간은 단순한 형이상학자는 아니다.

그가 충분히 돌보는 일은 소수에 지나지 않기 때문에 그는 쓸데없이 위험을 무릅쓰지 않는다. 그러나 큰 위기를 맞이하면 즐거이 목숨도 바친다. 어떤 경우에는 사는 것이 오히려 욕되다는 것을 알고 있기 때문이다. 그는 남의 봉사를 받는 것을 부끄러워하지만 남들에게 봉사하려고 한다. 친절을 베푸는 것은 우월성의 증거이고 친절을 받는 것은 예속의 증거이다. ……그는 공개적인 선전에 끼어들지 않는다. ……그는 호오(好惡)를 분명히 하며 인간사와 사물을 경멸하므로 언행이 솔직하다. 그의 안목으로 보면 위대한 것은 하나도 없으므로 결코 열렬히 찬양하지도 않는다. 그는 벗을 제외하고는 누구에게도 공손하지 않다. 공손하다는 것은 노예의 표시이다. ……그는 결코 악의를 느끼지 않으며 모욕을 받아도 언제나 잊고 흘려버린다. ……그는 이야기하기를 좋아하지 않는다. 자기가 칭찬을 받든 남이 비난을 받든 그와는 상관이 없다. 그는 타인에 대해, 비록 적이라 하더라도 직접 면전에서 말하는 경우를 제외하고는 험담을 하지 않는다. 그의 태도는 침착하고 그의 목소리는 굵직하고 그의 말은 신중하다. 그는 오직 소수의 일에만 관심을 갖기 때문에 서두르지 않는다. 그는 매우 중요한 일은 하나도 없다고 생각하므로 경쟁에 휩쓸리지 않는다. 근심에 싸인 자만이 날카로운 소리로 외치고 급히 걷는다. ……그는 인생의 재난을 위엄과 품위를 갖고 인내하며 온갖 전술로써 한정된 병력을 지휘하는 능숙한 장군처럼 자신의 환경을 최선의 것으로 만든다. 덕이 없는 자, 능력이 없는 자에게는 자기 자신이 최대의 적이어서 고독을 두려워하지만 그에게는 자기 자신이 최선의 벗이므로 그는 칩거(蟄居)를 좋아한다(『윤리학』).

이것이 아리스토텔레스의 초인이다.

8. 정치학

공산주의와 보수주의

이와 같이 귀족주의적인 윤리학으로부터 엄격한 귀족주의적인 정치철학이 나온 것은 당연한 귀결이다(혹은 순서가 바뀐 것일까?). 황제의 스승이자 공주의 남편이 서민이나 상업 부르주아지에게 특별한 애착심을 갖는다는 것은 기대하기 어려운 일이다. 철학은 보물이 있는 곳에 있기 마련이다. 게다가 아리스토텔레스는 아테네 민주주의의 혼란과 재난을 목격했기 때문에 진정한 보수주의자가 되었다. 전형적인 학자답게 그는 질서와 안정과 평화를 갈망하며 정치적 광태를 연출할 때가 아니라고 생각한다. 급진주의는 안정기의 사치품이다. 사물을 손 안에 꽉 쥐고 있을 때에만 사물을 변경시킬 수 있다. 일반적으로 '법률을 가볍게 변경하는 습관은 악습이며, 변경으로 얻는 이익이 적을 때에는 이 법의 결함이든 위정자의 결함이든, 철학적 관용으로 간과하는 편이 좋다. 시민은 이러한 변경으로 불복종의 습관을 익히게 되어 얻는 것보다는 잃는 것이 많다'(『정치학』). 준수를 강요하여 정치적 안정을 유지하는 법률의 힘의 기초는 주로 관습에 있다. 따라서 "경솔하게 옛 법을 버리고 새 법을 만드는 것은 모든 법률의 가장 내면적인 본질을 약화시키는 확실한 수단이다"(『정치학』). "시대적 경험을 얕보아서는 안 된다. 만일 이 사태가 좋은 것이라면, 장구한 시일이 지나면서 알려지지 않을 수가 없었을 것이다"(『정치학』).

'이 사태' 는 물론 주로 플라톤의 공산주의적 공화국을 가리킨다. 아리스토텔레스는 플라톤의 보편 개념의 실재론 및 정치적 이상주의와 싸우고 있다. 그는 스승이 그려놓은 그림에서 많은 오점을 찾아낸다. 그는 플라톤이 분명하게 철학적 수호자들에게 강요한 계속적인 병영식(兵營式) 접촉을 좋아하지 않는다. 아리스토텔레스는 보수적이기는 하지만 개성, 사생활 및 자유를 사회적 능력이나 재능 이상으로 존중한다. 그는 모든 동년배들을 형제 자매로 부르고, 어른을 무조건 아버지 또는 어머니로 부르는 것을 좋아하지 않는다. 모두가 형제면 형제는 하나도 없는 것과 같고 "플라톤 식으로 아들이 되는 것보다는 어떤 사람의 진짜 조카가 되는 것이 훨씬 좋다……"(『정치학』). 여자와 자녀를 공유하는 나라에서는 "사랑은 흐르는 물과 같다. …… 관심과 사랑을 고취하는 주요한 두 성질,

곧 소유감과 여기에 따르는 사랑은 (플라톤의) 국가에서는 결코 존재할 수 없다"(『정치학』).

가족이 유일한 국가이고 목축과 단순한 경작이 유일한 생활 양식이었던 아득한 옛날에는 공산주의적 사회가 존재했을지도 모른다. 그러나 '사회가 훨씬 분화된 상태에서는' 곧 분업이 기능의 중요성을 불균등하게 해서 인간의 자연적 불평등을 표면화시키고 확대시킨 곳에서는 공산주의는 탁월한 능력 발휘를 위한 적절한 자극을 주지 못하므로 파탄을 일으키게 된다. 열심히 일하려면 소득이라는 자극이 필요하고 적절한 근로, 절약, 책임을 위해서는 소유라는 자극이 필요하다. 모든 것이 모든 사람의 소유인 경우에는 아무도 아끼지 않을 것이다. "최대 다수의 사람들이 공유하는 것에 대해서는 최소한의 주의를 기울일 뿐이다. 각자는 자신의 이익을 고려할 뿐, 거의 공익을 고려하지 않는다"(『정치학』). "공동생활이나 재산의 공유는 언제나 곤란한 일이지만 특히 재산의 공유가 그렇다. 여행 동반자의 공동생활은(골치 아픈 결혼과 같은 공산주의는 말할 것도 없고) 가장 적절한 예이며, 그들은 도중에서 쓸데없는 일로 다투고 헤어진다"(『정치학』).

유토피아에 대해 "사람들은 즐겨 귀기울이고 어떤 놀라운 방법이 있어서 만인이 만인의 벗이 되리라고 쉽게 믿어버린다. 특히 사유재산의 소유에 원인이 있다고 하는……현존하는 악에 대한 비난을 들을 때 그렇다. 그러나 이러한 악은 전혀 다른 원인—곧 인간성의 약점—으로부터 생긴다"(『정치학』). "정치학은 인간을 만들어낼 것이 아니라 인간을 자연상태로서 보아야 한다" [12](『정치학』).

---

[12] 인간성에 대해 보수주의자는 비관론자, 급진주의자는 낙관론자임을 주목하라. 그러나 인간성은 아마도 그들이 생각하듯이 선하지도 않고 악하지도 않을 것이며 자연의 상태라기보다는 오히려 초기의 훈련 및 환경의 결과일 것이다.

또한 인간성은, 그 평균적 수준은 신보다는 짐승에 가깝다. 대다수의 인간은 선천적인 저능아요, 게으름뱅이다. 어떠한 제도 밑에서도 이러한 자들은 밑바닥으로 떨어질 것이다. 이들을 국가 보조금으로 구제하는 것은 '밑 빠진 독에 물 붓기'이다. 이러한 자들은 정치적으로는 지배를, 산업 면에서는 지시를 받아야 한다. 가능하면 그들의 동의를 받고, 그러나 필요하다면 동의 없이. "태어나는 순간부터 어떤 사람은 복종하도록, 어떤 사람은 명령하도록 결정되어 있다"(『정치학』). "선견지명이 있는 자는 원래 지배자 또는 주인으로 예정되어 있고 육체노동만 할 줄 아는 자는 원래 노예이기 때문이다"[13](『정치학』). 노예와 주인의 관계는 육체와 정신의 관계와 같아서 육체가 정신에 복종하듯 "열등한 자는 주인의 지배를 받는 것이 더 좋다"(『정치학』). "노예는 살아 있는 도구이고, 도구는 생명 없는 노예이다." 이어서 우리의 냉혹한 철학자는 산업혁명이 우리들에게 열어준 여러 가지 가능성을 희미하게나마 예감하며 잠시 아득한 희망에 잠겨 다음과 같이 말한다. "만일 모든 도구가 인간의 의지에 복종하거나 인간의 의지를 예상하면서 해야 할 일을 완성한다면……사람의 손을 빌지 않더라도 북이 피륙을 짜고 채가 수금을 탄다면, 기술자에게는 조수가 필요하지 않고 주인에게는 노예가 필요하지 않을 것이다"(『정치학』).

이 철학은 그리스인의 육체노동에 대한 경멸을 상징하고 있다. 아테네에서의 육체노동은 오늘날처럼 복잡하지 않았다. 오늘날 많은 수공업 분야에서 요구되는 지력(知力)은, 흔히 보통의 중류 계급이 경영하는 사업에 요구되는 지력보다 훨씬 크며 대학교수라도 (급할 때에는) 자동차

---

13) '노예'는 그리스어 doulos의 너무나 조잡한 역어인 듯하다. doulos라는 말은 노동의 잔인한 사실들—오늘날은 노동의 존엄성이니 인간의 우애니 하는 말로 장식되고 있지만—에 대한 솔직한 시인을 의미한다. 말장난에서는 우리들이 고대인을 쉽게 능가한다.

수리공을 신처럼 우러러보아야 한다. 당시의 육체노동은 글자 그대로 육체적인 것이어서 아리스토텔레스는 철학이라는 언덕 위에서 내려다보며 육체노동을 정신이 없는 자가 할 일이며 노예에게 적합한 일, 노예를 유능하게 만드는 일이라고 생각한다. 육체노동은 정신을 우둔하게 만들고 타락시키며 정치를 이해할 틈이나 정력을 남겨놓지 않을 것이라고 아리스토텔레스는 생각한다. 아리스토텔레스는 충분한 여가를 가진 사람들만이 정치적 발언권을 갖는 것이 합리적 결론이라고 본 것 같다(『정치학』). "최상의 국가 형태는 직공에게 시민권을 허용하지 않을 것이다. …… 테베에는 10년 전에 실무에서 물러나지 않은 자는 관직에 취임하지 못한다는 법률이 있었다"(『정치학』). 아리스토텔레스는 상인과 대금업자까지도 노예에 포함시킨다. "장사는 부자연스럽고…… 서로 이익을 우려내는 방법이다. 이러한 거래 중에서 가장 미움을 받는 것은…… 고리대금으로, 금전의 자연스러운 이용에 의해서가 아니라 금전 자체로부터 이익을 얻는다. 돈은 원래 거래 수단이지 이자의 산모는 아닌 것이다. 돈이 돈을 낳는 것을 뜻하는 이자는…… 이익을 얻는 모든 방법 중에서 가장 부자연스럽다"(『정치학』, 이 견해는 중세의 이자 금지에도 영향을 미쳤다). 돈이 새끼를 쳐서는 안 된다. 그러므로 "재정론을 철학적으로 검토하는 것은 무익한 일이 아니지만 금융업이나 돈벌이에 관계하는 것은 자유인답지 못하다"[14](『정치학』).

결혼과 교육

여자와 남자의 관계는 노예와 주인, 육체노동자와 정신노동자, 야만

---

[14] 아리스토텔레스는 철학자도 몸을 낮춰 이 분야에 들어서면 성공을 거둘 것이라고 덧붙인다. 그는 자랑스럽게 탈레스를 지적한다. 탈레스는 풍작을 예견하고 시중의 곡식 빻는 기계를 모두 사들였다가 수확기에 이 기계를 자기 마음대로 값을 붙여 팔았다. 따라서 아리스토텔레스는 거부가 되는 일반적 비결은 독점권의 창출임을 알고 있다.

인[10]과 그리스인의 관계와 같다. 여자는 낮은 발달 단계에 머물러 있는 미완성의 남자다[15](『동물의 발생』, 『박물학』, 『정치학』). 태어나면서부터 남성은 우월하고 여성은 열등하다. 남자는 지배하고 여자는 지배받기 마련이고 이 원칙은 필연적으로 전 인류에 확대된다. 여자는 의지가 약하므로 독립적인 성격 또는 입장을 갖지 못한다. 여성의 최선의 상태는 조용한 가정생활이며 대외적 관계에서는 남자의 지도를 받지만 가사에 있어서는 최고일 수 있다. 여자는 플라톤의 『공화국』에서처럼 더 이상 남성화되어서는 안 되고 오히려 차이점이 증대되어야 한다. 차이보다 더 큰 매력은 없다. "남자와 여자의 용기는 소크라테스가 가정한 것처럼 동일한 것은 아니다. 남자의 용기는 명령에, 여자의 용기는 복종에 나타난다. ……시인이 말하듯이 '침묵은 여자의 영광' 이다"(『정치학』).

아리스토텔레스는 이와 같은 여성의 이상적 노예화는 남자가 드물게 성취하는 일로서 완력보다는 혀로 지배하는 경우가 더 많다고 생각한 듯하다. 마치 남자에게 불가결의 특권이나 부여하듯이 그는 남자들에게 37세쯤까지 결혼을 연기했다가 20세쯤 된 처녀와 결혼하라고 권한다. 20세 전후의 여자는 30세의 남자와 대등하지만 37세의 닳고 닳은 전사라면 복종시킬 수 있을 것이다. 이 정도의 연령 차이가 있어도 두 사람은 거의 같은 시기에 생식력과 정열을 잃게 되리라고 생각했기 때문에 아리스토텔레스는 이러한 결혼 수학에 매력을 느낀 것이다. "남자는 애를 낳을 능력이 있고 여자는 그렇지 못하다면, 또는 그 반대라면 말다툼과 의견 차이가 생길 것이다. ……흔히 생식기는 남자 70세, 여자 50세 이내로 한정

---

10 비(非)그리스인을 말한다.

15) 바이닝거의 『성(性)과 성격』 및 메레디스의 "여자는 남자에 의해 문명화되는 마지막의 것이리라"(『리처드 페버럴의 시련』)는 말을 참조할 것. 그러나 남자가 여자에 의해 문명화된 마지막 것이었던 것(또는 마지막일 것) 같다. 문명화의 커다란 힘은 가족과 안정된 경제생활에 있고 이 두 가지는 부인의 창조물이기 때문이다.

되어 있으므로 남녀의 결합도 이 시기에 맞춰서 시작되어야 한다. 너무 어릴 때 남녀가 결합하는 것은 산아에 해롭다. 모든 동물을 보면 나이 어린 쌍이 낳은 새끼는 작고 발육이 나쁘고 대체로 암컷이다." 건강이 사랑보다 중요하다. 또한 "조혼을 하지 않는 것은 절제에도 도움이 된다. 조혼한 여자는 음탕해지기 쉽고, 남자의 경우에도 성장기에 결혼하면 체격 발달이 저지된다"[16](『정치학』).

"결혼 문제는 젊은이의 임의에 맡기지 말고 국가가 감독하고 관리해야 한다. 국가는 결혼의 최저 연령과 최고 연령, 임신의 최적기, 인구 증가율을 결정해야 한다. 인구의 자연적 증가율이 너무 높으면 잔인한 영아 살해 대신 낙태를 시키는 것이 낫다. 낙태는 감각과 생활이 시작되기 전에 실시해야 한다"(『정치학』). 국가의 사정과 자원에 따라 다르기는 하지만 국가에는 이상적인 인구 수가 있다. "과소한 인구를 가진 국가는 자급자족─국가는 자급자족을 해야 한다─을 하지 못하고, 인구가 많으면……국가는 인간의 집단이 될 뿐 국가가 되지 못하며 입헌정치는 거의 불가능하다"(『정치학』). 다시 말하면 종족적 통일도, 정치적 통일도 불가능하다. 인구 1만 명이 넘는 국가는 바람직하지 못하다.

교육도 국가가 장악해야 한다. "헌법의 영속성에 가장 기여하는 것은 교육을 정치 형태에 적응시키는 것이다. ……시민은 그들을 통치하는 정치 형태에 따라 도야되어야 한다"(『정치학』). 국가가 학교를 관리함으로써 우리는 사람들을 공업이나 상업으로부터 농업으로 돌릴 수도 있고 사유재산을 유지하면서도 각자의 재산을 분수에 맞게 공공의 용도에 사용하도록 훈련할 수도 있다. "선량한 사람들 사이에서는 '친구끼리는 모든 것을 공유해야 한다'는 격언이 적용될 것이다"(『정치학』). 그러나 성

---

16) 아리스토텔레스가 여자의 절제만을 생각하고 있다는 것은 분명하다. 결혼의 연기가 남자에게 미치는 도덕적 영향을 고려하지 않고 있다.

장기의 시민에게는 법의 준수를 가르쳐야 한다. 그렇지 않으면 국가는 성립하지 못한다. "'복종할 줄 모르는 자는 훌륭한 지휘자가 될 수 없다'는 말은 금언이다. 선량한 시민은 복종도 명령도 할 줄 알아야 한다." 그리고 국가가 학교를 관리해야만 종족적 이질성 속에서 사회적 통일을 달성할 수 있다. 국가는 다양한 요소로 구성되어 있지만 교육에 의해 통일성을 얻고 공통체가 되어야 한다(『정치학』). 청년들에게는 국가로부터 큰 혜택을 받고 있고 사회 조직에 의해 헤아리기 어려운 안전이 보장되고 있으며, 법의 엄존으로 자유가 가능하다는 것을 가르쳐야 한다.

"인간은 완성되면 가장 착한 동물이 되지만 고립되면 가장 악한 동물이 된다. 부정은 무장을 갖출수록 더욱 위험해지는데 인간은 태어나면서부터 가장 악한 목적에 사용할 수도 있는 지성과 성격상의 여러 특성으로 무장하고 있는 것이다. 그러므로 유덕하지 않은 인간은 동물 중에서 가장 무섭고 야만적이며 탐욕과 육욕으로 가득 차 있다." 오직 사회적 통제에 의해서만 인간을 유덕하게 만들 수 있다. 인간은 언어에 의해 사회를, 사회에 의해 지성을, 지성에 의해 질서를, 질서에 의해 문화를 발전시켰다. 이와 같이 질서 있는 국가에서 비로소 개인은 고립된 상태에서는 도저히 가질 수 없는 무수한 기회와 수단을 향유하게 된다. 따라서 "고립해 살려면 인간은 짐승이거나 신이어야 한다"[17](『정치학』).

그러므로 혁명은 거의 언제나 현명하지 못한 것이다. 혁명은 약간의 선을 성취할지 모르나 그 대가로 많은 악이 따르며, 이 악 중 중요한 것은 모든 정치적 선의 기초가 되고 있는 사회 질서 및 조직의 교란, 그리고 어쩌면 그 해체이다. 혁명적 혁신의 직접적 결과는 계산할 수 있고, 유익할지도 모르나 간접적 결과는 대체로 계산할 수 없고 흔히 비참하다. "몇 가

---

17) 정치철학을 대부분 아리스토텔레스로부터 받아들인 니체는 다음과 같이 덧붙인다. "혹은 인간은 짐승인 동시에 신이어야 한다──다시 말하면 철학자가 되어야 한다."

지 점만을 고려하는 자는 쉽게 판단을 내릴 수 있다." 또한 결정할 사항이 적은 사람일수록 재빨리 결심을 한다. "젊은이들은 쉽게 속는다. 그들은 재빨리 믿어버리기 때문이다." 옛 습관은 뿌리깊은 것이므로, 오랫동안 지켜온 습관을 억압하면 혁신정부는 전복된다. 성격은 법률처럼 쉽게 변하는 것은 아니다. 어떤 정체(政體)든 영속적인 것이 되려면 사회의 모든 부분이 이 정체의 유지를 원해야 한다. 그러므로 혁명을 피하고자 하는 지배자는 빈부의 격차—대체로 전쟁의 결과로 생긴 상태이다—를 예방하고 위험할 만큼 팽창한 인구의 배출구로서(영국인처럼) 식민지 개척을 장려하고 종교를 조장하고 실행해야 한다. 특히 독재자는 "신들을 열심히 섬기는 것처럼 보여야 한다. 지배자가 신앙심이 깊어서 신들을 잘 섬긴다고 생각하면 지배자로부터 부정한 일을 당하지 않을까 하는 국민의 공포심은 줄어들고, 또한 신들이 지배자의 편에 서서 싸우고 있다고 믿으므로 지배자에 대한 반역도 줄어든다"(『정치학』).

민주주의와 귀족주의

종교, 교육, 가정생활의 질서에 이 정도로 안전장치를 해놓는다면 거의 모든 전통적 정치 형태가 들어맞을 것이다. 모든 정치 형태에는 장점과 단점이 섞여 있어서 각기 여러 가지 상황에 적용된다. 이론적으로 이상적 정치 형태는 최선의 한 인물에게 모든 정치 권력을 집중시키는 것이리라. 호메로스가 "많은 사람들에게 통치권이 있는 것은 나쁜 일이다. 한 사람을 그대의 지배자, 그대의 주인으로 삼으라"고 한 말은 옳다. 이러한 사람에게는 법률은 제한이 아니라 오히려 수단이리라. "뛰어난 재능을 가진 사람들에게는 법률이 없다. 그들 자신이 법률이기 때문이다." 이러한 사람들을 상대로 법을 제정하려고 하는 자는 웃음거리가 될 것이다. 그들은 아마도 안티스테네스의 우화에 나오는 사람처럼 대답할 것이다. 어느 날 동물회의에서 산토끼가 장광설을 늘어놓으며 만민평등을 요구하자, 사자는 토끼에게 말했다—'네 발톱은 어디 있지?' [18] (『정치학』).

그러나 실제적으로는 군주정치는 대체로 최악의 정치 형태다. 거대한 힘과 위대한 덕은 가까운 친척이 아니기 때문이다. 그러므로 실행 가능한 최선의 정치 형태는 학식과 능력을 갖춘 소수의 사람들이 통치하는 귀족정치다. 정치는 너무나 복잡한 문제여서 수에 의해 결정할 수는 없다. 매우 간단한 문제들도 지식과 능력을 요구하지 않는가. "의사는 의사에 의해 평가되어야 하는 것처럼 인간은 일반적으로 동등한 사람에 의해 평가되어야 한다……. 이 원리는 그대로 선거에도 적용되지 않을까? 올바른 선거는 지식을 가진 사람들에 의해서만 가능하다. 예컨대 기하학자는 기하학의 문제를 올바르게 선택할 것이고, 수로(水路) 안내인은 항해의 방향을 올바르게 선택할 것이다. [19] 그러므로 집정관의 선거나 책임 추궁도 다수의 손에 맡겨놓아서는 안 된다"(『정치학』).

세습적 귀족정치의 난점은 항구적인 경제 기반이 없다는 것이다. '새 부자(富者)'가 끊임없이 생기므로 조만간에 정치적 공직은 최고 입찰자의 임의에 맡겨진다. "최고의 관직들을……살 수 있다는 것은 분명히 좋지 못한 일이다. 이러한 악폐를 허용하는 법률은 능력보다도 부를 존중하므로 전국을 탐욕의 수라장으로 만든다. 국가의 원수가 귀하게 여기는 것은 다른 국민들도 반드시 귀하게 여기기 때문이다(현대 사회심리학의 이른바 '위신모방'(威信模倣). 능력을 가장 존중하지 않는 곳에는 진정한 귀족정치가 있을 수 없다"(『정치학』).

---

18) 아리스토텔레스는 알렉산더나 필리포스를 염두에 두고 있는 듯하다. 니체가 비스마르크와 나폴레옹의 황홀한 생애에 끌려 동일한 결론을 내렸듯이.

19) "직능대표제(職能代表制)"에 대한 현대의 논의와 비교해보라.

민주정치는 대체로 금권정치에 대한 혁명의 결과이다. 지배 계급의 탐욕은 끊임없이 그들의 수를 감소시키고(마르크스가 말하는 중간 계급의 소멸), 그 결과로 대중의 힘을 강화시켜 대중은 마침내 주인과 대항하여 민주정치를 수립한다. 이러한 '가난한 자의 지배'에는 약간의 장점이 있다. "민중은 개별적으로는 전문가에 뒤떨어지는 판단을 하지만 집단으로는 그렇지 않다. 제작품을 보더라도 더 잘 평가하는 것은 기술자 자신이 아니라 그 기술을 갖지 못한 사람들이다. 예를 들면 집에 대해서는 거주자 또는 주인이 건축자보다 더 잘 평가하고…… 요리에 대해서는 손님이 요리사보다 더 잘 평가한다"(『정치학』). 그리고 "다수는 소수보다 부패하지 않는다. 다수는 적은 물에 비해 쉽게 썩지 않는 다량의 물과 같다. 개인은 분노, 그 밖의 격정에 휩쓸려 판단이 흐려지기 마련이다. 그러나 다수의 사람들이 한꺼번에 격정에 휩쓸려 동시에 잘못을 범한다는 것은 상상조차 어려운 일이다"[20](『정치학』).

그러나 "민주정치는 일반적으로 귀족정치보다 열등하다"(『정치학』). 민주정치는 평등이라는 잘못된 전제에 기초를 두고 있기 때문이다. 민주주의는 한 가지 면에서(예컨대 법이라는 면에서) 평등한 자는 만사에 있어서 평등하다는 관념으로부터 발생한다. 인간은 평등한 자유를 갖고 있으므로 완전한 평등을 요구하는 것이다. 그 결과, 능력은 수의 희생물이 되고 수는 책략에 의해 조종된다. 민중은 쉽게 오도되고, 그들의 견해는 변하기 쉬우므로 투표권은 지식 계급에 한정시켜야 한다. 우리에게 필요한 것은 귀족정치와 민주정치의 결합이다.

이러한 행복한 결합은 입헌정치에 의해 제시된다. 입헌정치는 생각

---

20) 타르드 르 봉, 그 밖의 사회심리학자는 정반대의 주장을 한다. 그들은 군중의 악덕을 과대평가하고 있지만, 아리스토텔레스에게서보다는 기원전 430~330년에 이르는 인민회의에서 더 좋은 논거를 발견할 것이다.

할 수 있는 최선의 정체(政體)—교육의 귀족주의라고 할 수도 있다—
는 아니지만 가능한 최선의 국가다. "평범한 사람이 미치지 못하는 덕의
기준을 세우거나 소질과 환경의 특별한 혜택이 필요한 교육을 전제하거
나 단지 염원에 지나지 않는 이상국가를 가상하지 말고 대다수가 실제로
영위할 수 있는 생활과 모든 국가가 실행할 수 있는 정치 형태를 염두에
두고서, 우리는 최대다수의 국가에 대해 최선의 헌법은 무엇인가, 최대다
수의 인간에 대해 최선의 생활은 무엇인가를 물어야 한다." "일반적 적용
의 원칙, 곧 그 정체의 유지를 바라는 국가의 부분이 바라지 않는 국가의
부분보다 강하지 않으면 안 된다는 원칙을 세우는 일로부터 논의를 시작
할 필요가 있다"(『정치학』). 그리고 힘은 수나 재산이나 군사적 및 정치적
능력에 의해서 생기는 것이 아니고 이러한 모든 것이 합쳐져서 생기는 것
이므로 '단순한 수적 우월성만이 아니라 자유, 재산, 교양, 출신, 가문' 도
고려되어야 한다. 그러면 우리는 입헌정치를 지탱해줄 '경제적' 다수자
를 어디서 찾아낼 것인가? 아마도 중산 계급이 가장 좋을 것이다. 입헌정
치가 민주정치와 귀족정치의 중용이듯이, 여기서도 우리는 다시금 중용
과 마주친다. 공직에의 길이 만인에게 개방되어 있다면 이 국가는 충분히
민주적일 것이고, 공직 자체가 실제로 이 길을 걸어오며 충분한 준비를
갖춘 자들에게만 국한된다면 충분히 귀족적일 것이다. 어떤 각도에서 영
원한 정치 문제에 접근하든 결론은 언제나 동일하다. 곧 공동체의 목적은
공동체 자체가 결정해야 하지만 그 수단은 숙련자만이 선택하고 적용해
야 하며, 선택의 폭은 민주적으로 확대되어야 하지만 공직은 준비를 갖추
고 선발된 수재들을 위해 엄격하게 유보되어야 한다.

9. 비판

우리는 이 철학에 대해 어떤 말을 할 수 있는가? 열광할 면은 하나도 없을 것이다. 아리스토텔레스 자신이 어떤 일에도 열광하지 못했으므로 아리스토텔레스에게 열광하기는 어렵다. "나를 울리고 싶으면 먼저 울어라."[11] 그의 모토는 어떤 일에도 경탄하지 않는 것이다. 그리고 우리들도 그에 대해서는 이 모토의 파기를 주저한다. 우리는 아리스토텔레스에게서 플라톤의 혁신적인 정열, 위대한 이상주의자로 하여금 동포를 비난케 한 격렬한 인류애를 찾아보지 못하며, 그에게서 스승의 대담한 독창성, 고원한 상상력, 고귀한 환상의 능력을 찾아보지 못한다. 그러나 플라톤을 읽은 다음, 우리에게 도움이 되는 것은 아리스토텔레스의 회의적 침착성이다.

우리의 이견을 요약하기로 하자. 우선 우리는 그의 논리학에 대한 고집 때문에 시달린다. 그는 삼단논법을 인간의 추리 과정의 기술이라고 생각하지만 사실은 다른 사람을 설득하기 위해 추리를 장식하는 방법을 설명하고 있을 뿐이다. 사고는 전제로부터 시작되고, 이 전제에서 결론을 구한다고 그는 생각하지만 사실은 사고는 가설적 결론으로부터 시작되고 이 결론을 정당화하는 전제를 구하며, 이 전제는 실험이라는 통제되고 고립된 조건 밑에서 특수한 사건을 관찰할 때 가장 잘 발견된다. 그러나 2천여 년에 걸쳐 아리스토텔레스의 논리학은 부수적인 몇 가지 점만이 변경되었다는 것, 오컴, 베이컨, 훼웰, 밀, 그 밖의 수많은 사람들도 그의 태양에서 몇 개의 흑점을 발견했을 뿐이라는 것, 이러한 새로운 사고의 학문의 창시와 그 기본 방향의 확정은 인간 정신에 남겨준 아리스토텔레스의 불후의 업적이라는 것 ——이러한 사실들을 잊는다면 얼마나 어리석은가?

---

11 호라티우스가 배우 및 시인에게 한 말.

　아리스토텔레스의 자연과학에 소화가 되지 않은 관찰의 덩어리가 그대로 남아 있는 것도 역시 실험과 유효한 가설이 없기 때문이다. 그의 독특한 솜씨는 자료의 수집과 분류에서 발휘된다. 모든 분야에서 그는 그의 범주에 따라 분류표를 만든다. 그러나 관찰에 의존하는 경향과 재능이 있는 반면, 플라톤의 형이상학에 열중하고 있어서 그는 모든 과학에서 잘못을 범하고 매우 엉뚱한 가정을 끌어들인다. 사실상 여기에 그리스 정신의 큰 결함이 있다. 그리스 정신은 단련을 받지 못했고, 과도를 방지하고 견실하게 하는 전통이 없었다. 그리스 정신은 지도에도 없는 들판에 마음대로 뛰어들어 너무 쉽게 이론과 결론을 찾아낸다. 그러므로 그리스 과학이 뒤에 처져 절름거리는 동안에 그리스 철학은 두번 다시 도달할 수 없는 높이로 뛰어올랐다. 현대의 위험은 정반대 쪽에 있다. 귀납적 자료가 베수비오 화산의 용암처럼 사면 팔방에서 쏟아져 내리기 때문에 우리는 정리되지 못한 사실에 눌려 질식하고 있다. 종합적 사고와 통일적 철학이 없는 까닭으로 우리의 정신은 항상 새로워지고 다양해져서 전문적 혼란을 일으키는 과학에 압도당하고 있다. 우리는 모두 인간의 가능성의 한갓 단편에 지나지 않는다.

　아리스토텔레스의 윤리학은 논리학의 지류로서 이상적 생활은 올바른 삼단논법과 같다. 그는 개선을 자극하기보다는 오히려 예의범절의 핸드북을 내민다. 고대의 어떤 비판자는 그를 "지나치게 절도가 있다"고 평했다. 극단론자는 『윤리학』을 모든 문헌의 진부한 면을 수집해놓은 대표적 저술이라고 부를 것이다. 영국을 싫어하는 사람이라면 영국인은 케임브리지와 옥스퍼드에서 『니코마코스 윤리학』을 한 자도 빼놓지 않고 읽어야 하기 때문에 이미 청년기에 제국주의적 죄악에 대한 속죄를 하는 셈이라고 생각하고 위안을 받을 것이다. 우리는 이 메마른 페이지에 싱싱하게 푸른 '풀잎'을 섞어 아리스토텔레스의 순수한 지적 행복에 대한 찬미

에 휘트먼의 감각적 환희에 대한 상쾌한 변호를 덧붙이고 싶다. 아리스토
텔레스의 무절제한 중용이라는 이상은 영국 귀족의 무색의 덕, 거북한 안
전성, 무표정하고 깍듯한 예의와 관계가 있지 않을는지. 매튜 아널드에
의하면 당시의 옥스퍼드 대학 교수들은『윤리학』에는 잘못이 있을 수 없
다고 생각했다고 한다. 3백 년 동안 이 책과『정치학』은 영국 지배 계급의
정신을 형성했고 위대하고 고상한 업적을 남기게 했을 것이지만, 한편 확
실히 무정하고 냉혹한 능력도 길러주었다. 최대의 제국의 군주들이 이 책
이 아니라『공화국』의 신성한 열정과 건설적 정열로부터 영양을 섭취했
더라면 그 결과는 어떻게 되었을까?

　　결국 아리스토텔레스는 순수한 그리스인은 아니었다. 그는 아테네
에 오기 전에 이미 바탕이 정해지고 형성되어 있었다. 그에게는 아테네인
다운 점이 전혀 없었고, 아테네로 하여금 정치적 ‘비약’에 가슴 들끓게 하
고 결국은 통일을 지향하는 전제 군주에게 굴복케 한 성급하고 경솔한 실
험주의는 전혀 없었다. 그는 과도(過度)를 피하라는 델포이의 명령을 너
무나 완전하게 지키고 오직 극단을 피하는 데만 전념하여 마침내 아무것
도 남겨놓지 못했다. 그는 무질서를 너무나 두려워한 나머지 노예제도의
공포를 잊었고, 불확실한 변화를 너무 겁낸 끝에 죽은 듯한 불변을 선택
했다. 모든 영속적 변화는 점진적이라고 믿는 점에서는 보수주의자를 정
당화하고, 어떠한 무변화의 상태도 영속하지 않는다고 믿는 점에서는 급
진주의자를 정당화한 헤라클레이토스적 유전(流轉)의 감각이 그에게는
없다. 그는 플라톤의 공산주의가 엘리트, 곧 이타적이고 탐욕이 없는 소
수에게만 해당된다는 것을 잊고 있었다. 따라서 재산은 사유이더라도 가
능한 한 공동으로 사용해야 한다고 말할 때, 그는 우회해서 플라톤의 결
론에 도달한다. 생산 수단의 개인 지배는 생산 수단이 누구나 입수할 수
있을 만큼 단순한 경우에만 자극적이고 유익하며, 생산 수단이 점점 복잡

해지면 재산과 권력의 위험한 집중화가 생기고 인위적인, 그리고 결국 국가를 분열시키는 불평등이 생긴다는 것을 그는 간파하지 못한다(그가 초기에 이러한 사실을 간파한다는 것은 기대할 수 없는 일이었다).

그러나 이러한 비판들은 한 사람에 의해 집대성된 가장 경이롭고 영향이 많았던 사상 체계에 대한 비판으로서는 결국 지엽적인 것에 지나지 않는다. 세계의 계몽에 이만큼 큰 공헌을 한 사상가가 또 있을 것인가. 후세의 모든 시대는 아리스토텔레스에게 의존했고 그의 어깨를 딛고 진리를 보려고 했다. 이렇게 오랫동안 인류의 지성을 지배한 정신은 또다시 없었다.

10. 만년과 죽음

한편 우리 철학자의 생활은 힘에 겨울 만큼 복잡해졌다. 알렉산드로스를 신으로 숭배하기를 거절한 칼리스테네스(아리스토텔레스의 조카)의 처형에 항의했기 때문에 그는 알렉산드로스와 사이가 나빠졌다. 알렉산드로스는 이 항의에 철학자라 할지라도 그의 전능한 권력으로 사형에 처할 수 있다고 암시하는 대답을 했다. 동시에 아리스토텔레스는 아테네인들을 상대로 알렉산드로스를 변호하는 데 여념이 없었다. 그는 도시국가에 대한 충성보다는 그리스인의 단결을 원했고 작은 도시국가와 자질구레한 논쟁이 없어질 때 문화와 학문이은 더욱 발달할 수 있다고 생각했다. 그리고 그는 괴테가 나폴레옹에게 기대한 것 —— 견딜 수 없을 만큼 혼돈되고 복잡한 세계의 철학적 통일 —— 을 알렉산드로스에게 기대했다. 자유를 갈망하는 아테네인들은 아리스토텔레스에게 불평을 터뜨렸고, 알렉산드로스가 적대적인 도시의 중심부에 아리스토텔레스의 동상을 세우자 더욱 신랄해졌다. 이러한 소동을 통해 우리가 아리스토텔레스로부터 받는 인상은 『윤리학』에서 받는 인상과는 달라서 이 경우 우리는 냉정하고 잔인할 만큼 침착한 인간이 아니라 사면초가의 적진 속에서 거인의 사업을 수행해나가는 투사를 본다. 아카데메이아의 플라톤의 후계자들, 이소크라테스의 웅변학파, 그리고 데모스테네스의 신랄한 웅변을 듣고 흥분한 군중은 아리스토텔레스의 추방 또는 사형을 위해 음모를 꾸미고 떠들어댔다.

이윽고 갑자기 알렉산드로스가 죽었다(B.C. 323년). 아테네는 애국적 환희로 들끓었다. 마케도니아파는 쓰러지고 아테네의 독립이 선언되었다. 알렉산드로스의 후계자이며 아리스토텔레스의 가까운 벗인 안티파토로스는 이 반란의 도시로 진군해왔다. 대부분의 마케도니아파는 도망한 다음이었다. 대사제 에우류메돈은 기도와 제사를 무용지물이라고 가르쳤다는 혐의로 아리스토텔레스를 고발했다. 아리스토텔레스는 소크라테스를 죽인 무리들과는 비교도 안 될 만큼 강한 적의를 가진 배심원과 군중에게 재판을 받게 될 운명임을 깨달았다. 매우 현명하게도 그는 아테네가 다시 철학에 대해 죄를 범할 기회를 줄 수는 없다고 말하면서 아테네를 떠났다. 이것은 비겁한 행위는 아니었다. 아테네에서는 피고인은 언제나 추방을 선택할 선택권을 갖고 있었다. 칼키스에 도착한 후 아리스토텔레스는 병석에 누웠다. 디오게네스 라에르티우스에 의하면 늙은 철학자는 급변한 사정에 절망한 끝에 독약을 마시고 자살했다고 한다. 어쨌든 그의 병은 치명적이었다. 그는 아테네를 떠난 지 2, 3개월 후에 쓸쓸하게 죽었다(B.C. 322년).

같은 해에 62세라는 같은 나이로 알렉산드로스의 최대의 적인 데모스테네스도 독을 마셨다. 1년 동안에 그리스는 최대의 지배자, 최대의 웅변가, 최대의 철학자를 잃은 것이다. 로마의 태양이 떠오르면서 그리스의 영광은 사라졌다. 로마의 영광은 사상의 빛이 아니라 오히려 화려한 힘에 있었다. 이 영광마저도 사라지자 작은 불꽃은 거의 꺼져버리고 말았다. 1천 년 동안 암흑이 유럽의 표면을 뒤덮었다. 전세계는 철학의 부활을 고대하고 있었다.

3

프랜시스 베이컨

1. 아리스토텔레스로부터 르네상스까지

B.C. 5세기 말엽, 스파르타가 아테네를 봉쇄한 끝에 굴복시켰을 때, 그리스의 철학과 예술의 산모(産母)는 정치적 패권을 잃었고 아테네 정신의 활력과 자주성은 쇠퇴했다. B.C. 399년 소크라테스가 사형을 받았을 때, 아테네의 영혼은 그와 함께 죽었고, 오직 그의 자랑스러운 제자 플라톤에게만 남아 있었다.

그리고 마케도니아의 필리포스가 B.C. 388년, 카이로네이아에서 아테네인을 격파하고 3년 후, 알렉산드로스가 대도시 테베를 잿더미로 만들었을 때 핀다로스의 집을 태우지 않은 것을 아무리 자랑해도 아테네의 정치적·사상적 독립이 회복할 수 없을 만큼 파괴됐다는 사실을 감출 수는 없었다. 마케도니아인 아리스토텔레스의 그리스 철학의 지배는 그리스가 씩씩하고 젊은 북방민족에게 정치적으로 굴복했다는 사실을 반영하고 있었다.

알렉산드로스의 죽음(B.C. 323년)은 이러한 쇠퇴 과정을 재촉했다. 청년 황제는 아리스토텔레스의 가르침을 받고도 야만인임에는 변함이 없었지만, 그리스의 풍요한 문화를 존중할 줄 알았고 이 문화를 상승군(常勝軍)의 물결에 실어 동방에 전파할 꿈을 꾸고 있었다. 그리스 상업의 발달과 소아시아 각지의 그리스 교역지의 증가는 이 지역을 그리스 제국의 일부로 통일하는 경제적 기반을 마련했다. 알렉산드로스는 이 번화한 근거지로부터 그리스 문화가 그 상품과 마찬가지로 사방으로 퍼져서 승리자가 되기를 희망하고 있었다.

베이컨

그러나 그는 동양 정신의 관성과 저항, 동양 문화의 질량과 깊이를 과소평가했다. 그리스 문화처럼 미숙하고 불안정한 문화를, 헤아리기 어려울 만큼 널리 퍼져 있고 가장 존경할 만한 전통에 뿌리박고 있는 문화에 강요하려고 한 것은 청년의 환상이었다. 그리스의 질(質)로는 아시아의 양(量)을 감당할 수 없다는 것이 입증되었다. 알렉산드로스 자신이 승리와 함께 동양의 혼에 정복당하고 만 것이다.

지배자인 그리스인의 지친 몸에 아시아의 영혼이 약간 스며들자, 동양의 의식과 신앙은 젊은 정복자가 개척한 교통망을 통해 쏜살같이 그리스로 흘러들어왔다. 제방은 터지고 동양 사상이라는 대양(大洋)은 청년기의 유럽 정신이라는 저지(低地)로 밀려들었다. 그리스의 빈민들 사이에 뿌리박고 있던 신비로운 미신적 신앙은 힘을 얻어 널리 퍼졌고, 무감동과 체념의 동양 정신은 퇴폐하고 절망한 그리스에서 옥토를 발견했다.

페니키아의 상인 제논(B.C. 310년경)이 스토아 철학을 아테네에 소개한 것은 허다한 동양의 침투의 한 예에 지나지 않았다. 스토아주의와 에피쿠로스주의—패배를 냉담하게 받아들이고 쾌락의 품속에서 패배를 잊으려는 노력——는 정복되거나 예속된 상태에서 어떻게 하면 행복해질 수 있는가를 가르치는 이론이었다. 19세기에 있어서 쇼펜하우어의 염세적인 동양적 스토아주의와 르낭의 절대적인 에피쿠로스주의가 실패한 혁명과 분열된 프랑스의 상징이었던 것처럼.

그러나 윤리학설의 반정립은 그리스에 있어서는 결코 새로운 일은 아니었고 당연한 귀결이었다. 우리는 이러한 반정립을 음울한 헤라클레이토스와 '웃는 철학자' 데모크리토스에게서 발견한다. 또한 소크라테스의 제자들은 안티스테네스와 아리스티포스의 지도 밑에 견유학파와 키레네학파[1]로 갈라졌고, 전자는 무감동을, 후자는 행복을 찬양했다. 그러나 당시에는 이 사상들은 대체로 이국적 사고 방식이었다. 거만한 아테네는 이 사상들을 받아들이지 않았다. 그러나 그리스는 카이로네이아가 피로 물들고 테베가 잿더미로 변하는 것을 보자, 디오게네스의 말을 경청하기 시작했다. 영광이 아테네를 떠나버리자, 아테네는 제논과 에피쿠로스를 받아들였다.

제논은 결정론을 기초로 '아파테이아'[2]의 철학을 세웠는데, 후기 스토아학파의 크류시포스는 이 결정론을 동양의 숙명론과 구별하기 어려운 것으로 생각했다. 노예제도에 찬성하지 않던 제논이 잘못을 저지른 노예를 때린 일이 있었다. 노예는 조용히 주인님의 철학에 의하면 나는 아득한 옛날부터 이 잘못을 저지를 운명을 갖고 있었노라고 변명했다. 이에 대해서 제논은 현인의 침착성을 잃지 않고, 같은 철학에 의하면 자신은 이 잘못을 저지른 노예를 구타할 운명이라고 대답했다. 쇼펜하우어가 개별적 의지로 보편적 의지에 대항하는 것이 부질없다고 생각한 것처럼 이 스토아학도는 철학적 무관심이 생존 경쟁에서 불공평하게도 패배

---

1 B.C. 4세기경 아리스티포스가 창시한 학파.
2 파토스가 없다는 뜻으로, 파토스는 수동적 격정을 뜻하므로 무감동을 말한다.

하기 마련인 인생에 대해 유일한 합리적 태도라고 주장했다. 만일 승리가 전혀 불가능하다면 승리를 비웃을 수밖에 없다. 평정의 비결은 성취를 욕망과 맞먹게 하는 것이 아니라 욕망을 성취의 수준으로 낮추는 것이다. 로마의 스토아 철학자 세네카(65년경 사망)는 "만일 당신이 현재 갖고 있는 것으로 만족하지 못한다면, 온 세계를 차지해도 불행할 것"이라고 말했다.

이러한 주장은 하늘을 향해 큰소리로 이와는 반대되는 것을 요구하는 것이다. 에피쿠로스는 제논처럼 금욕적 생활을 하면서도 이러한 요구를 충족시켜주었다. 페느롱에 의하면 에피쿠로스는 "아름다운 정원을 사서 손수 가꾸었다. 그는 여기에 학교를 세우고 제자들과 함께 조용하고 즐거운 생활을 하며 산보를 하거나 일을 하면서 제자들을 가르쳤다……. 그는 누구에게나 온화하고 친절했다……. 그는 철학에 헌신하는 것보다 더 고상한 일은 없다고 생각했다." 아파테이아는 불가능하고 쾌락은—반드시 감각적 쾌락은 아니지만—생각할 수 있는 한도 내에서는 생활과 행동의 유일하고 정당한 목적이라는 확신이 그의 출발점이다. "자연은 모든 생물로 하여금 타인의 행복보다는 자신의 행복을 선택하도록 지도한다." 스토아학도들조차도 체념에서 미묘한 쾌락을 발견한다. "우리는 쾌락을 피하지 말고 선택해야 한다." 따라서 에피쿠로스는 향락주의자가 아니다. 그는 감각적 환희보다는 정신적 환희를 찬양하고, 영혼을 진정시키고 달래기보다는 오히려 흥분시키고 교란시키는 쾌락을 경계한다. 결국 그는 일상적 의미의 쾌락이 아니라 아타락시아(ataraxia)—마음의 평정, 침착, 평온—를 추구하라고 주장한다. 이것은 제논의 '아파테이아'를 넘나드는 것이다.

B.C. 146년, 로마인들은 그리스를 약탈하러 와서 철학계가 적대적인 이 두 학파에 의해 양분된 것을 알았으나, 그들은 사색의 여가도 날카

로운 지성도 없었으므로, 이 철학들을 다른 전리품과 함께 그대로 로마로 가져갔다. 위대한 지도자도 운명적인 노예와 마찬가지로 금욕적 기분에 사로잡히기 쉽다. 민감한 자는 주인이 되기도 어렵고 노예가 되기도 어려운 법이다. 그러므로 로마 철학은 황제인 마르쿠스 아우렐리우스의 경우나 노예인 에픽테토스의 경우나, 주로 제논학파에 속해 있었다. 루크레티우스조차도(쾌락에서 슬픔을 느낀 하이네의 영국인처럼) 냉정하게 쾌락주의를 말하고 그의 준엄한 쾌락의 복음을 자살로 장식했다. 그의 고상한 서사시『사물의 본성에 대하여』[1]는 에피쿠로스처럼 쾌락을 희미하게 찬양하면서 사실은 쾌락을 저주하고 있다. 카이사르 및 폼페이우스와 거의 동시대인인 그는 혼란과 공황의 와중에서 살았고, 그의 떨리는 붓은 끊임없이 평온과 평화를 갈구하는 기도를 썼다. 어떤 사람은 그를 종교적 불안 때문에 그늘진 청년기를 보낸 소심한 사람으로 묘사한다. 그는 독자들에게 현세 이외에 따로 지옥은 없고, 구름 속의 에피쿠로스의 정원에 살며 결코 인간사에 개입하지 않는 군자 이외에 따로 신은 없다고 지칠 줄 모르고 주장하기 때문이다. 로마인들 사이에 천국과 지옥에 대한 신앙이 퍼지자 그는 냉혹한 유물론으로 맞선다. 영혼과 정신은 육신과 함께 발달하고 육신이 병들면 앓고 육신이 죽으면 사멸한다. 원자와 공간과 법칙 이외에는 아무것도 없고 법칙 중의 법칙은 도처에서 작용하는 생성과 소멸의 법칙이다.

민족도 개인처럼 천천히 성장하다가 반드시 죽는다. 어떤 민족은 흥하고 어떤 국민은 망하고 잠시 동안에 생물의 종속은 변하고 마치 주자(走者)처럼 생명의 불을 넘겨준다. 전쟁과 불가피한 죽음에 직면하면 아타락시아—평안한 마음으로 만사를 방관하는 것—이외에 다른 지

---

1) 쇼트웰 교수는 이 책을 모든 고대 문헌 중 가장 놀라운 작품이라고 말한다.

혜는 없다. 여기서는 분명히 삶의 오래 된 이교적 환희는 사라지고 거의 이국적인 정신이 깨진 현금을 탄다. 역사가 이 금욕적이고 서사시적인 염세주의자에게 에피쿠로스학파라는 명칭을 부여했을 때처럼 익살맞을 때는 없었으리라. 하기야 역사는 유머러스하다는 점 이외에는 취할 바가 없지만.

이것이 에피쿠로스의 후계자의 정신이라면, 명백한 스토아학파인 아우렐리우스나 에픽테토스의 쾌활한 낙천주의를 상상해보라. 모든 문헌 중에서 황제의 『명상록』을 제외하고는 노예의 『논문집』이 가장 음울하다. "그대가 바라는 대로 일이 되도록 추구하지 말고 오히려 일이 되어가는 대로 내버려두라. 그러면 그대는 행복하게 살리라"(에픽테토스). 물론 우리는 이러한 태도로 미래에 대처하고 세계를 지배할 수도 있다. 전해 내려오는 이야기에 의하면 에픽테토스를 항상 학대해오던 주인이 어느 날 심심풀이로 에픽테토스의 다리를 비틀었다. "그대로 계속하시면 제 다리는 부러질 것입니다"라고 에픽테토스는 조용히 말했다. 주인은 계속 비틀었고 다리는 부러졌다. "다리가 부러질 것이라고 말씀드리지 않았습니까?"라고 에픽테토스는 부드러운 목소리로 말했다. 그러나 이 철학에는 도스토예프스키적 평화주의자의 조용한 용기를 상기시키는 신비로운 고귀함이 있다. "어떤 경우에나 나는 이러이러한 물건을 잃었다고 말하지 말고 되돌려주었다고 말하라. 그대의 자식이 죽었는가? 그 애는 되돌아 갔을 뿐이다. 그대의 아내가 죽었는가? 그녀는 되돌아갔을 뿐이다. 그대의 재산을 빼앗겼는가? 재산 역시 되돌려준 것이 아니겠는가?" 이러한 구절에서 우리는 기독교와 그 불굴의 순교자에 가까운 것을 느낀다. 사실상 자기 부정의 기독교 윤리, 기독교의 거의 공산주의적인 사해동포 사상, 불에 의한 전세계 최후의 심판을 말하는 기독교의 종말론은 사상의 흐름을 타고 흘러내려온 스토아 이론의 조각들이 아닐까? 에픽테토스에 이르러 그리스·로마의 영혼은 이교 정신을 버리고 새로운 신앙을 받아들일 준비를 갖춘다. 그의 저서는 초기 기독교 교회가 종교 입문서로 채택할 만큼 탁월했다. 에픽테토스의 『논문집』과 아우렐리우스의 『명상록』으로부터 『그리스도의 모방』에 이르기까지는 오직 한걸음이 남았을 뿐이다.

한편 역사적 배경은 점점 새로운 장면으로 바뀌었다. 루크레티우스는 그의 유명한 구절에서 로마 제국의 농업 쇠퇴의 원인이 토양의 황폐에 있다고 설명했다.[2] 그 원인이 무엇이든, 로마의 부는 가난에 빠지고 조직은 무너지고 힘과 긍지는 쇠퇴하고 시들었다. 여러 도시는 오지(奧地)와 분간할 수 없을 만큼 황폐해지고, 도로는 파괴되어 상업의 융성은 옛 이야기가 되었다. 해마다 국경을 넘어서 들어오는 정력적이고 야만적인 게르만 민족은 소수의 교양 있는 로마 가문에 결혼을 강요했다. 이교 문화는 동양의 신앙[3]에 굴복하고 거의 알지도 못하는 사이에 제국은 교황정치의 판도로 들어갔다.

교회는 처음 몇 세기 동안은 황제들의 지지가 필요했으나 점차로 황제들의 세력을 흡수하여 그 수와 부와 영향권은 급속히 늘어났다. 13세기까지 교회는 유럽 영토의 3분의 1을 차지했고, 금고는 부자와 빈민의 헌금으로 가득 찼다. 1천 년 동안에 교회는 불변의 교리의 마력으로 유럽 주민의 대부분을 통일했다. 이와 같이 광범하게 그러나 평화롭게 조직을 확대한 것은 전무후무한 일이었다. 그러나 이러한 통일은 교회가 생각한 것처럼, 시간의 변화와 침식을 초월한 초자연적 시인(是認)에 의해 승화된 공동의 신앙을 요구했다. 그러므로 명확하고 한정된 교리는 조개 껍데기처럼 유럽의 젊은 정신을 뒤덮었다. 이 껍데기속에서 스콜라 철학은 무비판적 가정과 예정된 결론의 변덕스러운 순환 속에서 신앙으로부터 이성

---

2) 로마 멸망에 대한 가장 오래 된 이 이론은 가장 최근의 이론이기도 하다.

3 기독교.

으로, 또는 이성으로부터 신앙으로 편협한 왕래를 거듭했다. 조만간에 유럽의 지성은 조개 껍데기를 깨뜨리고 나올 것이다.

1천 년 동안의 경작을 거쳐 땅 위에는 다시 꽃이 피기 시작했다. 상품은 풍부하고 잉여가 생겨 교역이 불가피했다. 또한 상업의 교차점에는 다시 대도시가 세워졌고, 이 대도시에서 사람들은 문화를 장려하고 문명을 재건하기 위해 협력했다. 십자군은 동방으로 가는 길을 열었고 이 길로 금욕주의와 교리에 종지부를 찍게 할 사치와 이단이 들어왔다. 학문을 성직자의 독점물로 만들었던 값비싼 양피지 대신에 이집트로부터 싼 값으로 종이가 들어왔다. 오랫동안 값싼 방법을 대망해온 인쇄술은 불붙은 폭발물처럼 활기를 띠고 파괴적인 계몽적 영향을 도처에 파급시켰다. 용감한 선원들은 나침반으로 무장하고 거친 바다로 진출하여 지구에 대한 인간의 무지를 극복했고, 망원경으로 무장한 끈기 있는 관찰자들은 교리의 한계를 벗어나 하늘에 대한 인간의 무지를 극복했다. 각처의 대학과 수도원과 은신처에서 사람들은 논쟁을 멈추고 탐구를 시작했다. 우회하기는 했지만 비금속을 금으로 만들려고 한 연금술은 화학으로 변했다. 사람들은 조심스럽지만 대담하게 점성술로부터 천문학에 이르는 길을 모색하기 시작했다. 그리고 말하는 동물의 우화로부터 동물학이 생겼다. 이러한 각성은 로저 베이컨(1294년 사망)과 함께 시작되어 한계를 몰랐던 레오나르도(1452~1519년)에 이르러 성장하고, 코페르니쿠스(1473~1543년) 및 갈릴레오(1564~1642년)의 천문학, 길버트(1540~1603년)의 자기 및 전기 연구, 베살리우스(1514~64년)의 해부학 연구, 하비(1578~1657년)의 혈액 순환의 연구에서 절정에 이르렀다. 지식이 증대됨에 따라 공포는 줄어들었다.

사람들은 미지의 것을 숭배하지 않고 오히려 극복하려고 했다. 싱싱한 새 정신은 모두 확신에 넘쳤고, 장벽은 무너지고 이제 인간이 하려는 일을 막는 속박은 없어졌다. "그러나 저 작은 배가 천체처럼 지구 전체를 일주한다는 것은 우리 시대의 행복이다. 고대인이 '더 이상 가지 말라' 고 한 곳에서 지금은 정정당당하게 '더 멀리' 라고 말할 수 있다"[3](베이컨, 『학문의 진보』). 그것은 성취와 희망과 활력의 시대, 하나의 목소리, 곧 시대의 정신과 결의를 집약하는 종합적인 인물을 대망하는 시대였다. 이 인물은 '지자(知者)를 규합하는 종을 울리며' 유럽이 성년에 이르렀다고 선언한 '근대의 가장 강력한 정신' (페인, 『케임브리지 근대사』)인 프랜시스 베이컨이었다.

2. 프랜시스 베이컨의 정치 경력

베이컨은 1561년 1월 22일, 런던의 요크 하우스에서 태어났다. 요크 하우스는 엘리자베스조(朝)의 최초의 20년 간 궁내대신으로 봉직한 아버지 니콜라스 베이컨 경의 저택이었다. 어머니는 안네 쿠크 부인으로 엘리자베스조의 대장대신(大藏大臣)이자 영국의 유력자의 한 사람인 버얼리 경 윌리엄 세실의 처제였다. 외할아버지는 에드워드 6세의 사부(師傅)였다. 그리고 어머니 자신도 언어학자, 신학자여서 주교들과 그리스어로 편지를 왕래하는 것쯤은 다반사였다. 어머니는 손수 아들의 교육을 맡았고 이를 위해서는 수고를 아끼지 않았다.

그러나 베이컨을 위대하게 만든 실제의 유모(乳母)는 가장 강대한 근대국가의 가장 위대한 시대, 곧 엘리자베스 시대의 영국이었다. 아메리카 발견은 무역을 지중해에서 대서양으로 옮겨놓았고, 대서양 연안 제국—스페인, 프랑스, 네덜란드, 영국—을 발전시켜, 유럽의 반이 이탈

---

3) 지브랄타에서 지중해로 배를 돌리라고 하는 중세의 모토.

리아를 동방 무역의 출입 항구로 삼고 있을 당시에는 이탈리아가 장악하고 있던 상업과 경제의 패권을 잡게 했다. 이러한 변화와 함께 르네상스는 플로렌스, 로마, 밀라노, 베니스로부터 마드리드, 파리, 암스테르담, 런던으로 옮겨졌다. 1588년, 스페인의 해상 세력이 궤멸된 다음 영국의 상업은 모두 대양으로 뻗어나갔고, 영국 도시들은 가내공업으로 번창했으며, 영국 선원들은 세계일주를 했고, 영국 선장들은 아메리카를 점령했다. 영국 문학은 스펜서의 시, 시드니의 산문으로 꽃피고, 영국의 무대는 셰익스피어, 말로, 벤 존슨, 그 밖의 정력적인 많은 작가들의 희곡으로 붐볐다. 이러한 시대의 이러한 나라에서는 누구든지 소질만 있다면 성공할 것이다.

베이컨은 13세 때 케임브리지의 트리니티 칼리지에 입학했다. 그는 3년 동안 재학했으나 이 학교의 교과서와 교수법에 혐오를 느끼고 아리스토텔레스 숭배에 확고한 적의를 느껴, 철학을 스콜라적 논쟁으로부터 전환시켜 인간의 행복을 해명하고 증진하는, 보다 비옥한 길로 들어서게 하겠다는 결심을 하고 이 학교를 떠났다. 그는 16세의 소년으로 주불(駐佛) 영국 대사의 막료(幕僚)의 자리를 제안받고 찬부양론(贊否兩論)을 조심스럽게 검토한 후 수락했다. 『자연의 해석』 서문에서 그는 철학으로부터 정치로 전환하게 된 이 숙명적인 결정에 대해 말하고 있는데 이것은 간과할 수 없는 구절이다.

나는 인류에 봉사하기 위해 태어났다고 믿었고, 공공의 복리를 돌보는 것은 물과 공기처럼 만인에게 평등하게 개방되어 있는 공공의 권리라고 생각하고, 무엇이 인류에게 가장 유익한가, 자연은 무슨 일을 위해 나를 탄생시켰는가를 자문했다. 그런데 숙고 끝에 나는 인간생활을 문명화하는 기술과 발명을 찾아 내고 발전시키는 것이 가장 보람 있는 일이라는 결론에 도달했다. ……무엇보다도, 그것이 아무리 유용하더라

도 어떤 특수한 발명을 하는 데 그치지 않고 자연 속에 첫번 쳐들 때에
는 인간의 여러 가지 발견의 현재의 제한과 한계를 비춰주고, 더 높이
쳐들수록 어둠의 모든 구석과 틈을 남김없이 비춰주는 발광체에 불을
붙이는 데 성공한다면 이러한 발견자는 인간 왕국을 우주에 확대하는
진정한 정복자, 인간의 자유를 위한 투자, 현재 인간을 속박하고 있는
곤경을 근절시킨 자라고 불릴 만하다고 나는 생각했다. 그뿐 아니라 나
는 나의 본성에는 진리 관조의 특별한 능력이 있다는 것을 알았다. 곧
나에게는 가장 중요한 목적——유사성의 인식——을 위한 매우 날카로
운 정신이 있고 동시에 차이의 미묘한 그늘을 간파하기에 충분한, 확고
하고 집중적인 정신이 있다. 나에게는 탐구의 정열, 끈기 있게 판단을
보류하는 힘, 즐겁게 명상하는 힘, 조심스럽게 동의하는 힘, 잘못된 인
상을 서슴지 않고 바로잡는 힘, 세심한 노력으로 자기 생각을 정리하는
힘이 있다. 나는 신기한 것을 뒤쫓거나 옛것을 맹목적으로 찬양한 적이
없다. 나는 모든 형태의 기만을 철저히 싫어했다. 이러한 여러 가지 이
유로 나는 나의 본성과 기질이, 말하자면 진리와 일종의 혈연 관계를
갖고 있다고 생각했다.

　　그러나 나의 가문, 성장 및 교육은 모두 철학이 아니라 정치를 지
향케 했다. 말하자면 나는 어릴 적부터 정치에 젖어 있었다. 청년들에
게는 흔히 있는 일이지만, 나는 때때로 여러 가지 의견 때문에 번민했
다. 또한 나는 인생의 다른 의무가 주장할 수 없는 특수한 요구를 조국
에 대한 의무가 나에게 요구하고 있다고 생각했다. 끝으로 나는 국가의
현직(顯職)에 오르면 운명이 정해준 나의 일을 달성하도록 도와주는
여러 가지 원조와 지지를 받을 수 있을 것이라는 기대를 갖고 있었다.
이러한 동기로 나는 정치에 투신했다.

니콜라스 베이컨 경은 1579년 갑자기 죽었다. 그는 프랜시스에게 부
동산을 남겨줄 생각이었으나 죽음이 그의 계획보다 앞서 닥쳤기 때문에
급히 런던으로 소환된 젊은 외교관은 18세의 나이에 아버지도, 한푼의 재

산도 없는 신세임을 알았다. 그는 당시의 사치에 익숙했으므로 갑자기 검소한 생활을 하기는 어려웠다. 그는 법률 사무에 종사하면서 한편으로는 유력한 친척들에게 경제적 곤경에서 풀려날 수 있는 정치적 지위를 알선해달라고 간청했다. 거의 애걸조의 그의 편지는 그 문체가 우아하고 힘이 있어서 저술가가 될 능력을 입증하고 있음에도 불구하고 효과는 적었다. 버얼리 경이 그의 간청을 들어주지 못한 것은 베이컨이 자신의 이러한 능력을 낮게 평가하지 않고 재능에 적합한 지위를 요구했기 때문인 것 같다. 또한 베이컨의 편지는 명예로운 버얼리 경에게 과거, 현재, 미래의 충성심을 지나치게 과시한 것 같다. 정치도 사랑과 마찬가지로 자기 자신을 전부 내맡겨서는 안 된다. 항상 자기 자신을 줘야 하지만 한꺼번에 전부 내주지는 말아야 한다. 기대할 바가 남아 있어야 온정을 베푸는 법이다.

결국 베이컨은 위에서 끌어주는 사람 없이 혼자 올라갔다. 그러나 한걸음 올라가는 데 여러 해가 걸렸다. 1583년, 토온턴 시를 대표해서 의회에 진출했는데 선거인들은 그를 매우 좋아해서 선거 때마다 그는 의석을 차지했다. 그는 의회의 토론에서 간결하고 생생한 능변을 발휘했다. 그는 웅변술이 필요 없는 웅변가였다.

어떤 유력한 친구는 그에게 관대했다. 엘리자베스가 사랑했으나, 사랑을 이루지 못해 미워하게 된 미남 에섹스 백작이었다. 1595년, 에섹스는 정치적 지위를 얻어주지 못한 보상으로 튀큰햄에 있는 훌륭한 땅을 베이컨에게 선사했다. 참으로 값진 선물이었으므로 이 선물 때문에 베이컨은 평생 에섹스에게 속박당하리라고 생각하는 사람도 있었겠지만 사실은 그렇지 않았다. 2, 3년 후 에섹스는 엘리자베스를 가두고 왕위 후계자를 뽑으려는 음모를 꾸몄다. 베이컨은 은인에게 여러 번 편지를 보내 반역에 반대했다. 에섹스가 굽히지 않자, 그는 친구의 의리를 넘어서서 '여왕에게 충성할 것'이라고 에섹스에게 경고했다. 에섹스는 계속 시도하다가 결국 실패하고 체포되었다. 그러나 베이컨은 여왕 앞에서 끊임없이 에섹스를 변호했으므로 여왕은 참다못해 "다른 이야기를 하라"고 명령했다. 가석방된 에섹스가 병력을 모아 런던으로 진군해서 주민을 끌어내 혁명을 일으키려고 했을 때, 베이컨은 분연히 반대했다. 한편 그는 이 지역의 검찰기관에 근무하고 있었으므로 에섹스가 다시 체포되어 반역죄로 재판을 받을 때 베이컨은 관대한 친구를 기소하는 역할을 적극적으로 수행했다.[4]

에섹스는 유죄판결을 받고 사형되었다. 이 재판에서 베이컨이 맡은 역할은 얼마 동안 그의 인기를 저하시켰다. 그 후 그는 그를 파멸시킬 기회를 노리고 있는 적들에게 둘러싸여서 살았다. 그의 지칠 줄 모르는 야심은 그에게 휴식을 허락하지 않았다. 그는 언제나 불만을 토로했고 언제나 1년쯤의 수입에 해당하는 빚을 지고 있었다. 그에게는 낭비하는 버릇이 있었고 과시는 그의 정책의 일부였다. 45세가 되어 결혼했을 때, 화려하고 사치스러운 결혼으로 부인의 매력의 하나였던 지참금은 크게 줄어들었다. 1598년에는 빚 때문에 체포되기도 했다. 그럼에도 불구하고 그의 승진은 계속되었다. 그의 다방면의 재능과 거의 무한하다고 할 수 있는 지식 때문에 그는 모든 중요한 위원회의 핵심위원이 되었다. 차츰 높은 관직에 이르는 길이 열려 그는 1606년에는 법무차관, 1613년에는 법무대신이 되었다. 1618년에는 57세의 나이로 마침내 대법관이 되었다.

---

4) 베이컨의 경력 중 이 사건에 대해서는 많은 책이 나와 있다. "인간 가운데서 가장 현명하고 가장 비열한 자"(포프는 이렇게 평했다)로서의 베이컨에 반대하는 예는 맥콜레이의 에세이에서, 더욱 자세한 것은 애보트의 『프랜시스 베이컨』에서 찾아볼 수 있다. 이 경우에는 베이컨의 말이 자기 자신에게 적용되리라. "인간 자신을 위한 지혜는 집이 무너지기 조금 전에 틀림없이 집을 떠나는 쥐의 지혜이다"(『인간 자신을 위한 지혜에 대하여』). 베이컨에 찬성하는 예는 스페딩의 『프랜시스 베이컨의 생애와 시대』 및 『평론가와 보낸 저녁』(맥콜레이에 대한 때늦은 답변이다)에서 찾아볼 수 있다.

3. 『수상록』

　그의 승진은 플라톤의 철인왕의 꿈을 실현하는 것 같았다. 한걸음 한걸음 정치 권력에 높이 다가갈수록 베이컨은 철학의 정상에도 다가갔기 때문이다. 이 사람의 광범한 학식과 저술상의 업적이 다망한 정치생활의 부산물이고 여기(餘技)에 지나지 않았다는 것은 거의 믿기 어려운 일이다. '은둔생활이 최상의 생활'이라는 것이 그의 모토였다. 그는 관조적 생활과 활동적 생활 중 어느쪽을 더 좋아하는지 결정을 내리지 못했다. 세네카처럼 철학자인 동시에 정치가가 되는 것이 그의 희망이었다. 두 토끼를 쫓다가 이해의 범위도 좁아지고 성취하는 바도 적지 않을까 우려하기는 했지만—"관조와 활동적 생활을 동시에 하는 것과 물러나 관조에 몰두하는 것 중 어느쪽이 더 정신을 무력화 내지 방해하는지는 말하기 어렵다"고 그는 말한다. 그는 학문 자체가 목적이나 지혜가 될 수는 없고, 행위에 적용되지 않는 지식은 창백한 학문적 허영심이라고 생각한다. "학문에 너무 많은 시간을 소비하는 것은 게으름이다. 학문을 지나치게 장식으로 사용하는 것은 허식이다. 학문의 규칙에 얽매여 판단하는 것은 학자의 익살이다. ……교활한 자는 학문을 경멸하고, 단순한 자는 학문을 찬양하고, 현명한 자는 학문을 이용한다. 학문은 학문의 용도를 가르쳐주지 않기 때문이다. 학문의 용도를 가르쳐주는 것은 학문 이외의 지혜, 관찰에 의해 획득한 학문 이상의 지혜이다"(『학문에 대하여』).

　여기에는 스콜라 철학—다시 말하면 이용과 관찰로부터의 지식의 절연—의 종말을 알리고, 영국 철학의 특징이 되고 실용주의에서 절정에 이른 경험과 성과를 강조하는 새로운 태도가 있다. 그렇다고 해서 베이컨이 책과 사색을 좋아하지 않았다는 뜻은 아니다. 그는 "철학이 없으면 살고 싶지 않다"(『고대인의 지혜』헌정사)고 말했는데, 이 말은 소크라테스를 상기시키며, 자기 자신에 대해서는 "원래 어떤 일보다도 학문에 적합하지만 어떤 운명 때문에 천재의 경향(곧 성격)과는 어긋나는 활동적 생활을 하게 된 인간"(『학문의 진보』)이라고 말한다. 처음 출판된 책이라고 할 수 있는 그의 저서는 『지식 예찬』(1592)이다. 이 책에 나타난 철학에 대한 정열은 인용을 불가피하게 한다.

> 나의 예찬은 정신 자체에 바쳐야 하리라. 정신은 인간이며 지식은 정신이다. 인간은 그의 인식 이외의 것이 아니다. ……감정의 쾌락은 감각의 쾌락보다 크고 지성의 쾌락은 감정의 쾌락보다 크지 않은가? 지성의 쾌락만이 싫증나지 않는, 참되고 자연스러운 쾌락이 아닌가? 오직 지식만이 마음의 모든 혼란을 일소하지 않는가? 우리가 존재하지 않는다고 생각하는 것이 얼마나 많이 존재하는가? 우리는 얼마나 많은 일을 그 진가 이상으로 존중하고 평가하는가? 이러한 공허한 상상, 이러한 균형을 잃은 평가가 혼란의 폭풍우를 몰고 오는 오류의 구름이다. 따라서 인간의 정신에 있어서, 사물의 혼란을 넘어서서 자연의 질서와 인간의 오류를 정당하게 평가하는 경지에 이르는 것보다 더 큰 행복이 있을 것인가? 오직 향락의 관점만이 있고 발견의 관점은 없는가? 자기 만족의 관점만이 있고 공익의 관점은 없는가? 자연이라는 상점에 진열된 아름다움만이 아니라 자연이라는 창고에 들어 있는 부(富)를 가려낼 수는 없는가? 진리는 불임(不姙)인가? 우리는 진리에 의해서 가치 있는 결과를 산출하고 인간생활에 무한히 많은 이기(利器)를 공급할 수는 없는가?

그의 가장 뛰어난 저서 『수상록』(1597~1623년)은 정치에 대한 사랑과 철학에 대한 사랑 사이에서 방황하고 있다. 「명예와 명성에 대하여」에서 그는 모든 등급의 명예를 정치적·군사적 업적에 부여하고 문학적·철학적 공적에는 전혀 부여하지 않는다. 그러나 「진리에 대하여」라는 에세이에서는 "진리 탐구는 진리에의 구애 또는 구혼이고 진리의 인식은 진리의 예찬이다. 진리에 대한 신앙은 진리의 향수이고 인간성의 지고(至高)의 선(善)이다"라고 그는 말한다. 책 속에서 "우리는 현인과 대화한다. 행동 속에서 바보와 대화하듯이." 우리가 책을 선택할 줄 안다면 그렇다. 유명한 구절로는 "맛만 볼 책도 있고 삼켜야 할 책도 있으나 잘 씹어서 소화해야 할 책은 적다"는 말이 있다. 물론 이러한 책들은 세계가 매일매일 목욕하고 중독되고 익사하는 잉크의 대해(大海)와 홍수의 극히 작은 부분에 지나지 않는다.

분명히 『수상록』은 잘 씹어서 소화할 만한 가치가 있는 소수의 책에 속한다. 이렇게 많은 고기가 이렇게 훌륭하게 요리되어 이렇게 작은 접시에 담겨 있는 일은 드물 것이다. 베이컨은 군말을 붙여 길어진 문장을 싫어하고 언어의 낭비를 경멸한다. 그는 짧은 구절에 무한히 풍부한 뜻을 담기 때문에 그의 에세이는 각기 2, 3페이지에 지나지 않지만 인생의 중요 문제에 대한 세련된 정신의 달관이 들어 있다. 내용과 문체 중 어느 것이 더 뛰어났는지를 말하기는 어렵다. 운문에 있어서는 셰익스피어가 최고인 것처럼 산문에 있어서는 그의 언어가 최고이기 때문이다. 그의 문체는 강건한 타키투스의 문체처럼 간결하면서도 세련되어 있다. 이러한 간결성은 라틴어의 숙어와 관용구의 교묘한 이용에도 일부의 원인이 있으나 풍부한 비유는 엘리자베스 시대의 특색이며, 르네상스의 화려함을 반영하고 있다. 영국 문학에서 베이컨처럼 함축성 있고 간결한 비유를 풍부하게 사용한 사람은 다시 없다. 그러나 비유의 남발은 베이컨의 문체의 유일한 결점이기도 하다. 끝없는 비유와 은유와 암시는 우리들의 신경을 마구 채찍질해서 피로하게 만든다. 『수상록』은 맛은 좋지만 소화는 잘 안 되는 음식 같아서 한꺼번에 많은 양을 소화하기는 어렵다. 그러나 한 번에 4, 5편씩이라면 영어로 된 가장 훌륭한 지적 영양이다.

이 지혜의 정수로부터 우리는 무엇을 추려낼 것인가? 베이컨이 최상의 출발점을 선택하고 중세 철학의 방식으로부터 가장 현저하게 이탈할 수 있었던 것은 에피쿠로스의 윤리학을 솔직하게 받아들였기 때문일 것이다. "사용하지 않으면 원하지 않고 원하지 않으면 두렵지 않다'는 철학적 사고의 순서는 연약하고 소심하고 겁 많은 정신의 징후다. 그리고 사실상 스콜라 철학자들의 이론은 대체로 의심이 많고, 사물의 성질이 요구하는 것 이상으로 인류를 돌보고 있는 듯하다. 이렇게 해서 그들은 죽음의 공포에 대처하기 위한 구제책에 의해 죽음의 공포를 증대시키고 있다. 그들이 인간의 생활을 죽음의 준비 또는 훈련쯤으로 생각하는 한, 죽음에 대한 방비가 아무리 많더라도 죽음이라는 적이 무섭지 않다는 것은 불가능하기 때문이다"(『학문의 진보』). 스토아적 욕망의 억압만큼 건강에 나쁜 것은 없다. 무감동으로 죽은 거나 마찬가지가 된 생명을 연장한다고 해서 무슨 소용이 있을 것인가? 게다가 이것은 불가능한 철학이다. 본능은 반드시 밖으로 나타날 것이기 때문이다. "본성은 때로는 감추어지고 때로는 압도당하지만 근절되는 경우는 거의 없다. 강압은 오히려 본성을 더욱 난폭하게 만든다. 이론과 설교는 본성을 완화시키지만, 본성을 바꾸거나 정복할 수 있는 것은 오직 습관뿐이다. …… 본성에 대한 승리를 과신하지 말라. 본성은 오랫동안 묻혀 있더라도 어떤 계기나 유혹이 있으면 되살아나기 때문이다. 본성은 이솝 우화에 나오는 여자로 변한 고양이 같아서 식탁 끝에 조용히 앉아 있다가도 쥐를 보면 달려나간다. 그러므로 이러한 기회를 전적으로 피하거나 또는 마음의 동요를 일으키지 않도록 자주 이러한 기회에 마주치게 하라"(「인간의 본성에 대하여」). 베이컨은 절제와 마찬가지로 부절제에도 익숙해야 하며, 그렇지 않으면 순간의 부절제로도 육체는 파멸될 것이라고 생각한다(예컨대 가장 깨끗하고 소화가 잘 되는 음식에 익숙해진 사람은 부주의나 불가피한 사정으로 완전한 식사를 못 할 때에는 자칫하면 배탈이 난다). 그러나 "과도한 향락보다는 오히려 다양한 향락이 바람직하다." 왜냐하면 "청년기 본성의 힘은 많은 부절제를 저지르게 하고 부절제는 노년이 되어도 사라지지 않기" 때문이다(「건강 관리에 대하여」). 사람은 늙으면 청년기의 대가를 치르게 된다. 건강의 유일한 왕도는 정원에 있다. 베이컨은 전능한 하느님은 먼저 정원을 만들었다는 창세기의 작자나, 우리는 후원(後園)을 가꾸지 않으면 안 된다는 볼테르와 같은 의견이다.

『수상록』의 도덕철학은 베이컨이 빈틈없는 경의를 표시한 기독교의 색채보다는 마키아벨리의 색채가 더 짙다. "우리는 인간이 해야 할 일이 무엇인가를 말하지 않고, 인간이 실제로 하고 있는 일이 무엇인가를 숨김없이 적나라하게 천명한 마키아벨리와 그 밖의 저술가들에게 감사하고 있다. 악의 본성을 미리 알지 못하면 뱀의 지혜와 비둘기의 순결의 결합은 불가능하기 때문이다. 악의 본성에 대한 예비적 지식이 없으면 덕이 무방비로 위험에 드러나는 것처럼"(『학문의 진보』). "이탈리아인들은 '쓸모 없는 인간일수록 훌륭하다' 는 무례한 격언을 갖고 있다"(「선량함에 대하여」). 베이컨의 설교와 실생활은 일치하고 있으며, 그는 합금이 순수하기는 하지만 약한 금속을 강하게 만드는 것처럼 위선과 정직을 적절하게 혼합하라고 권한다. 그는 정신을 활달하고 깊고 강하고 날카롭게 만들기 위해 모든 일에 정통한 다양한 경력을 원하고 있다. 그는 단순한 관조적 생활을 찬양하지 않으며 괴테처럼 행동화하지 못하는 지식을 경멸한다. "우리는 인생의 극장에서는 신들과 천사들만이 관객임을 잊지 말아야 한다"(『학문의 진보』).

그는 애국심 때문에 왕과 동일한 종교를 믿는다. 때때로 무신론이라는 비난을 듣고 그의 모든 철학적 경향은 세속적이고 합리주의적임에도 불구하고 그는 열렬히 또는 표면상으로는 진지하게 무신앙을 비난한다. "나는 이 우주의 질서에 정신이 없다고 믿기보다는 오히려 성도전(聖徒

傳)이나 탈무드, 코란에 나오는 모든 우화를 믿겠다. …… 보잘것없는 철학은 인간의 정신을 무신론으로 기울어지게 하지만 심원한 철학은 인간의 정신을 종교로 이끌어간다. 인간의 정신은 흩어져 있는 부차적 원인들에 관심을 두고 있는 동안에는 때때로 이러한 원인에 멈춰서서 앞으로 나아가지 못하지만, 이러한 원인들을 연결하고 결합하는 사슬을 보면 섭리와 신성을 향해 날아가지 않을 수 없다"(「무신론에 대하여」). 종교적 무관심의 원인은 종파의 난립에 있다. "무신론의 원인은 종교가 분열되어 있는 한, 종교의 분열에 있다. 오직 두 파만 있다면 양 파의 열의를 고양하지만 여러 갈래로 분열하면 결국 무신론을 초래한다…… 끝으로 학문적 여가도 특히 평화롭고 여유 있는 여가라면 무신론의 원인이 된다. 고난과 불행은 인간의 정신을 대체로 종교로 기울어지게 하기 때문이다"(「무신론에 대하여」).

그러나 베이컨의 가치는 신학이나 윤리학보다는 심리학에 있다. 그는 인간성의 정밀한 분석가이며 모든 사람의 가슴속으로 화살을 쏘아댄다. 이 세상의 가장 진부한 논제에 대해서도 그의 이론은 통렬하고 독창적이다. "결혼한 남자는 결혼 첫날에 그 사고에 있어 7년이나 성숙한다"(「버얼리 경에게 보낸 편지」). "못난 남편이 좋은 아내를 맞이하는 것은 흔히 있는 일이다"(베이컨은 예외였다). "성직자에게는 독신생활이 어울린다. 자비심은 우선 연못을 채운 다음에야 땅을 적실 수 있기 때문이다. …… 처자가 있는 자는 운명에게 인질을 맡긴 것과 같다. 처자는 덕과 관련되든, 악덕과 관련되든 대사업의 장애이기 때문이다"[5](「결혼과 독신생활에 대하여」). 베이컨은 일에 몰두하여 사랑할 틈이 없었던 것 같고, 아마 한 번도 깊은 사랑을 느끼지 못했을 것이다. "이 정열의 과잉을 관찰

---

5) "사랑은 모든 힘을 배가시킨다"고 한 셰익스피어의 더욱 만족스러운 말과 비교하라.

해보면 매우 묘하다. ……아무리 거만한 사람이라도 애인이 애인을 칭찬하듯 자기 자신을 칭찬할 만큼 어리석지는 않다. ……여러분은 위대하고 존경할 만한 모든 인물(과거나 현재나 이러한 인물에 대한 기억은 남아 있다) 중에는 미칠 정도로 사랑에 빠진 사람이 없었다는 것을 알고 있으리라. 이 같은 사실은 위대한 인물은 이러한 연약한 정열을 배척한다는 것을 보여준다"(「사랑에 대하여」).

그는 우정에 대해서도 회의적이지만 사랑보다는 우정을 높이 평가한다. "세상에는 찬양할 만한 우정이 드물다. 적어도 동등한 자 사이에서는. 이러한 우정은 서로의 운명이 얼크러져 있는 우월한 자와 열등한 자 사이에만 존재한다. ……우정의 주요한 효과는 온갖 격정에 의해 야기되는 마음속의 번민을 완화하고 배출하는 것이다. 벗은 무슨 말이든 들어주는 상대이다. 마음을 털어놓기 위해 벗을 구하는 자는 자기 마음을 잡아먹는 식인종이다. ……마음속에 생각이 많은 사람은 다른 사람과의 서신 교환 및 토론에 의해 사려와 분별이 분명해지고 뚜렷해진다. 그는 자기 사상을 더 쉽게 전개하고, 더 질서정연하게 만들고, 말로 표현해보고 어떤 사상인가를 알게 된다. 결국 그는 실제의 자기보다 더 현명해진다. 하루의 명상보다는 한 시간의 토론에 의해 그렇게 되는 것이다"(「추종자와 벗에 대하여」).

「청년과 노년에 대하여」라는 에세이에서 그는 한 권의 책을 한 구절로 집약한다. "청년은 판단보다는 발명에 적합하고 상담보다는 실행에 어울리고 안정된 일보다는 새로운 계획에 알맞다. 나이 든 사람의 경험은 그 연령의 범위 내에서는 노인들을 인도하지만 새로운 일에 있어서는 그들을 배반하기 때문이다. ……청년들은 평소의 행동이나 일의 처리 과정을 보면 간직할 수 있는 것보다 더 많은 것을 탐내고, 진정시킬 수 없을 정도의 소동을 일으키고, 수단이나 정도는 고려하지 않은 채 목적을 향해 뛰어가고, 불합리하게도 우연히 마주친 소수의 원칙을 추구하고, 혁신의 방법을 고려하지 않으므로 뜻밖의 불편을 겪는다. …… 노인은 지나치게 반대하고, 너무 오래 상담하고, 모험이 너무 적고, 너무 일찍 후회하고, 어떤 일을 끝까지 밀고 나가지 못하고 중도에서 만족한다. 분명히 어떻게 하든 양쪽의 장점을 채택하는 것이 좋다. …… 양쪽의 장점이 서로의 약점을 상쇄하기 때문이다." 그럼에도 불구하고 그는 청년과 소년에게 너무 자유를 허용하면 문란해지고 방종하지 않을까 염려한다. "어버이는 자녀에게 권하고 싶은 직업이나 진로를 일찍 선택하지 않으면 안 된다. 이 무렵에는 자녀들이 가장 유동적이기 때문이다. 또한 그들이 가장 좋아하는 일을 시키면 가장 잘하리라고 생각하고 그들의 소질을 너무 참작하는 것도 좋지 않다. 자녀의 관심이나 적성이 각별하면 이를 저지하지 않는 것이 좋지만 일반적으로 '최선을 선택하라. 습관은 이것을 즐겁고 안락한 것으로 만들리라' 고 한 피타고라스학파의 가르침은 옳다"(「어버이와 자녀에 대하여」). "습관은 인간생활의 집정관이기 때문이다"(「습관에 대하여」).

『수상록』의 정치학은 통치의 대망을 품은 사람들에게는 당연한 이론인 보수주의를 설교한다. 베이컨은 강력한 중앙집권을 바라고 있다. 군주정치는 최상의 통치 형태이며 국가의 능률은 흔히 권력의 집중도에 따라 달라진다. 정부에는 "준비, 토론(또는 검토), 완성(또는 실행)이라는 세 가지 일이 있다. 속결을 원한다면 그 중 두 번째 일은 다수의 사람들에게 맡겨놓고 첫째 일과 셋째 일은 소수의 사람들에게 맡겨야 한다"(「급속한 처리에 대하여」). 그는 현저한 군국주의자로, 산업의 발달이 인간을 전쟁에 부적합하게 만든다고 탄식하고 장구한 평화가 인간의 전사적 기질을 잠재운다고 슬퍼한다. 그럼에도 불구하고 그는 원료의 중요성을 인정한다. "솔론이 (크로이소스가 금을 보여주며 허세를 부렸을 때) 크로이

소스에게 '각하, 만일 각하보다 더 좋은 쇠를 가진 사람이 온다면 그는 이 금을 모두 차지할 것입니다'라고 말한 것은 명언이었다"(「천국의 참된 위대성에 대하여」).

아리스토텔레스처럼 그는 혁명을 피하라고 충고한다. "폭동을 예방하는 가장 확실한 방법은…… 폭동의 원인을 제거하는 일이다. 연료가 준비되어 있으면 어디서 불꽃이 튀어와 불이 붙을지 알 수 없기 때문이다. ……또한 풍문(곧 토론)에 대한 엄격한 억압은 소동의 치료법이 아니다. 흔히 풍문을 무시하는 것이 풍문을 가장 잘 저지하며, 직접 풍문을 없애려고 하면 오히려 풍문을 지속시키게 되기 때문이다. ……폭동의 원인에는 두 종류가 있다. 곧 지나친 가난과 지나친 불만이다. ……폭동의 원인 및 동기는 종교개혁, 세금, 법률(또는 관습의 변경), 특권의 침해, 일반적인 불황, 문외한적인 적합지 못한 사람들의 우대, 기근, 해산된 병사들, 필사적 당쟁, 인민을 격분시켜 공통된 목적 밑에 뭉치게 하는 그 밖의 모든 일이다." 물론 모든 지도자의 방침은 적을 분열시키고 동지를 단결시키는 것이다. "일반적으로 모든 반국가적……도당을 분열 또는 해체시키고 서로 격리시키거나 불신케 하는 것은 결코 졸렬한 수단은 아니다. 만일 국가의 방침에 동의하는 자들이 알력과 파쟁에 휩쓸려 있고 반대하는 자들이 일치 단결해 있다면 이것은 절망적인 사태이기 때문이다"(「폭동과 소요에 대하여」). 혁명을 피하는 보다 좋은 처방은 부의 균등 분배이다. "돈은 비료와 같아서 뿌리지 않으면 쓸모가 없다"(「폭동과 소요에 대하여」). 그러나 이것은 사회주의 또는 심지어 민주주의를 의미하는 것은 아니다. 베이컨은 교육을 받을 길이 없었던 당시의 민중을 신뢰하지 않는다. "모든 아첨 중에서 가장 비열한 것이 민중에게 아첨하는 것이다"(니콜, 『프랜시스 베이컨』). 따라서 "포키온이 군중의 박수갈채를 받고 잘못한 일이라도 있느냐고 물은 것은 올바른 판단이었다"(『학문의 진보』). 베이컨이 바람직하다고 생각하는 것은 첫째가 부유한 자작농이고, 둘째가 행정에 참여하는 귀족 계급이고, 그리고 무엇보다도 철인왕을 좋아한다. "학식 있는 통치자 밑에서 정치에 실패한 예는 거의 없다"(『학문의 진보』). 그는 세네카, 안토니누스 피우스, 아우렐리우스 등을 가리키고 있으며, 후세 사람들이 자기 이름을 이들의 이름에 첨가해주는 것이 그의 희망이었다.

4. 위대한 재건

승리의 길을 달리면서도 베이컨의 마음은 부지중 철학으로 기울어졌다. 철학은 청년 시절의 유모, 공직생활의 동료, 감옥에 들어가거나 치욕을 받았을 때의 위안이었다. 그는 철학이 받고 있는 악평—그는 이렇게 생각했다—에 슬퍼했고 메마른 스콜라 철학을 비난했다. "진리를 둘러싸고 야기된 논쟁 때문에 사람들은 진리를 경멸하고, 서로 일치하지 않는 것은 모두 잘못이라고 생각하기 쉽다"(『학문의 진보』). '학문은……정체되어 있어서 인류에게 아무런 기여도 하지 못한다. ……그리고 여러 학파들의 전통과 계승은 아직도 스승과 제자의 계승이지 발명자의 계승이 아니다. ……현재 여러 학문에서 일어나고 있는 일은 소용돌이뿐이어서 끊임없는 논의는 언제나 원점으로 되돌아간다"(『대혁신』 서문). 그는 입신 출세를 거듭하는 동안에도 줄곧 "철학의 부활, 또는 재건을 숙고했다"(『철학비판』).

그는 이 일에 그의 모든 연구를 집중시킬 계획을 세웠다. 그는 「저술계획」[6]에서 우선 몇 편의 '서론적 논문'을 써서 이미 죽어버린 낡은 방법의 고집이 철학을 정체시킨 원인임을 설명하고 새 출발을 위한 제안을 약술하겠다고 말한다. 둘째로 새로운 '학문의 분류'를 시도하여 각 학문에 그 나름의 자료를 배정하고 각 분야의 미해결 문제의 리스트를 만든다. 셋째로 '자연을 해석하는' 새로운 방법을 제시한다. 넷째로 부지런히 실제로 자연과학을 연구하여 '자연 현상'을 조사한다. 다섯째로 '이성의 사다리' ──과거의 저술가들은 이 사다리를 타고 중세의 배경이 된 요설(饒舌)을 벗어나 차츰 형태가 뚜렷해가던 진리를 향해 올라갔다──를 밝힌다. 여섯째로 자신의 방법을 사용하면 틀림없이 획득하게 될 과학적 성과에 대한 예상을 시도한다. 마지막으로 제2철학(또는 응용철학)으로서 이러한 모든 과학의 싹──그는 이러한 과학을 예언하는 자가 되려고 했다──으로부터 꽃피게 될 유토피아를 그린다. 이 전체는 『대혁신』, 곧 철학의 대재건의 내용이 될 것이다.

참으로 장엄한 계획이었고, 아리스토텔레스를 제외하고는 사상사(思想史)상 선례가 없었다. 이론보다는 실제, 사변적 정합성보다는 특수한 구체적 결과를 목적으로 삼았다는 점에서 다른 모든 철학과 다르다. 지식은 힘이다. 단순한 논증이나 장식이 아니다. "지식은 견지되어야 할 의견이 아니라……이룩해야 할 일이다. 그리고 나는……어떤 학파나 이론의 기초가 아니라 효용과 힘의 기초를 놓기 위해서 노력하고 있다"(『대혁신』서문). 여기서 처음으로 근대 과학의 음성을 듣게 된다.

---

6) 이 계획에 따른 베이컨의 저서는 주로 다음과 같다.
   1. 『자연해석서설』(1603), 『철학비판』(1609)
   2. 『학문의 진보』(1603~5)
   3. 『사유된 것과 보이는 것』(1607), 『미로의 맥락』(1606), 『신기관』(1608~20)
   4. 『자연사』(1622), 『지성계 소묘』(1612)
   5. 『숲 속의 숲』(1624)
   6. 『기원론』(1621)
   7. 『신아틀란티스』(1624)
   　　『신아틀란티스』와 『학문의 진보』 이외에는 모두 라틴어로 쓰여졌으며, 앞의 두 책도 유럽의 독자를 얻기 위해 베이컨과 조수에 의해 라틴어로 번역되었다.

일을 이룩하려면 지식이 있어야 한다. "자연은 복종함으로써만 지배할 수 있다"(「저술 계획」). 자연의 법칙을 배우자. 그러면 현재는 무지 때문에 자연의 노예가 되고 있지만 자연의 지배자가 될 것이다. 과학은 유토피아에 이르는 길이다. 그러나 이 길은 어떤 상태에 있는가? 꼬불꼬불하고 어둡고 제자리를 맴돌고 쓸데없는 샛길에서 방황하고, 광명이 아니라 혼돈으로 이어져 있다. 그러므로 학문의 상태를 점검하고 각 학문에 고유하고 분명한 분야를 할당하는 일부터 시작하자. 여러 학문에 자기 자리를 잡아주고 그 결함과 요구와 가능성을 검토하고 빛을 기다리고 있는 새로운 문제들을 지적하고 일반적으로 이 문제들의 뿌리 둘레의 흙을 조금씩 파헤치자(『학문의 진보』).

이것이 『학문의 진보』에서 베이컨이 스스로 설정한 과제이다. 그는 마치 자기 영토에 들어서는 왕처럼 "지식을 순시해서 어떤 부분이 황폐한 채 경작되지 않았고, 인간의 근면이 미치지 못했는가를 알아보고 버려진 땅을 지도에 정확히 기입하여 공사의 인력을 이 지역의 개발에 투입하려는 것이 나의 의도"(『학문의 진보』)라고 말한다. 그는 잡초 무성한 땅의 충실한 측량사가 되어 길을 고치고 일꾼들에게 땅을 나누어주려고 한다. 이것은 거만할 정도로 대담한 계획이지만 베이컨은 대항해를 계획하기에 충분할 만큼 젊다(42세는 철학자로서는 젊은 나이이다). 그는 1592년 버얼리에게 보낸 편지에서 "나는 모든 지식을 나의 영토로 삼았다"고 말한다. 그러나 이 말은 설익은 『대영백과사전』을 간행하겠다는 뜻이 아니라 사회 개조를 위해 모든 학문의 비판자, 조정자가 되고 모든 분야를 망라하여 연구하겠다는 뜻을 암시하고 있을 뿐이다. 그의 문체가 품위 있고 우아한 것도, 또 때로는 영국 산문의 최고봉에 이르게 된 것도 이와 같이 장엄한 목적이 있었기 때문이었다.

그러므로 그는 인간의 연구가 자연적 장애와 인간의 무지를 상대로 싸우고 있는 광대한 싸움터를 달리며 모든 분야에서 빛을 밝힌다. 그는 생리학과 의학을 중요시하고, 의학을 "자칫하면 음이 틀리기 쉬운, 매우 정교하게 세공된 악기"(『학문의 진보』)를 조정하는 학문이라고 격찬한다. 그러나 당시 의사들의 미지근한 경험주의와 모든 병을 동일한 처방—보통은 하제(下劑)—으로 치료하려는 경솔한 경향에는 반대한다. "의사들은 열고 닫는 열쇠만 가졌을 뿐, 그 이상은 없는 주교(主敎)와 같다"(『학문의 진보』). 그들은 단순한 우연, 체계 없는 개인적 경험에 지나치게 의존한다. 그들은 보다 광범한 실험을 하고 비교해부학에 의해 인간의 해부학을 해명하고 시체만이 아니라 필요하다면 생체도 해부해야 한다. 그리고 무엇보다도 그들은 실험과 그 결과에 대해 접근하기 쉽고 이해하기 쉬운 보고서를 작성해야 한다.

베이컨은 심한 고통을 대가로 임종이 2, 3일 지연될 뿐인 경우에는 임종을 편안하게 촉진하는 것(안락사)을 허용해야 한다고 생각하지만 한편으로는 생명 연장의 기술을 더욱 연구해야 한다고 강조한다. "이것은 (의학의) 새로운 분야, 가장 고상한 분야임에도 불구하고 불충분하다. ……만일 이 분야가 보충된다면, 의술은 여러 가지 답답한 치료에 숙달되려고 할 필요가 없으며, 또한 의사는 단지 필요하기 때문에 존경받는 것이 아니라 인간에게 지상 최대의 행복을 주는 자로서 존경받을 것이다"(『학문의 진보』). 음산한 쇼펜하우어주의자들은 이 점에 항의할 것이다. 그들은 장수가 은혜라는 주장에 반대하고 의사가 우리들의 고통을 '끝나게 하는' 속도야말로 열렬한 찬양을 받을 업적이라고 주장할 것이다. 그러나 베이컨은 근심과 결혼과 번민에 시달렸음에도 불구하고 삶은 참으로 좋은 것임을 조금도 의심하지 않았다.

심리학에서는 그는 거의 '행동심리학자'이다. 그는 인간 행위의 원인과 결과에 대한 엄밀한 연구를 요구하고, 과학 용어에서 '우연'이라는 말을 제거하려고 한다. "우연은 존재하지 않는 것에 붙인 이름"이다(『신기관(新機關)』). "우연과 우주의 관계는 의지와 인간의 관계와 같다"(『자연의 해석』).

이 짧은 구절에는 많은 의미와 선전포고가 내포되어 있다. 곧 스콜라 철학의 자유의지론을 논의의 여지도 없다고 무시하고 '의지'와 '이성'을 구별하는 일반적 가정을 포기한다. 이것은 후세의 견해의 선취이지만(이 견해는 스피노자의 『에티카』에서 전개된다) 베이컨은 더 이상 추구하지 않는다. 베이컨의 경우, 한 권의 책에 담을 내용을 한 구절로 표현하고 경쾌하게 지나쳐버리는 일은 흔히 있는 일이다.

베이컨은 몇 마디 말로 새로운 과학, 곧 사회심리학도 창설한다. "철학자는 관습, 의식, 습관, 교육, 선례, 모방, 경쟁, 협동, 우정, 찬양, 비난, 훈계, 평판, 법률, 서적, 연구 등의 힘과 능력을 열심히 연구해야 한다. 이것은 인간의 도덕을 지배하는 것들이기 때문이다. 이러한 요인에 의해 정신이 형성되고 억제받는다"(『학문의 진보』). 새로운 과학은 밀접하게 이 노선을 뒤따랐기 때문에 거의 타르드, 르봉, 로스, 월러스, 뒤르켕의 저서의 목차를 읽는 기분이다.

과학 이하의 것도, 과학 이상의 것도 없다. 마술, 꿈, 예언, 영통(靈通) 곧 일반적으로 '심령 현상'은 과학적 검토를 받아야 한다. "왜냐하면 미신 탓으로 돌리는 효험이 어떤 경우에 어느 정도로 자연적 원인에 의거하고 있는지 모르고 있기 때문이다"(『학문의 진보』). 강렬한 자연주의적 경향에도 불구하고 그는 이러한 문제에도 매력을 느꼈다. 인간과 관련된 문제 중에 그가 흥미를 느끼지 않은 것은 없었다. 연금술로부터 화학이 싹튼 것처럼 이러한 연구로부터 어떠한 의외의 진리, 어떠한 새로운 과학이 자라날지 그 누가 알 것인가? "연금술은 포도밭 어딘가에 금을 묻어놓았다고 자식들에게 유언한 사람에 비유할 수 있다. 자식들은 포도밭을 파보았으나 금을 찾아내지 못했고 그 대신 포도나무 뿌리 근처의 흙을 파헤쳐 포도 농사는 풍작이었다. 이와 같이 금을 만들어내려는 연구와 노력은 많은 유용한 발명과 유익한 실험을 남겨놓았다"(『학문의 진보』).

『학문의 진보』 제8권에서는 또 하나의 새로운 과학이 형성된다. 곧 인생의 성공을 다루는 과학이다. 아직 권좌에서 밀려나기 전이므로 베이컨은 입신 출세의 방법에 대해 약간의 예비적 암시를 한다. 첫째 필요 조건은 자기 자신과 타인에 대한 지식이다. '너 자신을 알라'는 반쪽에 지나지 않는다. 자기 자신을 아는 것은 주로 남을 아는 수단으로서 가치 있다.

우리는 부지런히 우리가 상대하고 있는 특수한 사람들을 조사해보아야 한다. 곧 그들의 기질, 욕망, 견해, 관습, 습관, 그들이 주로 의지하고 있는 후원, 조력, 확신, 그들이 드러내거나 빠지기 쉬운 결함과 약점, 그들의 친구, 도당, 보호자, 추종자, 적, 선망하는 자, 경쟁자, 그들의 면접 시간과 그 태도 등을……그러나 타인의 마음의 자물쇠를 여는 가장 확실한 열쇠는 그들의 기질과 성질 또는 그들의 목적과 계획을 음미하고 검토하는 것으로, 비교적 약하고 단순한 자는 그 기질에 의해, 비교적 신중하고 꼼꼼한 자는 그 계획에 의해 가장 잘 판단할 수 있다. ……그러나 이러한 조사 전체의 첩경은 다음 세 항목이다. 첫째, 많은 친구를 사귈 것, 둘째, 자유로운 담화와 침묵 사이의 신중한 태도와 절도를 관찰할 것……그러나 무엇보다도 사람들이 본심을 잘 나타내게 하고 자기의 권리를 지키려면 너무 친절하고 선량해서 자신의 무장을 푸는 것은 손해와 비난을 받기 쉬우므로 오히려……때때로 꿀맛과 함께 가시가 돋쳐 있는 활달하고 너그러운 마음을 번뜩이는 것이 가장 좋다(『학문의 진보』).

베이컨의 경우, 친구는 주로 권력을 얻기 위한 수단이다. 그는 마키아벨리와 동일한 견해를 갖고 있다. 사람들은 이 견해를 자칫하면 르네상스의 소산이라고 생각하기 쉬우나 미켈란젤로와 카발리에리, 몽테뉴와 라 보에시, 필립 시드니 경과 허버트 랑웨트의 우정을 상기하면 그렇지 않다는 것을 알게 된다. 우정에 대한 이러한 실리적 평가는 베이컨의 실각을 설명하는 데 도움이 된다. 동일한 견해가 나폴레옹의 실각을 설명하는 데 도움이 되는 것처럼. 우리는 친구와 사귈 때, 친구가 우리를 다루면서 공공연하게 밝힌 철학 이상의 철학을 실행하는 일은 거의 없을 것이다.

더 나아가 베이컨은 고대 그리스의 일곱 현인의 한 사람인 비아스의 말을 인용한다. "그대의 벗을 언젠가는 그대의 적이 될 자로 생각하며 사랑하라. 그대의 적을 언젠가는 그대의 벗이 될 자로 생각하며 사랑하라"(『학문의 진보』). "벗에게도 그대의 진정한 목적과 생각을 지나치게 밝히지 말라. 대화할 때에는 의견을 말하기보다는 질문을 많이 하라. 그리고 이야기할 때에는 자신의 신념이나 판단보다는 정보와 사실을 제시하라"(「위장에 대하여」, 「토론에 대하여」). 명백한 긍지는 출세에 도움이 된다. "허식은 정치적 결함이 아니라 오히려 도덕적 결함이다"(『학문의 진보』). 여기서 다시 나폴레옹을 상기하게 된다. 베이컨은 키가 작은 코르시카인처럼 집 안에서는 매우 소박한 사람이었으나 일단 밖으로 나가면 의식과 허식을 좋아했고 이것은 명성을 얻기 위해 불가결한 일이라고 생각했다.

이와 같이 베이컨은 모든 과학에 그의 사상의 씨앗을 뿌리면서 이 분야에서 저 분야로 질주한다. 그는 조사를 마치고, 과학은 과학만으로는 충분하지 못하기 때문에 과학 이외에 과학을 조종하고 목적을 지시하는 힘있는 학문이 필요하다는 결론에 도달한다. "과학이 약간밖에 발달하지 못한 데에는 또 다른 거대하고 강력한 원인이 있다. 다시 말하면 목적을 올바르게 설정하지 못했을 때에는 제 코스를 똑바로 달린다는 것은 불가능하다"(『학문의 진보』). 과학에 필요한 것은 과학적 방법을 분석하고 정비하는 철학이다. 철학이 없으면 어떠한 과학이든 피상적인 것이 된다. "평지에서는 한 지역의 전경을 볼 수 없듯이, 과학과 동일한 평면에 서서, 다시 말하면 한 단계 높은 곳으로 올라가지 않고서 과학의 심원한 부분을 발견한다는 것은 불가능하다"(『학문의 진보』). 그는 자연의 통일성을 고려하지 않고 어떤 사실을 그 맥락으로부터 떼어내서 바라보는 습관을 비난한다. 이것은 마치 방 한가운데에 불이 환히 켜져 있는데도 작은 초를 들고 방구석을 살피는 것과 같다는 것이다.

결국 과학보다는 철학이 베이컨의 애인이다. 분란과 비탄으로 가득 찬 생활에 이해로부터 생긴 고귀한 평화를 줄 수 있는 것은 오직 철학뿐이다. '학식은 죽음과 비운에 대한 공포를 정복하고 완화한다.' 그는 베르길리우스의 유명한 구절을 인용한다.

사물의 여러 원인을 알고
모든 공포와 냉혹한 운명과
탐욕의 지옥의 소란한 투쟁을 유린하는 자는 행복하구나.

무한한 획득은 산업적 환경이 줄기차게 되풀이하는 교훈인데 이러한 교훈을 배우지 않게 하는 것이 아마도 철학의 최대의 효과일 것이다. "철학은 우선 정신적 행복을 추구하게 하며 그 밖의 것은 언젠가 보충되거나 그다지 필요하지 않을 것이다"(『학문의 진보』). 한 조각의 지혜는 영원한 기쁨이다.

과학과 마찬가지로 정치도 철학의 빈곤으로 고통받고 있다. 철학과 과학의 관계는 정치와 정책의 관계와 같다. 다시 말하면 목표 없는 개별적 연구에 대해 포괄적 지식과 전망에 의해 인도되는 움직임이 철학이다. 지식의 추구가 인간과 생활의 현실적 요구로부터 절연될 때 스콜라 철학이 되는 것처럼, 정책 수행도 과학과 철학으로부터 유리될 때 파괴적인 난동이 된다. "몸을 돌팔이 의사에게 맡기는 것은 잘못이다. 돌팔이 의사는 보통 몇 가지 처방에 의존할 뿐 병의 원인, 환자의 체질, 돌발적 위험, 참된 치료법을 알지 못한다. 이와 마찬가지로 국사(國事)를 경험에만 의존하는 정치가에게 맡겨놓는 것은, 학문적 배경을 가진 다른 사람들이 섞이지 않는 한, 반드시 위험에 처한다…… '왕이 철학자가 되거나 철학자가 왕이 될 때, 그 국가는 행복해진다' 고 말한 사람은 자기 전공에 치우친 말을 했다고 생각할지 모르나 최선의 시대는 지혜와 학식이 있는 군주 밑에서만 출현했다는 것은 경험에 의해 충분히 입증되고 있다"(『학문의 진보』). 그리고 그는 도미티아누스 이후로 코모도우스 이전까지 로마를 통치한 위대한 황제들을 상기시킨다.

따라서 베이컨도 플라톤이나 우리들과 마찬가지로 자신의 취미를 찬양하며 이 취미를 인간 구제의 길로 제시한다. 그러나 그는 플라톤보다는 훨씬 명백하게(이 차이는 근대를 알리는 것이다), 특수 과학의 필요성과 특수 연구에 종사하는 개인이나 집단의 필요성을 인정한다. 한 사람의 정신이—베이컨의 정신이라 할지라도 모든 분야를 포괄할 수는 없다. 가령 올림포스 산정에서 내려다본다 하더라도……그는 도움이 필요하다는 것을 알고 있고 고립무원의 사업에 따르는 고공(高空)의 외로움을 절감하고 있다. 그는 어떤 친구에게 "자네는 어떤 동료들과 일을 같이 하고 있나?"라고 묻고 "나의 경우는 완전히 혼자일세"라고 말한다(니콜, 『프랜시스 베이컨』). 그는 과학자들이 끊임없는 연락과 협력을 통해 특수 연구를 하면서 어떤 대조직에 의해 공동 목표를 지향하게 되는 상태를 꿈꾼다. "여가가 많은 사람들과 그러한 사람들의 몇 세대에 걸친 협력으로부터 어떠한 결과를 기대할 수 있는지 생각해보라(사고의 경우처럼). 한 번에 한 사람씩만 갈 수 있는 길이 아니라 여러 사람의 노력과 근면이(특히 경험의 집적이라는 점에서) 가장 잘 집결되고 분배되고 결합될 수 있는 길이기 때문에 더욱 그렇다. 많은 사람들이 같은 일을 하지 않고 어떤 사람은 이 일을, 어떤 사람은 저 일을 떠맡을 때, 비로소 인간은 그들의 힘을 깨닫게 될 것이다"(『신기관』). 과학은 지식의 조직이므로 그 자체가 조직적이어야 한다.

그리고 이 조직은 국제적인 것이어야 한다. 이 조직이 국경을 자유롭게 출입하게 되면 유럽은 지적으로 하나가 될 것이다. "내가 찾아낸 두 번째 결함은 유럽 전체에 있어서나 개별적인 국가에 있어서나 단과대학, 또는 종합대학 간에 상호 교류와 협동이 없다는 점이다"(『신기관』). 대학은 서로 연구 주제와 문제들을 할당하고 연구와 발표에 있어서 협력하지 않으면 안 된다. 이와 같은 조직과 상호 관계를 갖게 되면 대학은 이른바 유토피아—세계를 지배하는 공정한 학문의 중심—로서 왕가의 보조를 받을 만하다. 베이컨은 "과학이나 기술 분야에서 대학 교수들이 받고 있는 빈약한 보수"(『학문의 진보』)에 대해 언급하며 이 상태는 정부가 교육의 대업을 인수할 때까지 계속될 것이라고 예상한다. "가장 훌륭했던, 아주 옛날의 현인들조차도 국가가 법률에만 몰두하고 교육에는 너무 태만한 것을 개탄해왔다"(『학문의 진보』). 그의 대망은 자연을 정복하고, 인간의 힘의 증대를 위해 과학을 사회화시키는 것이다.

따라서 베이컨은 제임스 1세가 아첨을 좋아한다는 것을 알고 있으므로 아첨을 늘어놓으며 국왕에게 탄원한다. 제임스는 군주인 동시에 학자였고, 수판이나 칼보다 펜을 더 사랑했다. 이와 같이 학문에 조예가 있고 박식한 왕에게는 기대할 만한 점이 있었다. 베이컨은 제임스에게 그가 세워놓은 계획은 "실로 왕업에 속하는 것으로 한 사람의 노력은 네거리의 동상처럼 방향을 지시할 수는 있으나 길을 건너가지는 못하는 것"이라고 말한다. 물론 이 왕업에는 비용이 들겠지만 '왕후 및 국가의 대신이나 스파이들이 정보의 대가를 요구하는 청구서를 제출하는 것처럼, 알아둘 만한 일에 대해 무지하지 않으려면 자연을 탐지하고 제보하는 자들에게도 청구서 제출을 허용해야 한다. 또한 알렉산드로스가 아리스토텔레스에게 거대한 금액을 주어 사냥꾼, 정원사, 어부 등을 부리게 했다면 자연의 미로를 밝혀내는 이 사람들에게는 더 많은 혜택을 주어야 한다"(『학문의 진보』). 국왕의 도움이 있으면 대재건은 수년 내에 완성될 수 있으나 도움이 없으면 수세대가 필요할 것이다.

베이컨의 괄목할 만한 새로운 점은 인간에 의한 자연의 정복을 예언하는 씩씩한 확신이다. "나는 기술과 자연의 경주에서 기술의 승리에 모든 것을 건다. 인간이 지금까지 해온 일은 장차 해야 할 일의 착수금에 지나지 않는다." 이 거대한 희망은 어디서 생겨나는가? 인간은 이미 2천 년 동안 진리를 탐구하고 과학의 오솔길을 찾아내지 않았던가? 오랜 세월에 걸쳐 약간의 성과를 올렸을 뿐인데 이제 어떻게 거대한 성공을 기대할 수 있는가? 베이컨은 대답한다. 모두 지당한 말이지만 인간이 지금까지 사용해온 방법이 잘못된 것이고 무익한 것이었다면 어떻게 될까? 길을 잃고 연구가 샛길로 빠져서 결국 허사로 끝나고 말았다면 어떻게 될까? 우리는 연구 방법과 사고 방식, 과학 체계와 논리학을 가차없이 혁신해야 한다. 아리스토텔레스의 '기관(오르가논)' 보다 훨씬 새롭고 광대한 세계에 알맞은 기관이 필요한 것이다.

그러므로 베이컨은 가장 중요한 책을 우리들 앞에 내민다.

『신기관』

"베이컨의 최대의 업적은 『신기관(*Novum Organum*)』 제1권"(맥콜레이,『에세이집』)이라고, 그의 가장 혹독한 비판자는 말한다. 일찍이 귀납법을 서사시적 모험과 정복의 수단으로 만들어 논리학에 이와 같이 생기를 불어넣은 사람은 없었다. 논리학을 꼭 배워야 할 사람은 이 책으로부터 시작하는 것이 좋다. "논리학과 관계되는 인간 철학의 이 부분은 가시 돋친 교지(巧知)의 그물이나 함정처럼 생각되어 많은 사람의 취미에 맞지 않는다. ……그러나 우리가 사물을 그 진정한 가치에 따라 평가하려고 한다면 이 합리적 과학은 다른 모든 과학을 여는 열쇠이다"(『학문의 진보』).

철학을 풍요하게 하는 새로운 방법이 없었기 때문에 오랫동안 철학은 불모지였다고 베이컨은 말한다. 그리스 철학자들의 최대의 잘못은 이론에 많은 시간을 허비하고 관찰을 소홀히 한 것이다. 그러나 사고는 관찰의 보조여야 하지 대용품이 되어서는 안 된다.『신기관』의 첫 잠언에서 그는 모든 형이상학에 도전하듯이 "인간은 자연을 사용하고 해석하는 자이므로 자연 질서의 관찰이……허용하는 한도 내에서만 행위하고 이해한다. 그리고 그 이상은 알지도 못하고 알 수도 없다"고 말한다. 소크라테스의 선배들은 이 점에서는 후배들보다 건전했다. 특히 데모크리토스는 구름을 보는 눈보다는 사실의 냄새를 맡는 코가 날카로웠다. 아리스토텔레스 시대 이후로 철학이 거의 진보하지 못한 것은 놀라운 일이 아니다. 철학은 아리스토텔레스의 방법을 사용해온 것이다. "아리스토텔레스의 빛으로 아리스토텔레스를 넘어서려는 것은 마치 빌려온 빛이 그 빛이 나온 광원(光源)을 증대시켜줄 것으로 생각하는 것과 같다"(발레리우스 테르미누스). 아리스토텔레스가 발명한 기계가 2천 년 동안 덜커덩거린 지금에 와서 철학은 퇴락하여 아무도 존경하려고 하지 않는다. 중세의 모든 이론이나 공리 및 논쟁은 제외되고 망각되어야 한다. 철학은 다시 태어나기 위해 백지로 돌아가 깨끗한 마음으로 다시 출발해야 한다.

그러므로 첫 단계는 '지성의 정화'이다. 우리는 편견과 선입견을 씻어내고 주의(主義)와 추상을 모르는 갓난아이가 되어야 한다. 우리는 정신의 '우상'을 타파해야 한다.

베이컨이 말하는 우상은(이것은 프로테스탄트의 우상숭배 배척을 반영하는 듯하다) 현실로 착각된 그림, 사물로 착각된 사상을 말한다. 여기에 오류의 원천이 있으며 논리학의 첫 과제는 오류의 원천을 찾아내서 막아버리는 것이다. 따라서 베이컨은 유명한—당연한 평가다—오류추리(誤謬推理)의 분석을 시작한다. 콩디야크는 "베이컨은 인간 오류의 원인을 가장 잘 알고 있는 사람"이라고 말한다.

이러한 오류는 첫째 '종족의 우상'으로서 인간성이 일반적으로 보여주는 오류추리이다(인간은 만물의 척도라고 한 프로타고라스의 주장에 따라). "인간의 감각을 사물의 척도라고 잘못 주장하기 때문이다. 반대로 모든 지각은 감각의 지각이든 정신의 지각이든, 인간과 관계되고 우주와는 관계가 없다. 그리고 인간의 정신은 울퉁불퉁한 거울과 같아서 자신의 성질을 대상에 부여하여……대상을 왜곡하고 변형시킨다"(『신기관』). 우리의 사상은 대상의 사진이 아니라 오히려 우리들 자신의 사진이다. 예를 들면 "인간의 오성(悟性)은 독특한 성질 때문에 자칫하면 사물의 질서나 규칙성을 사실 이상으로 과장한다. ……따라서 천체는 완전한 원을 그리며 움직인다고 가상하는 것이다"(『신기관』).

인간의 오성은 어떤 명제를 세우면(일반적 승인이나 신념에 의해서든, 이에 따르는 즐거움 때문이든), 그 밖의 다른 것에 대해서는 이 명제에 새로운 근거와 확인을 제공하도록 강요한다. 이 명제와 반대되는 다수의 유력하고 풍부한 예가 있더라도, 인간의 오성은 최초의 결론의 권위를 희생하기보다는 오히려 난폭하고 해로운 선입견을 갖고 이러한 예를 도외시하거나 무시하거나 제거하거나 분명히 반대한다. 사원에서 난파의 위기를 벗어난 자들이 바친 제물의 일람표를 보여주며 이래도 신들의 권능을 인정하지 않겠느냐고 강박했을 때, 다음과 같이 대답한 자는 현명했다. "제물을 바쳤는데도 사망한 자들의 초상화는 어디에 있는가?" ……점성술이든 해몽이든 점이든 인과응보설이든 모든 미신은 동일하며 미신에 현혹된 자들은 실현된 일만을 보고 실패는 다반사임에도 불구하고 무시하거나 간과한다(『신기관』).

"인간은 우선 자신의 의지에 따라 문제를 결정하고 그 다음에 비로소 경험에 호소한다. 경험을 자기 이론에 맞도록 왜곡한 다음, 개선 행렬 속에 끼여 있는 포로처럼 끌고 다닌다"(『신기관』). 요컨대 "인간의 오성은 순수한 빛이 아니라 의지와 감정이 섞여 있으며 여기서 '제멋대로 과학'이라고 이름붙인 과학이 생긴다. ……인간에게는 더욱 진실한 것이었으면 하고 바라고 있는 것을 즐겨 믿는 경향이 있기 때문이다"(『신기관』). 그렇지 않은가?

베이컨은 이 점에 대해 훌륭한 충고를 한다. "일반적으로 자연 연구자는 반드시 다음 규칙을 지켜야 한다. 곧 각별한 만족감을 갖고 자기 마음이 파악하고 집착하는 것을 의심해보아야 하며, 이러한 문제를 다룰 때에는 오성을 공평하고 밝게 하기 위해 더욱 주의를 기울여야 한다"(『신기관』). "오성은 특수성으로부터 거의 최고의 일반성을 가진 공리로 비약해서는 안 된다. …… 오성에 날개를 주어서는 안 되고 오히려 추를 달아놓아 뛰거나 날지 못하도록 해야 한다"(『신기관』). 상상력은 지성의 최대의 적이며 오직 지성에 대한 시금석의 역할을 할 수 있을 뿐이다.

둘째 오류를 베이컨은 '동굴의 우상'이라고 부르는데 이는 개인의 특유한 오류이다. "각자는……자연의 빛을 굴절시키고 변색시키는 각자의 동굴 또는 밀실을 갖고 있기 때문이다." 이것은 본성과 교육, 기분 또는 심신의 조건에 의해 형성된 성격이다. 예를 들면 어떤 사람은 원래 분석적이어서 어디서나 차이점을 찾아내고, 어떤 사람은 원래 종합적이어서 어디서나 유사성을 찾아낸다. 그러므로 전자는 과학자 또는 화가가 되고, 후자는 시인 또는 철학자가 된다. 또한 "어떤 사람은 옛것을 무한히 찬양하고 어떤 사람은 열심히 신기한 것을 받아들인다. 단지 소수의 사람들만이 공정한 중용을 유지하여 고대인이 정당하게 확립해놓은 것을 파괴하지 않고 현대인의 올바른 혁신을 경멸하지도 않는다"(『신기관』). 진리에는 당파가 없다.

셋째는 인간 상호간의 거래와 교제로부터 생기는 '시장(市場)의 우상'이다. "인간은 언어에 의해 의사소통을 하지만 언어는 군중의 머리로 만들어내므로 불완전하고 부적합한 언어로부터는 정신에 대한 놀라운 장애가 생긴다"(『신기관』). 철학자는 문법학자가 부정법을 다루듯이 경솔한 확신을 갖고 무한을 다룬다. 그러나 이 '무한'이 무엇인지 또는 도대체 '무한'이 존재해왔는지 아는 사람이 있는가? 철학자는 무원인(無原因)의 제1원인 또는 '부동의 원동자(原動者)'라는 말을 하지만 이러한 말들은 적나라한 무지를 감추고 어쩌면 사용자의 양심의 죄악감을 드러내는 눈가리개 같은 말이 아닐까? 머리가 명석하고 정직한 사람이라면 누구든 원인 없는 원인이나 부동의 원동자 따위는 있을 수 없다는 것을 알고 있다. 어쩌면 철학의 대재건은 단지 거짓말을 하지 않는 것을 뜻할지도 모른다.

"끝으로 철학자의 여러 가지 독단과 잘못된 논증의 법칙으로부터 인간의 정신에 이식된 우상이 있다. 나는 이 우상을 '극장의 우상'이라고 부른다. 나의 견해로는 기성의 모든 철학 체계는 비현실적인 극적 수법으로 스스로 만들어낸 세계를 묘사하는 무대극에 지나지 않기 때문이다. ……그리고 이 철학의 극장에서 상연되는 극에서 여러분은 시인의 극장에서 볼 수 있는 것과 동일한 것—곧 상연을 위해 꾸며낸 이야기는 역사적 실화보다도 더 짜임새 있고 우아하며 우리의 소망에 더 가깝다는 것 —— 을 볼 수 있다"(『신기관』). 플라톤이 묘사한 세계는 플라톤이 생각해낸 세계에 지나지 않으며, 현실적 세계를 그린 것이 아니라 플라톤 자신을 그린 것이다.

이러한 우상이 도처에서 우리들을, 그리고 우리들 가운데서 가장 현명한 사람들까지도 주저앉게 하는 한, 우리는 진리의 인식에 있어서 큰 진전을 보지 못할 것이다. 우리들에게는 새로운 사고 방식과 오성의 새로운 도구가 필요하다. "먼저 나침반의 사용법이 알려지지 않았더라면 서인도의 광대한 지역은 결코 발견되지 않았을 것이다. 이와 마찬가지로 과학상의 발명과 발견의 기술이 알려지지 않는 한, 기술상의 발명과 발견은 결코 거대한 진보를 이룩하지 못한다는 것은 놀라운 일이 아니다"(『학문의 진보』). "그리고 물질적 지구의 범위가 우리 시대에……널리 확대되었는데도 지적(知的) 지구는 과거의 발견의 비좁은 한계 내에 갇혀 있다는 것은 분명히 불명예이다"(『신기관』).

결국 우리의 고난의 원인은 독단과 연역법에 있다. 존경할 만하지만 의심스러운 명제를 의심의 여지없는 출발점으로 삼고 이러한 전제 자체를 관찰 또는 실험에 의해 검토하려고 하지 않기 때문에 우리는 새로운 진리를 찾아내지 못한다. 그러나 '확신을 갖고 시작하는 자는 결국 회의에 빠지고 회의를 갖고 시작하는 데 만족하는 자는 결국 확신을 갖게 된다' (유감스럽게도 반드시 그런 것은 아니다). 이것은 근대 철학의 초기에 공통된 특색으로서, 말하자면 근대 철학의 독립선언서의 일부다. 데카르트도 이윽고 구습을 일소하는 정직한 사고의 선행 조건으로 '방법적 회의'의 필요성을 역설하게 된다.

또한 베이컨은 과학적 연구법을 멋지게 서술한다. "단지 '단순한 경험'이 남아 있을 뿐이다. 이것은 있는 그대로 받아들이면 우연(경험적)이라고 불리고, 발견되었을 때에는 실험이라고 불린다. ……경험의 참된 방법은 우선 촛불을 켜고(가설) 다음에 촛불로 비춰보고(실험을 준비하고 그 범위를 결정한다) 서투르거나 엉뚱하지 않고 질서정연하게 요약된 경험을 바탕으로 출발하여 여기에서 공리를 끌어내고 일반적으로 승인된 공리를 바탕으로 다시 새로운 실험을 하는 것이다"(『신기관』, 우리는 여기서—후에는 최초의 실험 결과를 그 후의 연구를 인도하는 '최초의 수확'이라고 한 것도 그렇지만—베이컨이 가설과 실험과 연역의 필요성을 불충분할지는 모르지만 어쨌든 명백하게 통찰하고 있음을 알 수 있다. 베이컨을 비판하는 사람들은 베이컨이 이러한 필요성을 전적으로 간과했다고 주장하지만). 우리는 책이나 인습이나 권위에 의존하지 말고 직접 자연에 부딪쳐야 한다. 우리는 자연을 고문대에 올려놓고 어떻게 해서든지 자백을 받아야 한다. 비록 자연의 뜻을 거스르더라도 우리들의 목적을 위해 자연을 이용해야 한다. 우리는 유럽 과학자들의 공동 연구로 확립된 세계의 '박물학'을 어디서나 수집해야 한다. 우리에게는 귀납법이 필요한 것이다.

그러나 귀납이 모든 사실의 '단순한 열거'를 의미하지는 않는다. 아마도 단순한 열거는 무한하고 무익하리라. 아무리 자료가 많더라도 그것으로 과학이 되는 것은 아니다. 이것은 마치 '평야에서 짐승을 쫓는 것'과 같다. 이 짐승을 잡으려면 범위를 좁혀서 포위해야 한다. 다시 말하면 귀납법에는 사실을 분류하고 가설을 제거하는 기술이 포함되어야 한다. 이 기술에서 가장 유용한 것은 '증감표'일 것이다. 이 표는 동시에 증가하거나 감소되는 두 성질이나 상태의 사례를 모아놓았으므로 이 표를 보면 동시에 변화하는 두 현상 사이의 인과 관계를 알 수 있을 것이다. 따라서 베이컨은 '열(熱)이란 무엇인가'라고 묻고, 열의 증가에 따라 증가하고 열의 감소에 따라 감소하는 어떤 요인을 탐구한다.

그는 오랫동안 분석한 끝에 마침내 열과 운동 간의 정확한 상관 관계를 찾아낸다. 열은 운동의 한 형식이라는 그의 결론은 자연과학에 대한 그의 몇 가지 특별한 공헌 중의 하나이다.

이와 같이 끈기 있는 사실의 집적과 분석에 의해 우리는, 베이컨의 말을 빌린다면 연구하고 있는 현상의 형상(形相), 곧 숨겨진 본성과 내적 본질에 도달한다. 베이컨의 형상론은 플라톤의 이데아론과 매우 흡사하다. 곧 과학의 형이상학이다. "우리가 형상이라고 말할 때 우리는 단지 기본적 성질에 질서와 근거를 부여하는 단순한 활동의 법칙을 의미할 뿐이다. 그러므로 열의 현상, 또는 빛의 형상은 열의 법칙, 또는 빛의 법칙을 의미한다"(『신기관』, 동일한 관점에서 스피노자는 원(圓)의 법칙은 원의 '실체' 라고 말한다). "왜냐하면 자연에는 특수한 법칙에 따라 명확한 개별적 효과를 나타내는 개별적 물체가 있을 뿐이지만, 학문의 모든 분야에서는 이러한 법칙—이러한 법칙의 연구, 발견, 발전—이 이론과 실천의 기초가 되기 때문이다"(『신기관』). 이론과 실천에서는 이론 없는 실천이나 실천 없는 이론은 무익하고 위험하다. 결국 아무런 성취도 이루지 못하는 지식은 창백하고 무기력하며 인류에게 무가치한 것이다. 우리는 형상 자체를 위해서가 아니라 형상, 곧 법칙을 알아서 우리의 소망대로 사물을 개조하기 위해 사물의 형상을 알려고 한다. 예를 들면 우리는 계량을 해서 다리를 놓기 위해 수학을 배우고 사회라는 정글에 길을 내기 위해 심리학을 배운다. 과학이 사물의 형상을 충분히 찾아내면 우리가 어떠한 유토피아를 만들려고 결심하든 세계는 단지 그 원료에 지나지 않을 것이다.

과학의 유토피아

과학을 이와 같이 완성하고 관리함으로써 사회 질서를 완성하는 것

자체가 이미 매우 유토피아적인 생각이라고 할 수 있다. 베이컨이 짧은 단편과 죽기 2년 전에 간행된 최후의 저술『신(新)아틀란티스』에서 그려 놓은 세계가 바로 이러한 유토피아이다. 웰스는 비록 스케치에 그치고 말 았지만, 과학이 결국 사물의 지배자로서 정당한 위치를 차지하는 사회를 그려놓은 것은 베이컨의 "과학에 대한 최대의 봉사"(『문명소사』)라고 생 각한다. 그 후 3세기 동안 무지와 가난에 대항하는 무수한 전사(戰士)들 이 목표를 상실하지 않은 것은 이러한 왕성한 상상력 때문이었다. 이 몇 페이지밖에 안 되는 책에서 우리는 베이컨의 본질과 '형상' 곧 그의 존재 와 생활의 법칙, 그의 영혼의 은밀한 숙원을 알 수 있다.

플라톤은『티마이오스』에서 서해에 침몰한 아틀란티스 대륙에 대한 오래 된 전설을 이야기한다. 베이컨과 그 밖의 사람들은 콜럼버스와 카보 트[4]가 발견한 아메리카 신대륙을 옛 아틀란티스로 보고 이 거대한 대륙 은 침몰하지 않았으며, 다만 바다를 항해하는 인간의 용기가 침몰했을 뿐 이라고 생각한다. 이제 옛 아틀란티스는 발견되었으나 베이컨이 상상하 던 훌륭한 유토피아인과는 전혀 다른 매우 사나운 종족이 살고 있었으므 로 그는 신아틀란티스를 상상해냈다. 신아틀란티스는 드레이크와 마젤란 만이 횡단한 머나먼 태평양에 있는 섬으로 유럽과 당시의 지식으로부터 멀리 떨어져 있어서 마음껏 유토피아적 상상력을 활동시키기에 안성맞춤 이었다.

이는 디포와 스위프트의 멋진 이야기처럼 무기교의 기교로 시작된 다. "우리는 페루(여기서 꼭 1년 동안 머물렀다)에서 남해를 거쳐 중국과 일본을 향해 출범했다. 심한 무풍(無風) 상태에 부딪쳐 배는 수주일 동안 가없는 바다에 마치 거울의 얼룩처럼 조용히 떠 있었다. 한편 모험가들의

---

4 Cabot : 이탈리아의 항해가로 콜럼버스에 앞서 미대륙에 도착했다.

식량은 점점 줄어들었다. 이윽고 폭풍이 배를 북쪽으로 북쪽으로 쫓아내 드문드문 섬이 보이던 남해로부터 끝없이 광막한 바다로 밀려났다. 식량은 줄어들고 다시 줄어들고 또 줄어들었고, 선원들은 병에 걸렸다. 마침내 모두 죽음을 각오했을 때, 꿈속에서처럼 아름다운 섬이 수평선에 희미하게 나타났다. 배가 가까워짐에 따라 해안에 야만인이 아니라 검소하면서도 아름다운 옷을 입은, 깨끗하고 분명히 지적으로 발달된 듯한 사람들이 서 있는 것이 보였다. 그들에게는 상륙이 허가되었으나 섬의 정부는 외국인의 체류를 허용하지 않는다고 통고해왔다. 그러나 선원 중에는 여러 명의 환자가 있었으므로 그 환자들이 나을 때까지 모두 머물러도 좋다는 허가를 받았다.

환자의 회복을 기다리는 수주일 동안 표류자들은 매일매일 신아틀란티스의 신비를 벗겨냈다. '약 1천 9백 년 전에 어떤 왕이 이 섬을 다스렸다. 우리는 무엇보다도 이분에 대한 기억을 가장 소중히 여긴다. …… 그분의 성함은 솔로모나이고 우리들은 이분을 우리 나라의 입법자로서 존경하고 있다. 이분은 관대하셨고……나라와 국민의 행복만을 생각하셨다'라고 어떤 주민이 말해주었다. '이 왕의 탁월한 치적 중에서 가장 뛰어난 것은 '솔로몬관'이라고 하는, 교단 혹은 학회라고 할 수 있는 것을 창안해내고 창설한 것이다. 이것은 일찍이 지상에 없었던 고귀한 기구로, 우리는 이 왕국의 등불이라고 생각한다"(『신아틀란티스』).

이어서 '솔로몬관'을 묘사하지만 요약하기에는 너무나 복잡하다. 그러나 그 문장은 적대적인 맥콜레이조차도 "사람이 쓴 문장 중에서 심원하고 침착한 지혜가 이렇게 뛰어나게 빛나는 문장을 찾아보지는 못할 것"(『에세이집』)이라고 평가할 만큼 유려하다. '솔로몬관'은 신아틀란티스에서 런던의 의사당 같은 비중을 차지하고 있고 이 섬의 정치의 본산이다. 그러나 여기에는 정략배도, 칼라일이 말하는 거만한 '선량'도, '국가

'적 수단' 도, 정당도, 흑막기관도, 예선도, 전당대회도, 선거전도, 휘장도, 벽보도, 사설도, 연설도, 거짓말도, 선거도 없다. 이러한 연극 같은 방법으로 공직을 차지한다는 생각은 아틀란티스인들에게는 떠오르지도 않았을 것이다. 학문적 명성의 절정에 오르는 길은 만인에게 열려 있고 이 길을 걸어온 자들만이 국회의원이 된다. 이것은 인민의 선량들에 의한, 인민을 위한, 인민의 정치, 곧 기술자, 건축가, 천문학자, 지질학자, 생물학자, 의사, 화학자, 경제학자, 사회학자, 심리학자, 철학자에 의한 정치이다. 매우 복잡하지만 정치가가 없는 정치를 상상해보라!

　　사실 신아틀란티스에는 정부가 없는 셈이다. 통치자들은 인간의 지배보다는 자연의 지배에 종사하고 있기 때문이다. "이 기구의 목적은 사물의 원인과 숨은 운동을 인식하고 모든 일을 가능하게 하기 위해 인간의 한계를 확대하는 것이다"(『신아틀란티스』).

　　이 말이 이 책을, 그리고 프랜시스 베이컨을 해독하는 열쇠가 되는 구절이다. 통치자들은 별의 연구, 공업을 위한 수력 이용의 준비, 여러 가지 병을 치료하기 위한 가스의 개발, 외과 지식을 얻기 위한 동물 실험, 이종교배(異種交配)에 의한 동식물의 신종 육성 등 그다지 품위 없는 일에 종사하고 있다. "우리는 새들이 나는 것을 모방해서 어느 정도 공중을 날 수 있고 잠수하는 배와 보트를 갖고 있다." 외국 무역도 있으나 특이하다. 이 섬에서는 소비할 만큼 생산하고 생산한 만큼 소비하며, 해외 시장의 획득을 위해 전쟁을 일으키는 일은 없다. "우리는 금, 은, 보석, 비단, 향료, 기타 상품이나 물품을 교역하지 않고 신의 최초의 상품인 빛을 교역한다. 우리들은 세계 모든 곳의 진보의 빛을 얻고 싶다"(『신아틀란티스』). '빛의 상인들' 은 '솔로몬관' 의 구성원들로서 12년마다 해외에 파견되어 지구상의 모든 문명권의 외국인들과 같이 살며, 그곳의 언어를 배우고 과학, 산업, 문학을 연구한 다음, 12년 만에 돌아와서 그들이 배운 것을 '솔로몬관'의 지도자들에게 보고한다. 한편 그들이 다녀온 외국은 새로운 과학 탐험대에 의해 조사된다. 이렇게 해서 전세계의 가장 훌륭한 것은 곧 신아틀란티스에 수입된다.

매우 간략한 서술이지만 여기서 우리는 다시 그 모든 철학적 유토피아——가장 현명한 인물에 의해 평화롭고 부족한 것 없이 사는 사람들——의 윤곽을 보게 된다. 모든 사상가의 꿈은 과학자에 의해 정치가를 대체하는 것이다. 그런데 이와 같이 많은 유토피아의 구체화가 있었음에도 불구하고 왜 이 꿈은 여전히 꿈으로 남아 있는가? 사상가는 사건의 현장에 뛰어들어 자신의 생각을 실현하기에는 너무나 몽상적인 지식인이기 때문일까? 이욕의 화신의 맹렬한 야망이 온화하고 세심한 포부를 압도하는 것이 영원한 숙명이기 때문일까? 또는 과학이 아직도 성숙된 자각적 힘이 되지 못했기 때문일까? 현대에 이르러 비로소 물리학자, 화학자, 기술자들이 산업과 전쟁에서 증대되고 있는 과학의 역할 때문에 사회 전략의 중추적 지위를 차지하고 있다는 것, 그리고 그들의 조직적인 힘이 세상 사람들을 설득하여 그들을 지도자로 추대할 날이 다가오고 있다는 것을 깨닫기 시작했기 때문일까? 어쩌면 과학은 아직도 세계의 지배자가 될 자격이 없을지도 모른다. 그러나 머지않아 세계의 지배자가 될 것이다.

5. 비판

프랜시스 베이컨의 이러한 철학을 어떻게 평가할 것인가? 이 철학에는 새로운 면이 있는가? 맥콜레이는 베이컨이 말하는 귀납법은 매우 낡은 것이어서 왈가왈부할 필요도 없고 더구나 기념비는 생각조차 할 수 없는 일이라고 생각한다. "귀납법은 세계가 시작된 이후 조석으로 모든 사람이 사용해온 것이다. 만두를 먹으면 기분이 나빠지고 만두를 먹지 않으면 기분이 좋고 많이 먹으면 기분이 매우 나쁘고 조금 먹으면 기분이 조금 나쁘기 때문에 만두는 자기 체질에는 맞지 않는다고 추리하는 자는 무의식중에 충분히 『신기관』의 모든 항목을 이용하고 있다"(『에세이집』). 그러나 바보 온달은 그의 '증감표'를 아주 정확하게는 이용하지 못할 것이며, 하복부에 지진 같은 소동이 일어나더라도 계속 만두를 먹을 것이다. 또한 그가 아무리 현명하더라도 베이컨의 공적을 빼앗지는 못할 것이다. 논리학은 결국 현명한 자의 경험과 방식의 정식화가 아닌가? 어떤 학문이든 소수의 사람들의 기술을 규칙에 따라 누구나 배울 수 있는 과학으로 바꿔놓으려는 것이 아닌가?

그러나 이 정식화는 베이컨 자신의 것인가? 소크라테스의 방법은 귀납적이 아닌가? 아리스토텔레스의 생물학은 귀납적이 아닌가? 프랜시스 베이컨은 설교했을 뿐인 귀납법을 로저 베이컨은 설교와 동시에 실용하지 않았는가? 갈릴레오는 과학이 실제로 사용하고 있는 수속을 더 잘 정식화하지 않았는가? 로저 베이컨의 경우는 타당한 말이고, 갈릴레오의 경우는 어느 정도 타당하고, 아리스토텔레스의 경우는 다소 타당하고, 소크라테스의 경우는 거의 타당하지 않다. 갈릴레오는 과학의 방법보다는 오히려 목표의 약도를 그려놓고 후계자들 앞에 모든 경험 및 관계의 수학적·양적 정식화를 목표로 제시했을 뿐이었다! 아리스토텔레스는 다른 방도가 없을 때나, 매우 일반적인 전제로부터 특수한 결론을 이끌어내는 연역법에 대한 기호에도 불구하고 자료가 이를 허용하지 않을 경우에만 귀납법을 사용했다. 그리고 소크라테스는 귀납—사실의 수집—보다는 오히려 분석—언어나 개념의 정의 및 구별—에 열중했다.

베이컨은 결코 단성생식적 독창성을 주장하지는 않는다. 그도 셰익스피어처럼 다른 사람들로부터 대대적으로 받아들여지며, 그가 손을 대기만 하면 모든 것이 돋보이게 된다는 것이 그에 대한 변명이다. 모든 생물에게는 적절한 음식이 있는 것처럼, 모든 인간에게도 자신의 힘의 원천이 있다. 베이컨의 솜씨는 이러한 원천을 소화하고 피와 살로 만드는 데서 발휘된다. 롤리가 말한 것처럼 베이컨은 "어떤 사람의 관찰도 경멸하지 않고 모든 사람의 촛불로 그의 횃불에 불을 붙였다." 그러나 베이컨은 이러한 부채를 자인하고 '히포크라테스의 저 유용한 방법'에 대해 언급한다. 이렇게 해서 귀납적 논리학의 참된 원천은 그리스인임을 알려준다. "플라톤은(이 경우 '소크라테스는'이라고 말하는 것은 그다지 정확하지 못하다) 물론 그의 조잡한 방식은 효과도 성과도 없는 것이지만 귀납법과 개별적 사실의 검토에 의한 연구의 좋은 예를 보여준다"(『미궁의 맥락』)고 그는 말한다. 그는 선인으로부터 받은 은혜를 부정할 만큼 인색하지 않았고 우리도 이러한 은혜를 과장해서는 안 된다.

그러나 다시 묻기로 하자. 베이컨의 방법은 올바른가? 그것은 근대 과학에서 가장 효과적으로 사용되는 방법인가? 그렇지는 않다. 일반적으로 말하면, 과학은 사실의 수집(박물학)과 『신기관』의 복잡한 표에 따른 조작에 의해서가 아니라 가장 단순한 가설, 연역 및 실험이라는 방법에 의해 최대의 성과를 거두어왔다. 예컨대 다윈은 맬서스의 『인구론』을 읽고 인구는 생활 자료의 증가보다 더 빨리 증가하는 경향이 있다는 맬서스의 가설을 모든 생물에 적용할 착상을 하고, 이 가설로부터 인구 증가가 식량 공급을 압박한 결과로 생존 경쟁이 일어나고 적자(適者)가 살아남으며 종(種)은 세대가 지날수록 환경에 더욱 밀접하게 적용한다는 개연적 결론을 이끌어냈고, 마침내(가설과 연역에 의해 문제와 관찰 범위를 한정해서) '일그러지지 않은 자연의 모습'을 대하고 20년 동안 끈기 있게 사실을 귀납적으로 조사했다. 또한 아인슈타인은 빛은 직선으로 움직이지 않고 곡선을 그리며 움직인다는 가설을 생각해냈다(또는 뉴턴으로부터 받아들였다). 그리고 이러한 가설로부터(직진설에 의하면) 하늘의 일정한 장소에 있는 것 같은 별도 사실은 그 위치보다도 약간 기울어진 곳에 있다고 단정하고 이 결론을 검토하는 실험과 관찰을 찾아냈다. 분명히 가설과 상상력의 작용은 베이컨이 생각한 것보다 크고 과학의 진보는 베이컨의 구상보다 훨씬 직접적이고 제한이 많다. 베이컨 자신도 자기 방법이 시대에 뒤떨어진 것이 되리라고 예상하고 있었다. 그는 정치를 하다가 틈을 내서 작업을 하는 것보다는 과학의 실제에 종사하는 것이 더 좋은 연구 방법을 발견하는 길임을 알고 있었다. "이러한 일들은 성숙하기까지 수세대가 걸린다."

베이컨의 정신을 숭배하는 자들도 이 위대한 대법관이 과학의 법칙을 규정하다가 당시의 과학의 진보에 뒤떨어지고 말았다는 사실을 인정하지 않을 수 없었다. 그는 코페르니쿠스를 배척하고 케플러와 브라헤[5]를 무시했다. 또 길버트[6]를 가볍게 보고 하비를 알지 못했던 것 같다. 사실, 그는 연구보다는 토론을 좋아했고 아마 고된 연구를 할 틈도 없었을 것이다. 그의 철학 및 과학 분야의 업적은 그의 죽음으로 단편적이고 무질서한 것이 되었다. 반복, 모순, 포부, 소개가 범벅이 되어 있다. 학예(學藝)는 길고 시간은 짧다. 이것은 모든 위인의 비극이다.

베이컨의 위대성과 약점은 바로 그의 통일에의 정열, 모든 과학 위에 조정의 천재로서의 날개를 펴려는 욕망에 있다. 그는 플라톤처럼 '높은 바위 위에서 굽어보듯 만물을 살피는 탁월한 천재'가 되려고 했다. 그는 스스로 짊어진 무거운 짐에 짓눌리고 있었다. 그는 너무나 많은 일을 시도했으므로 그의 실패에는 관용의 여지가 있다. 그는 과학의 '약속된 땅'에 들어서지는 못했으나 17세기 영국의 시인 코올리의 묘비에서 볼

---

5 Tycho Brahe : 16세기 덴마크의 천문학자.
6 William Gilbert : 16세기 영국의 물리학자.

수 있듯이 적어도 그 국경에 서서 아득히 보이는 아름다운 경치를 가리킬 수는 있었다.

그의 업적이 간접적이라고 해서 위대하지 않다고 할 수는 없다. 그의 철학상의 저서는 지금은 잘 읽히지 않지만 "세계를 움직인 지성인들을 움직였다"(맥콜레이, 『에세이집』). 그는 르네상스의 낙관주의와 결의를 달변으로 표현했다. 일찍이 이렇게 큰 자극을 다른 사상가들에게 준 사람은 없었다. 제임스 왕이 베이컨의 과학 장려 제안을 거부하고 『신기관』을, "모든 이해를 초월한 신의 평화와 같다"고 평한 것은 사실이다. 그러나 1662년, 세계 최대의 과학자 학회가 된 영국 학사원을 창설한 보다 현명한 인사들은 베이컨을 그들의 모범, 그들에게 영감을 주는 사람이라고 불렀다. 그들은 영국의 이 연구단체가 베이컨이 『학문의 진보』에서 바람직하다고 가르쳐준 범유럽적 단체의 길을 열어주기를 기대하고 있었다. 또한 프랑스의 '계몽운동'의 위인들은 지적 사업의 걸작품 『백과전서』를 기획했을 때, 이 책을 프랜시스 베이컨에게 바쳤다. 영국 사상의 그 후의 전반적인 진로와 과정은 베이컨 철학을 따랐다. 데모크리토스처럼 세계를 기계론적 개념으로 생각하는 베이컨의 경향은 그의 비서 홉스의 철저한 유물론의 출발점을 마련했고, 그의 귀납적 방법은 로크에게 관찰에 전적으로 의존하고 신학과 형이상학으로부터 해방된 경험적 심리학을 착상케 했다. 그의 '이익'과 '성과'에 대한 강제는 유용성과 선을 동일시하는 벤담에게서 집약되었다.

지배의 정신이 체념의 정신을 극복하는 곳에서는 어디서나 베이컨의 영향을 볼 수 있다. 그는 한 대륙을 황야로부터 기술과 과학의 보고로 바꿔놓고 작은 반도를 세계의 중심으로 만든 모든 유럽인의 대변자이다. 베이컨은 "인간은 직립 동물이 아니라 불멸의 신"이라고 말했다. 조물주는 우리들에게 세계 전체와 맞먹을 만큼 크지만 그럼에도 불구하고 이 세계만으로는 만족하지 못하는 영혼을 주었다. 인간에게는 불가능이 없다. 시간은 젊다. 우리들에게 수세기만 준다면 우리는 만물을 지배하고 개조할 것이다. 궁극적으로 우리들은 인간끼리 싸워서는 안 되고 인간의 승리를 방해하는 자연의 장애와 싸워야 한다는 가장 고귀한 교훈을 배울 것이다. 베이컨은 가장 아름다운 문장의 하나에서 "인류의 포부를 세 종류, 말하자면 세 단계로 구별하는 것은 잘못이 아니리라. 첫째는 자기의 세력을 본국에 뻗치려고 하는 자들의 야심으로서, 가장 비열하고 타락한 것이다. 둘째는 조국의 세력과 지배력을 인간 사이에 확대하려고 하는 야망으로서, 확실히 전자보다 약간 품위가 있으나 탐욕스럽기는 마찬가지다. 그러나 인류의 세력과 지배력을 확립해서 전 우주에 확대하려고 노력하는 사람이 있다면 분명히 그의 의지는 앞의 두 경우보다는 훨씬 건전하고 고상하다"(『신기관』). 그의 영혼을 차지하려고 다투는 이러한 상반된 야심 때문에 갈기갈기 찢긴 것이 베이컨의 운명이었다.

6. 에필로그

"현직에 있는 사람들은 삼중의 노예다. 곧 주권자 또는 국가의 노예, 명성의 노예, 직무의 노예로서 신체도 행동도 시간도 자유롭지 못하다. ……높은 지위에 오르는 것은 어렵고 또한 애를 써서 더 큰 고통을 짊어지는 것이다. 승진은 때로는 모욕이며 부끄러운 행동으로 현직에 오르는 자도 적지 않다. 머물러 있으면 미끄러지기 쉽고 후퇴는 전락 또는 최소한 명성의 소멸이다"(『현직에 대하여』). 베이컨의 에필로그로서는 얼마나 재치 있는 요약인가!

괴테는 "한 인간의 결점은 시대적 소산이고 덕과 장점은 자기 자신의 것이다"라고 말한다. 이 말은 '시대 정신'에 대해서는 약간 불공평한 듯하지만 베이컨의 경우에는 각별히 타당하다. 애보트는 엘리자베스 시대의 궁정을 지배하던 도덕을 열심히 연구한 다음, 모든 지도적 인사들은 남녀를 불문하고 마키아벨리의 제자였다고 결론을 내린다(『프랜시스 베이컨』).

　재판관이 법정의 피고인으로부터 '선물'을 받는 것은 이 찬란한 시대의 관습이었다. 베이컨도 이 점에서는 시대를 초월하지 못했다. 게다가 수년분의 수입을 미리 탕진해온 베이컨의 버릇으로서는 양심의 가책 따위는 사치에 지나지 않았다. 에섹스 사건으로 적을 만들지 않고 교묘한 변설로 적을 해치지 않았더라면, 그의 이러한 버릇도 남의 눈에 띄지 않았을 것이다. 어떤 친구는 그에게 "자네의 혀가 어떤 사람에게는 면도날이 되는 것처럼 언젠가는 그들의 혀가 자네에게 면도날이 될 것이라는 말이 궁정에 파다하네"라고 경고했으나 그는 이 경고를 묵살했다. 그는 왕의 총애를 받은 듯하다. 그는 1618년에는 베루람 남작, 1621년에는 세인트 알반스 자작이 되었고, 3년 동안 대법관의 자리에 있었다.

　그러나 갑자기 폭풍이 닥쳐왔다. 1621년 패소한 소송인이 수회죄(收賄罪)로 그를 고소했다. 이런 일은 당시에는 드문 일이 아니었으나 베이컨은 그의 적들이 이 사건을 확대하면 몰락을 면할 수 없다는 것을 깨달았다. 그는 집에서 칩거하며 사태를 관망했다. 그의 적들이 그의 면직을 강력히 요구한다는 말을 듣고 그는 '고백과 겸손한 사직서'를 왕 앞으로 제출했다. 베이컨이 지금까지 줄곧 의회로부터 왕을 보호했음에도 불구하고 제임스는 득세한 의회에 굴복하고 그를 런던탑으로 보냈다. 그러나 베이컨은 이틀 만에 석방되었다. 또한 왕은 무거운 벌금도 면제해주었다. 그러나 그의 자존심이 전적으로 무너지지는 않았다. "나는 최근 50년 동안 영국의 가장 공정한 재판관이었다. 그러나 이번의 판결은 최근 2백 년 동안에 있어서 의회의 가장 공정한 판결이었다"고 그는 말했다.

남은 5년 동안, 그는 익숙하지 않은 가난에 시달렸지만 적극적인 철학 연구를 위안으로 삼고 집에서 조용히 은거했다. 이 5년 동안에 그는 가장 위대한 라틴어 저술『학문의 진보』를 쓰고『수상록』의 증보판,『숲 속의 숲』이라는 제목을 붙인 단편집 및『헨리 7세의 역사』를 간행했다. 그는 좀더 일찍 정치를 단념하고 문학과 학문에 전념하지 못한 것을 뉘우쳤다. 그는 마지막 순간까지 연구에 몰두하다가, 말하자면 싸움터에서 쓰러졌다. 에세이『죽음에 대하여』에서 그는 "중상을 입고 더운 피를 흘리면서도 상처를 입는 순간에는 아픔을 거의 느끼지 못한다. 이렇게 열심히 연구를 하다가 죽기를 바란다"고 말한 바 있다. 카이사르처럼 그의 소망도 이루어졌다.

1626년 3월, 런던에서 하이게이트로 말을 달리면서 고기를 눈으로 덮어두면 얼마 동안 썩지 않을까 하는 문제를 숙고하던 끝에 그는 이 문제를 당장 실험해보기로 결심했다. 농가에서 말을 멈추고 닭 한 마리를 사서 죽인 다음 뱃속에 눈을 채워넣었다. 그러는 동안에 오한이 나기 시작하고 기분이 나빠졌다. 말을 타고 집으로 돌아가기에는 상태가 매우 나쁘다는 것을 알고 가까운 아란텔 경의 저택으로 데려다달라고 명령했다. 그는 이 집에서 병석에 누웠다. 그는 생명을 단념하지 않고 쾌활하게 "실험은……매우 성공적이었다"고 썼다.

그러나 이것이 그의 마지막 편지였다. 생활의 불규칙한 흥분이 몸을 망쳐놓았던 것이다. 타다 남은 재와 같은 그는 천천히 심장으로 기어드는 병과 싸우기에는 너무나 약했다. 그는 1626년 4월 9일, 66세로 세상을 떠났다. 그는 유언장에 그의 특징을 잘 나타내는 다음과 같은 오만한 말을 남겨놓았다. "나는 나의 영혼을 신에게 유증한다. ……내 몸은 아무도 모르게 묻을 것. 나의 이름은 후세와 외국에 전할 것." 후세와 외국은 그를 받아들였다.

4

스피노자

1. 소사(小史) 및 소전(小傳)

유태인의 오디세이

바빌론 유수(幽囚) 이후의 유태인의 이야기는 유럽 역사의 서사시 중 하나다. 로마인의 예루살렘 점령(70년)으로 유태인은 고국에서 쫓겨나 도주와 상업을 통해 모든 나라, 모든 대륙으로 흩어졌고, 그들의 경전과 기억으로부터 태어난 위대한 종교—기독교와 이슬람교—의 신도들에게 박해를 받고 학살을 당했다. 봉건 제도 때문에 토지 소유를 금지당하고, 길드 때문에 산업에 종사하는 것을 금지당했으며, 비좁은 게토[1]에 갇혀 직업의 제한을 받고, 민중에게서는 폭행을, 왕에게서는 약탈을 당하면서 그들의 재정과 교육으로 문명에 불가결한 대소의 도시를 건설했고, 추방당하고 파문당하고 모욕과 위협을 받았다.

그러나 정치적 조직도, 사회적 통일을 유지하는 법적 강제도, 심지어 공통된 언어도 없으면서 이 놀라운 민족은 심신의 독자성을 잃지 않고

---

1 ghettoes : 유태인 거주 지역.

종족과 문화의 자립을 유지했고, 집요한 애착으로 오래 된 의식과 전통을 지키며 끈기 있고 의연하게 구원의 날을 기다려 이전의 어느 때보다도 그 수가 증가했고 각 분야에 걸친 천재들의 기여로 명성을 얻었으며, 2천 년 동안의 방랑 끝에 옛날의 잊을 수 없는 고향을 당당하게 회복했다. 어떤 극이 이 장엄한 고난, 변화무쌍한 장면, 소원 성취의 영광과 정의에 필적할 수 있을 것인가? 어떤 소설이 이 사실상의 로맨스와 어깨를 겨눌 수 있을 것인가?

유태인의 분산은 성도(聖都) 함락에 앞서 몇 백 년 전부터 시작되었다. 튀르스, 시온, 그 밖의 항구를 통해 유태인은 지중해 구석구석까지—아테네, 안티오키아, 알렉산드리아, 카르타고, 로마, 마르세유, 그리고 멀리 스페인까지—널리 퍼져나갔다. 성전이 파괴된 다음, 분산된 사람들은 거의 집단 이민이 되었다. 궁극적으로 이 이동은 두 방향으로 쏠렸다. 한 갈래는 다뉴브 강과 라인 강을 따라가다가 후에는 폴란드와 러시아로 흘러들어갔고, 또 한 갈래는 승승장구하는 무어족과 함께(711년) 스페인과 포르투갈로 들어갔다.

스페인의 유태인은 페르디난드[2]가 1492년 그라나다를 정복해서 무어족이 결정적으로 축출될 때까지 번영을 누렸다. 반도의 유태인은 이제 이슬람교의 관대한 권력 밑에서 향유하던 자유를 잃었다. 종교재판이 유태인을 휩쓸었고 세례를 받고 기독교로 개종하든가 추방과 재산 몰수를 감수하든가 양자택일이 강요되었다. 그렇다고 교회가 유태인에게 난폭한 적개심을 가졌던 것은 아니며—교황은 몇 번씩이나 종교재판의 야만성을 비난했다—스페인 왕은 이 이민족이 악착같이 모은 재산으로 자기 호주머니를 부풀릴 생각을 했던 것이다. 콜럼버스의 아메리카 발견과 거

---

2 Ferdinand : 당시의 스페인 왕.

의 동시에 페르디난드는 유태인을 발견했다.

유태인은 대부분 훨씬 어려운 쪽을 선택하고 피난처를 찾아 헤맸다. 일부는 배를 타고 제노바와 그 밖의 이탈리아 항구로 들어가려고 했으나 거절당하고 곤궁과 병고에 시달리면서 항해를 계속하여 아프리카 연안에 도달했고, 대부분은 보석을 삼켰다는 혐의를 받고 살해당했다. 소수의 유태인만이 베니스에 정착했다.

베니스 사람들은 그들이 해상의 지배권을 확보할 때 유태인의 공이 얼마나 컸는가를 알고 있었다. 또 어떤 유태인들은 콜럼버스——어쩌면 유태인이었을 것이다——의 항해 자금을 제공하고 이 대항해가가 그들을 위해 새로운 고향을 찾아주기를 바라고 있었다. 대다수의 유태인은 당시의 보잘것없는 배를 타고 대서양을 건너 적대적인 영국과 프랑스 사이를 빠져 드디어 작은 나라지만 관대한 네덜란드에서 어느 정도 환영을 받았다. 이 유태인들 속에는 에스피노자라는 성을 가진 포르투갈계의 유태인 가족이 있었다.

그 후 스페인은 쇠퇴하고 네덜란드는 번창했다. 유태인은 1598년 최초의 유태 교회를 암스테르담에 세웠다. 그리고 75년 후, 그들이 유럽에서 가장 화려한 두 번째 교회를 짓게 되었을 때, 이웃의 기독교도들도 자금을 제공하여 이 사업을 도와주었다. 렘브란트의 그림 속에서의 상인이나 랍비들이 매우 만족하고 있는 것으로 보아 이때 유태인들은 행복했던 것 같다. 그러나 17세기 중엽, 유태교 내부의 격렬한 논쟁으로 그들의 평화는 무너졌다. 일부 유태인도 마찬가지였지만, 르네상스의 회의적 영향을 받은 정열적인 청년 우리엘 아코스타는 내세의 신앙을 격렬하게 공격하는 논문을 썼다. 이 부정적 태도는 반드시 옛 유태교 교리에 어긋나는 것은 아니었지만, 유태 교회는 그들을 환영한 사회의 반감을 살 것이 두려워 그에게 공개적으로 취소하도록 강요했다. 이 사회는 기독교의 본질에 중대한 공격을 가하는 이단에게는 용서 없이 적대했다. 취소와 참회의 방식은 오만한 필자가 교회 입구에 엎드리고 있으면 회중(會衆)이 그의 몸을 밟고 지나가는 것이다. 참을 수 없는 치욕을 받고 집을 돌아간 우리엘은 박해자를 격렬하게 비난하는 글을 남기고 총으로 자살했다.[1]

스피노자

스피노자의 교육

이러한 유태인의 오디세이는 스피노자의 정신적 배경이 되었고, 그가 파문에도 불구하고 끝까지 유태인으로 버틴 것도 이러한 배경이 있었기 때문이었다. 아버지는 부유한 상인이었으나 이 젊은이는 장사에는 전혀 뜻이 없었고 오히려 교회나 그 주변에서 시간을 보내며 유태 민족의 종교와 역사에 심취했다. 그는 우수한 학자였고 장로들은 그를 장차 유태 사회와 교회의 빛이 될 인물이라고 생각했다.

그는 신과 인간의 운명이라는 거대한 문제에 대한 기독교 사상가들의 해답을 알고 싶은 호기심에 사로잡혔다. 그는 네덜란드 학자 반 덴 엔데에게서 라틴어를 배우기 시작하여 보다 넓은 경험과 지식의 영역에 들어섰다. 새로운 선생은 약간 이단적인 사람이었고, 교리와 정치의 비판자였으며 서재에서 뛰어나가 프랑스 왕에 대한 음모에 가담하여, 1647년 교수대에 올라간 모험적인 사람이었다. 선생에게는 아름다운 딸이 있었는데 그녀는 스피노자의 사랑을 얻고자 라틴어의 성공적인 경쟁 상대가 되었다. 만약 이러한 유혹이 있다면 현재의 대학생들도 라틴어를 배울 것이다. 그러

---

1) 구츠코(19세기의 독일 작가)는 이 이야기를 극화(劇化)했는데(비극『우리엘 아코스타』, 1846) 이 극은 아직도 유럽의 상연 목록에 들어 있다.

나 젊은 숙녀는 그다지 지적인 여자는 아니었으므로 절호의 기회를 놓쳤고 다른 구혼자가 값진 선물을 한아름 안고 나타나자 스피노자에 대한 사랑을 잊었다. 우리들의 주인공이 철학자가 된 것은 바로 이 순간이었다.

어쨌든 그는 라틴어를 정복하고 라틴어를 통해 고대와 중세 유럽 사상의 유산을 받아들였다. 그는 소크라테스, 플라톤, 아리스토텔레스도 연구한 듯하지만 그들보다는 위대한 원자론자인 데모크리토스, 에피쿠로스, 루크레티우스를 더 좋아했고, 또한 스토아학파도 그에게 지울 수 없는 영향을 주었다. 그는 스콜라 철학자들의 저서도 읽었으며, 그들로부터 용어만이 아니라 공리, 정의, 정리, 증명, 비고, 계(系) 등으로 설명하는 기하학적 방법을 받아들였다. 그는 '코카서스의 눈을 다 뿌려도 끌 수 없는' 불을 마음속에 간직한 위대한 반역자 브루노(1548~1600년)를 연구했다. 브루노는 나라에서 나라로, 교리에서 교리로 탐구와 경탄의 방랑을 하며 언제나 '들어간 그 문으로 다시 나왔고'[3] 마침내 종교재판에 의해 '가능한 한 자비를 베풀어 유혈 없이' 죽이라는——곧 산 채로 불태워버리라는——판결을 받았다. 이 낭만적인 이탈리아인의 사상은 얼마나 풍부했던가! 가장 핵심적인 사상은, 모든 실재는 실체에 있어서 하나이고 원인에 있어서 하나이며 기원에 있어서도 하나라는 통일 사상으로, 신과 이러한 실재는 동일하다. 또한 브루노에게는 정신과 물질도 동일한 것이다. 실재의 모든 미분자는 불가분리의 물질과 정신으로 구성되어 있다. 그러므로 철학의 과제는 다양 속에서 통일을, 물질에서 정신을, 정신에서 물질을 인식하고 대립과 모순이 합일하여 용해되는 종합을 발견하고 신의 사랑의 지적 표현인 우주적 통일에 대한 최고의 인식에 도달하는 것이다. 이러한 사상은 모두 스피노자 사상의 내부 구조의 일부가 되었다.

---

[3] 오마 카이암의 『루바이아트』의 한 구절.

끝으로 그는 누구보다도 데카르트(1597~1650년)—그는 근대 철학의 주관주의적인 관념론적 전통의 시조였다(베이컨이 객관주의적인 실재론적 전통의 시조인 것처럼)—로부터 가장 큰 영향을 받았다. 프랑스의 후계자들에게나 영국의 적대자들에게나 데카르트의 중심 사상은 의식의 우위, 곧 정신은 어떤 것보다도 자기 자신을 더욱 직접적으로 인식한다는 것, 정신은 감각 및 지각이 받아들이는 외계의 인상을 통해 '외계'를 안다는 것, 그 결과 모든 철학은 (다른 모든 것은 의심해야 하지만) 개인의 정신, 곧 자아로부터 출발해야 하며, 첫 명제를 '나는 생각한다. 그러므로 나는 존재한다(Cogito ergo sum)' 는 세 마디로 표현한다는 것 등 외견상 명백한 주장이었다. 아마도 이 출발점에는 르네상스의 개인주의가 어느 정도 영향을 미쳤을 것이며, 분명히 후세의 사변(思辨)의 씨앗이 될 것이 마술사의 모자 가득히 들어 있었다. 이제 인식론[2]의 대경기가 시작되어 라이프니츠, 로크, 버클리, 흄, 칸트로 이어지면서 근대 철학을 자극하는 동시에 황폐하게 만든 '3백 년 전쟁' 으로 확대되었다.

그러나 데카르트 사상의 이러한 측면은 스피노자의 관심을 끌지 못했다. 그는 인식론의 미로에 빠지고 싶지는 않았다. 그의 주목을 끈 것은 물질의 모든 형식의 기초가 되는 동질적 실체와 정신의 모든 형식의 기초가 되는 또 하나의 동질적 실체가 있다는, 데카르트의 '실체' 개념이었다. 실체를 이와 같이 두 개의 궁극적 실체로 양분하는 것은 스피노자의 통일에의 정열에 대한 도전이었고 그의 사상적 축적에 있어서는 정자수태의 역할을 했다. 또한 그를 매혹시킨 것은 신과 영혼을 제외하고는 세계 만물을 기계적인 수학적 법칙으로 설명하려고 한 데카르트의 욕구였다. 이러한 사상은 레오나르도와 갈릴레오에게서도 찾아볼 수 있는데 아

---

2) 인식론(Epistemology)은 어원상으로는 진지(眞知, episteme)의 논리(logos), 곧 지식의 근원, 본성, 타당성 등을 의미한다.

마도 이탈리아 여러 도시에서의 기계 및 산업의 발달을 반영하고 있을 것이다. 신에 의해 최초로 운동이 일어난 다음 그 후의 천문, 지질, 그 밖의 모든 비정신적 과정과 발달은 처음에는 분산된 형태로 존재하던 동질적 실체에 의해 설명될 수 있고(라플라스와 칸트의 성운설(星雲說)), 모든 동물, 심지어 인체의 모든 운동은, 예컨대 혈액 순환이나 반사 작용처럼 기계적 운동이고 세계 전체, 따라서 모든 물체는 기계이며 다만 세계의 밖에 신이 있고 육체 안에 영혼이 있을 뿐이라고 데카르트는 말했다(아낙사고라스는 2천 년 전에 비슷한 생각을 말했다). 여기서 데카르트는 멈추었으나 스피노자는 열심히 앞으로 밀고 나갔다.

파문

앞에서 말한 것이 겉으로는 평온했으나 마음속으로는 동요를 일으키고 있던 젊은이(그는 1632년에 태어났다)의 선행 상황이다. 1656년, 이 젊은이는 이단 혐의로 교회의 장로들 앞에 소환되었다. 장로들은 그에게 신은 신체—물질의 세계—를 갖고 있고 천사는 환상이며, 영혼은 단지 생명에 불과할지도 모른다고 친구들에게 말했다는데 이것이 사실이냐고 물었다.

우리는 그가 어떤 대답을 했는지 알지 못한다. 그는 교회의 신앙에 대해 표면상의 충성이나마 서약한다면 5백 달러의 연금을 주겠다는 제안을 받았으나 이를 거절하고 1656년 7월 27일, 헤브라이의 음울한 종교 의식의 온갖 절차를 밟아서 파문되었다는 것을 알고 있을 뿐이다. "저주의 말을 읽는 동안 때때로 큰 각적(角笛)의 울부짖는 듯한 느린 곡조가 들렸다. 식이 시작될 때에는 환하게 켜 있던 등불이 식의 진행에 따라 하나씩 꺼졌다. 드디어 마지막 등불이 꺼졌고—파문당한 사람의 영적 생명의 소멸을 상징한다—회중(會衆)은 칠흑 같은 어둠에 파묻혔다"(그레츠, 『유태인의 역사』).

은거와 죽음

　그는 조용한 용기로 파문을 받아들이고 "어떠한 경우에도 해서는 안될 일을 파문이 나에게 강요한 것은 아니다"라고 말했다. 그러나 이것은 어둠 속에서 부는 휘파람이었다. 사실 젊은 학자는 쓰라리고 가혹한 고독을 겪게 되었다. 고독보다 더 무서운 것은 없다. 특히 유태인이 민족 전체로부터 고립되는 것보다 더 참기 어려운 고독은 없다. 스피노자는 이미 옛 신앙의 상실로 고통을 받고 있었다. 인간 정신의 내용을 뿌리뽑는 것은 대수술로서 많은 상처를 남긴다. 만일 스피노자가 다른 교회[4]에 들어갔다면, 다시 말해서 따뜻한 곳을 찾아 몰려드는 소 떼처럼 사람들이 모여드는 또 하나의 정통 신앙을 받아들였다면 뛰어난 개종자의 역할을 통해서, 가족과 종족으로부터 완전히 추방됨으로써 상실한 생활을 조금은 되찾았을 것이다. 그러나 그는 어떤 종파에도 가담하지 않고 고독한 생활을 보냈다. 아들이 헤브라이 학문에 뛰어나기를 바라고 있던 아버지는 그를 쫓아냈다. 누이동생은 얼마 되지 않는 유산을 독점하려고 했다.[3] 이전의 친구들도 그를 외면했다. 스피노자에게 유머가 없는 것은 이상한 일이 아니다.

　파문 직후에 가장 쓰라린 경험이 닥친다. 어느 날 밤 시가를 걸어가는데 경신(敬神)을 자처하는 악한이 살인으로 자신의 신학을 증명할 셈으로 젊은 학자를 단도로 공격해왔다. 스피노자는 재빨리 몸을 돌려 목에 경상을 입고 도망쳤다. 이 세상에 철학자에게 안전한 곳은 없다는 결론을 내리고 그는 암스테르담 교외의 아우테르데크가의 조용한 다락방으로 거처를 옮겼다. 그가 바루흐라는 이름을 베네딕트로 바꾼 것도 이 무렵의 일이었다. 주인 부부는 메노파[5]의 기독교도로 어느 정도 이단자를 이해

4　기독교회를 말한다.
3)　그는 고소하여 승소한 다음 재산을 누이동생에게 양도했다.

할 수 있었다. 주인 부부는 그의 우수어린 친절한 얼굴(커다란 고통을 겪은 사람은 매우 표독해지거나 아주 온화해지는 법이다)을 좋아했고 저녁에 그가 아래층으로 내려와 함께 담배를 피우며 그들의 소박한 이야기에 끼어드는 것을 무척 기뻐했다. 그는 처음에는 반 덴 엔데의 학교에서 어린이를 가르쳐 생계를 유지했으나 나중에는 마치 다루기 힘든 물건을 취급하는 것이 천직이나 되는 듯이 렌즈를 갈아 생계를 꾸려나갔다. 그는 유태인 사회에서 살 때 렌즈를 가는 솜씨를 익혔는데 헤브라이 법전에는 모든 학생들이 수공기술을 배워야 한다는 규정이 있다. 연구와 충실한 수업으로는 생계 유지도 어려울 뿐 아니라, 가마리엘[6]이 말한 것처럼 노동은 인간을 유덕하게 하는 반면 '기술 없는 학자는 결국 악한이 되기' 때문이다.

5년 후(1660년), 집 주인은 레이덴 시 근처의 린스부르크로 이사했고 스피노자도 함께 옮겨갔다. 이 집은 아직도 남아 있고 그 거리는 우리 철학자의 이름으로 불리고 있다. 그 후 그는 생활은 검소하고 사색은 고상한 수년 동안을 보냈다. 2, 3일씩 방에서 꼼짝도 않고 아무도 만나지 않은 채 간소한 음식을 위로 날라오게 하는 일이 많았다. 렌즈를 가는 일은 수입이 좋았으나, 계속 일이 있는 것은 아니어서 스피노자는 간신히 생계를 유지하고 있었다. 그는 '성공한' 사람이 되기에는 너무나 지혜를 사랑했다. 그러나 검소한 생활을 하면서도 그는 행복했다. 어떤 사람이 이성보다는 계시를 믿으라고 권하자 그는 이렇게 말했다. "때로는 나의 자연적 오성으로 거둬들인 수확이 비현실적인 것임을 알게 되지만 나는 이것에 만족할 수밖에 없다. 이것을 모으는 동안 나는 행복하며 탄식과 비애가 아니라 평화와 안정과 기쁨 속에서 살 수 있기 때문이다"(윌리스 편, 『서한집』).

스피노자는 5년 동안 린스부르크에 살면서 소단편 『지성개선론』,

『기하학적으로 논증된 윤리학』을 썼다. 후자는 1665년 탈고했으나 10년 동안 이 책을 출판하지 않았다. 1668년, 아드리안 쾨르바하는 스피노자와 비슷한 견해를 발표했다가 10년 징역형을 받고 18개월 복역한 후 죽었다. 1675년, 스피노자가 이제는 '걸작'을 안심하고 출판할 수 있으리라 믿으며 암스테르담으로 갔을 때, 그가 친구 올덴부르크에게 보낸 편지에 의하면 "신은 없다는 것을 증명하려고 한 내 책이 곧 나온다는 소문이 퍼져 있었다. 안타깝게도 많은 사람들이 이 소문을 사실로 믿고 있었다. 어떤 신학자들(이들이 아마 소문을 만들어냈을 것이다)은 이 기회를 이용해 나를 왕과 의회에 고발했다. ……신뢰할 만한 친구들로부터 이런 사태를 들었고, 게다가 사방에서 신학자들이 나를 매복해서 기다리고 있다는 친구들의 말이 확실했으므로 나는 사태가 진정될 때까지 출판 계획을 연기하기로 결심했다."

스피노자가 죽은 다음에 비로소 『에티카(윤리학)』는 미완성의 『정치론』 및 『무지개에 관한 논문』과 함께 출판되었다(1677년). 이 저서들은 모두 17세기 유럽의 철학과 과학의 공용어인 라틴어로 쓰여졌다. 네덜란드어로 쓴 『신과 인간에 대한 소론』은 1852년 반 블로텐에 의해 발견되었다. 이 책은 분명히 『에티카』를 쓰기 위한 예비적 스케치였다. 스피노자의 생전에 출판된 책은 『데카르트 철학의 원리』(1633년)와 1670년 익명으로 발표한 『신학정치론』뿐이었다. 후자는 출판 즉시 '금서 목록'에 추가되는 영광을 누려 당국으로부터 판매 금지를 당했다. 그 덕으로 이 책은 표지를 의학 논문 또는 역사 소설로 가장한 채 상당히 보급되었다. 이 책을 논박하는 책도 상당히 나왔는데, 어떤 사람은 스피노자를 "일찍이 지구상에 산 무신론자 중에서 가장 불경스러운 무신론자"라고 말했다. 콜레루스는 또 하나의 논박문에 대해 "무한한 가치를 지닌 불멸의 보고"라고 말했다. 그러나 지금 남아 있는 것은 이 논평뿐이다.[7] 이러한 사회적 응징과 함께 스피노자를 개심시키려는 무수한 편지가 날아들었다.

대부분의 편지는 원만한 교양을 갖춘 고위 인사가 보낸 것으로 가장 유명한 인사는 그 무렵에 창설된 영국 학사원의 서기관 헨리 올덴버그, 독일의 젊은 귀족 발명가 폰 치른하우스, 네덜란드의 과학자 호이겐스, 1676년에 스피노자를 방문한 적이 있는 철학자 라이프니츠, 헤이그 출신의 의사 루드비히 메이에르, 암스테르담의 부상(富商) 시몬 드 브리스 등이었다.

친구와 편지를 보내는 사람들의 의견에 따라 스피노자는 1665년 헤이그 교외의 부르부르크로 이사했다. 1670년에는 헤이그로 이사했다. 만년에 그는 얀 데 위트와 따뜻한 우정을 나눴다. 1672년, 데 위트와 그의 동생이 네덜란드군이 프랑스군에 패배한 것은 그들에게 책임이 있다고 믿는 군중에 의해 거리에서 피살되었을 때, 스피노자는 오명을 각오하고 울음을 터뜨렸으며 항상 자신을 억제해온 힘이 없었다면 제2의 안토니오가 되어 범죄를 고발하기 위해 범행 현장으로 달려갔을 것이다. 그 후 얼마 되지 않아서 프랑스 침략군 사령관인 콩데 공(公)이 스피노자를 사령부로 초대하여 프랑스 왕실 연금의 제공을 전하고 공과 함께 있던 스피노자 숭배자들을 소개했다. 스피노자는 민족주의자라기보다는 오히려 '선량한 유럽인'이었으므로 전선을 넘어 콩데의 진영으로 가는 것을 이상하게 생각하지 않았다. 그가 헤이그로 돌아왔을 때, 그의 방문 소식이 널리 퍼져 시민들은 펄펄 뛰고 있었다. 스피노자의 하숙집 주인 반 덴 스피크는 그의 집이 공격받을 것을 두려워했다. 그러나 스피노자는 주인을 진정시키며 이렇게 말했다. "나는 어떠한 반역 혐의든지 쉽게 해명할 수 있소…… 그러나 사람들이 조금이라도 당신을 괴롭힐 기색을 보이면, 당신

---

7 콜레루스는 스피노자의 전기를 썼지만 그의 철학에는 반대했다.

집 앞에 모여 떠들기만 해도 내가 그들에게 내려가겠소. 가엾은 데 위트와 같은 일을 당하더라도." 그러나 군중은 스피노자가 단순한 철학자임을 알고 해를 끼칠 사람이 아니라는 결론을 내려 소동은 가라앉았다.

이 작은 사건을 보아도 알 수 있듯이 스피노자의 생활은 종래에 상상해온 것처럼 가난한 은거 생활만은 아니었다. 그는 어느 정도 경제적으로도 안정되어 있었고, 뜻이 맞는 유력한 친구들도 있었고, 당시의 정치 문제에도 관심을 기울였으며, 생사와 관계되는 모험도 없지 않았다. 파문과 성직 금지에도 불구하고 스피노자가 역경을 이겨내고 동시대인들의 존경을 받는 인물이 되었다는 것은 1673년 하이델베르크 대학의 철학교수로 초빙된 사실을 보아도 분명하다. 이 제안은 찬양하는 말로 가득 차 있었고 '철학하는 가장 완전한 자유'를 약속했으나 '전하는 귀하가 이 자유를 남용하여 국가가 공인한 종교에 이론을 제기하지 않을 것으로 확신한다'고 되어 있었다. 스피노자는 독특한 대답을 보냈다.

각하, 어떤 학부에서든 교수가 되는 것이 나의 소망이라면 팔츠 선정후전하가 귀하를 통해 영광스럽게도 나에게 제안한 지위를 받아들임으로써 나의 소망은 충분히 달성될 것입니다. 또한 이 제안에는 철학하는 자유가 따르고 있으므로 나의 입장에서 볼 때 매우 귀중합니다. ……그러나 나는 정확히 어떤 한계 내에서 철학하는 자유를 삼가야 국가 공인의 종교에 간섭하지 않게 될 것인가를 알지 못합니다. ……그러므로 각하, 각하도 아시다시피 나는 현재 내가 누리고 있는 것보다 더 높은 속세의 지위를 바라고 있지 않으며, 평정을 사랑하고 이 평정을 다른 방법으로 얻을 수는 없다고 생각하기 때문에 공직 취임을 삼가지 않을 수 없습니다……

1677년, 최후가 왔다. 이때 스피노자는 44세에 지나지 않았으나 그의 친구들은 여생이 얼마 남지 않았다는 것을 알고 있었다. 그의 집안에는 대대로 많은 폐병환자가 있었을 뿐 아니라, 그는 칩거하면서 먼지가 많이 나는 방에서 노동을 했으므로 선천적인 결함을 고치는 데 불리했다. 그는 점점 호흡 곤란으로 고통을 받게 되었고 폐는 더욱 나빠졌다. 그는 요절을 각오하고 생전에 출판하지 못한 저서가 사후에 분실 또는 파손되는 것을 걱정했다. 그는 원고를 작은 책상 서랍에 넣고 자물쇠를 잠근 다음 열쇠를 집 주인에게 맡기고 최후가 오면 이 열쇠를 암스테르담의 출판업자 얀 류웨르츠에게 전해달라고 부탁했다.

일요일인 2월 20일, 스피노자의 하숙집 주인 가족들은 다른 날보다 더 나쁘지 않다는 그의 다짐을 받고 교회로 갔다. 그들이 돌아온 것은 철학자가 친구의 팔에 안겨 영면(永眠)한 다음이었다. 많은 사람들이 그의 죽음을 슬퍼했다. 학자들이 그의 지혜를 사랑했던 것처럼 순박한 민중은 그의 온화한 태도를 사랑했다. 철학자들과 주의회의원들이 민중과 함께 그를 최후의 휴식처까지 전송했다. 여러 가지 신앙을 가진 사람들이 그의 무덤에서 만났다.

니체는 어디선가 최후의 기독교도는 십자가 위에서 죽었다고 말했지만 그는 스피노자를 잊고 있었다.

2. 『신학정치론』

그의 네 저서를 쓰여진 차례에 따라 검토해보자. 이 저서 중에서 오늘날의 독자에게 가장 흥미없는 것은 『신학정치론』이리라. 스피노자가 시작한 고등비판[8] 운동은 스피노자가 생명을 걸었던 주장을 진부한 것으로 만들었기 때문이다. 저자가 자신의 논점을 너무 철저히 논증하는 것은 현명하지 못하다. 그의 결론은 모든 식자의 상식이 되어 끊임없이 독자를 매혹하는 그의 저서의 신비한 매력이 상실되기 때문이다. 볼테르도 이 경우에 해당되고 스피노자의 『신학정치론』도 마찬가지다.

　이 책의 근본 원리는 성경에서는 일부러 은유적 또는 우의적 언어를 사용했다는 것이다. 성서의 언어는 고도의 문학적 색채 및 장식과 과장된 서술적 표현을 쓰는 동양의 경향을 갖고 있을 뿐 아니라 예언자와 사도들은 상상력을 환기해서 교리를 전파하기 위해 민중의 능력과 소질에 순응하지 않을 수 없었기 때문이다. "성서는 처음에는 전 민족을 위해, 다음에는 전 인류를 위해 쓰여졌으므로 그 내용은 필연적으로 가능한 한 민중의 이해력에 순응하는 것이 되지 않을 수 없었다." "성서는 사물을 자연적 원인에 의해 설명하지 않고 사람들을, 특히 무식한 사람들을 움직여 귀의하게 할 수 있는 힘을 가장 많이 가진 순서와 문체로 이야기하고 있을 뿐이다. ……성서의 목적은 이성을 설득하는 것이 아니라 상상력을 자극하고 장악하는 것이다"(『신학정치론』). 그러므로 기적이 허다하고 신의 출현이 잦다. "신의 권능과 섭리는 그들이 지금까지 자연에 대해 형성해온 개념과는 어긋나는 특별한 사건을 통해 가장 분명하게 드러난다고 대중은 생각한다. ……사실상 그들은 자연이 평소의 질서에 따라 움직이는 한, 신은 활동하지 않으며 반대로 자연의 힘과 자연적 원인은 신이 활동하는 한, 작용하지 않는다고 생각한다. 따라서 그들은 서로 다른 두 힘, 곧 신의 힘과 자연의 힘을 상상한다"(『신학정치론』, 여기서 신과 자연의 과정은 동일하다는 스피노자 철학의 기초적 관념이 등장한다). 인간은 신이 그들을 위해 사건의 자연적 질서를 파괴한다고 믿으려 한다. 그러므로 유태인은 신의 선민이라는 확신을 다른 민족(그리고 아마도 그들 자신)에

---

8 과학적 · 역사적 방법에 의한 성서 연구.

게 강요하기 위해 해가 길어지는 것을 기적으로 설명했고, 비슷한 삽화는 모든 민족의 초기 역사에 허다하게 있다.

사실 그대로의 정확한 기술은 인간의 마음을 움직이지 못한다. 만일 모세가 홍해를 건널 수 있었던 것은(그 뒤의 구절에서 추측할 수 있듯이) 동풍 때문이었다고 말했다면, 그가 이끌고 있던 대중의 마음에 대단한 인상을 남기지 못했을 것이다. 또한 사도들은 우화에 의존한 것과 똑같은 이유로 기적담에 의지했다. 그것은 대중의 마음에 적응하기 위한 불가피한 수단이었다. 이러한 사람들이 철학자나 과학자보다도 더 큰 영향을 미친 까닭은 주로 종교의 창시자들이 그들의 사명의 성질과 그들 자신의 강렬한 감정 때문에 채택하지 않을 수 없었던 생생한 은유적 표현 형식에 있다.

이러한 원칙 밑에서 해석한다면 성서에는 이성에 어긋나는 것은 전혀 포함되어 있지 않다고 스피노자는 말한다. 그러나 글자 그대로 해석하면 성서에는 오류와 모순과 명백히 불가능한 일—예컨대 구약성서의 첫 다섯 권을 모세가 썼다는 것—이 가득 차 있다. 보다 철학적인 해석에 의해 우리는 비유와 시의 안개를 통해 위대한 사상가와 지도자의 심원한 사상을 파악하고 성서의 영원성과 인간에 대한 무한한 영향력을 이해할 수 있다. 이 두 가지 해석에는 각기 특수한 과제와 기능이 있다. 민중은 언제나 비유적으로 표현되고 초자연적 후광에 둘러싸인 종교를 요구하며 이러한 신앙 형태가 파괴되면 또 다른 신앙 형태를 만들어낸다. 그러나 철학자는 신과 자연은 필연적으로 불변의 법칙에 따라 활동하는 동일한 존재임을 알고 있다. 철학자가 존경하고 복종하는 것은 오직 이 장엄한 '법칙' 뿐이다. 성서에서는 '민중의 이해력과 불완전한 지식에 양보한 다음에야 신을 입법자 또는 군주로 서술하고 올바르고 자비롭다고 말할 수 있을 뿐이지만 사실 신은 본성의 필연성에 따라 활동하고 신의 뜻은……

영원한 진리'라는 것을 철학자는 알고 있다.

스피노자는 구약성서와 신약성서를 구별하지 않으며 민중의 증오와 오해가 제거되고 철학적 해석에 의해 적대적 신앙 속에 숨겨진 핵심과 본질이 발견되면 유태교와 기독교는 하나의 종교가 될 거라고 생각한다. "'나는 기독교적 신앙—곧 사랑, 기쁨, 평화, 절제, 만인에 대한 자비—을 공언하고 자랑하는 사람들이 이와 같이 악의에 찬 적개심을 품고 반목하며 매일 서로 격렬한 증오를 드러내고 그들이 공언하는 덕보다는 오히려 이 증오가 그들의 신앙의 가장 편리한 기준임을 나타내는 것을 때때로 의아하게 생각해왔다." 유태인이 존속할 수 있었던 원인은 주로 그들에 대한 기독교도의 증오에 있다. 유태인은 박해를 통해 민족의 존속에 필요한 통일과 단결을 유지할 수 있었기 때문이다. 박해가 없었다면 그들은 유럽인들과 섞여 살며 결혼했을 것이고 어디서나 그들을 둘러싸고 있던 우세한 민족들에게 흡수되었을 것이다. 그러나 모든 난센스를 제거하면 철학적인 유태인과 철학적인 기독교도가 평화롭게 살며 협력할 수 있다는 신념에 전적으로 동의하지 못할 이유는 없다.

이러한 화해의 첫걸음은 예수에 대한 상호 이해라고 스피노자는 생각한다. 터무니없는 교리를 버려라, 그러면 유태인도 예수를 가장 위대하고 가장 고상한 예언자로 인정할 것이다. 스피노자는 그리스도의 신성(神聖)을 인정하지 않지만 그리스도를 인간 중에서 제1인자라고 생각한다. "신의 영원한 지혜는……만물에 나타나 있지만 특히 인간의 마음에, 그 중에서도 예수 그리스도에게 가장 분명히 나타나 있다"(『서한집』). "그리스도는 유태인만이 아니라 전 인류를 가르치기 위해 세상에 태어났다." 그러므로 "그리스도는 민중의 이해력에 순응하고……흔히 비유로 가르쳤다." 그는 예수의 윤리는 거의 지혜와 동의어라고 생각한다. 예수를 존경함으로써 인간은 '신의 지적 애(愛)'에 도달한다. 이와 같이 고귀한 인

물은 분열과 논쟁을 불러일으킬 뿐인 교리라는 장애물로부터 벗어나기만
한다면, 전 인류를 자기 곁으로 부를 것이다. 혀와 검(劍)의 자살적 투쟁
에 의해 분열된 세계는 아마도 그의 이름 밑에서 결국은 신앙의 통일과
사해동포의 가능성을 찾아낼 것이다.

3. 『지성개선론』

스피노자의 다음 책을 펴면 우리는 처음부터 철학적 문헌의 주옥에
마주친다. 스피노자는 철학을 위해 만사를 포기한 이유를 말한다.

경험을 통해 일상생활에서 일어나는 모든 일은 공허하고 무익하다는
것을 배우고, 또한 나의 두려움의 원인이고 대상이었던 모든 것은 정신
이 이것으로부터 영향을 받지 않는 한, 그 자체로서는 선도 악도 아니
라는 것을 깨달았을 때, 마침내 나는 참으로 선하고 또 그 선함을 전달
할 수 있고 정신으로 하여금 그 밖의 모든 것을 배제하도록 하는 것이
있는가를 연구하기로 결심했다. 다시 말하면 나는 영원히 지속되는 지
고의 행복을 누리는 능력의 발견 또는 획득이 가능한가를 탐구하기로
결심했다. …… 나는 명예와 부로부터 많은 이익을 얻을 수 있다는 것, 그
러나 진지하게 새로운 문제를 탐구하려고 한다면 명예와 부를 얻으려고 해
서는 안 된다는 것을 알고 있었다. …… 그러나 명예와 부 중, 어느 하나라
도 갖고 있으면 그만큼 쾌락이 증대되므로 인간은 명예와 부의 증대에 더
욱 힘을 기울인다. 한편 어느 때든지 우리의 희망이 좌절되면 우리들의 정
신 속에서 가장 심각한 고통이 생긴다. 명성에도 이러한 큰 결함이 있다. 명
성을 추구하려면 우리는 사람들이 싫어하는 일을 피하고 사람들이 좋아하
는 일을 찾아다니며 그들의 비위를 맞추도록 생활해야 한다. …… 그러나
영원하고 무한한 것에 대한 사랑만은 고통이 생길 여지가 없는 쾌락에 의해
정신을 키워준다. 최대의 선은 정신과 자연 전체의 합일을 인식하는 것이

다. 정신은 많이 알면 알수록 자기 자신의 힘과 자연의 질서를 더 잘 이해하고, 정신이 자기 자신의 세력 또는 힘을 더 잘 이해하면 할수록 자기 자신을 더 잘 인도하고 자기 자신을 위해 더 좋은 규칙을 만들어낼 것이다. 또한 정신은 자연의 질서를 더 잘 이해하면 할수록 더욱 쉽게 무용지물로부터 해방될 수 있을 것이다. 이것이 완전한 방법이다.

따라서 오직 지식만이 힘이며 자유이다. 그리고 지식의 추구와 지성의 환희만이 영원한 행복이다. 그러나 철학자도 인간이며 시민임에는 틀림이 없다. 진리를 추구하는 동안 철학자의 생활 방식은 어떤 것이어야 하는가? 스피노자는 간단한 행동 규칙을 세우는데, 우리가 아는 한, 그의 실제 행동은 그 규칙에서 조금도 어긋나지 않았다.

1. 민중이 이해할 수 있는 방식으로 말하고 우리의 목적 달성을 방해하지 않는 일이면 무엇이든지 민중을 위해서 할 것.
2. 건강 유지에 꼭 필요한 쾌락만을 즐길 것.
3. 생명과 건강 유지에 꼭 필요한 정도의 돈을 갖고 우리의 목적과 상반되지 않는 습관을 따를 것.

그러나 이러한 탐구를 시작하자마자, 정직하고 명석한 이 철학자는 다음과 같은 문제에 부딪친다. 나의 인식이 참된 인식이라는 것, 곧 나의 감각이 나의 이성에 제공하는 자료에 있어서 나의 감각을 신뢰할 수 있다는 것과 나의 이성이 감각적 자료로부터 이끌어낸 결론을 보고 나의 이성을 신뢰할 수 있다는 것을 어떻게 아는가? 우리는 차가 가는 대로 맡겨놓기 전에 차 자체를 조사해야 하지 않는가? 차를 완전한 것으로 만들기 위해 최선을 다해야 하지 않는가? 스피노자는 베이컨처럼 "무엇보다도 지성을 개선하고 정화하는 수단을 만들어내야 한다"고 말한다. 우리는 조심스럽게 지식의 여러 형태를 분류하고 최상의 형태만을 신뢰해야 한다.

이 경우 첫째로 전문(傳聞)한 지식이 있다. 예컨대 이러한 지식에 의해 나는 자신의 생일을 알게 된다. 둘째로 막연한 경험, 곧 나쁜 의미의 '경험적' 지식이 있다. 의사가 실험적 테스트의 과학적 공식화가 아니라 '보통' 효과가 있었다고 하는 '일반적 인상'에 의해 치료법을 아는 경우이다. 셋째는 직접적 연역 또는 추리에 의해 도달한 지식이다. 이는 다른 대상의 경우 멀리 떨어져 있으면 외견상의 크기는 작아진다는 사실로부터 태양이 거대하다는 결론을 이끌어내는 경우이다. 이러한 지식은 앞에 말한 두 가지 지식보다는 우수하지만 아직도 직접적인 경험에 의해 뜻밖의 반박을 받을 위험이 남아 있다. 예컨대 과학은 1백 년 동안의 추리로 '에테르'에 도달했으나 지금은 탁월한 물리학자들 사이에서 매우 인기가 없다. 그러므로 최고의 지식은 직접적 연역과 직접적 지각에 의해 생기는 넷째 형태이며 $2 : 4 = 3 : x$라는 비례에서 그 미지수는 6이라든가, 전체는 부분보다 크다든가 하는 것을 곧 알게 되는 것이 그 예이다. 스피노자는 수학에 조예가 있는 사람들은 유클리드 기하학의 대부분을 이러한 직관적 방법으로 알게 된다고 믿고 있다. 그러나 그는 슬픈 듯이 '지금까지 이러한 지식에 의해 내가 알게 된 것은 매우 적다'는 것을 인정한다.

『에티카』에서 스피노자는 지식의 최초의 두 형태를 하나로 환원시키고 직관적 지식을 '영원의 상(相) 밑에서의'—영원한 측면과 관계에 있어서의—사물의 지각이라고 말하는데 이 말은 철학의 정의를 한 마디로 요약하고 있다. 그러므로 '직관적 지식'은 사물과 사건의 배후에서 그 법칙과 영원한 관계를 찾아내려고 하는 것이다. 그러므로 '현세의 질서'—사물과 사건의 세계—와 '영원한 질서'—법칙과 구조의 세계—의 구분은 스피노자의 근본적 구분(그의 체계 전체의 기초)이다. 이러한 구분을 자세히 검토해보자.

나는 여기서 원인과 실재물의 계열을 개별적이고 가변적인 사물의 계열로 이해하지 않고 오히려 확고하고 영원한 사물의 계열로 이해하고 있다는 점에 주목해야 한다. 연약한 인간이 개별적이고 가변적인 사물의 계열을 추구한다는 것은 불가능하다. 이러한 사물의 수는 온갖 계산을 초월해 있을 뿐 아니라 동일한 사물에 여러 가지 상태가 있고 이 상태들은 각기 그 사물의 존재의 원인일지도 모르기 때문이다. 사실상 특수한 사물의 존재는 그 본질과는 관계가 없고 영원한 진리는 아닌 것이다. 그러나 우리가 개별적이고 가변적인 사물의 계열을 이해할 필요는 없다. 이러한 사물의 본질은……확고하고 영원한 사물 속에서, 그리고 참된 법전으로서 이러한 사물에 새겨진 법칙—이 법칙에 따라 개별적 사물이 만들어지고 배열된다—으로부터 알 수 있을 뿐이기 때문이다. 오히려 이러한 개별적이고 가변적인 사물들은 내면적 및 본질적으로 확고한 사물에 의존하고 있어서 확고한 사물이 없으면 개별적 사물은 존재할 수도, 인식될 수도 없다.[4]

4.『에티카』

근대 철학 중 가장 귀중한 이 저서는 그 사상을 유클리드 기하학처럼 명료하게 하기 위해 기하학적 형식을 취했고, 그 결과 간결하지만 애매한 것이 되어 매 행마다 허다한 주석이 필요하다. 스콜라 철학자들도 그들의 사상을 이러한 방식으로 표현했으나 결코 이 책처럼 간결할 수는 없었다. 그리고 그들은 예정된 결론의 도움을 받아 사리를 밝혔다. 데카르트는 철학이 수학의 형식으로 표현되지 않는 한, 정확할 수 없다는 제

---

4) "왜냐하면 자연 속에는 특수한 법칙에 따라 개별적 특색을 나타내는 개체 이외에는 아무것도 없으나 학문의 각 분야에서는 이러한 법칙—이 법칙의 연구, 발견, 발전—이 이론과 실천의 기초이기 때문이다"(『신기관』)라는 베이컨의 말을 참조할 것. 근본적인 면에서는 모든 철학자가 일치한다(이 절의 인용문은 모두『지성개선론』으로부터의 인용이다—옮긴이).

안을 했지만 그는 자신의 이상에 집착하지는 않았다. 스피노자는 모든 엄밀한 과학적 절차의 기초인 수학을 배우고 코페르니쿠스, 케플러, 갈릴레오의 업적에서 큰 감명을 받았으므로 이 제안을 받아들였다. 우리의 보다 산만한 정신으로 본다면 그 결과는 내용과 형식의 소모적 농축이고 우리는 이 철학적 기하학이 공리, 정의, 정리, 증명을 한(漢), 차(車), 포(包), 졸(卒)로 삼고 있는 사상의 인위적 장기, 다시 말하면 스피노자의 고독을 달래주는 혼자 두는 논리의 장기라고 비난함으로써 자위하고 싶다. 원래 질서는 우리의 정신적 경향에는 맞지 않는다. 우리는 환상의 미로를 따라가기를 좋아하며, 우리의 꿈으로부터 마음대로 철학을 엮어내려고 한다. 그러나 스피노자에게는 오직 하나의 불가항력의 소망—세계의 참을 수 없는 혼돈을 통일과 질서로 바꾸려는 소망—이 있었다. 스피노자의 경우, 아름다움에 대한 남방적(南方的) 열망보다는 진리에 대한 북방적(北方的) 갈망이 강렬했다. 그의 예술가적 기질은 순전한 건축가적인 것이어서 사상의 체계를 세워 균형과 형식을 완성했을 뿐이었다.

요컨대 스피노자는 읽는 것으로 그쳐서는 안 되고 연구해야 한다. 겨우 2백 페이지쯤 되는 책에 한 인간이 평생의 사상을, 불필요한 것은 냉혹하게 제거하고, 기록해놓았다는 점을 인정하고 유클리드 기하학을 대하듯 접근하지 않으면 안 된다. 주마간산 격으로 이 책을 읽고 그 핵심을 발견하려고 해서는 안 된다. 철학 관계 서적에는 손실 없이 뛰어넘을 수 있는 부분은 거의 없다. 모든 부분은 선행 부분에 의존하고 있고 매우 명백하고 얼핏 보기에 불필요한 듯한 명제도 당당한 논리 전개의 초석임이 밝혀지는 것이다. 전체를 읽고 숙고한 다음에야 비로소 중요한 부분을 충분히 이해할 수 있다. 야코비의 열광적인 과장처럼 "『에티카』의 단 한 행이라도 애매한 자에게는 스피노자는 이해되지 않는다"고 말할 필요는 없겠지만, 스피노자는 이 책의 제2부에서 "여기서 틀림없이 독자는 당황하며, 독자를 멈추게 한 많은 문제들을 상기할 것이다. 따라서 나는 독자들에게 나와 함께 천천히 전진하고 전부 읽을 때까지는 이 문제에 대해 판단을 내리지 말라고 청한다"고 말한다. 이 책은 한꺼번에 읽지 말고 몇 번에 걸쳐 조금씩 읽어야 한다. 이 책을 다 읽은 다음에는 이제 겨우 이해하기 시작했을 뿐이라고 생각하라. 다음에는 주석서, 예컨대 풀로크의『스피노자』나 마르티노의『스피노자 연구』를 읽는 것이 좋다. 두 책을 다 읽으면 더 좋다. 끝으로『에티카』를 다시 읽어라. 그러면 처음 읽는 책처럼 생각될 것이다. 두 번째로 이 책을 독파하면 여러분은 영원한 철학 애호자가 될 것이다.

자연과 신

첫 페이지부터 우리는 형이상학의 소용돌이에 부딪친다. 형이상학에 대한 현대의 완고한(혹은 부드러운) 혐오감이 우리를 사로잡아 잠시나마 우리는 스피노자가 없는 곳은 없을까 생각하게 된다. 그러나 형이상학은 윌리엄 제임스가 말한 것처럼 사물을 명료하게 사고하여 그 궁극적 의미를 파악하고 실재의 조직 속에서 실체적 본질, 또는 스피노자의 표현에 의하면 본질적 실체를 찾아내고 이렇게 함으로써 모든 진리를 통일하고, 실질적인 영국인조차도 철학의 본질이라고 본(스펜서,『제1원리』) '모든 일반화의 정점'에 도달하려는 시도에 지나지 않는다. 거만하게 형이상학을 경멸하는 과학조차도 그 모든 사상 속에 형이상학을 전제하고 있다. 과학이 전제하고 있는 형이상학은 우연하게도 스피노자의 형이상학이다.

스피노자의 체계에는 실체, 속성, 양태라는 세 가지 중추적 용어가 있다. 편의상 속성은 잠시 보류하기로 하자. 양태는 개별적 사물 또는 사건을 말하며 실재가 잠시 동안 취하는 특수한 형태 또는 형상이다. 여러분의 신체, 여러분의 사상, 여러분의 집단, 여러분의 종족, 여러분의 유성은 모두 양태이다. 이러한 것들은 모두 그 배후 내지 기저에 놓여 있는 영원 불변의 실재의 형식 또는 양식이고 글자 그대로 스타일이다.

이와 같이 배후에 있는 실재는 무엇인가? 스피노자는 '실체'라고 부르는데, 글자 그대로 밑에 있는 것이라는 뜻이다. 8세대에 걸쳐 이 말의 의미를 둘러싸고 빈번한 싸움이 벌어졌다. 그러므로 이 문제를 한 구절로 해결하지 못하더라도 실망할 필요는 없으나, 한 가지 오류만은 경계해야 한다. 곧 의자의 원료는 목재라고 말할 때처럼, '실체'는 어떤 사물의 구성 원료를 의미하지는 않으며 오히려 '그의 의견의 실체(요지)'라고 말할 때 우리는 이 용어의 스피노자적 용법에 접근한다. 스피노자는 이 용어를 스콜라 철학자들로부터 받아들였다. 스콜라 철학자들은 이 용어를 그리스어의 우시아(ousia)의 역어(譯語)로 사용했으며, 우시아는 에이나이(einai), 곧 존재하는 것(to be)의 현재분사로 내적 존재 또는 본질을 의미한다. 따라서 실체는 '있는 것'이라는 뜻으로(스피노자는 '창세기'의 '나는 존재하는 나'라는 인상 깊은 구절을 잊지 않았다), 영원히 변하지 않고 존재하는 것이며, 그 밖의 것은 모두 이것의 일시적 형태 또는 양태이다. 이제 세계를 실체와 양태로 나누는 이 구분을 『지성개선론』에서 한편에는 '법칙'과 그 불변의 관계의 영원한 질서, 또 한편에는 시간 속에서 생겨나서 사멸할 운명을 가진 '사물'의 시간적 질서로 나눈 것과 비교해보면 스피노자가 여기서 실체라고 한 것은 『지성개선론』에서 말한 영원한 질서와 거의 같은 의미를 가졌다고 결론을 내릴 수 있다. 잠정적으로 영원한 질서는 실체라는 개념의 한 요소로서 모든 사건과 사물의 근저에 있으면서 세계의 본질을 구성하는 존재의 본래 구조를 의미한다고 해석하기로 하자.

그러나 스피노자는 더 나아가서 실체를 자연 및 신과 동일시한다. 스콜라 철학자처럼 스피노자는 자연을 이중의 측면으로 이해한다. 곧 하나는 능동적이며 생동하는 과정으로 이 측면을 스피노자는 '능산적(能産的) 자연(natura naturans)' ——베르그송이 말하는 생의 약진이나 창조적 진화——이라고 부르며, 또 하나는 이러한 과정의 수동적 산물로서 '소산적(所産的) 자연(natura naturata)' ——자연의 자료와 내용, 나무, 바람, 물, 언덕, 들, 그 밖의 무수한 자연의 외적 형태——이라고 부른다. 그는 후자의 의미에서는 자연과 실체와 신의 동일성을 부정하고 전자의 의미에서는 긍정한다. 실체와 양태, 영원한 질서와 시간적 질서, 능동적 자연과 수동적 자연, 신과 세계——이것은 모두 스피노자에 있어서는 상호 일치하는 동의적 이분법이며, 각기 우주를 본질과 우연으로 나누고 있다. 실체에는 실질이 없다는 것, 실체는 형상이며 질료가 아니라는 것, 어떤 해석자들이 생각하듯이 실체는 물질과 사고의 잡다한 중성적 합성물과는 관계가 없다는 것은, 이와 같이 실체를 창조적 자연과 동일시하지만 수동적 또는 물질적 자연과는 동일시하지 않는 것으로 보아도 매우 분명하다. 스피노자가 쓴 편지의 한 구절은 우리들의 이해에 도움이 될 것이다.

나는 신과 자연에 대해 후대의 기독교도들과는 다른 견해를 갖고 있다. 나는 신이 만물의 내재적 원인이지 외재적 원인은 아니라고 생각한다. 다시 말하면 만물은 신 안에 있고 신 안에서 살고 활동한다. 이것을 나는 사도 바오로와 함께, 그리고 아마도 고대의 모든 철학자들과 함께 주장하고 있다. 어떤 점에서는 그들의 견해와 다르기는 하지만……어떤 전통은 크게 변했거나 왜곡되었지만 이러한 전통으로부터 추측컨대, 나의 견해는 옛 헤브라이인들의 견해와 동일하다고 말할 수도 있다. 그러나 나의 목적이……신과 자연——자연이라는 말을 그들은 유형 물질의 덩어리로 이해하고 있다——은 동일하다는 것을 증명하는 데 있다고 말하는 사람들은 전적으로 오해를 하고 있다. 나에게는 이러한 의도는 추호도 없다.

또한 그는 『신학정치론』에서 "나는 신의 도움을 자연의 고정불변의 법칙, 또는 자연적 사건의 '연쇄'라고 이해한다"고 말한다. 다시 말하면 자연의 보편적 법칙과 신의 영원한 의지는 동일하다. "삼각형의 본성으로부터 삼각의 화(和)는 영원으로부터 영원에 이르기까지 2직각과 같다는 귀결이 나오는 것과 동일한 필연성, 동일한 방법에 의해 신의 무한한 본성으로부터 만물이……나온다"(『에티카』). 신과 세계의 관계는 원(圓)의 법칙과 모든 원의 관계와 같다. 실체와 마찬가지로 신은 인과적 연쇄 또는 과정이고, 만물의 기초적 조건이고, 세계의 법칙과 구조이다. 양태와 사물로 된 구체적 우주와 신의 관계는 다리와 다리를 설계, 구조, 건설할 때 수반되어야 했던 수학 및 역학의 법칙과의 관계와 같다. 이러한 것들은 다리를 지탱하는 기반, 다리의 기초적 조건, 다리의 실체이다. 이러한 것들이 없으면 다리는 무너질 것이다. 다리와 마찬가지로 세계 자체도 그 구조와 법칙에 의해 지탱되고 있다. 신의 손이 세계를 지탱하고 있다.

신의 의지와 자연의 법칙은 동일한 실재로서 다만 여러 가지로 표현되고 있을 뿐이라면(『신학정치론』), 모든 사건은 불변의 법칙의 기계적 작용이고 하늘에 있는 무책임한 독재자의 변덕은 아니라는 귀결이 나온다. 데카르트는 물질과 물체에 대해서만 기계론을 적용했으나 스피노자는 신과 정신에도 적용하고 있다. 그것은 결정론의 세계이고 계획의 세계는 아니다. 우리들은 어떤 목적을 의식하며 행동하기 때문에 모든 과정에도 이러한 목적이 있다고 가정한다. 또한 우리는 인간이므로 모든 사건은 인간과 연결되고 인간의 필요에 도움이 되도록 계획되어 있다고 가정한다. 그러나 이러한 생각은 인간의 대부분의 사고 방식과 마찬가지로 인간 중심의 망상이다. 철학의 가장 엄청난 오류의 근원은 인간의 목적, 기준, 선택을 객관적 우주에 투사하는 것이다. 여기서 '악의 문제'가 생긴다. 신은 인간의 보잘것없는 선악을 초월해 있다고 욥에게 가르친 교훈을 망각하고 우리는 인생의 악을 신의 자비와 조화시키려고 노력한다. '선'과 '악'은 인간의, 그리고 흔히 개인의 취미 및 목적과 관계되며 우주—우주 안에서는 개인은 하루살이에 지나지 않고 신의 '움직이는 손'은 인류의 역사조차도 물 위에 쓴다—에 대해서는 아무런 타당성도 갖지 못한다.

> 자연 속에는 우리가 보기에는 우습고 부조리하고 악한 것이 있으나, 우리가 사물을 부분적으로만 알고 전체로서의 자연의 질서와 관련에 대해서는 전혀 무지하고 또한 모든 것을 우리들의 이성의 명령에 따라 정리하려고 하기 때문에 이렇게 보이는 것이다. 그러나 사실은 우리의 이성이 악이라고 부르는 것은 자연 전체의 질서와 법칙에 대해서는 악이 아니며 동떨어져 있는 우리들의 본성의 법칙에 대해서만 악이다(『국가론』). …… '선'과 '악'은 그 자체를 고찰해보면 아무런 적극적 의미도 없다. ……동일한 것이 동시에 선도 되고 악도 되고 선악과 관계없는 것도 되기 때문이다. 예컨대 음악은 우울한 자에게는 좋은 것이고, 슬퍼하는 자에게는 나쁜 것이고, 죽은 자와는 전혀 관계가 없는 것이다(『에티카』).

선과 악은 선입견에 지나지 않고 영원한 실재는 이러한 선입견을 시인하지 않는다. "세계는 인간의 특수한 이상만이 아니라 무한자의 모든 본성을 예시해야 한다는 말은 옳은 말이다"(『에티카』 영역판에 붙인 산타야나의 서문). 선악에 대해 한 말은 미추(美醜)에도 해당된다. 미와 추라는 말도 주관적이고 개인적인 용어이며 우주에 집어던지면 불명예스러운 것으로 던진 자에게 되돌아올 것이다. "나는 미든 추든 질서든 혼란이든 자연에 귀속시키지 않는다는 것을 미리 말해두고 싶다. 다만 우리들의 상상력과 관련될 때에 사물은 아름답다, 또는 추하다, 짜임새가 있다, 또는 난잡하다는 말을 듣는다"(『서한집』). "예컨대 눈앞에 있는 대상으로부터 신경이 눈을 통해 받는 자극이 건강에 이로우면 그 대상은 아름답다는 말을 듣고, 건강에 해로우면 추하다는 말을 듣는다"(『에티카』). 이러한 구절을 보면 스피노자는 플라톤을 초월해 있다. 플라톤은 심미적 판단을 창조의 법칙, 신의 영원한 의지임에 틀림없다고 생각했다.

신은 인격인가? 이 말의 인간적 의미에서는 전혀 그렇지 않다. 스피노자는 "아직도 신을 여성이 아니라 남성으로 묘사하고 있는 대중의 신념"(『서한집』)에 대해 언급하고, 지상에서 여자가 남자에게 종속되어 있는 상태를 반영하고 있는 이 생각을 배척하여 여성에 대해 은근한 예의를 표시한다. 신을 비인격적이라고 한 사상에 반대하는 편지를 보낸 사람에게 스피노자는 고대 그리스의 회의론자 크세노파네스를 상기시키는 다음과 같은 답장을 보냈다.

신에게도 보고 듣고 관찰하고 의욕하는 등의 작용이 있다는 것을 인정하지 않는다면……내가 말하는 신이 어떠한 신인지 알 수 없다고 귀하는 말하지만, 나는 이 말에서 귀하가 앞에 말한 속성들에 의해 설명될 수 있는 것보다 더 위대한 것은 없다는 생각을 하고 있음을 추측한다. 나는 이러한 믿음에 놀라지 않는다. 만일 말을 할 수 있다면, 삼각형은 분명히 신을 삼각형이라고 말할 것이고, 원은 분명히 신성(神性)을 원형이라고 말할 것이라고 나는 믿고 있기 때문이다. 이와 같이 각자는 자신의 속성을 신에게 귀속시키고 있다.

끝으로 인간적 성질을 신에게 귀속시키고 있는 보통의 의미에 있어서는 "지성도 의지도 신의 본성에 속하지 않을 것이다"(『에티카』). 오히려 신의 의지는 모든 원인과 모든 법칙의 총화이고, 신의 지성은 모든 정신의 총화이다. 스피노자의 사상에 의하면 "신의 정신은 공간과 시간에 흩어져 있는 온갖 지력(知力)이고 세계에 생기를 불어넣는 확산된 의식이다"(『에티카』 영역판에 붙인 산타야나의 서문). "만물은 정도의 차이는 있지만 생기에 차 있다"(『에티카』). 생명 또는 정신은 우리가 알고 있는 모든 사물의 한 국면 또는 측면이고 물질적 연장 또는 물체는 또 하나의 국면 또는 측면이다. 정신과 물체는 이것을 통해 우리가 실체, 곧 신의 작용을 지각할 수 있는 두 가지 국면, 또는 측면(스피노자의 용어에 따르면) 속성이다. 이러한 의미에서 신―곧 사물의 유전의 배후에 있는 보편적 과정이며 영원한 실재―에게도 정신과 물체가 있다고 해도 좋을 것이다. 신은 정신도 물질도 아니다. 그러나 이중의 세계사를 구성하고 있는 정신적 과정과 분자적 과정, 그리고 이러한 과정의 원인과 법칙은 신이다.

물질과 정신

그러면 정신은 무엇이고 물질은 무엇인가? 상상력이 모자라는 자가 생각하듯이 정신은 물질적인 것인가? 또는 상상력이 풍부한 자가 생각하듯이 물체는 단지 관념에 지나지 않는가? 정신적 과정은 대뇌 과정의 원인인가, 또는 결과인가? 양자는 말르브랑슈가 가르치듯이 서로 관계없이 독립되어 오직 섭리에 따라 평행할 뿐인가?

정신은 물질적인 것이 아니고 물질은 정신적인 것이 아니라고 스피노자는 대답한다. 뇌수(腦髓) 과정은 사고 과정의 원인도 아니고 결과도 아니며 두 과정이 독립되어 평행하는 것도 아니다. 두 개의 과정이 있거나 두 개의 실재가 있는 것은 아니기 때문이다. 내적으로는 사고로 보이고 외적으로는 운동으로 보이는 오직 하나의 과정이 있을 뿐이고, 내적으로는 정신, 외적으로는 물질로 보이지만 사실은 양자의 불가분적 결합이며 통일인, 오직 하나의 실재가 있을 뿐이다. 정신과 물체는 다른 것이 아니라 동일한 것이므로 상호작용을 하지 못한다. "물체가 정신을 규정하여 사고하게 하거나 정신이 물체를 규정하여 운동, 정지, 그 밖의 여러 가지

상태에 있게 할 수는 없다." "정신의 결심과 물체의 욕망 및 결정은……
동일한 것"(『에티카』)이라는 단순한 이유로 그렇다. 그리고 세계 전체는
이와 같이 합일된 두 면을 갖고 있고, 외적인 '물질적' 과정이 있다면 그
것은 언제나 실재적 과정의 한 측면에 지나지 않는다. 그러나 보다 완전
한 관점에서 본다면 실재적 과정에는 정도의 차이는 있지만, 우리들의
내면에서 볼 수 있는 정신적 과정과 관련 있는 내적 과정도 포함되어 있
다는 것을 알 수 있으리라. 내적인 '정신적' 과정은 모든 단계에 있어서
반드시 외적인 '물질적' 과정과 대응하고 있다. "관념의 질서 및 관련은
사물의 질서 및 관련과 동일하다"(『에티카』). "사고하는 실체와 연장된
실체는 동일한 것으로 어느 때에는 이 속성(또는 측면)을 통해, 어느 때
에는 저 속성(또는 측면)을 통해 파악된다." "유태인 중에는 희미하게나
마 이러한 사실을 깨달은 사람들이 있었던 것 같다. 그들은 신과 신의 지
성과 신의 지성에 의해 인식된 것은 동일하다고 말했기 때문이다"(『에
티카』).

만일 '정신'이 넓은 의미에서 온갖 세부에 이르기까지 신경계통과
대응된다면, 모든 '신체적' 변화에는 이에 대응하는 '정신적' 변화가 따
를 것이다. "사상 및 사물의 관념이 정신 속에서 연결되고 정리되는 데 대
응하여 신체의 변형 및 감각을 통해 신체에 영향을 미치는 사물의 변형은
신체 속에서 그 질서에 따라 정리된다"(『에티카』). 그리고 "정신에 의해
지각되지 않는" 다시 말하면 "의식적 또는 무의식적으로 감각되지 않는
일은 신체에 의해 전혀 일어날 수 없다"(『에티카』). 마치 감정은 어떤 전
체의 한 부분이고 순환계통, 호흡계통, 소화계통에 있어서의 전체의 변화
가 감정의 기초인 것처럼 관념도 '신체적' 변화와 함께 어떤 유기적 과정
의 일부이다. 정교한 수학적 사고조차도 이에 대응되는 것을 신체 속에
갖고 있다('행동심리학자들'은 모든 사고작용에 수반하는 듯한 무의식적

인 성대의 진동을 기록함으로써 인간의 사상을 찾아내려 하지 않는가).

이와 같이 신체와 정신의 차이를 해소하려고 노력한 다음, 스피노자는 다시 지성과 의지의 차이를 정도의 문제로 돌리려고 한다. 정신에는 "능력도, 지성 또는 의지라고 일컬어지는 별개의 실재도 없다. 하물며 상상력이나 기억은 더 말할 것도 없다. 정신은 관념을 다루는 기관이 아니라 계기(繼起)되고 연속되는 관념 자체이다."5) '지성'은 단지 관념의 계열에 대한 추상적 용어, 또는 속기 부호이며 '의지'는 행위 또는 의욕의 계열에 대한 추상적 용어에 지나지 않는다. 곧 "지성 및 의지와 이 관념 또는 저 관념, 이 의욕 또는 저 의욕과의 관계는 바위 일반과 이 바위 또는 저 바위의 관계와 같다"(『에티카』). 끝으로 "의지와 지성은 동일한 것이다"(『에티카』). 의지는 연상이 풍부하기 때문에(또는 어쩌면 경쟁하는 관념이 없기 때문에) 오랫동안 의식에 남아 있다가 행동으로 옮겨지려고 하는 관념이기 때문이다. 모든 관념은 다른 관념에 의해 이행이 저지되지 않는 한, 반드시 행동으로 나타난다. 관념은 그 자체가 통일된 유기적 과정의 첫 단계이며 외적 행동은 이 과정의 완성이다.

관념이 의식 속에 얼마나 오랫동안 남아 있느냐 하는 것을 결정하는 충동적인 힘을 흔히 의지라고 부르고 있지만 이것은 욕망이라고 불러야 마땅하며, 욕망은 "바로 인간의 본질이다"(『에티카』). 욕망은 우리가 의식하고 있는 욕구 또는 본능이다. 그러나 본능이 반드시 의식적 욕망을 통해 작용하는 것은 아니다.6) 본능의 배후에는 자기 보존을 위한 막연하고 다양한 노력이 있다. 쇼펜하우어와 니체가 살려는 의지, 또는 권력에의 의지를 어디서나 인정하듯이 스피노자는 이러한 노력을 인간의 모든

---

5) 스피노자의 연상설(聯想說)의 선취에 대해서는 『에티카』 2부를 참조할 것.

6) 스피노자는 몽유병에 나타나는 "무의식적인 것"의 힘을 알고 있고(『에티카』 2부) 이중 인격의 현상에 주목하고 있다.

활동에서, 심지어는 인간 이하의 활동에서도 발견한다. 철학자들이 의견의 일치를 보지 못하는 경우는 드물다. "모든 것은 가능한 한 자신의 존재를 고집한다. 자신의 존재를 지속하려고 하는 모든 사물의 노력은 바로 그 사물의 현실적 본질이다"(『에티카』). 한 사물이 자신의 존재를 고집하는 힘은 이 사물의 존재의 핵심이고 본질이다. 모든 본능은 각 개체를(또는 우리의 고독한 철학자는 덧붙이는 것을 잊었지만 종족과 집단을) 보존하기 위해 자연이 발달시킨 수단이다. 쾌락과 고통은 본능의 만족 또는 저지(沮止)를 말한다. 쾌락과 고통은 우리들의 욕망의 원인이 아니라 결과이다. 우리는 어떤 사물이 우리에게 쾌락을 주기 때문에 그 사물을 욕망하는 것이 아니고, 우리가 그 사물을 욕망하기 때문에 사물이 우리에게 쾌락을 주는 것이다. 그리고 우리는 욕망하지 않을 수 없기 때문에 그 사물을 욕망한다.

따라서 자유로운 의지는 없다. 존속의 요구가 본능을 결정하고, 본능이 욕망을 결정하고, 욕망은 사고와 행동을 결정한다. "정신의 결의는 욕망에 지나지 않고 욕망은 신체의 여러 가지 상태에 따라 달라진다"(『에티카』). "정신 속에는 절대적 의지 또는 자유로운 의지는 없다. 오히려 정신은 이것 또는 저것을 의욕하도록 어떤 원인에 의해 결정되어 있고, 이 원인은 역시 다른 원인에 의해 결정되어 있고 이 원인도 역시 또 다른 원인에 의해 결정되어 있으며, 이와 같이 무한히 계속된다"(『에티카』). "인간은 자신의 의욕과 욕망을 의식하고 있으나 그들로 하여금 이러한 소망과 욕망을 갖게 한 원인을 모르기 때문에 스스로 자유롭다고 생각한다"(『에티카』). 스피노자는 의지가 자유롭다고 생각하는 것을 공간으로 던져진 돌이 공간을 지나면서 스스로 탄도(彈道)를 결정하고 낙하의 장소와 시간을 선택하는 것처럼 착각하는 것에 비교하고 있다(『에티카』).

인간의 행동은 기하학의 법칙처럼 확고부동한 법칙에 복종하고 있으므로 심리학도 수학적 객관성을 갖고 기하학적 형식에 의해 연구되어야 한다. "나는 인간에 대해 마치 선, 평면, 입체를 처리하듯 쓸 것이다"(『신학정치론』 서설). "나는 인간의 행동을 비웃거나 슬퍼하거나 저주하지 않고 오직 이해하려고 노력해왔다. 그리고 이러한 목적으로 나는 열정을……인간 본성의 악으로 보지 않고 더위, 추위, 폭풍우, 천둥이 대기의 본성에 속하듯 인간의 본성에 속하는 것으로 보았다"(『신학정치론』). 스피노자의 인간성에 대한 연구에, 프로이트가 '지금까지의 도덕철학자들의 어떠한 연구도 훨씬 능가하는 가장 완전한 것'이라고 말한 탁월성을 부여한 것도 이러한 공평무사한 태도였다. 테느는 베일의 분석을 찬양하는 최선의 방법은 스피노자의 분석과 비교하는 것이라고 했다. 한편 요하네스 뮐러는 본능과 감정이라는 주제에 이르자 '생리적 조건을 떠나 열정 상호 간의 관계를 본다면 독보적 탁월성을 가진 스피노자의 설명을 능가하는 설명은 있을 수 없다'고 말하고, 이 유명한 생리학자는 흔히 진정한 위인에게 갖춰지는 겸양심을 갖고 『에티카』 3부를 길게 인용한다. 인간 행동의 분석을 거쳐 스피노자는 마침내 그의 걸작의 제목이 된 문제에 접근한다.

지성과 도덕

결국 윤리학에는 이상적 성격 및 도덕적 생활에 대한 세 가지 견해가 있을 뿐이다. 첫째는 여성적 덕을 강조하고 만인을 동등하게 존중하고 선으로 돌아감으로써 악에 대항하고 덕과 사랑을 동일시하고 정치면에서는 무제한한 민주주의로 기울어지는 부처와 예수의 도덕 체계이다. 둘째는 남성적 덕을 강조하고 인간의 불평등을 인정하고 투쟁과 정복과 지배의 모험을 즐기고 덕과 힘을 동일시하고 세습적 귀족정치를 찬양하는 마키아벨리와 니체의 도덕 체계이다. 셋째는 소크라테스, 플라톤, 아리스토텔레스의 윤리학으로 남성적 덕이든 여성적 덕이든 그 보편적 적용을 거부하고 오직 박식하고 원숙한 정신만이 그때그때의 상황에 따라 언제 사랑이 지배하고 언제 힘이 지배해야 하는가를 판단할 수 있다는 생각하에 덕과 지성을 동일시하고 정치면에서는 귀족주의와 민주주의의 여러 가지 혼합 형태를 옹호한다. 스피노자의 윤리학은 알지 못하는 사이에 이러한 매우 적대적인 철학들을 화해시켜 조화를 이루게 하고 그 결과로 근대 사상 중 최고의 도덕 체계를 제시하는데 이것은 스피노자의 특색이다.

행복을 행위의 목표로 보는 것이 그의 출발점이다. 그는 행복을 쾌락이 있고 고통은 없는 것이라고 아주 간단하게 정의한다. 그러나 쾌락과 고통은 상대적인 것이지 절대적인 것이 아니다. 또한 쾌락과 고통은 상태가 아니라 이행이다. "쾌락은 인간이 완전성(곧 완성 또는 성취)의 보다 작은 상태에서 보다 큰 상태로 이행하는 것을 말한다." "기쁨은 자신의 힘이 증대되는 것이다."[7] "고통은 인간이 완전성의 보다 큰 상태에서 보다 작은 상태로 이행하는 것을 말한다. 나는 이행이라고 말한다. 왜냐하면 쾌락은 완전성 자체가 아니기 때문이다. 만일 인간이 통과해야 할 완전성을 갖고 태어났다면 인간에게는 쾌락의 감정이……없을 것이다. 또한 이와 반대되는 경우는 더욱 명백할 것이다"(『에티카』). 모든 열정은 이행이며 모든 감정은 완전성과 힘을 향한, 또는 완전성과 힘으로부터 나오는 운동이다.

"나는 감정(정서)을 신체의 활동력을 증대 또는 감소시키고 촉진 또는 저해하는 신체의 변화라고 이해하며 동시에 이러한 변화에 관한 관념이라고 이해한다"(『에티카』)(이러한 감정론은 흔히 제임스와 랑게의 이

---

7) "행복이란 무엇인가? 힘이 증대하고 저항이 극복되는 감정이다"(『안티크리스트』)라는 니체의 말을 참조할 것.

론으로 생각되고 있지만 스피노자는 두 심리학자보다 더 정확하게 공식
화했고, 캐논 교수의 발견과도 놀라울 만큼 일치한다). 열정 또는 감정은
그 자체로서는 선도 악도 아니며, 그것이 우리의 힘을 감소시키는가 또는
증대시키는가에 따라 선도 되고 악도 된다. "나는 덕과 힘을 같은 것으로
본다"(『에티카』). 덕은 활동의 힘, 능력의 한 형식이다. "인간이 그의 존
재를 보존하면서 자신에게 유용한 것을 추구할수록 인간의 덕도 더욱 증
대한다"(『에티카』). 스피노자는 사람들에게 다른 사람의 행복을 위해 자
신을 희생하라고 요구하지 않는다. 스피노자는 자연보다도 더 관대하다.
그는 이기주의를 자기 보존이라는 최고의 본능의 필연적 결과라고 생각
한다. "보다 큰 선을 획득할 희망이 없는 한, 자신이 선이라고 판단한 것
을 소홀히 하는 사람은 없다"(『에티카』). 스피노자는 이것을 매우 합리적
인 것이라 생각한다. "이성은 자연에 어긋나는 것을 하나도 요구하지 않
으므로 이성은 각자가 자기 자신을 사랑하고 자기 자신에게 유용한 것을
추구하고, 인간을 완전성의 보다 큰 상태로 이끄는 것이면 무엇이든지 욕
구해야 하며, 각자가 자신의 존재를 보존하기 위해 최선을 다해야 한다고
요구한다." 그러므로 그는 유토피아적 개혁가처럼 이타주의와 성선설을
바탕으로, 또는 냉소적인 보수주의자처럼 성악설을 바탕으로 윤리학을
세우지 않고 그가 생각하는 이른바 불가피하고 정당화될 수 있는 이기주
의를 바탕으로 윤리학을 세운다. 인간에게 약해지라고 가르치는 도덕 체
계는 무가치하다. '덕의 기초는 자신의 존재를 보존하려는 노력에 있고
인간의 행복은 이와 같이 하는 힘에 있다"(『에티카』).

　　니체처럼 스피노자는 겸손을 중요시하지 않는다. 겸손은 야심가의
위선이거나 노예의 비겁으로 힘의 결여를 나타낸다. 스피노자에게 모든
덕은 능력과 힘의 형식이다. 따라서 후회는 덕이 아니라 결함이다. "뉘우
치는 자는 두 배로 불행하고 이중으로 약하다"(『에티카』). 그러나 그는 겸

손을 비난하기 위해 니체처럼 많은 시간을 허비하지 않는다. 왜냐하면 "겸손은 매우 드물기 때문이다"(『에티카』). 그리고 키케로가 말한 것처럼 겸손을 찬양하는 책을 쓰는 철학자들도 표지에 자기 이름을 쓰는 것을 잊지 않는다. 스피노자는 "자기 자신을 비하하는 자는 거만한 사람에 가장 가깝다"(『에티카』)고 말한다(모든 의식적인 덕은 은밀한 악덕을 숨기거나 고치려는 노력이라는 정신분석학자들이 애지중지하는 이론을 한 문장으로 요약하고 있다). 스피노자는 겸손을 싫어하지만 신중한 것을 찬양하며 행위와 '긴밀히 연결되지' 않은 자부심에 반대한다. 자부심은 피차 간에 불편한 것이다. "거만한 자는 자신의 장점과 타인의 약점을 이야기할 뿐이다"(『에티카』). 거만한 자는 자신의 장점과 공적에 감탄하는 열등한 자들 앞에 나서기 좋아하고 마침내는 자신을 가장 찬양하는 자들의 희생물이 된다. "거만한 자는 가장 쉽게 아첨에 사로잡히기"(『에티카』) 때문이다.

지금까지 우리의 온화한 철학자는 약간 스파르타적인 윤리학을 제시하였으나 다른 구절에서는 보다 부드러운 어조를 보여준다. 그는 사람들을 흥분시키고 이간질시키는 허다한 질투, 상호 비난과 비방, 증오에 경악하고 이러한 감정들을 근절시키지 않으면 사회적 병폐를 제거할 길이 없다고 생각한다. 증오는 아마도 사랑의 변두리에서 떠도는 감정일 것이므로, 그가 믿기로는 증오보다는 사랑에 의해 갈등이 더 쉽게 극복된다는 사실을 증명하는 것은 간단한 문제이다. 증오는 보복받는다는 감정에서 성장하는 것이기 때문이다. "증오하고 있는 상대자로부터 사랑받고 있다고 확신하는 자는 증오와 사랑이라는 감정의 갈등으로 고민한다"(『에티카』). 사랑은 사랑을 불러일으키는 경향이 있기 때문이다(스피노자는 너무나 낙관적인 것 같지만). 그 결과 증오는 무너지고 힘을 잃는다. 증오는 자신의 열등감과 공포감의 자백이다. 우리는 이길 자신이 있는 적을 미워하지는 않는다. "부정에 증오로 맞서서 복수하려고 하는 자는 비참한 생활을 할 것이다. 그러나 사랑에 의해 증오를 몰아내려고 하는 자는 기쁨과 확신을 갖고 싸운다. 그는 상대가 한 사람이든 여러 사람이든 마찬가지로 저항하고 행운의 도움은 거의 필요로 하지 않는다. 그에게 정복당한 자들은 즐거이 복종한다"(『에티카』). "정신은 무기에 의해서 정복되는 것이 아니라 위대한 영혼에 의해서 정복된다"(『에티카』). 이러한 구절에서 스피노자는 갈릴리 언덕 위에 빛났던 빛을 다소나마 우러러본다.

그러나 그의 윤리의 본질은 기독교적이라기보다는 오히려 그리스적이다. "이해하려는 노력은 덕의 최초의, 그리고 유일한 기반이다"(『에티카』). 이 이상 더 단순하고 철저하게 소크라테스적일 수는 없다. "우리는 여러 가지 면에서 외부적 원인에 쫓기고 역풍을 만난 파도처럼 동요하면서 그 결말과 운명을 알지 못한다"(『에티카』). 우리는 가장 열정적일 때 가장 자기 자신답다고 생각하지만 이때는 가장 수동적인 때이며 어떤 선천적 충동 또는 감정의 급류에 휩쓸려 내려가면서, 아무런 사려도 없이 사태의 한 단면만을 파악할 수 있을 뿐이므로, 이 단면에만 대응하는 경솔한 반응을 하게 된다. 열정은 '불충분한' 관념이고 사고는 어떤 문제의 핵심적 요인이 선천적으로든, 후천적으로든 적절한 반응을 불러일으킬 때까지 지연된 반응이다. 이와 같을 때에만 관념은 충분한 것이고 반응은 가능한 한도 내에서는 완전한 것이다.[8] 본능은 추진력으로서는 훌륭하지만 안내인으로서는 위험하다. 이른바 본능의 개인주의로 말미암아 본능은 각기 인격 전체의 선을 무시하고 그 나름의 성취만을 추구하기 때문이다. 무제한적인 탐욕, 호전성, 육욕은 인간을 얼마나 황폐

---

8) 이 말을 요즈음 용어로 바꿔놓으면 다음과 같다. ——반사작용은 국부적 자극에 대한 국부적 반응이다. 본능적 행동은 자극의 일부에 대한 부분적 반응이다. 이성은 자극 전체에 대한 전체적 반응이다.

하게 만들었는가. 이러한 사람들이 그들을 지배하는 본능의 부속품이 될 때까지. "우리가 매일 부딪치는 감정은 다른 부분보다 더 많은 자극을 받는 신체의 어떤 부분과 관계가 있고, 따라서 감정은 일반적으로 과도해져서 정신의 고찰을 한 대상에 국한시켜 정신은 다른 대상을 고려하지 못한다"(『에티카』). 그러나 "신체의 일부 또는 약간의 부분과 관계될 뿐인 쾌락 및 고통으로부터 생기는 욕망은 인간 전체의 이익을 고려하지 않는다"(『에티카』). 자기 자신답게 되기 위해서는 우리는 우리 자신을 완성해야 한다.

물론 위에서 말한 것은 모두 이성과 열정에 대한 오래된 철학적 구분이지만 스피노자는 소크라테스나 스토아 학파에 중요한 보충을 하고 있다. 이성 없는 열정은 맹목이고 열정 없는 이성은 시체임을 그는 알고 있다. "감정은 반대되는 보다 강력한 감정에 의해서만 저지되거나 제거될 수 있다"(『에티카』). 무리하게 이성과 열정을 대립—보통은 더 깊이 뿌리박힌 유전적 요소가 승리하는 경쟁—시키지 않고 그는 이성 없는 열정과 이성에 의해 조종되고 상황의 전체적 전망에 의해 제자리를 찾은 열정을 대립시킨다. 사고는 욕망의 열을 잃어서는 안 되고 욕망은 사고의 빛을 잃어서는 안 된다. "열정은 우리가 이 열정에 대해 명석판명한 관념을 형성하자마자 열정이기를 멈추고, 정신은 정신이 갖고 있는 충분한 관념의 수에 비례하여 열정에 지배된다"(『에티카』). "모든 욕구는 불충분한 관념으로부터 생길 때에는……덕이다[9]"(『에티카』). 모든 이성적 행동—곧 사태 전체에 대처하는 모든 반응—은 유덕한 행위이고 결국 이성이 없으면 덕도 없다.

---

9) 위의 두 인용문과, 욕망을 "콤플렉스"라고 하는 정신분석 이론의 유사점에 주목할 것. 정신분석에서는 욕망은 우리가 이 욕망의 정확한 원인을 모르는 한 "콤플렉스"이며, 따라서 치료의 첫걸음은 원인을 환자에게 의식시키는 것—욕망과 그 원인에 대해 "충분한" 관념을 형성하는 것—이다.

스피노자의 윤리학은 그의 형이상학으로부터 흘러나온다. 이성은 형이상학에서 사물의 혼란한 유전 속에서 법칙을 발견하듯, 윤리학에서는 욕망의 혼란한 유전 속에서 법칙을 수립한다. 이성은 형이상학에서는 영원의 상(相) 밑에서 인식하게 하고, 윤리학에서는 영원의 상 밑에서 행동하게 한다. 다시 말하면 이성은 지각과 행위를 전체의 영원한 시야에 적응시킨다. 우리는 사고의 도움을 받아 이러한 보다 큰 시야를 획득하며, 사고가 도움이 될 수 있는 것은 현재 행동의 머나먼 결과를 의식에 제시하는 상상력의 도움 덕택이다. 그러나 현재 행동의 반응이 사고가 작용할 여지가 없을 만큼 직접적이라면 머나먼 결과는 이 반응에 아무런 영향도 미치지 못할 것이다. 현재의 감각이 우리가 상상이라고 부르는 투영된 기억보다도 월등히 생생할 때에는 현재의 감각은 이성적 행동에 대한 커다란 장애가 된다. "정신은 이성의 명령에 따라 사물을 인식하는 한, 그것이 현재의 것에 관한 것이든 과거의 것에 관한 것이든 미래의 것에 관한 것이든, 관념으로부터 동일한 자극을 받는다"(『에티카』). 상상력과 이성에 의해 우리는 경험을 예견으로 바꿔 미래의 창조자가 되고 이때에 우리는 이미 과거의 노예가 아니다.

이렇게 해서 우리는 인간에게 가능한 오직 하나의 자유에 도달한다. 열정의 수동성은 '인간의 질곡'이고, 이성의 능동성은 인간의 자유인 것이다. 자유는 인과의 법칙 또는 과정으로부터의 자유가 아니라 개별적 열정 또는 충동으로부터의 자유이다. 또한 자유는 열정으로부터의 자유가 아니고 무질서하고 불완전한 열정으로부터의 자유이다. 우리는 인식하는 경우에만 자유롭다.[10] 초인이 된다는 것은 사회적 정의나 사회적 오락의

---

10) "의사 또는 기술자는 무엇을 다루고 있는지를 아는 정도에 따라 그 사상과 행동에 있어서 자유롭다. 아마 우리는 여기서 자유를 푸는 열쇠를 찾아낼지도 모른다"(『인간성과 행동』)고 한 듀이의 말을 참조할 것.

제한으로부터의 자유가 아니라 본능의 개인주의로부터의 자유이다. 여러 가지 격정을 이와 같이 완전하게 하고 조화시킬 때 현인의 평정이 생긴다. 이 평정은 아리스토텔레스적 영웅의 귀족적 자기 만족도 아니고, 니체적 이상의 거만한 우월성은 더욱 아니며, 보다 우애로운 마음의 균형과 평화이다. "이성에 의해 착한 사람들——곧 이성의 지도 밑에서 자신에게 유용한 것을 찾는 사람들——은 동시에 타인을 위해서도 바람직한 것이 아니면 자기 자신을 위해서 결코 추구하지 않는다' 11)(『에티카』). 위대하다는 것은 인류 위에 군림해서 타인을 지배하는 것이 아니라, 무지한 욕망의 편파성과 공허함을 극복하고 자기 자신을 다스리는 것이다.

이것은 이른바 자유의지보다도 더 고상한 자유이다. 의지는 자유롭지도 못할 뿐 아니라 아마도 '의지'는 존재하지 않을 것이기 때문이다. 그러나 나는 '자유롭지' 못하므로 나의 행동이나 생활 방식에 대해 도덕적 책임이 없다고 생각해서는 안 된다. 분명히 인간의 행동은 기억에 의해 결정되므로 사회는 자기 보존을 위해 시민들에게 그들의 희망과 공포를 통해 사회적 질서와 협동을 지키도록 가르쳐야 한다. 온갖 교육은 결정론을 전제하고 행동의 결정에 관여할 것으로 예상되는 많은 금지 명령을 젊은이들의 유연한 마음에 주입시켜야 한다. "나쁜 행동에서 생기는 해악이 필연적인 것이라고 해서 덜 두려워해서는 안 된다. 우리의 행위가 자유롭든 그렇지 않든 우리의 동기는 역시 희망과 공포에 있다. 그러므로 내가 교훈이나 명령의 여지를 남겨놓지 않았다는 주장은 잘못이다"(『서한집』). 반대로 결정론은 우리의 도덕적 생활을 향상시킨다. 왜냐하면 어떤 사람이든 경멸하거나 비웃지 말고 누구에게도 화를 내지 말 것, 인간에게는 '죄가 없다'는 것, 악한들을 처벌할 때에도 증오해서는 안 되며, 그들

---

11) "맹세코 나는 모든 사람들이 같은 조건으로 나누어 가질 수 있는 것이 아니면 갖지 않으리라"는 휘트먼의 말을 참조할 것.

은 무슨 일을 하는지조차도 몰랐으므로 용서하라는 것—이것이 결정론의 가르침이기 때문이다.

특히 결정론은 우리의 마음을 강화시켜 운명의 두 얼굴을 똑같은 마음으로 예기하고 감내하게 한다. 우리는 모든 일이 신의 영원한 뜻에 따라 일어난다는 것을 명심하기 때문이다. 어쩌면 결정론은 '신의 지적 애(愛)' 조차도 가르쳐줄지 모른다. 우리는 이러한 사랑에 의해 자연의 법칙을 즐거이 받아들이고 이 법칙의 한계 내에서 우리들의 성취를 찾아내는 것이다. 모든 일을 결정된 것으로 보는 자는 비록 저항은 하더라도 불평하지는 않는다. 그는 "사물을 영원의 상 밑에서 지각하고"(『에티카』) 자신의 불운도 전체적 계획에서 보면 우연이 아니며 세계의 영원한 계기(繼起)와 구조 속에 그 정당성이 있다고 이해하게 되기 때문이다. 이렇게 생각하면 그는 열정의 발작적 쾌락을 버리고, 만물을 영원한 질서와 발전의 일부로 보는 높고 고요한 관조에 도달한다. 그는 불가피한 일에 직면해도 미소 지을 줄 알고 "자기의 진가가 지금 인정되든 1천 년 후에 인정되든 태연하다"(휘트먼). 그는 신을 예배자들의 사사로운 일에 간섭하는 변덕스러운 인격으로 보지 않고, 우주의 불변의 영속적 법칙으로 보는 오래된 지혜를 배운 것이다. 플라톤은 『공화국』에서 동일한 사상을 좀더 아름답게 표현한다. "참된 존재에 정신을 기울이고 있는 자는 보잘것없는 인간사를 기웃거리거나 질투심과 적의를 가득 품고 사람들과 다툴 틈이 없다. 그의 눈은 확고불변한 원리에 쏠려 있고, 이러한 원리가 서로 훼손하거나 훼손당하는 일 없이 이성에 따라 질서정연하게 움직이는 것을 본다. 그는 이 원리를 모방하고 가능한 한 스스로 이 원리에 순응하려고 할 것이다." 니체는 "필연은 나를 화나게 만들지 못한다. 운명애는 나의 본성의 핵심이다"[12](『이 사람을 보라』)라고 말한다. 또한 키츠는 다음과 같이 노래한다(『히페리온』).

모든 적나라한 진실을 견뎌내고
아주 침착하게 환경을 직시하는 것,
이것이 자주성의 정상이다.

이러한 철학은 삶에 대한 긍정, 심지어 죽음에 대한 긍정조차도 가르쳐준다. "자유인은 죽음을 가장 적게 생각한다. 그의 지혜는 죽음에 대한 성찰이 아니라 삶에 대한 성찰이다"(『에티카』). 이러한 철학은 넓은 시야에 의해 우리들의 초조한 자아를 진정시키고 우리의 목적이 마주치지 않을 수 없는 한계를 받아들이게 한다. 이러한 철학은 우리를 동양의 고식적(姑息的)인 수동성으로 인도할지도 모르지만 동시에 모든 지혜와 힘의 불가결의 기초이다.

종교와 불사

이미 본 바와 같이 결국 스피노자의 철학은 그를 추방하고 고독하게 만든 세계조차도 사랑하려는 노력이었다. 또한 그는 욥처럼 유태민족의 전형이 되어 올바른 사람조차도 선민(選民)처럼 박해와 추방과 고독을 겪는 것은 무슨 까닭이냐고 물었다. 그는 얼마 동안은 세계를 비인격적인 불변의 법칙의 과정이라고 보는 사상에 만족하고 또 위안을 받았으나, 마침내 그의 본질적으로 종교적인 영혼은 이 무언의 과정을 거의 사랑스럽다고 할 만한 것으로 바꾸어놓았다. 그는 자신의 욕망을 사물의 보편적 질서에 융합시키고 스스로 자연의 거의 구별하기 어려운 일부가 되려고 했다. "최고선은 정신과 자연 전체의 합일을 인식하는 것이다"(『지성개선론』). 사실상 우리의 개별적 독립성은 어느 의미에서는 환상이다.

---

12) 이것은 니체가 도달한 경지이기보다는 오히려 그의 희망이다.

우리는 법칙과 원인의 거대한 흐름의 일부이고 신의 한 부분이다. 우리는 우리 자신보다 더 크며, 죽어야 하는 우리들과는 달리 무한한 존재의 스쳐 지나가는 형식일 뿐이다. 우리들의 신체는 종족이라는 신체의 세포이고, 우리들의 종족은 삶이라는 드라마의 한 삽화이고, 우리들의 정신은 영원한 빛의 단속적인 섬광이다. "우리의 정신은 인식하는 한에서는 사고의 영원한 양태이고 이 양태는 사고의 다른 양태에 의해 결정되고 이 양태 역시 또 다른 양태에 의해 결정되며 이와 같이 무한히 계속된다. 이렇게 해서 모든 양태는 동시에 신의 영원하고 무한한 이성을 구성한다"(『에티카』). 이와 같은 개체와 전체의 범신론적 합일은 다시금 동양적인 면을 나타내며 '일자(一者)'를 결코 둘이라고 부르지 않았던 오마르[9]나, "그대 자신과 만유 속에는 하나의 동일한 영혼이 있음을 알고 부분을 전체로부터 분리하려는 꿈을 버려라"라고 한 옛 인도 시인의 메아리를 들려준다. 소로는 "나는 월든 호에 한가하게 배를 띄우고 있을 때 때로는 살기를 그치고 존재하기 시작한다"고 말한 바 있다.

이러한 전체의 이러한 부분으로서 우리는 불멸한다. "인간의 정신이 신체와 함께 완전히 파괴된다는 것은 불가능하며, 그 중 어느 부분은 영원히 남아 있다"(『에티카』). 이 부분이 영원의 상 밑에서 사물을 인식하며, 우리가 영원의 상 밑에서 인식하면 할수록 우리의 사고는 영원해진다. 스피노자는 이 점에 대해서는 어느 때보다 애매하고, 그의 말은 해석자들 사이에서 끊임없는 논쟁을 일으켜왔지만 아직도 상이한 정신에게는 상이한 뜻으로 들린다. 간혹 조지 엘리엇이 말한 '명성에 의한 불사'를 뜻한다고 해석하는 사람도 있다. 명성에 의한 불사로 우리의 사상과 생활의 가장 합리적이고 아름다운 부분은 사후에도 거의 무시간적인 영향력을

---

9 12세기의 페르시아 시인. 『루바이야트』의 작가.

갖고 남아 있다는 것이다. 또한 때로 스피노자는 인격적 개체의 불멸을 염두에 두고 있는 것 같다. 어쩌면 죽음이 너무 일찍 그의 인생 행로에 다가왔기 때문에 그는 인류의 가슴속에 영원히 남아 있으리라는 희망으로 자위했는지도 모른다. 그러나 그는 끝까지 영원과 영속을 구별하고 있다. "사람들의 일반적 의견을 살펴보면, 그들은 자신의 정신의 영원성을 의식하고 있으나 영원과 지속을 혼동하고 사후에도 남아 있다고 믿는 상상과 기억에 영원성을 부여하라고 한다는 것을 알 수 있다"(『에티카』). 그러나 아리스토텔레스처럼 스피노자 역시 불사를 말하면서도 개인의 기억의 존속을 부정한다. '정신은 신체가 존속하는 동안만 상상하거나 상기할 수 있다"(『에티카』). 또한 그는 천국에서의 보상을 믿지 않는다. "마치 덕이 최대의 굴종인 것처럼 신이 이 덕에 대해 최대의 보상으로 표창할 것이라고 기대하는 자들은 덕의 참된 평가로부터 멀리 떨어져 있는 자들이다. 그들은 덕과 신에 대한 봉사는 마치 행복 자체도, 최대의 자유도 아닌 것처럼 생각한다"(『에티카』). 『에티카』의 마지막 정리는 다음과 같다. "지복(至福)은 덕에 대한 보상이 아니라 덕 자체다." 또한 아마도 불사(不死) 역시 명석한 사고에 대한 보상이 아니라 사고 자체일 것이고, 명석한 사고는 과거를 현재에 끌어들이고 미래로 끌고 나감으로써 시간적 제한과 한계를 극복하고 변화의 만화경의 배후에서 영원한 시야를 획득할 것이다. 이러한 사고는 불멸한다. 모든 진리는 영원불변하는 창조물이고 인간에게 무한에 걸쳐 영향을 주는 인간의 영원한 소득의 일부이기 때문이다.

　『에티카』는 이와 같이 엄숙하고 희망에 찬 어조로 끝난다. 한 권의 책에 이렇게 많은 사상을 담아서 무수한 주석서를 쓰게 하고, 그러면서도 아직도 상반되는 해석의 격전장으로 남아 있는 책은 드물다. 그 형이상학은 결함투성이이고 그 심리학은 불완전하며 그 신학은 불충분하고 애매할지도 모른다. 그러나 이 책의 정수, 곧 그 정신과 본질에 대해서는 독자들은 오직 존경의 뜻을 나타낼 수 있을 뿐이다. 마지막 구절에서 이 본질적인 정신은 간결한 웅변을 통해 빛나고 있다.

이상으로 나는 감정을 극복하는 정신의 힘, 또는 정신의 자유에 대해 보여주고 싶었던 모든 것을 완성했다. 이것으로 관능적 욕망에 사로잡힌 무지한 자들보다도 현명한 자가 얼마나 우수하고 강한가 하는 것이 분명해진다. 무지한 자는 여러 면에서 외부적 원인에 의해 동요될 뿐 아니라 정신의 참된 만족을 향유하지 못하고, 게다가 자기 자신과 신과 사물을 거의 의식하지 못한 채 생활하며 수동적 삶이 끝나면 그 존재도 끝난다. 반대로 현명한 자는, 현자로 생각할 수 있는 한에서는 거의 정신적 동요를 일으키지 않고 자기 자신과 신과 사물을 어떤 영원한 필연성에 따라 의식하고 결코 그 존재가 끝나지 않으며 언제나 정신의 만족을 향유한다. 여기에 이르는 길로서 내가 제시한 길은 매우 어렵기는 하지만 발견될 수는 있다. 그리고 매우 드물게 발견되는 만큼 매우 어려운 길이 아닐 수 없다. 구원의 길이 지척에 있어서 어렵지 않게 발견할 수 있다면 이 길이 거의 모든 사람들에 의해 무시되고 있는 현실이 어떻게 가능할 것인가? 그러나 모든 훌륭한 일은 희귀한 동시에 어렵다.

5. 『국가론』

우리들의 분석이 남겨놓은 것은 『국가론』이라는 비극적 단편뿐이다. 스피노자의 가장 성숙한 시기의 저서인 『국가론』은 그의 요절로 갑자기 중단되었다. 이 책은 짧지만 그 사상은 풍요하다. 따라서 그의 온화한 삶이 최고의 힘을 발휘할 성숙기에 도달한 순간에 막을 내린 것이 얼마나 큰 손실인가를 다시금 절감하게 된다. 전제군주정치를 찬양하고 전제군주정치를 옹호하던 밀턴과 마찬가지로 홉스가 왕에게 반기를 든 영국 국민의 반란을 정력적으로 비난하고 있던 같은 시대에, 공화주의자 데 위트의 친구인 스피노자는 당시 네덜란드의 자유와 민주주의에 대한 희망을 대변하고 루소와 프랑스 혁명에서 절정에 이른 사상적 흐름의 주요 원천의 하나가 된 정치철학을 정식화했다.

모든 정치철학은 자연적 질서와 도덕적 질서의 구분——다시 말하면 조직적 사회가 형성되기 이전의 상태와 이후의 상태의 구분——으로부터 시작되어야 한다고 스피노자는 생각한다. 인간은 일찍이 법률도 사회 조직도 없는 비교적 고립된 상태에서 살고 있었다고 스피노자는 가정한다. 이 상태에서는 선악의 관념, 또는 정의와 부정의 관념도 없었고, 힘과 정의는 동일시되었다고 그는 말한다.

자연 상태에서는 일반적 동의에 의해 선 또는 악이라고 부를 수 있는 것은 존재할 수 없다. 자연 상태에 있는 각자는 자신의 기호에 따라 자신의 이익만을 고려하면서 무엇이 선이고 무엇이 악인가를 결정하고 어떠한 법률에 의해서도 자기 이외의 어느 누구에게도 책임을 지지 않기 때문이다. 따라서 죄는 자연 상태에서는 생각될 수 없고 오직 국가적 상태에서만 생각될 수 있다. 국가적 상태에서는 일반적 동의에 의해 무엇이 선이고 무엇이 악인가 하는 것이 결정되고 각자는 국가에 대해 책임을 진다(『에티카』). …… 모든 사람들은 자연법 및 자연적 질서 밑에 태어나 그 밑에서 대부분의 생활을 보내거니와 자연법 및 자연적 질서는 아무도 바라지 않고 아무도 할 수 없는 일 이외에는 금지하지 않으며 투쟁, 증오, 분노, 배반 등 요컨대 욕구에서 나오는 것에도 반대하지 않는다(『국가론』).

우리는 국가의 형태에 대한 관찰을 통해 "제 국민 간에는 이타주의가 존재하지 않는다"(『비스마르크』)는 자연법 또는 자연의 무법성을 희미하게나마 알 수 있다. 일반적으로 승인된 조직, 일반적으로 승인된 권위가 있는 곳에만 법과 도덕이 존재하기 때문이다. 국가의 권리는 이제 개인의 권리가 언제나 그러했던 바(그리고 아직도 흔히 그러하지만)와 같다. 다시 말하면 권력은 '힘'이며 지도적 국가들은 외교관들의 건망증적인 정직성 때문에 매우 적절하게 '열강'이라고 불린다. 이것은 생물의 종(種) 사이에서도 마찬가지다. 종 사이에는 공통된 조직이 없기 때문에 도덕이나 법률도 없다. 각 종(種)은 자기가 하고 싶은 일, 할 수 있는 일을 다른 종에게 감행한다(『에티카』).

그러나 인간 사이에서는 상호 간의 필요가 상부상조를 야기시키므로 힘의 이러한 자연적 질서는 권리라는 도덕적 질서로 변한다. "누구든 고립해서는 자신을 지키고 생활 필수품을 얻기에 충분할 만큼 강하지 못하므로 만인은 고립에 공포를 느끼고, 따라서 인간은 본성상 사회 조직으로 기울어지는 경향이 있다"(『신학정치론』). "위험을 막기 위해서는 인간이 상부상조를 하지 않는 한, 한 사람의 힘과 능력으로는 불충분하다"(『에티카』). 그러나 인간은 태어날 때부터 사회 질서가 요구하는 상호 간의 관용심을 갖고 있는 것이 아니라 위험에 부딪쳐 제휴하게 되고 이러한 제휴가 차츰 사회적 본능을 육성, 강화한다. "인간은 시민으로 태어나는 것이 아니라 시민으로 키워져야 한다"(『국가론』).

대부분의 사람들은 마음속으로는 법 또는 관습에 대한 개인주의적 반역자이다. 사회적 본능은 개인주의적 본능보다 후에 생기고 또한 약하므로 보강이 필요하다. 인간은, 루소가 비참하게 가정한 바와 같이, "태어나면서부터 착하지"는 않다. 그러나 제휴를 통해 비록 가족끼리나마 동정심, 부드러운 감정, 그리고 마침내는 친절한 마음씨가 생긴다. 우리는 우리와 비슷한 것을 좋아하며, "우리는 우리가 사랑해온 것을 불쌍히 여길 뿐 아니라 우리가 우리 자신과 비슷하다고 판단한 것도 불쌍히 여긴다"(『에티카』). 여기에서 '감정의 모방'(『에티카』)이 생기고 마침내 어느 정도 양심이 생긴다. 그러나 이 양심은 "생득적인 것이 아니라 후천적인 것이며, 지역에 따라 다르다"(『에티카』). 양심은 개인의 정신적 성장에 따라 개인의 정신에 퇴적되는 집단의 도덕적 전통을 말하며, 이러한 양심을 통해 사회는 사회 자체를 위해서 적의 마음——본성상 개인주의적 영혼——속에 동지를 만들어낸다.

이러한 발전을 통해 자연 상태에서 획득한 개인의 힘의 법칙은 조직 사회 속에서 전체의 법적·도덕적 힘에 점차로 양보하게 된다. 아직도 힘은 권리이지만 전체의 힘이 개인의 힘을 제한한다. 이론적으로는 개인의 힘을 개인의 권리에, 다시 말하면 타인의 동등한 자유와 합치하는 한도 내에서 개인의 힘을 행사하도록 제한하는 것이다. 개인의 자연적 힘, 곧 주권의 일부분은 조직적인 공동체에 양도되고, 그 대신 개인의 나머지 힘의 영역이 확대된다. 예컨대 우리는 분노한 끝에 폭력을 휘두르는 권리를 포기하고 타인으로부터 이러한 폭행을 받을 위험에서 벗어난다.

인간은 열정의 지배를 받고 있으므로 법률은 필수적이다. 만일 인간이 모두 이성적이라면 법률은 무용지물일 것이다. 완전한 법과 개인의 관계는 완전한 이성과 열정의 관계와 같다. 완전한 법은 전체의 파멸을 피하고, 전체의 힘을 증대하기 위해 상충하는 힘을 조절할 것이다. 이성은 형이상학에서는 사물의 질서를 인식하고 윤리학에서는 욕망 사이에 질서를 수립하듯이, 정치학에서는 인간 간의 질서를 수립한다. 완전한 국가는 시민의 힘이 상호 간 파괴적인 경우에만 시민의 힘을 제한할 것이다. 완전한 국가는 더 큰 자유를 주지 않는 한 어떠한 자유도 빼앗지 않을 것이다.

국가의 궁극적 목적은 인간을 지배하거나 공포에 의해 인간을 속박하는 것이 아니라 오히려 각자가 자신이나 이웃을 해치지 않고 가능한 한 안전하게 살며 활동하도록 공포로부터 해방시키는 것이다. 다시 되풀이하거니와 국가의 목적은 이성적 존재를 야수나 기계로 만드는 것이 아니라 그들의 심신의 기능을 안전하게 발휘시키는 것이다. 국가의 목적은 자유로운 이성을 발휘하도록 인간을 지도하는 것이다. 다시 말하면 인간의 힘을 증오, 분노, 간계 따위에 낭비하지 않고 또한 서로 불공평한 행동을 하지 못하도록 하는 것이다. 따라서 국가의 목적은 사실상 자유에 있다(『신학정치론』).

국가의 목표는 자유이다. 국가의 기능은 성장을 촉진하는 것이고 성장은 자유를 찾아내는 능력에 달려 있기 때문이다. 그러나 만일 법이 성장과 자유를 저해하면 어떻게 될 것인가? 국가가 모든 유기체나 조직체처럼 자신의 존재를 보존하려고(이것은 보통은 관리가 자기 지위를 유지하려고 노력하는 것을 말한다) 하면서 압제와 착취의 기구로 변한다면 우리는 어떻게 해야 할 것인가? 스피노자는 합리적인 항의나 토론이 허용되고 평화적 변혁을 보증하는 언론의 자유가 있으면, 부정한 법률에도 복종하라고 대답한다. "나는 이러한 자유로부터 때로는 여러 가지 불편이 생긴다는 것을 인정한다. 그러나 어떠한 폐단도 생기지 않을 만큼 문제가 현명하게 해결된 적이 있었던가?"(『신학정치론』). 언론의 자유를 억압하는 법률은 모든 법률을 파괴한다. 인간은 그들이 비판하지 못하는 법을 오랫동안 존중하지는 않을 것이기 때문이다.

정부는 언론의 자유를 축소하려고 노력하면 할수록 더욱더 완강한 저항에 부딪힌다. 그러나 탐욕스런 자들이 아니라……훌륭한 교육, 건전한 도덕과 덕에 의해 더욱 자유로워진 사람들이 저항하는 것이다. 일반적으로 인간은 참되다고 믿는 견해를 범죄시하는……것을 가장 참지 못하는 법이다. 이러한 환경 밑에서는 그들은 법률을 증오하고 반정부적 행동을 하는 것을 불명예로 여기지 않고 가장 영광스럽다고 생각한다(『신학정치론』). ……이웃에게 해를 끼치지 않고 위반할 수 있는 법률은 웃음거리에 지나지 않는다. 이러한 법은 인간의 충동과 정욕을 억제하지 못하고 오히려 증대시킨다. 우리는 항상 금지에 반항하며 거부당한 것을 갈망한다(『국가론』).

그리고 스피노자는 미국의 훌륭한 입헌주의자처럼 다음과 같은 결론을 내린다. "만일 행위만이 형사 소추의 근거가 되고 언론의 자유가 항상 허용된다면 사회의 안녕과 질서를 해치는 행위는 변명의 여지가 없을 것이다"(『신학정치론』).

국가가 정신을 통제하지 않으면 않을수록 시민과 국가에 이롭다. 스피노자는 국가의 필요성을 인정하면서도 권력은 '부패시킬 수 없는 것'(이것은 로베스피에르의 이름이 아니었던가?)조차도 부패시킨다는 것을 알고 있기 때문에 국가를 불신한다. 그리고 그는 국가의 권위가 인간의 신체와 활동으로부터 영혼과 사상으로 확대되는 것을 편안한 마음으로 보지 못한다. 그것은 성장의 종말과 집단의 죽음을 의미하기 때문이다. 그러므로 그는 교육, 특히 대학에 대한 국가의 통제를 찬성하지 않는다. "공공의 비용으로 설립된 대학은 인간의 자연적 능력을 개발하기보다는 오히려 억제하는 시설이다. 그러나 자유국가에서 희망하는 자들에게 자신의 비용과 자신의 책임 밑에 공공연히 가르치도록 허용한다면, 학예와 과학은 더욱 충실하게 발달될 것이다"(『국가론』). 국가가 관리하는 대학과 개인이 경영하는 대학의 중용을 어떻게 찾아낼 것인가 하는 문제는 스피노자가 해결하지 못한 것이다. 당시엔 사유재산이 이러한 난점을 제시할 만큼 증대되지는 않았기 때문이다. 그의 이상은 일찍이 그리스에서 번창한 고등교육, 곧 학교에서 가르치는 것이 아니라 자유로운 개인들—'소피스트들'—이 도시에서 도시로 여행하며 어떠한 공적·사적 통제도 받지 않고 가르치는 교육이었다.

이러한 일만 전제된다면 정체(政體)의 차이는 별로 문제가 되지 않는다. 따라서 스피노자는 다만 온건하게 민주주의가 좋다고 말할 뿐이다. 전통적 정치 형태는 어느 것이든 "각자가……개인의 이익보다는 공적 권리를 선택하도록" 형성될 수 있으나 "이것은 입법자가 할 일"이다(『신학정치론』). 군주정치는 능률적이기는 하지만 압제적이고 군국주의적이다.

경험은 모든 권위를 한 사람에게 부여하는 것이 평화와 협동을 위해 유리하다고 가르치는 것 같다. 터키처럼 현저한 변화 없이 오랫동안 통치되어 온 나라도 없기 때문이다. 한편 민중적 또는 민주적 국가처럼 존속 기간이 짧고 소요가 많은 나라도 없다. 그러나 노예 상태, 야만 상태, 황폐 상태를 평화라고 불러야 한다면 인간에게 이보다 더 큰 불행은 없을 것이다. 물론 어버이와 자녀 간의 싸움은 주인과 노예 간의 싸움보다 더 잦고 더 심하지만 아버지의 권리를 재산권으로 바꾸고 자녀를 노예로만 보는 것은 가정관리 기술의 진보는 아니다. 그러므로 모든 권위를 한 사람에게 양도하면 노예제도는 조장되지만 평화는 촉진되지 않는다(『국가론』).

여기에 그는 비밀 외교에 대한 다음과 같은 말을 덧붙인다.

국가 이익이 국사를 비밀에 붙이도록 요구한다고 말하는 것은 절대 권력을 갈망하는 자들이 부르는 노래에 지나지 않는다. ……그러나 이러한 논리가 공공의 복지라는 가면으로 위장되면 될수록 그들의 지도를 받는 사람들은 더욱더 압박을 받는다. ……폭군의 사악한 비밀이 시민들에게 숨겨지는 것보다는 정당한 계획이 적에게 알려지는 편이 더 낫다. 국사를 은밀하게 다룰 수 있는 자들은 그들의 권위로 국민을 절대적으로 압도한다. 그들은 전시에 적에 대해 계략을 쓰듯이 평화시에 시민에 대해 음모를 꾸민다(『국가론』).

민주정치는 정체 중에서 가장 합리적인 형태이다. 민주정치하에서

"각자는 행동에 있어서는 권위의 통제에 따르지만 판단과 이성에 있어서는 따르지 않는다. 다시 말하면 만인이 동일하게 생각할 수는 없다는 것을 알고 있으므로 대다수의 의견은 법률의 힘을 갖는다"(『신학정치론』). 이러한 민주주의의 군사적 기초는 국민개병(國民皆兵)이어야 하고, 시민은 평화시에도 무기를 보관하고 있어야 한다(『에티카』). 또한 민주정치의 재정적 기초는 단일세(單一稅)여야 한다.[13] 민주정치의 결함은 범인에게 권력을 부여하는 경향이지만 공직을 '숙련된' 인사들에게 제한하지 않는 한, 이 결함을 피할 길이 없다(『신학정치론』). 수효 자체가 지혜를 산출할 수는 없으며, 최고의 공직을 최고의 아첨꾼에게 줄 위험이 있다. "대중의 변덕스러운 기질은 이를 경험한 사람들을 거의 절망 상태로 몰고 간다. 이러한 기질은 오직 감정에 의해 지배될 뿐, 이성에 의해 지배되지는 않기 때문이다"(『신학정치론』). 따라서 민주정치는 단명한 데마고그의 행렬이 되고 유능한 자들은 열등한 자들로부터 비판받고 평가받는 경기장에 들어서기를 싫어한다(『에티카』). 보다 유능한 자들은 조만간에 이러한 제도에 반기를 든다. 비록 소수이기는 하지만…… "이 때문에 민주정치는 귀족정치로 변하고 귀족정치는 마침내 군주정치로 변한다고 나는 생각한다"(『국가론』). 인민은 마침내 혼돈보다는 폭군을 선택하는 것이다. 힘의 평등은 불안정 상태에 있고 인간은 태어날 때부터 불평등하다. 따라서 "불평등 속에서 평등을 구하는 자는 부조리를 구하고 있는 셈이다." 민주정치에는 아직도 해결되어야 할 문제, 곧 만인에게 '숙련되고 적합한 인사들' 중에서 통치받고 싶은 인물을 선택하는 동등한 선택권을 부여하면서 동시에 인간의 최대의 능력을 동원하는 문제가 남아 있다.

---

13) "전야(田野) 및 모든 토지, 또한(가능하다면) 주택을 공공 소유로 하고……매년 사용료를 받고 국민에게 빌려주어야 한다. 그리고 평화시에는 이 사용료 이외의 일체의 세금을 면제해야 한다"(『국가론』).

만일 스피노자가 이 책을 완성할 때까지 살았다면, 그의 천재가 현대정치의 중심 문제에 어떠한 빛을 밝혀놓았을지 그 누가 알 것인가? 그러나 우리들의 손에 남아 있는 책은 그의 사상의 불완전한 초고에 지나지 않는다. 민주정치에 대한 장(章)을 쓰다가 그는 죽었다.

6. 스피노자의 영향

"스피노자는 학파를 형성하려 하지 않았고 또한 형성하지도 않았다"(폴록, 『스피노자의 생애와 철학』). 그러나 이후의 모든 철학에 그의 사상이 스며들었다. 그의 사망 직후의 세대에게는 그의 이름은 증오의 대상이었다. 흄조차도 스피노자의 '괘씸한 가정'이라는 말을 썼고, 레싱은 "사람들은 스피노자에 대해 죽은 개 취급을 했다"고 전한다.

스피노자의 명성을 회복시킨 사람은 레싱이었다. 이 위대한 비평가는 1780년, 야코비와의 유명한 대화에서 자기는 성년 이후로 스피노자주의자였고, "스피노자 이외에는 철학이 없다"고 주장해서 야코비를 놀라게 했다. 스피노자에 대한 레싱의 사랑은 모제스 멘델스존[10]과의 우의를 돈독하게 했고 그의 걸작 희극 『현자 나탄』에서 살아 있는 상인[11]과 죽은 철학자[12]로부터 배운 이상적 유태인 상을 형상화했다. 수년 후에 나온 헤르데르의 『스피노자의 체계에 대한 약간의 논의』는 자유신학자들의 관심을 『에티카』로 돌려놓았다. 이 학파의 지도자인 슐라이어마허는 '파문된 거룩한 스피노자'에 대해 썼고, 노발리스는 스피노자를 '신에 도취된 사람'이라고 불렀다.

---

10 Moses Mendelssohn : 18세기 독일의 유태인 철학자.
11 멘델스존을 말함.
12 스피노자를 말함.

한편 괴테는 야코비 때문에 스피노자에게 주목하게 되었다. 이 위대한 시인은 스스로 말한 바에 의하면, 『에티카』를 한번 읽자 개종했다. 이 시인의 원숙해가는 영혼은 바로 이러한 철학을 갈망하고 있었던 것이다. 그 후 스피노자 철학은 그의 시와 산문에 스며들었다. 이 철학에서 괴테는 "우리는 체념할 줄 알아야 한다", 곧 자연이 설정한 한계를 받아들여야 한다는 교훈을 배웠고, 그가 『괴츠』와 『젊은 베르테르의 슬픔』의 열광적 낭만주의로부터 만년의 고전적인 침착성으로 고양된 것도 부분적으로는 스피노자라는 고요한 공기를 호흡했기 때문이었다.

피히테, 셸링, 헤겔은 스피노자를 칸트의 인식론에 결합함으로써 그들 나름의 여러 가지 범신론에 도달했다. 피히테의 '자아', 쇼펜하우어의 '살려는 의지', 니체의 '권력에의 의지', 베르그송의 '생의 약진'은 '자기 보존의 노력'으로부터 탄생한 것이다. 헤겔은 스피노자의 체계가 너무 생기 없고 딱딱하다고 불평했으나 그는 '절대 이성'으로서 흡수한, 법칙으로서의 신이라는 장엄한 개념만을 기억하고 스피노자 체계의 역동적 요소들을 망각했던 것이다. 그러나 "철학자가 되려면 먼저 스피노자주의자가 되어야 한다"고 말했을 때, 그는 매우 정직했다.

영국에서는 혁명 운동의 물결을 타고 스피노자의 영향이 급속히 전파되었다. 콜리지나 워즈워스 같은 젊은 반항자들은 '인민 속으로(Y Narod)'의 평온한 시대에 러시아 인텔리겐치아들의 대화를 활기있게 한 것과 동일한 정열을 갖고 'spy-nosa'(반항아들을 감시하기 위해 정부가 배치한 스파이들은 이 말을 그들의 코의 기능을 가리키는 말이라고 생각했다)에 대해 말했다. 콜리지는 식탁에서 스피노자주의에 대한 담론으로 손님을 대접했고, 워즈워스는 그의 유명한 시에 이 철학자의 사상을 표현했다.

석양의 햇빛에

망망한 대해에, 생동하는 바람에,
푸른 하늘에, 인간의 마음속에
살고 있는 것——.
그것은 모든 생각하는 존재와 사고의 모든 대상을 밀고 나가고
모든 사물을 통해 굽이쳐가는
운동과 영혼.

셸리는 『마브 여왕』의 원주에서 『신학정치론』을 인용하고 이 책을 번역하기 시작했는데, 바이런은 서문을 써주기로 약속했다.

스피노자는 많은 해석이 가능하고 읽을 때마다 그 풍요함이 새로워지기 때문에 아마도 이와 같이 많은 영향을 미쳤을 것이다. 모든 심원한 말은 읽는 사람에 따라 상이한 국면을 나타낸다. 『전도서』에서 지혜에 대해 한 말은 스피노자에게도 해당될지 모른다. 곧 "최초의 인간은 지혜를 완전히 알지 못했고 최후의 인간도 지혜를 더 잘 알지 못할 것이다. 지혜에 담긴 사상은 바다보다 깊고 그 충고는 심연보다 깊기 때문이다."

스피노자 2백년제(祭) 때, 헤이그에 그의 동상을 세우기 위해 성금 모금 운동이 있었다. 문명 세계의 방방곡곡에서 기부금이 몰려왔다. 이와 같이 광범한 사랑을 대좌(臺座)로 삼아 세워진 기념비는 일찍이 없었을 것이다. 1882년 제막식에서 에르네스트 르낭은 다음과 같은 말로 그의 연설을 끝맺었다. 이 말은 이 장의 결론으로서도 적절할 것이다. "이 온화한 사상가의 상에 모욕을 가하고 지나가는 자에게는 재난이 있으라. 이러한 자들은, 모든 비속한 자들이 벌을 받듯 바로 비속함 때문에 그리고 신성한 것을 이해하는 능력이 없기 때문에 벌을 받을 것이다. 이분은 화강암 대좌 위에서 그가 찾아낸 지복에의 길을 가르쳐줄 것이다. 그리고 앞으로 이곳을 지나가는 교양 있는 나그네는 마음속으로 말하리라. '아마도 여기서 신의 가장 참된 모습을 보게 되리라' 라고."

볼테르와 계몽운동

1. 파리, 『오이디푸스』

1742년, 볼테르는 파리에서 그의 희곡 『메로페』의 리허설 중에 뒤므닐 양의 감정을 비극적 절정에 이르도록 지도하고 있었다. 그녀는 그가 요구하는 격정을 표현하려면 마음속에 '악마'가 있어야 할 것이라고 불평을 했다. 볼테르는 대답했다.

"물론이지, 어떤 예술에서든 성공하려면 마음속에 악마가 있어야 해."

볼테르의 비판자나 적들도 볼테르 자신이 이러한 요구를 완전히 충족시켰다고 인정한다. 생트 뵈브는 "그의 몸 안에는 악마가 있었다"고 말했고, 드 메스트르는 그를 "지옥의 악마가 그의 손에 모든 힘을 맡겨놓은" 사람이라고 했다.

무뚝뚝하고 못생기고 자부심이 강하고 경솔하고, 음란하고 파렴치하고 때로는 부정직했던 볼테르는 그 시대와 환경의 결함을 거의 하나도 빼놓지 않고 갖추고 있던 인물이었다. 그러나 이러한 볼테르는 또한 무척 친절하고 신중하고 정력과 돈을 아끼지 않고 적을 짓밟는 것과 마찬가지

로 철저히 벗을 돕고, 붓을 휘두르면 적을 죽일 수도 있으나 화해를 제의
해오면 당장 무기를 거둬들이는, 매우 모순에 찬 인물이었다.

그러나 선악이 뒤섞인 이러한 모든 성질은 제2차적인 것이고 볼테르
의 본질은 아니었다. 그의 놀라운 진수는 그의 정신의 무한한 생산력과
광휘에 있었다. 그의 저서는 99권이나 되고, 그 내용은 백과사전처럼 단
속적으로 대담하게 세계의 모든 문제를 다루고 있으며 어느 페이지를 펼
쳐도 광채가 번쩍이고 유익하다.

확실히 그는 같은 시대의 어느 누구보다도 열심히 일했고, 더 많은
일을 이룩해놓았다. "일을 하지 않는 것과 존재하지 않는 것은 같은 것
이다"라고 그는 말했다. "게으른 자를 제외하고는 모든 사람이 착하다."
그의 비서는 그가 시간에 대해서만은 무척 인색했다고 전한다. "이 세상
의 생활을 참을 만한 것으로 만들려면 가능한 한 일에 몰두해야 한
다……. 나는 나이가 들수록 일의 필요를 더욱 절감한다. 일은 결국 최
대의 쾌락이 되고 생활 자체로 착각하게 된다"(생트 뵈브, 『18세기의 초
상』). "자살을 하고 싶지 않으면 언제나 일을 찾으라"(탈랑튀르, 『볼테
르의 생애』).

끊임없이 일을 한 것으로 보아 그는 끊임없는 자살의 유혹을 받은
것 같다. "그는 철저하게 살았기 때문에 그의 생애로 한 시대 전체를 가득
채웠다"(몰리, 『볼테르』). 가장 위대한 세기의 하나(1694~1778년)에 태
어난 그는 실로 이 시대의 생명이고 정수였다. "볼테르의 이름을 말하는
것은 18세기 전체의 특색을 말하는 것이다"라고 빅토르 위고는 말했다.
이탈리아에는 르네상스, 독일에는 종교개혁이 있고, 프랑스에는 볼테르
가 있다. 프랑스에서 그는 르네상스인 동시에 종교개혁이고 거의 혁명이
었다.

그렇다. 살아서 볼테르처럼 많은 영향을 미친 사람은 일찍이 없었

다. 추방당하고 투옥당하고 거의 모든 저서가 교회와 국가의 앞잡이들에 의해 발행금지를 받았음에도 불구하고 볼테르는 맹렬하게 진리를 위해 길을 열었고, 마침내 왕과 교황과 황제조차도 그에게 추파를 보냈고, 그의 앞에서는 왕좌조차도 흔들렸으며, 세계의 반은 그의 한마디 한마디에 귀를 기울였다. 그것

볼테르

은 여러 가지 사태가 파괴자를 요구하는 시대였다. '웃는 사자가 반드시 올 것이다'(『차라투스트라는 이렇게 말했다』)라고 니체는 말했다. 그렇다. 볼테르가 왔고 "웃으면서 파괴를 자행했다"(브랑테스, 『19세기 문학의 주류』). 볼테르와 루소는 봉건적 귀족정치로부터 중산계급의 지배로 넘어가는 광대한 경제적·정치적 전환 과정의 두 함성이었다.

'볼테르', 곧 프랑수아 마리 아루에는 1694년 파리에서 매우 유복한 공증인과 다소 귀족적인 어머니 사이에서 태어났다. 아마도 빈틈이 없고 화를 잘 내는 것은 아버지를, 변덕스럽고 재치 있는 것은 어머니를 닮았을 것이다. 그는 말하자면 간신히 세상 구경을 하게 되었다. 어머니는 그를 낳자 세상을 떠났기 때문이다. 갓 태어났을 때 그는 아주 작고 병들어 있어서 유모는 하루도 못 살 것이라고 생각했다. 그는 거의 84세까지 살았으므로 유모는 약간 오산을 한 셈이지만 생애를 통해 그의 약한 육체는 그의 불굴의 정신을 병으로 괴롭혔다.

그의 신앙의 표본은 형 아르망이었다. 아르망은 경건한 젊은이로 얀센파의 이단에 심취하고 신앙을 위해 순교자가 되려고 했다. 어떤 친구가 진정한 용기에 대해 충고해주자, 아르망은 "좋아, 자네가 교수형을 원하지 않거든 적어도 다른 사람의 일을 방해하지나 말게"라고 말했다. 아버

지는 바보 아들이 두 명—하나는 시적이고 하나는 산문적인—있다고
말했다. 프랑수아는 자기 이름을 쓸 줄 알게 되자 시를 짓기 시작했는데
매우 실제적인 아버지는 이 녀석의 장래에는 기대할 만한 것이 없다고
확신했다. 그러나 프랑수아의 탄생 직후 아루에 가(家)가 되돌아간 시골
도시에 살고 있던 유명한 유한부인 니농 드 랑크르는 이 소년에게서 위
인의 조짐을 발견하고 죽을 때 그에게 책값으로 2천 프랑을 물려주었다.
그는 초기의 교육을 이 돈으로 산 책과 방종한 수도원장(속명은 제롬 콰
냐르)으로부터 배웠다. 수도원장은 그에게 기도와 함께 회의를 가르쳐주
었다. 그 후의 교육자들, 곧 예수회 수도사들은 변증법—무엇이든지 논
증하는 기술—을 가르쳐주어서 오히려 회의의 도구를 마련해준 셈이었
고, 마침내 그에게는 아무것도 믿지 않는 버릇이 생겼다. 프랑수아는 논
쟁에 익숙해졌다. 또래의 아이들은 야외에서 놀고 있을 때, 12세의 볼테
르는 방 안에서 박사들과 신학을 토론했다. 자립할 나이가 되자 그는 문
학에 일생을 바치겠다고 말해서 아버지를 격분시켰다. "문학은 사회의
무용지물로 친척에 폐를 끼치다가 결국은 굶어 죽으려고 하는 자가 선택
하는 직업"이라고 아루에 씨는 말했다. 책상이 흔들릴 만큼 흥분한 그의
아버지의 모습이 눈앞에 선하지 않은가. 그러나 프랑수아는 문학을 선택
했다.

　그렇다고 해서 그가 조용하고 공부만 하는 젊은이는 아니었다. 그는
밤늦게까지 놀기를 좋아했다. 그것도 다른 사람의 돈으로. 밤 늦게까지
귀가하지 않고 재사(才士)나 방탕아들과 어울려 흥청거리며 그는 십계명
을 실험했다. 마침내 화가 난 아버지는 그를 칸의 친척에게 보내고 이 젊
은이를 감금 상태에 두라고 부탁했다. 그러나 그의 감독자들은 그의 재치
에 반해 곧 그를 풀어놓았다. 감금 다음에는, 후년과 마찬가지로 이때에
도, 추방이 따랐다. 아버지는 그를 프랑스 대사에 딸려 헤이그로 보내면

서 무모한 소년을 엄중히 감독해달라고 부탁했다. 그러나 프랑수아는 펭페테라는 소녀와 사랑에 빠져 숨막히는 밀회를 계속했고, "나는 분명히 당신을 영원히 사랑할 것입니다"라는 상투어로 끝나는 열렬한 편지를 썼다. 이 일이 발각되자마자 그는 곧 집으로 쫓겨갔다. 그는 단지 수 주일 동안 펭페테를 기억했을 뿐이었다.

1715년, 21세의 젊음을 뽐내며 그는 파리로 진출했다. 마침 루이 14세가 죽었을 때였다. 왕위를 계승한 루이는 너무 젊어서 프랑스는 말할 것도 없고 파리조차도 다스리지 못해 권력은 곧 섭정의 손에 넘어갔다. 이 준공위기간(準空位期間) 중 세계의 수도는 환락의 도시가 되었고 젊은 아루에도 방탕에 휩쓸렸다. 그는 곧 재기발랄하고 무모한 청년이라는 명성을 얻었다. 섭정이 절약을 위해 왕실 마구간에 가득하던 말을 반쯤 팔았을 때, 프랑수아는 궁전에 넘쳐 흐르는 바보들을 반쯤 쫓아내는 것이 훨씬 현명했을 것이라고 논평했다. 마침내 파리에서 수군거리는 재담이나 기담은 모두 그의 입에서 나온 말로 여기게 되었다. 불행하게도 섭정이 왕위를 찬탈하려 한다고 비난한 두 편의 시도 그가 지었다는 소문이 퍼졌다. 섭정은 화가 났고 어느 날 공원에서 이 젊은이를 만났을 때, "아루에 군, 내기를 걸어도 좋거니와 나는 자네가 아직 한번도 보지 못한 곳을 구경시켜주겠네"라고 말했다. "그게 뭡니까?" "바스티유의 안쪽이지." 아루에는 그 다음날인 1717년 4월 16일 바스티유의 안쪽을 구경하게 되었다.

바스티유에 있는 동안, 그 이유는 알 수 없으나 볼테르라는 필명을 사용하기 시작했고[1] 마침내 진짜 시인이 되었다. 11개월의 복역이 끝나

---

1) 칼라일은 A-r-o-u-e-t l. j. (l. j. =le jeune)의 철자를 바꾸어놓은 것으로 생각했다. 그러나 이 이름은 볼테르의 어머니의 친정 가족 중에 있었던 것 같다.

1 Henry de Navarre : 후의 앙리 4세.

기 전에 앙리 드 나바르[1]의 이야기를 소재로 『앙리아드』라는 주목할 만한 장편의 서사시를 썼다. 그 후 섭정은, 아마도 무고한 사람이 투옥되었다는 것을 알고, 그를 석방하고 연금을 지급했다. 이에 대해 볼테르는 숙식을 염려해주어 감사하며, 이후로는 숙식을 스스로 책임지도록 허락해달라는 편지를 보냈다.

그는 이제 한걸음에 감옥에서 무대로 뛰어올랐다. 그의 비극 『오이디푸스』는 1718년에 상연되어 45일 동안 밤마다 공연되어 파리의 기록을 깨뜨렸다. 그를 나무라기만 하던 아버지도 특등석에 앉아 박수 갈채가 터질 때마다 "오, 저 녀석이! 저 녀석이!"라고 중얼거리며 기쁨을 얼버무렸다.

이 연극으로 볼테르는 4천 프랑의 수입을 올렸다. 문인으로서는 전례가 없는 분별을 갖고 그는 이 돈을 투자했다. 온갖 시련을 겪으며 그는 막대한 수입을 올리는 솜씨를 익혔을 뿐 아니라 이 수입을 활용하는 방법도 배웠다. 그는 철학하기 전에 우선 생존해야 한다는 유명한 금언을 존중했던 것이다. 1729년, 그는 졸렬하게 계획된 정부의 복권을 전부 사들여 막대한 벌이를 했으나 정부는 격노했다. 그는 부자가 될수록 더욱 관대해졌고, 그가 인생의 오후에 접어들자 그의 주변에 몰려드는 피보호자의 수는 더욱 늘어났다.

프랑스인다운 예민한 필력에 거의 유태인에 가까운 치재(治財)의 솜씨가 곁들여진 것은 그의 행운이었다. 그의 다음 희곡 『아르테미르』는 실패했기 때문이다. 볼테르는 실패를 뼈저리게 느꼈다. 성공 다음의 실패는 더욱 통렬하다. 그는 언제나 고통스러울 만큼 여론에 민감했고 남들이 뭐라고 하든 상관 없는 짐승을 부러워했다. 운명은 그의 연극상의 실패에 악성의 천연두를 덧붙였으나 그는 50리터쯤의 레몬즙과 거의 같은 양의 약을 먹고 병을 고쳤다. 죽음의 그늘에서 간신히 벗어났을 때, 그는 『앙리아드』 때문에 유명해진 것을 알았다. 그가 시를 유행시켰다고 자랑하는 것도 무리는 아니었다. 그는 어디서나 환영을 받고 대접을 받았다. 귀족 계급도 그를 받아들이고 일세의 재사, 좌담의 명수, 유럽의 가장 고귀한 문화적 전통의 계승자로 그를 대접했다.

8년 동안 그는 상류 사회의 햇볕을 즐겼다. 그러나 이윽고 운명은 등을 돌렸다. 일부 귀족들은 이 청년에게는 천재라는 것 이외에 지위와 명예를 요구할 자격이 없다는 사실을 잊지 않았고, 따라서 그가 우대받는 것을 간과할 수 없었다. 쉴리 공작의 성에서 열린 만찬회에서 볼테르가 수 분 동안 태연하게 웅변과 재담을 늘어놓은 후에, 로앙 훈작사(勳爵士)는 목소리도 낮추지 않고 "저렇게 큰 소리로 떠드는 젊은이는 도대체 누구지?"라고 물었다. 볼테르는 서슴지 않고 대답했다. "각하, 그는 위대한 이름을 계승하지는 못했으나 그의 이름 때문에 존경을 받는 자입니다." 훈작사에게 말대꾸를 하는 것 자체가 무례였고, 더구나 훈작사에게 대꾸할 여지가 없는 대답을 하는 것은 대역죄였다. 각하는 깡패를 고용해서 볼테를 습격하게 했다. 이때 각하는 단 한마디만 주의를 주었다. "그 녀석의 머리는 때리지 말게, 아직도 그 머리에선 뭔가 좋은 것이 나올 거야." 다음날 붕대를 감고 절름거리며 극장에 나타난 볼테르는 로앙의 좌석으로 걸어가 결투를 신청했다. 그리고 집에 돌아가 그는 하루 종일 검술을 연습했다. 그러나 고귀한 훈작사는 천재에 지나지 않는 자의 손에 걸려 천국이든 어디든 서둘러 갈 생각은 없었다. 그는 경찰 대신인 사촌형에게 보호를 요청했다. 볼테르는 체포되어 다시 그의 옛집인 바스티유로 가서 바스티유의 안쪽에서 세상을 내다보는 특권을 다시 누리게 되었다. 그는 영국으로 추방당한다는 조건으로 곧 석방되었다. 그는 영국으로 출발했으나 도버까지 호송된 다음 복수심에 불타 변장을 하고 다시 해협을 건너왔다. 그러나 탄로가 나서 언제 세 번째로 체포될지 모른다는 경고를 받

고 그는 다시 배를 탔고 이번에는 3년 동안(1726~29년) 영국에서 머물기
로 결심했다.

2. 런던, 『영국 통신』

그는 기운을 내서 새로운 언어를 익히기 시작했다. 그는 plague(전염
병)가 한 음절이고 ague(학질)가 두 음절인 것을 알고 마음이 편안치 않
아, 영어의 반이 병에 걸리고 다른 반은 학질에 걸리면 좋을 것이라고 생
각했다. 그러나 그는 곧 영어를 제법 읽게 되었고 1년이 지나지 않아 당시
의 일류 영문학에 정통하게 되었다.

그를 놀라게 하는 것은 영국의 볼링브로크, 포프, 애디슨, 스위프트
등이 쓰고 싶은 일은 무엇이든지 자유로이 쓰고 있다는 사실이었다. 영국
에는 자기 나름의 의견을 가진 사람들, 곧 종교를 개조하고, 왕을 교수형
에 처하고, 새로운 왕을 타국에서 데려오고, 유럽의 어느 지배자보다도
강력한 의회를 조직한 사람들이 있었다. 영국에는 바스티유도 없었고 작
위를 가진 연금 수령자나 조정의 게으름뱅이들이 이유도, 재판도 없이 적
대자를 감옥으로 보낼 수 있는 '체포 영장'도 없었다. 여기에는 30개의
종파가 있었지만 사제는 한 명도 없었다. 여기에는 기독교인처럼 행동해
서 전 기독교계를 놀라게 한, 모든 종파 중 가장 대담한 퀘이커 교도도 있
었다. 볼테르는 평생 동안 퀘이커 교도에 대한 경이감을 잊지 않았다.

볼테르가 영국이 그에게 가르쳐줄 수 있는 거의 모든 것—곧 문학,
과학, 철학—을 흡수한 신속한 속도는 참으로 놀라운 것이 아닐 수 없
다. 볼테르는 여러 가지 요소를 모두 받아들여 프랑스 문화와 프랑스 정
신의 불에 집어넣어 프랑스적 기지와 웅변이라는 금으로 바꿔놓았다. 그
는 자신의 인상을 『영국 통신』에 기록해서 원고를 친구들에게 회람시켰

다. 그는 이 통신을 간행하려고 하지 않았다. 이 통신들은 '믿지 못할 앨비언[2]'을 너무 극찬해서 왕실 검열관의 구미에 맞지 않을 것이 분명했기 때문이었다. 이 통신에서 그는 영국의 정치적 자유, 정신적 자주성과 프랑스의 폭정, 속박을 대조시켰고,[2] 모든 물음, 모든 의혹에 대한 대답으로서 바스티유에 한결같이 의존하고 있는 프랑스의 게으른 귀족과 10분의 1세[3]를 징수하는 성직자를 비난했다. 이 편지에서 그는 영국과 마찬가지로 중류계급이 국가 내에서 적합한 위치를 차지해야 한다고 주장했다. 부지중에, 또 아무런 의도도 없이 이 편지들은 혁명의 최초의 계명(鷄鳴)이 되었다.

3. 시레에, 『로망스』

그러나 섭정은 새벽을 알리는 이 수탉을 알아보지 못하고 1729년, 볼테르에게 귀국 허가장을 보냈다. 5년 동안 볼테르는 다시 파리 생활을 즐겼고, 파리의 술이 혈관을 흐르고, 파리의 정신이 붓 끝에 넘쳤다. 그러는 동안에 어떤 악덕 출판업자가 『영국 통신』을 입수해서 볼테르의 허락도 없이 인쇄하여 판매를 하여 볼테르를 비롯하여 모든 선량한 프랑스인들은 깜짝 놀랐다. 파리 의회는 즉시 이 책을 '종교와 도덕과 국권의 존엄성을 해치는 해괴한 책'으로서 공개적으로 태워버리라고 명령했다. 그리고

---

2 영국의 애칭.

2) 디드로는 『맹인에 대한 서한』 때문에 6개월 간 투옥되었다. 뷔퐁은 1751년, 지구의 연령에 대한 견해를 공개적으로 취소하라는 강요를 받았다. 프레레는 프랑스 왕권의 기원에 대한 비판적 연구 때문에 바스티유에 투옥되었다. 분서는 1788년까지 형리에 의해 공식적으로 계속되었고 1815년의 왕정복고 후에도 다시 채택되었다. 1757년, 종교를 공격하는—다시 말해 전통 신앙의 교리를 의심하는—저술가는 사형에 처한다는 칙령이 발표됐다.

3 교회나 사제의 비용으로 수익의 10분의 1을 받았다.

볼테르는 또다시 바스티유 행이 틀림없다는 것을 알고 선량한 철학자답게 달아났다. 이번에는 이 기회를 이용해서 유부녀를 데리고.

샤트르 후작 부인은 28세, 볼테르는 슬프구나, 이미 40세였다. 그녀는 뛰어난 여자로 엄격한 모페르튀, 후에는 클레로와 함께 수학을 연구했고, 뉴턴의 『자연학의 수학적 원리』를 번역하고 박식한 주석을 달았으며, 그 후 곧 불의 본질을 주제로 하는 프랑스 학사원의 현상 논문을 써서 볼테르 이상의 평가를 받았다. 요컨대 그녀는 다른 남자와 달아날 여자는 아니었다. 그러나 후작은 너무나 답답했고, 볼테르는 너무나 재미있었다. 그녀는 볼테르를 '모든 점에서 사랑스러운 사람', '프랑스에서 가장 훌륭한 장식품'이라고 불렀다. 그는 그녀의 사랑에 열렬한 찬양으로 보답하고 '여자인 것이 유일한 결점인 위대한 인간'이라고 불렀다. 그는 그녀를 비롯하여 당시 프랑스의 많은 재원(才媛)을 만나보고 남녀의 정신은 원래 평등하다는 확신을 얻었다.[3] 그는 시레에에 있는 그녀의 성이 파리의 험악한 정치적 기후를 피하기에 알맞은 피난처라고 결정했다. 후작은 그의 연대와 함께 먼 곳에 있었고, 연대는 오래 전부터 그가 수학에서 피신할 수 있는 은신처였다. 후작은 새로운 사태에 반대하지 않았다. 고령에 흥미가 없고, 낭만에 몹시 굶주린 젊은 여자를 부유한 노인에게 결합시키는 타산적 결혼 때문에 당시의 도덕은, 인간의 위선을 적절히 고려하는 한, 숙녀가 가재도구의 하나로 연인을 갖는 것을 허용하고 있었다. 게다가 여자가 천재를 애인으로 선택하는 경우, 세상은 그녀를 용서했다.

시레에 성에서 그들은 허송세월을 보내지는 않았다. 하루 종일 공부와 연구에 몰두했다. 볼테르는 자연과학을 연구하는 호화로운 연구실을

---

3) "신은 남성을 길들이기 위해 여자를 만들었다"(『소박한 사람』)는 볼테르의 말과 "여자는 남자가 문명화시킨 최후의 사물"(『리처드 페버럴의 시련』)이라고 한 메레디트의 말을 참조할 것. 사회학자는 볼테르의 편을 들 것이다. 남자는 여자가 길들인 마지막 동물이기 때문이다.

마련했고, 수 년 동안 연인들은 서로 다투어 발견과 논문에 힘을 기울였다. 방문객은 많았으나 그들은 9시의 만찬 때까지 자기네들끼리 하루를 즐겨야 한다는 것을 알고 있었다. 만찬이 끝나면 가끔 소인극(素人劇)을 상연하거나 볼테르가 생기 넘치는 자작 소설을 낭독했다. 이윽고 시레에는 프랑스 정신의 파리가 되었다. 귀족과 부르주아지도 볼테르의 술과 기지를 맛보기 위해, 또는 볼테르가 자작극에 출연하는 것을 보기 위해 순례에 가담했다. 볼테르는 자신이 이 퇴폐했으나 빛나는 세계의 중심이 된 것을 즐거워했다. 그는 진지하게 생각하는 일이 별로 없었고 얼마 동안은 '웃고 웃기는 것'을 모토로 삼았다. 러시아의 예카테리나 여왕은 그를 '쾌락의 신'이라고 불렀다.

이 무렵 그는 유쾌한 로망스, 곧 『짜디그』, 『캉디드』, 『미크로메가스』, 『솔직한 사람』, 『움직이는 세상』 등을 쓰기 시작했다. 이 로망스들은 그의 99권의 저서에 들어 있는 어떤 책보다도 더 순수한 형태로 볼테르의 정신을 보여준다. 이 로망스들은 소설이 아니라 악한을 소재로 한 해학적 소화(小話)이다. 주인공은 인간이 아니라 관념이고, 악한은 미신, 사건은 사상이다. 어떤 것은 『솔직한 사람』——솔직한 사람은 바로 초기의 루소이다——처럼 단편에 지나지 않는다. 어떤 휴런 인디언[4]이 귀국하는 탐험가들과 함께 프랑스에 온다. 그를 기독교로 개종시키는 문제로 최초의 소동이 벌어진다. 어떤 수도원장이 그에게 『신약』을 준다. 이 책이 마음에 든 인디언은 곧 영세만이 아니라 할례도 받겠다고 신청한다. "제가 받은 책에는 할례를 받지 않은 자는 한 명도 없기 때문입니다. 저도 헤브라이의 관습대로 제물을 바쳐야 합니다. 빠르면 빠를수록 좋습니다"라고 인디언은 말한다. 이 난제가 해결되자, 그는 고해 문제로 다시 말썽을 일으킨

---

4 북미 인디언의 한 종족.

다. 그는 복음서의 어디에서 고해를 명하고 있느냐고 묻는다. 그래서 「야고보서」의 '너희들은 죄를 서로 참회하라' 는 구절을 가르쳐준다. 그런데 그는 고해를 마치자 수도원장을 고해 청문석에서 끌어내리고 자기가 그 자리에 앉아 수도원장에게 고해를 하라고 명령한다. "자, 친구. '너희들은 죄를 서로 참회하라' 고 했소. 내 죄를 당신에게 말했으니 당신도 당신의 죄를 말하기 전에는 꼼짝 마시오." 그는 생 이브 양과 사랑하게 되지만 그가 영세를 받을 때 그녀가 대모였으므로 결혼할 수 없다는 말을 듣는다. 그는 운명의 보잘것없는 악희(惡戱)에 화가 나서 영세를 취소하겠다고 위협한다. 간신히 그녀와의 결혼 허가를 받은 다음, 그는 결혼에는 공증인, 목사, 보증인, 계약서, 특별허가서가 절대로 필요하다는 것을 알고 경악한다. "이렇게 많은 예방조치가 필요한 것을 보니 당신은 굉장한 악당이군." 이렇게 해서 이 이야기는 사건의 진전에 따라 원시 기독교와 교회 기독교 사이의 여러 가지 모순을 드러낸다. 우리는 여기서 학자가 공평하고 철학자가 관대했더라면 하는 아쉬움을 갖게 되지만, 볼테르는 이미 미신에 선전포고를 했고 전쟁 중에는 우리는 적에게만 공평과 관용을 요구하기 마련이다.

『미크로메가스』는 스위프트의 모방이지만 아마도 그 우주적 상상력은 원본[5]보다도 더 풍부할 것이다. 천랑성의 주민이 지구를 방문한다. 이 사람은 저 거대한 별의 시민답게 키가 50만 피트나 된다. 그는 우주 여행 중 토성에서 온 신사를 만나 데리고 온다. 이 신사는 키가 2, 3천 피트밖에 되지 않아 슬퍼한다. 지중해를 도보로 횡단할 때, 천랑성인은 뒤꿈치가 젖을 뿐이다. 그는 길동무에게 토성인은 몇 가지 감각을 갖고 있느냐고 묻는다. "우리에게는 72개가 있으나 매일 그 수가 적은 것을 한탄하고

---

5 『걸리버 여행기』를 말한다.

있습니다"라고 토성인은 대답한다. "당신들은 보통 몇 살까지 삽니까?"
"슬프게도 보잘것없습니다……. 우리 별에서는 1만 5천 년을 사는 사람
은 매우 드물지요. 말하자면 아시다시피 우리는 태어나자 곧 죽는 셈이
죠. 우리의 존재는 한갓 점에 지나지 않고 우리의 생애는 한순간에 지나
지 않고 우리 별은 한 원자일 뿐이지요. 우리는 조금 배우기 시작하자마
자 죽음이 훼방을 놓아서 경험으로부터 이익을 얻을 틈이 없어요."[4] 그들
은 바다 가운데 서서 마치 극미동물(極微動物)을 주워 올리듯 한 척의 배
를 집어든다. 천랑성인은 이 배를 엄지손가락 손톱 위에 올려놓는다. 선
객인 인간들은 대소동을 일으킨다. '배에 근무하는 목사들은 악마 쫓는
주문을 되풀이하고 선원들은 저주를 하고 철학자들은 체계를 세워서' 중
력의 법칙의 이러한 교란을 설명하려고 한다. 천랑성인은 마치 검은 구름
이 하늘을 덮는 것처럼 허리를 굽히고 인간들에게 말한다.

"오, 지고의 존재가 그 전지전능을 나타낸 그대들 지적 원자들이여, 이
지상에서의 그대들의 기쁨은 물론 순수하고 아름다우리라. 물질의 방
해를 받지 않아 —— 온갖 현상으로 보아 —— 거의 영혼 자체와 같으
므로 그대들은 완전한 정신의 참된 향락인 쾌락과 사고의 기쁨 속에서
생활할 것이다. 나는 다른 곳에서는 참된 행복을 찾지 못했으나 여기에
는 분명히 참된 행복이 있을 것이다."

한 철학자가 대답했다. "우리들에게도 많은 악행을 하기에 충분한
물질이 있소……. 예를 들면 내가 말을 하고 있는 바로 이 순간에도 모
자를 쓴 10만 명의 인간들이 터번을 쓴 10만 명의 인간들을 살육하고
있다는 것을 당신은 아실 텐데요. 적어도 그들은 죽이지 않으면 죽습

---

4) 쇼의 『메투셀라로 돌아가라』를 참조할 것. 쇼의 명문구 중 가장 유명한 것은 그 원형이
볼테르의 『철학자 멤농』에 있다. 멤농은 말한다. —— "유감스럽게도 수륙(水陸)으로 된
우리의 천체는 각하가 이에 대해 말씀드릴 영광을 주신 무수한 인간들의 정신병원이라
고 생각하면 두려워질 따름입니다."

니다. 그러고 이것이 아득한 옛날부터 끊이지 않고 지구에 일어난 일이오."

화가 난 천랑성인은 외쳤다. "악당들이로군! 내가 한두 걸음 걸어가서 이 바보 같은 살인자들의 소굴을 짓밟아버릴까 보다."

철학자는 대답했다. "염려하실 일이 아니오. 그들이 하는 일은 부지런히 자기 자신을 파멸시키는 것뿐이니까. 10년쯤 지나면 이 가련한 자들은 1백분의 1도 살아남지 못할 것이오……. 게다가 그들을 처벌해서는 안 되오. 오히려 궁전에 앉아 1백만 명의 인간을 죽이라는 명령을 내리고 엄숙하게 신에게 승리를 감사하고 있는, 앉은뱅이처럼 게으른 야만인들을 처벌해야 하오."

볼테르가 만년에 쓴 『캉디드』 다음으로 가장 훌륭한 이야기는 『자디그』이다. 자디그는 바빌로니아의 철학자로서 "인간으로서는 가장 현명했다……. 그는 어느 시대의 것이든 지금까지 알려진 형이상학은 모두 알고 있었다. 다시 말하면 거의 모르거나 전혀 알지 못했다……. 그는 질투 때문에 세미라를 사랑한다고 착각하고 있었다." 그녀를 강도들로부터 보호하다가 그는 왼쪽 눈에 부상을 입었다.

이집트의 명의(名醫) 헤르메스를 부르러 사자(使者)가 멤피스로 급파되었다. 헤르메스는 많은 시종을 거느리고 왔다. 그는 자디그를 찾아보고 환자는 시력을 잃게 될 것이라고 선언했다. 그는 심지어 운명적인 일이 일어날 일시까지도 예언했다. "만일 오른쪽 눈이라면 나는 쉽게 고쳤을 것입니다. 그러나 왼쪽 눈의 상처는 고치지 못합니다"라고 그는 말했다. 바빌론은 거족적으로 자디그의 운명을 비통해하며 헤르메스의 심원한 사상에 감탄을 아끼지 않았다. 이틀 후 농양은 저절로 터지고 자디그는 완쾌되었다. 헤르메스는 자디그의 눈이 완쾌될 수가 없다고 증명하는 책을 썼다. 자디그는 이 책을 읽지 않았다.

책을 읽는 대신 그는 세미라에게 달려갔으나 그녀는 헤르메스의 최초의 진단을 듣고 "애꾸눈은 질색"이라고 말하며 다른 남자와 약혼했다는 것을 알았을 뿐이었다. 그는 시골 여자와 결혼하고 궁녀 세미라에게는 없는 덕을 시골 여자에게서 찾아내려고 했다. 자디그는 아내의 정절을 확인하기 위해 친구와 짜고 자기는 죽은 척하고 친구는 한 시간 뒤에 아내에게 구애하기로 했다. 자디그는 죽은 척하고 관 속에 눕고 그의 친구는 미망인에게 처음에는 조상을 하고 다음에는 과부가 된 것을 축하한 다음, 마지막으로 직접 구애했다. 아내는 잠시 저항한 후 '결국 승낙할 수 없다고 버티면서 승낙했다.' 자디그는 관에서 일어나 숲 속으로 달아나서 자연의 아름다움으로 마음을 달랬다.

매우 현명한 사람이 된 그를 왕은 대신으로 기용했고 그는 왕의 국토에 번영과 정의와 평화를 이룩해놓았다. 그러자 왕비가 그에게 반했다. 이 사실을 안 왕은 "번민하기 시작했다……. 왕은 특히 왕비의 구두가 푸른색이고 자디그의 구두도 푸른색이며 왕비의 리본이 노란색이고 자디그의 모자도 노란색이라는 사실에 주목했다." 왕은 두 사람을 독살할 결심을 했다. 그러나 왕비가 이 음모를 알고 자디그에게 편지를 보냈다. "달아나세요. 서로의 사랑과 우리의 노란 리본에 걸고 간청합니다!" 자디그는 다시 숲 속으로 달아났다.

이때 그는 눈앞에 있는 인간들을 작은 흙덩어리 위에서 서로 잡아먹는 곤충의 무리로 생각했다. 이러한 실상을 깨닫자 자신의 존재나 바빌론의 존재나 공허한 것임을 느꼈고 그의 불운도 사라져버리는 것 같았다. 그의 영혼은 무한한 세계에 들어서서 오관의 속박으로부터 해방되었고 우주의 불변의 법칙을 명상했다. 그러나 명상에서 다시 깨어났을 때……어쩌면 왕비는 자기 때문에 죽었을지도 모른다고 생각했고 우주는 눈앞에서 사라졌다.

바빌론을 벗어난 다음, 그는 어떤 남자가 여자를 잔인하게 때리는 것을 목격했다. 그는 구원을 요청하는 여자의 절규에 견디지 못해 남자와 싸우기 시작했고, 드디어 자신을 지키기 위해 상대를 일격으로 때려눕혔다. 그는 여자를 돌아보며 물었다. "여보세요, 더 도와드릴 일은 없습니까?" "죽어버려라, 이 악당아! 네놈은 내 애인을 죽였단 말이야. 오, 네 가슴을 갈기갈기 찢어놓을 수만 있다면!"

자디그는 그 후 곧 체포되어 노예가 되었다. 그러나 그는 주인에게 철학을 가르쳐주고 신임받는 고문이 되었다. 그의 권고로 '아내의 순사(殉死)' 라는 관습(남편이 죽으면 미망인도 같이 불태워 죽이는 관습)을 폐지하는 법률이 제정되었다. 곧 미망인은 순사하기 전에 미남과 단둘이서 한 시간을 지내도록 규정한 법률이었다. 또한 자디그는 세렌디브 왕에게 사신으로 파견되어, 왕에게 정직한 대신을 얻으려면 후보자 중에서 가장 경쾌하게 춤추는 자를 선택하는 것이 최상책이라고 가르쳐주었다. 그는 댄스 홀 현관에다 귀중품을 훔쳐가기 쉽도록 허술하게 늘어놓고 각 후보자는 감시인이 없는 이 문을 혼자 지나가게 했다. 후보자들이 모두 입장하자 곧 춤을 추라고 명령했다. "이렇게 춤추는 사람들이 마지못해서 또는 수치를 느끼며 춤춘 일은 없었다. 그들은 머리를 숙이고 등을 구부리고 허리를 손으로 잡고 있었다." 이 이야기는 이런 식으로 진행된다. 우리는 시레에의 밤들을 상상할 수 있지 않은가!

4. 포츠담과 프리드리히

볼테르를 방문하지 못하는 사람들은 편지를 보냈다. 1736년부터 프리드리히와 서신 왕래가 시작되었는데 이때 프리드리히는 아직 왕자였고, 대왕은 아니었다. 프리드리히의 첫 편지는 소년이 왕에게 보내는 편지 같았다. 아첨을 아끼지 않은 이 편지를 보면 볼테르의 당시의—아직 한 권의 걸작도 쓰지 않았을 때의—명성을 짐작할 수 있다. 이 편지에서 프리드리히는 볼테르를 '프랑스 최고의 위인, 언어에 영광을 부여하는 사람'이라고 부르고 "나는 귀하처럼 빛나는 업적을 이룩한 사람과 동시대에 태어난 것을 내 생애 최대의 영광으로 생각한다……. 정신을 웃기는 일은 누구나 할 수 있는 일은 아니다. 정신의 쾌락을 능가하는 것이 있는가?"라고 말한다. 프리드리히는 왕이 신하를 경멸하듯 교리를 경멸하는 자유 사상가였다. 볼테르는 프리드리히가 왕위에 오르면 계몽주의를 유행시킬 것이고, 그때에는 아마도 자기와 프리드리히의 관계가 플라톤과 디오니시우스의 관계와 같을 것이라고 기대했다. 볼테르가 프리드리히의 아첨에 아첨으로 회답하자 프리드리히는 항의했다. 이때 볼테르는 대답했다. "아첨에 항의하는 왕자는 무류성(無謬性)에 항의하는 교황처럼 신기합니다."

1745년, 볼테르가 프랑스 학사원 회원 후보자가 되었을 때, 시인과 수학자는 파리로 갔다. 과분한 명예를 얻기 위해 그는 착한 가톨릭 신자로 자처하며 몇 명의 유력한 예수회 회원에게 경의를 표하고 쉴 사이 없이 거짓말을 뿌렸다. 요컨대 그는 이러한 경우에 우리들도 대개 하는 일을 했을 뿐이다. 그는 실패했다. 그러나 1년 뒤에는 성공했고 이때의 취임 연설은 프랑스 문학의 고전으로 꼽히고 있다. 얼마 동안 파리에 머물며 그는 살롱에서 살롱으로 뛰어다니고 계속해서 희곡을 발표했다.

18세 때의 『오이디푸스』로부터 83세 때의 『이렌』에 이르기까지 그는 많은 희곡을 발표했고 그 중 몇 작품은 실패작이었지만 대부분은 성공을 거두었다. 1730년의 『부루투스』는 실패했고 1732년의 『에리퓔레』도 실패했다. 친구는 그에게 희곡을 포기하라고 설득했다. 그러나 같은 해에 『짜이르』를 발표, 대성공을 거두었다. 1741년에는 『마호메트』가, 1743년에는 『메로페』가, 1748년에는 『세미라미』가, 1760년에는 『탕크레드』가 성공을 거두었다.

　한편 그의 생활에도 희비극이 일어났다. 15년이 지나자 샤트르 부인에 대한 그의 사랑은 희미해져서 그들은 말다툼조차도 하지 않게 되었다. 1748년, 후작 부인은 생 랑베르라는 젊은 미남 후작과 사랑에 빠졌다. 볼테르는 이 사실을 알고 격분했으나 생 랑베르가 용서를 빌자 마음을 진정하고 그들의 사랑을 축복했다. 이제 그는 인생의 정상에 다다라 저 멀리 죽음이 보이기 시작했으므로 젊은이가 우대를 받는 것을 언짢게 생각할 수만은 없었다.

　1749년, 샤트르 부인은 출산 중에 사망했다. 그녀의 남편과 볼테르와 생 랑베르가 그녀의 임종의 자리에서 만나 서로 한마디의 비난도 없이 공동의 손실에 직면해서 우정을 두텁게 한 것은 당시의 특색을 여실히 보여준다. 볼테르는 일에 몰두해서 이 슬픔을 잊으려 했고 얼마 동안은 『루이 14세의 시대』에 전념했다. 그러나 때마침 다시 날아온 프리드리히의 포츠담 궁전으로의 초대장이 그를 낙담으로부터 구출해냈다. 여비 3천 프랑이 첨가된 초대는 거절할 수 없는 것이었다. 1750년 볼테르는 베를린으로 떠났다. 프리드리히의 궁전에서 호화로운 거실이 제공되고 당대의 가장 유력한 군주와 대등한 대우를 받게 되자 그의 마음도 진정되었다.

　볼테르는 공식 만찬을 피했다. 그는 근엄한 장군들과 함께 있는 것을 참을 수 없었다. 그는 밤늦게 프리드리히가 소수의 문우들과 어울리는 개인적 만찬을 위해 시간을 아꼈다. 당대의 가장 위대한 군주는 철학자가 되기를 갈망하고 있었다. 이 만찬회의 상용어는 프랑스어였다. 볼테르는 독일어를 배우려고 하다가 숨이 막히는 것 같아 포기하고 독일어에 좀더 위트가 있고 자음이 적으면 좋을 것이라고 생각했다. 이 만찬석상의 담론을 듣고 어떤 사람은 세계의 가장 재미있고 가장 잘 쓴 책보다도 훌륭하다고 말했다. 그들의 화제에 오르지 않는 문제가 없었고, 또한 솔직한 견해를 털어놓았다. 프리드리히의 위트는 거의 볼테르에 필적할 만큼 날카로웠다. 상대를 화나게 하지 않으면서도 압도하는 멋진 솜씨로 프리드리히의 위트에 응수할 수 있는 사람은 볼테르뿐이었다.

볼테르는 기쁨에 넘쳐 "여기서는 누구나 대담하게 생각하고 자유롭다"고 말했다. 프리드리히는 "한 손으로는 할퀴고 한 손으로는 애무한다……. 불편한 것은 하나도 없다……. 나는 50년 동안 폭풍우 속을 헤매다가 간신히 항구를 발견했다. 왕의 보호, 철학자의 담론, 쾌남아의 매력을 한몸에 갖춘 인물이 16년 동안 불운했던 나를 달래주고 적으로부터 보호해주었다는 것을 나는 알았다. 믿을 만한 것이 있다면, 그것은 프로이센 왕의 성격뿐이다." 그러나…….

같은 해 11월에 볼테르는 프리드리히의 투자금지령에도 불구하고 작센의 국채에 투자해서 자신의 재정 상태를 개선하려고 했다. 국채의 값이 올라 볼테르는 이익을 얻었으나 대리인 히르슈는 이 거래를 공개하겠다고 위협하며 그의 돈을 갈취하려고 했다. 볼테르는 그의 멱살을 잡고 때려눕혔다. 프리드리히는 이 사건을 알고 격노했다. 그는 라 메트리에게 "나에게 그가 필요한 것은 기껏해야 앞으로 1년쯤일걸세. 오렌지는 즙을 짜고 난 다음에는 껍질을 버려야 해"라고 말했다. 아마도 경쟁자를 쫓아내려는 일념 때문이었겠지만, 라 메트리는 이 말을 볼테르에게 전하는 수고를 아끼지 않았다. 만찬은 계속되었으나 "오렌지 껍질이 내 꿈을 어지럽혔다……. 뾰족탑 끝에서 떨어지며 공중으로 떨어지는 것이 상쾌해서 '제발 이 상태가 계속됐으면'이라고 말하는 사람, 그것이 바로 나다"라고 볼테르는 말했다.

그는 반쯤은 결렬을 바라고 있었다. 그는 프랑스인만이 아는 향수에 시달리고 있었다. 1752년, 사소하지만 결정적인 사건이 일어났다. 프리드리히는 계몽주의와 직접 접촉시켜 독일인의 정신을 앙양하고자 프랑스에서 위대한 수학자 모페르튀를 비롯하여 많은 인사들을 초빙했다. 어느 날 모페르튀는 쾨니히라는 수하의 수학자와 뉴턴의 해석에 대해 논쟁을 벌였다. 프리드리히는 모페르튀에게 가담했다. 그러나 조심보다는 용기가 앞서는 볼테르는 쾨니히의 편을 들었다. "나에게는 불행한 일이지만 나도 저술가이므로 왕과 맞서게 되었다. 나에게는 수판은 없지만 펜이 있다"고 그는 데니 부인에게 보낸 편지에서 말하고 있다. 거의 같은 무렵에 프리드리히는 누이동생에게 보낸 편지에서 "내 주변에 있는 문인들은 악마의 화신이다. 그들은 전혀 쓸모가 없다. 그들에게는 사교의 지혜 이외에는 아무런 지혜도 없다……. 정신을 가진 인간이 때로는 짐승보다 더 나을 것이 없다는 사실을 알면 짐승들은 위안을 받으리라"고 말하고 있다.

볼테르가 모페르튀에 맞서서 『아카키아 박사 비판』을 쓴 것도 이 무렵이었다. 그는 이 글을 프리드리히에게 읽어주었다. 프리드리히는 이 글을 생각하고 밤새도록 웃다가 출판은 하지 말라고 볼테르에게 부탁했다. 볼테르는 동의하는 것 같았으나 사실 이 글은 이미 인쇄소에 넘어가 있었다. 저자는 그의 펜이 낳은 갓난애를 죽이지는 못하는 것이다. 이 책이 출판되자 프리드리히는 펄펄 뛰었고 볼테르는 분노의 불길을 피해 달아났다.

프리드리히의 관할 밖이었음에도 불구하고 볼테르는 프랑크푸르트에서 왕의 대리인에게 체포되었다. 간신히 풀려나서 프랑스 국경을 넘으려고 할 때, 프랑스로부터 그의 추방 명령이 전달되었다. 쫓기는 늙은이는 갈 곳을 알지 못했다. 잠시 그는 펜실베니아로 갈 생각을 했다. 그의 절망을 짐작할 만하다. 그는 파리와 베를린의 적대적인 전제군주의 추적을 피할 수 있는 '아득한 무덤'을 찾으며 제네바 근교에서 1754년 3월을 보냈다. 마침내 그는 '레 델리스(快樂莊)'라는 낡은 집을 사서 정착하고 정원을 가꾸며 건강 회복에 힘썼다. 그의 생애가 노경(老境)으로 기울어지면서 그의 가장 고상하고 가장 위대한 활동기가 시작되었다.

5. 레 델리스, 『도덕론』

이번 추방의 원인은 무엇이었는가? 베를린에서 발행한 "그의 저서 중 가장 야심적이고 가장 두껍고 가장 특색 있고 가장 대담한 책"(몰리, 『볼테르』) 때문이었다. "샤를마뉴로부터 루이 18세에 이르는 제국민의 도덕 및 정신에 대한 시론"이라는 이 책의 제목도 추방의 적지 않은 이유가 되었다. 그는 시레에서 샤트르 부인이 쓴, 종래의 역사서를 비난하는 글을 읽고 자극을 받아 이 책을 쓰기 시작했다.

종래의 사서(史書)는 '한 권의 낡은 연감'이라고 그녀는 말했다. "스웨덴에서 에길이 하퀸을 계승했다든가, 오토만은 오르토구룰의 아들이었다든가 하는 것이 자기 소유지에서 살고 있는 한, 프랑스 부인인 나와 무슨 관계가 있는가? 나는 그리스인과 로마인이 쓴 사서를 즐겁게 읽었다. 그들의 사서는 나를 매혹하는 어떤 상(像)을 제시했기 때문이다. 그러나 나는 근대 국가의 긴 역사를 끝까지 읽은 적이 없다. 내가 이 역사에서 본 것은 기껏해야 혼란이었다. 아무런 관계도, 연관도 없는 보잘것없는 무수한 사건들, 아무런 해결도 짓지 못하는 무수한 전쟁들. 나는 정신을 계발하기보다는 압도하는 연구를 포기한다."

볼테르는 이 의견에 동의했다. 그는 그의 『솔직한 사람』으로 하여금 "역사는 범죄와 불행의 묘사에 지나지 않는다"고 말하게 했고, 호레이스 월폴에게 보낸 편지(1768년 7월 15일자)에서 "'요크 당과 랭카스터 당의 역사와 그 밖의 역사들은 마치 노상 강도의 역사를 읽는 것 같다"고 말했다. 그러나 그는 샤트르 부인에게 철학을 역사에 적용하고 정치적 사건의 흐름 밑에서 인간 정신의 역사를 더듬어 본다면 탈출구가 생길지도 모른다는 희망을 밝혔다. "오직 철학자만이 역사를 쓸 수 있다"(펠리시에, 『볼테르의 철학』)고 그는 말했다. "모든 국가에 있어서 철학이 인간을 계몽하기까지는 역사는 우화에 의해 왜곡된다. 철학이 마침내 이 암흑의 한가운데에 도달했을 때에는 인간의 정신은 수 세기 동안의 오류에 눈이 어두워진 다음이어서 철학이 인간의 정신을 미몽에서 깨어나게 하는 것은 거의 불가능하다. 철학은 거짓말을 입증하기 위해 쌓아올린 의식, 사실, 기념비를 발견한다"(『도덕론』). 그는 "역사는 우리가 오직 사자(死者)에게 사용하는 일련의 술책에 지나지 않는다"고 결론을 내린다. 우리는 과거를 미래에 대한 우리의 희망에 맞도록 바꿔놓으며 결국 역사는 무슨 일이든 "역사에 의해 입증될 수 있다는 것을 증명한다."

　그는 광부처럼 이 '허위의 미시시피강' (매튜 아널드의 역사에 대한 묘사)에서 인류의 진정한 역사에 대한 진실을 낱낱이 찾아내려고 애썼다. 해마다 그는 예비적 연구, 곧 『러시아사』, 『샤를 12세전』, 『루이 14세의 시대』, 『루이 13세의 시대』에 열중했다. 이러한 연구를 통해 그는 인간을 천재로 만드는 내면의 불굴의 지적 양심을 계발했다. 그는 입수할 수 있는 한, 그의 연구 주제와 관련되는 모든 자료를 읽었고, 무수한 기록을 자세히 조사했고, 중요 사건과 관련된 생존자들에게 무수한 편지를 썼고, 자신의 저서가 발행된 다음에도 연구를 계속해서 판이 거듭될 때마다 수정을 가했다.

　그러나 자료 수집은 예비 단계일 뿐이었다. 필요한 것은 선택하고 정리하는 새로운 방법이었다. 사실은 매우 드물지만 가령 사실이라 하더라도 단순한 사실만으로는 소용이 없다. '아무런 결말도 짓지 못하는 상세한 사실과 역사의 관계는 배낭과 병사의 관계와 같아서 방해가 될 뿐이다. 우리는 사물을 대국적으로 보아야 한다. 인간의 정신은 매우 작아서 사소한 사건들의 무게에 압도당하기 때문이다'(몰리,『볼테르』). '사실'은 연대기 편자들에 의해 수집되어 단어를 찾듯이 필요할 때 역사적 사실을 찾아볼 수 있는 역사 사전에 배열해놓으면 된다.

볼테르가 추구한 것은 유럽 문명사 전체를 한 가닥의 실로 꿰뚫을 수 있는 통일 원리였다. 그는 문화사가 바로 이 실이라고 확신했다. 그는 그의 역사에서 제왕들이 아니라 운동, 사회세력, 민중을, 국민이 아니라 인류를, 전쟁이 아니라 인간 정신의 전진을 다루기로 결심했다. '전투와 혁명은 내 계획의 가장 작은 부분일 뿐이다. 기병중대나 보병대의 승부, 점령과 탈환이 거듭되는 도시들은 어느 역사에나 공통된 것이다……. 예술과 정신의 진보를 제거한다면 후세의 주목을 끌 만한 중요한 일은 어느 시대에서도 찾아내지 못할 것이다(『서한을 통해 본 볼테르』). '나는 전쟁의 역사가 아니라 사회의 역사를 쓰고 싶다. 또한 사람들이 가정에서는 어떻게 살았고 그들은 힘을 합쳐 어떠한 예술을 키웠는지를 확인하고 싶다……. 나의 목표는 인간 정신의 역사이고 사소한 사건의 열거는 아니다. 또한 나는 위대한 군주들의 역사에는 관심이 없고……인간이 어떠한 단계를 밟아 야만 상태로부터 문명을 이룩해왔는가를 알고 싶다'(버클,『문화사』). 이와 같이 역사로부터 왕들을 제거한 것은 마침내 왕들을 정치로부터 추방한 민주주의적 반란의 일부였다. 『도덕론』은 부르봉 가의 폐위의 시발점이었다.

이렇게 해서 그는 최초의 역사철학—유럽 정신의 발전에서 자연적 인과관계의 흐름을 찾아 내려는 최초의 체계적 시론—을 형성했다. 초자연적 설명을 포기한 다음, 이러한 실험을 하는 것은 당연히 예상할 만한 일이었다. 다시 말하면 신학이 물러나기까지는 역사는 정당한 권리를 획득하지 못했다. 버클에 의하면 볼테르는 근대 사학의 기초를 놓았다. 기븐, 니버, 버클, 그로트 등은 볼테르에게 큰 혜택을 입은 후계자들이었다. 볼테르는 이 사학자들의 원류였고 그가 처음으로 개발한 영역에서는 아직까지도 누구 하나 그를 능가하지 못했다.

그러면 이 위대한 책은 왜 그의 추방 원인이 되었는가? 이 책은 사실을 밝힘으로써 모든 사람들의 미움을 샀던 것이다. 이 책은 기독교에 의한 이교의 신속한 정복이 로마를 내면적으로 붕괴시키고 침입 이주하는 야만인에게 간단히 희생될 소지를 마련했다는, 후에 기븐이 더욱 발전시킨 견해를 밝혔기 때문에 특히 성직자들을 격분시켰다. 게다가 유태교와 기독교에는 종래보다 적은 지면을 할당하면서 화성인처럼 공평하게 중국, 인도, 페르시아와 그 종교들을 다루었기 때문에 성직자들을 더욱 격분시켰다.

이러한 새로운 시야 때문에 광대하고 새로운 세계가 드러났다. 모든 교리는 빛을 잃고 상대적인 것이 되었고, 무한히 넓은 동양이 당연한 지리상의 비중을 갖게 되자 유럽은 갑자기 한 대륙의, 그리고 유럽 문화보다 더 큰 문화의 실험대에 불과한 반도라는 사실을 의식하게 되었다. 이와 같이 비애국적인 계시를 설파하는 유럽인을 유럽이 용서할 수 있을 것인가? 왕은 감히 자기 자신을 먼저 인간으로 생각하고 다음에 프랑스인으로 본 이 프랑스인에게 두 번 다시 프랑스의 흙을 밟게 해서는 안 된다고 명령했다.

6. 페르네, 『캉디드』

레 델리스는 잠정적인 숙소였고 볼테르는 이곳을 중심으로 보다 항구적인 피난처를 찾고 있었다. 1758년, 프랑스에 가까운 스위스 국경 지대의 페르네에서 이 피난처를 발견했다. 여기서는 프랑스의 권력도 염려 없을 뿐 아니라 스위스 정부가 간섭하는 경우에도 프랑스로 도피하기 쉬 웠다. 이 마지막 전거로 그의 방랑시대는 막을 내렸다. 그가 여기저기로 불안하게 옮겨다닌 것은 박해로 인한 끊임없는 불안도 반영하고 있어서 반드시 신경질적인 불안정 상태의 결과는 아니었다. 64세가 되어서 비로 소 그는 가정이라고 불러도 좋을 집을 간신히 찾아냈다. 그는 정원에 나 무를 심으며 즐거운 나날을 보냈다. 그러나 그는 생전에 이 나무에 열매 가 열리는 것을 보리라고 기대하지 않았다.

이제 페르네는 세계의 정신적 수도가 되었다. 당시의 학자와 계몽 군 주들은 직접 또는 편지로 경의를 나타냈다. 회의적인 성직자, 자유주의적 귀족, 학식 있는 숙녀들이 이곳을 찾아왔고, 기번과 보스웰은 영국에서 찾아왔고, 달랑베르, 엘베시우스, 그 밖의 계몽주의적 반역자들도 찾아왔 다. 마침내 볼테르는 끊임없는 방문객의 접대를 귀찮게 여기게 되었다. 그는 전 유럽인을 위한 호텔의 주인이 된 것 같다고 비명을 질렀다. 어떤 친구가 6주일 간 머물 예정이라고 알려오자 볼테르는 대답했다. "자네와 돈키호테의 차이는 뭘까? 돈키호테는 여관을 성으로 착각하고 자네는 성 을 여관으로 착각한 걸세." 그리고 그는 "하느님, 저를 친구들에게서 구 원해주소서. 내 적들은 내가 처치하겠습니다"라고 말을 맺었다.

이와 같이 유쾌한 주인공이 비관주의의 대표자가 되리라고 상상한 사람이 있었을까? 젊은 시절 그는 파리의 살롱에서 흥청거리며 바스티유 따위는 무시하고 인생의 밝은 면만 보았다. 그러나 덤벙대던 시절에도 그 는 라이프니츠가 유행시킨 부자연스러운 낙천주의에 반대했다. 어떤 열 렬한 젊은이가 한 권의 책을 써서 그를 공격하며 라이프니츠처럼 이 세 계가 "가능한 모든 세계 가운데 최선의 세계"라고 주장했을 때, 볼테르는 다음과 같은 편지를 이 젊은이에게 보냈다. "나는 귀하가 나에게 반대하는 작은 책을 썼다는 말을 듣고 기뻐한다. 이것은 실로 과분한 영광이다……. 귀하가 시로든, 산문으로든, 가능한 모든 세계 가운데 최선의 세계에서 많은 사람들이 자살하는 이유를 설명해준다면 대단히 고마운 일이 될 것이다. 나는 귀하의 논의, 귀하의 시, 귀하의 욕설을 기다리고 있으며, 우리들은 둘 다 이 문제에 대해서는 아무것도 모른다는 것을 충심으로부터 확인한다."

박해와 환멸은 인생에 대한 그의 신념을 무너뜨렸고, 베를린과 프랑크푸르트에서 겪은 경험은 그의 희망조차도 앗아갔다. 그러나 그의 신념과 희망이 가장 큰 상처를 입은 것은 1755년 11월, 리스본에서 무서운 지진이 일어나 3만 명이 죽었다는 뉴스를 들었을 때였다. 지진은 만성절[6]에 일어났다. 교회는 신도로 붐볐다. 죽음은 적이 밀집해 있는 것을 알고 풍성한 수확을 거두어갔다. 볼테르는 충격을 받고 숙연해졌으며, 프랑스의 성직자들이 이 재난을 리스본 주민들의 죄에 대한 벌이라고 설명한다는 말을 듣고 격노했다. 그는 그의 생각을 한 편의 열렬한 시로 나타냈는데, 이 시에는 '신은 재난을 방지할 수 있는데도 방지하려고 하지 않는가, 재난을 방지하고 싶지만 방지할 능력이 없는가' 하는 고래로부터의 딜레마가 강력히 나타나 있다.

선악은 인간의 용어이고 우주에는 적용되지 않으며, 인간의 비극은 영원한 관점에서 본다면 사소한 일에 지나지 않는다는 스피노자의 대답에 그는 만족할 수 없었다.

나는 거대한 전체의 하찮은 부분.
그렇다. 그러나 모든 동물은 살지 않으면 안 되고
역시 엄격한 법칙에 따라 태어난 모든 유정(有情)한 것들은

---

6 11월 1일, 모든 성인의 영혼에 제사를 지내는 날.

나처럼 고생하다가 나처럼 죽는다.

매는 가련한 먹이를 덮쳐서

피에 굶주린 부리로 벌벌 떠는 사지를 찢는다.

매에게는 만사가 순조로운 것처럼 보인다. 그러나 잠시 후에

독수리가 매를 찢어발긴다.

한편 인간의 화살이 독수리를 꿰뚫는다.

싸움터의 먼지 속에 쓰러져 있는 인간은

자기 피를 죽어가는 동료의 피와 섞으며

이윽고 굶주린 새들의 먹이가 된다.

이와 같이 세계는 구석구석 신음 소리로 가득 차고

모든 것은 고통을 위해, 서로 죽이기 위해 태어났다.

이 무시무시한 혼란을 보고 그대들은 말하리라.

각각의 재난은 전체의 선이 된다고!

이것은 무슨 축복인가! 떨리는 목소리로

죽어야 할 가련한 그대들이 '만사형통' 이라고 외칠 때,

우주는 그대들을 기만하고 그대들의 마음은

수없이 그대들의 정신의 자부심을 힐난한다…….

신의 판결은 무엇인가?

말이 없구나. 운명의 책은 우리들에게는 닫혀 있다.

인간은 무엇을 찾고 있는지 알지 못하고

어디서 와서 어디로 가는지 모른다.

죽음에 먹히고 운명의 조롱을 받는,

진흙 속에서 몸부림치는 원자일 뿐.

그러나 생각하는 원자이고 아득한 곳을 꿰뚫어보는 눈은

사상의 인도를 받아 아득히 먼 별의 궤도를 측정한다.

우리의 존재는 무한자와 융합된다.

그러나 우리는 우리 자신을 보지 못하고 알지도 못한다.

이 세계, 이 자만과 부정의 무대에는

행복을 말하는 병든 바보들이 들끓고 있다.
일찍이 나는 노래했다. 덜 우울한 목소리로
즐거움 넘치는 밝은 삶을.
세월이 바뀌고 늘어가는 나이의 가르침으로
나도 덧없는 인간임을 깨닫고
깊어가는 어둠 속에서 빛을 찾으며
오직 괴로워할 뿐 탄식하지는 않는다.

몇 달 뒤에 7년 전쟁이 일어났다. 볼테르는 캐나다의 '눈에 덮인 2, 3 에이커'의 땅을 영국이 차지하느냐, 프랑스가 차지하느냐를 결정하려는 이 전쟁을 전 유럽을 황폐화시키는 광기이며 자살 행위라고 생각했다. 이 무렵 리스본의 시에 대한 장 자크 루소의 응수가 공개되었다. 이 재난에 대해서는 인간 자신이 비난을 받아야 한다. 만일 인간이 도시에 살지 않고 야외에 살았다면 이와 같이 대규모로 죽지는 않았을 것이며, 만일 인간이 옥내에서 살지 않고 옥외에서 살았다면, 집이 인간의 머리 위로 무너져 내리는 일은 없었을 것이다. ──이것이 루소의 대답이었다. 볼테르는 이러한 심원한 변신론(辯神論)이 인기를 끄는 것을 보고 어처구니가 없었다. 이 돈키호테 같은 사람 때문에 그의 이름이 먼지투성이가 되는 데 화가 나서 그는 "인간이 지금껏 휘둘러온 모든 지적 무기 중에서 가장 무서운 무기인 볼테르의 조소"(탈랑튀르, 『볼테르의 생애와 철학』)로 루소에게 응수했다. 1751년, 사흘 동안에 그는 『캉디드』를 완성했다.

이렇게 유쾌하게 비관주의를 논한 책은 없었을 것이다. 이 세상이 슬픈 세상임을 배우면서 사람들이 마음껏 웃은 일은 일찍이 없었다. 또한 이렇게 단순하고 꾸밈없이 이야기를 엮어간 책도 드물다. 이 이야기는 순전히 이야기와 대화로 구성되어 있고 묘사로 이야기를 장황하게 만들지 않는다. 그리고 줄거리는 자유분방할 만큼 빠르게 진행된다. 아나톨 프랑스는 "볼테르의 손 끝에서 펜은 달리고 웃는다"고 말했다. 이것은 아마도 세계 문학에서 가장 훌륭한 단편일 것이다.

캉디드는 이름 그대로[7] 단순하고 정직한 청년으로 웨스트팔리아의 툰더 텐 트롱크의 남작의 아들이고 석학 팡그로스의 제자이다.

팡그로스는 형이상학적 · 신학적 · 우주론적 철학의 교수였다……. "모든 것은 필연적으로 최선의 목적을 위해 존재한다는 것을 입증할 수 있다. 코는 안경을 쓰기 좋게 되어 있고……다리는 분명히 양말에 알맞으며……돌로는 성을 쌓기 좋고……돼지는 1년 내내 우리들에게 고기를 공급하는 것을 보라. 그러므로 만사가 다 좋다고 주장하는 자는 바보다. 오히려 모든 것은 최선을 위해 존재한다고 말해야 할 것이다"라고 그는 말한다.

팡그로스가 강연을 하고 있을 때, 성은 불가리아 군의 공격을 받고 캉디드는 포로가 되어 군에 편입된다.

그는 우향우, 좌향좌, 탄약 꽂을대 꽂아, 탄약 꽂을대 뽑아, 조준, 발사, 앞으로 가 등을 배웠다……. 어느 화창한 봄날, 그는 산보를 하기로 결심하고 자기 다리를 자기 마음대로 사용하는 것은 동물의 특권일 뿐 아니라, 인간의 특권이기도 하다고 확신하면서 앞으로 곧장 나갔다. 2리그[8]도 가지 못해서 그는 키가 6피트나 되는 4명의 영웅에 붙잡혀 꽁꽁 묶여서 감옥으로 끌려갔다. 그는 연대의 전 병사에게 채찍으로 36대씩 맞든지, 한꺼번에 12발의 탄환을 머리에 맞든지 양자택일을 하라는 명령을 받았다. 인간의 의지는 자유이므로 어느 쪽도 택하지 않겠다고 그는 말했으나 소용이 없었다. 그는 자유라고 불리는 신의 선물에 힘입어

---

7 candide는 단순한, 순진한, 깨끗한이라는 뜻.
8 1리그는 약 3마일.

36회의 채찍을 맞기로 결심했다. 그는 두 번까지 참아냈다.

캉디드는 도주해서 리스본으로 건너간다. 그 배에서 팡그로스 교수를 만나 남작 부부가 살해되고 성이 파괴되었다는 소식을 듣는다. "모두 불가피한 일이었네. 개인의 불행은 일반적인 선이 되므로 개인의 불행이 많으면 많을수록 전체의 선은 그만큼 커진다네"라고 팡그로스는 결론을 내린다. 그들이 리스본에 도착하자 지진이 일어난다. 지진이 지나간 다음, 그들은 서로 자신의 모험과 고난을 이야기한다. 이 이야기를 듣고 있던 늙은 종은 자신의 고난에 비하면 그들의 고난은 아무것도 아니라고 말한다. "저는 수없이 자살하려고 했지만 삶에 대한 미련이 더 컸어요. 이 어이없는 약점은 아마도 우리 인간들의 가장 운명적인 특색 같아요. 언제든지 내던져 버릴 수 있는 짐을 줄곧 지고 다니는 것보다 더 어리석은 일이 있을까요?" 혹은 또 한 명의 등장인물이 말한 바와 같이 "만사를 곰곰이 생각해보면 총독의 생활보다는 곤돌라 사공의 생활이 더 좋다. 그러나 그 차이는 매우 미미해서 조사할 필요도 없다고 생각한다."

캉디드는 종교 재판을 피해 파라과이로 간다. "파라과이에서는 예수회 신부들이 일체를 소유하고 인민은 아무것도 소유하지 못한다. 이야말로 이성과 정의의 걸작이다." 네덜란드 식민지에서 그는 외팔, 외다리의 누더기를 걸친 흑인을 만난다. "우리는 설탕 공장에서 일을 했는데 기계에 손가락이 스치면 팔이 잘리고……달아나려고 하면 다리가 잘리지요……. 이것이 당신들이 유럽에서 설탕을 먹는 대가랍니다"라고 흑인 노예는 설명한다. 캉디드는 인적미답(人跡未踏)의 오지에서 많은 금을 발견하고 해안으로 돌아와 프랑스로 갈 배를 빌린다. 그러나 선장은 부두에서 철학적 사색에 잠겨 있는 캉디드를 남겨놓고 금을 실은 채 출발한다. 캉디드는 수중에 남아 있는 약간의 금으로 보르도 행 배표를 산다.

우리는 캉디드의 그 후의 모험을 추적할 틈이 없다. 그 후의 모험은 중세 신학과 라이프니츠의 낙천주의의 난점을 조롱하는 논평이다. 여러 가지 사람들 사이에서 여러 가지 고난을 겪은 다음, 캉디드는 농부로서 터키에 정착한다. 그리고 이 이야기는 스승과 제자의 마지막 대화로 끝난다.

팡그로스는 때때로 캉디드에게 말했다.
"모든 가능한 세계 가운데 최선인 이 세계에서는 사건은 서로 관련되어 있네. 만일 자네가 웅장한 성에서 쫓겨나지 않았더라면……만일 자네가 종교재판에 회부되지 않았더라면……만일 자네가 미대륙으로 건너가지 않았더라면……만일 자네가 금을 모조리 잃어버리지 않았더라면……여기서 구연(枸櫞) 열매 조림이나 피스타치오 열매를 먹지는 못했을 걸세."
"정말 그렇군요" 하고 캉디드는 대답했다.
"어쨌든 밭이나 갈기로 합시다."

7. 『백과전서』와 『철학사전』

『캉디드』처럼 불경한 책이 인기를 끈 것으로 보아 이 시대의 정신을 어느 정도 짐작할 수 있다. 루이 14세 시대의 궁정 문화는 유력한 사제들이 커다란 역할을 맡고 있었음에도 불구하고 교리나 전통을 웃어넘길 줄 알았다. 종교개혁이 프랑스를 정복하지 못한 후로는 프랑스인에게는 무류성론(無謬性論)과 무신론의 중간 지대는 존재하지 않았다. 독일과 영국의 지성은 한가하게 종교적 진화의 길을 걷고 있었으나 프랑스의 정신은 위그노[9]를 학살하던 뜨거운 신앙으로부터 한걸음에 조상들의 종교에 반대하는 라 메트리, 엘베시우스, 돌바크, 디드로 등의 냉혹한 적의로 뛰

---

9 16, 17세기의 프랑스 신교도들.

어올랐다. 만년의 볼테르가 생활하고 활동하던 지적 환경을 잠시 돌이켜
보기로 하자.

라 메트리(1709~51년)는 군의(軍醫)였으나 『영혼의 박물학』을 쓰
고 지위를 잃었고 『인간 기계론』을 쓰고 추방당했다. 그는 어느 정도 자유
사상가이며 파리의 최신 문화를 받아들이려고 하던 프리드리히의 궁전으
로 피신했다. 라 메트리는 데카르트가 손을 덴 소년처럼 겁이 나서 집어
던진 기계론적 사상을 받아들이고, 대담하게도 세계 전체는 기계이고 인
간도 예외는 아니라고 선언했다.

라 메트리는 이러한 견해 때문에 추방됐으나 동일한 견해를 『인간
론』이라는 저서의 바탕으로 삼은 엘베시우스(1715~71년)는 프랑스에
서 거부가 되고 높은 지위와 명예를 얻었다. 라 메트리는 무신론의 형이
상학을 말했으나 엘베시우스는 무신론의 윤리학을 보여준다. 모든 행위
는 에고이즘, 곧 자기애의 지시를 받는다. "영웅조차도 최대의 쾌락을 연
상시키는 감정에 따른다." "덕은 망원경을 갖추고 있는 에고이즘이다"
(테느, 『앙시앵 레짐』). 양심은 신의 목소리가 아니라 경찰에 대한 공포
이다. 양심은 부모와 선생과 언론에 의해 성장하는 영혼에 주입된 일련
의 금지의 침전물이다. 도덕의 기초는 신학이 아니라 사회학에서 찾아야
한다. 선을 결정하는 것은 변화하는 사회적 욕구이지 불변의 계시나 교
리는 아니다.

이 그룹의 가장 중요한 인물은 데니 디드로(1713~84년)였다. 그의
사상은 그의 단편들과 돌바크 남작(1723~89년)—그의 살롱은 디드로
일파의 본부였다—의 『자연의 체계』에 나타나 있다. "우리가 원초로 되
돌아가보면 무지와 공포가 신을 창조했고 공상, 광신, 기만 등이 신을 미
화하거나 왜곡했고 마음이 약해서 신을 숭배했고 경신(輕信)이 신을 유
지해왔고, 관습이 신을 존중하게 만들고 폭군은 인간의 맹목성을 자신의

이익에 이용하고자 신을 지지했다는 것을 알 수 있다"고 돌바크는 말한다. 디드로는 신에 대한 신앙은 독재정치에 굴복하는 것과 관계가 있다고 말한다. 신앙과 독재정치는 흥망성쇠를 같이 한다. "인간은 최후의 왕이 최후의 성직자의 창자로 교살당할 때까지는 결코 자유롭지 못할 것이다." 천국이 파괴될 때, 비로소 지구는 정당한 권리를 가질 것이다. 유물론은 세계에 대한 지나친 단순화일지도 모른다. 모든 물질이 생명을 갖고 있을지도 모르며 의식의 통일성을 물질과 운동에 환원시키는 것도 불가능할지 모른다. 그러나 유물론은 교회에 대항하는 효과적인 무기여서 더 좋은 무기가 발견될 때까지는 이용하지 않을 수 없다. 한편 인간은 지식의 보급과 산업 장려에 힘을 기울여야 한다. 산업은 평화를 촉진하고 지식은 새롭고 자연스러운 도덕을 형성할 것이다.

이것이 디드로와 달랑베르가 1752년부터 1773년까지 차례차례 발행한 방대한 『백과전서』를 통해 전파하려고 한 사상이다. 교회는 처음 나온 몇 권을 판매 금지시켰다. 반대가 증대되자 디드로의 동지들은 그를 저버렸다. 그러나 디드로는 분연히 일을 계속했고 분노는 기운을 돋구어 주었다.

무슨 일에든 관심을 갖고 어떤 싸움에든 끼여드는 볼테르가 한때 백과전서파에 가담한 것은 당연한 일이다. 그들은 즐거이 그를 지도자라고 불렀다. 볼테르는 그들의 아부가 싫지 않았다. 비록 그들의 사상은 약간 가지를 칠 필요가 있었지만. 그들은 이 거대한 기획을 위해 몇 가지 항목의 집필을 볼테르에게 의뢰했고 그는 쉽게 많은 글을 써주어 그들을 기쁘게 했다. 그는 이 일을 끝마치자 자기 나름대로 백과사전을 꾸미기 시작했고 이 책을 『철학사전』이라고 불렀다. 전례가 없는 대담성으로 그는 알파벳 순으로 주제를 배열하고 각 항목마다 그의 무진장한 지식과 지혜의 일부를 쏟아놓았다. 모든 문제를 다루면서도 걸작을 써내는 사람을 상상해보라. 『철학사전』은 그의 '로망스'를 제외하고는 가장 읽을 만하고 빛나는 저서이며, 각 항목은 간결, 명료, 기지의 전형이다. "어떤 사람은 한 권의 작은 책을 써도 지루하지만 볼테르는 1백 권의 책을 통해 간결하다"(로버트슨, 『볼테르』). 이 책으로 볼테르는 마침내 철학자임을 입증했다.

그는 베이컨, 데카르트, 로크, 그 밖의 모든 근대인처럼 회의와(아마도) 백지 상태로부터 시작한다. "나는 언제나 스스로 검토할 것을 주장한 디뒤모스의 성 토마스[10]를 나의 수호성자로 삼았다"(『철학사전』). 그는 회의의 방법을 가르쳐준 벨에게 감사한다. 그는 모든 체계를 거부하고 "철학상의 학파의 대표자들은 모두 약간은 사기꾼"(『철학사전』)이라고 생각한다. "깊이 연구할수록 형이상학의 체계와 철학자의 관계는 소설과 여자의 관계와 같다는 나의 확신이 더욱 확고해진다"(펠리시에, 『볼테르의 철학』). "확실성을 말하는 자는 허풍선이다. 우리는 제1원리에 대해서는 전혀 모른다. 신과 천사와 성령을 정의하고, 우리가 팔을 마음대로 움직일 수 있는 이유도 모르면서 신이 세계를 창조한 이유를 정확히 알고 있다고 하는 것은 참으로 어처구니없는 일이다. 회의는 매우 유쾌한 상태는 아니지만 한편 확실성은 가소로운 상태이다"(로버트슨, 『볼테르』). '나는 무엇으로 만들어졌고 어떻게 태어났는지 알지 못한다. 나는 생애의 4분의 1을 살았으나 아직도 내가 보고 듣고 느끼는 것의 원인이 무엇인지 전혀 모른다……. 나는 물질로 불리는 것을 천랑성(天狼星)과 현미경으로 간신히 볼 수 있는 최소의 원자의 형태로 보았을 뿐이다. 그러나 나는 이 물질이 무엇인지 알지 못한다"(『철학사전』 중 '무지(無知)' 항).

그는 "태어나지 않았더라면 좋았을 것을……"이라고 말하는 '선량

한 브라만의 이야기를 들려준다.

"왜 그렇소?"라고 나는 물었다.

브라만은 대답했다. "40년 동안 연구한 끝에 이제 나는 시간 낭비였음을 깨달았습니다……. 나는 내가 물질로 만들어졌다고 믿지만 나의 사상을 만들어내는 것이 무엇인가 하는 데 대해서는 만족할 만한 신념이 없습니다. 나의 이성이 보행이나 소화처럼 단순한 기능인지, 또는 손으로 물건을 붙잡듯이 머리로 사물을 생각하는 것인지 전혀 알 수 없습니다……. 나는 말을 많이 하지만 말이 끝나자마자 혼란을 느끼고 내가 한 말을 부끄러워합니다." 같은 날, 나는 그의 이웃에 살고 있는 어떤 노파와 이야기했다. 나는 노파에게 자신의 영혼이 어떻게 만들어졌는지 알지 못해서 불행한 적이 있었느냐고 물었다. 노파는 내 질문의 뜻조차도 이해하지 못했다. 노파는 일생을 통해 한순간이나마 선량한 브라만을 괴롭혀 온 문제들을 생각해본 적이 없었다. 노파는 마음속 깊이 비슈누[11]의 전생을 믿었고 만일 갠지스 강의 성수를 약간 구해서 세정식(洗淨式)만 할 수 있다면 가장 행복한 여자라고 생각할 것이다. 이 가엾은 노파의 행복에 아연해져서 나는 철학자가 있는 곳으로 되돌아가 말했다.

"당신이 있는 곳에서 50야드도 떨어지지 않은 곳에 아무것도 생각하지 않으면서도 행복하게 사는 늙은 자동 인형이 있건만, 당신은 이렇게 비참한 기분으로 사는 것을 부끄럽다고 생각하지 않소?" 그는 대답했다. "당신 말이 옳습니다. 나는 수없이 나 자신에게 말했답니다. 저 노파처럼 무지하다면 나도 행복할 것이라고. 그러나 그것은 내가 원하는 행복은 아닙니다." 브라만의 대답은 내게 일찍이 겪었던 어떤 일보다 더 강렬한 감명을 주었다.

비록 몽테뉴가 말한 '나는 무엇을 아는가?'라는 전체적 회의로 끝나

---

[11] 힌두교의 주신(主神)

는 것이 철학의 숙명이라 하더라도, 철학은 인간의 가장 대담하고 가장 고상한 모험이다. 거짓 상상을 바탕으로 새로운 체계를 세우는 일을 영원히 되풀이하기보다는 조촐한 지식의 진보에 만족하는 것을 배우자.

처음부터 모든 것을 설명할 수 있는 원리를 찾아내라고 해서는 안 되며, 오히려 사물을 정확하게 분석하고 아주 겸허하게 이 분석이 어떠한 원리에 맞는가를 알아내려고 노력하라고 말해야 한다……. 베이컨 대법관은 과학이 나아갈 길을 보여주었다……. 그러나 데카르트는 그가 마땅히 해야 할 일과는 정반대되는 일을 했다. 그는 자연을 연구하지 않고 자연을 신성화하려고 한 것이다……. 이 최고의 수학자는 철학을 통해 소설을 썼을 뿐이다……. 계산하고 계량하고 길이를 재고 관찰하는 것은 우리의 본분이고 이것이 자연철학이다. 그 밖의 철학은 거의 모두가 괴물이다(펠리시에, 『볼테르의 철학』).

8. 파렴치를 분쇄하라

보통의 경우라면 볼테르는 아마 절도 있는 회의주의의 철학적 평정을 버리고 만년에 어려운 논쟁에 뛰어들지는 않았을 것이다. 그가 접촉하고 있던 귀족층은 항상 쉽게 그의 견해에 동의했으므로 논쟁을 벌일 필요가 없었다. 성직자들도 신앙의 난점을 지적하는 그에게 미소를 보냈고 추기경들은 그를 카프친회[12]의 수도사로 만드는 방법이 없을까 궁리하고 있었다. 그를 불가지론의 겸손한 조롱으로부터 타협 불허의 반교직주의(反敎職主義)로 돌아서서 '파렴치를 분쇄하는' 가차없는 싸움에 뛰어들게 한 사건은 무엇인가?

---

[12] 프란체스코회의 한 분파로 창립 취지는 프란체스코의 계율을 지키며 청렴한 생활을 하는 것이다.

　페르네에서 멀지 않은 곳에 프랑스 제7의 도시 툴루즈가 있다. 볼테르 시대에 이 도시에서는 가톨릭 신부들이 절대권을 장악하고 있었다. 이 때 툴루즈에는 장 칼라스라는 신교도가 살고 있었다. 그의 딸은 가톨릭으로 개종했으나 아들은 아마도 직업상의 좌절 때문에 목을 매달고 자살했다. 툴루즈에는 자살자는 벌거벗겨 수레에 엎어놓고 거리를 끌고 다니다가 교수대에 매달아놓는 법률이 있었다. 이 처벌을 피하기 위해 아버지는 친척과 친구들에게 자연사로 증언해달라고 부탁했다. 그 결과 살인이라는 소문이 퍼졌고 아들이 곧 가톨릭으로 개종하는 것을 막기 위해 아버지가 죽였다고 수군거렸다. 칼라스는 체포되어 고문을 받고 곧 죽었다(1761년). 그의 가족은 영락한 위에 박해를 받다가 페르네로 도망쳐서 볼테르의 도움을 청했다. 볼테르는 이 가족을 집 안으로 받아들인 다음 위로해주었고 그들이 겪은 중세적 박해의 이야기를 듣고 경악했다.

　거의 같은 무렵(1762년), 엘리자베스 시르방이라는 여자가 죽었다. 그녀가 가톨릭으로 개종할 뜻을 밝히려 하자 우물 속으로 밀어넣었다는 소문이 다시 퍼졌다. 전전긍긍하는 소수의 신교도들이 이러한 일을 저지를 수 없다는 것은 누구나 짐작할 수 있는 일이어서 소문은 곧 사라졌다. 1765년에는 라 바르라는 16세의 소년이 십자가상을 파손했다는 혐의로 체포되었다. 고문에 견디지 못해 이 소년은 죄를 자백했다. 그의 머리는 잘리고 몸뚱이는 불 속으로 던져졌다. 군중은 박수갈채를 보냈다. 소년이 갖고 있던 볼테르의 『철학사전』도 함께 불태워버렸다.

　아마 생애를 통해 처음으로 볼테르는 정녕 진지한 사람이 되었다. 국가와 교회와 민중에게 한결같은 혐오를 느낀 달랑베르가 앞으로는 만사를 조롱할 작정이라는 편지를 보냈을 때, 볼테르는 대답했다. "지금은 농담을 할 때가 아니다. 위트는 학살에는 어울리지 않는다……. 이 나라가 과연 철학의 나라이고 즐거운 나라인가? 오히려 성 바톨로메오의 학살의 나라이다." 이 사건으로 볼테르는 드레퓌스 사건 때의 졸라나 아나톨 프랑스 같은 입장에 놓이게 되었다. 이 난폭한 부정은 그를 분기시켰다. 그는 이제 단순한 문인이 아니라 행동인이 되었고 전투를 위해 철학을 버렸다. 오히려 철학을 냉정한 다이너마이트로 바꿔놓았다고 할 수 있으리라. "이 무렵에는 나는 죄를 짓는다는 자책 없이는 미소도 짓지 못했다." 이때 그는 유명한 '파렴치를 분쇄하라'는 모토를 채택했고 교회에 대항하여 프랑스의 영혼을 분기시켰다. 그는 사교관(司教冠)과 사교장(司教杖)을 녹여버렸고, 프랑스 성직자의 권력을 무너뜨렸고 왕위 전복에 도움이 된 지성의 유황불을 쏟아놓았다. 그는 친구들과 추종자들에게 격문을 보내 전투에 소집했다. "오라, 용감한 디드로여, 대담한 달랑베르여, 단결하라……. 광신자와 무뢰한을 쓰러뜨리고 하찮은 열변, 가련한 궤변, 거짓 역사……무수한 부조리를 파괴하라. 지각 있는 자를 지각 없는 자에게 복종시켜서는 안 된다. 그러면 다음 세대들은 그들이 향유하는 이성과 자유 때문에 우리들에게 감사하리라"(1765년 11월 11일자 편지).

바로 이러한 위기를 맞아 볼테르를 매수하려고 한 사람이 있었다. 퐁파투르 후작부인[13]을 통해 볼테르는 교회와 화해하는 대가로 추기경의 모자를 주겠다는 제안을 받았다. 몇 명의 혀 짧은 주교를 다스리는 일이 지적(知的) 세계의 움직일 수 없는 지배자로 군림하는 인물의 흥미를 끌 수 있었을 것인가! 볼테르는 거절했다. 그는 제2의 카토[14]처럼 모든 편지를 '파렴치를 분쇄하라'는 말로 끝맺기 시작했다. 그는 이 무렵 발간된 『관용론』에서, 만일 성직자들이 그들의 설교와 어긋나지 않는 행동을 하고 신앙의 차이를 관용했더라면 교리의 부조리쯤은 묵인할 수 있었을 것

---

13 루이 15세의 애인.

14 카토는 제2차 포에니 전쟁 후, 카르타고의 국정을 시찰하고 그 회복력이 왕성한 것을 보고 로마의 안전을 위해 "카르타고를 멸망시키지 말라"는 말을 암송하다시피 했다.

이라고 말했다. "그러나 복음서에도 나와 있지 않는 사소한 문제가 기독교 역사상의 피투성이 싸움의 원인이다." "나에게 '내가 믿듯이 믿으라, 그렇지 않으면 신이 당신을 저주할 것이다'라고 말하는 자는 머지않아 '내가 믿듯이 믿으라, 그렇지 않으면 나는 당신을 죽일 것이다'라고 말하리라." "자유로운 존재로 창조된 자가 어떠한 권리에 의해 타인에게 자기와 동일한 사상을 강요하는가?"(『도덕론』) "미신과 무지의 소산인 광신은 어느 시대에나 질병의 원인이었다"(『도덕론』). 인간이 서로 철학적·정치적·종교적 차이에 관대하지 않는 한, 성 피에르 수도원장이 탄원한 영원한 평화는 실현되지 않을 것이다. 사회의 건강을 회복하는 첫걸음은 비관용에 깊이 뿌리박은 교회의 권리를 타파하는 것이다.

『관용론』에 이어 무수한 팸플릿, 역사, 대화편, 편지, 문답서, 비판, 풍자, 설교, 시, 소화(小話), 우화, 논평, 에세이가 나왔다. 어떤 것은 볼테르의 이름으로, 어떤 것은 무수한 필명으로. '일찍이 한 사람의 머리에서 나온 가장 놀라운 선전의 뒤범벅'(로버트슨, 『볼테르』)이었다. 철학이 이렇게 명료하고 생생하게 표현된 적은 없었다. 볼테르의 솜씨가 뛰어나 독자들은 그가 철학에 대해 쓰고 있다는 것을 깨닫지 못할 정도였다. 그는 매우 겸손하게 자기 자신을 평한다. "나는 나 자신을 명확하게 표현한다. 나는 깊지 않기 때문에 밑바닥까지 보이는 작은 시내와 같다"(생트 뵈브, 『19세기의 초상화』). 따라서 그의 책은 널리 읽혔다. 모든 사람들이, 심지어 성직자까지도 그의 책을 읽었다. 그때는 지금보다 독자가 적었음에도 불구하고 어떤 것은 30만 부나 팔렸다. 이런 일은 문학사상 매우 드문 일이었다. 그는 '두꺼운 책은 유행에 뒤떨어진 책'이라고 말한다. 따라서 매주 매월 그는 결연하게 지치지도 않고 그의 작은 병사들을 세상에 내보냈고 70세 노인의 풍요한 사상과 엄청난 정력은 세상을 놀라게 했다. 엘베시우스의 말처럼 볼테르는 루비콘 강을 건너 로마 앞에 섰다.

그는 성경의 확실성과 신빙성에 대한 '고등비판'에 착수했다. 그는 자료를 스피노자, 영국의 이신론자(理神論者), 벨[15]의 『비판적 사전』에서 골라냈으며 스피노자보다는 영국의 이신론자들로부터 더 많은 자료를 얻었고 벨의 사전에서 가장 많은 자료를 얻었다. 그러나 이 자료들은 그의 손으로 얼마나 빛나고 뜨거운 것이 되었던가! 『짜파타의 질문』이라는 팸플릿이 있다. 짜파타는 성직 지망생으로 다음과 같은 순진한 질문을 한다. "우리가 수백 명씩 태워 죽이는 유태인들이 4천 년 동안이나 신의 선민이었다는 사실을 어떻게 설명할 것인가?"[5] 그는 계속해서 『구약』의 이야기와 연대학(年代學)의 불일치점을 폭로하는 질문을 한다. "과거에 흔히 있던 일이거니와 두 종교회의가 서로 저주하는 경우 어느 쪽이 옳은가?" 마침내 "대답을 듣지 못한 짜파타는 순진하게도 신에게 설교하기 시작했다. 그는 인간들에게 보상자, 징벌자, 면죄자로서의 공통의 아버지를 알려주었다. 그는 진리를 허위로부터 해방하고 종교를 광신으로부터 분리했다. 그는 덕을 가르치고 실천했다. 그는 온화하고 친절하고 겸손했다. 그런데 그는 1631년 발라도리드에서 화형을 받았다."

『철학사전』의 '예언' 항에서 그는 헤브라이의 예언을 예수에게 적용하는 데 반대하고 율법학자 이삭의 『신앙의 성채(城砦)』를 인용한 다음, 이어서 "자기 자신의 종교와 언어에 대해 이와 같이 어두운 해석자들은 교회와 맞서서 이 예언을 예수와 관련시킬 수는 없다고 완강하게 주장했다"고 빈정거린다. 당시는 말하고 싶은 것을 무언 중에 말하지 않으면 안 되는 위험한 시대였고 목적 달성의 최단 거리는 결코 직선이 아니었다. 볼테르는 즐겨 기독교의 교리와 의식의 기원을 그리스, 이집트, 인도에서

---

15 1647~1706년, 프랑스의 유리론자(唯理論者).

5) 볼테르도 다소 유태인을 싫어했는데 주로 유태인 금융업자와 좋지 않은 거래가 있었기 때문이었다.

찾았고 이러한 사상들을 받아들인 것이 기독교가 고대 세계에서 성공한 커다란 원인이라고 생각했다. '종교' 항에서 그는 익살맞게도 "의심의 여지 없이 유일 최선의 종교인 우리의 거룩한 종교의 입장에서 볼 때, 가장 비난하기 어려운 종교는 무엇일까?"라고 묻는다. 그리고 이어서 당시의 가톨릭교와는 정반대되는 신앙과 예배를 서술한다. 그리고 이어서 당시의 가톨릭교와는 정반대되는 신앙과 예배를 서술한다. 그는 무모한 경구의 하나에서 '기독교는 틀림없이 신성하다. 악행과 난센스로 가득 차 있음에도 불구하고 1천 7백 년 동안이나 지속되었기 때문이다'(『도덕론』)라고 말한다. 그는 고대의 거의 모든 민족들이 비슷한 신화를 갖고 있었다는 점을 지적하고 이것으로 미루어보아 신화는 성직자들의 발명품이라고 성급한 결론을 내린다. "최초의 성직자는 최초의 바보를 만난 최초의 사기꾼이었다." 그러나 그는 성직자에게 종교 자체에 대한 책임이 아니라 신학에 대한 책임을 묻고 있다. 많은 격렬한 논쟁과 종교전쟁의 원인은 신학상의 사소한 의견차이었기 때문이었다. "무수한 참극의 원인이 된, 가소로우면서도 치명적인 불화를 야기시킨 것은 일반 대중이 아니다…… . 여러분의 노동에 의해 즐겁고 게으른 나날을 보내고, 여러분의 땀과 가난에 의해 부유해진 자들이 도당과 노예를 얻기 위해 싸운 것이다. 그들은 여러분의 주인이 되기 위해 파괴적인 광신을 고취했다. 그들은 여러분에게 신을 두려워하지 않고 그들을 두려워하도록 미신을 가르쳤다." 그러나 볼테르에게 종교가 없었던 것은 아니다. 그는 무신론을 단호하게 거부한다. 따라서 백과전서파 중에는 "볼테르는 고집쟁이에다 신을 믿고 있다"고 말하며 그와 절교한 자도 있었다. 『무지한 철학자』에서 그는 스피노자의 범신론을 따지다가 이것은 거의 무신론이라고 움찔한다. 그는 디드로에게 보낸 편지에서 말한다.

자백하거니와 나는 장님으로 태어났다고 해서 신을 부정한 손더슨[16]의 의견에는 전적으로 동의하지 않는다. 내 생각이 잘못일는지도 모르지만 내가 그의 처지였다면 시력을 대신할 많은 것을 준 위대한 예지를 인정했을 것이다. 또한 잘 생각해보면 만물 사이의 놀라운 관계를 알 수 있으므로 나는 무한한 재능을 가진 명장(名匠)의 존재에 생각이 미쳤을 것이다. 신이 '무엇'이고 '왜' 신이 현존하는 만물을 창조했는가를 알려고 하는 것이 너무 주제넘다면, 신의 존재를 부정하는 '것'도 나에게는 매우 주제넘은 일로 생각된다. 나는 귀하를 몹시 만나고 싶다. 귀하가 자신을 신의 작품으로 여기는지, 또는 영원하고 필연적인 물질로부터 생긴 한갓 미분자로 생각하는지 알고 싶다. 귀하가 어느 쪽이든지 간에 귀하는 내가 이해하지 못하는 거대한 전체의 값진 한 부분일 것이다(『서한을 통해 본 볼테르』).

만년에는 그의 심경이 변했다. 그는 신에 대한 신앙은 벌과 보상의 영원성에 대한 믿음이 따르지 않는 한, 거의 도덕적 가치가 없다고 생각하게 되었다. '범인에게는 상벌을 주는 신이' 필요한 것이다. 벨은 무신론자의 사회가 존립할 수 있는가 하는 문제를 제기했다. 볼테르는 대답한다. "그렇다. 만일 그들이 동시에 철학자라면"(펠리시에, 『볼테르의 생애와 철학』). 그러나 철학자가 되는 사람은 드물다. "여기에 마을이 있다면 이 마을 사람들이 착해지기 위해서는 종교가 있어야 한다"(『철학사전』 '종교' 항). "나는 나의 변호사, 나의 재단사, 나의 아내가 신을 믿기를 바란다. 그러면 내가 도둑을 맞거나 속는 일은 줄어들 것이다"라고 『A·B·C』의 A는 말한다. "만일 신이 존재하지 않는다면 신을 발명할 필요가 있다"(펠리시에, 『볼테르의 생애와 철학』). "나는 진리보다는 행복과 생명에 중점을 두기 시작했다"(1736년 9월 11일자 편지). 계몽주의의 전성

---

16 영국의 장님 수학자.

기에 그는 놀랍게도 만년의 이마누엘 칸트가 계몽주의에 대항한 모든 이론을 선취하고 있다. 그는 무신론자인 친구들에게 은근히 자기 자신을 변명한다. 그는 『철학사전』 '신(神)' 항에서 돌바크에게 말한다.

> 신에 대한 신앙은……사람들로 하여금 죄를 삼가게 한다고 당신 자신이 말한 바 있다. 나로서는 이것으로 충분하다. 이러한 신앙이 열 건의 살인, 열 건의 중상이라도 예방한다면 나는 온 세상이 이 신앙을 받아들여야 한다고 주장한다. 종교는 무수한 불행을 야기시켰다고 당신은 말하지만 오히려 우리의 불행한 지구를 지배하는 것은 미신이다. 미신은 지고의 존재에 대한 순결한 예배의 가장 잔인한 적이다. 자신의 모태를 물어뜯는 이 괴물을 미워하자. 이 괴물과 싸우는 자는 인류의 은인이다. 미신은 종교의 목을 조르는 뱀이다. 우리는 이 뱀의 머리를 짓이겨버려야 하지만 이 뱀이 물어뜯고 있는 모태에 상처를 내어서는 안 된다.

미신과 종교의 이러한 구분은 그에게는 근본적인 것이다. 그는 산상수훈의 신학을 즐거이 받아들이고 성도(聖徒)의 법열의 표현조차도 필적할 수 없을 찬사로 예수를 찬양한다. 그는 그리스도를 성현 중의 성현으로 묘사하고 그리스도의 이름으로 저질러진 죄악을 개탄한다. 마침내 그는 교회를 세우고 '신을 위해 볼테르가 세웠다'는 헌사를 새겨놓았다. 신에게 바친 유럽의 유일한 교회라고 그는 말한다. 그는 신에게 장엄한 기도를 드리고 '유신론' 항에서 그의 신앙을 궁극적으로 명백하게 고백한다.

> 유신론자는 만물을 형성하고……모든 죄악에 벌을 주지만 잔인하지는 않으며 자비로 모든 유덕한 행위에 보상하는 강력하고 친절한 지고의 존재를 확고하게 믿는 자이다……. 유신론자는 이러한 확신에 의해 전세계 사람들과 결합되어 있으므로 서로 반목하는 어떠한 종파에도

가담하지 않는다. 그의 종교는 가장 오래 되고 가장 널리 전파된 것이
다. 한 신에 대한 소박한 숭배는 세계의 어떠한 학설보다도 앞서는 것
이기 때문이다. 유신론자가 말하는 언어는 만인이 이해할 수 있는 것이
지만 인간은 서로 이해하려고 하지 않는다. 유신론자는 북경으로부터
카옌에 이르기까지 어디에나 형제가 있고 모든 성현을 동지로 생각한
다. 종교는 난해한 형이상학적 견해도, 허황한 전시물도 아니며 단지
숭배와 정의일 뿐이라고 유신론자는 믿는다. 선을 행하는 것이 그의 예
배이고 신에게 복종하는 것이 그의 신조이다. 마호메트 교도는 그에게
외친다. '메카 순례를 잊지 않도록 하라…….' 성직자는 그에게 말한
다. '로레트의 노트르담을 참배하지 않으면 저주를 받을 것이다…….'
그는 로레트나 메카를 웃어넘기고 가난한 자를 돕고 학대받는 자를 보
호한다.

9. 볼테르와 루소

볼테르는 교회의 횡포에 대항하는 투쟁에 열중했으므로 만년에는 정
치적 부패와 압박에 대항하는 투쟁으로부터는 거의 물러나지 않을 수 없
었다. "정치는 나의 전문이 아니다. 나는 항상 가능한 한 인간을 어리석지
않고 영광스러운 존재로 만들기 위해 미력(微力)이나마 최선을 기울여왔
다." 그는 정치철학이 얼마나 복잡한 문제인가를 알고 나이가 들수록 자
신을 잃었다. "나는 다락방 구석에서 나라를 다스리는 자들에게는 싫증이
났다."(1763년 9월 18일자 편지) "안이하게 세상을 지배하는 이 입법자
들은……자기 아내나 가족도 다스리지 못하면서 온 세계를 지배하는 것
을 몹시 좋아한다"(펠리시에, 『볼테르의 생애와 철학』).

그는 부자였으므로 보수주의로 기울어졌고 이것은 굶주린 자가 변화
를 요구하는 것과 마찬가지로 충분한 이유가 있는 일이다. 그의 만병통치
약은 재산의 증대이다. 재산은 인격을 부여하고 긍지를 높여준다. "재산

이 있다는 의식은 인간의 힘을 배가시킨다. 토지 소유자가 타인의 토지보다는 조상이 물려준 토지를 더 잘 경작하리라는 것은 의심의 여지가 없는 일이다"(『철학사전』 '재산' 항).

그는 무엇보다도 전쟁을 증오한다. "전쟁은 범죄 중에서 최대의 범죄이다. 그러나 정의를 빙자하여 자신의 범죄를 채색하지 않는 침략자는 없다"(『무지한 철학자』). "살인은 금지되어 있다. 따라서 나팔을 불어대며 대규모로 죽이지 않는 한, 모든 살인자는 처벌된다"(『철학사전』 '전쟁' 항). 그는 『철학사전』의 '인간' 항의 끝에서 무서운 "인간에 대한 일반적 고찰"을 한다.

인간을 모태 내의 식물적 상태와 유년기의 동물적 상태로부터 이성의 성숙을 자각하기 시작하는 상태로 끌어올리려면 20년이 걸린다. 인간의 구조를 약간 밝히는 데에도 3천 년이 필요하다. 인간의 영혼을 약간이나마 알려면 영원이 필요하리라. 그러나 인간을 죽이려면 한순간으로 충분하다.

그렇다면 그는 혁명을 구제책으로 보는가? 그렇지 않다. 그는 무엇보다도 민중을 신뢰하지 않는다. "민중이 따지기 시작하면 만사는 끝난다"(1766년 4월 1일자 편지). 대부분의 사람들은 항상 너무나 바빠서 변화가 일어나 진리가 오류로 변할 때까지 진리를 알지 못한다. 그들의 정신사는 신화의 교체에 지나지 않는다. '한 가지 낡은 오류가 확립되면 정치는 이 오류를 민중이 가득히 물고 있다고 생각하고 다른 미신이 나타나 이 오류를 타파할 때까지 이용한다. 정치는 두 번째 오류에서도 첫 번째 오류와 마찬가지로 이득을 얻는다.' 또한 불평등은 사회구조 자체에 뿌리박혀 있으므로 인간이 인간인 한, 그리고 삶이 투쟁인 한 근절되지 않는다. "만인 평등을 주장하는 자들이 만일 자유, 재산 소유, 법적 보호에 대한 만인의 동등한 권리를 의미하고 있다면, 가장 위대한 진리를 말하고 있다." 그러나 "평등은 이 세상에서 가장 자연스러우면서도 가장 가상적인 것이다. 다시 말하면 평등이 권리에 국한될 때에는 자연스럽고 재산과 권력의 균등화를 시도할 때에는 부자연스럽다"(『철학사전』 '평등' 항). "모든 시민이 균등하게 강력할 수는 없으나 균등하게 자유로

루소

울 수는 있다. 영국인이 획득한 것은 바로 이러한 자유이다……. 자유롭다는 것은 법률 이외의 어떤 것에도 복종하지 않는 것이다"(『철학사전』 '정부' 항). 이것은 평화 혁명을 희구하던 투르고, 콩도르세, 미라보, 그 밖의 볼테르 추종자들의 자유주의적 견해이지만 이 견해는 자유보다는 평등을, 자유를 희생하는 한이 있더라도 평등을 요구하던 피압박자들을 충분히 만족시킬 수는 없었다. 일반 민중의 대변자 루소는 어느 곳에서나 볼 수 있는 계급적 차별에 민감해서 평등을 요구했다. 혁명이 마라, 로베스피에르 등 루소 추종자들의 손에 들어오자 평등은 득세하고 자유는 단두대에 올랐다.

볼테르는 상상력에 의해 새로운 세계를 창조하려는 인간 입법자들의 유토피아에는 회의적이었다. 사회는 시간의 소산이며 논리학의 삼단논법은 아니다. 과거는 문 밖으로 내쫓기면 창문으로 들어온다. 어떠한 변화에 의해 우리가 살고 있는 현실 세계에서 불행과 부정을 감소시킬 수 있는가를 정확하게 제시하는 것이 문제이다. 『이성의 역사적 찬사』에서 이성의 딸인 '진리'는 루이 16세의 즉위에 환성을 올리고 위대한 개혁을 기대한다. 이에 대해 이성은 대답한다. '내 딸아, 너도 잘 알다시피 나 역시 그렇게 되기를 바라고 있고 너보다도 더 간절하다. 그러나 이러한 일에는

언제나 시간과 사려가 필요하다. 나는 실망할 일이 허다하더라도 내가 갈망하던 개선이 일부나마 이루어지면 행복하다.' 그러나 투르고가 권력을 장악하자 볼테르는 크게 기뻐하며 '우리는 황금 시대의 문턱에 이르렀다' 는 편지를 썼다. 이제 그가 주장하던 개혁, 곧 배심제도, 10분의 1세(稅) 폐지, 빈자(貧者)에 대한 면세 등이 실현될 것으로 생각했으리라. 그러나 그는 저 유명한 편지를 쓰지 않았던가?

> 눈앞의 모든 일이 언젠가는 반드시 일어날 혁명의 씨앗을 널리 뿌리는 듯하지만 나는 이 혁명을 목격하는 즐거움을 누리지 못할 것이다. 프랑스는 항상 꾸물거리지만 결국은 움직이기 시작한다. 빛은 이웃에서 이웃으로 퍼져나가 기회가 오면 찬란한 폭발을 보여줄 것이다. 그리고 보기 드문 소동이 일어날 것이다……. 젊은이들은 행복하구나. 그들은 훌륭한 일을 보게 될 것이다(1764년 4월 2일자 편지).

그러나 그는 그의 주변에서 무슨 일이 일어나고 있는지 전혀 몰랐다. 이 '찬란한 폭발' 이 일어나면 프랑스 전체가 제네바나 파리에서 감상적인 로망스와 혁명적인 팸플릿으로 세계를 흥분시키고 있는 해괴한 장 자크 루소의 철학을 열광적으로 받아들이리라는 것을 그는 상상도 하지 못했다. 프랑스의 복잡한 영혼은 매우 다르면서도 매우 프랑스적인 두 인물을 중심으로 양분된 것 같았다. 이제 루소가 볼테르와 나란히 서 있다. 파스칼처럼 가슴은 머리가 이해할 수 없는 이성을 갖고 있다고 말하며 부르주아지 귀부인들의 우상이 된, 고상하기는 하나 실현성이 없는 비전을 가진 열정과 환상의 화신이.

이 두 인물을 통해 우리는 지성과 본능의 전통적인 충돌을 재발견한다. 볼테르는 언제나 이성을 신뢰한다. "우리는 웅변과 펜으로 인간을 더욱 계몽하고 개선할 수 있다." 루소는 이성을 별로 신뢰하지 않는다. 그는 행동을 원한다. 그는 혁명의 모험도 두려워하지 않으며, 동포감(同胞感)이 거듭되는 소란과 옛 관습의 파기 때문에 흩어진 사회적 요소들을 재결합하리라고 믿는다. 법률을 폐지하라. 그러면 인간은 평등과 정의의 성대(聖代)에 들어서리라. 루소가 문명, 문학, 학문에 반대하고 미개인이나 동물에서 볼 수 있는 자연 상태로 돌아가라고 논한 『불평등 기원론』을 볼테르에게 보냈을 때, 볼테르의 회답은 다음과 같았다.

"인류의 발전에 반대하는 귀하의 새 저서를 받았습니다. 감사합니다……. 인간을 짐승으로 만들기 위해 귀하처럼 재치있는 노력을 한 분은 일찍이 없었습니다. 귀하의 책을 읽노라면 네 발로 기어다니고 싶습니다. 그러나 나는 60년 전에 이미 이러한 습관을 버렸으므로 불행하게도 이 습관의 회복은 불가능할 것 같습니다"(1755년 8월 30일자 편지). 루소가 『사회계약론』에서 계속 미개 상태에 열을 올리는 것을 보고 그는 유감으로 생각했다.

이러한 문명 비난은 모두 어린애 같은 넌센스이며, 인간은 미개 상태보다는 문명 상태에서 훨씬 더 잘살 수 있다고 볼테르는 확신했다. 그는 루소에게 인간은 원래 맹수이며 문명 사회는 이 맹수를 쇠사슬로 묶어놓고 그 야수성을 길들이는 것이고 사회적 질서에 의해서만 정신과 그 기쁨을 발전시킬 수 있다고 말했다. 그는 현재의 상태가 나쁘다는 점에는 동의한다. "일하는 자들에게는 세금을 물게 하라. 그러나 우리는 일하지 않으므로 세금을 낼 필요가 없다"고 말하는 계급을 허용하는 정부는 호텐토트[17]의 정부보다 나을 것이 없다.' 부패의 절정에 이른 파리에도 이를 보상하는 특색은 있었다. 『되는 대로의 세상』에서 볼테르는 다음과 같은 이야기를 들려준다. 천사가 페르세폴리스[18]의 파괴 여부를 결정하기 위해

---

17 아프리카의 야만족.
18 페르시아의 고도(古都).

바부크를 파견한다. 바부크는 페르세폴리스에 악덕이 가득 찬 것을 보고 경악하지만 얼마 후에는 "이 도시의 주민들이 변덕스럽고 비방을 잘하고 허황하기는 해도 공손하고 친절하고 관대한 것을 보고 이 도시를 좋아하게 된다. 그는 이 도시가 벌 받을까 두려워서 보고조차도 꺼린다. 그러나 결국 다음과 같은 방식으로 보고를 한다. 그는 이 도시의 가장 뛰어난 주물공에게 여러 가지 금속과 흙과 돌(가장 귀중한 것과 가장 천한 것)을 섞어 작은 상(像)을 만들게 해서 이 상을 천사에게 갖고 간다. '이 귀여운 상을 금이나 다이아몬드로 만들지 않았다고 해서 부숴버리겠습니까?' 라고 그는 말한다." 천사는 페르세폴리스의 파괴를 더 이상 고려하지 않기로 결심하고 '세상을 되는 대로' 내버려둔다. 결국 인간의 본성을 바꾸지 않고 제도만 바꾸면 변하지 않는 본성은 옛 제도를 부활시킬 것이다.

인간이 제도를 만들고 그 제도가 인간을 결정하는 것은 옛부터의 악순환이다. 이러한 변화는 이 순환을 단절시킬 수 있을 것인가? 볼테르와 자유주의자들은 이성이 인간의 교육과 변화를 통해 점진적으로 평화롭게 이 순환을 단절시킬 수 있다고 생각했다. 루소와 급진주의자들은 낡은 제도를 파괴하고 심정의 명령에 따라 자유, 평등, 박애를 기조로 하는 새로운 제도를 수립할, 본능적이고 정열적인 행동에 의해서만 이 순환을 단절시킬 수 있다고 생각했다. 어쩌면 진리는 두 진영을 초월한 곳에 있을지도 모른다. 곧 본능은 틀림없이 낡은 것을 파괴하지만 오직 이성만이 새로운 것을 건설할 수 있다. 분명히 반동의 씨앗은 루소의 급진주의에 풍부하다. 본능과 감정은 아득한 옛날에 적응하여 고정된 것으로서 아득한 옛날의 산물이며 궁극적으로는 아득한 옛날에 충실하기 때문이다. 혁명의 카타르시스 이후에는 심정의 욕구는 초자연적 종교와, 틀에 박힌 듯 평화롭던 지나간 좋은 시절을 회상할 것이다. 루소 이후에는 샤토브리앙, 드 메스트르, 그리고 칸트가 등장하지 않을 수 없으리라.

10. 대단원

그 동안 '웃는 노(老) 철학자'는 페르네에서 정원을 가꾸고 있었다. 이것은 "우리가 지상에서 할 수 있는 최선의 일인 것이다." 그는 장수를 원했다. "나는 봉사를 마치기 전에 죽을 것을 두려워한다"(1766년 8월 25일자 편지). 그러나 분명히 이제 그의 역할은 끝났다. 그의 너그러움을 말해주는 기록은 무수하다. "멀고 가까움을 떠나 온갖 사람들이 그의 도움을 청했다. 그들은 그와 상의하고 그들이 겪은 부정을 이야기하고 그의 펜과 재산의 도움을 간청했다"(생트 뵈브, 『19세기의 초상화』). 가벼운 죄를 범한 가난한 사람들은 특히 그의 보호를 받았다. 그는 그들의 죄의 사면을 주선하고 떳떳한 직업을 찾아주었고 그들을 감독하고 후원했다. 그의 물건을 훔친 젊은 부부가 무릎을 꿇고 용서를 빌었을 때, 그는 무릎을 굽히고 부부를 일으켜 세운 다음 "나는 이미 그대들을 용서했으니 하느님의 용서를 위해 무릎 꿇으라"고 말했다. 코르네이유의 가난한 조카딸을 양육하고 교육하고 지참금까지 마련해준 것은 가장 볼테르다운 일이다. "내가 행한 조촐한 선행은……나의 최상의 사업이다……. 나는 공격을 받으면 악마처럼 싸운다. 나는 누구에게도 굴복하지 않는다. 그러나 나는 마음씨 고운 악마여서 마침내 웃는다"(로버트슨, 『볼테르』).

1770년, 친구들의 주선으로 그의 흉상을 만들기 위해 기부금을 모집했다. 부자도 소액밖에 내지 못하도록 제한을 받았다. 수천 명이 기부의 영광을 누리려고 했기 때문이다. 프리드리히는 얼마나 내면 되겠느냐고 문의해왔다. 그는 '은돈 한 푼과 귀하의 이름뿐'이라는 회답을 받았다. 볼테르는 동상으로 남겨놓을 만한 얼굴이 못된다고 해서 이 계획 자체에 반대했다.

이제 그는 83세였다. 그는 죽기 전에 다시 파리를 보게 되기를 열망했다. 의사들은 힘든 여행을 단념하도록 권고했다. 그는 "내가 어리석은 짓을 하려고 들면 아무도 막지 못한다"고 말했다. 그는 오랫동안 열심히 일하며 살았기 때문에 오랫동안 추방되어 있던 꽃의 파리에서 죽을 권리가 있다고 생각했을 것이다. 그는 여행에 나서서 지루한 프랑스 횡단 여행을 했다. 그의 마차가 수도에 들어서자 그는 뼈가 녹는 듯한 기분이었다. 그는 곧 청년 시대의 친구 다르장탈을 찾아갔다. "나는 자네를 만나려고 죽음을 연기했다네"라고 그는 말했다. 이튿날 그의 방은 그를 왕처럼 환영하는 3백 명의 방문객으로 붐볐다. 루이 16세는 질투로 얼굴이 일그러졌다. 방문객 중에는 벤저민 프랭클린도 있었다. 그는 볼테르의 축복을 받도록 손자를 데리고 왔다. 노인은 청년의 머리에 야윈 손을 얹고 '신과 자유'를 위해 헌신하라고 말했다.

그 후 그는 병이 들었고 어떤 신부가 고해를 들으려고 찾아왔다. "신부님, 누가 당신을 보냈소?"라고 볼테르는 물었다. "신께서 보냈습니다"라는 대답. "좋소, 좋아요. 그런데 신부님, 신임장은 갖고 있소?" 신부는 먹이를 놓치고 되돌아갔다. 후에 볼테르는 고해를 들으러 오라고 코티에 신부를 불렀다. 코티에는 부름에 응했으나 볼테르는 가톨릭 교리를 무조건 신앙한다는 고백서에 서명하기 전에는 '사면'을 줄 수 없다고 거절했다. 볼테르는 서명하는 대신 비서 바그너에게 다음과 같은 성명서를 써주었다. "나는 신을 숭배하고 벗을 사랑하고 적을 미워하지 않고 미신을 혐오하면서 죽는다. 볼테르(서명) 1778년 2월 28일."

병으로 기운이 없으면서도 그는 마차로 군중을 뚫고 아카데미로 갔다. 군중은 마차에 매달려 러시아의 예카테리나 여왕이 선사한 값비싼 외투를 기념품으로 찢어 갔다.

한편 극장에서는 그의 희곡 『이렌』이 상연되었다. 그는 다시 의사의 권고를 무시하고 극장에 가겠다고 우겼다. 연극은 보잘것없었으나 관객들은 83세의 노옹이 보잘것없는 희곡을 쓴 사실에는 놀라지 않고 어쨌든 그가 희곡을 썼다는 사실에 경탄했다. 작가에게 경의를 표하는 끊이지 않는 박수갈채 때문에 배우의 대사는 전혀 들리지 않았다. 극장에 들어오려던 어떤 외국인은 정신병원에 잘못 들어온 줄 알고 놀라서 거리로 뛰어나갔다.

그날 밤 귀가했을 때 문단의 노(老) 대가는 죽음과 거의 화해했다. 그는 이제 기진맥진했고 야성적이고 놀라운 정력―자연은 그에게 그 이전의 어떤 사람도 갖지 못한 정력을 주었다―을 모두 써버렸다는 것을 깨달았다. 그는 생명이 떠나가려는 것을 느끼고 저항했다. 그러나 죽음 앞에서는 볼테르도 굴복하지 않을 수 없었다. 최후는 1778년 5월 30일에 왔다.

파리에서는 기독교 양식의 매장을 거부당했으나, 그의 친구들은 살아 있는 것처럼 보이도록 그를 마차 안에 얌전히 앉히고 시외로 빠져나오는 데 성공했다. 셸리에르에서 그의 친구들은 천재에게는 규칙이 통용되지 않는다는 것을 이해하는 신부를 만나 시체를 성지에 묻었다. 1791년, 승리한 혁명의 국민의회는 루이 16세에게 강요하여 볼테르의 유해를 판테온에 이장했다. 이 위대한 불꽃의 죽은 재는 대열을 이룬 10만 명의 남녀의 호송을 받았고 60만 명이 거리를 메웠다. 영구차에는 다음과 같은 말이 적혀 있었다. "그는 인류의 정신에 위대한 자극을 주었다. 그는 우리들을 위해 자유의 길을 개척했다." 그의 묘비명은 세 마디로 넉넉했다.

'여기 볼테르 잠들다 (ICI GIT VOLTAIRE).'

6

이마누엘 칸트와 독일관념론

1. 칸트로 가는 길

이마누엘 칸트의 사상이 19세기 사상을 지배한 것처럼 한 사상 체계가 한 시대를 지배한 일은 일찍이 없었다. 거의 60년 동안 조용히 연구에 몰두한 다음 쾨니히스베르크의 무시무시한 스코틀랜드인[1]은 1781년 유명한 『순수이성비판』으로 온 세계를 '독단의 잠'으로부터 깨웠고, 그 해부터 현대에 이르기까지 '비판철학'은 유럽의 사변을 지배해왔다.

그러므로 우리는 대뜸 칸트주의자가 되기로 하자. 그러나 분명히 대뜸 칸트주의자가 된다는 것은 어렵다. 철학에 있어서도 정치학처럼 두 점 사이의 최장 거리는 직선이기 때문이다. 칸트에 대해 알려면 결국 우리는 칸트의 저서를 읽어야 한다. 우리 철학자는 여호와와 비슷하기도 하고 그렇지 않기도 하다. 그는 실례나 구체적 사실을 가볍게 보고, 실례나 구체적 사실은 그의 저서를 너무 방대하게 만들 것이라고 말했다(『순수이성비판』 서설)(이렇게 압축했어도 이 책은 약 8백 페이지나 된다). 전문적

---

1 칸트의 증조부는 1630년경 스코틀랜드에서 동 프로이센으로 이주했다고 한다.

철학자만이 그의 저서를 읽을 것이다. 전문적 철학자에게는 예는 필요하지 않을 것이다. 그러나 이 책의 원고를 사변에 능한 그의 친구 헤르츠에게 보였을 때, 헤르츠는 반쯤 읽고 계속해 읽으면 미칠 것 같다고 말하며 되돌려주었다. 이런 철학자를 어떻게 다룰 것인가?

우선 상당한 거리를 두고 안전하게 출발해서 조심스럽게 우회해 접근하기로 하자. 이 책의 주제와 관련되는 주변의 여러 가지 문제들부터 고찰하고 그 다음에 모든 철학 중에서 가장 난해한 철학의 비밀과 보고(寶庫)가 있는 미묘한 중심으로 통하는 길을 찾아보기로 하자.

볼테르로부터 칸트까지

이 길은 종교적 신앙이 없는 이론이성(理論理性)으로부터 이론이성이 없는 종교적 신앙으로 통하는 길이다. 볼테르는 계몽운동, 백과전서, 이성의 시대를 상징한다. 프랜시스 베이컨의 따뜻한 정열에 고무되어(루소를 제외한) 전 유럽인은 과학과 논리학의 힘이 마침내 모든 문제를 해결하고 인간의 '무한한 완성 가능성'을 예증할 것이라고 확신했다.

스피노자에게는 이성에 대한 이러한 믿음은 기하학과 논리학의 장엄한 건축이 되었다. 곧 우주는 수학적 체계로서 공인된 공리로부터의 순수한 연역에 의해 선천적으로(a priori) 기술될 수 있다고 했다. 홉스에게서는 베이컨의 이성주의는 비타협적인 무신론과 유물론으로 변해, 다시금 '원자와 공간' 이외에는 아무것도 존재하지 않는다고 했다. 스피노자로부터 디드로에 이르기까지 신앙의 잔해는 전진하는 이성의 물결 위에 떠 있었다.

초자연적 신앙에 대한 계몽주의의 공격에서 매우 정력적인 역할을 맡았던 데이비드 흄은, 이성이 인간에 반대하면 인간도 곧 이성에 반대하게 될 것이라고 말했다. 유럽 어디에나 우뚝 서 있는 무수한 뾰족탑으

로 상징되는 종교적 신앙은 이성의 적의에
찬 판결에 스스로 복종하기에는 사회제도와
인간의 마음속에 너무나 깊이 뿌리박혀 있
었다. 판결을 받은 종교적 신앙과 종교적 희
망이 판사의 자격을 문제삼고 종교와 마찬
가지로 이성도 심문하라고 요구한 것은 불
가피한 일이었다. 수천 년 동안 수백만 사람
들이 믿어온 신앙을 삼단논법으로 파괴하려

칸트

는 이성은 도대체 무엇인가? 이성은 절대로 오류를 범하지 않는가? 혹은
인간의 다른 기관과 마찬가지로 그 기능과 능력에 가장 엄밀한 한계가 있
는 기관에 지나지 않는가? 이 판사를 재판하고, 옛날의 온갖 희망에 가차
없이 사형선고를 내린 무자비한 혁명 재판을 재판할 때가 왔다. 이성을
비판할 때가 온 것이다.

로크로부터 칸트까지

이러한 심문의 길은 로크, 버클리, 흄의 저서에 의해 마련되었으나
그들의 결론도 분명히 종교에 대해 적대적이었다.

존 로크(1632~1704년)는 프랜시스 베이컨의 귀납적 음미와 방법을
심리학에 적용하려고 했다. 그의 명저 『인간오성론』(1689년)에서, 이성
은 근대 사상사 처음으로 자기 자신을 반성하기 시작했고, 철학은 오랫동
안 신뢰해온 도구를 세밀하게 검토하기 시작했다.

어떻게 해서 인식이 생기는가? 일부 선량한 사람들이 생각하듯이 우
리는 예컨대 선악이나 신에 대한 본유 관념——태어나면서부터 모든 경험
에 앞서 마음에 내재하는 관념——을 갖고 있는가? 신은 어떠한 망원경으
로도 보이지 않기 때문에 신에 대한 신앙이 사라지지 않을까 염려하던 신

학자들은 신학상의 핵심적 기본 관념이 모든 정상적인 사람들에게는 선천적인 것임을 입증하면, 신앙과 도덕은 강화될 것이라고 생각했다. 그러나 로크는 선량한 기독교도로서 가장 웅변적으로 기독교의 합리성을 옹호했음에도 불구하고 이러한 가정을 인정할 수 없었다. 그는 침착하게 인간의 모든 지식은 경험으로부터 그리고 감각을 통해 획득된다—다시 말하면 "먼저 감각 속에 없었던 것은 오성 속에도 없다"—고 말했다. 태어났을 때에는 마음은 백지(tabla rasa)이고 감각적 경험이 여러 가지 방법으로 이 종이 위에 글씨를 써서 마침내 감각으로부터 기억이 생기고 기억으로부터 관념이 생긴다. 이러한 이론은 오직 물질적 사물만이 우리들의 감각에 작용하므로 우리는 오직 물질을 알 수 있을 뿐이고 유물론적 철학을 채택하지 않을 수 없다는 놀라운 결론에 도달하는 것 같았다. 만일 감각이 사고의 재료라면 물질은 정신의 원료가 아닐 수 없다고 성급한 결론을 내린 것이다.

결코 그렇지 않다고 조지 버클리 주교(1684~1753년)는 말했다. 로크의 인식분석은 오히려 물질은 정신의 형태로만 존재한다는 것을 입증한다. 우리는 물질 따위는 알지 못한다고 증명하는 단순한 편법에 의해 유물론을 논박한 것—이것은 얼마나 총명한 착상인가. 전 유럽에서 게일족의 상상력만이 이러한 형이상학적 마술을 생각해낼 수 있었다. 주교는 매우 명백한 일이 아니냐고 말한다. 로크는 모든 지식이 감각으로부터 생긴다고 말하지 않았는가? 그러므로 어떤 사물에 대한 인식은 그 사물에 대한 감각이고 이 감각으로부터 생긴 관념이다. '사물'은 지각—곧 분류되고 해석된 감각—의 다발일 뿐이다. 여러분은 여러분의 조반이 지각의 다발보다는 훨씬 실질적이었다든가, 목수 솜씨를 익히는 망치는 가장 장엄한 물질성을 갖고 있다고 항의할지도 모른다. 그러나 여러분의 조반은 우선 시각과 후각과 촉각, 다음에는 미각, 다음에는 체내의 만족감과 온기의 집적에 지나지 않는다. 마찬가지로 망치도 색깔, 크기, 모양, 무게, 촉감 등의 다발이다. 망치의 실재성은 그 물질성이 아니라 손가락을 통해 느끼는 감각에 있다. 만일 여러분에게 감각이 없다면 여러분에게는 망치는 전혀 존재하지 않을 것이다. 망치가 영원히 여러분의 무감각한 손가락을 두들기더라도 여러분은 망치에 최소의 관심도

로크

갖지 못할 것이다. 망치는 감각의 다발, 또는 기억의 다발일 뿐이며, 마음의 상태에 지나지 않는다. 우리가 아는 한 물질은 정신적 상태이고 우리가 직접 알 수 있는 유일한 실재는 정신이다. 유물론에 대해서는 이쯤 해두자.

그러나 이 아일랜드의 주교는 스코틀랜드의 회의론자를 예상하지 못했다. 데이비드 흄(1711~76년)은 26세 때 매우 이단적인『인성론』——현대 철학의 고전이고 경이이다——으로 전 기독교계에 충격을 주었다. 우리는 물질을 아는 것과 동일한 방식으로 정신을 안다고 흄은 말한다. 다시 말하면 지각에 의해서 안다. 이 경우 지각은 내부지각을 말하지만, 우리는 결코 '정신'이라는 실체를 지각하는 것은 아니며, 단지 개별적 관념, 기억, 감정 등을 지각할 뿐이다. 정신은 하나의 실체, 관념을 갖고 있는 하나의 기관이 아니며, 일련의 관념들에 대한 추상적 명칭일 뿐이다. 지각, 기억, 감정이 '정신'이다. 사고 과정의 배후에 알아볼 만한 '영혼'이 있는 것은 아니다. 그 결과 흄은 버클리가 물질을 파괴한 것처럼 정신을 철저히 파괴한 것 같았다. 남은 것은 하나도 없고 철학은 폐허 위에서 헤매게 되었다.

그러나 흄은 영혼의 개념을 무산시켜 정통 신앙을 파괴하는 것으로

만족하지 않고 법칙의 개념을 해체해서 과학도 파괴하려고 했다. 브루노와 갈릴레오 이후로 과학과 철학은 자연법칙, 곧 인과관계의 '필연성'을 중요시했으며, 스피노자도 장엄한 형이상학을 이 자랑스러운 개념 위에 구축했다. 그러나 우리는 결코 인과관계나 법칙을 지각하지 못하고 사건과 그 연속을 지각할 뿐이고 여기에서 인과관계와 필연성을 '추리한다'는 점에 주목하라고 흄은 말한다. 법칙은 여러 가지 사건이 복종하는 영원하고 필연적인 섭리가 아니라 우리의 만화경적 경험의 정신적 총괄이고 집약적 표현일 뿐이다. 지금까지 보아온 사건의 연속이 미래의 경험에서도 변함없이 재현된다는 보증은 없다. '법칙'은 사건의 연속 속에서 관찰된 관습이고 '관습'에는 '필연성'이 있을 수 없다.

오직 수학공식만은 필연성을 갖고 있고 수학공식만은 선천적 불변적으로 참되다. 이와 같이 참된 것은 수학공식이 동어반복—술어가 이미 주어에 포함되어 있는 것—이기 때문이다. $3 \times 3 = 9$는 3×3과 9가 동일한 것을 다르게 표현한 것이기 때문에 영원하고 필연적인 진리다. 술어는 주어에 아무것도 첨가하지 않는다. 따라서 과학은 수학과 직접적 경험에 엄격히 한정되어야 하며 '법칙'으로부터의 검증되지 않은 연역을 믿어서는 안 된다.

정통 신앙을 가진 사람들에게는 이 말들이 얼마나 뼈아픈 것이었을까 상상해보라. 여기서는 인식론적 전통—지식의 본성, 원천 및 타당성의 연구—은 이미 종교의 지주가 아니다. 버클리 주교가 유물론이라는 용을 죽인 칼은 이제 비물질적 정신과 불멸의 영혼을 향해 칼을 휘두른다. 그리고 이 소동 속에서 과학은 심각한 상처를 입었다. 1775년 이마누엘 칸트가 데이비드 흄의 『인성론』의 독어 번역을 읽고 그 결론에 놀라 말한 것처럼, 아무런 의심도 없이 종교의 본질과 과학의 기초를 받아들이던 '독단의 잠'에서 깨어난 것은 이상한 일이 아니다. 과학도 신앙도 이 회의

론자에게 항복했는가? 과학과 신앙을 구제
하려면 어떻게 해야 되는가?

루소로부터 칸트까지

이성은 유물론의 방향으로 나아가고 있
다는 '계몽주의'의 주장에 대해 버클리는
물질이 존재하지 않는다는 대답을 시도했
다. 그러나 이러한 시도는 흄에 이르러 같은

흄

증거에 의해 정신도 존재하지 않는다는 역습을 받았다. 또 하나의 대답,
곧 이성은 최후의 시금석이 아니라는 대답도 가능했다. 우리들의 존재
전체가 반항하는 이론적 결론도 있다. 다시 말하면 기껏해야 덧없고 기
만적인 부분[2]의 최근의 소산에 지나지 않는 논리학의 지시에 따라 본성
의 요구를 억압해야 한다고 생각할 권리는 인간에게는 없다. 인간에게
기하학적 도형처럼 행동하고 수학적 정확성을 갖고 사랑하라고 요구하
는 보잘것없는 삼단논법을 우리의 본능과 감정은 얼마나 자주 배척했는
가! 때때로 물론——특히 신기하고 복잡하고 인공적인 도시 생활에서
는——이성은 매우 훌륭한 안내인이지만 인생의 커다란 위기나 행위와
신념의 큰 문제에 부딪치면 우리는 기하학적 시도보다는 오히려 감정에
의존한다. 이성이 종교에 반대한다면 이것은 이성에 대해 더욱 곤란한
사태가 아닐 수 없다!

요컨대 이것이 장 자크 루소(1712~78년)의 주장이다. 그는 거의 혼
자서 프랑스에서 계몽주의의 유물론 및 무신론과 싸웠다. 미묘하고 신경
질적인 인물이 백과전서파의 강인한 이성주의와 거의 야수적인 쾌락주의

---

2 이성을 말한다.

의 한가운데에 던져졌다는 것은 얼마나 얄궂은 운명인가!

　유명한 소설 『신 엘로이즈』(1761년)에서 루소는 장황하게 지성보다 감정이 우월하다고 입증한다. 귀족층의 숙녀와 일부 남자들 사이에서는 감상벽이 유행했고, 프랑스는 1세기 동안 문학작품의 눈물과 진짜 눈물로 흠뻑 젖었다. 그리고 18세기의 유럽 이성의 거대한 움직임은 1789～1848년 동안의 낭만적 주정문학(主情文學)에 밀려났다. 이 조류는 강렬한 종교적 감정을 부활시켰다. 샤토브리앙의 『기독교의 진수』(1802년)에 넘쳐흐르는 법열(法悅)은 루소의 획기적 교육론 『에밀』(1762년)에 들어 있는 「사보아르 부사제의 신앙고백」의 메아리에 지나지 않는다. 「신앙고백」의 요지는 다음과 같다. 이성은 신과 불사에 대한 신앙에 반대하더라도 감정은 압도적으로 찬성한다. 메마른 회의주의적 절망에 빠지지 않고 본능을 신뢰해서 안 될 까닭은 무엇인가?

　칸트는 『에밀』을 읽을 때, 이 책을 단숨에 읽기 위해 일과로 삼고 있던 보리수 길의 산보도 걸렀다. 무신론의 어둠에서 벗어나는 길을 모색하며 초감각적 문제에서는 감정이 이론이성보다 우월하다고 대담하게 단언하는 인물을 여기서 발견한 것은 칸트의 생애 중 한 사건이었다. 여기서 무신앙에 대한 궁극적 회답을 찾아냈고 이제 마침내 종교를 조소하고 의심하는 모든 자들은 흩어질 것이다. 이러한 이론의 실마리를 총괄하고 버클리 및 흄의 관념을 루소의 감정과 결합하여 종교를 이성으로부터 구출하는 동시에 과학을 회의주의로부터 구출하는 것──이것이 이마누엘 칸트의 사명이었다. 그러면 칸트는 어떤 사람인가?

2. 칸트 자신

　칸트는 1724년 프로이센의 쾨니히스베르크에서 태어났다. 잠시 이

웃 소읍에서 가정교사 생활을 한 동안을 제외하고는 이 조용한 단신(短身)의 교수는 먼 나라의 지리학과 인종학을 즐겨 강의했으면서도 한번도 고향을 떠나지 않았다. 칸트는 그가 탄생하기 백 년쯤 전에 스코틀랜드에서 이주해온 가난한 집안에서 태어났다. 어머니는 경건파—영국의 메서디스트 교도처럼 엄숙하고 엄격한 종교적 실천과 신앙을 강조하는 종파—교도였다. 우리 철학자는 조석으로 종교에 젖어서 살았으므로 한편으로는 반발을 느껴 성인이 된 후 한번도 교회에 나가지 않았고, 또 한편으로는 마지막까지 독일 청교도의 음울한 특징을 버리지 못하고 적어도 어머니가 깊이 심어준 신앙의 핵심이나마 자기 자신을 위해서, 또 세계를 위해서 보존하려는 강렬한 갈망을 느꼈다.

그러나 프리드리히와 볼테르의 시대에 성장한 젊은이가 당시의 회의주의적 풍조로부터 격리된다는 것은 불가능한 일이었다. 칸트는 후에 논박하려고 한 사람들에게서 많은 영향을 받았고, 아마도 호적수(好適手) 흄에게서 가장 많은 영향을 받았을 것이다. 우리는 다음에 이 철학자가 원숙기의 보수주의를 초극하고, 최후의 저서라고 할 수 있는 책에서, 거의 70이 되어 씩씩한 자유주의로 되돌아오는 주목할 만한 현상을 보게 될 것이다. 그의 연령과 명성이 지켜주지 않았다면 그는 이 자유주의 때문에 순교자가 되었을 것이다. 종교 회복을 논하는 저서 속에서도 우리는 놀랄 만큼 자주 거의 볼테르로 착각할 만한 또 다른 칸트의 음성을 듣는다.

1755년 칸트는 쾨니히스베르크 대학교의 사강사(私講師)로서 활동을 개시했다. 15년 동안 그는 이 낮은 지위에 머물러 있었다. 그의 교수 신청은 두 번이나 거부되었다. 그러나 마침내 1770년, 그는 논리학과 형이상학의 교수가 되었다. 교사로서 오랜 경험을 쌓은 다음 그는 교육학 교과서를 썼으며, 이 책에 대해 그는 여러 가지 탁월한 교훈이 포함되어

있으나 자신은 응용해보지 못했노라고 항상 말했다. 그러나 어쩌면 그는
저술가로서보다는 교사로서 더욱 훌륭했을지도 모른다. 60년에 걸쳐 그
는 학생들의 사랑을 받았다. 그의 실제적인 원칙의 하나는 중간쯤의 재능
을 가진 학생에게 각별한 관심을 기울이는 것이었다. 바보는 도와줄 길이
없고 천재는 자기 힘으로 해나간다고 그는 말했다.

그가 새로운 형이상학의 체계로 세상을 놀라게 하리라고 기대한 사
람은 없었다. 사람을 놀라게 하는 일은 이 소심하고 겸손한 교수가 도저
히 범할 수 없는 범죄 같았다. 칸트 자신도 이런 일은 예상하지 않았다. 42
세 때, 그는 "나는 형이상학의 애인이 되는 행운을 얻었으나 나의 연인은
아직도 나에게 별다른 호의를 보이지 않는다"고 말했다. 그는 이 무렵 형
이상학을 '형이상학의 무한한 심연' 이라든가, 철학의 많은 난파선이 떠
도는 '해안도, 등대도 없는 바다' (파울젠, 『이마누엘 칸트』)라고 말했다.
심지어 그는 형이상학자를 '언제나 사나운 바람이 불고 있는' (파울젠,
『이마누엘 칸트』) 사변의 높은 탑 위에 살고 있는 사람들이라고 공격했
다. 칸트는 자기 자신이 전무후무한 형이상학의 폭풍우를 일으키리라고
는 예상하지 못했다.

이 조용한 세월을 통해 그의 관심은 형이상학보다는 오히려 물리학
에 쏠렸다.

이것이 소박하고 키가 5피트도 안 되고 겸손하고 수줍은 작은 남자의
느릿느릿한 발달이었지만 그의 머리 속에서는 근대 철학에 가장 많은 영
향을 미친 혁명이 남몰래 싹트고 있었다. 칸트의 생애는 모든 규칙 동사
중 가장 규칙적인 동사와 같았다고 어떤 전기작가는 말한다. "기상, 끽다
(喫茶), 집필, 강의, 식사, 산보 등 모든 일에 일정한 시간이 있었다. 이마
누엘 칸트가 회색 코트를 입고 등나무 지팡이를 들고 집 문 앞에 나타나
아직도 '철학자의 길' 로 불리는 보리수 나무가 있는 작은 길을 향해 걸어

가면 이웃 사람들은 정확히 3시 반임을 알았다. 사철을 통해 그는 매일 여덟 번씩 이 길을 왕복했고 날씨가 흐리거나 당장 비가 올 듯이 회색 구름이 끼었을 때는 노복(老僕) 람페가 큰 우산을 옆에 끼고 마치 '조심'의 상징처럼 근심스럽게 뒤따랐다."

그는 몸이 약했으므로 엄격한 섭생법을 취해야 했다. 그는 의사의 도움 없이 섭생법을 지키는 것이 안전하다고 생각했고, 이렇게 해서 80세까지 살았다. 70세 때 그는 『결의에 의해 병들었다는 감정을 극복하는 정신의 힘에 대하여』라는 에세이를 썼다. 매우 좋아하던 원칙의 하나는 코로 숨을 쉬는 것으로 특히 집 밖에서는 그랬다. 따라서 가을과 겨울과 봄에는 매일매일의 산보에서 누구와도 말하지 않았다. 감기가 걸리기보다는 침묵이 나았다. 그는 스타킹을 신는 경우에도 철학을 응용해서 양말끈을 바지 주머니 안으로 끌어넣고 그 끝에 용수철을 달아 작은 상자에 넣어 두었다. 그는 매사를 신중히 고려한 다음에 행했고 따라서 평생 독신으로 지냈다. 그는 두 번 구혼할 생각을 했으나 너무 오랫동안 고려했기 때문에, 한 번은 여자가 더 대담한 남자와 결혼해버렸고, 또 한 번은 철학자가 결심하기 전에 여자가 쾨니히스베르크를 떠나버렸다. 아마도 그는 니체처럼 결혼이 가장 진지한 진리 탐구를 방해할 것이라 생각했던 모양이다. 탈레랑은 흔히 "결혼한 사람은 돈을 위해 무슨 일이라도 할 것"이라고 말했다. 그리고 칸트는 22세 때, 전능한 청년의 빛나는 정열을 기울여 "나는 이미 진로를 선택했고 이 길을 평생 동안 걸어가기로 결심했다. 나는 나의 진로로 들어설 것이며, 아무도 이 길을 방해하지는 못할 것"(윌리스, 『칸트』)이라고 말했다.

그리고 그는 가난과 무명을 무릅쓰고 거의 15년 동안 '걸작'을 구상하고 집필하고 퇴고하는 데 몰두했다. 1781년, 간신히 이 책을 끝냈을 때, 그는 57세였다. 일찍이 이렇게 느리게 성숙한 사람도 없었고, 또 이렇게 철학계를 경악시키고 전복한 책도 없었다.

3. 『순수이성비판』

이 제목의 뜻은 무엇인가? '비판'은 정확하게 비평이라는 뜻이 아니고 비평적 분석이라는 뜻이다. 칸트는 끝에 가서 그 한계를 제시하는 경우를 제외하고는 '순수이성'을 공격하지 않는다. 오히려 그는 순수이성의 가능성을 증명하고, 감각이라는 왜곡된 채널을 통해 획득되는 순수하지 못한 인식보다 순수이성을 우위에 놓으려고 했다. '순수' 이성은 우리의 감각에 의한 인식이 아니라 모든 감각적 경험으로부터 독립된 인식, 다시 말하면 정신의 고유한 본성과 구조에 의해 우리들에게 속하는 인식이기 때문이다.

따라서 서두에서 칸트는 로크와 영국학파에 도전장을 내민다. 곧 인식은 반드시 모두 감각으로부터 오는 것은 아니라고 말한다. 흄은 영혼도, 과학도 존재하지 않고 우리의 정신은 우리의 관념의 연속과의 결합에 지나지 않으며 확실성은 항상 무너질 위험에 놓여 있는 개연성에 지나지 않는다는 것을 입증했다고 생각했다. 이러한 잘못된 결론은 잘못된 전제의 결과라고 칸트는 말한다. 흄은 모든 인식이 '분리된 개별적' 감각으로부터 생긴다고 가정한다. 감각이 필연성, 또는 영원히 확실하다고 할 수 있는 불변의 연속을 제시하지 못한다는 것은 자명하다. 따라서 당연히, 비록 내부 감각의 눈으로써도 영혼을 '볼 수 있다'고 기대해서는 안 된다. 모든 인식이 감각으로부터, 곧 규칙적으로 행동한다고 우리들에게 약속한 바 없는 독립된 외계로부터 생긴다면 인식의 절대적 확실성은 불가능하다는 점을 인정하기로 하자.

그러나 감각적 경험으로부터 독립된 인식, 경험에 앞서서—선천적으로——참된 인식이 있다면 어떻게 될까? 그렇다면 절대적 진리, 절대적 과학은 가능할 것이다. 그렇지 않은가? 그렇다면 이러한 절대적 인식이 있는가? 이것이 제1비판의 문제이다. "나의 물음은 경험의 소재와 도움을 모두 제거할 때 우리는 이성에 의해 무엇을 이룩할 것으로 기대할 수 있는가 하는 것이다"(『순수이성비판』 서설). 『순수이성비판』은 사고의 상세한 생물학, 곧 개념의 기원과 진화의 연구, 정신의 유전적 구조의 분석이 된다. 칸트가 믿는 바로는 이것은 전적으로 형이상학적 문제이다. "이 책에서 나는 주로 완전무결을 목표로 삼았다. 그리고 나는 감히 말하거니와, 이 책에서 해결되지 않았거나 적어도 해결의 열쇠가 주어지지 않은 형이상학적 문제는 하나도 없다"(『순수이성비판』 서설). 이러한 자부심을 통해 자연은 인간을 창조적 활동으로 몰고가는 것이다.

『순수이성비판』은 곧 요점을 드러낸다. "경험은 우리의 오성을 한정시킬 수 있는 유일한 분야는 결코 아니다. 경험은 우리에게 무엇이 있다는 것을 말해주지만 그것이 필연적으로 그러하고 다른 것이 될 수는 없다는 것을 말해주지는 못한다. 그러므로 경험은 우리에게 참된 보편성을 주지 못하며, 특히 보편적 인식을 추구하는 이성은 경험에 의해 만족되기보다는 오히려 자극을 받는다. 동시에 내적 필연성이라는 성격을 갖는 이러한 보편적 인식은 경험으로부터 독립하여 그 자체로서 명석하고 확실해야 한다"(『순수이성비판』). 다시 말하면 보편적 인식은 그 후의 경험이 어떻든 간에 참되지 않으면 안 된다. 곧 경험에 '앞서서' 참되고 '선천적'으로 참되어야 한다. "우리가 모든 경험으로부터 독립하여 선천적 인식을 얼마나 진전시킬 수 있는가를 보여주는 빛나는 예가 수학이다"(『순수이성비판』). 수학적 인식은 필연적이고 장차의 경험은 생각할 수조차 없다. 내일 태양이 서쪽에서 '뜬다' 든가, 장차 석면으로 된 세계에서는 불이 나무를 태우지 못한다고 믿을 수 있을지도 모르지만 도저히 2×2가 4 이외의 다른 수가 된다고 믿을 수는 없다. 이러한 진리는 경험에 앞서서 참되고 과거, 현재 또는 미래의 경험에 의존하지 않는다. 그러므로 이러한 진리는 절대적·필연적 진리이며 이러한 진리가 장차 비진리가 된다는 것은 생각할 수 없다.

그러나 우리는 어디서 이러한 절대성, 필연성이라는 성격을 얻는가? 경험으로부터는 아니다. 경험은 장차 그 연속 관계가 변할지도 모를 개별적인 감각과 사건을 제시할 뿐이기 때문이다.[1] 이러한 진리의 필연적 성격은 정신의 고유한 구조, 곧 우리들의 정신이 반드시 따라야 할 자연적이고 불가피한 방식으로부터 생긴다. 인간의 정신은(이것이 결국 칸트 최대의 논제이지만) 경험과 감각이 절대적이지만 변덕스러운 의지를 새겨 놓은 수동적인 밀랍도 아니고, 또한 여러 가지 정신적 상태의 계열 또는 집단에 대한 단순한 추상적 명칭이 아니라 감각을 관념으로 만들고 조정하는 능동적 기관, 곧 경험의 혼돈한 다양성을 사고의 질서정연한 통일성으로 바꿔놓는 기관이기 때문이다.

선험적 감성론

이러한 물음에 대답하려는 노력, 곧 정신의 고유한 구조 또는 사고의 생득적 법칙을 연구하려는 노력이 이른바 칸트의 '선험철학'이다. 감각적 경험을 초월하는 것이 문제이기 때문이다. "나는 대상보다는 오히려 대상에 대한 우리들의 선천적 개념들"—우리들의 경험을 상호 관련시켜 인식으로 만드는 방식들—과 "관계되는 인식을 선험적이라고 부른다"(『순수이성비판』). 감각이라는 원료를 사상이라는 완제품으로 만드는 이 과정에는 두 등급 또는 두 단계가 있다. 첫 단계는 감각에 감성형식 —공

---

1) '급진적 경험론'(제임스, 듀이 등)은 이 점에서 논쟁을 벌이기 시작하고 흄 및 칸트에 반대해서 경험은 감각과 사건뿐만이 아니라 관계와 연속도 제시한다고 주장한다.

간과 시간——을 적용하여 조정하는 단계이고, 둘째 단계는 이렇게 해서
획득된 지각에 개념형식——사고의 '범주'——을 적용하여 조정하는 단계
이다. 칸트는 Aesthetik이라는 말을 감각 또는 감정을 나타내는 원래의 어
원적 의미로 사용하여 첫 단계의 연구를 '선험적 감성론(Transzendentale
Aesthetik)'이라고 부르고, '논리학'이라는 말을 사고형식의 학(學)이라
는 뜻으로 사용하여 둘째 단계의 연구를 '선험적 논리학'이라고 부른다.
이 말들은 논의의 진행에 따라 의미가 밝혀지는 무서운 말들이며, 일단
이 언덕을 넘어서면 칸트에 이르는 길은 비교적 분명할 것이다.

그러면 감각과 지각은 어떠한 의미를 갖고 있는가? 그리고 어떻게
정신은 감각을 지각으로 바꿔놓는가? 감각은 그 자체로서는 단지 자극의
의식에 지나지 않는다. 우리는 혀로 맛을, 코로 냄새를, 귀로 소리를, 피
부로 온도를, 망막으로 빛을, 손가락으로 압력을 느끼지만 이것은 경험의
생경한 시초에 지나지 않고, 갓난애가 정신 생활을 모색하는 초기 단계에
갖는 것으로 아직은 인식이 아니다. 그런데 이러한 여러 가지 감각이 공
간과 시간 속에서 어떤 대상——예컨대 사과——의 둘레에 모였다고 하자.
코의 냄새, 혀의 맛, 망막의 빛, 형태를 드러내는 손가락과 손의 압력을
이 사물의 둘레에 모이게 하자. 그러면 이제 자극의 의식보다는 오히려
특수한 대상의 의식이 생긴다. 다시 말하면 지각이 생긴다. 감각이 인식
으로 옮겨간 것이다.

그러면 더 나아가 이러한 이행, 이러한 집합은 자동적인가? 여러 가
지 감각이 저절로, 자발적으로 자연히 모여서 질서를 갖추고 지각이 되었
는가? 로크와 흄은 그렇다고 대답한다. 그러나 칸트는 결코 그렇지 않다
고 말한다. 여러 가지 감각은 감각의 여러 가지 채널을 통해, 다시 말하면
피부와 눈과 귀와 혀로부터 뇌에 이르는 무수한 '구심성신경(求心性神
經)'을 통해 전달된다. 이 감각들은 뇌라는 방으로 쇄도하여 제각기 주목

해달라고 외치면서 소란을 떠는 심부름꾼들이 아닌가! 플라톤이 ‘감각의 오합지졸’이라고 말한 것도 무리는 아니다. 그냥 놓아두면 감각은 끝까지 오합지졸이고, 정리되어 의미와 목적과 힘이 부여되기를 기다리는 가엾을 만큼 무능력한, 혼돈한 ‘다양’에 지나지 않는다. 전선의 무수한 지점으로부터 한 장군에게 보내는 보고들이 아무런 도움도 없이 저절로 이해되어 명령으로 변하기를 바라는 것과 같지 않을까. 그럴 수는 없다. 이 오합지졸에 대한 입법자, 곧 감각이라는 이 원자들을 받아들일 뿐만 아니라 이 원자를 취사 선택해서 의미있는 것으로 만드는, 지휘하고 조정하는 힘이 있다.

우선 반드시 모든 보고가 접수되는 것은 아니라는 사실에 주목하라. 이 순간 무수한 힘이 여러분의 신체로 몰려들고, 여러분이 외계를 경험하기 위해 펼쳐놓은 아메바 같은 신경 말단을 자극의 폭풍우가 두드리지만, 주의를 촉구하는 모든 자극이 선택되는 것은 아니다. 여러분의 현재의 목적에 알맞은 지각으로 형성될 수 있는 감각, 또는 위급을 알리는 긴급하면서도 항상 타당한 감각만이 선택된다. 시계가 똑딱거리고 있어도 들리지 않다가, 당신의 목적에 시계 소리가 필요한 경우에는 즉시 같은 시계 소리가 전보타 커진 것도 아닌데도 들릴 것이다. 갓난애의 요람 옆에서 잠이 든 어머니는 주위의 소음에는 귀머거리이지만 갓난애가 조금 움직이면 해면으로 급히 떠오르는 잠수부처럼 정신이 번쩍 난다. 목적이 덧셈이면 ‘2와 3’이라는 자극은 ‘5’라는 반응을 일으키고, 목적이 곱셈이면 같은 자극, 같은 청각인 ‘2와 3’은 ‘6’이라는 반응을 일으킨다. 감각 또는 관념의 연합은 단지 공간 또는 시간의 접근에 의해서, 또는 경험의 유사, 선명도, 빈도 또는 강도에 의해서 일어나는 것이 아니라 무엇보다도 정신의 목적에 의해 결정된다. 감각과 사고는 심부름꾼으로서 우리가 부르기를 기다리고 있고, 우리가 필요로 하지 않는 한 찾아오지 않는다. 그들의 주인인 선택과 지휘의 힘이 있어서 이 심부름꾼들을 부린다. 감각과 관념과 함께 '오성'이 있다.

이러한 선택과 조정의 힘은 우선 제시되는 자료를 분류하기 위해 두 가지 단순한 방법, 곧 공간 감각과 시간 감각을 사용한다고 칸트는 생각한다. 장군이 제출된 보고를 발신 장소와 작성 시간에 따라 정리해서 여기에서 정연한 체계를 찾아내듯이, 오성은 여러 가지 감각을 공간과 시간 속에 배열하고 여러 가지 감각을 여기의 이 대상, 또는 저기의 저 대상, 현재 또는 과거에 귀속시킨다. 공간과 시간은 지각된 사물이 아니라 지각의 방식, 감각을 의미있는 것으로 만드는 방법이다. 다시 말하면 공간과 시간은 지각의 도구이다.

모든 정돈된 경험은 공간과 시간을 포함하고 또 전제하고 있기 때문에 공간과 시간은 '선천적'이다. 공간과 시간이 없으면 감각은 결코 지각이 되지 못할 것이다. 우리는 공간과 시간을 포함하지 않는 장래의 경험을 상상조차 할 수 없기 때문에 공간과 시간은 '선천적'이다. 그리고 공간과 시간이 선천적이기 때문에 공간 및 시간의 법칙——이것은 동시에 수학의 법칙이다——은 절대적이고 필연적이고 무한하다. 우리가 두 점 사이의 최단거리가 아닌 직선을 결코 발견할 수 없으리라는 것은 개인적인 것에 그치지 않고 확실하다. 적어도 수학은 데이비드 흄의 파괴적 회의주의로부터 구제된다.

모든 과학이 마찬가지로 구출될 수 있는가? 그렇다. 만일 모든 과학의 기초적 원리, 곧 인과법칙——일정한 원인은 언제나 반드시 일정한 결과를 일으킨다는——이 공간과 시간처럼 모든 오성활동에 고유한 것이고 이 법칙에 어긋나거나 면제된 장래의 경험은 전혀 생각할 수 없다는 것이 입증된다면 인과법칙도 선천적인가? 곧 모든 사고의 불가결한 전제이고 조건인가?

선험적 분석론

이렇게 해서 우리는 감각과 지각의 넓은 들판에서 어둡고 비좁은 사고의 방으로 들어선다. '선험적 감성론'에서 '선험적 논리학'으로 넘어온다. 첫 과제는 지각에 의해 오성에 주어진다기보다는 오히려 오성에 의해 지각에 주어지는 사고의 여러 요소들, 곧 대상의 '지각적' 인식을 관계, 연속 및 법칙의 '개념적' 인식으로 끌어올리는 지렛대들, 다시 말하면 경험을 세련시켜 과학으로 만드는 오성의 도구들을 명명하고 분석하는 일이다. 지각이 여러 가지 감각을 공간과 시간 속에서 대상의 둘레에 배열한 것과 마찬가지로 개념은 여러 가지 지각(대상 및 사건)을 인과성, 통일성, 상호 관계성, 필연성, 우연성 등의 관념의 둘레에 배열한다. 상기한 범주와 그 밖의 '범주'들은 지각을 받아들이고 지각을 분류하여 질서 정연한 사고의 개념으로 만드는 구조이다. 범주는 오성의 본질이고 성격이며, 오성은 경험의 정제 작용이다.

여기서 다시 한번 오성의 능동성에 주목하라. 로크와 흄의 경우, 오성은 감각적 경험에 종속된 '수동적인 밀랍'이었다. 예컨대 아리스토텔레스의 사상 체계를 생각해보라. 이 거의 우주적이라고 할 만한 자료의 정제가 자료 자체의 자동적이고 무정부적인 자발성에 의해 수행되었다고 생각할 수 있을 것인가? 인간의 목적에 따라 알기 쉽게 정리된 도서관의 엄청난 카드식 목록을 생각해보라. 그 다음 카드함이 마루 위에 떨어져 모든 카드가 뒤죽박죽 제멋대로 흩어진 광경을 상상해보라. 이 흩어진 카드가 뮌하우젠 식으로 저절로 분류되어 조용히 원래의 함 속으로 알파벳과 항목별 순서에 따라 되돌아가고 각 함은 선반의 자기 자리로 되돌아가서 마침내 모든 것이 질서와 의미와 목적을 다시 찾게 된다는 것을 생각할 수 있는가? 이 회의론자들은 결국 우리들에게 얼마나 어처구니없는 이야기를 하고 있는가?

　감각은 무질서한 자극, 지각은 질서정연한 감각, 개념은 질서정연한 지각, 학문은 질서정연한 인식, 지혜는 질서정연한 생활이다. 뒤의 것이 각기 질서, 관련, 통일의 정도에 있어서 더 크다. 이러한 질서, 이러한 관련, 이러한 통일은 어디서 생기는가? 사물 자체로부터는 아니다. 사물은 무수한 채널을 통해 한꺼번에 잡다하게 몰려드는 감각에 의해서만 우리들에게 알려지기 때문이다. 이 귀찮은 무법자들에게 질서와 관련과 통일을 부여하는 것은 우리들의 목적이며, 이 바다에 불을 밝히는 것은 우리들 자신, 우리들의 인격과 우리들의 오성이다. 로크가 "먼저 감각에 없었던 것은 오성에도 없다"고 말한 것은 잘못이었다. 그리고 라이프니츠가 "단 오성 자체를 제외하고는"이라고 덧붙인 것은 옳았다. "개념 없는 지각은 맹목이다"(『순수이성비판』)라고 칸트는 말한다. 지각이 저절로 모여서 자동적으로 질서정연한 사상이 된다면, 오성이 혼돈에 질서를 부여하는 능동적 활동이 아니라면, 어떻게 동일한 경험이 어떤 사람에게서는 평범한 것으로 그치고, 보다 활동적이고 쉬지 않는 인물에게서는 지혜의 빛, 진리의 아름다운 논리로 고양될 수 있는가?

　따라서 세계는 저절로 질서를 갖게 되는 것이 아니라 세계를 인식하는 사고 자체가 정제 작용이기 때문에 질서를 갖게 된다. 사고는 마침내 과학과 철학이 되는 경험 분류의 제1단계이다. 사고의 법칙은 동시에 사물의 법칙이다. 사물은 사고의 법칙을 따르지 않을 수 없는 사고—사고와 사고의 법칙은 동일한 것이기 때문이다—를 통해 우리들에게 알려지기 때문이다. 그 결과 후에 헤겔이 말하는 바와 같이, 논리의 법칙과 자연의 법칙은 동일하며, 논리학과 형이상학은 합치된다. 과학의 일반원리는 궁극적으로는 과거, 현재, 미래의 모든 경험에 포함되고 전제되는 사고의 법칙이기 때문에 필연적이다. 과학은 절대적이고 진리는 영속적이다.

선험적 변증론

그럼에도 불구하고 논리학과 과학의 최고 법칙의 이러한 확실성, 이러한 절대성은 역설적으로 말하면 제한되어 있고 상대적이다. 곧 현실적 경험의 영역에 엄격히 한정되고 인간의 경험 양식에 대해서는 단연코 상대적이다. 우리들의 분석이 올바르다면, 우리가 알고 있는 세계는 구성물, 완제품 또는——어떤 사람은 이렇게 말하고 싶으리라——거의 생산품이라고 할 수 있는 것으로, 이 생산품은 사물의 자극과 오성의 형성적 형식의 기여로 만들어진 것이다(예컨대 우리는 테이블의 표면을 원으로 지각하지만 감각은 타원형으로 나타낸다). 우리들에게 나타나는 대상은 현상, 곧 아마도 우리들의 감각권 내에 들어오기 전의 외적 대상과는 매우 다른 외양이다. 원래의 사물이 어떠한지는 우리는 결코 알지 못한다. '물자체'는 사고나 추리의 대상('본체')이지만 경험의 대상은 아니다. 경험의 대상이 된다면 감각과 사고를 통과하는 과정에서 물자체는 여러 가지 변화를 겪을 것이기 때문이다. "대상 자체는 우리들의 감각의 수용성을 떠나서는 어떠한 것인지 우리들에게 전혀 알려지지 않는다. 우리는 이 대상을 지각하는 우리들의 방식을 알 수 있을 뿐이다. 이 방식은 우리들에게 특유한 것으로, 물론 모든 인간이 갖고 있지만 반드시 모든 존재가 갖고 있는 것은 아니다"[2](『순수이성비판』). 우리들이 알고 있는 달은(흄이 말한 것처럼) 단지 감각의 다발로서(흄은 알지 못했지만), 우리들의 생득적 정신구조에 의해 감각을 지각으로, 지각을 개념 또는 관념으로 가다듬어서 통일한 것이다. 결국 달은 '우리들에게는' 단지 관념에 지나지 않는다.[3]

---

2) 칸트가 마지막 말(모든 인간이 갖고 있다는 말—옮긴이)을 첨가하지 않았다면 그의 인식의 필연성에 대한 논의는 성립하지 못했을 것이다.

3) 존 스튜어트 밀은 그의 영국인적인 실재론적 경향에도 불구하고 마침내 물질을 '영원한 감각가능성'이라고 정의하지 않을 수 없었다.

그렇다고 해서 칸트가 '물질'이나 외계의 존재를 의심하는 것은 아니다. 그러나 물질이나 외계가 존재한다는 것 이외에는 우리는 물질이나 외계에 대해 전혀 알지 못한다고 칸트는 덧붙인다. 우리의 상세한 지식은 물질이나 외계의 외양 곧 현상에 대한 것이며, 우리들이 물질이나 외계에 대해 갖고 있는 감각에 대한 것이다. 관념론은 시정인(市井人)들이 생각하듯이 지각하는 주관 이외에는 아무것도 존재하지 않는다는 뜻이 아니라 모든 대상의 상당히 많은 부분이 지각과 오성의 형식에 의해 만들어진다는 뜻이다. 우리는 대상을 관념으로 변형된 것으로 알게 되는데, 관념으로 변형되기 이전의 대상이 어떠한지는 알지 못한다. 결국 과학은 소박한 것이다. 과학은 사물 자체를 순전히 외적이며 있는 그대로의 실재로서 다루고 있다고 가정하기 때문이다. 철학은 약간 더 복잡해서 과학의 모든 재료는 사물로부터 나온다기보다는 오히려 감각과 지각과 개념으로 구성되어 있다는 것을 알고 있다. 쇼펜하우어는 말한다. "칸트의 최대의 공적은 현상과 물자체의 구별이다"(『의지와 표상으로서의 세계』).

따라서 궁극적 실재가 무엇인가를 말하려는 과학이나 종교의 온갖 시도는 단순한 가설이 되지 않을 수 없다. "오성은 결코 감성의 한계를 초월하지 못한다"(『순수이성비판』). 이러한 초월적 과학은 '이율배반'에 빠지고, 이러한 초월적 신학은 '오류추리'에 빠진다. 감각과 지각의 영역을 벗어나 물(物) '자체(自體)'라는 미지의 세계로 들어가려는 이성의 시도의 타당성을 검토하는 것이 '선험적 변증론'의 잔인한 임무이다.

이율배반은 경험을 넘어서려고 하는 학문에서 생기는, 해결할 수 없는 딜레마이다. 예를 들면 인식이 공간적으로 세계는 유한한가, 무한한가를 결정하려고 할 때, 사고는 어느 가정에도 반대한다. 우리는 어떤 한계를 넘어서면 거기에는 그 이상의 무한한 것이 있다고 생각하지 않을 수 없지만 무한 자체는 생각할 수 없다. 또한 세계는 시간적으로 처음이 있는가? 우리는 영원을 생각할 수는 없다. 그러나 동시에 이전에 무엇인가 존재했다고 느끼지 않고서는 과거의 어느 시점도 생각할 수 없다. 또한 과학이 연구하는 인과의 연쇄에는 처음, 곧 '제1원인'이 있는가? 그렇다. 무한한 연쇄는 생각할 수 없기 때문에. 아니다. 원인 없는 제1원인도 역시 생각할 수 없기 때문에. 사고의 이러한 막힌 골목에서 빠져나오는 길이 있는가? 공간, 시간 및 인과성은 지각과 개념의 형식이고, 이 형식은 경험을 받아들이는 거미줄이요 구조이므로 우리들의 모든 경험에 포함되지 않으면 안 된다는 것을 잊지 않는 한, 이 길은 있다고 칸트는 말한다. 공간, 시간, 인과성을 지각으로부터 독립된 외적 사물로 가정하기 때문에 이러한 딜레마가 생긴다. 우리는 결코 공간, 시간, 인과성에 의해 해석할 수 없는 경험을 할 수는 없지만 공간, 시간, 인과성이 사물이 아니라 해석과 이해의 형식임을 잊는다면 우리는 어떠한 철학도 갖지 못할 것이다.

'이성적' 신학의 오류추리도 마찬가지다. 이성적 신학은 이론이성에 의해 영혼은 불가분의 실체이고, 의지는 자유롭고 인과법칙을 초월해 있으며, 모든 실재의 전제로서 '필연적 존재', 곧 신이 존재한다고 증명하려고 한다. 선험적 변증론은 신학에 대한 실체, 인과성 및 필연성은 유한한 범주, 곧 오성이 감각적 경험에 적용하는 정리와 분류의 양식이고 감각적 경험에 나타나는 현상에 대해서만 확실하게 타당하다는 점을 일깨워주어야 한다. 우리는 이러한 개념들을 본체의 세계(또는 단지 추리에 의해 추측된 세계)에 적용할 수는 없다. 종교는 이론이성에 의해 증명될 수는 없다.

제1비판은 이렇게 끝난다. 칸트보다도 더 기분 나쁜 스코틀랜드인인 데이비드 흄이 냉소를 띠고 이러한 결론을 검토하는 모양은 쉽게 상상할 수 있으리라. 8백 페이지나 되는 이 무서운 책은 까다로운 술어로 거의 참을 수 없을 만큼 괴롭히면서 형이상학의 모든 문제를 해결하고 나아가 과학의 절대성과 종교의 본질적 진리를 구출하려고 한다. 이 책이 사실상 이룩한 일은 무엇인가? 이 책은 과학의 소박한 세계를 파괴하고, 그 정도는 아니더라도 그 범위에 있어서 과학을 제한했다. 즉 단순히 표면적인 현상의 세계에 명백히 국한시켰고, 이 세계를 넘어서면 과학은 익살맞은 '이율배반'에 빠지고 만다. 이렇게 해서 과학은 '구출'된 것이다! 이 책의 가장 설득력 있고 가장 날카로운 부분에서는 신앙의 대상—자유로운 불멸의 영혼, 인자한 창조주—은 이성에 의해서는 결코 증명될 수 없다고 주장하고 있다. 이렇게 해서 종교는 '구출'된 것이다! 독일의 성직자들이 이러한 구제에 미친 듯 반대하고, 그들의 개를 이마누엘 칸트라고 불러서 보복한 것은 무리가 아니다.

또한 하이네가 쾨니히스베르크의 이 단신의 교수를 가공할 로베스피에르와 비교한 것도 놀라운 일은 아니다. 로베스피에르는 한 명의 왕과 수천 명의 프랑스인을 죽였을 뿐이다. 이쯤은 독일인도 용서할 수 있을 것이다. 그러나 칸트는 신을 죽이고 신학의 가장 귀중한 논거를 파헤쳤다고 하이네는 말한다.

이것은 희화(戱畫)일까, 계시일까?

4. 『실천이성비판』

종교가 과학과 신학을 기초로 삼을 수 없다면 어디에 기초를 둘 것인가? 도덕이다. 신학적 기초는 너무나 불안정해서 단념, 아니 파괴해버리는 것이 좋다. 신앙은 이성의 한계 또는 영역을 초월해야 한다. 따라서 종교의 도덕적 기초는 절대적이어야 하며, 의심스러운 감각적 경험이나 불확실한 추리로부터 이끌어내서는 안 되며, 오류에 빠지기 쉬운 이성의 혼합으로 혼탁해져서도 안 된다. 종교의 도덕적 기초는 직접적 지각과 직관에 의해 내면적 자아로부터 이끌어내야 한다. 우리는 보편적이고 필연적인 윤리, 곧 수학과 마찬가지로 절대적이고 확실한 '선천적' 도덕원리를 찾아내야 한다. "순수이성은 실천적일 수 있다. 다시 말하면 자발적으로 경험적인 것으로부터 독립해서 의지를 규정할 수 있다"(『실천이성비판』)는 것, 도덕의식은 생득적이고 경험으로부터 생기는 것은 아니라는 것을 입증해야 한다. 도덕의 기초로서 필요한 도덕적 명령은 절대적 명령, 곧 정언적(定言的) 명령이어야 한다.

그런데 우리들의 모든 경험 중에서 가장 놀라운 사실은 유혹에 직면해서 이것 또는 저것은 옳지 않다고 느끼는 불가피한 감정이다. 우리는 유혹에 굴복하는 경우도 있지만 이 감정은 여전히 남아 있다. 아침에는 훌륭한 결심을 하고 저녁에는 어리석은 짓을 하지만 우리는 이것이 어리석은 짓임을 알고 다시 결의를 새롭게 한다. 양심의 가책과 새로운 결의를 일으키는 것은 무엇인가? 그것은 우리들의 마음 속에 있는 정언적 명령, 곧 "그대의 행위의 격률(格率)이 그대의 의지에 의해 보편적 자연법칙이 되도록 행위하라"(『실천이성비판』)는, 우리들 양심의 무조건적 명령이다. 우리는 추리가 아니라 생생한 직접적 감정에 의해 만인이 그런 행동을 한다면 사회생활이 불가능해지는 행동은 피해야 한다는 것을 알고 있다. 나는 거짓말을 해서 곤경에서 벗어나려고 하는가? 그러나 "나는 거짓말을 하려고 할 수는 있으나 결코 거짓말을 하는 것이 보편적 법칙이 되기를 바랄 수는 없다. 이러한 법칙이 있으면 약속은 무용지물이 될 것이다"(『실천이성비판』). 따라서 거짓말이 나의 이익이 되더라도 거짓말을 해서는 안 된다는 내적 의식이 있는 것이다. 사려분별은 가언적(假言的)이며 그 표어는 '정직하라, 만일 그것이 최선의 정책이거든' 이다. 그러나 우리 마음속의 도덕법칙은 무조건적이고 절대적이다.

또 어떤 행위가 선한 것은 그 행위가 좋은 결과를 일으키거나 현명하기 때문이 아니라 내면의 의무의식 —개인적 경험에서 생긴 것이 아니라 우리의 과거, 현재, 미래의 모든 행동을 강제적, 선천적으로 규정하는 도덕법칙—에 따랐기 때문이다. 이 세계에서 무제한으로 선한 것은 오직 선의지 —곧 자기 자신의 이익 또는 손해를 돌보지 않고 도덕법칙에 따르려는 의지이다. 그대의 행복을 생각하지 말고 그대의 의무를 행하라. "도덕은 어떻게 하면 행복해지는가를 가르치는 것이 아니라 어떻게 하면 행복에 알맞는 자가 될 수 있는가를 가르친다"(『실천이성비판』). 남을 위해서는 행복을, 자신을 위해서는 완전성을 추구하자. 그것이 우리에게 행복을 초래하든, 고통을 초래하든(『도덕의 형이상학』 서설). 당신에게는 완전을, 타인에게는 행복을 실현하기 위해서는 "그대는 그대와 타인의 인격에 있어서 인간성을 언제나 동시에 목적으로 사용하고 결코 단지 수단으로서 사용하지 않도록 행위하라"(『도덕의 형이상학』). 이것도 역시 우리가 곧 느끼는 바와 같이 정언적 명령의 일부이다. 만일 우리가 이러한 원리에 따라 산다면, 우리는 곧 이성적 존재의 이상적 공동체를 형성할 것이다. 이상적 공동체를 형성하려면, 우리는 마치 이미 이 공동체에 속해 있는 것처럼 행동하기만 하면 된다. 우리는 불완전한 상태에 완전한 법칙을 적용해야 한다. 이것은 의무를 아름다움에, 도덕을 행복에 우선시키는 어려운 윤리라고 당신은 말하리라. 그러나 이렇게 할 때 비로소 우리는 짐승의 상태에서 벗어나 신이 되기 시작하는 것이다.

한편 이 의무에 대한 절대적 명령이 결국 의지의 자유를 증명한다는 점에 주의하라. 만일 우리들이 스스로 자유롭다고 느끼지 않는다면 어떻게 의무라는 생각을 갖게 될 것인가? 우리는 이 자유를 이론이성에 의해 증명할 수는 없고, 도덕적 선택의 위기를 맞이해서 자유를 직접 느낌으로써 증명할 수 있다. 우리는 이 자유를 내적 자아, 곧 '순수자아'의 본질로 느끼고 우리들의 내면에서 경험을 형성하고 목표를 선택하는 정신의 자발적 활동을 느낀다. 우리의 행위는 일단 이 행위를 시작하면 일정불변한 법칙에 따르는 것처럼 보이지만, 우리가 그 결과를 감각——감각은 전달하는 모든 것을 우리의 오성이 만들어낸 인과법칙의 옷으로 감싼다——을 통해 지각하기 때문에 그렇게 보이는 것이다. 그럼에도 불구하고 우리는 경험의 세계를 이해하기 위해 우리가 만들어낸 법칙을 넘어서 있다. 우리는 각자가 독창적인 창조력의 중심이다. 느끼기는 하지만 증명할 수는 없는 어떤 방식에 의해 우리들은 각기 자유롭다.

또한 증명할 수는 없지만 우리는 불사(不死)임을 느낀다. 삶은 대중이 아주 좋아하는 연극——악한은 반드시 처벌되고 덕행은 반드시 보상을 받는——과는 다르다는 것을 우리는 알고 있고, 이 세상에서는 비둘기의 온순함보다는 뱀의 지혜가 더 잘 통하고, 도둑은 많이 훔치기만 하면 제일이라는 것도 매일 새삼스레 배우고 있다. 만일 단지 세속적 공리와 실용이 덕을 정당화할 뿐이라면, 너무 착한 것은 현명하지 못할 것이다. 우리는 이러한 모든 일을 잘 알고 있고 되풀이해서 적나라한 사실에 직면함에도 불구하고 여전히 정의의 명령을 느끼고 불리한 선이라도 '행하지 않으면 안 된다는 것을 인식한다.' 만일 우리들이 마음속으로 현세의 삶은 생명의 한 부분일 뿐이며 이 지상의 꿈은 새로운 탄생, 새로운 각성의 태아적 서곡일 뿐임을 느끼지 않는다면, 또한 우리들이 피안의 보다 긴 생활에서는 균형이 회복되고 아낌없이 베푼 한 잔의 물이 백 배로 되돌아온다는 것을 막연하게나마 알지 못한다면, 어떻게 정의감이 살아남을 것인가?

끝으로 같은 증거에 의해 신은 존재한다. 만일 의무의식이 미래의 보상에 대한 신앙을 내포하고 또 정당화한다면, "불사의 요청은……이 결과에 대응하는 원인의 존재를 전제하지 않을 수 없다. 다시 말하면 신의 존재를 요청하지 않을 수 없다"(『실천이성비판』). 이것도 역시 '이성'에 의한 증명은 아니다. 행위의 세계와 관계되는 도덕의식은 감각적 현상을 다루기 위해서 발달되었을 뿐인 이론적 논리학보다 우위에 놓여야 한다. 우리의 이성은 물자체의 배후에 공정한 신이 있다고 믿는 것을 우리의 자유에 맡겨놓았고 우리의 도덕의식은 신을 믿으라고 명령한다. 루소는 옳았다. 머리의 논리보다 가슴의 감정이 우선한다. 파스칼은 옳았다. 가슴은 머리가 결코 이해할 수 없는 그 나름의 이성을 갖고 있다.

5. 종교와 이성에 대하여

이러한 견해는 진부하고 소심하고 보수적인 것으로 보이는가? 그러나 그렇지 않았다. 반대로 대담하게 '이성적' 신학을 부정하고 종교를 솔직하게 도덕적 신념과 희망으로 환원시킨 것은 독일의 모든 정통적 신자들의 반대에 부딪쳤다. 이 '50개 교구(敎區)의 힘'(바이런의 말)에 대항하기 위해서는 보통 칸트의 이름에서 연상되는 것 이상의 용기가 필요했다.

칸트가 매우 용감하다는 것은 66세에 『판단력비판』, 69세에 『단순한 이성의 한계 내에서의 종교』를 발간했을 때 매우 명백해졌다. 전자에서는 칸트는 계획성의 문제[3]로 되돌아오는데, 제1비판에서는 계획성을 신의 존재에 대한 불충분한 증명이라고 배척한 바 있었다. 그는 계획성과 아름다움을 상호 관련시키는 것으로 시작하여, 마치 예지적 존재에 의해 계획된 것처럼 구조의 균제와 통일을 보여주는 것은 모두 아름답다고 생각한다. 그는 균제적 계획의 관조는 몰이해적 즐거움을 일으킨다고 덧붙인다

---

3 세계는 일정한 계획에 따르고 있다는 주장.

(여기에서 쇼펜하우어의 예술론은 상당한 도움을 받았다). 또한 "자연미 자체에 대한 관심은 언제나 선량함의 징조다"(『판단력비판』). 자연의 여러 가지 대상은 이러한 아름다움, 이러한 균제와 통일을 보여주어서 우리는 거의 초자연적 계획을 생각하지 않을 수 없다. 한편 자연에는 낭비와 혼돈, 불필요한 반복과 증대의 예도 허다하다고 칸트는 말한다. 자연은 생명을 보존하지만 생명의 보존을 위해서 우리는 얼마나 많은 수난과 고통을 겪어야 하는가! 따라서 외적 계획으로 보이는 것은 섭리의 결정적 증거는 아니다. 섭리라는 관념을 상용하는 신학자들은 이 관념을 버려야 하고 이 관념을 포기한 과학자들은 이 관념을 이용해야 한다. 이 관념은 훌륭한 단서로서 무수한 계시로 이끌어간다. 의심할 여지 없이 계획은 존재하지만 이것은 내적 계획, 곧 전체에 의한 부분의 계획이기 때문이다. 과학이 유기체의 여러 부분들을 전체에 대해 갖는 의미라는 관점에서 해석한다면 또 하나의 발견적 원리——생명에 대한 기계론적 견해——와 놀라운 균형을 이룰 것이다. 생명에 대한 기계론적 견해도 역시 발견에는 유효하지만 이것만으로는 풀잎 하나의 성장조차도 결코 설명하지 못한다.

종교에 대한 논문은 69세의 노인의 글로서는 놀라운 것이었다. 이 논문은 칸트의 모든 저서 중 가장 대담한 것일지도 모른다. 종교는 이론이성의 논리가 아니라 도덕의식이라는 실천이성에 기초를 두어야 하므로, 성서나 계시도 당연히 도덕적 가치에 따라 평가되어야 하며, 그 자체가 도덕법칙의 재판관이 될 수는 없다. 교회와 교리는 오직 인류의 도덕적 발달에 도움이 될 때에만 가치있다. 단순한 신조나 의식이 종교의 시금석으로서 도덕적 탁월성에 대해 우위를 강탈하면 종교는 사라진다. 참된 교회는 아무리 뿔뿔이 흩어져 있더라도 공통된 도덕법칙에 대한 헌신에 의해 결합된 사람들의 공동체이다. 그리스도가 탄생하고 순교한 것도 이러한 공동체를 건설하기 위해서였다. 그리스도가 바리새인의 교회주의에 대립시켜 강조한 것도 이러한 참된 교회였다. 그러나 또 하나의 교회주의가 이 고상한 사상을 거의 압도해버렸다. "그리스도는 신의 나라를 지상에 접근시켰으나 인간은 오해하고 우리들 사이에 신의 나라가 아니라 성직자의 나라를 건설했다"(챔버레인, 『이마누엘 칸트』). 신조와 의식이 다시금 착한 생활을 대신하게 되고, 종교는 인간을 결합하는 대신 무수한 종파로 갈라 놓았고 온갖 '경건한 넌센스'를 '아첨에 의해 하늘의 지배자의 호의를 얻는 거룩한 봉사'(파울젠, 『이마누엘 칸트』)라고 가르쳤다. 또한 기적도 종교를 입증하지는 못한다. 기적을 뒷받침하는 증언을 도저히 믿을 수 없고, 모든 경험에 타당한 자연법칙을 정지시키려고 하는 한 기도도 소용없기 때문이다. 끝으로 교회가 반동적인 정부에 장악되어 도구화할 때, 종교는 신앙과 희망과 자선에 의해 괴로운 사람들을 위로하고 이끌어야 할 성직자들이 신학적 반계몽주의와의 정치적 억압의 수단이 될 때 최악의 악용은 불가피하다.

　　이러한 결론이 대담하다는 것은 이와 똑같은 사태가 프로이센에 일어났다는 사실로도 알 수 있다. 1786년 프리드리히 대왕이 죽고 프리드리히 빌헬름 2세가 그를 계승했는데, 그는 선왕(先王)의 자유주의적 정책에서는 프랑스 계몽운동의 비애국적 냄새가 풍긴다고 생각했다. 프리드리히 대왕 밑에서 교육대신으로 있던 체들리츠는 면직되고, 경건한 체하는 뵐러가 취임했다. 1788년, 뵐러는 학교와 대학에서 루터파 프로테스탄티즘의 전통적 형태를 벗어난 어떠한 가르침도 금지하는 법령을 공포했다. 그는 모든 출판물에 대한 엄중한 검열제도를 실시했고, 이단의 혐의가 있는 교사는 모두 면직시키라고 명령했다. 칸트는 처음에는 무사했는데, 그는 늙은이였고 또—어떤 궁중 고문관이 말한 것처럼—그의 책을 읽는 사람들은 소수이고, 게다가 이들마저도 제대로 이해하지 못했기 때문이었다. 그러나 그의 종교론은 이해하기 쉬웠다. 그리고 이 논문은 열렬한 종교적 정열을 갖고 진실을 갈파했지만, 새로운 검열제도를 통과하기에는 볼테르적 경향이 너무 강렬했다. 이 논문을 게재하려고 한 월간『베를린』은 발행 정지 처분을 받았다.

칸트는 이제 만 70세가 될 노인이라고는 거의 믿을 수 없는 정력과 용기를 갖고 행동했다. 그는 이 논문을 예나의 친구들에게 보내 친구들을 통해서 그곳 대학의 출판부에서 발행했다. 예나는 프로이센 관할 밖으로 당시 괴테를 돌보고 있던 자유주의적인 바이마르 공국의 관할이었다. 그 결과 칸트는 1794년, 프로이센 왕으로부터 다음과 같은 달변의 내각명령을 받았다. "폐하는 귀하가 철학을 남용하여 성서와 기독교의 가장 중요하고 기본적인 많은 교리를 비방하고 파괴하는 것을 알고 몹시 불쾌하게 생각하셨다. 우리는 귀하에게 즉시 정확한 설명서를 제출할 것을 요구하며, 귀하는 앞으로는 이러한 도전을 하지 않고 오히려 귀하의 의무에 따라 귀하의 재능과 권위를 폐하의 목적에 더욱 이바지하도록 사용할 것으로 기대한다. 귀하가 계속 이 명령을 위반한다면, 귀하는 불쾌한 결과를 기대해야 할 것이다." 칸트는 모든 학자가 종교 문제에 대해 독자적 판단을 내리고 자신의 의견을 공표할 권리를 갖고 있지만 현왕(現王)의 통치하에서는 나는 침묵을 지키겠다고 대답했다. 당자가 아니므로 용감할 수 있는 일부 전기작가들은 그의 이러한 양보를 비난하지만, 칸트는 70세였고, 건강이 매우 쇠약하여 투쟁하기에는 걸맞지 않았고, 또한 이미 그의 메시지를 세상에 알린 다음이라는 사실을 잊지 말아야 한다.

6. 정치학과 영원한 평화에 대하여

칸트가 정치적 이단의 죄를 범하지 않았더라면 프로이센 정부는 칸트의 신학을 묵과했을지도 모른다. 프리드리히 빌헬름 2세가 즉위한 지 3년 후, 프랑스 혁명은 유럽의 모든 왕좌를 뒤흔들었다. 프로이센 각 대학의 교수들이 대부분 합법적 군주정치를 지지하기에 여념이 없었던 때에, 65세의 젊은 칸트는 혁명을 열렬히 환영했다. 그는 눈물을 머금고 친구들에게 말했다. "나는 시몬처럼 이제 '주여, 내 눈이 당신의 구원을 보았으니 종은 지금 죽어도 한이 없나이다' 라고 말할 수 있네."

1784년, 그는 '세계 시민적 목표에 있어서의 보편사의 이념' 이라는 제목으로 정치이론에 대한 짧은 글을 발표했다. 칸트는 우선 홉스를 경악케 한 만인 대 만인의 투쟁이 생명의 숨겨진 재능을 발전시키는 자연의 방법이라고 본다. 투쟁은 진보의 불가결한 수반현상이다. 만일 인간이 전적으로 사교적이라면, 인간의 발전은 정체될 것이다. 인류의 생존과 성장을 위해서는 개인주의와 경쟁의 혼합이 필요하다. "비사교성이라는 성질이 없으면……인간은 아르카디아의 목동과 같은 생활을 보내며 완전히 화합하고 만족하고 서로 사랑할 것이다. 그러나 이 경우에는 인간의 모든 재능은 영원히 싹으로 숨겨질 것이다"(그러므로 칸트는 루소의 노예적 추종자는 아니었다). "따라서 이 비사교성, 이 지지 않으려고 하는 질투심과 허영심, 이 소유와 권력에의 만족할 줄 모르는 욕망을 자연에 감사하라……인간은 협조를 원한다. 그러나 자연은 인류에게 보다 좋은 일이 무엇인지를 알고 있어서, 인간이 힘을 새롭게 발휘하고, 자연적 능력을 더욱 발전시키도록 불화를 원한다"(『세계 시민적 목표에 있어서의 보편사의 이념』).

따라서 생존경쟁은 반드시 악은 아니다. 그럼에도 불구하고 인간은 곧 생존경쟁을 일정한 한계에 국한시켜 규칙, 관습, 법칙의 규제를 받게 해야 한다는 것을 깨닫는다. 여기에 시민 사회의 기원과 발달이 있다. 그런데 "인간을 억지로 사회 상태에 들어서게 한 동일한 비사교성은 다시

각 국가가 대외 관계—다시 말하면 한 국가와 다른 여러 국가와의 관계—에서 무제한하게 자유로운 태도를 취하는 원인이 된다. 따라서 어떤 국가든 전에 개인을 압박하여 법에 의해 규제되는 시민적 상태를 들어서게 한 것과 같은 또 하나의 악을 예상하지 않으면 안 된다"(『세계 시민적 목표에 있어서의 보편사의 이념』). 국가가 개인과 마찬가지로 야만적인 자연 상태에서 벗어나 평화유지를 위해 계약을 해야 할 때인 것이다. 역사의 전체적 의미와 움직임은 호전성과 폭력을 더욱더 강력하게 제한해왔고 평화의 영역을 부단히 확대해왔다. "인류의 역사는 전체적으로 본다면 자연이 인간에게 부여한 모든 능력을 충분히 발달시킬 수 있는 유일한 상태로서의, 내적으로 또한 이러한 목적을 위해 외적으로 완전한 국가 조직을 성립시키기 위한 자연의 숨겨진 계획의 실현이라고 볼 수 있다"(『세계 시민적 목표에 있어서의 보편사의 이념』). 이러한 발전이 없다면, 계기되는 문명의 노력은 '높은 언덕으로 크고 둥근 바위를 끌어올려서' 거의 정상에 이르러서는 떨어뜨리는 시시포스의 노력과 같다. 이 경우 역사는 끊임없이 맴도는 우행(愚行)과 다름이 없다. "따라서 우리는 힌두교도처럼 지상을 옛날의 잊어버린 죄를 속죄하는 장소로 생각해야 할지도 모른다"(『세계 시민적 목표에 있어서의 보편사의 이념』).

『영원한 평화를 위하여』라는 논문(1795년, 칸트가 71세 때 간행되었다)은 동일한 주제의 당당한 발전이다. 칸트는 영원한 평화라는 말이 쉽게 웃음거리가 된다는 것을 알고 있어서 이 제목 밑에 "이 말은 어떤 네덜란드의 여관의 교회 묘지를 그려놓은 간판의 풍자적인 옥호(屋號)"라고 쓰고 있다. 칸트는 전에, 분명히 모든 세대가 개탄할 일이거니와, "통치자들은 공공 교육에 쓸 돈을 한푼도 남겨놓지 않았다……돈을 모두 다음 전쟁의 비용으로 이미 써버렸기 때문이다"(『세계 시민적 목표에 있어서의 보편사의 이념』)라고 개탄한 바 있다. 상비군이 모두 폐지되지 않는 한, 제 국가(諸國家)는 사실상 문명화되지 못할 것이다(프로이센이 프리드리히 대왕의 부왕 시대에 처음으로 징병제도를 실시한 사실을 상기하면 이 제안의 대담성이 분명해진다). "상비군은 서로 무제한하게 군인 수를 증가시키도록 타국을 자극한다. 여기에 소요되는 경비 때문에 평화는 결국은 단기전의 경우보다 더 많은 압박을 받고, 따라서 상비군은 이 무거운 짐을 벗으려는 침략전의 원인이 된다"(『영원한 평화를 위하여』). 전시에는 군대는 우선 적국 영토 내에서, 그러나 필요한 경우에는 자국 내에서 물자의 징발, 숙영(宿營)의 할당 및 약탈에 의해 자활할 것이다. 그러나 이러한 일조차도 군대를 정부의 재정으로 지탱하는 것보다는 낫다.

칸트의 판단으로는 이러한 군국주의의 원인은 대체로 유럽의 세력이 아메리카, 아프리카, 아시아 등으로 팽창하고, 그 결과 이 도둑들이 새로운 전리품을 둘러싸고 분쟁을 일으킨 데 있다. "야만인의 잔인한 행동과……우리 대륙의 문명국, 특히 상업국의 비인간적인 행동을 비교해보면, 외국 및 외국인과의 첫 접촉에서 이 국가들이 자행한 부정은 우리를 전율시킨다. 게다가 이 국가들은 이 국민에 대한 단순한 방문도 침략과 동일시한다. 아메리카, 흑인 대륙, 몰루카 제도, 희망봉 등은 발견되자마자 누구에게도 속하지 않는 땅으로 취급되었다. 원주민들은 무시된 것이다……." 그리고 이러한 모든 일은 "부정을 밥먹듯 하면서도 정통 신앙의 선량을 자처하며 경건하다고 법석을 떠는 열강"(『영원한 평화를 위하여』)에 의해 저질러졌다. ─쾨니히스베르크의 늙은 여우는 아직도 침묵시킬 수 없었던 것이다!

칸트는 이러한 제국주의적 탐욕을 유럽 국가들의 과두정치의 탓으로 돌린다. 약탈품은 선택된 소수의 손에 넘어가고 이렇게 분배한 다음에도 상당한 잉여가 남았다. 민주정치가 확립되어 만인이 정치권력을 갖게 된다면, 국제적 강도행위의 약탈품은 세분되어 쉽게 유혹을 물리칠 수 있을 것이다. 그러므로 '영원한 평화의 조건들 중 첫 번째의 명확한 항목'은 다음과 같다. "모든 국가의 시민적 정체(政體)는 공화제도여야 하며, 전쟁은 모든 시민의 국민투표 없이 선포되어서는 안 된다"(『영원한 평화를 위하여』). 몸소 싸워야 할 사람들이 전쟁과 평화를 결정할 권리를 갖고 있을 때, 역사는 결코 피로 얼룩지지는 않을 것이다. "반대로 백성이 그 국가의 선거권자가 아닌, 따라서 공화제도가 아닌 정체에서는 전쟁 결정은 세상에서 가장 사소한 문제가 된다. 이 경우, 통치자는 시민의 한 사람이 아니라 국가의 소유자이므로, 전쟁으로 고통을 받을 필요도 없고 성찬이나 수렵, 호화로운 궁전, 궁중 축제 등의 쾌락을 희생할 필요도 없다. 그러므로 그는 마치 수렵여행이라도 되는 듯이, 보잘것없는 이유로 전쟁을 결심한다. 그리고 명분에 대해서는 그는 서슴지 않고 그 정당화를 목적을 위해 언제나 준비를 갖추고 있는 외교단에게 맡길 수 있다"(『영원한 평화를 위하여』). 얼마나 현대적인 진리인가!

1795년 프랑스 혁명이 표면상 반동군대에 승리하자 칸트는 이제 유럽 대륙 전체에 공화국이 출현하고 예속도, 착취도 없고 평화를 약속하는 민주주의에 바탕을 둔 국제질서가 생길 것으로 기대했다. 결국 정부의 기능은 개인의 발전을 돕는 것이고 개인을 이용하고 혹사하는 것은 아니다. "모든 인간은 그 자체로서 절대적 목적으로 존중되어야 하며, 인간을 그 밖의 목적을 위한 단순한 수단으로 이용하는 것은 인간으로서의 각자에게 속하는 존엄성을 더럽히는 범죄이다"(파울젠, 『이마누엘 칸트』). 이것도 정언적 명령의 중요한 일부이며, 이러한 정언적 명령이 없으면 종교는 위선적 익살이 된다. 그러므로 칸트는 평등, 곧 능력의 평등이 아니라 능력을 개발하고 발휘할 기회의 평등을 요구한다. 그는 가문이나 계급의 모든 특권을 부인하고 세습적 특권을 폭력에 의해 과거에 획득된 것이라고 본다. 반계몽주의와 반동, 그리고 프랑스 혁명을 궤멸시키려는 유럽 전 군주국의 연합이 소용돌이치는 속에서 그는 70 고령에도 불구하고 새로운 질서를 요구하며 어디에나 민주주의와 자유를 확립해야 한다고 주장했다. 노인이 젊은이의 목소리로 이렇게 용감한 발언을 한 일은 일찍이 없었다.

그러나 그는 이제 지쳤다. 그는 지금껏 열심히 뛰고 열심히 싸워왔다. 그는 점차로 어린애 같은 노경으로 접어들었고, 마침내 무해한 정신이상을 보이기 시작했다. 그의 감수성과 능력은 차례차례 시들었다. 그리고 1804년 그는 79세로 나무에서 떨어지는 낙엽처럼 조용히 자연스럽게 세상을 떠났다.

7. 비평과 평가

그러면 논리학, 형이상학, 심리학, 윤리학, 정치학 등이 혼합된 이 복잡한 건물은, 1세기 동안 철학의 폭풍우가 몰아친 다음, 오늘날 어떤 상태가 되었는가? 대건물의 대부분은 그대로 남아 있고 '비판철학' 이 사상사상 영원한 중요성을 갖는 사건들을 대표한다고 대답할 수 있는 것은 즐거운 일이다. 그러나 건물의 세부와 겉모양은 상당히 낡았다.

우선 공간은 단순한 '감성의 형식' 으로서 지각하는 정신으로부터 독립된 객관적 실재성을 갖지 못하는가? 그렇다고 할 수도 있고 그렇지 않다고 할 수도 있다. 그렇다고 하는 것은, 공간은 지각된 대상으로 채워지지 않으면 공허한 개념이 되고, '공간' 은 어떤 대상이 지각된 다른 대상과 비교될 때 지각하는 정신에 대해 이러이러한 위치 또는 거리에 있다는 것을 의미할 뿐이기 때문이다. 외부 지각은 바로 공간 안의 대상의 지각에 불과하므로 공간은 분명히 '외부 감각의 필연적 형식' 이다. 그렇지 않다고 할 수 있는 것은 지구가 해마다 타원형을 그리며 태양의 둘레를 돌고 있는 것 같은 공간적 사실은 물론 오직 정신에 의해서 밝혀지지만, 어떠한 지각으로부터도 독립되어 있고, 깊고 짙푸른 바다는 바이런이 밀려오라고 말하기 전에도, 또 바이런이 존재하지 않게 된 다음에도 물결치고 있기 때문이다. 또한 공간은 비공간적 제감각(諸感覺)의 결합에 의한 정신의 '구성물'도 아니다. 우리는 공간을——예컨대 한 마리의 곤충이 움직이지 않는 배경 위를 횡단하는 것을 볼 때처럼——여러 가지 대상과 여러 가지 점을 동시에 지각함으로써 직접적으로 지각한다. 마찬가지로 시간도 선후의 감각, 또는 운동의 척도이므로 물론 주관적이고 매우 상대적이다. 그러나 시간의 경과가 측정 또는 지각되든 않든 간에 나무는 자라고 시들고 죽어버릴 것이다. 사실 칸트는 유물론으로부터의 피난처로서 공간의 주관성을 너무 열심히 증명하려고 했다. 만일 공간이 객관적이고 보편적인 것이라면 신은 공간 속에 존재해야 하고 따라서 공간적, 물질적이어야 한다는 주장을 그는 두려워했던 것이다. 모든 실재는 일차적으로는 감각과 관념으로서 우리들에게 알려진다고 하는 비판적 관념론에 그는 만족하는 것이 좋았을지도 모른다. 이 늙은 여우는 씹지 못할 만큼 잔뜩 베어 물었던 것이다.4)

    또한 그는 절대적이라는 신기루에 집착하지 않고 과학적 진리의 상대성에 만족해도 좋았을 것이다. 영국의 피어슨, 독일의 마하, 프랑스의

---

4) 칸트의 인식론의 끈질긴 생명력은 찰스 P. 스타인메츠(독일 태생의 저명한 미국 전기 기술자—옮긴이)와 같은 실제적인 과학자가 전면적으로 받아들인 것에도 나타난다. "우리들의 모든 감각적 지각은 시간과 공간에 대한 개념에 의해 제한되고 이 견해에 결부된다. 모든 철학자 중에서 가장 위대하고 가장 비판적인 칸트는 공간 및 시간이 경험의 소산임을 부인하고 오히려 범주——우리의 정신이 감각적 지각을 감싸는 개념——임을 보여준다. 현대의 물리학은 상대성이론에서 동일한 결론에 도달했다. 곧 절대공간이나 절대시간은 존재하지 않으며 시간과 공간은 사물 또는 사건으로 채워지는 경우에만 존재한다. 다시 말하면 시간과 공간은 지각의 형식이다."

앙리 포앙카레 등의 최근의 연구는 칸트보다는 오히려 흄과 일치한다. 곧 모든 과학적 진리는 가장 엄밀한 수학조차도 상대적이다. 과학은 이 문제에 구애되지 않고 고도의 개연성으로 만족하는 것이다. 어쩌면 결국 '필연적' 인식이 반드시 필요한 것은 아닐지도 모르지 않는가?

칸트의 위대한 업적은, 다시 한번 말하지만 외계는 오직 감각으로서 우리들에게 알려진다는 것, 그리고 정신은 무력한 백지, 곧 감각의 무기력한 먹이가 아니라 경험이 도달했을 때 경험을 선택하고 재구성하는 능동적 힘이라는 것을 증명한 데 있다. 우리는 이 업적으로부터 본질적 위대성을 훼손하지 않고 약간 공제할 수는 있다. 우리는 쇼펜하우어와 함께 범주를 12개로 한정하고 세 개씩 산뜻하게 묶어놓아 모든 것에 알맞게 적응하도록 신축자재한 것으로 만들고 우회적으로 무리하게 해석했다고 웃어버릴 수도 있다. 또한 이러한 범주, 곧 사고의 해석형식은 생득적이며 감각과 경험에 앞서 존재한다는 것조차도 의심할 수 있다. 어쩌면 스펜서가 생각한 바와 같이, 비록 종에 의해 후천적으로 획득되었다 하더라도 범주는 사고의 형, 곧 지각작용과 개념작용의 습관으로서 자동적인 정리작용을 하는 감각과 지각에 의해 서서히 형성된 것일지도 모른다. 처음에는 무질서하게, 다음에는 정리형식의 일종의 자연도태에 의해 질서있고 유효하고 분명한 형태로―감각을 지각으로 지각을 관념으로 분류, 해석하는 것은 기억이지만 기억은 후천적인 것이다. 칸트가 생득적이라고 한 정신의 통일성(통각의 선험적 통일)은 획득된 것이다. 그러나 반드시 모든 사람에게 있는 것은 아니다. 예컨대 건망증, 인격 분열, 정신착란의 경우에서 볼 수 있는 바와 같이 이것은 획득되었다가 상실될 수도 있는 것이기 때문이다. 개념은 후천적으로 획득하는 것이며, 천부의 선물은 아니다.

19세기는 칸트의 윤리학, 곧 생득적 · 선천적 · 절대적 도덕의식설과는 거의 관계가 없었던 것 같다. 진화의 철학은 비록 사회적 행동에 대한 막연한 경향은 생득적일지라도, 의무의식은 개인에 있어서의 사회적 침전물이고 양심의 만족은 후천적이라는 주장을 제시할 수밖에 없었다. 도덕적 자아, 곧 사회적 인간은 신의 손으로 신비하게 만들어낸 '특수한 창조물'이 아니라 점진적인 진화의 최근의 소산이다. 도덕은 절대적인 것이 아니라 집단생활의 유지를 위해 다소간 우연히 발달된, 집단의 특성과 환경에 따라 달라지는 행동규칙이다. 예를 들면 적에게 둘러싸인 사람들은 열렬하고 끊임없는 개인주의를 부도덕한 것으로 생각하겠지만, 젊고 부와 고립으로 안정된 나라에서는 자연자원 개발과 국민성 형성에 불가결한 요소로서 용서할 것이다. 칸트가 생각한 바와는 달라서 어떠한 행동도 그 자체로서는 선하지 않다(『실천이성비판』).

청년 시대의 경건주의와, 끊임없이 의무를 수행하면서 쾌락을 멀리한 엄격한 생활이 그의 도덕적 경향을 결정했다. 마침내 그는 의무를 위한 의무를 주장하고, 그 결과 프로이센의 절대주의의 수중에 걸려들었다. 이와 같이 의무와 행복을 대립시키는 것은 엄격한 스코틀랜드의 칼뱅주의의 영향을 받은 것이다. 볼테르가 몽테뉴와 에피쿠로스적 르네상스를 계승한 것처럼 칸트는 루터와 스토아주의적 종교개혁을 계승했다. 루터가 지중해 이탈리아의 사치와 방종에 대항한 것처럼, 그는 엘베시우스와 돌바크가 그들의 무모한 시대를 정식화한 이기주의와 쾌락주의에 단호하게 반대했다. 그러나 칸트 윤리학의 절대주의에 반대하는 1세기 동안의 반동을 거친 다음, 우리는 다시금 도시의 관능주의와 부도덕, 민주주의적 양심이나 귀족주의적 명예심에 의해 억제되지 않는 냉혹한 개인주의의 소용돌이에 직면하고 있다. 어쩌면 해체되고 있는 문명이 다시금 칸트의 의무의 외침을 받아들일 날이 곧 다가올지도 모른다.

칸트 철학의 놀라운 점은 제1비판에서 분명히 파괴한 신, 자유, 불사

등 종교적 이념을 제2비판[4]에서 강력하게 부활시킨 것이다. 니체의 비판적 친구인 파울 레는 말한다. "여러분은 칸트의 저서를 읽으며 마치 시골 장터에 온 느낌을 받을 것이다. 여러분은 칸트에게서 여러분이 원하는 모든 것——의지의 자유든, 의지의 속박이든, 관념론이든, 관념론의 논박이든, 무신론이든, 선량한 주님이든——을 살 수 있다. 마치 마술사가 빈 모자에서 꺼내듯, 칸트는 의무의 개념에서 신, 불사, 자유를 끌어내 독자를 경악케 한다." 쇼펜하우어도 보상의 필요로부터 불사를 이끌어내는 것을 공격한다. "처음에는 행복에 대해 매우 거만하게 굴던 칸트의 덕도 후에는 자주성을 잃고 팁을 달라고 손을 내민다"(파울젠, 『이마누엘 칸트』): 칸트는 사실상 회의주의자로서 자기 자신은 신앙을 포기했으나 공중도덕에 미칠 영향이 두려워 민중 신앙의 파괴를 주저했다고 이 위대한 염세주의자는 믿고 있다. "칸트는 사변적 신학이 근거없는 것이라고 폭로하지만 통속적 신학에는 손을 대지 않을 뿐 아니라 오히려 도덕적 감정에 바탕을 둔 신앙으로서 고귀한 형태로 확립한다……. 이 신앙은 후에 사이비 철학자들에 의해 신의 합리적 파악, 신의 의식 등으로 왜곡되었다……. 칸트는 오래 된 존경받는 오류를 파괴하면서 이러한 파괴가 위험한 일임을 알고 파멸이 자신에게 닥치지 않도록, 설사 닥친다 하더라도 피할 여유를 가질 수 있도록, 오히려 도덕적 신학에 의해 두세 개의 약한 지주를 마련해두려고 했다"(『의지와 표상으로서의 세계』). 따라서 하이네도, 물론 고의적인 희화이지만 칸트를 다음과 같이 묘사한다. 그는 종교를 파괴한 다음, 하인 람페를 데리고 산보를 나가 노인의 눈에 눈물이 가득히 괴어 있는 것을 알았다. "그래서 이마누엘 칸트는 연민을 느끼고 자신이 대철학자일 뿐 아니라 선량한 인간임을 보여준다. 반은 친절하게, 반은 빈정거

---

4 칸트의 주저(主著)인 『순수이성비판』, 『실천이성비판』, 『판단력비판』을 각기 제1비판, 제2비판, 제3비판으로 통칭한다.

리며 그는 말한다. 람페 할아범은 신을 믿고 있음에 틀림없다. 그렇지 않으면 그는 행복할 수가 없다고 실천이성이 말하는군. 내 입장으로서는 할수 있다면 실천이성이 신의 존재를 보증하라고 내버려두는 걸세"(파울젠, 『이마누엘 칸트』). 이러한 해석이 옳다면 우리는 제2비판을 '선험적 무감각론'이라고 불러야 할 것이다.

그러나 칸트의 내면의 이와 같이 대담한 재구성은 너무 진지하게 고려할 것이 못 된다. 『단순한 이성의 한계 내에서의 종교』에 넘치는 열정은 너무나 강렬해서 그 성실성을 의심하기 어려우며, 종교의 기초를 신학으로부터 도덕으로, 신앙 고백으로부터 행위로 옮기려고 한 시도는 심원한 종교적 정신 없이는 불가능하다. 1766년, 그는 모제스 멘델스존에게 보낸 편지에서 "사실상 나는 명확한 확신을 갖고 여러 가지 일을 생각하지만……나에게는 이것을 말할 용기가 없다. 그러나 내가 생각하지 않은 일을 말하는 경우는 결코 없을 것"이라고 말했다. 『순수이성비판』처럼 길고 난해한 논문이 상반된 해석의 여지를 갖고 있는 것은 당연한 일이지만, 이 책이 출간되고 수년 후 처음으로 이 책에 대한 논평을 쓴 라인홀드는 오늘날 우리가 말할 수 있는 점을 대부분 말하고 있다. "『순수이성비판』은 독단론자로부터는 모든 지식의 확실성을 무너뜨리려는 시도라는 말을 들었고, 회의론자로부터는 종래의 체계의 폐허 위에 새로운 형태의 독단론을 세우려는 거만한 가정, 초자연주의자로부터는 종교의 역사적 기초를 제거하고 논쟁 없이 자연주의를 확립하려는 교묘하게 꾸며진 술책, 자연주의자로부터는 빈사상태의 신앙철학에 대한 새로운 지주, 유물론자로부터는 물질의 실재에 대한 관념론적 반박, 유심론자로부터는 경험의 영역이라는 미명 밑에 감추어진 모든 실재를 물질계에 국한하려는 정당화할 수 없는 한정이라는 말을 들어왔다"(『칸트 철학에 대한 서한』). 사실, 이 책의 영광은 이러한 모든 관점에 대한 정당한 평가에 있고, 칸트만큼 영민한 사람들에게는 칸트가 사실상 이 모든 관점을 융합하여 철학사상 일찍이 없었던 복잡한 진리의 통일을 이룩했다고 생각될 것이다.

그의 영향을 보면, 19세기의 철학사상 전체는 그의 사상을 중심으로 회전했다. 칸트 이후로 독일 전체가 형이상학을 말하기 시작했다. 실러와 괴테는 칸트를 연구하고, 베토벤은 인생의 두 경이에 대한 칸트의 유명한 말─ '머리 위에는 별이 빛나는 하늘, 마음 속에는 도덕법칙' ─을 감탄하며 인용했다. 그리고 피히테, 셸링, 헤겔, 쇼펜하우어는 연달아 쾨니히스베르크의 노현인의 관념론을 뒷받침으로 하는 위대한 사상 체계를 제시했다. 독일 형이상학의 향기 높은 시기에 장 파울 리히터는 "신은 프랑스에는 육지를, 영국에는 바다를, 독일에는 공중의 제국을 주었다"고 썼다. 칸트의 이성비판과 감정 앙양은 쇼펜하우어와 니체의 주의주의(主意主義), 베르그송의 직관주의, 윌리엄 제임스의 실용주의의 길을 열었다. 사고의 법칙과 실재의 법칙을 동일시하는 칸트의 사상은 헤겔에 이르러 철학의 포괄적 체계로 되었고, 칸트의 미지의 '물자체'는 스펜서에게 부지중에 커다란 영향을 미쳤다. 칼라일의 난해성의 대부분은 괴테나 칸트의 이미 난해한 사상─다양한 종교와 철학은 하나의 영원한 진리가 옷을 바꿔 입은 것에 지나지 않는다는 사상─을 비유적으로 설명하려고 한 데 있다. 영국의 캐어드, 그린, 월리스, 왓슨, 브래들리, 그 밖의 많은 사람들이 제1비판에서 영감을 얻었다. 그리고 무모할 만큼 혁신적인 니체조차도 칸트의 정적(靜的) 윤리학을 격렬하게 비난하면서도 '쾨니히스베르크의 위대한 중국인'으로부터 인식론을 받아들였다.

여러 가지로 개혁된 칸트의 관념론과 여러 가지로 수정된 계몽주의의 유물론 사이의 1세기에 걸친 싸움을 거쳐서, 승리는 칸트의 것인 듯하다. 위대한 유물론자인 엘베시우스조차도 역설적으로 말했다. "인간

은, 이렇게 말해도 좋다면, 물질의 창조자이다"(『정신에 대하여』). 철학
은 두 번 다시 초기의 단순한 시대처럼 소박해질 수는 없을 것이다. 칸트
가 탄생했기 때문에 철학은 이후로는 항상 달라지고 더욱 심원해질 것
이다.

8. 헤겔 소고(小考)

얼마 전까지만 해도 칸트의 직접적 후계자들—피히테, 셸링, 헤
겔—에게 베이컨, 데카르트로부터 볼테르, 흄에 이르는 근대 사상의 칸
트의 모든 선배들과 동일한 명예 및 지면을 할당하는 것이 철학사가들의
관례였다. 오늘날 우리들의 관점은 약간 다르고, 우리들은 아마도 교수직
을 놓고 다투다가 성공적인 경쟁자에게 퍼부은 쇼펜하우어의 독설을 즐
기고 있을 것이다. 쇼펜하우어는 칸트를 읽으면서 "독자는 난해한 것이
반드시 무의미하지는 않다는 것을 깨닫게 될 것"이라고 말했다. 피히테와
셸링은 이 점을 이용해서 형이상학의 어마어마한 거미줄을 쳤다. "그러나
이전에는 정신병원에서만 볼 수 있던, 순전한 넌센스를 늘어놓고 무의미
하고 엉뚱하고 난잡한 말들을 엮어놓는 극단적인 뻔뻔스러움은 마침내
헤겔에 이르러 절정에 달했고, 일찍이 없었던 가장 철면피한 보편적 신비
화의 도구가 되었다. 그 결과 이러한 신비화는 후세 사람들에게는 전설처
럼 생각될 것이고 독일적 우행(愚行)의 기념비로 남을 것이다"(캐어드,
『헤겔』). 이 말은 공정한가?

게오르크 빌헬름 프리드리히 헤겔은 1770년 슈투트가르트에서 태어
났다. 아버지는 뷔르템베르크 공국의 재무성 공무원이었다. 분수에 맞게
유능한 공무원들 때문에 독일의 도시는 세계에서 가장 잘 다스려지고 있
거니와, 이러한 독일 공무원의 끈기있고 조직적인 습관 속에서 헤겔은 자

라났다. 이 청년은 부지런한 학생으로 중요한 책을 읽으면 모두 철저히 분석하고 긴 구절을 베꼈다. 참된 교양은, 최초의 5년 동안 학생들이 침묵을 지켜야 했던 피타고라스 학파의 교육방식처럼, 단호한 자제(自制)로부터 시작되어야 한다고 그는 말했다.

피히테

그리스 문학을 연구하면서 그는 아티카 문화에 열광했는데 이 감격은 다른 모든 감격이 사라진 다음에도 오래 남아 있었다. 그는 "그리스라는 이름을 들으면, 유럽의 교양 있는 사람들, 특히 우리들 독일인은 고향에 온 듯한 느낌이 든다. 유럽인은 그들의 종교를……그리스보다는 좀더 먼 곳, 곧 동양으로부터……받아들였다. 그러나 여기에 현재 있는 것들, 곧 학문과 예술, 우리의 정신생활을 만족시키고 향상시키고 아름답게 하는 모든 것들을 우리는 그리스에서 배웠다"(헤겔, 『역사철학강의』)라고 말한다. 한때 그는 기독교보다 그리스인의 종교를 더 좋아했고, 예수를 마리아와 요셉의 아들로 보고 기적적 요소를 무시한 『예수전』을 써서 슈트라우스와 르낭의 견해를 선취했다.

정치학에서도 그는 후년의 '현상의 신성화'가 거의 의심스러울 정도로 반항정신을 보여주었다. 튀빙겐의 신학생이었을 때, 그는 셸링과 함께 프랑스 혁명을 열렬히 옹호했고, 어느날 아침 일찍 시장에 나가 '자유의 나무'를 심었다. 그는 "프랑스 국민은 혁명의 세례를 받고 인간 정신에는 갓난애의 구두처럼 답답한, 생명 없는 족쇄처럼 인간 정신을 괴롭혀왔고 현재도 다른 국민들을 괴롭히고 있는 많은 제도로부터 해방되었다"(1807년 1월 23일 젤만에게 보낸 편지)라고 말했다. 젊다는 것이 천국이었던 희망에 찬 시절에 그는 피히테처럼 일종의 귀족주의적 사회주의에 경도했고, 독특한 정력을 갖고 전 유럽에 퍼진 낭만주의의 물결을 탔다.

그는 1793년, 재능있는 인격자로 신학과 문헌학에는 조예가 있으나 철학적 능력은 없다는 증명서를 받고 튀빙겐 대학을 졸업했다. 이 무렵 가난했던 그는 베른이나 프랑크푸르트에서 가정교사로 생계를 유지해야 했다. 이때는 그의 준비기였다. 유럽이 민족주의적 전쟁으로 조각나고 있을 때, 헤겔은 자기 자신을 총괄하며 성장했다. 그때(1799) 아버지가 죽고 약 6천 마르크의 유산이 생기자, 헤겔은 부자가 됐다고 생각하고 가정교사를 그만두었다. 그는 친구 셸링에게 어디에 정착할지 충고해달라고 하며 검소한 식사, 많은 책, '좋은 맥주(Bier)'가 있는 곳을 물었다. 셸링은 바이마르 공의 관할구역인 대학도시 예나를 권했다. 예나에서는 실러가 역사를 가르치고, 티크, 노발리스, 슐레겔 형제는 낭만주의를 전파하고, 피히테와 셸링은 그들의 철학을 전개하고 있었다. 1801년 헤겔은 예나에 도착했고, 1803년 대학의 선생이 되었다.

1806년 나폴레옹이 프로이센에 승리하여 혼란과 공포가 이 작은 학문의 도시를 휩쓸었을 때에도 그는 이 도시에 머물러 있었다. 프랑스 병사가 헤겔의 집으로 침입하자, 그는 철학자답게 첫 주저 『정신현상학』의 원고를 싸 들고 달아났다. 얼마 동안 그는 아주 가난해서 괴테는 크네벨[5]에게 당장 살아나갈 약간의 돈을 꾸어주라고 부탁할 정도였다. 헤겔은 크네벨에게 거의 애걸조의 편지를 썼다. "나는 경험을 통해 우선 양식과 옷을 구하라, 그러면 신의 나라는 그대의 것이 되리라고 한 성경의 말이 진리임을 체득했고 이 말을 지침으로 삼아왔다." 잠시 그는 밤베르크에서 신문을 편집했고, 1812년에는 뉘른베르크에서 김나지움의 교장이 되었

---

5 시인으로, 괴테를 바이마르 공에게 추천했다.

다. 이때 그는 행정상의 문제를 냉정하게 처리해야 했으며, 아마도 이 때문에 그의 낭만주의적 열정이 식고 나폴레옹이나 괴테처럼 낭만주의 시대에 있어서의 고전적 잔재가 되었을 것이다. 그는 뉘른베르크에서 『논리학』(1812~16)을 썼으며, 이 책의 난해성은 전 독일을 매혹해서 그는 하이델베르크의 철학 강좌를 얻었다. 하이델베르크에서 그는 방대한 『철학적 제 학문의 엔치크로페디』를 썼고, 이 책 때문에 그는 1818년 베를린 대학에 초빙되었다. 이때부터 죽을 때까지 그는 괴테가 문학계를 지배하고, 베토벤이 음악계를 지배한 것처럼, 확실히 철학의 세계를 지배했다. 그의 생일은 괴테의 생일 다음날이어서 의기양양한 독일인들은 매년 이틀 동안 축제를 벌였다.

어떤 프랑스인이 헤겔에게 그의 철학을 한 문장으로 요약해달라고 부탁했을 때, 그는 한 다리로 서 있는 동안에 기독교를 정의해달라는 요청을 받은 수도사가 "이웃을 그대 자신처럼 사랑하라"고 대답한 것처럼 멋지게 대답할 수는 없었다. 오히려 헤겔은 10권의 책으로 대답하겠다고 했다. 그리고 이 10권의 책이 집필되고 발간되어 전 세계 사람들이 이 책들에 대해 말하고 있을 때, 그는 "나를 이해하는 사람은 오직 한 명뿐이며, 이 사람조차도 나를 제대로 이해하지 못한다"[5]고 불평했다. 그의 저서의 대부분은 아리스토텔레스의 저서처럼 강의노트, 심한 경우에는 학생들이 필기한 노트를 정리한 것이다. 『논리학』과 『정신현상학』만이 직접 쓴 것으로, 이 책들은 추상적이고 간결한 문장, 기묘한 독창적 용어에 의해, 또 모든 진술을 제한적 종속문으로 지나칠 만큼 투박하게 수식함으로써 애매해진 난해한 걸작이다. 헤겔은 자신의 저술을 "독일어로 철학을 말하는 것을 가르치려는 시도"라고 말했다. 그는 이 점에서는 성공

했다.

『논리학』은 추리방법을 분석하지 않고 추리에 사용된 개념을 분석하고 있다. 이러한 개념을 헤겔은 칸트가 말한 범주—존재, 질, 양, 관계 등—라고 생각한다. 우리들의 사고에서 끊임없이 사용되는 이러한 기본적 개념을 자세히 분석하는 것이 철학의 첫 과제이다. 이러한 개념 중 가장 기초적인 것이

헤겔

관계이다. 곧 모든 표상은 관계의 집단이며, 우리는 다른 것과 관계시켜 유사점과 차이점을 알 때에만 어떤 대상을 생각할 수 있다. 어떤 종류의 관계도 갖지 않은 표상은 공허하다. '순수한 유와 무는 동일하다' 는 말의 의미는 바로 이것이다. 관계도 질도 전혀 없는 유는 존재하지 않고 무의미하다. 이 명제로부터 끊임없이 새로운 경구가 생긴다. 그리고 이 명제는 헤겔 사상 연구의 장애물인 동시에 매력임을 알게 된다.

모든 관계 중 가장 보편적인 것은 대립 또는 반대의 관계이다. 사고 또는 사물의 모든 상태—세계에 있어서의 모든 표상, 모든 상황—는 반드시 반대되는 것과 관련되고 또한 반대되는 것과 결합하여 보다 고도의, 혹은 보다 복잡한 전체를 이룬다. 이러한 '변증법적 운동' 은 헤겔의 모든 저서에 일관되어 있다. 물론 변증법적 운동은 이미 엠페도클레스에 의해 암시되고, "반대의 인식은 동일하다"고 한 아리스토텔레스의 '중용' 에 구체화된 오래된 사상이다. 진리는(전자(電子)처럼) 대립적 요소들의 유기적 통일이다. 보수주의와 급진주의의 진리는 자유주의—개방된 정신과 조심스러운 손, 개방과 손과 조심스러운 정신—이다. 중대한 문제에 대한 견해의 확립은 극단 간의 진폭을 줄이는 것이다. 모든 의심스러운 문제에 있어서 진리는 중간에 있다. 진화의 운동은 대립의 연속적

발전이고 대립의 융합과 조화이다. 셸링은 옳았다. 모든 것의 근저에는 '대립의 동일성'이 있는 것이다. 피히테는 옳았다. 정립, 반정립, 종합은 모든 발전과 모든 실재의 공식이고 비밀인 것이다.

사상만이 이러한 '변증법적 운동'에 따라 발전하고 전개되는 것이 아니라 사물도 마찬가지이기 때문이다. 모든 사태에는 반드시 모순이 내포되어 있으며 발전은 조화로운 통일에 의해 이 모순을 해결해야 한다. 따라서 물론 우리의 현재의 사회 조직도 자기 부식적 모순을 내포하고 있다. 경제적 청년기의, 아직도 자원의 개발이 요구되던 시대에는 필요했던 고무적인 개인주의는 다음 시대에 와서는 협동적 공동체에 대한 열망을 환기시킨다. 그리고 미래에 있어서는 현재의 현실이나 꿈꾸던 이상을 체험하는 것이 아니라 현실과 이상이 결합하여 보다 높은 생활을 형성하는 종합을 보게 될 것이다. 그리고 이러한 보다 높은 관계도 역시 분열되어 생산적 모순을 일으키고, 조직과 복잡성과 통일성도 보다 높은 차원으로 고양될 것이다. 따라서 사고의 운동은 사물의 운동과 동일하다. 사고나 사물에는 통일로부터 다양을 거쳐 '다양의 통일'에 이르는 변증법적 과정이 있다. 사고와 존재는 동일한 법칙에 따르고 논리학과 형이상학은 동일하다.

정신은 이러한 변증법적 과정과 다양의 통일을 인식하기 위해 불가결한 기관이다. 정신의 기능과 철학의 과제는 다양 속에 잠재된 통일을 찾아내는 것이고, 윤리학의 과제는 성격과 행위를 통일하는 것이고, 정치학의 과제는 개인을 국가에 통합하는 것이다. 종교의 과제는 모든 대립을 통일하는 절대자, 곧 물질과 정신, 주관과 객관, 선과 악을 합일하는 지고의 존재에 도달하고 감지하는 것이다. 신은 그 안에서 만물이 움직이면서, 존재와 의미를 갖게 되는 관계의 체계이다. 인간에 있어서 절대자는 자기 의식으로 고양되어 절대적 이념이 된다. 절대적 이념은 자기 자신을 절대자의 일부로 자각하고 개인적 한계와 목적을 넘어서서 보편적 투쟁의 근저에서 만물의 숨겨진 조화를 파악하는 사상이다. "이성은 우주의 실체이다. ……세계 계획은 절대적으로 합리적이다"(헤겔, 『역사철학강의』).

그렇다고 해서 투쟁과 악이 단순한 소극적 상상물이라는 뜻은 아니다. 투쟁과 악은 매우 현실적이지만 지혜의 시야에서 보면 성취와 선에 이르는 단계이다. 투쟁은 성장의 법칙이고 성격은 세계의 폭풍우와 억압 속에서 형성되고 인간은 강제, 책임, 고난을 통해서만 충분히 성숙한다. 고통조차도 존재 이유를 갖고 있다. 곧 고통은 생명의 징후, 재건에의 자극이다. 격정도 사물의 합리성에 자리잡고 있다. "이 세상의 어떠한 위업도 격정 없이는 이루어지지 않았을 것이다"(헤겔, 『역사철학강의』). 나폴레옹과 같은 사람의 이기적 양심조차도 부지중에 제 국가의 발전에 기여하고 있다. 생명은 행복이 아니라 성취를 위해 존재한다. "세계사는 행복의 무대가 아니다. 행복의 여러 시기는 세계사의 백지 페이지이다. 왜냐하면 이 시기는 조화의 시기이기 때문이다"(헤겔, 『역사철학강의』). 이러한 권태로운 만족은 인간에게는 가치 없는 것이다. 청년의 주저와 방황이 성년의 안정과 질서로 변하는 것처럼, 역사는 현실의 모순이 성장에 의해 해결되고 있는 시기에 있어서만 형성된다. 역사는 변증법적 운동으로, 거의 혁명의 연속이며 이러한 운동에 있어서 민중과 천재는 연달아 절대자의 도구가 된다. 위인들은 미래의 산모가 아니라 산파이며 그들의 위업의 모태는 시대정신이다.

천재도 다른 사람들과 마찬가지로 돌더미 위에 또 하나의 돌을 올려놓는 데 지나지 않으며, 어쨌든 그의 돌은 마지막으로 놓여지는 행운을 갖고 있어서 그가 돌을 놓을 때에는 이미 형태가 결정되어 있다. "이러한 개인들은 그들이 전개하고 있는 보편적 이념을 의식하지 못하지만……

시대가 요구하고 시기가 성숙되어 있는 것을 통찰하고 있다. 이러한 시대의 요구는 그들의 시대와 그들의 세계의 '진리'이며, 말하자면 시대의 태내(胎內)에 이미 깃들여 있는 다음 차례의 종속이다"(헤겔, 『역사철학 강의』).

이러한 역사철학은 혁명적 결론에 도달하는 것 같다. 변증법적 과정은 변화를 기본 원리로 한다. 어떠한 상태도 영원하지 않고 사물의 각 단계에는 '대립의 투쟁'만이 해결할 수 있는 모순이 있다. 그러므로 정치학의 가장 심원한 법칙은 자유——변화를 위한 탄탄대로——이고 역사는 자유의 성장이다. 국가는 조직된 자유이며 또한 이러한 자유여야 한다.

한편 '현실적인 것은 이성적'이라는 이론에는 보수적 색채가 있다. 각 상태는 비록 소멸될 운명을 갖고 있더라도, 각기 필연적 발전단계이므로 모두 고유하고 신성한 권리를 갖고 있다. 어떤 의미에서는 '존재하는 것은 모두 정당하다'는 말은 잔인할 만큼 진실하다. 그리고 통일이 발전의 목표이듯이, 질서는 자유의 제1요건이다.

헤겔이 만년에 그의 철학에 내포된 급진성보다는 오히려 보수성으로 기울어졌다면 그것은 부분적으로는(그 자신의 역사적 용어를 빌린다면) 시대정신이 너무나 많은 변화에 지쳤기 때문이다. 1830년의 혁명 이후에 그는 "40년 동안의 전쟁과 무한한 혼란을 겪은 다음 마침내 평화롭고 만족한 시기의 출발을 보게 된 것은 노인의 기쁨이 아닐 수 없다"(캐어드, 『헤겔』)고 말했다.

투쟁을 성장의 변증법으로 본 철학자가 만족의 옹호자가 된 것은 어울리지 않는 일이지만 60세쯤 되면 인간에게는 평화를 요구할 권리가 있다. 그럼에도 불구하고 헤겔사상의 여러 가지 모순은 평화를 요구하기에는 너무나 심각해서 다음 세대의 헤겔 추종자들은 변증법적 숙명에 의해 '헤겔 우파'와 '헤겔 좌파'로 갈라졌다. 바이세와 소 피히테[6]는 현실적인 것은 이성적이라는 이론에서 섭리의 교리의 철학적 표현과 절대적 복종의 정치학의 정당화를 찾아냈다. 포이어바흐, 몰레쇼트, 바우어, 마르크스는 헤겔의 청년시대의 회의주의와 '고등비판'으로 되돌아가서 역사철학을 헤겔적 필연성에 의해 '불가피한 사회주의'에 이르는 계급투쟁설로 전개시켰다. 시대정신에 의해 역사를 결정하는 절대자 대신, 마르크스는 대중운동과 경제력을, 사물의 세계에서든 사고하는 생활에서든, 모든 근본적 변화의 기초적 원인으로 제시하였다. 제국의 교수인 헤겔은 사회주의의 싹을 키워 놓았다.

노철학자는 과격론자들을 몽상가라고 비난하고 조심스럽게 초기의 논문들을 은폐했다. 그는 프로이센 정부와 결탁하여 프로이센 정부를 절대자의 최후의 표현으로 축복하고 프로이센 정부의 학문적 혜택을 만끽했다. 그의 적은 그를 '어용 철학자'라고 불렀다. 그는 자신의 체계를 세계의 자연법칙의 일부로 보기 시작하고, 자기 자신의 변증법 때문에 자신의 사상도 영속되지 못하고 붕괴될 수밖에 없다는 점을 망각했다. '철학이 1830년대의' 베를린에서처럼 "독재적인 발언을 한 일은 일찍이 없었고, 또한 철학의 당당한 위신이 완전히 승인되고 확보된 일도 일찍이 없었다"(파울젠, 『이마누엘 칸트』).

그러나 헤겔은 이 행복한 시기에 갑자기 늙었다. 그는 소설에 나오는 천재처럼 멍청해졌다. 한번은 한쪽 구두가 진흙 속에 빠진 것도 모르고 한쪽 구두만 신고 강의실에 들어간 일도 있었다. 1831년, 콜레라가 베를린에 만연했을 때, 그의 쇠약한 몸은 감염되어 첫 희생자들 틈에 끼게 되었다. 단 하루를 앓고 그는 갑자기, 그리고 조용히 영면했다. 1년 동안에 나폴레옹, 베토벤, 헤겔이 태어난 것처럼, 독일은 1827년부터 1832년에 걸쳐

---

6 피히테의 아들.

괴테, 헤겔, 베토벤을 잃었다. 독일의 가장 위대한 시대의 마지막 훌륭한 성과였던 한 시기가 막을 내린 것이다.

7

쇼펜하우어

1. 시대

　19세기 전반기에 이 시대의 표현으로서 영국의 바이런, 프랑스의 드 뮈세, 독일의 하이네, 이탈리아의 레오파르디, 러시아의 푸슈킨과 레르몬토프 같은 염세주의적 시인, 슈베르트, 슈만, 쇼팽, 심지어 후기의 베토벤(자신을 낙천주의자로 확신하려고 노력한 염세주의자) 같은 염세주의적 작곡가, 그리고 특히 심각한 염세주의 철학자 아르투어 쇼펜하우어가 등장한 이유는 무엇인가?

　비애의 대사화집(大詞華集), 『의지와 표상으로서의 세계』는 1818년에 나왔다. 그때는 신성(神聖) 동맹의 시대였다. 워털루의 싸움은 끝나고 혁명은 사망하고, '혁명의 아들'은 먼 바다의 암초에서 시들어가고 있었다. 쇼펜하우어가 '의지'를 신격화한 일부 원인은 단신(短身)의 코르시카인에게 구현된 '의지'의 장엄하고 피비린내 나는 출현에 있었고, 그의 삶에 대한 절망도 부분적으로는 세인트 헬레나의 애처로운 거리감 때문이었다. 마침내 '의지'는 패배하고 검은 죽음이 모든 전쟁의 유일한 승리자가 되었다. 부르봉 가(家)는 재건되고 봉건 귀족들은 다시 돌아와 토지 소

유권을 주장하고 알렉산더[1]의 평화적 이상
주의는 뜻밖에도 진보를 억압하는 동맹의 모
태가 되었다. 위대한 시대는 지나갔다. 괴테
는 "이와 같이 철저히 끝나버린 세계에서 내
가 젊지 않다는 것을 하느님께 감사한다"고
말했다.

쇼펜하우어

　　그렇다. 혁명은 죽어버렸다. 혁명과 함
께 유럽의 영혼으로부터 생기가 사라진 것
같았다. 유토피아라는 새로운 천국의 매력은 신들의 황혼을 재촉하다가
젊은이들의 눈으로만 볼 수 있는 아득한 미래로 사라져버렸다. 늙은 사람
들은 너무 오랫동안 이 매력에 끌려다니다가 이제는 인간의 희망을 조롱
하는 것으로서 이 매력을 외면하게 되었다. 젊은이만이 미래에 살 수 있
고 늙은이만이 과거에 집착할 수 있다. 대부분의 인간은 어쩔 수 없이 현
재에 살아야 하는데 현재는 폐허였다. 얼마나 많은 영웅과 신봉자가 혁명
을 위해 싸웠던가! 유럽 전역의 청년들의 마음은 얼마나 젊은 공화국에
기울어지고 이 공화국의 빛과 희망에 도취했던가! 그런데 마침내 베토벤
은 혁명의 아들이 아니라 반동의 양자가 된 인물[2]에게 바친 「영웅교향곡」
의 헌사를 조각조각 찢어버렸다. 그러나 그 후에도 얼마나 많은 사람들이
이 위대한 희망을 위해 싸웠고 들끓는 불안 속에서도 마지막까지 신념을
버리지 않았던가. 그런데 이제 최후가 닥쳤다. 워털루, 세인트 헬레나,
빈, 그리고 황폐한 프랑스의 왕위에 아무것도 배우지 못하고 아무것도 잊
어버리지 않은 부르봉 가의 한 사람이 앉았다. 이것이 인류의 역사가 처
음으로 맞이했던 희망과 노력의 한 세대의 대단원이었다. 쓰라린 눈물을

---

1 러시아의 황제.
2 나폴레옹을 말한다.

흘리면서 웃고 있는 사람들에게는 이 비극은 결국 희극이 아니었던가!

이 환멸과 수난의 시기에 대다수의 가난한 사람들은 종교적 희망에서 위안을 찾았으나 대부분의 상류계급은 신앙을 잃고 내세의 궁극적인 정의와 아름다움이 이 추악한 해악을 해소시키리라는 환상적인 비전을 버린 다음, 황폐한 세계를 직시했다. 사실상 1818년의 비참한 지구를 예지와 자비의 신이 떠받치고 있다고 믿기는 매우 어려웠다. 메피스토펠레스는 승리하고 온갖 파우스트는 절망했다. 볼테르는 선풍을 일으키고 쇼펜하우어는 그 결실을 거둬들여야 했다.

악의 문제가 이만큼 생생하고 강력하게 철학과 종교의 눈 앞에 내던져진 경우는 드물다. 불로뉴로부터 모스크바, 이집트까지 널려 있는 모든 전몰자의 무덤은 차디찬 별 밑에서 말없는 의문을 제기했다. 오, 주여, 얼마나 오랫동안? 그리고 왜? 라고. 이 거의 전 세계적인 재난은 이성과 무신앙의 시대에 대한 공정한 신의 복수였던가? 이것은 참회하는 지성에게 신앙과 희망과 자비라는 옛 덕 앞에 무릎을 꿇으라고 하는 경고였던가? 슐레겔, 노발리스, 샤토브리앙, 드 뮈세, 수지, 워즈워스, 고골리는 이렇게 생각했다. 그들은 탕아가 행복한 가정으로 돌아가듯 옛 신앙으로 되돌아갔다. 그러나 보다 준엄한 대답을 하는 사람들도 있었다. 유럽의 혼돈은 우주의 혼돈의 반영일 뿐이고 결국 신성한 질서나 피안의 희망은 없으며, 신이 존재한다면 신은 장님이고 악이 지구 표면을 뒤덮고 있다고. 바이런, 하이네, 레르몬토프, 그리고 우리 철학자는 이렇게 생각했다.

2. 사람됨

쇼펜하우어는 1788년 2월 22일, 단치히에서 태어났다. 아버지는 탁월한 능력, 성급한 성격, 독립심, 자유애호로 널리 알려진 상인이었다. 단치히는 1793년 폴란드에 병합되어 자유를 잃었기 때문에 아르투어가 다섯 살 때, 아버지는 단치히에서 함부르크로 이사했다. 그러므로 어린 쇼펜하우어는 매일 상업과 금융을 접하며 자라났고, 아버지가 강권한 상인 생활은 곧 포기했지만 이 생활을 통해 무뚝뚝한 태도, 현실적인 마음가짐, 세태와 인간에 대한 지식이 몸에 붙게 되었다. 이 때문에 그는 서재(書齋) 철학자, 또는 강단 철학자——그는 그러한 철학자들을 몹시 경멸했다——와는 정반대되는 철학자가 되었다. 아버지는 1805년에 죽었는데 자살인 듯하다. 할머니는 정신병으로 죽었다.

쇼펜하우어는 "성격, 곧 의지는 아버지로부터, 지성은 어머니로부터 물려받았다"(『의지와 표상으로서의 세계』)고 말한다. 어머니는 지성적이었지만——그녀는 당시 가장 인기있는 여류 소설가 중의 하나였다——열정적이고 성질이 급했다. 평범한 남편과의 생활은 불행했으므로, 남편이 죽자 그녀는 자유 연애를 시작하고 이러한 생활에 안성맞춤인 바이마르로 옮겨갔다. 햄릿이 어머니의 재혼에 반발한 것처럼 아르투어 쇼펜하우어도 이러한 생활에 반대했다. 어머니와 다투는 동안, 그는 그의 철학에서 펼쳐놓은 여성에 대한 반쪽의 진리의 대부분을 배웠다.

한편 쇼펜하우어는 고등학교와 대학을 졸업했는데 학교 과정보다 더 많은 것을 배웠다. 그는 사랑과 세상을 저주했으며, 그 결과 그의 성격과 철학에도 영향이 미쳤다. 그는 우울해지고 냉소적이고 의심이 많았으며 공포와 불길한 망상에 시달렸다. 그는 파이프를 상자에 넣고 자물쇠를 잠가두었고 이발사에게는 목 둘레의 면도를 허락하지 않았으며——아마도 도둑에 대비해서——잠잘 때에는 장탄한 권총을 옆에 놓아두었다. 그는 소음을 참을 수 없었다.

그에게는 어머니도, 아내도, 자식도, 가족도, 조국도 없었다. "그는 철두철미 고독했고 한 명의 친구도 없었다. 한 명의 친구가 있느냐 또는 한 명의 친구도 없느냐 하는 차이는 무한한 것이다"(니체, 『교육자로서의 쇼펜하우어』). 괴테 이상으로 그는 당시의 민족주의 열과는 인연이 멀었다. 1813년, 그는 나폴레옹에 대항하는 해방전쟁에 대한 피히테의 열정에 감동하여 지원병이 되려고 생각하고 실제로 무기까지 구입했다.

그러나 때마침 분별심이 생겨 "나폴레옹은 결국 약한 인간이 느끼는, 그러면서도 무리하게 숨기지 않으면 안 되는 자기 주장과 생명욕의 집약적이고 자유분방한 표현에 지나지 않는다"(월리스, 『대영백과사전』 '쇼펜하우어' 항)고 말했다. 출전하는 대신, 그는 시골로 내려가 철학박사 학위논문을 썼다.

학위논문 『충족이유율(充足理由率)의 네 근거에 대하여』[1](1813년)를 쓴 다음, 쇼펜하우어는 그의 걸작 『의지와 표상으로서의 세계』에 전심전력을 기울였다. 낡은 관념의 개작이 아니라 독창적 사상의 매우 정연한 체계로서 '매우 명석하고 정력적이고 아름다움도 없지 않은' 이 책은 '이후로 수백 가지 책의 원천과 계기가 될 것'〔『여록(餘錄)과 보유(補遺)』〕이라고 매우 자찬하면서 그는 원고를 출판업자에게 보냈다. 이 말은 엄청난 자부심을 보여주지만 전적으로 진실이었다. 여러 해 후에 쇼펜하우어는 철학의 주요 문제들을 해결했다고 확신하고 인장을 새긴 반지에 스핑크스가 심연에 몸을 던지는 그림—스핑크스는 수수께끼를 풀면 심연에 투신하기로 약속했다—을 새길 생각을 했다.

그러나 이 책은 거의 주목을 끌지 못했다. 세상 사람들은 자신의 가

---

1) 쇼펜하우어는 충분한 이유도 없이 세일즈맨처럼 이 책은 『의지와 표상으로서의 세계』를 이해하기 위해 미리 읽어두어야 한다고 주장한다. 그럼에도 불구하고 독자는 '충족이유율'은 '인과(因果)의 법칙'의 4형식임을 알고 안심하게 된다. 곧 1 결론은 전제에 의해 규정된다는 논리적 형식, 2 결과는 원인에 의해 규정된다는 물리수학적 형식, 3 구조는 수학과 역학의 법칙에 의해 규정된다는 수학적 형식, 4 행위는 성격에 의해 규정된다는 도덕적 형식이다.

난과 피폐에 대해 읽기에는 너무나 가난하고 지쳐 있었다. 출판 후 16년이 지나, 쇼펜하우어는 이 책이 대부분 폐지로 팔렸다는 통지를 받았다. 『생활의 지혜』라는 명성에 대한 에세이에서 그는 분명히 자신의 걸작을 암시하면서 리히텐베르크의 두 가지 논평을 인용한다. 곧 "이러한 책은 거울과 같아서 나귀가 들여다볼 때 천사가 나타난다는 것은 기대할 수 없다." "머리와 책이 부딪쳐 텅 빈 소리가 날 때, 반드시 책 때문일까?" 계속해서 쇼펜하우어는 자존심이 상한 자의 목소리로 말한다. "한 인물이 후세에, 다시 말하면 인류 일반에 속하면 그럴수록 동시대인으로부터 소외된다. 그의 저서는 각별히 동시대인에게 바쳐진 것이 아니라, 곧 이 시대 자체에 속하는 것이 아니라, 이 시대가 인류의 한 부분인 한에서만 이 시대에 속해 있고, 따라서 실제로 시대적인 색채는 없기 때문이다. 그러므로 동시대인이 이 책을 낯설게 여기고 지나쳐버리는 일은 흔히 일어난다." 이때 그는 우화에 나오는 여우처럼 달변이다. "청중이 박수갈채를 보낼 때, 청중이 거의 모두 귀머거리여서 한두 사람이 박수갈채를 하는 것을 보고 자신의 결점을 숨기고 있을 뿐임을 알고도 음악가는 자랑스러울 것인가? 게다가 이 음악가는 박수갈채를 처음 시작한 한두 사람이 가장 졸렬한 연주자에게 가장 요란한 박수갈채를 보내기 위해 뇌물을 제공해왔다는 것을 알면 뭐라고 말할까?" 어떤 사람의 경우, 자부심은 명성을 얻지 못한 데 대한 보상이 되고 또 어떤 사람의 경우, 자부심은 너무 쉽게 타협으로 끝난다.

쇼펜하우어는 이 책에 자신의 사상을 남김없이 담아놓았기 때문에 그 후의 저서는 이 책의 주석에 지나지 않았다. 그는 자신의 율법의 해설자가 되었고, 자신의 비가(悲歌)의 해설자가 되었다. 1836년, 그는 「자연에 있어서의 의지에 대하여」라는 논문을 발표했고, 이 논문은 이 논문의 확대판인 『의지와 표상으로서의 세계』에 상당 부분 흡수되었다. 1841년에 『윤리학의 두 근본 문제』, 1851년에 『파레르가와 파를리아포메나(*Parerga et Parliapomena*)』——직역하면 『여록과 보유』이지만 영문으로서는 『에세이집』으로 번역되었다——가 출판되었다. 그의 저서 중 가장 읽을 만하고 지혜와 기지로 넘치는 『여록과 보유』의 보수로 그는 10권의 기증본을 받았을 뿐이었다. 이러한 환경 속에서 낙천주의는 어렵다.

바이마르를 떠난 후, 단 한 가지 사건이 그의 고독한 연구 생활의 단조로움을 깨뜨렸다. 그는 독일의 저명한 대학에서 그의 철학을 강의할 기회를 갈망해왔다. 1822년, 그가 사강사(私講師)로서 베를린 대학에 초빙되었을 때, 이 기회가 왔다. 그는 일부러 당당한 헤겔의 강의 시간에 맞춰 그의 강의 시간을 선택했다. 쇼펜하우어는 학생들이 그와 헤겔을 후세의 눈으로 볼 것이라고 믿었다. 그러나 학생들에게는 선견지명이 없어서 쇼펜하우어는 빈 강의실에서 강의해야 했다. 그는 사직하고 헤겔에게 맹렬한 욕을 퍼붓고 자위했으나, 이 때문에 그의 걸작의 그 후의 판은 전혀 팔리지 않았다. 1831년 콜레라가 베를린을 휩쓸어 헤겔도 쇼펜하우어도 달아났으나, 헤겔은 너무 일찍 돌아와 감염되어 수일 후 죽고 말았다. 쇼펜하우어는 단숨에 프랑크푸르트로 달아나 여기서 72세까지 여생을 즐겼다.

마치 철학상의 발전은 모두 대학 밖에서 이루어졌다는 그의 주장을 실증하듯, 대학은 그와 그의 저서를 무시했다. 니체는 "쇼펜하우어가 그들과 다르다는 것은 독일의 학자들이 가장 참을 수 없는 일이었다"고 말한다. 그러나 쇼펜하우어는 인내를 약간 배우게 되었다. 그는 아무리 늦더라도 인정받는 날이 오리라고 확신하고 있었다. 그리고 마침내 천천히 그 날이 다가왔다. 중류계급의 사람들——변호사, 의사, 상인 등——은 그가 형이상학적 공상의 허세 섞인 전문용어를 늘어놓지 않고 현실 생활의 여러 현상을 알기 쉽게 요약하는 철학자임을 알았다. 1848년의 이상과 노력에 환멸을 느낀 유럽은 1815년의 절망을 대변한 그의 철학을 거의 환호하며 받아들였다. 신학에 대한 과학적 공격, 가난과 전쟁에 대한 사회주의적 규탄, 생존경쟁의 생물학적 강조—이러한 모든 요소들이 도움이 되어 마침내 쇼펜하우어의 명성은 높아졌다.

그는 그의 인기를 즐기지 못할 정도로 늙지는 않았다. 그는 게걸스럽게 그에 대해 쓴 모든 기사를 읽었고, 친구들에게 자기를 논평한 인쇄물을 보면—우송료는 물 테니—모두 보내달라고 부탁했다. 1854년, 바그너는 쇼펜하우어의 음악 철학을 찬양하며 '니벨룽겐의 반지'를 그에게 보냈다. 이렇게 해서 위대한 염세주의자는 노년에 거의 낙천주의자가 되었다. 그는 저녁을 먹은 다음 열심히 피리를 불며 청춘의 불을 꺼준 시간에 감사했다. 전 세계에서 사람들이 그를 찾아왔고, 1858년의 70회 탄생일에는 모든 지방, 모든 대륙에서 축하의 편지가 몰려들었다.

이것은 너무 이르지는 않았다. 그 후 그는 겨우 2년을 더 살았기 때문이다. 1860년 9월 21일, 그는 건강한 모습으로 조반을 먹고 있었다. 한 시간 뒤 하숙집 여주인은 그가 여전히 식탁에 앉아 있는 것을 보았다. 그는 죽은 것이다.

3. 표상으로서의 세계

『의지와 표상으로서의 세계』를 읽기 시작한 독자가 놀라는 것은 그 문체이다. 이 책에는 칸트적 용어의 중국식 수수께끼도, 헤겔적 혼미도, 스피노자적 기하학도 없다. 모든 것이 명백하고 정연하며, 모든 것이 의지로서의, 따라서 투쟁으로서의, 따라서 고뇌로서의 세계라는 중심 개념에 훌륭하게 집중되어 있다. 꾸밈없이 정직하고, 신선한 정력이 넘치고, 지나칠 만큼 솔직한 것이다! 그의 선배들은 극단적으로 추상적이어서 현실 세계를 구체적으로 설명하지 못하는 이론을 전개했으나 쇼펜하우어는 상인의 아들답게 구체적인 실례, 응용, 심지어 유머까지 풍부하다.[2] 칸트 이후에 유머를 철학에 끌어들인 것은 놀라운 혁신이었다.

그런데 왜 이 책은 거부당했는가? 부분적인 이유이기는 하지만 이 책은 바로 이 책을 선전해줄 사람들—대학 교수들—을 공격했기 때문이었다. 1818년의 독일에서 헤겔은 철학계의 독재자였다. 그러나 쇼펜하우어는 서슴지 않고 그를 공격했다.

쇼펜하우어의 주저의 첫 문장에는 겸양 따위는 없다. 이 책은 "세계는 나의 표상이다"라는 말로 시작된다. 물론 그가 말하고자 하는 뜻은 매우 단순하다. 외계는 감각과 표상을 통해서만 우리들에게 알려진다는 칸트의 입장을 그는 처음부터 받아들이는 것이다. 이어서 관념론을 설명하는데, 이 설명은 매우 분명하고 인상적이지만 이 책 중에서 가장 독창성이 없는 부분으로 처음보다는 끝에 두는 것이 훨씬 좋았으리라. 그는 첫발을 잘못 디딘 데다가 2백 페이지나 되는 낡은 관념론의 장벽 뒤에 그 자신의 사상을 숨겨두었기 때문에 세상이 쇼펜하우어를 발견하기까지는 1세기의 시간이 필요했다.[3]

제1편의 가장 중요한 부분은 유물론에 대한 공격이다. 정신을 통해

---

2) 그의 유머를 보여주는 한 가지 예가 있는데, 이 유머는 애매한 주(註) 속에 묻어두는 것이 좋을 것이다. 극작가의 대사를 자기 나름대로 논평하기로 유명한 "배우 운젤만은 베를린 극장에서 즉흥적인 대사를 금지당했다. 그후 곧 그는 말을 타고 무대에 등장해야 했다." 그가 말을 타고 등장하자마자 말은 공개 무대에는 매우 어울리지 않는 짓을 범했다. "관중은 웃기 시작했다. 운젤만은 말을 따끔하게 비난했다. '우리는 즉흥적인 대사를 금지당했다는 것을 자네는 모르나?' 라고".

3) 쇼펜하우어에 관한 여러 가지 책을 추천하는 대신, 독자에게 쇼펜하우어 자신의 책을 읽게 하는 것이 더 좋을 것이다. 세 권으로 된 그의 주저는 (각 권의 1부를 제외하고는) 읽기 쉽고 자료도 풍부하다. 그리고 에세이는 모두 유익하고 재미있다. 전기로서는 월러스, 『쇼펜하우어의 생애(*Life of Schopenhauer*)』로 충분할 것이다. ——이 장에서는 쇼펜하우어의 방대한 저서를 집약해서 그의 사상을 새롭게 표현하지 않고 중요한 구절을 뽑

서만 물질을 아는 경우, 우리는 어떻게 정신을 물질이라고 설명할 수 있는가?

직관적 표상을 갖고 여기까지 유물론을 따라와서 그 정점에 도달할 때, 우리는 갑자기 올림포스 제신들의 참을 수 없는 폭발적 홍소(哄笑)에 둘러싸일 것이다. 마치 꿈에서 깨어나는 것처럼 갑자기, 유물론이 애써서 도달한 최후의 결과인 인식작용은 최초의 출발점이었던 물질 자체의 불가결한 조건으로서 전제되어 있었고, 우리는 물질을 고찰한다고 생각하면서 사실은 물질을 표상하는 주관, 물질을 보는 눈, 물질을 느끼는 손, 물질을 인식하는 오성만을 생각해왔다는 사실을 깨닫게 될 것이다. 따라서 뜻밖에 엄청난 '선결문제 요구의 허위'[3]가 드러난다. 갑자기 마지막 고리가 사실은 출발점이고 연쇄는 원환(圓環)이며 유물론자는 말을 타고 강을 건너면서 말다리를 하늘로 향하게 하고 자신은 갈기를 잡고 가는 뮌하우젠 남작[4]과 같다는 것을 알게 되기 때문이다. ……19세기 중엽인 지금, 독창적이라고 망상하는 무지(無知) 때문에 다시금 불붙기 시작한 조잡한 유물론[5]은……어리석게도 생명력을 부정하고, 무엇보다도 생명현상을 물리적 및 화학적 힘으로 설명하고 다시 물질의 기계적 작용으로 설명하려고 한다. ……그러나 가장 단순한 화합물조차도 기계적으로 설명할 수는 없다고 나는 믿는다. 하물며 빛, 열, 전기의 성질은 더 말할 것도 없다. 이러한 성질은 언제나 역동적 설명을 요구한다(『의지와 표상으로서의 세계』).

아 적당하게 배열하여 철학자 자신의 명석하고 빛나는 언어로 사상을 나타내는 것이 바람직하다고 생각했다. 간단하기는 하지만 독자는 쇼펜하우어를 직접 안다는 이점을 갖게 될 것이다.

3 오류 추리의 하나로 아직 증명되지 않은 것을 전제로 삼아 논증하는 것을 말한다.

4 독일의 가공 모험담의 작가로 거짓말쟁이 남작.

5 포크트, 뷔히너, 몰레쇼트, 포이어바흐 등을 말한다.

그렇다, 우선 물질을 검토하고 다음에 사고를 검토하기 시작하면, 우리는 형이상학적 수수께끼를 풀지도 못하고 실재의 신비한 본질을 발견하지도 못한다. 우리가 직접 당장 인식하는 것, 곧 우리들 자신으로부터 출발해야 한다. "우리는 밖으로부터 사물의 진정한 본성에 도달할 수는 없다. 아무리 탐구하더라도 우리는 심상과 명칭 이외에는 결코 어떤 것에도 도달하지 못한다. 우리는 입구를 찾으며 쓸데없이 성 둘레를 돌며 가끔 겉모양을 스케치하는 사람과 같다"(『의지와 표상으로서의 세계』). 우리는 안으로 들어가자. 우리들의 정신의 궁극적 본성을 찾아낼 수 있다면 우리는 아마 외계에 대한 열쇠도 갖게 될 것이다.

4. 의지로서의 세계

살려는 의지

거의 예외 없이 철학자들은 정신의 본질을 사고와 의식으로 본다. 인간은 인식하는 동물, 이성적 동물이었다. "옛부터 보편화된 근본적 오류, 이 엄청난 제1의 허위가……무엇보다도 먼저 제거되어야 한다"[4](『의지와 표상으로서의 세계』). "의식은 우리들의 정신, 표면에 지나지 않고 우리는 지구의 내면과 마찬가지로 의식의 내면을 알지 못하며 오직 껍데기를 알 뿐이다"(『의지와 표상으로서의 세계』). 의식적 오성 밑에는 의식적 또는 무의식적 '의지', 사납고 집요한 생명력, 자발적 능동성, 오만한 욕구의 의지가 있다. 때로는 지성이 의지를 선도하는 것 같지만, 사실은 지성은 안내자로서 주인을 인도할 뿐이다. 의지는 "장님이 아닌 절름발이를

---

4) 쇼펜하우어는 "욕망은 인간의 본질"(『에티카』)이라고 강조한 스피노자의 말을 잊고 있다(혹은 주도권을 잡을 생각일까?). 피히테도 의지를 강조했다.

어깨에 메고 가는 힘센 장님이다"(『의지와 표상으로서의 세계』). "우리는 어떤 것을 욕구할 이유를 찾아냈기 때문에 욕구하는 것이 아니라, 욕구하기 때문에 욕구할 이유를 찾아낸다. 우리는 욕망을 감추기 위해 철학이나 신학을 만들어낸다"(프로이트의 원천이다).

그러므로 쇼펜하우어는 인간을 '형이상학적 동물'이라고 부른다. 다른 동물은 형이상학 없이 욕구하는 것이다. "우리가 여러 가지 이유와 설명을 늘어놓으며 상대를 설득하려고 갖은 애를 다 쓰면서 논쟁을 할 때, 결국 상대는 이해하려는 '의지'가 없고 문제는 상대의 '의지'에 달려 있다는 사실을 알게 되는 것처럼 화나는 경우는 없다"(『의지와 표상으로서의 세계』). 그러므로 논리학은 소용이 없다. 아직껏 논리학에 의해 사람을 설득시킨 예는 없다. 논리학자들조차도 논리학을 수입원으로 이용하고 있을 뿐이다. 설득하려면 상대방의 이익, 욕망, 의지에 호소해야 한다. 우리들이 얼마나 오랫동안 승리를 기억하고 얼마나 빨리 패배를 잊어버리는가를 생각해보라. 기억은 '의지'의 하인이다. "계산을 하면서 우리는 손해를 보았을 때보다는 이익을 보았을 때 흔히 착오를 일으킨다. 그리고 이러한 착오에는 조금도 부정직한 의도는 없다. …… 가장 어리석은 사람의 이해력도 그의 소망과 밀접히 관련된 대상이 문제가 될 때에는 날카로워진다"(『의지와 표상으로서의 세계』). 일반적으로 지성은 교활한 사람의 경우처럼 위험에 의해, 또 범인의 경우처럼 궁핍에 의해 발달된다. 그러나 지성은 언제나 의지에 종속되어 도구의 구실을 하는 듯하며 지성이 의지를 대신하려고 할 때 혼란이 일어난다. 반성에만 의존해서 행동하려는 사람은 가장 잘못을 범하기 쉽다.

식량, 배우자, 또는 자식을 얻으려는 인간의 격렬한 투쟁을 생각해보라. 이것이 반성의 결과인가? 분명히 그렇지 않다. 원인은 살려고 하는, 충분히 살려고 하는 반의식적인 의지에 있다. "외견상으로는 앞에서 사람들을 끌고가는 것이 있는 듯하지만 사실은 뒤에서 밀어내고 있다"(『의지와 표상으로서의 세계』). 그들은 그들이 인식하는 것에 의해 인도되고 있다고 생각하지만 사실은 그들이 느끼는 것에 의해—대체로 그 작용을 의식하지 못하는 본능에 의해—쫓기고 있다. 이성은 외무부 장관에 지나지 않는다.

"자연은 개인의 의지에 이바지하도록 지성을 만들어 놓았다. 그러므로 지성은, 오직 사물이 의지의 동기가 되는 한에서만 사물을 인식하게 되어 있고 사물의 근본을 캐거나 사물의 참된 존재를 파악하게 되어 있지는 않다"(『의지와 표상으로서의 세계』, 베르그송의 근원이다). "의지는 정신의 영원불변의 유일한 요소이다." 목적의 지속성을 통해 "의식에 통일성을 부여하고 마치 기초 저음처럼 수반됨으로써 의식의 모든 표상과 사상을 결합하는 것은 의지이다"(『의지와 표상으로서의 세계』). 의지는 사상의 중추이다.

성격은 지성이 아니라 의지에 의해 형성된다. 성격도 목적도 태도의 지속성에 지나지 않고 목적과 태도는 바로 의지이다. '머리' 보다는 '가슴' 을 좋아하는 일반적인 견해는 올바르다. 이러한 견해는(논리적으로 추론하지 않기 때문에) '착한 의지' 가 명석한 정신보다 더 심원하고 더 믿음직하다는 것을 알고 있다. 여론이 어떤 사람을 '빈틈없다' 든가, '박식하다' 든가, '교활하다' 고 말할 때 이 말에는 의심과 염오가 함축되어 있다. "빛나는 정신은 경탄을 일으키기는 하지만 결코 애정을 얻지 못한다." "모든 종교는…… '의지' 나 가슴의 탁월성에는 보상을 약속하지만 머리나 이해력의 탁월성에는 약속하지 않는다"(『의지와 표상으로서의 세계』).

신체까지도 의지의 소산이다. 혈액은 우리가 막연히 생명이라고 부르는 의지에 쫓겨서 태아의 몸 안에 홈을 파고 혈관을 만든다. 이 홈은 깊어지고 둘레가 굳어져서 동맥과 정맥이 된다. 움켜쥐려는 의지가 손을 형성하고 먹으려는 의지가 소화기관을 발달시키는 것처럼 인식하려는 의지가 뇌를 형성한다.[5] 사실상 이러한 쌍—의지의 형식과 육체의 형식—은 하나의 과정과 실재의 두 측면일 뿐이다. 이러한 관계는 감정에서 잘 알 수 있는데, 감정에 있어서는 감정의 작용과 신체의 내적인 변화는 복합적 통일을 이루는 것이다(제임스 -랑게의 감정설의 근원?).

> 의지의 작용과 신체의 운동은 객관적으로 알려지는 두 개의 이질적인 일이 아니며 인과의 끈이 양자를 통합한다. 의지의 작용과 신체의 운동은 원인과 결과의 관계에 있지 않고 동일한 것이지만 전혀 다른 방식으로—직접적으로나, 또는 지각에 있어서나—나타난다. …… 신체의 활동은 객관화된 의지의 작용에 지나지 않는다. 이것은 모든 신체 활동에 해당된다. ……신체 전체가 객관화된 의지에 지나지 않는다. ……그러므로 신체의 각 부분은 의지를 나타내는 주요한 욕구와 완전히 일치해야 한다. 신체의 각 부분은 이러한 욕구의 가시적 표현이여야 한다. 이(齒), 목, 내장은 객관화된 굶주림이고, 생식기관은 객관화된 성욕이다. ……전 신경계통은 안팎으로 퍼져 있는 의지의 촉각이다. …… 인간의 신체가 일반적인 의지에 일치하듯이, 개인의 신체구조도 개별적으로 변경된 의지, 곧 개인의 성격에 일치한다(『의지와 표상으로서의 세계』, 스피노자『에티카』 III, 2 참조).

지성은 지치지만 의지는 결코 지치지 않는다. 지성은 수면을 필요로 하지만 의지는 잠잘 때에도 활동한다. 고통과 마찬가지로 피로도 뇌에 원인이 있으며 대뇌와 결부되지 않은 근육은(심근처럼) 결코 지치지 않는다.[6] 수면 중에 뇌는 영양을 섭취하지만 의지는 영양이 필요하지 않다.

---

5) 이것은 욕망과 활동이 유기체를 형성하고 기관(器官)을 산출한다는, 성장과 진화에 대한 라마르크적 견해이다.

그러므로 정신노동자에게는 수면이 몹시 필요한 것이다. 그러나 이러한 사실 때문에 "수면 시간을 부당하게 연장시켜서는 안 된다. 이때에는 수면은 강도를 잃고 단지 시간의 손실이 된다"(『의지와 표상으로서의 세계』). 잠잘 때에는 인간의 생활은 식물적 차원으로 떨어지고 "의지는 밖으로부터 방해를 받거나 뇌의 활동과 그 가장 중요한 유기적 기능인 인식 작용의 긴장에 의해 감소당하는 일 없이, 본래의 본질적 성질에 따라 활동한다. ……그러므로 수면 중에는 의지의 모든 힘은 유기체의 유지와 개선에 집중된다. 따라서 모든 치유, 온갖 병의 호전은 수면 중에 일어난다"(『의지와 표상으로서의 세계』).

부르다흐가 수면이 본래의 상태라고 말한 것은 옳은 말이었다. 태아는 거의 계속해서 자고 갓난애는 대부분의 시간을 자지 않는가. 삶은 "수면과의 투쟁이다. 처음에는 우리가 기반을 굳히지만 결국은 수면이 기반을 회수해 간다. 수면은 낮에 소비된 일부의 생명을 회복해서 유지하기 위해 미리 빌려 쓰는 소량의 죽음이다"(에세이, 『우리 자신과 우리들의 관계에 대해서』).

"수면은 우리의 영원한 적이다. 우리가 깨어 있을 때에도 수면은 부분적으로 우리들을 지배한다. 결국 가장 현명한 머리조차도 밤마다 가장 이상하고 가장 무의미한 꿈에 시달리다가 깨어나서 다시 명상을 하기 시작해야 한다면, 머리에 기대할 수 있는 일이 무엇인가?"(『의지와 표상으로서의 세계』) 따라서 의지가 인간의 본질이다. 그런데 의지가 생명의 온갖 형태의, 심지어 '생명 없는' 물체의 본질이기도 하다면 어떻게 될까? 의지가 오랫동안 추구해왔고 이미 오래 전에 단념한 '물자체'—만물의 궁극적인 내적 실재이며 신비한 본질—라면 어떻게 될까?

---

6) 그러나 욕구의 포만 또는 고갈 같은 일은 없을까? 아주 피로하거나 몹시 아플 때에는 살려는 의지조차도 사라진다.

　　그러면 의지의 관점에서 외계를 해석해보자. 그리고 대뜸 밑바닥으로 내려가보자. 다른 사람들은 의지를 힘의 한 형식이라고 말하지만 우리는 힘을 의지의 한 형식으로 보자. "인과관계란 무엇이냐?" 하는 흄의 물음에 우리는 '의지'라고 대답할 것이다. 의지는 우리들 자신에게 있어서 보편적인 원인인 것처럼, 사물에 있어서도 그렇다. 이와 같이 의지를 원인으로 이해하지 않는 한, 인과성은 언제나 신비하고 사실상 무의미한 주문으로 남아 있을 것이다. 의지라는 비결 없이는 우리들은 '힘'이니 '인력'이니 '친화력'이니 하는 불가사의한 성질[6]에 쫓길 뿐이다. 우리는 이러한 힘이 무엇인지 모르지만 적어도 좀더 분명하게 의지가 무엇인지를 알고 있다. 따라서 척력과 인력, 결합과 분해, 자기와 전기, 중력과 결정(結晶) 작용을 의지라고 하자. 괴테는 애인끼리의 불가항력의 인력을 '친화력'이라고 부르고, 그의 소설의 제목으로 삼아서 이러한 사상을 표현했다. 애인들을 끌어당기는 힘과 유성을 끌어당기는 힘은 동일하다.

　　식물의 생활도 마찬가지다. 생활 형태가 낮을수록 지성의 역할도 적다. 그러나 의지는 다르다.

　　우리들에게 있어서는 인식의 빛에 의해 목적을 추구하지만 식물에서는……일면적인 불변의 방식으로 맹목적으로 묵묵히 분투하는 것은 어느 경우에나 '의지'라고 불러야 한다. ……무의식은 만물의 본래의 자연 상태이며 의식이 존재의 특수한 종(種)[7]에서 최고의 개화에 도달할 기반이다. 그러므로 이 경우에도 무의식의 우월성은 계속된다. 따라서 대부분의 존재자에게는 의식이 없지만 이 존재자들은 그들의 본성——다시 말하면 의지——의 법칙에 따라 활동한다. 식물에

---

6 불가사의한 성질(qualitas oculta)은 종래의 지식으로는 설명할 수 없는 사물의 성질을 일컫는 스콜라 철학의 용어.
7 인간을 말한다.

는 기껏해야 매우 약한 의식의 유사물이 있을 뿐이고 동물의 최저종에는 의식의 박명이 있을 뿐이다. 그러나 의식이 동물의 모든 계열을 통해 인간과 인간의 이성으로 상승한 다음에도, 의식의 출발점인 무의식은 기반으로서 남아 있고, 수면의 필요에서 이것을 알 수 있다(『의지와 표상으로서의 세계』).

아리스토텔레스는 옳았다. 식물과 유성, 동물과 인간에게는 온갖 형태를 형성하는 내적 힘이 있는 것이다. "동물의 본성은 일반적으로 자연에 남아 있는 목적론을 가장 잘 예시한다. 본능은 목적 개념에 따라 행해지는 행동과 유사한 행동이면서도 여기에는 목적 개념이 전혀 없듯이, 자연의 모든 형성물도 목적 개념에 따라 행해지는 형성과 유사하지만 여기에는 목적 개념은 전혀 없다"(『의지와 표상으로서의 세계』). 동물의 놀라운 기계적 기능은 의지가 지성보다 얼마나 우월한가를 보여준다. 유럽 전역으로 끌려다니며 무수한 다리를 건너본 코끼리는, 많은 말과 인간이 건너가는 것을 보면서도 약한 다리를 건너지 않으려고 했다. 강아지는 테이블 밑으로 뛰어내리는 것을 두려워하는데, 강아지는 뛰어내린 다음의 결과를 추론에 의해서가 아니라(강아지는 뛰어내린 경험이 없기 때문이다) 본능에 의해 예견한다. 오랑우탄은 불을 보면 몸을 덥히지만 불씨를 간직하지는 못한다. 분명히 위에 말한 행동은 본능적이고 추론의 결과는 아니다. 이러한 행동은 지성이 아니라 의지의 표현이다.

물론 이 의지는 살려는 의지, 최대한으로 살려는 의지이다. 생명은 모든 생물에게는 얼마나 소중한 것인가! 그리고 얼마나 조용한 인내심을 갖고 때를 기다리는가! "수천 년 동안 갈바니 전기[8]는 구리와 아연 속에서 졸고 있었고, 구리와 아연은 옆에 조용히 누워 있었으나 이 세 가지가

---

8 화학 작용에 의해 일어나는 전기.

필요조건 밑에서 접촉하자마자 은은 불꽃이 되어버린다. 유기계에서조차도 건조한 씨앗이 3천 년 동안 가수상태(假睡狀態)에서 생명력을 유지하다가 마침내 유리한 환경이 생기면 식물로 성장하는 것을 본다"(『의지와 표상으로서의 세계』). 석회석 속에서 살아있는 두꺼비를 발견했다는 사실로 보아 동물의 생명조차도 수천 년 동안 보존될 수 있다는 결론이 가능하다. 의지는 살려는 의지이고 의지의 영원한 적은 죽음이다.

그러나 의지는 죽음조차도 격퇴하지 않을까?

생식에의 의지

의지는 생식이라는 전술과 수난에 의해 죽음을 물리친다.

모든 정상적인 유기체는 성숙하면 희생적으로 생식의 임무를 서두른다. 수정이 끝나면 곧 암컷에게 먹혀버리는 거미나, 결코 보지 못할 후손을 위해 먹이를 모으는 말벌로부터 몸이 닳도록 일해서 자식을 먹이고 입히고 가르치는 인간에 이르기까지…… 생식은 유기체의 궁극적 목적이고 가장 강한 본능이다. 의지는 오직 생식에 의해서만 죽음을 극복할 수 있기 때문이다. 이러한 죽음의 극복을 확실하게 하려면, 의지는 인식과 반성의 통제를 거의 전적으로 초월해야 한다. 철학자조차도 때로는 애를 낳아 기르고 있다.

의지는 여기서도 무의식적인 자연에 있어서와 마찬가지로 인식으로부터 독립된 것으로 나타나며 맹목적으로 활동한다. …… 따라서 생식기는 정확하게 의지의 초점이고 인식의 대표자인 뇌와는 정반대의 극이 된다. …… 생식기는 생명을 유지하고 무한한 생명을 보증하는 원리이다. 이러한 이유로 생식기는 그리스인들에게는 팔루스(Phallus, 男根象)로, 인도인에게는 링감(Lingam, 男根象)으로 숭배되었다. …… 헤시오도스와 파르메니데스는 에로스를 만물이 나오는 원초, 창조자, 원리라고 하는 매우 뜻깊은 말을 했다. 양성의 관계는……사실상 모든 활동이나 행위의 보이지 않는 중심점으로서, 겹겹이 베일로 가려져 있으면서도 어디서나 얼굴을 내민다. 이 관계는 전쟁의 원인과 평화의 목적이고 엄숙한 것의 기초, 농담의 목표, 기지의 무진장한 원천, 모든 환상의 열쇠이고 모든 신비한 암시의 의미이다.[7] ……우리는 이러한 관계가 세계의 참된 세습적 군주로서 충분한 힘을 갖고 어느 순간에나 대대로 왕좌에 앉아 있는 것을 본다. 그리고 왕좌에서 비웃는 얼굴로 내려다보며, 이러한 관계를 속박하거나 억제하거나 적어도 제한하거나 가능한 한 감추어두거나 또는 이러한 관계를 생활의 종속적인 제2차적 관심사로만 나타나도록 지배하려는 여러 가지 준비를 조소하고 있다[8](『의지와 표상으로서의 세계』).

'사랑의 형이상학' 은 주로 아버지의 어머니에 대한 예속, 어버이의 자식에 대한 예속, 개체의 종에 대한 예속을 다루고 있다. 첫째로 성적 인력의 법칙은 비록 무의식적이기는 하지만 대체로 상호 간의 생식 적합성에 의해 배우자의 선택이 결정된다는 것이다.

각자는 자신의 결함을 자손에게 유전시키지 않기 위해 이 결함을 보충해 줄 배우자를 찾는다. ……몸이 약한 남자는 튼튼한 여자를 찾을 것이다……각자는 다른 사람에게서 자신에게는 결여된 장점을, 아니 심지어 자신의 단점과는 정반대되는 단점을 찾아내고 이것을 특히 아름답다고 생각할 것이다. ……두 개체[9]의 신체구조는 가능한

---

7) '기지(機智)와 무의식' 에 대한 프로이트 이론의 원천이다.
8) 쇼펜하우어는 성(性) 때문에 괴로움을 당한 다른 모든 사람들과 마찬가지로 성의 역할을 과장하고 있다. 정상적인 어른의 마음 속에서는 아마도 부자(父子) 관계가 성적 관계를 압도할 것이다.
9 남자와 여자를 말한다.

한 종의 정형을 재현하기 위해 한쪽이 다른 쪽을 특별히 잘 완성하고 보충하도록 되어 있어서 쌍방이 서로 갈구하지 않을 수 없다. ……우리는 매우 열심히 여자의 몸을 샅샅이 살피고……비판적 면밀성을 갖고 좋아지기 시작한 여자를 바라본다. 이 경우 개체는 부지중에 보다 높은 자[10]의 명령에 따라 행동하고 있다. ……모든 개체는 남녀를 막론하고 생식에 적합한 시기로부터 멀어짐에 따라 이성에 대한 인력을 상실한다. ……청년은 아름다움이 없어도 언제나 인력을 갖고 있지만 아름다움은 젊음이 없으면 아무런 인력도 갖지 못한다. ……사랑에 빠져 있을 때에는 일정한 구조를 가진 개체의 생산이 유일한 목표라는 것은 우선 사랑의 교환이 아니라 소유가 중요한 일임을 보아도 입증된다(『의지와 표상으로서의 세계』).

그러나 연애 결혼보다 불행한 결합은 없다. 결혼의 목적은 종족의 영속에 있고 개인의 쾌락에 있지는 않기 때문이다. 스페인의 속담에는 "연애 결혼을 하는 자는 반드시 비탄 속에서 산다"는 말이 있다. 결혼 문제를 다룬 문학은 결혼을 종족 보존의 준비로 보지 않고 반려자를 구하는 것으로 보기 때문에 대체로 무의미하다. 자연은 생식이라는 목적이 달성되는 한, 어버이가 '언제까지나 행복하든', 단 하루만 행복하든 개의치 않는다. 배우자 쌍방의 어버이에 의해 결정되는 중매 결혼은 흔히 연애 결혼보다 더 행복하다.

그러나 어버이의 권고를 물리치고 연애 결혼을 하는 여자는 어떤 의미에서는 칭찬할 만하다. "그녀는 가장 중요한 일을 스스로 선택했고 자연의(더 정확하게는 종족의) 정신에 따라 행동했으나 어버이는 개인적 이기주의의 정신으로 권고했기 때문이다"(『의지와 표상으로서의 세계』). 연애는 최상의 우생학이다.

---

10 의지를 말한다.

연애는 자연의 기만이므로 결혼은 연애의 소모이고 반드시 환멸을 일으킨다. 철학자만이 결혼해서 행복할 수 있으나 철학자는 결혼하지 않는다.

정열은 종에 대해서만 가치있는 것을 개체에 대해서도 가치있는 것으로 착각하게 하는 환상에 의존하고 있으므로 종의 목적이 달성되면 기만은 더 이상 필요하지 않다. 개체는 종에게 속았다는 것을 알게 된다. 만일 페트라르카의 정열이 보상을 받았다면 그는 노래를 그쳤을 것이다(『의지와 표상으로서의 세계』).

개체가 종의 존속의 방편으로서 종에 예속되어 있다는 것은 개체의 생명력이 명백히 생식 세포의 상태에 의존하고 있다는 사실을 보아도 알 수 있다.

성적 충동은, 나무로부터 영양을 공급받으면서도 동시에 나무의 영양 흡수를 돕는 나뭇잎처럼, 개체의 생명을 성장시키는 나무(곧 종)의 내적 생명으로 보아야 한다. 여기에 이 충동이 강렬하게 우리의 본성의 심부에서 솟아오르는 까닭이 있다. 개체의 거세(去勢)는 개체가 자라고 있던 나무로부터 개체를 잘라내고 시들게 내버려두는 것이다. 그러므로 거세된 개체는 심신의 힘이 저하된다. 종의 봉사, 곧 수정으로 말미암아 동물의 모든 개체의 경우에 모든 힘은 순간적으로 소모되고 쇠약해지며 사실상 대부분의 곤충은 곧 죽어버린다. 따라서 켈수스[11]는 "정자의 방출은 생명의 일부를 상실하는 것"이라고 말했다. 인간의 경우, 생식력의 소멸은 개인적인 죽음의 접근을 의미한다. 생식력의 과도한 사용은 어느 연령층에서나 생명을 단축시키지만, 한편 생식력의 절제는 모든 힘, 특히 근육의 힘을 증대시킨다.

---

[11] 의학 관계 저서로 유명한 로마의 저술가.

그러므로 그리스에서 운동가의 훈련에는 이러한 절제도 들어 있었다. 생식력을 절제하면 곤충의 경우에도 다음 해 봄까지 생명이 연장된다. 위에서 말한 사실은 개체의 생명이 결국 종의 생명으로부터 빌어온 것에 지나지 않는다는 사실을 보여준다. ……생식은 생활 과정의 정점이며 이 정점에 도달한 다음에는 최초의 개체의 생명은 급속히 또는 서서히 쇠퇴하지만 한편으로 새로운 생명이 자연에 대한 종의 지속을 보증하며 동일한 현상을 되풀이한다. ……이와 같이 죽음과 생식의 교체는 종의 약동이다. ……죽음과 종의 관계는 죽음과 개체의 관계와 같다. 이것이 시간상의 불사(不死)이다. ……세계 전체는 모든 현상과 함께 하나의 불가분의 의지의 객관성이고, 화음과 개개의 음의 관계처럼 모든 다른 이념에 관련되는 이념이다. ……에커만의 『괴테와의 대화』를 보면 괴테는 다음과 같이 말한다. "우리들의 정신은 전혀 파괴할 수 없는 자연의 본질이고 정신적 활동은 영원히 계속된다. 정신은 인간의 눈에는 움직이는 것 같지만 사실은 전혀 움직이지 않고 끊임없이 빛나는 태양과 같다." 괴테가 나의 비유를 빼앗아간 것이지 내가 그의 비유를 빼앗은 것은 아니다(『의지와 표상으로서의 세계』).

공간과 시간 속에서만 우리는 개별적 존재로 보이며, 공간과 시간은 생명을 다른 장소 또는 시간에 나타나는 개별적 유기체로 구분하는 '개별화의 원리'이다. 공간과 시간은 '마야의 베일' ―사물의 통일성을 가리는 환상―이다. 사실은 오직 종(種), 오직 생명, 오직 의지가 있을 뿐이다. '개체는 물자체가 아니라 현상임을 분명히 이해하는 것', '질료의 부단한 변화 속에서 형상의 불변의 지속성'을 파악하는 것―이것이 철학의 본질이다(『의지와 표상으로서의 세계』). 역사의 표어는 '동일한 것이 다른 방식으로'라는 말일 것이다(『의지와 표상으로서의 세계』). 사물은 변하면 변할수록 동일하다.

한번도 인생과 사물을 망상 또는 환상이라고 생각해보지 않은 사람
은 철학적 능력이 없는 사람이다. ……참된 역사철학은 사건의 끊임
없는 변화와 착종(錯綜) 속에서도 자기동일적인 불변의 존재만이 눈
앞에 나타날 수 있고 이 존재는 어제와 마찬가지로 오늘도, 그리고
영원히 동일한 목적을 추구한다는 것을 인식한다. 따라서 역사철학
자는 모든 사건에서 동일성을 인식하고 온갖 특수한 사정, 복장, 태
도, 관습에도 불구하고 어디서나 동일한 인간성을 파악해야 한다.
……철학적 관점에서 보면 헤로도토스를 읽은 것은 역사를 충분히
배운 것이다. ……언제 어디서나 자연의 참된 상징은 원(圓)이다. 원
은 회귀의 도식이기 때문이다(『의지와 표상으로서의 세계』).

모든 역사는 장엄한 시대를 준비하는, 절뚝거리는 불완전한 과정이
고, 우리는 이 장엄한 시대의 밑거름이며 정상이라고 믿으려 하지만, 이
러한 진보의 개념은 기만이고 어리석음이다. "일반적으로 현인은 어느 시
대에나 한결같이 똑같은 일을 말했고 어느 시대에나 대다수를 차지하는
어리석은 자들은 그들 나름대로 언제나 현인의 말과는 반대되는 일을 해
왔다. 이러한 일은 끊임없이 계속될 것이다. 볼테르의 말처럼 우리가 떠
날 때에도 우리가 올 때와 마찬가지로 세상은 어리석고 사악할 것이기 때
문이다"(『삶의 지혜』 서설).

이와 같이 조명해보면 우리는 결정론이라는 새롭고 두려운 관념에
도달한다. "스피노자는 만일 공중으로 던져진 돌에 의식이 있다면 자신의
자유의지로 날고 있다고 믿을 것이라고 말한 바 있다. 나는 이 말에 돌의
생각이 옳다는 말만을 덧붙이겠다. 돌을 던진 힘과 돌의 관계는 동기와
나의 행위의 관계와 같고, 돌의 응집력, 중력, 강성은 돌의 내적 본성에서
본다면 내가 나의 내면에서 인식하는 것과 동일하며, 돌에도 인식작용이
있다면 돌도 역시 이것을 의지로 인식할 것이다"(『의지와 표상으로서의

세계』). 그러나 돌이든 철학자든 의지는 '자유롭지' 않다. 전체적 의지만
이 '자유롭다.' 전체적 의지 이외에는 이 의지를 제한할 수 있는 다른 의
지는 존재하지 않기 때문이다. 그러나 보편적 의지의 각 부분——모든 종,
모든 유기체, 모든 기관——은 반드시 전체적 의지에 의해 결정된다.

모든 사람들은 스스로 개별적 행동에 있어서조차도 '선천적으로' 자
유롭다고 생각하고 어느 순간에든 새로운 생활방식을 시작할 수 있
다(곧 새로운 사람이 될 수 있다)고 생각한다. 그러나 '후천적으로'
경험을 통해서 인간은 자유롭지 못하고 필연의 지배를 받고 있으며
온갖 결의, 온갖 반성에도 불구하고 자신의 행위를 변경시키지 못하
고 생애의 처음부터 끝까지 스스로 비난하고 있는 성격을 버리지 못
하며 마치 떠맡은 역할을 끝까지 수행해야 하는 것과 같다는 것을 알
고 깜짝 놀란다(『의지와 표상으로서의 세계』).

5. 악으로서의 세계

그러나 세계가 의지라면 세계는 고난의 세계일 것이다.

왜냐하면 첫째로 의지 자체는 욕망이고 의지의 탐욕은 언제나 의지
의 성취보다 크기 때문이다. 충족된 단 한 가지 욕망에 대해서 충족되지
못한 열 가지 욕망이 남아 있다. 욕망은 무한하고 충족은 한정되어 있다.
"성취는 거지에게 던져준 동냥과 같아서 비참한 삶을 내일까지 연장시키
기 위해 오늘의 목숨을 연명시키는 것이다. ……우리들의 의식이 우리들
의 의지에 의해 실현되는 한, 우리들이 끊임없는 기대와 불안을 품게 하
는 욕망의 충동에 쫓기는 한, 우리가 의욕에 종속되어 있는 한, 우리는 결
코 지속적인 행복이나 평화를 기대할 수 없다"(『의지와 표상으로서의 세
계』). 그리고 실현은 결코 만족감을 주지 못한다. 이상에 대해 실현은 가

장 치명적인 것이다. "만족은 행복보다는 불행을 초래하는 경우가 많다. 만족에의 요구는 흔히 그 사람의 개인적 행복과 이 행복을 뒤엎어버릴 만큼 충돌하기 때문이다"(『의지와 표상으로서의 세계』). 모든 개체는 자기 내부에 분열적 모순을 갖고 있다. 곧 실현된 욕망은 새로운 욕망을 일으키며 이것은 무한히 계속된다. "요컨대 의지 이외에는 아무것도 존재하지 않기 때문에 의지는 의지 자체에 의존해서 살아야 하며 따라서 의지는 굶주린 의지라는 사실로부터 이러한 결과가 생긴다"(『의지와 표상으로서의 세계』).

> 우리들의 고통과 행복의 정도는 전체적으로……어느 시점에서나 주관적으로 결정된다. 우리들을 괴롭히던 커다란 근심이 다행스럽게도 마음 속으로부터 사라지자마자 다른 근심이 대신 생기는 것을 보아도 알 수 있는 일이다. 다른 근심은 그 재료가 모두 이미 있었으나 마음의 여력이 없어서 불안으로서 의식화되지 못했던 것이다. ……그러나 이제는 여지가 생겼기 때문에, 준비되어 있던 재료가 나타나 왕좌를 차지한다(『의지와 표상으로서의 세계』).

따라서 고통은 인생의 기초적 자극이고 현실이며 쾌락은 고통의 소극적 유예이기 때문에 인생은 악이다. 아리스토텔레스의 말은 옳았다. 현인은 쾌락이 아니라 근심과 걱정으로부터의 해방을 추구한다.

> 모든 만족, 다시 말하면 보통 행복이라고 부르는 것은 원래 본질적으로 소극적인 것이고 결코 적극적인 것은 아니다. ……우리는 현실적으로 소유하고 있는 재산이나 이익을 올바르게 평가하거나 존중하지 못하며 단지 당연한 것으로 생각한다. 재산이나 이익은 언제나 소극적으로만, 곧 고통을 억제함으로써 우리를 기쁘게 하기 때문이다. 다만 우리는 재산과 이익을 상실했을 때 비로소 그 진가를 알게 된다.

결핍, 부자유, 고통은 적극적인 것, 곧 직접 알려지는 것이기 때문이다. ……고통은 언제나 다소간 쾌락과 결부되어 있다는 것이 사실이 아니라면 견유학파(犬儒學派)들은 왜 온갖 형태의 쾌락을 거부했을까? 그냥 놓아두는 게 제일이라는 훌륭한 프랑스 속담에도 동일한 진리가 담겨 있다(『여록과 보유』 중 '인생의 지혜').

"곤궁과 고뇌가 잠시 인간을 쉬게 하면 곧 '권태'가 다가와서 어쩔 수 없이 오락을 요구하게 되기"(『의지와 표상으로서의 세계』) 때문에, 다시 말하면 또다시 고통이 생기기 때문에 인생은 악이다. 비록 사회주의적 유토피아가 실현되더라도 무수한 악은 남아 있을 것이다. 이러한 악 중의 어떤 것—예컨대 투쟁—은 삶의 본질적인 것이기 때문이다. 가령 모든 악이 제거되고 투쟁이 전적으로 끝난다 하더라도, 권태는 고통만큼 참기 어려울 것이다. 결국 "인생은 시계추처럼 고통과 권태 사이에서 좌우로 흔들리고 있다. ……인간이 온갖 고뇌와 고통을 지옥으로 옮겨 놓은 다음에는 천당에는 오직 권태가 남았을 뿐이다"(『의지와 표상으로서의 세계』). 우리는 성공하면 할수록 더욱 권태롭다. "곤궁이 민중의 끊임없는 재앙인 것처럼 '권태'는 상류사회의 재앙이다. 중산계급에서는 '권태'는 일요일로, 곤궁은 주일로 표시된다"(『의지와 표상으로서의 세계』).
유기체가 고등해지면 그럴수록 수난도 더 커지므로 인생은 악이다. 지식의 증대는 아무런 해결책도 되지 못한다.

의지의 현상이 완전해질수록 고통은 더욱더 분명해지기 때문이다. 식물에는 아직 감정이 없고 따라서 고통도 없다. 최하등의 동물— 적충류나 방산충류—은 단지 매우 약한 고통만을 경험한다. 곤충조차도 느끼고 괴로워하는 능력은 제한되어 있다. 척추동물의 완전한 신경계통과 함께 처음으로 느끼고 괴로워하는 능력도 그 정도가 높아지고 그 정도가 높을수록 지성도 발달된다. 따라서 인식이 명석하고 의식이 고양됨에 따라 고통도 증대되는데, 인간에게서 최고도에 이르며, 인간의 경우 인식이 분명할수록, 곧 인간이 지성적일수록 고통도 크다. 천재는 가장 고뇌하는 법이다(『의지와 표상으로서의 세계』).

그러므로 "지식을 더하는 자는 근심을 더하느니라"(『구약』 '전도서' 제1장 18절). 기억과 선경지명조차도 인간의 불행을 증대시킨다. 우리의 고통은 대부분 회상이나 예상에 있고 고통 자체는 순간적인 것이기 때문이다. 죽음 자체보다도 죽음을 생각하는 것이 고뇌의 더 큰 원인이 아닌가!

끝으로, 그리고 무엇보다도 인생은 전쟁이기 때문에 인생은 악이다. 자연의 어느 곳에서나 우리는 투쟁, 경쟁, 갈등, 그리고 승리와 패배의 자멸적 교체를 본다. 모든 종은 '다른 종의 물질, 공간, 시간을 정복하려고 한다.'

늙은 히드라 벌레에 싹처럼 기생해서 자라나다가 분리되는 어린 히드라 벌레는 늙은 히드라 벌레에 붙어 있을 때부터 먹이를 놓고 다투고 서로의 입에서 먹이를 뺏으려고 한다. 그러나 이러한 일의 가장 현저한 예는 오스트레일리아의 불독 개미이다. 이 개미를 두 조각으로 잘라놓으면 머리와 꼬리 사이에 싸움이 시작되기 때문이다. 머리는 이빨로 꼬리를 물고 꼬리는 머리를 쏘며 용감히 대항한다. 전투는 두 시간이나 계속되다가 둘 다 죽거나 다른 개미들에게 끌려간다. 이러한 일은 매번 일어난다. ……융크훈[12]은 자바의 어떤 평원이 해골로 가득 찬 것을 보고 싸움터로 생각했으나 사실은 커다란 바다거북이의 해골이었다는 이야기를 한다. 바다거북이는 알을 낳기 위해 바

---

[12] 독일의 탐험가.

다에서 이 길로 오다가 들개떼의 습격을 받으며 들개떼는 힘을 합쳐 바다거북이를 뒤집어 놓고 뱃가죽을 벗겨낸 다음 살을 먹어버린다. 그러나 때로는 이때 호랑이가 들개떼를 습격한다. …… 바다거북이는 이런 일을 위해 태어난 것이다. 따라서 살려는 의지는 어디서나 자기 자신을 잡아먹으며 여러 가지 형태로 자신의 영양이 되고 있다. 마침내 인류의 경우에는 다른 모든 것을 압도하고 있으므로 자연을 자기가 사용할 제품쯤으로 생각한다. 그러나 인류도 가장 무서울 만큼 분명하게 이러한 갈등, 곧 의지의 자기 분열을 드러내며 우리는 '인간은 인간에 대해 이리'임을 알게 된다(『의지와 표상으로서의 세계』).

인생의 전경(全景)은 거의 생각하는 것조차도 고통스럽다. 인생에 대해 잘 알지 못할 때에만 우리는 살 수 있다.

우리가 어떤 사람에게 그의 생활이 끊임없이 부딪치는 무서운 고통과 불행을 분명하게 보여준다면 그는 경악할 것이다. 완고한 낙천주의자를 병원이나 병실이나 외과 수술실, 감옥이나 고문실이나 노예의 오두막집, 싸움터나 사형집행장으로 안내한다면, 냉혹한 호기심을 가진 눈에는 숨겨져 있던 어두운 불행의 서식처를 그에게 개방한다면, 마지막으로 그에게 우골리노의 아사탑[13]을 들여다보게 한다면, 그 역시 마침내 '모든 가능한 세계 중 최선의 세계'[14]의 진상을 이해할 것이다. 단테는 지옥의 재료를 현실 세계 이외의 어디서 찾아냈을 것인가? 게다가 현실 세계는 지옥으로서는 참으로 알맞다. 한편 그는 천국과 천국의 기쁨을 묘사할 차례가 되었을 때, 극복하기 어려운 곤란에 봉착했다. 우리 세계는 전혀 재료를 제공해주지 못했기 때문이다. 온갖 서사시나 극시는 행복을 위한 투쟁, 노력, 전쟁만을 그리고

---

13 단테 『신곡』 중 '연옥(煉獄)' 편 참조.
14 라이프니츠는 이 세계가 신이 창조한 최선의 세계라고 했다.

있으나 지속적이며 완전한 행복 자체를 보여주지는 못한다. 서사시나 극시는 주인공을 천신만고 끝에 목표에 이르게 하지만 목표에 도달하자마자 재빨리 막을 내린다. 주인공이 행복을 찾아내리라고 망상한 빛나는 목표는 결국 주인공을 우롱했을 뿐이어서 목표 달성 후에도 전과 달라진 바가 없다는 것 이외에는 보여줄 것이 없기 때문이다(『의지와 표상으로서의 세계』).

우리는 결혼해도 불행하고 결혼을 하지 않아도 불행하다. 혼자 있어도 불행하고, 사교장에 있어도 불행하다. 우리는 온기 때문에 모여 있는 고슴도치와 같아서 너무 가까이 있으면 기분이 나쁘고 너무 떨어져 있으면 비참해진다. 모든 일이 매우 이상하기만 하다. "개인의 생활은, 전체적으로 개관할 때…… 그리고 가장 중요한 특징만을 강조할 때, 사실상 언제나 비극이다. 그러나 자세히 살펴보면 그것은 희극적 성격을 갖고 있다"(『의지와 표상으로서의 세계』). 다음과 같이 생각해보라.

다섯 살 때 면직공업이나 그 밖의 공장에 들어가, 그때부터 매일 앉아서 처음에는 10시간, 다음에는 12시간, 끝으로 14시간 동안 동일한 기계적 노동을 반복한다는 것은 호흡하고 있다는 만족감을 너무 비싼 대가를 치르고 사는 것이다. 그러나 이것은 수백만 명의 운명이며 그 밖의 수백만 명도 비슷한 운명에 놓여 있다. ……또한 유성의 굳은 지각 밑에는 거대한 자연력이 잠재해 있어서 어떤 우연으로 이 힘이 자유롭게 활동하기 시작하면 지각과 그 위의 만물을 파괴한다. 이러한 일은 지구상에서 적어도 세 번 일어났고 앞으로 아마 더 자주 일어날 것이다. 리스본의 지진, 하이티의 지진, 폼페이의 파멸은 가능한 일을 보여주는 사소하고 짓궂은 암시에 지나지 않는다(『의지와 표상으로서의 세계』).

이러한 모든 사실에 직면하면 "낙천주의는 인간의 표현할 길 없는 고뇌에 대한 통렬한 조소이다"(『의지와 표상으로서의 세계』). 그리고 "나는 체계적으로 광범하게 낙천주의를 전개한" 라이프니츠의 "신정론(神正論)에서 볼테르가 불후의 『캉디드』를 쓰는 유인이 되었다는 것 이외의 공적을 인정할 수는 없다. 이 책에 의해 라이프니츠가 자주 반복한, 세계의 악에 대한 서투른 변명, 곧 악도 때로는 선을 야기시킨다는 변명은 확실히 기대하지 않았던 확인을 받은 셈이다"(『의지와 표상으로서의 세계』). 요컨대 "삶의 일반적 본성은 다음과 같은 확신을 일깨우려는 목적을 갖고 있다. 곧 우리들의 노력, 분투, 투쟁의 보람이 될 만한 것은 하나도 없으며 모든 좋은 일은 덧없으며 세계는 결국 파산하며 인생은 손해 보는 장사이다"(『의지와 표상으로서의 세계』).

행복하려면 청년처럼 무지해야 한다. 청년은 의욕과 노력을 기쁨이라고 생각한다. 청년은 지칠 줄 모르는 욕망의 탐욕과 충족의 덧없음을 아직 모르고 있다. 청년은 패배의 불가피성을 아직 모르고 있다.

청년이 쾌활하고 발랄한 것은 부분적으로는 인생이라는 산을 오르고 있을 때에는 산 저쪽 기슭에 있는 죽음은 보이지 않는다는 사실에 원인이 있다. 만년이 되면 지나간 하루하루에 대해 교수대로 끌려가는 범인이 걸음을 옮겨 놓을 때마다 느끼는 것과 같은 감정을 경험한다. ……인생이 얼마나 짧은가를 알기 위해 우리는 오래 살지 않으면 안 된다. ……생명력에 대해서는 36세까지는 금리로 살고 있는 사람에 비교할 수 있다. 오늘 소비한 것은 내일 다시 회복되는 것이다. 그러나 36세가 지나면 자본을 축내는 투자가와 비슷하다. ……그러므로 나이가 들수록 소유욕이 강해진다. ……흔히 청년기는 인생의 가장 행복한 시기이고 노년기는 슬픈 시기라고 말하지만 오히려 노령은, 지금까지 끊임없이 들끓던 성욕으로부터 마침내 해방시켜주므로 행복한 때라고 평한 플라톤의 말(『공화국』 서두)이 옳다.

……한편 성욕이 없어지면 생명의 참된 핵심도 사라지고 빈 껍질만 남게 된다는 것, 또는 인간에 의해 시작되었으나 그 후에는 인간의 옷을 입은 자동인형에 의해 마지막까지 상연되는 희극과 같다는 것을 잊어서는 안 된다'(『여록과 보유』 중 '인생의 지혜').

마지막으로 우리는 죽음과 만난다. 경험이 정연한 지혜가 되기 시작하는 바로 그때에 두뇌와 육신은 시들기 시작한다. "모든 것은 잠시 머물러 있다가 죽음을 재촉한다"(『의지와 표상으로서의 세계』). 죽음이 잠시 기다리고 있는 것은 고양이가 가엾은 쥐를 놀리는 것과 같다. "보행은 전도(顚倒)의 끊임없는 저지인 것과 마찬가지로, 육신의 삶은 죽음의 끊임없는 저지, 죽음의 끊임없는 연기(延期)이다"(『의지와 표상으로서의 세계』). "동방의 전제군주의 호화로운 장식품이나 일용품에는 언제나 값비싼 독약병도 끼여 있었다"(『의지와 표상으로서의 세계』). 동양철학은 죽음의 편재를 이해하고 있고, 따라서 동양철학도들은 개인적 생존의 덧없음을 알고 있어서 침착한 견해와 유장한 태도를 갖고 있다. 죽음의 공포는 철학의 발단이고 종교의 궁극적 원인이다. 평범한 사람은 죽음과 화해하지 못하기 때문에 무수한 철학과 신학을 꾸며낸다. 널리 퍼져 있는 불사(不死)에 대한 신앙은 죽음에 대한 끔찍한 공포의 징후이다.

신학은 죽음으로부터의 피난처인 것처럼 정신병은 고통으로부터의 피난처이다. "광기는 수난의 기억을 잊으려는 수단이다"(『의지와 표상으로서의 세계』). 광기는 의식을 단절시키는 구제이다. 우리는 어떤 경험이나 공포를 망각할 때에만 이 경험이나 공포를 극복할 수 있다.

우리들은 우리들의 관심을 가로막고 우리들의 긍지를 훼손하고 우리들의 소망에 간섭하는 일들을 얼마나 생각하기 싫어하는가. 이러한 일들을 지성에 의해 철저하고 진지하게 검토하기로 결심하는 것은 얼마나 어려운 일인가. ……의지와 상반되는 것을 지성에 의해 검토하는 것을 반대하는 의지의 저항은 광기를 일으키는 원인이 된다. ……어떤 인식을 받아들이는 데 대한 의지와 저항과 반항이 인식작용을 완전히 저지하면 어떤 요인이나 환경은, 의지가 차마 직시할 수 없기 때문에 지성에 대해 완전히 억제되고, 이렇게 해서 생긴 틈은 필연적 관련 때문에 임의로 메꾸어진다. 이렇게 해서 광기가 생긴다. 지성이 의지를 만족시켜주는 지성의 본질을 포기했기 때문에 인간은 이제 존재하지 않는 것을 상상하게 된다. 그러나 이렇게 해서 생긴 광기는 이제 참을 수 없는 고뇌의 망각의 강[15]이 된다. 광기는 괴로워하는 본성, 곧 의지의 마지막 치료법이었다(『의지와 표상으로서의 세계』).

마지막 피난처는 자살이다. 이상한 말이지만 여기서 마침내 사고와 상상은 본능을 정복한다. 디오게네스는 호흡을 하지 않아서 죽었다고 한다.─살려는 의지에 대한 승리가 아닌가! 그러나 이 승리는 개별적인 것에 지나지 않으며 의지는 종을 통해 지속된다. 삶은 자살을 비웃고 죽음을 미소로 맞이한다. 자발적 죽음이 있을 때마다 무수한 비자발적 탄생이 있기 때문이다. "개별적 현상의 자의적 파괴인 자살은 무상하고 어리석은 행위이다. 물자체(物自體)[16]는, 마치 무지개를 구성한 하나하나의 물방울이 아무리 빨리 교체되더라도 무지개 자체는 여전히 남아 있는 것처럼 아무런 영향도 받지 않고 한결같이 남아 있기 때문이다"(『의지와 표상으로서의 세계』). 불행과 투쟁은 개체의 사멸 이후에도 계속되며 의지가 인간을 지배하고 있는 한, 계속되지 않을 수 없다. 의지가 인식과 지성에 완전히 종속되지 않는 한, 인생의 재난을 극복하는 것은 불가능하다.

---

15 그리스 신화에 나오는 강으로, 이 강물을 마시면 생전의 모든 일을 잊게 되는 저승의 강이다.

16 종(綜)이나 생명이나 의지 일반을 말한다.

6. 삶의 지혜

철학

우선 물질적 재산에 대한 욕망의 덧없음을 생각하라. 어리석은 사람들은 부를 얻을 수만 있다면 그들의 의지를 완전히 만족시킬 수 있다고 믿으며, 재산가는 모든 욕망을 충족시키는 수단을 가진 사람이라고 생각한다. "인간의 소망이 주로 돈에 쏠려 있고 무엇보다도 돈을 사랑한다고 해서 사람들은 비난을 받는다. 그러나 피로를 모르는 프로테우스[17]처럼 변덕스러운 소망이나 다양한 욕구를 그때그때 바라는 대상으로 언제 어디서나 모습을 바꾸게 할 수 있는 것을 사랑하는 것은 자연스러울 뿐 아니라 불가피하다. 곧 돈 이외에 재화는 하나의 소망, 하나의 욕망을 만족시킬 뿐이다. …… 오직 돈만이 절대적으로 선한 것이다. 돈은 하나의 욕구를 구체적으로 만족시켜줄 뿐 아니라 욕구 일반을 추상적으로 만족시켜 주기 때문이다"(『여록과 보유』 중 '인생의 지혜'). 그럼에도 불구하고 부를 기쁨으로 바꿀 줄 모른다면, 부의 획득에 바쳐진 인생은 무익하다. 부를 기쁨으로 바꾸려면 교양과 지혜가 필요하다. 관능적 추구의 연속은 결코 장기적인 만족을 주지 못한다.

우리는 인생의 목적과 이 목적을 달성하는 수단을 획득하는 기술을 익히지 않으면 안 된다. "어떠한 인간인가 하는 것이 무엇을 갖고 있는가 하는 것보다 더 행복에 기여한다는 것이 분명함에도 불구하고 사람들은 정신적 수양보다는 부의 획득에 몇천 배의 힘을 기울인다"(『여록과 보유』 중 '인생의 지혜'). "정신적 욕구를 갖지 못한 자를 속물이라고 부른다"(『여록과 보유』 중 '인생의 지혜'). 속물은 한가한 시간을 어떻게 사용해

---

[17] 그리스 신화에 나오는 자유자재로 모습을 바꾸는 해신(海神).

야 할지 알지 못한다. 한가할 때 마음이 편하기는 어려운 법이다. 그는 게 걸스럽게 여기저기로 새로운 감각을 찾아다니다가, 게으른 부자나 무분 별한 탕아가 받는 천벌—'권태'—에 정복당한다.

부가 아니라 지혜가 올바른 길이다. "인간은 의욕의 강렬하고 어두운 충동(그 초점은 성기(性器)라는 극으로 나타난다)인 동시에 순수한 인식 작용의 영원하고 자유롭고 밝은 주체(이 초점은 뇌라는 극으로 나타난 다)이다"(『의지와 표상으로서의 세계』). 이상한 말이지만 인식은 의지에 서 생기는 것임에도 불구하고 의지를 지배할 수 있다. 인식의 독립 가능 성은 첫째로 지성이 때때로 욕망의 명령에 보여주는 냉담한 반응에서 볼 수 있다. "때로는 지성은 의지에 복종하지 않는다. 예컨대 어떤 것에 주의 를 집중시키려고 해도 마음대로 안 되는 경우가 있고, 어떤 기억을 생각 해내려고 해도 마음대로 되지 않는 때가 있다. 이러한 경우의 지성에 대 한 의지의 분노는 양자의 관계와 차이를 매우 분명하게 한다.

사실상 의지의 분노에 화를 낸 지성은 의지가 요구하던 일을 몇 시간 후, 또는 이튿날 아침에 불쑥 계제를 생각하지 않고 수행한다"(『의지와 표상으로서의 세계』). 이러한 불완전한 추종으로부터 지성은 지배로 옮 겨갈 수 있다. '미리 숙고한 후에, 또는 어쩔 수 없이 인정한 다음에 인간 은 자신에게 가장 중대한 일, 또는 가장 무서운 일—자살, 사형, 결투, 생 명의 위험이 따르는 여러 가지 모험, 일반적으로 인간의 동물적 본성이 반항하는 일—을 냉정하게 일어나는 대로 내버려두거나 스스로 일으킨 다. 이 경우 우리는 이성이 어느 정도로 동물적 본능을 지배할 수 있는가 를 알 수 있다"(『의지와 표상으로서의 세계』).

의지를 지배하는 이러한 이성의 힘은 신중하게 발달되고 욕망은 이 성에 의해, 특히 모든 일을 선행 상태의 필연적 결과로 보는 결정론적 철 학에 의해 완화 또는 진정된다. "우리를 괴롭히는 열 가지 일 중 아홉 가

지는, 우리가 그 원인을 철저히 이해해서 그 필연성과 참된 본성을 인식
한다면 우리를 괴롭히지 못할 것이다. ……인간의 경우 의지와 지성의
관계는 자갈과 사나운 말의 관계와 같기 때문이다"(『의지와 표상으로서
의 세계』).

"내적 및 외적 필연성을 갖고 가장 철저하게 화해하는 것은 오직 명
석한 인식뿐이다"(『의지와 표상으로서의 세계』). 격정에 대해 아는 바가
많을수록 격정은 우리를 지배하지 못하며 "자제는 우리들을 외적 강제로
부터 가장 잘 지켜줄 것이다"(『여록과 보유』 중 '인생의 지혜'). "만물을
당신에게 종속시키고 싶으면, 당신 자신을 이성에 종속시켜라"(세네카).
모든 불가사의 중에서 가장 알 수 없는 것은 세계의 정복자가 아니라 자
기 자신을 억제하는 자이다.

이와 같이 철학은 의지를 정화한다. 그러나 철학은 경험과 사색을 의
미하며 단순한 독서나 수동적 연구로 이해되어서는 안 된다.

다른 사람들의 사상이 끊임없이 흘러들어오면 우리들의 사상은 제약
되고 억압당하지 않을 수 없고 결국은 사실상 사고력이 마비될 것이
다. ……대부분의 학자의 독서열은 정신의 빈곤 때문에 다른 사람들
의 사상을 받아들여야 하는 일종의 진공의 흡인력이다. ……어떤 문
제에 대해 스스로 사색하기 전에 남의 글을 읽는 것은 위험하다. 남
의 글을 읽을 때, 다른 사람이 우리를 대신해 생각하고 우리는 그의
정신적 과정을 반복할 뿐이다. ……그러므로 하루의 대부분을 독서
로 보내는 자는…… 점차로 사고력을 잃게 된다. ……자신의 경험은
말하자면 원문이고 반성과 지식은 주석이라 할 수 있다. 반성과 지식
은 많고 경험이 적은 것은 페이지마다 본문은 2행뿐인데 주석은 40행
이나 되는 책과 같다(『의지와 표상으로서의 세계』, 『여록과 보유』 중
'책과 독서').

그러므로 첫째 충고는 책보다는 생활이 중요하다는 것이고, 둘째 충고는 주석보다 본문이 중요하다는 것이다. 해설자나 비평가의 글보다는 창작자의 글을 읽어라. "오직 원저자로부터만 우리는 철학사상을 받아들일 수 있다. 그러므로 철학에 마음이 끌리는 자는 원저라는 고요한 성소에서 불멸의 스승을 찾아야 한다"(『의지와 표상으로서의 세계』). 천재가 쓴 한 권의 책은 백 권의 주석서보다 낫다.

이러한 한계 내에서만 책을 통한 교양의 추구도 가치있다. 우리의 행복은 주머니에 무엇이 들어 있느냐 하는 것보다는 머리 속에 무엇이 들어 있느냐 하는 것에 달려 있기 때문이다. 명성도 어리석은 것이다. "남의 머리는 인간의 참된 행복의 거처로서는 비참한 장소이다"(『여록과 보유』 중 '인생의 지혜').

한 사람이 다른 사람에게 해줄 수 있는 일에는 엄격한 한계가 있다. 결국 각자는 고립되어 있고 중요한 것은 홀로 있는 자가 어떤 사람인가 하는 것이다. ……우리 자신에게서 얻는 행복은 환경으로부터 얻은 행복보다 더 훌륭하다. ……인간이 살고 있는 세계는 주로 그가 이 세계를 어떻게 보느냐에 따라 형성된다. 인간에 대해 존재하거나 일어나는 일들은 오직 인간의 의식 속에서만 존재하고 또 인간에게만 일어나므로, 분명히 인간에 대해 가장 중요한 것은 의식 자체의 구조이다. 그러므로 "행복하다는 것은 자족을 뜻한다"고 한 아리스토텔레스의 말은 옳다(『여록과 보유』 중 '인생의 지혜').

끝없는 의욕의 재난으로부터 벗어나는 길은 인생의 지적 관조이고 고금동서의 위인의 업적과 대화하는 것이다. 사랑하는 마음으로 받아들이는 자들을 위해 이 위인들은 산 것이다. '비이기적인 지성은 의지계(意志界)의 과오나 우행을 넘어서서 향기처럼 피어오른다'(『여록과 보유』

중 '인생의 지혜'). 대부분의 인간은 사물을 욕망의 대상으로 보는 견해에서 벗어나지 못한다. 그러므로 그들은 불행하다. 그러나 사물을 순수히 지성의 대상으로 보는 것은 자유를 향한 발돋움이다.

어떤 외적 원인 또는 내적 기분이 갑자기 우리를 의욕의 끝없는 흐름에서 벗어나게 하고 인식을 의지의 노예 상태로부터 구해내면 우리는 의욕의 동기에는 주목하지 않고 사물을 의지와의 관계로부터 분리해서 이해한다. 곧 이해관계 없이 주관을 떠나서 객관적으로 사물을 고찰하고, 사물이 동기가 아니라 표상인 한 전적으로 사물에 몰두한다. 따라서 의욕의 길 위에서 찾고 있을 때에는 언제나 달아나버리던 평정이 갑자기 저절로 찾아오며 이 평정은 우리들에게는 소중한 것이다. 평정은 에피쿠로스가 최고선이며 신적(神的) 상태라고 찬양한 고통 없는 상태이다. 우리는 이 순간에 의지의 비참한 충동으로부터 해방되어 의욕이라는 감옥에서 강제 노동을 하면서도 안식일을 지키며 이크시온의 수레바퀴9)도 멈추기 때문이다.

천재

천재는 의지 없는 인식의 최고 형태이다. 생명의 최하 형태는 전적으로 인식 없는 의지로 구성되어 있다. 인간은 일반적으로 의지가 대부분이고 인식은 적지만, 천재는 인식이 대부분이고 의지는 적다. "인식 능력이 의지가 요구하는 봉사 이상으로 훨씬 발달한 자를 천재라고 말한다"(『의지와 표상으로서의 세계』). 이것은 생식 활동으로부터 지적 활동으로의 힘찬 전환을 의미한다. "천재의 근본 조건은 조바심이나 생식력에 비해 감수성이 이상하리 만큼 우월한 것이다"(『의지와 표상으로서의 세계』).

---

9) 고대 신화에 의하면 이크시온은 배은망덕 때문에 제우스의 노여움을 사서 두 손을 묶인 채 영원히 도는 수레바퀴에 묶였다.

그러므로 천재와 여자는 적대 관계에 있고, 여자는 생식의 화신으로서 지성을 살리려는 의지와 생명을 낳으려는 의지에 복종시키려고 한다. "여자는 뛰어난 재능을 가질 수는 있지만 천재는 되지 못한다. 여자는 항상 주관적이기 때문이다"(『의지와 표상으로서의 세계』). 여자는 모든 것을 자기와 관련시키고 개인적 목적 실현의 수단으로 생각한다. 한편,

> 천재는 바로 가장 완전한 객관성, 다시 말하면 곧 정신의 객관적 경향이다. 따라서 천재는……자신의 관심, 의욕, 목적을 안중에 두지 않고, 순수한 인식주관으로서 세계를 밝은 눈으로 보기 위해 자기 자신을 잠시 완전히 포기하는 능력을 갖고 있다. ……그러므로 '천재의 표정'에는 의지에 대한 지성의 결정적 우월성이 나타나 있다. 반대로 평범한 사람들의 표정에는 의지의 우월성이 나타나 있어서 우리는 지성이 오직 의지의 충동 밑에서 개인적 이익을 동기로 해서 활동하고 있다는 것을 알 수 있다(『의지와 표상으로서의 세계』).

의지로부터 해방되면, 지성은 대상을 있는 그대로 볼 수 있다. "천재는 마술의 거울을 내미는데, 이 거울 속에는 모든 본질적인 것과 의미 있는 것이 한 묶음이 되어 가장 밝게 나타나고 우연적인 것과 이질적인 것은 제외된다"(『의지와 표상으로서의 세계』). 햇빛이 구름을 뚫고 비치듯이 사고는 격정을 넘어서서 사물의 핵심을 조명한다. 사고는 개별적인 것, 특수한 것의 배후에서 '플라톤의 이데아', 다시 말하면 보편적 본질인 형상을 파악한다. 마치 화가가 자신이 그리고 있는 인물에게서 개인적 성격과 특징만이 아니라 보편적 성질과 영원한 실재를 보며 개별적인 것은 보편적 성질과 영원한 실재에 비하면 상징이나 수단에 지나지 않듯이. ……따라서 천재의 비밀은 객관적인 것, 본질적인 것, 보편적인 것을 분명하고 공평하게 간파하는 것이다.

개인으로서는 평범한 점이 없기 때문에 천재는 의지로 가득 차고 실제적이며 개인적인 활동에는 매우 적합하지 못하다. 천재는 아득히 먼 곳을 보기 위해 가까운 곳을 보지 않으며 멍청하고 '괴상하다.' 천재는 별에 마음이 쏠려 우물에 빠지기도 한다.[18] 천재의 비사교성은 부분적으로는 여기에 원인이 있다. 천재는 근본적인 것, 보편적인 것, 영원한 것을 생각하지만 다른 사람들은 일시적인 것, 특수한 것, 직접적인 것을 생각한다.

천재의 정신과 그들의 정신에는 공통의 기반이 없고 결코 어울리지 못한다. "대체로 정신적으로 빈약하고 일반적으로 비속한 사람일수록 더욱 사교적이다"(『여록과 보유』 중 '인생의 지혜'). 천재는 다른 것에서 보상을 받으므로 한사코 외적인 것에 의존하고 있는 사람들처럼 사교적일 필요는 없다. "온갖 아름다움으로부터 받는 쾌락, 예술의 위안, 인생의 노고를 잊게 하는 예술가적 정열은 천재의 특색이며 이러한 특색은 의식이 명료해짐에 따라 증대하는 고뇌와, 이질적인 사람들 사이에서 느끼는 황막한 외로움을 보상한다"(『의지와 표상으로서의 세계』).

그러나 이러한 결과로 천재는 어쩔 수 없이 고립되고 때로는 미치기도 한다. 극단적인 감수성은 상상력 및 직관력과 함께 고통을 일으키고, 고독 및 부적응과 결부되어 정신과 현실을 잇는 끈을 끊어버린다. 아리스토텔레스는 역시 옳았다. "철학, 정치, 시 또는 예술에 뛰어난 자는 모두 우울한 성격인 것 같다"(『여록과 보유』 중 '인생의 지혜'). 광기와 천재는 종이 한 장 차이라는 것은 "루소, 바이런, 알피에리[19] 등 위인의 전기에 의해 입증된다.[10) 나는 정신병원을 열심히 드나들다가, 분명히 위대한 소질을 갖고 있으나 그 천재성이 광기를 통해 뚜렷하게 나타나는 환자들의 개별적인 예를 보았다"(『의지와 표상으로서의 세계』).

---

18 철학의 시조(始祖) 탈레스는 밤에 별을 관측하며 걸어오다가 우물에 빠진 일이 있다.

그러나 이 반광인(半狂人), 곧 천재는 인류의 진정한 귀족이다. "지성을 보면 그 본성은 매우 귀족적이다. 지성이 여기에 설정해놓은 차별은 가문, 지위, 부, 계급에 의한 어느 나라의 구별보다도 더 중요하다"(『의지와 표상으로서의 세계』). 자연은 오직 소수의 사람들에게만 천재성을 부여하거니와, 천재적 기질은 특수하고 직접적인 일에 집착해야 하는 정상적인 생활의 추구에 방해가 되기 때문이다. "자연은 학자조차도 땅을 갈기를 바라고 있다. 사실상 철학 교수도 이 기준에 따라 평가되어야 하며, 이때에만 그들의 업적도 기대에 어긋나지 않을 것이다"[11](『의지와 표상으로서의 세계』).

예술

인식을 의지의 예속 상태로부터 구출하고 개인의 자아와 물질적 관심을 잊게 하고 정신을 진리의 무의지적 관조로 고양시키는 것이 예술의 기능이다. 과학의 대상은 많은 특수를 포함한 보편이고 예술의 대상은 보편을 포함한 특수이다. 빙켈만[20]의 말처럼 "초상화조차도 개인의 이상을 나타내야 한다"(『의지와 표상으로서의 세계』). 동물을 그리는 경우, 동물의 특징을 가장 잘 나타낸 그림을 아름답다고 하거니와 이것은 종의 특징을 가장 잘 나타내기 때문이다. 예술 작품은 작품의 대상이 속해 있는 집단의 '플라톤적 이데아', 곧 보편성을 더 잘 나타낼수록 성공적이다. 그러므로 한 인물의 초상화는 사진과 같은 박진감이 아니라 한 사람의 용모

---

19 18세기의 이탈리아 시인, 극작가.

10) 롬브로소(이탈리아의 범죄학자)의 원천(源泉). 그는 쇼펜하우어도 리스트에 올려놓고 있다.

11) 이 말에 대해 인간은 본성상 농부가 아니라 사냥꾼이며 농업은 자연적 본능이 아니라 인간의 반영임을 지적함으로써 철학 교수들은 복수할 수 있을 것이다.

20 18세기 독일의 고대 미술 연구가.

를 통해 가능한 한 인간의 본질적 또는 보편적 성질을 표현하려고 해야 한다.[12] 과학은 고통스러운 자료 수집과 조심스러운 논증에 의해 진보하지만 예술은 직관과 직감에 의해 대뜸 목적을 달성하기 때문에, 예술은 과학보다 더 위대하다. 과학은 재능만으로 해나갈 수 있으나 예술은 천재를 요구한다.

자연으로부터 즐거움을 얻으려면 시나 그림의 경우처럼 개인적 의지의 관여 없이 대상을 관조해야 한다. 예술가에게 라인 강은 아름다움에 의해 감성과 상상력을 일깨워주는 황홀한 경치의 연속이지만, 개인적 용무에 몰두한 여행자는 "라인 강과 그 기슭을 단지 하나의 직선으로 보고 여러 다리를 이 직선을 가로지르는 또 하나의 직선으로 볼 것이다"(『의지와 표상으로서의 세계』). 예술가는 개인적 관심에 초연하므로 예술적 이해에 있어서는 "황혼을 감옥에서 보든 궁전에서 보든 차이가 없다"(『의지와 표상으로서의 세계』). "과거와 멀리 떨어져 있는 것에 놀라운 마술을 걸어 아름다운 빛으로 감싸서 보여주는 것은 의지 없는 관조의 축복이다"(『의지와 표상으로서의 세계』). 적대적 대상조차도 의지의 흥분도 절박한 위험도 없는 상태에서 관조하면 숭고하다.

마찬가지로 비극도 우리들을 개인적 의지의 투쟁으로부터 해방시켜주고 우리들의 고난을 보다 넓은 관점에서 보게 하기 때문에 미적 가치를 가질 수 있다. 예술은 덧없고 개별적인 것의 배후에서 영원하고 보편적인 것을 보여줌으로써 인생의 고통을 완화시킨다. 스피노자는 옳았다. "사물을 영원의 상(相)에서 볼 때에만 정신은 영원성을 분유(分有)한다"[13](『의지와 표상으로서의 세계』).

---

12) 마찬가지로 문학에 있어서도 성격 묘사는——다른 것도 같지만——명확하게 그려진 개인이 예컨대 파우스트, 마르게리트, 돈키호테, 산초 판자처럼 보편적 유형을 표현하고 있으면 그만큼 성공적이다.

의지의 투쟁으로부터 초월하게 하는 예술의 힘은 무엇보다도 음악에 현저하다.[14] '음악은 다른 예술과 달라서 이데아의 모방', 곧 사물의 본질의 모방이 아니라 '의지 자체의 모방'이다. 음악은 영원히 움직이고 노력하고 방황하는 의지, 마침내는 언제나 새로운 노력을 위해 자기 자신에게로 되돌아가는 의지를 보여준다. "이것이 음악의 효과가 다른 예술의 효과보다 더 강력하고 더 절실한 이유이다. 다른 예술은 그림자를 나타내지만 음악은 본질을 나타낸다"(『의지와 표상으로서의 세계』). 또한 음악은 관념의 매개 없이 직접 감정에 작용하기 때문에[15] 다른 예술과 다르다. 음악은 지성보다도 더 고상한 것을 알려준다. 음악과 리듬의 관계는 균제와 조형예술의 관계와 같다. 그러므로 음악과 건축은 대조적이다. 괴테의 말처럼 건축은 응고된 음악이고 균제는 정지된 리듬이다.

종교

그의 예술론—의지의 억제와 영원하고 보편적인 것의 관조로서의—은 동시에 종교론이기도 하다는 것은 쇼펜하우어의 원숙기가 다가오고 있다는 징후이다. 청년 시대에 그는 약간의 종교적 훈련을 받았으나 그의 기질로 보아 당시의 교회 조직을 존중할 수는 없었다. 그는 신학자들을 경멸했다. "우리는 신학자들의 궁극적 논거를 여러 나라의 화형(火刑)에서 발견한다"(『의지와 표상으로서의 세계』)고 말하고, 종교를 '통속 형이상학'(『여록과 보유』 중 '종교에 대하여')이라고 불렀다. 그러나

---

13) "예술만큼 확실하게 인간을" 투쟁으로부터 "해방하는 것은 없다"(『친화력』)고 한 괴테의 말을 참조할 것.

14) "쇼펜하우어는 철학적 확신을 갖고 다른 예술과 비교하여 음악의 위치를 인정하고 확정한 최초의 철학자였다"—바그너 『베토벤』에서.

15) 한스리크는(『음악의 아름다움』에서) 이러한 의견에 반대하고 음악은 오직 상상력에 직접 작용할 뿐이라고 주장했다. 엄격히 말하면 물론 음악은 직접 감각에 작용할 뿐이다.

후년에는 어떤 종류의 종교적 관례와 교리의 중요성을 인정했다. "오늘날 초자연주의자와 합리주의자 사이에서 끊임없이 계속되는 논쟁의 원인은 그들이 모든 종교의 비유적 성격을 이해하지 못하는 데 있다"(『의지와 표상으로서의 세계』). 예컨대 기독교는 심원한 염세철학이다. "원죄(의지의 긍정)와 구원(의지의 부정)의 교리는 기독교의 본질을 이루는 위대한 진리이다"(『의지와 표상으로서의 세계』). 단식은 행복이 아니라 환멸이나 더 많은 욕망을 야기시키는, 욕망을 약화시키는 뛰어난 방법이다. "기독교가 우선 유태교를, 다음에는 그리스와 로마의 이교(異敎)를 극복할 수 있었던 힘은 전적으로 기독교의 염세주의에서 나왔다. 기독교는 우리들의 상태가 매우 비참하고 죄로 가득 차 있다고 시인했으나 유태교나 이교는 낙천주의적이었다"(『의지와 표상으로서의 세계』). 유태교나 이교는 종교를 지상적 성공을 돕기 위해 하늘에 바치는 뇌물로 여겼으나 기독교는 종교를 지상적 행복의 무익한 추구를 억제하는 것으로 생각했다. 속세의 환락과 권력의 한가운데에 기독교는 성인—곧 투쟁을 거부하고 개인 의지를 절대적으로 극복한 '그리스도 안에 있는 어리석은 자'—의 이상을 내세웠다.

불교는 의지의 파괴를 종교의 전부로 보고 열반(Nirvana)을 모든 개인적 발전의 목표라고 설교했기 때문에 기독교보다 더 심원하다. 인도 사람들은 그들의 세계관이 외면적이고 지적이기보다는 내면적이고 직관적이었기 때문에 유럽 사상가들보다 더 심원하다. 지성은 모든 것을 분해하고 직관은 모든 것을 통일한다. 인도인들은 '자아'를 환상이라고 보고 개체는 단순한 현상이며 유일한 실재는 '무한한 일자(一者)'—'그것은 그대이니라'—라고 생각했다. "스스로 접촉하는 모든 것에 대해 이렇게 말할 수 있는 자는"—우리는 모두 동일한 유기체의 지체이며 의지라는 바다의 작은 물결임을 깨달을 만한 형안과 명석한 영혼을 가진 자는—

"모든 덕과 지복을 확신하고 해탈의 길로 곧바로 걸어간다"(『의지와 표상으로서의 세계』).

쇼펜하우어는 동양에서 기독교가 불교를 대신할 수 없다고 생각한다. "이것은 마치 절벽을 향해 총을 쏘는 것과 같다"(『의지와 표상으로서의 세계』). 오히려 인도 철학이 유럽으로 흘러들어와 유럽인들의 지식과 사상에 심각한 변화를 일으킬 것이다. "산스크리트 문학의 영향은 15세기의 그리스 문학의 부활만큼 심각한 것이다"[16](『의지와 표상으로서의 세계』).

따라서 궁극적 지혜는 열반, 곧 자기 자신을 최소한도의 욕망과 의지로 감소시키는 것이다. 세계의지는 우리들의 의지보다 강하다. 우리는 당장 항복하자. "의지가 덜 흥분할수록 고통도 적다"(『여록과 보유』 중 '인생의 지혜'). 최대의 걸작이라고 할 만한 그림은 "언제나 특수한 사물을 지향하지 않고……모든 의지의 진정제가 되어온 완전한 인식을 나타내는"(『의지와 표상으로서의 세계』) 얼굴을 그린 그림이다. "라파엘이나 코레지오[21]가 그린 바와 같은……모든 이성보다 더 고귀한 평화, 정신의 완전한 평정, 편안한 안식, 부동의 신념과 평온은 정녕 확실한 복음이다. 오직 인식이 있을 뿐, 의지는 없기 때문이다"(『의지와 표상으로서의 세계』).

---

16) 현재 우리는 접신학(接神學), 그 밖의 이와 비슷한 일의 발달에서 이 예언의 실현을 목격하고 있다.

21 16세기의 이탈리아 화가.

7. 죽음의 지혜

그러나 뭔가 더 필요한 것이 있다. 열반에 의해 개인은 무의지의 평정을 달성하고 해탈에 도달한다. 그러나 개인의 사후에는 어떻게 되는가? 삶은 개인의 죽음을 비웃으며 죽은 개인을 그의 자손이나 타인의 자손을 통해 살아남게 할 것이다. 비록 개인의 작은 생명의 흐름은 말라버리더라도, 세대를 통해 더욱 넓어지고 더욱 깊어지는 또다른 무수한 흐름이 있다. 어떻게 '인간' 은 구제되는가? 개인과 마찬가지로 인류에도 열반이 있는가?

분명히 최종적으로 철저하게 의지를 극복하려면 생명의 원천——생식에의 의지——을 단절시켜야 한다. 생식충동의 만족은 삶에의 열망을 가장 강하게 긍정하는 것이기 때문에 원래 괘씸한 것이다. 어린이들은 태어나야만 할 죄라도 졌는가?

이제 인생의 소용돌이를 잘 생각해보면 모든 사람들이 곤궁과 불행에 허덕이면서 무한한 욕구를 만족시키고 여러 가지 슬픔을 피하기 위해 온갖 힘을 기울이지만, 덧없고 괴로운 생존의 유지 이외에는 아무것도 기대할 수 없다는 것을 알게 된다. 그러나 이 소용돌이 속에서, 또 그 한가운데에서 두 애인의 시선이 은밀하게 마주치는 것을 본다. 그런데 왜 이렇게 은밀하고 불안하고, 남의 눈을 피하는가? 이 연인들은 그렇지 않으면 재빨리 사라져버릴 곤궁과 불행을 지속시키려는 배반자들이기 때문이다. ……여기에 생식 과정을 부끄러워하는 깊은 근거가 있다(『의지와 표상으로서의 세계』).

이 경우 죄인은 여자이다. 인식이 무의지의 경지에 도달했을 때, 여자의 무분별한 매력이 남자를 다시 생식으로 유인하기 때문이다. 청년에게는 여자의 매력이 얼마나 덧없는 것인가를 간파할 만한 지성이 없고, 지성이 생겼을 때는 이미 너무 늦다.

젊은 여자에 대해서는 자연은 연극 용어로 말하면 '충격적 효과'를 노리는 것 같다. 2, 3년 동안 자연은 젊은 여자들에게 풍요한 아름다움을 주고 매력을 아낌없이 주지만 그 대가로 여자들은 나머지 생애를 희생한다. 그러므로 2, 3년 동안에 여자들은 남자들의 상상력을 사로잡고 남자들을 열중시켜서 일생 동안 어떠한 형식으로든 여자들을 잘 돌봐주겠다고 결심하게 할 수 있다. 이성이 남자들을 인도한다면 여자를 돌보는 일에는 아무런 확실한 보증도 없다는 것을 알게 되리라. ……이 경우에도 다른 경우와 마찬가지로 자연은 항상 그렇듯이 절약을 한다. 암캐미가 교미 후에는 소용없는, 오히려 부화에 실제로 위험이 되는 날개를 잃는 것처럼 여자는 일반적으로 한두 명의 자녀를 낳은 다음에는 아름다움을 잃는다. 아마도 사실상 암캐미와 같은 이유에서(『여록과 보유』 중 '여성에 대하여').

젊은 남자들은 "오늘날 그들을 감동시켜서 연가나 소네트를 쓰게 하는 상대가 18년쯤 일찍 태어났으면 일고의 가치도 없었으리라"(『의지와 표상으로서의 세계』)는 점을 명심해야 한다. 요컨대 육체적으로는 남자가 여자보다 훨씬 아름답다.

키가 작고 어깨가 좁고 엉덩이가 크고 다리가 짧은 인종을 '아름다운 성(性)'이라고 부르는 것은 성적 충동으로 지성이 흐려진 남자뿐이다. 여자의 모든 아름다움은 성적 충동과 결부되어 있기 때문이다. 여자를 아름다운 성이라고 하기보다는 '아름다움을 모르는 성'이라고 부르는 것이 옳으리라. 여자는 사실상 음악이나 시나 미술에 대해 참된 감수성이 없으며, 여자들이 이러한 감수성이 있는 척한다면 그것은 아양을 떨기 위한 흉내에 지나지 않는다. ……여자들은 무슨 일에든 순수한 객관적 관심을 갖지 못한다. ……여성 전체 중에서 가장 뛰어난 지성을 가진 여자일지라도 예술 분야에서 참으로 위대하고 순수하고 독창적인 업적은 단 한 가지도 이룩하지 못하며 어떤 분야 에서든 영원한 가치를 가진 작품은 세상에 내놓지 못한다(『여록과 보유』 중 ‘여성에 대하여’).

여성숭배는 기독교와 독일인의 감상적 태도의 산물이다. 그리고 이 것이 감정, 본능, 의지를 지성보다 찬양하는 낭만주의 운동의 원인이었 다. 아시아인들은 여자의 열등성을 더 잘 알고 있고 또 솔직히 시인한다. "법률이 남녀평등권을 부여할 때, 법률은 여자에게 남성과 동등한 지성을 부여해야 마땅하지 않은가"(『의지와 표상으로서의 세계』). 또한 결혼제 도에 있어서도 아시아인들은 일부다처의 관습을 정상적이고 합리적인 것 으로 인정한다. 물론 일부다처의 관습은 서구인들 사이에도 널리 퍼져 있 지만 미사여구로 숨기고 있다. "어디에 진정한 일부일처주의자가 있는 가?"(『여록과 보유』 중 ‘여성에 대하여’). 그리고 여성에게 재산권을 인 정하는 것은 얼마나 불합리한가! "모든 여자는 가끔 예외도 있지만 낭비 하는 버릇이 있다." 여자는 오직 현재만을 살고, 여자의 주요한 야외 운동 은 쇼핑이기 때문이다. "여자들은 마음 속으로 돈을 버는 것은 남자의 일, 돈을 쓰는 것은 여자의 일이라고 생각한다"(『여록과 보유』 중 ‘여성에 대 하여’). 이것이 여자들의 분업 개념이다.

힌두스탄[22]에서는 "여자는 항상 독립하지 못하고 아버지나 남편이나 형제나 아들의 감독을 받는다. ……재산 상속자도 여자가 아니라 남자이 다. 따라서 여자에게는 재산 관리의 능력이 없으므로 무조건 재산 소유권

---

22 인도 반도의 힌두교 지대.
17) 어머니의 낭비에 대한 쇼펜하우어의 불만을 토로한 것이다.

도 부여하지 않는다"17)(『여록과 보유』 중 '여성에 대하여'). 정치가 일반
적으로 부패해 마침내 프랑스 혁명이 발발한 원인은 루이 13세 때 궁전
여자들의 사치와 낭비였을 것이다.

　　따라서 여자와 관계가 없으면 그만큼 더 좋다. 여자는 '필요악' 도 되
지 못한다. 인생은 여자가 없으면 그만큼 안전하고 원활하다. 남자들은
여자의 아름다움에 감춰진 함정을 인식하라. 그러면 생식이라는 불합리
한 희극은 끝날 것이다. 지성의 발달은 생식에의 의지를 약화시키고 좌절
시켜서 마침내 인류의 절멸이라는 목적을 달성시킬 것이다. 들뜬 의지의
미친 듯한 비극에 대해서는 이보다 더 적절한 대단원은 없을 것이다. 방
금 패배와 죽음 위에 내린 막이 왜 다시 올라서 새로운 삶, 새로운 투쟁,
새로운 패배를 연출해야 하는가? 얼마나 오랫동안 우리는 이 소동, 뼈아
픈 결과를 일으킬 뿐인 이 무한한 고통으로 유인되어야 하는가? 언제 우
리는 '의지' 의 눈 앞에 도전장을 내던지고 감미로운 인생은 거짓말이며
최대의 은총은 죽음뿐이라고 말할 용기를 갖게 될 것인가?

8. 비판

　　이러한 철학에 대한 자연적 반응은 시대와 인간에 대한 의학적 진단
이다.

　　우리는 다시금 이 철학에서 처음에는 알렉산더 이후 시대의 그리스
에서, 다음에는 시저 이후 시대의 로마에서 동양의 신앙과 생활태도가 범
람한 것과 동일한 현상을 경험하고 있다는 것을 명심하기로 하자. 자연의
외적 의지가 인간의 의지보다 훨씬 강력하다고 생각하고 서슴지 않고 체
념과 절망의 교리를 받아들이는 것은 동양의 특색이다. 그리스의 쇠망이
헬라스의 뺨에 스토아주의의 하얀 반점과 에피쿠로스주의의 붉은 반점을

남겨놓은 것처럼 나폴레옹 전쟁의 혼란은 유럽 영혼에 애처로운 피로감을 남겨 놓았고, 이 피로감이 쇼펜하우어의 철학을 탄생시켰다. 유럽은 1815년에 무서운 두통을 앓고 있었다.[18]

쇼펜하우어가 인간의 행복은 외부 사정보다는 오히려 인간의 본질에 좌우된다고 인정한 것은 인격 진단의 실마리가 된다. 염세주의는 염세주의자의 기소장이다. 병든 몸과 신경쇠약에 걸린 정신, 공허한 여가와 침울한 '권태'에 시달리는 생활을 전제하면 쇼펜하우어 철학의 정확한 생리학이 드러난다. 염세주의자가 되려면 한가해야 한다. 활동적인 생활은 거의 언제나 심신을 건강하게 한다. 쇼펜하우어는 조촐한 목표와 건실하고 명랑한 생활을 찬양하지만 자신의 경험을 바탕으로 말하지는 못했을 것이다. 정녕 '한가하면 마음이 편안하지 못하다.' 그에게는 한가한 생활을 할 만한 돈이 있어서 그는 끊임없는 여가가 계속적인 작업보다 더 참기 어렵다는 사실을 알고 있었다. 철학자의 우울증적 경향은 아마도 좌업(坐業)의 부자연스러움에 원인이 있었을 것이고, 지나치게 자주 인생을 공격하는 것은 배설기능을 상실했다는 징후였을 것이다.

열반은 처음부터 너무나 많은 것을 욕구하며 한 가지 정열에 모든 것을 걸었다가 실패한 후에는 여생을 정열 없는 짜증스러운 권태 속에서 보낸 차일드 해럴드[23]나 르네[24] 같은, 맥 풀린 인간의 이상이다. 지성이 의지의 심부름꾼에 지나지 않는다면, 우리들이 쇼펜하우어 철학이라고 부르는 특수한 지적 소산은 병적이고 나태한 의지의 가면이고 변명일 수도 있다.

물론 염세주의에는 상당한 이기주의적 요소가 있다. 세상이 충분히

---

18) 오늘날(1924년)의 유럽의 무기력과 절망, 그리고 슈펭글러의 『서구의 몰락』 같은 책의 인기와 비교해보라.

23 바이런의 『차일드 해럴드』의 주인공.

24 샤토브리앙의 『르네』의 주인공.

선량하지 못하므로 우리는 철학을 통해 세상을 경멸한다. 그러나 이것은 우리들의 도덕적 비난이나 시인이 우주 전체에 적용하면 대체로 부적합한 인간적 판단에 지나지 않는다는 스피노자의 교훈을 망각한 것이다. 아마도 생존에 대한 거만한 혐오는 자기 자신에 대한 은밀한 혐오감의 위장일 것이다. 우리는 잘못해서 생활을 망쳐놓았기 때문에 변명할 길 없는 '환경'이나 '세상'에 비난을 퍼붓는 것이다. 원숙한 사람은 인생의 자연적 한계를 받아들이고 '섭리'가 자신에게 유리하다는 편견을 갖지 않으며, 인생이라는 승부를 겨루면서 속임수 주사위를 찾지는 않는다. 원숙한 사람은 칼라일처럼 태양이 담뱃불을 붙여주지 않는다고 해서 태양을 비난하는 것은 무의미함을 알고 있다. 그리고 우리가 태양의 도움을 받을 만큼 현명하다면 태양도 담뱃불을 붙여줄 것이다. 이 광대하고 중립적인 우주도, 만일 우리가 우주의 활동을 돕기 위해 우리의 힘을 보탠다면 매우 유쾌한 장소가 될 수 있다. 사실상 세계는 우리의 친구도 적도 아니다. 세계는 우리들의 손 안에 있는 단순한 원료이고 우리가 어떤 사람인가에 따라 천국도 되고 지옥도 된다.

쇼펜하우어와 그의 동시대인들의 염세주의의 부분적 원인은 그들의 낭만적 태도와 기대에 있었다. 젊은이는 세계에 너무 많은 것을 기대하고 있었다. 마치 1815년이 1789년의 대가[25]를 치러야 했던 것처럼 염세주의는 낙천주의를 뒤쫓고 있다. 감정, 본능, 의지의 낭만적인 고양과 해방, 지성, 자제, 질서에 대한 낭만적인 경멸은 당연한 응보를 받은 것이다. 호레이스 월폴[26]의 말처럼 "세계는 생각하는 자에게는 희극이고 느끼는 자에게는 비극이다." "아마도 주정적 낭만주의만큼 우수한 원인이 된 운동

---

25 1789년은 프랑스 혁명이 일어난 해이고, 1815년은 재기한 나폴레옹을 동맹군이 워털루에서 격파한 해이다.
26 18세기 영국의 문인이며 정치가.

은 없었을 것이다. ……낭만주의자는 자신의 행복의 이상이 사실상 불행을 초래한다는 것을 알더라도 자신의 이상을 비난하지는 않는다. 오히려 자기처럼 민감한 자에게는 세계는 어울리지 않는다고 단순하게 생각한다'(배빗, 『루소와 낭만주의』). 변덕스러운 우주가 어떻게 변덕스러운 영혼을 만족시킬 수 있을 것인가?

나폴레옹의 즉위와 루소의 이성탄핵—그리고 칸트의 이성비판—의 광경, 자신의 격렬한 기질과 여러 가지 경험, 이런 것들이 합쳐져서 쇼펜하우어에게 의지의 우위와 궁극성을 확신케 했다. 물론 워털루와 세인트헬레나도 인생이라는 고통과 형벌에 대한 쓰라린 개인적 접촉의 결과인 염세주의의 탄생을 도왔을 것이다. 여러 대륙을 호령하는 역사상 가장 강력한 개인 의지가 등장했으나 이 의지조차도 태어나면 반드시 죽는 곤충의 의지와 마찬가지로 그 파멸이 확실하고 굴욕적이었다. 쇼펜하우어는 전혀 투쟁하지 않는 것보다 투쟁하다가 패배하는 것이 낫다고 생각해본 적이 없었다. 그는 보다 남성적이고 정력적인 헤겔처럼 투쟁을 영광스럽고 바람직한 것으로 느끼지는 못했다. 그는 평화를 갈망하면서 전쟁의 소용돌이 속에서 살았다. 그는 어디서나 투쟁을 보았을 뿐, 투쟁의 배후에서 이웃 간의 정다운 상부상조, 어린이나 젊은이의 작약(雀躍)하는 환희, 쾌활한 처녀들의 춤, 어버이나 연인의 헌신, 대지의 묵묵한 혜택과 봄의 부활은 보지 못했다.

한 욕망이 충족되면 다른 욕망을 불러일으킬 뿐이라면 어떻게 될까? 어쩌면 결코 만족하지 못하는 것이 더 좋을지도 모른다. 행복은 소유나 포만이 아니라 오히려 성취에 있다고 옛 교훈은 가르친다. 건강한 사람은 행복보다는 오히려 능력 발휘의 기회를 요구한다. 이러한 자유와 힘을 위해 고통이라는 벌금을 물어야 한다면 그는 즐거이 벌금을 낸다. 이것은 결코 엄청난 대가는 아니다. 우리는 비행기나 새와 마찬가지로 떠오르려면 저항이 필요하며, 힘을 강화하고 성장을 촉진하려면 장애물이 필요하다. 비극이 없는 삶은 인간다운 삶이 아니다.[19)]

'지식을 더하는 자는 근심을 더하느니라' 라는 말은 사실인가? 또 최고도로 발달한 존재가 가장 큰 고통을 겪는다는 것은 사실인가? 그렇다. 그러나 지식의 발달은 슬픔과 함께 기쁨도 증가시키고, 발달한 영혼에게는 가장 강렬한 고통과 함께 가장 미묘한 기쁨이 예약되어 있다는 것도 사실이다. 볼테르가 시골 여자의 행복한 무지보다는 바라문 교도의 '불행한' 지혜를 택한 것은 당연한 일이며, 우리는 고통이라는 대가를 치르더라도 인생을 날카롭게 깊이 체험하고 싶고 환멸이라는 대가를 치르더라도 인생의 오묘한 비밀에 접촉하고 싶다.[20)] 베르길리우스는 모든 쾌락을 맛보고 황제의 총애라는 사치를 누렸으나 결국 '이해의 기쁨 이외의 모든 것에 지쳤다.' 감각이 이미 만족을 주지 못할 때, 비록 힘들기는 하지만 원숙한 정신만이 이해할 수 있는 예술가, 시인, 철학자들과의 우정은 보람있는 것이다. 지혜는 불협화음이 화성(和聲)에 섞일 때 더욱 심원해지는, 쓰라리면서도 달콤한 즐거움이다.

쾌락은 소극적인가? 큰 상처를 입고 세상과의 접촉을 끊어버린 사람만이 인생을 이와 같이 근원적으로 모독할 수 있다. 쾌락은 바로 여러 가지 본능의 조화로운 활동이 아닌가? 그리고 활동하고 있는 본능이 다가

---

19) 다음과 같은 쇼펜하우어 자신의 말을 참조하라. "일정한 일, 일정한 활동 영역이 없다는 것—이것은 얼마나 비참한가! 노력 및 고난과의 투쟁! 이것은 두더쥐가 땅을 파지 않을 수 없는 것과 마찬가지로 인간에게는 당연한 것이다. 모든 소망이 이루어진다는 것은 참기 어려운 일이다. 오랫동안 지속되는 쾌락 때문에 생긴 정체감도 마찬가지이다. 고난을 극복하는 것은 생존의 충실한 기쁨을 경험하는 것이다"(『삶의 지혜』). 원숙해진 쇼펜하우어가 청년 시대의 빛나는 철학을 어떻게 평가했는지 알고 싶다.

20) 아나톨 프랑스(볼테르의 최후의 화신)는 그의 걸작의 하나인 『인간 비극』에서 "이해의 기쁨은 슬픈 기쁨"이지만 "한번 이 기쁨을 맛본 사람은 중우(衆愚)의 보잘것없는 환락이나 터무니없는 희망과 이 기쁨을 바꾸지는 않는다"는 것을 보여주려고 했다.

오지 않고 물러나는 경우를 제외하고는 어떻게 쾌락이 소극적일 수 있는 가? 도피와 안일, 복종과 안전, 고독과 한가, 이러한 쾌락은 물론 소극적 이다.

우리들에게 이러한 쾌락을 갈망하게 하는 본능—도피와 불안의 여 러 형식—은 본질적으로 소극적이기 때문이다. 그러나 적극적 본능— 획득과 소유, 호전성과 지배, 활동과 유희, 사교와 사랑이라는 본능—이 활동하고 있을 때에도 우리는 쾌락을 소극적이라고 할 수 있을까? 즐거 운 웃음소리, 어린애들이 떠드는 소리, 짝을 부르는 새들의 노래, 수탉의 울음소리, 예술의 창조적 황홀경은 소극적인가? 삶 자체는 적극적 힘이 며 삶의 정상적 활동에는 뭔가 기쁨이 있기 마련이다.

물론 죽음이 두렵다는 것은 사실이다. 그러나 죽음의 공포는 정상 적인 생활을 할 때 대부분 사라진다. 올바르게 죽기 위해서는 올바르게 살아야 한다. 그리고 불사는 과연 즐거운 것인가? 우리가 생각할 수 있 는 한에서는 가장 무서운 형벌인 무한한 삶이 부여된 '영원한 유태인' [27] 의 운명을 누가 부러워할 것인가? 그리고 삶이 달콤하지 않다면 왜 죽 음이 두려운가? 우리는 나폴레옹처럼 죽음을 두려워하는 자는 마음 속 으로는 무신론자라고 말할 필요는 없다. 그러나 70세까지 산 사람은 분 명히 염세주의를 극복한 사람이라고 말할 수 있다. 괴테의 말처럼 30세 가 넘으면 염세주의자가 될 수 없다. 20세 이전에도 거의 염세주의자는 아니다.

염세주의는 자의식과 자존심이 강한 청년기의 사치품이다. 청년기 는 가족 공동체의 따뜻한 품을 떠나 개인주의적 경쟁과 탐욕의 냉정한 분위기 속으로 뛰어들어 어머니의 가슴을 그리워하는 시기이고, 세계라

---

[27] 형장으로 가는 그리스도에게 치욕을 가해 그리스도의 재림까지 지상을 방랑하는 유태인.

는 풍차와 악에 미친 듯 달려들고 매년 슬프게도 유토피아의 이상을 한 꺼풀씩 벗겨내는 시기이다. 그러나 20세 이전에는 육체의 기쁨이 있고, 30세 이후에는 정신의 기쁨이 있다. 20세 이전에는 안전하게 보호받는다는 즐거움이 있고, 30세 이후에는 어버이가 되어 가정을 꾸려나가는 기쁨이 있다.

평생을 거의 하숙집에서 보낸 사람이 어떻게 염세주의를 피할 수 있을 것인가? 그리고 유일한 자식을 사생아로 버려둔 사람이? 쇼펜하우어의 불행의 가장 깊은 원인은 정상적 생활의 거부——여자와의 결혼, 그리고 자녀의 거부——였다. 그는 어버이가 되는 것을 최대의 악으로 생각했다. 건전한 사람에게는 인생 최대의 만족임에도 불구하고. 그는 사랑의 은밀함은 종족 유지를 부끄러워하기 때문이라고 생각하지만 이보다 더한 현학적 부조리가 있을까? 그는 사랑에서 종족을 위한 개인의 희생만을 보고, 본능이 이러한 희생에 보답하는 환희——세상의 대부분의 시에 영감을 준 커다란 환희——를 알지 못했다.[21]

그는 여자를 바가지만 긁는 죄 많은 인간으로 보고 그 밖의 유형은 없다고 생각한다. 그는 아내를 부양하는 남자를 바보라고 생각하지만, 분명히 이 남자가 독신의 불운을 겪은 우리의 열렬한 사도보다는 행복하다. 그리고(발자크의 말처럼) 악덕을 부양하려면 가족 부양과 마찬가지로 힘이 든다. 그는 마치 없어도 좋은, 곧 인생의 색채나 향기로서 소중히 여길 필요가 없는 아름다움의 형태가 있는 것처럼 여자의 아름다움을 경멸한다. 단 한 번의 불운이 이 불행한 영혼에게 여자에 대해 얼마나 큰 증오를 심어놓았는가!

---

21) "(어디서나 위대함의 표시인) 자기 자신의 일을 추구하지 않는다는 것은 열렬한 사랑에 숭고함을 부여한다"(『의지와 표상으로서의 세계』)고 한 쇼펜하우어 자신의 말을 참조할 것.

8
—

허버트 스펜서

1. 콩트와 다윈

'모든 장래의 형이상학을 위한 서설(序說)'이라고 자칭한 칸트 철학은 악의를 갖고 전통적 사변방식에 치명적인 일격을 가했고, 그 의도와는 어긋나게 모든 형이상학에 타격을 주었다. 형이상학은 사상사를 통해서 실재의 궁극적 본성을 찾아내려는 시도였으나 이제 사람들은 가장 존경할 만한 권위에 입각해서 실재는 결코 경험할 수 없다는 것, 실재는 생각할 수는 있으나 인식할 수는 없는 '본체(noumenon)'라는 것, 아무리 정밀한 인간의 지성이라도 결코 현상을 넘어서지 못하며, 마야의 베일을 찢지는 못한다는 것을 알았기 때문이었다. 피히테, 헤겔, 셸링은 여러 가지로 옛 수수께끼를 풀어 자아니, 이념이니, 의지니 하는 형이상학적 낭비를 했으나 상쇄하면 결국 영(零)이었다. 그리고 1830년대까지는 우주는 그 비밀을 잘 지켜왔다고 일반적으로 인정되어왔다. 1세대 동안 절대자에 심취한 후, 유럽 정신은 맹세코 어떠한 종류의 형이상학에도 반대하게 되었다.

프랑스인은 회의주의가 전문이었으므로 '실증주의' 운동의 창시자

(모든 이념이 오랫동안 신성시되는 철학에도 창시자가 있다면)가 프랑스인 중에서 나왔다는 것은 당연한 일이었다. 오귀스트 콩트, 혹은 그의 어버이가 부른 대로 이시도르 오귀스트 마리 프랑수아 크사비에 콩트는 1798년 몽페리에에서 태어났다. 그는 위대한 유토피아주의자 생 시몽의 비서가 되어 화려한 출발을 했으나, 세계를 개혁하려는

콩트

대부분의 사람들과 마찬가지로 콩트는 제가(齊家)가 매우 어렵다는 것을 알았다. 1827년, 2년 동안의 불행한 결혼 생활 끝에 정신적 좌절을 겪고, 그는 센 강에 투신 자살하려고 했다. 그러므로 1830년부터 1842년 사이에 나온 5권의 『실증철학강의』와 1851년부터 1854년에 나온 4권의 『실증정치학』은 그의 구출자가 베푼 은혜였다.

이 저서들은 규모와 끈기로 보아 근대에 있어서는 스펜서의 『종합철학』을 제외하고는 비견할 만한 것이 없는 시도였다. 이 책에서는 과학은 주제의 단순성과 일반성의 감소에 따라 수학, 천문학, 물리학, 화학, 생물학, 사회학으로 분류되며, 각 과학은 선행되는 모든 과학의 성과에 의존하고 있다. 그러므로 사회학은 과학의 정점이고 다른 과학들은 사회에 대한 과학을 조명하는 한에서만 존재 이유를 갖는다. 과학은 정밀한 인식이라는 의미에서는 위에서 말한 순서로 주제가 차례차례 전개된다. 그러므로 사회생활이라는 복잡한 현상이 마지막으로 과학적 방법에 굴복하는 것은 당연한 일이다. 사상의 각 분야에서 이념사가는 '3단계의 법칙'을 간파할 수 있었다. 곧 우선 주제는 '신학적' 방법으로 파악되고 모든 문제는 별이 신, 또는 신의 전차(戰車)로 생각되던 시대처럼 어떤 신의 의지에 의해 설명되었다. 다음에 동일한 주제는 '형이상학적' 단계에 도달해서

원(圓)이 가장 완전한 도형이므로 별은 원을 그리며 돌고 있다고 생각하던 시대처럼 형이상학적 추상에 의해 설명되었다. 끝으로 이 주제는 정확한 관찰, 가설, 실험에 의해 '실증' 과학이 되었고, 현상은 자연적 인과의 규칙성에 의해 설명되었다.

'신의 의지' 는 플라톤의 '이데아' 나 헤겔의 '절대이념' 같은 공허한 실체에 굴복하고 이 실체는 다시 과학의 법칙에 굴복한다. 형이상학은 발전이 저지된 단계이다. 콩트는 이러한 유치한 단계를 벗어날 때가 왔다고 말한다. 철학은 과학과 다른 것이 아니다. 철학은 인간생활의 개선을 위해 모든 과학을 조정하는 것이다.

이 실증주의에는 분명히 독단적 주지주의가 있고, 이것은 아마도 환멸과 고독을 맛본 철학자를 반영했을 것이다. 1845년 클로틸드 드 보 부인(그녀의 남편은 평생을 감옥에서 보냈다)이 콩트의 마음을 사로잡았을 때, 그녀에 대한 애정은 그의 사상을 따뜻하게 하고 아롱지게 해서 그는 개혁의 힘으로써 지성보다 감정을 강조하는 반작용을 일으켰고, 인간성을 의식적 예배의 대상으로 높여 인간의 본성의 미약한 이타심을 함양하고 강화하는 기능을 갖게 될 새로운 종교에 의해서만 세계는 구제될 수 있다는 결론을 내렸다. 콩트는 이 '인간성의 종교' 의 성직, 성례, 기도, 교의의 복잡한 조직을 고안하며 만년을 보냈고 이교의 신들과 중세의 성인들의 이름을 인간의 진보에 기여한 영웅들의 이름으로 바꿔놓게 될 새로운 달력을 제안했다. 어떤 현인의 말처럼 콩트는 그리스도가 없는 가톨리시즘 전체를 세계에 바쳤다.

산업과 상업의 세계에서 그 정신을 받아들이고 사실을 존중하던 영국 사상의 흐름과 일치하는 것이 실증주의 운동이었다. 곧 베이컨의 전통은 사고를 사물의 방향으로 돌려놓았고 정신을 물질의 방향으로 돌려놓았으나 홉스의 유물론, 로크의 감각론, 흄의 회의론, 벤담의 공리주의는 다망한 실제 생활을 주제로 한 여러 가지 변주곡이었다. 이러한 가정적 교향악에서 아일랜드인 버클리만이 불협화음이었다. 헤겔은 물리화학적 장비를 '철학의 도구'라고 부르며 존중하는 영국인의 습관을 비웃었으나 이러한 명칭은 콩트나 스펜서처럼 철학을 모든 과학적 성과의 총괄로 정의하는 데 동의하는 사람들에게는 자연스러운 것이었다. 따라서 실증주의 운동은 출생지보다는 영국에서 더 많은 지지자를 얻었다. 아마도 지지자들은 관대한 리트레처럼 열렬하지는 않았을 것이지만, 존 스튜어트 밀과 프레더릭 해리슨을 평생 동안 콩트 철학에 충실케 한 영국인의 기질에는 어울렸다. 그러나 영국인의 조심성은 콩트의 의식적 종교를 멀리했다.

한편 조촐한 과학으로부터 탄생한 산업혁명은 거꾸로 과학을 자극했다. 허버트 스펜서의 청년 시대에 영국을 움직인 모든 지적 영향 중 가장 강력한 것은 생물학의 발달과 진화론이었다.

1850년대에는 진화라는 개념이 유행했다. 스펜서는 다윈보다 훨씬 앞서서 『발전의 가설』(1852년)에 대한 논문과 『심리학 원리』(1855년)에서 진화의 개념을 말했다. 1858년 다윈과 월리스는 린네협회[1]에서 그들의 유명한 논문을 발표했다. 그리고 1859년 선량한 주교들의 생각에 따르면 구세계는 『종의 기원』의 출판으로 산산이 부서졌다. 이 책에서는 고등한 종(種)이 저급한 종으로부터 분명치 못한 방식으로 진화했다는 막연한 생각이 아니라 '생존경쟁에 있어서의 자연도태, 혹은 우량종의 보존이라는 수단에 의한' 진화의 현실적 방식과 과정에 대한 자세하고 실증이 풍부한 이론이 전개되었다. 10년 동안 전세계는 진화를 화제로 삼았다.

진화 개념을 모든 연구분야에 적용하려는 명석한 정신과 거의 모든

---

1 린네는 18세기 스웨덴의 생물학자.

지식을 자신의 이론에 이용한 광범한 정신 때문에 스펜서는 이 물결의 물마루에 오르게 되었다. 수학이 17세기의 철학을 지배하여 데카르트, 홉스, 스피노자, 라이프니츠, 파스칼을 탄생시키고 심리학이 버클리, 흄, 콩디야크, 칸트를 인도한 것처럼, 19세기에는 셸링, 쇼펜하우어, 스펜서, 니체, 베르그송에 있어서 생물학은 철학적 사고의 배경이 되었다. 어느 경우에나 획기적 착상은 다소간 이름 없는 여러 사람들의 단편적인 발언으로 시작되었으나, 아메리고 베스푸치가 그 지도를 그렸기 때문에 신세계가 그의 이름을 따서 명명된 것처럼 이러한 착상에도 이 착상을 정리하고 명확하게 만든 사람들의 이름이 붙여졌다. 허버트 스펜서는 다윈 시대의 베스푸치였고 어느 정도는 이 시대의 콜럼버스였다.

2. 스펜서의 발전

스펜서는 1820년 더비에서 태어났다. 양친의 선조들은 비국교도, 또는 국교 반대자였다.

아버지는 백부나 할아버지와 마찬가지로 사립학교 교사였다. 그러나 당대의 가장 유명한 영국 철학자가 될 아들은 40세까지 교육을 받지 못했다. 허버트는 게을렀고 아버지는 관대했다. 13세 때 마침내 아버지는 허버트를 엄격하기로 유명한 백부 밑에서 공부하도록 힐턴으로 보냈다. 그러나 허버트는 곧 달아나 더비의 집까지 터벅터벅 걸어왔다. 첫날은 48마일, 이틀째는 47마일, 사흘째는 20마일을 약간의 빵과 비어만으로. 그러나 2, 3주일 후, 그는 힐턴으로 돌아가서 3년 동안 머물렀다. 이것이 그가 받은 유일한 정규 교육이었다. 그러나 후에 그는 여기서 무엇을 배웠는지조차도 말하지 못했다. 역사도, 자연과학도, 일반문학도 배우지 못했다. 40세에 그는 『일리아드』를 읽으려고 했으나 "6권쯤 읽자 더 이상 읽는 것

이 지겨워졌고 끝까지 읽는 것보다는 대금을
버리는 편이 낫다고 생각했다"(『자서전』).
비서였던 콜리어는 스펜서는 과학 서적조차
도 끝까지 읽은 적이 없다고 말한다.

스펜서

　　좋아하는 분야에서도 그는 체계적 교육
을 받지 못했다. 그는 손가락을 데면서 화학
의 폭발 실험을 했고, 학교나 집 둘레에서 곤
충을 쫓아다니며 제멋대로 곤충학을 연구했
으며, 후에 토목 기사로 일하면서 지층이나 화석에 대해 약간 배웠다. 나
머지 과학 지식은 함부로 주워 모은 것이었다. 30세까지 그는 철학에는
전혀 관심이 없었다. 그 후 루이스의 책을 읽고 칸트의 책을 읽으려고 했
으나 서두에서 칸트가 공간과 시간을 객관적인 것으로 보지 않고 감관지
각의 형식으로 보는 것을 알고 칸트는 바보라고 생각하고 책을 집어던졌
다. 그의 비서의 말에 의하면 스펜서는 처녀작 『사회정학(社會靜學)』을
"조나단 다이몬드의, 이제는 잊혀진 낡은 책 이외에는 윤리학 관계 저서
를 전혀 읽지 않고" 썼다고 한다. 그는 흄과 만셀과 리드의 저서만을 읽고
『심리학』을 썼고 카펜터의 『비교생리학』만을 읽고(『종의 기원』은 읽지 않
은 채) 『생물학』을 썼으며, 콩트나 타일러를 읽지 않은 채 『사회학』을, 또
세즈위크 이외에는 칸트나 밀이나 그 밖의 윤리학자의 저서를 읽지 않은
채 『윤리학』을 썼다. 존 스튜어트 밀이 받은 철저하고 엄격한 교육과는 얼
마나 대조적인가!

　　그러면 그의 무수한 주장들을 뒷받침하는 사실들을 그는 어디서 찾
아냈는가! 그는 이러한 사실들을 대부분 독서가 아니라 직접적 관찰에서
'주워 모았다.' "그의 호기심은 항상 날카로워서 그는 언제나…… 그때
까지는 그만이 알고 있던 주목할 만한 현상에 상대방의 주의를 환기시켰

다.” 아테나에움 클럽[2]에서 그는 헉슬리나 그 밖의 친구들의 전문 지식을 거의 흡수했고, 더비 철학협회를 위해 아버지가 마련한 정기 간행물을 읽을 때처럼 “이용할 수 있는 모든 사실에 날카로운 눈을 반짝이며”(로이스의 『스펜서』에 나오는 콜리어의 말) 클럽에서 정기 간행물을 읽었다. 자신이 하고자 하는 일을 결정하고 그 후 그의 모든 저서의 축이 된 진화라는 중심 개념을 발견한 다음, 그의 두뇌는 중요 자료들을 끌어들이는 자석이 되었고, 유례가 없을 만큼 정연한 그의 사고력은 이 자료들을 입수하자마자 거의 자동적으로 분류했다. 무산자와 실업가가 즐겨 그의 주장을 경청한 것은 이상한 일이 아니었다. 그들은 그에게서 그들과 똑같은 정신―책에 매달리는 학문에는 익숙하지 못하고 ‘교양’과는 관계가 없으면서도 일하고 생활하면서 배우는 자의 자연스럽고 실제적인 지식을 갖춘 정신―을 발견했던 것이다.

그는 생계를 위해 일했고 그의 직업은 그의 사고의 실제적 경향을 강화했다. 그는 철로나 교량의 측량사, 감독자, 설계사, 곧 일반적으로 말하면 기사였다. 그는 기회가 있을 때마다 발명을 시도했으나 모두 실패했다.

그의 성격에는 여러 가지 결점이 있었다. 확고한 현실주의와 실제적 감각이 있는 대신 시적 정신과 예술적 취향은 없었다. 스펜서가 20권의 저서 중 시에 대해 언급한 것은 “매일 과학적 예언을 시로 읊고 있다”고 말한 식자공의 이야기를 했을 때뿐이다. 그는 매우 끈기 있었으나 한편으로는 고집이 세고 완고했다. 그는 자신의 가설을 입증하기 위해서는 온 우주를 휩쓸 수도 있었으나 남의 견해를 이해할 줄 몰랐다. 그에게는 비국교도의 이기주의가 있었고, 자신이 위대하다는 자부심이 필요했다. 그

에게는 개척자가 갖는 여러 가지 한계가 있었다. 곧 용감할 만큼 솔직하고 선명한 독창성을 가지면서도 독단적인 편협성이 있었고, 모든 아첨을 엄격하게 물리치고 명예를 부여하려는 정부의 제의를 거절하고, 늘 건강치 못하면서도 40년 동안 열심히 일하며 쓸쓸하게 살았지만 그와 접촉했던 어떤 골상학자(骨相學者)가 말한 것처럼 "자존심이 매우 강했다"(『자서전』). 선생의 아들이고 손자였던 그는 저서에서 채찍을 휘두르고 매우 교훈적이었다. 그는 "나는 당황한 적이 없다"(『자서전』)고 말한다. 그는 의분을 느끼면 인도적이었지만 고독한 독신생활 때문에 따뜻한 인간적 성질이 없었다. 그는 위대한 영국 부인 조지 엘리엇[3]과 염문이 있었으나 그녀는 그를 즐겁게 하기에는 너무나 지적인 여자였다. 그에게는 유머가 없었고 따라서 그의 문체에는 미묘한 뉘앙스가 없다. 좋아하던 당구에 지면 그는 이런 유희에 전문가가 될 만큼 많은 시간을 허비했다고 상대자를 비난했다. 그는 『자서전』에서 자신의 초기의 저서들을 논평하며 이 책들을 어떻게 써야 했던가를 반성한다.

그의 정신은 각별히 논리적이었고 '선천적인 것'과 '후천적인 것'을 기사(棋士)와 같은 정확성을 갖고 분류했다. 그는 복잡한 주제에 대한 근대사상 가장 명석한 해설자로서 어려운 문제를 알기 쉬운 말로 썼기 때문에 온 세계가 1세대 동안 철학에 흥미를 가졌다. "나는 비범한 설명의 능력——논거와 추리와 결론을 명석하고 정연하게 제시하는 능력——을 갖고 있다는 평을 들었다"(『자서전』)고 그는 말한다. 그는 광범한 일반화를 좋아했고 논증보다는 가설이 그의 저서를 흥미있게 만들었다. 스펜서의 비극은 이론이 사실에 의해 살해되는 데 있다고 헉슬리는 말했다. 스펜서의 마음 속에는 여러 가지 이론이 가득 차 있었으므로 그는 매일

---

3 George Eliot : 19세기 영국의 여류 소설가.

비극을 겪어야 했다. 헉슬리는 버클의 기운 없고 불안한 걸음걸이를 보고 놀라서 스펜서에게 말했다. "아, 별 사람 다 봤군. 저 사람은 머리가 너무 커." 스펜서는 덧붙였다. "버클은 체계화하기에는 너무나 많은 재료를 받아들인 거야." 스펜서의 경우는 달랐다. 그는 받아들이는 재료 이상으로 체계화하는 사람이었다. 그는 조정과 종합의 명수로서 이러한 재주가 없다고 해서 칼라일을 경멸했다. 질서에 대한 사랑은 스펜서를 사로잡은 유일한 사랑이 되었고 빛나는 일반화는 그를 압도했다. 그러나 세계는 이와 같은 인물, 곧 무한한 사실에 명석하고 분명한 의미를 부여하는 인물을 요구하고 있었다. 그의 시대를 위한 스펜서의 봉사에는 여러 가지 결함이 있었으나 이러한 결함이 그를 인간적으로 만들었다. 여기서 그를 너무 적나라하게 그려놓았다면 위인의 결점을 알수록 우리는 더욱 그를 사랑하고 위인의 완전성이 절대적일수록 우리는 그를 몹시 싫어하기 때문이다.

1858년, 그는 지금까지 쓴 논문을 모아 출판하려고 다시 읽다가, 여기에는 통일성 있는 일관된 사상이 표현되어 있다는 것을 깨달았다. 진화론은 생물학만이 아니라 다른 모든 과학에도 적용될 수 있고, 단지 생물의 종(種)이나 유(類)만이 아니라 유성과 지층, 사회사와 정치사, 윤리적·미학적 개념도 설명할 수 있다는 생각이 문을 열면 햇빛이 갑자기 몰려들 듯이 떠올랐다. 그는 일련의 저서를 통해 성운으로부터 인간으로, 야만인으로부터 셰익스피어로, 물질과 정신이 진화하는 과정을 입증하려는 생각에 열중하게 되었다. 그러나 40세가 가깝다는 생각을 하자 그는 거의 절망을 느꼈다. 이렇게 늙고 병든 사람이 어떻게 죽기 전에 인간 지식의 전 분야를 섭렵할 수 있을 것인가? 불과 3년 전에 건강이 아주 나빠져서 18개월 동안 정신과 용기가 쇠약해진 채 아무 일도 못하고 목적도 희망도 없이 이곳 저곳으로 떠돌고 있었다. 자신의 잠재적 능력을 자각하자 그의 쇠약한 몸이 몹시 안타까웠다.

그는 다시 건강해질 수 없고 하루에 한 시간 이상 정신 노동을 할 수 없다는 것을 잘 알고 있었다. 스스로 선택한 일에서 이만큼 불리한 조건에 놓인 사람도 일찍이 없었고, 또한 이렇게 늦게 거대한 작업을 선택한 사람도 없었다.

그는 가난했다. 그는 생계에 별로 마음을 쓰지 않았다. "나는 성공할 생각은 하지 않았다. 나는 고생할 만한 보람이 성공에 있다고 생각하지는 않았다"(J.A. 톰슨, 『허버트 스펜서』)라고 그는 말한다. 백부로부터 2천 5백 달러의 유산을 받자, 그는 『이코노미스트』 편집자의 자리를 사직했으나 그의 게으름 때문에 유산은 곧 없어졌다. 이때 계획되고 있는 책에 대해 예약금을 받아서 하루하루 연명해가면 종전과 마찬가지로 지낼 수 있지 않을까 하는 생각이 떠올랐다. 그는 개요를 작성해서 헉슬리, 루이스, 그 밖의 친구들에게 보여주었다. 친구들은 그의 개요를 빛나게 할 중요한 예약자들—킹슬리, 리엘, 푸커, 틴들, 버클, 프루드, 벤, 허셜 등—의 명단 작성을 떠맡았다. 1850년 이 개요가 발간되었을 때, 유럽으로부터 4백 40명, 미국으로부터 2백 명이 예약 신청을 했다. 수입 총액은 연 약 1천 5백 달러쯤 될 예정이었다. 스펜서는 만족하고 열심히 일하기 시작했다.

그러나 1862년 『제1원리』가 출판된 후 많은 사람들이 예약을 취소했다. 과학과 종교를 화해시키려고 한 유명한 '제1부'가 주교와 학자들을 동시에 격분시켰기 때문이었다. 조정자의 길은 험난한 법이다. 『제1원리』와 『종의 기원』은 대논쟁의 중심이 되었고, 이 논쟁에서 헉슬리는 다원설과 불가지론의 총사령관이 되었다. 한때 진화론자들은 존경할 만한 사람들로부터 배척을 받았다. 진화론자들은 비도덕적 도배(徒輩)들이라는 비난을 받았고, 그들을 공공연하게 모욕하는 것이 당연한 일로 생각되었다. 스펜서의 예약자들은 배본할 때마다 줄어들었고 책을 받고도 지불을 하지 않는 사람들이 많았다. 스펜서는 출판할 때마다 생기는 결손을 자비로 메우면서 가능한 한 출판을 계속했다. 마침내 그의 자금과 용기는 고갈되어 그는 남아 있는 예약자들에게 더 이상 작업을 계속할 수 없다고 알렸다.

이때 역사상 고무적인 사건의 하나가 일어났다. 『제1원리』가 나오기 전까지 영국 철학계를 지배했으나 이제는 진화론 철학자들에게 자신의 지위를 빼앗겼다는 것을 알게 된 스펜서의 최대의 적수가 1866년 2월 4일, 스펜서에게 다음과 같은 편지를 보냈다.

> ……귀하는 계속해서 다음 책을 쓰고 출판사가 손해를 보지 않을 것을 내가 보증할 것을 제안합니다. ……나는 귀하가 이 제안을 개인적 은혜로 생각하지 않으시기를 바라고 있으며 그렇게 생각하시더라도 내 제안을 받아주시기 바랍니다.
>
> —J.S. 밀

스펜서는 예의바르게 거절했다. 그러나 밀은 친구들을 찾아다니며 몇 명의 친구들을 설득해서 각자 2백 50부씩을 예약시켰다. 스펜서는 다시 거절했고 그의 마음을 돌릴 수는 없었다. 이때 갑자기, 미국의 스펜서 숭배자들이 그의 이름으로 7천 달러의 공채를 사두었고 그 이자와 배당금은 당연히 귀하의 것이라고 알리는 유맨스 교수[4]의 편지가 왔다. 이번에는 스펜서도 굴복했다. 이러한 따뜻한 배려는 그의 용기를 새롭게 했다. 그는 다시 일을 시작했고 40년 동안 열심히 노력한 끝에 마침내 『종합 철학』은 모두 무사히 인쇄에 붙여졌다. 병과 무수한 장애를 극복한 정신과 의지의 이러한 승리는 인간사의 밝은 면 중의 하나이다.

---

4 Youmans : 미국의 과학평론가.

3. 『제1원리』

인식할 수 없는 것

『제1원리』 서두에서 스펜서는 "악한 일에 친절한 영혼이 존재할 뿐 아니라 일반적으로 오류 속에 진리의 정신이 있다는 것을 우리는 너무 자주 잊고 있다"고 말한다. 그러므로 그는 변화하는 여러 가지 형태의 신앙 밑에서, 종교로 하여금 인간 정신을 지배하는 끈질긴 힘을 갖게 한 진리의 핵심을 찾아내기 위해 종교적 관념을 검토하자고 제의한다.

그가 당장 찾아낸 것은 우주의 기원에 대한 모든 이론이 우리들을 불가해한 세계로 몰고간다는 것이다. 무신론자는 원인도 처음도 없는 자존적인 세계를 생각하려고 하지만, 우리는 처음도 원인도 없는 것을 상상할 수는 없다. 유신론자는 이러한 난점을 한 걸음 물러서게 할 뿐이다. "신이 세계를 창조했다"고 말하는 신학자에게 어린애들은 "누가 신을 창조했습니까?"라고 대답할 수 없는 난문을 제기한다. 궁극적인 종교적 관념은 모두 논리적으로는 생각할 수 없는 것이다.

궁극적인 과학적 관념도 마찬가지로 합리적 이해를 초월해 있다. 물질은 무엇인가? 우리는 물질을 원자로 환원시키고 분자를 분할한 것처럼 원자도 분할해야 한다고 생각한다. 물질은 무한히 분할할 수 있다고 하지만 이것도 생각할 수 없는 일이고, 물질의 가분할성(可分割性)에는 한계가 있다고 하지만 이것도 생각할 수 없는 일이라는 딜레마에 빠지게 되는 것이다. 공간과 시간의 가분할성도 마찬가지다. 공간과 시간은 결국 비합리적 관념이다. 운동은 물질이 시간에 따라 변화하고 공간적으로 위치를 변경하는 것을 의미하므로 3중의 불가해성에 싸여 있다. 물질을 철저히 분석할 때 우리는 결국 힘―곧 우리들의 감각기관에 자극을 주는 힘, 또는 우리들의 행동기관에 저항하는 힘―을 발견할 뿐이다.

도대체 이 힘은 무엇인가? 물리학에서 심리학으로 옮겨오면 우리는 정신과 의식에 마주친다. 여기에는 더 복잡한 수수께끼가 있다. 따라서 "궁극적인 과학적 관념은……모두 파악할 수 없는 실재의 표상이다. 모든 방향에서 과학자의 탐구는 해결할 수 없는 수수께끼에 직면한다. 과학자는 더욱 더 명백하게 이것이 풀 수 없는 수수께끼임을 인식한다. 과학자는 인간 이성의 위대성과 동시에 그 왜소성—곧 경험의 영역 안으로 들어오는 모든 것을 다루는 능력과, 경험을 초월하는 모든 것을 다루지 못하는 무능—을 배운다. 과학자는 누구보다도 명백하게 궁극적인 본성에 있어서는 어떤 것도 인식될 수 없다는 것을 참으로 인식하고 있다"(『제1원리』). 헉슬리의 말을 빌리면, 유일의 정직한 철학은 불가지론이다.

이러한 불가지성의 공통된 원인은 모든 인식의 상대성이다. "사고작용은 상관적이므로 사고는 관계 이외에는 아무것도 나타내지 못한다. 지성은 단지 현상에 의해, 그리고 현상과 대화하기 위해 형성되었으므로 지성은 현상을 초월한 것에 사용하려고 할 때 쓸모없게 된다"[1](『제1원리』). 그러나 상관적이고 현상적인 것은 그 명칭과 본성에 있어서는 상관적이고 현상적인 것을 초월한 것, 궁극적이고 절대적인 것을 암시하고 있다. "우리들의 사고를 살펴보면 '현상'의 배후에 어떤 '실재'가 있다는 의식으로부터 벗어나는 것이 얼마나 불가능한가, 또한 이러한 불가능성 때문에 어떻게 '실재'에 대한 확고한 신앙이 생기는가를 알 수 있다"(『제1원리』). 그러나 이 실재가 무엇인지를 우리는 인식하지 못한다.

이러한 관점에서는 이미 과학과 종교의 화해는 별로 어려운 일이 아니다. "진리는 일반적으로 상반되는 의견의 조정에 있다"(『자서전』). 과

---

1) 이 이론은 무의식 중에 칸트를 따르고 있고 간결하게 베르그송을 선취하고 있다.

학은 과학의 법칙이 현상과 상대적인 것에만 적용된다는 것을 인정하고, 종교는 신학이 개념을 무시하는 신앙을 위해 신화를 합리화하는 것임을 인정해야 한다. 종교는 절대자를 인간의 과장으로, 더 나쁘게는 '인간에 있어서는 경멸되는 아첨욕' 때문에 잔인하고 피에 굶주리고 믿을 수 없는 괴물로 그려서는 안 된다. 과학은 신을 부정하거나 유물론을 당연시해서는 안 된다. 정신과 물질은 모두 상대적 현상이고 그 본성이 영원히 인식되지 않는 궁극적 원인의 이중의 결과이다. 이러한 '불가해한 힘'의 승인이 모든 종교적 진리의 핵심이고 모든 철학의 시작이다.

진화

철학은 인식할 수 없는 것을 지적한 다음, 이에 굴복하고 인식될 수 있는 것을 탐구한다. 형이상학은 신기루이다. 미슐레[5]의 말처럼 형이상학은 '방법적으로 자기 자신을 도취시키는 기술'이다. 철학 고유의 영역과 임무는 과학의 성과를 총괄하고 통일하는 것이다. "가장 낮은 단계의 인식은 통일이 없는 인식이다. 과학은 부분적으로 통일된 인식이고 철학은 완전히 통일된 인식이다"(『제1원리』). 이러한 완전한 통일은 모든 경험을 포괄하고 모든 인식의 본질적 특성을 기술하는 광범하고 보편적인 원리를 요구한다. 이러한 원리가 있는가?

우리는 어쩌면 물리학의 최고의 법칙들을 통합함으로써 이러한 원리에 접근할 수 있을지도 모른다. 최고의 법칙들은 물질의 불멸성, 에너지의 항존성, 운동의 연속성, 제력간(諸力間)의 관계의 불변성(다시 말하면 자연법칙의 불가침성), 힘의(정신적 및 물질적 힘의) 가변성과 등가성, 그리고 운동의 리듬을 말한다. 마지막 법칙은 보통 인정되지 않지만 지적

---

5 Michelet : 18세기의 프랑스 사학자.

해둘 필요가 있다. 자연은 열의 파동으로부터 바이올린 줄의 진동에 이르기까지 빛과 열과 소리의 파동으로부터 바다의 조수에 이르기까지, 성(性)의 주기로부터 유성과 혜성과 천체의 주기에 이르기까지, 밤낮의 교체로부터 계절의 계기 그리고 아마도 기후 변화의 리듬에 이르기까지, 분자의 진동으로부터 민족의 흥망성쇠와 천체의 발생, 사멸에 이르기까지 모두 율동적이다.

이러한 모든 '인식할 수 있는 것의 법칙'은 (여기서는 자세히 되풀이할 필요가 없는 분석에 의해서) 힘의 지속성이라는 최후의 법칙에 환원된다. 그러나 이 법칙은 정적이고 활발치 못한 것이어서 생명의 신비를 암시조차 하지 못한다. 실재의 동적 원리는 무엇인가? 만물의 성장과 소멸의 공식은 무엇인가?

그것은 진화와 분해의 공식이 아닐 수 없다. "어떤 대상이든 그 전체적 역사는 지각할 수 없는 것으로부터 나타나 지각할 수 없는 것 속으로 사라져가는 과정을 포함하지 않을 수 없기"(『제1원리』) 때문이다.

이렇게 해서 스펜서는 유럽 지성의 숨을 죽이게 한 유명한 진화 공식을 제시하고 이 공식을 설명하기 위해 40년 동안 10권의 책을 썼다.

"진화는 물질의 통합과 이에 따르는 운동의 방산(放散)이다. 이 동안에 물질은 불확정적이고 일관성 없는 동질성으로부터 일정하고 일관성 있는 이질성으로 넘어간다. 이 동안에 보류된 운동은 병행적 변형을 겪는다"(『제1원리』). 이 말은 무슨 뜻인가?

성운으로부터의 유성의 발생, 지표상의 바다와 산의 형성, 식물에 의한 제원소(諸元素)의 동화작용과 인간에 의한 유기화합물의 동화작용, 태아에 있어서의 심장의 발달과 출생 후의 뼈의 결합, 감각과 기억이 통합되어 인식과 사상이 되고, 인식이 통합되어 과학과 철학이 되는 것, 가족이 발달해서 씨족, 부족, 도시, 국가가 되고, 국제동맹과 '세계연방'으로 되는 것—이것이 물질의 통합, 곧 분리되어 있는 부분들이 덩어리, 집단 전체가 되는 것이다. 물론 이러한 통합에 있어서는, 국가 권력이 증대하면 개인의 자유가 감소되는 것처럼 여러 부분의 운동이 감소된다. 그러나 동시에 통합은 여러 부분에 상호의존성, 곧 '일관성'을 형성해서 전체의 생존을 촉진하는 보호조직의 관련성을 부여한다. 이 과정은 또한 형태 및 기능을 훨씬 명확하게 만든다. 성운은 형태가 없고 희미한 것이었으나 여기에서 여러 유성의 타원형의 규칙적 궤도, 산맥의 분명한 윤곽, 유기체와 그 기관의 특별한 형태와 특성, 생리적 및 정치적 조직의 기능의 분업과 전문화 등이 생긴다. 이 통합화하는 전체의 여러 부분들은 그 본성과 기능이 한정될 뿐 아니라 다양해지고 이질적인 것이 된다. 태고의 성운은 동질적—다시 말하면 동일한 부분으로 구성된 것—이었다. 그러나 곧 성운은 분화해서 가스와 액체와 고체로 되었다. 지구는 여기는 초원이 되어 푸르러지고 저기는 산정이 되어 흰 눈이 덮이거나 대해가 되어 푸르러졌다.

　　진화하는 생명은 비교적 동질적인 원형질로부터 영양, 생식, 운동, 감각 등의 여러 기관을 만들어냈다. 단일한 언어는 여러 가지 방언이 되어 대륙 전체를 뒤덮고 단일한 과학은 여러 가지 과학으로 갈라지고, 한 민족의 민속은 문예의 무수한 형태로 개화하고 개성은 발달하고 성격은 독자성을 갖게 되고, 모든 인종과 민족은 그들 나름의 특수한 특성을 발전시킨다.

　　통합과 이질성, 곧 여러 부분이 모여서 보다 큰 전체가 되고, 여러 부분이 분화해서 더욱 다양한 형태를 갖는 것—이것이 진화의 초점이다. 확산으로부터 통합 및 통일로, 동질적 단순성으로부터 이질적 복잡성으로 넘어가는 것(예컨대 1600~1900년의 미국)은 진화라는 만조의 물결을 타고 있고, 통합으로부터 분산으로, 복잡성으로부터 단순성으로 되돌아가는 것(예컨대 200~600년의 유럽)은 분해라는 간조의 물결을 타고 있다.

이러한 종합적 공식에 만족하지 않고 스펜서는 이 공식이 기계적 힘들의 자연적 작용으로부터 필연적으로 생긴 것임을 증명하려고 한다. 첫째로 '동질적인 것의 불안정성'이 있다. 곧 동일한 여러 부분들은 외부의 힘을 균등하게 받고 있지는 않으므로 언제까지나 같을 수는 없다. 예컨대 바깥쪽에 있는 부분들은 전시의 해안 도시처럼 더 빨리 공격을 받고, 직업이 다르면 동질적인 사람들도 무수한 직업의 여러 가지 화신이 된다. 둘째로 '결과의 배가(倍加)'가 있다. 한 원인이 매우 다양한 결과를 일으켜서 세계의 분화를 촉진시킬 수 있는 것이다. 마리 앙투아네트[6]의 언짢아하는 말 한마디, 엠스 발(發) 전보의 내용 변경[7], 살라미스의 바람[8]은 역사에서 무한한 역할을 수행했을 것이다. 셋째로 '분리'의 법칙이 있다. 곧 비교적 동질적인 전체의 여러 부분들은 분리되어 다른 지역으로 들어가면 마치 영국인이 지역적 특성에 따라 미국인도 되고 캐나다인도 되는 것처럼 환경의 차이 때문에 다른 것이 된다. 이와 같이 다양한 방법으로 자연의 힘은 진화하는 세계를 다양하게 만든다.

그러나 끝으로, 필연적으로 '균형 상태'가 온다. 운동은 모두 저항을 받고 있으므로 조만간에 정지되지 않을 수 없다. 모든 리드미컬한 진동은 (외부에서 강화되지 않는 한) 진동수와 진폭이 감소되어 간다. 유성은 옛날보다 작은 궤도를 돌고 있거나 장차 더 작은 궤도를 돌게 될 것이다. 세

---

6 Marie Antoinette : 루이 16세의 왕비.

7 온천지 엠스에서 정양 중이던 프로이센 왕은 나폴레옹 3세의 사절 베네딕트의 요구를 거부하고 그 뜻을 비스마르크에게 전보로 보고했는데, 비스마르크는 베네딕트가 엠스에서 왕을 위협한 것처럼 전보 내용을 바꿔서 신문에 발표했다. 이것이 독일인을 격분시켜 보불 전쟁 개시의 절호의 조건이 되었다.

8 아테네 함대가 살라미스 만에서 페르시아 함대를 격파했을 때 분 바람.

기가 지남에 따라 태양의 열과 빛도 줄어들 것이고, 간조와 만조의 마찰로 지구의 자전도 완만해질 것이다. 지구는 무한한 운동으로 들끓고 웅성거리고, 소란스럽게 태어나는 무수한 생명 형태로 가득 차 있지만 언젠가는 궤도를 운행하는 속도도, 여러 부분들의 움직임도 완만해질 것이다. 혈액은 더 차가워져서 메마른 혈관을 더욱 천천히 흐르게 될 것이다. 우리는 서두르지 않게 될 것이고 사멸하고 있는 민족처럼 천국을 휴식처로 생각하고 생명이라는 면에 대해서는 생각하지 않을 것이다. 우리는 열반을 꿈꾸게 될 것이다. 점진적으로, 다음에는 급속하게 균형은 분해, 곧 진화의 불행한 에필로그가 될 것이다. 사회는 붕괴되어 집단 이민이 생기고, 도시는 농민생활의 그늘진 오지가 될 것이다. 어떤 정부도 이완된 부분들을 결합시킬 만큼 강력하지 못할 것이며, 사회질서는 기억 속에서도 사라져버릴 것이다. 그리고 개인의 경우에도 통합은 분열에 굴복하고, 생명을 의미하는 조정은 죽음을 의미하는 몽롱한 무질서로 변할 것이다. 지구는 혼란한 파멸의 무대가 되고, 되돌이킬 수 없는 에너지 저하의 음산한 드라마가 될 것이다. 지구 자체가 원래의 미진(微塵)과 성운으로 다시 해체될 것이다. 진화와 분해의 순환은 완료될 것이고, 다시 새로운 순환이 시작되고 이것은 무한히 되풀이될 것이다. 그러나 대단원은 항상 같을 것이다.

'그대는 죽는다는 것을 기억하라' 는 말이 삶의 얼굴에 쓰여 있으며 탄생은 결국 파멸과 죽음의 서곡이다.

『제1원리』는 거의 고전적일 만큼 냉정하게 유성, 생명, 인간의 흥망성쇠, 진화와 분해를 그려놓은 장엄한 드라마이다. 그러나 이 드라마는 "나머지는 침묵뿐이다"라고 한 햄릿의 말이 가장 적합한 에필로그가 될 비극이다. 신앙과 희망을 간직해온 선남선녀들이 이러한 생존의 개괄에 반감을 느낀 것은 당연하지 않은가? 우리는 죽지 않을 수 없다는 것을 잘 알고 있다. 그러나 죽음은 죽음에 맡겨놓을 문제이므로 우리는 오히려 삶을 생각하려고 한다. 스펜서에게는 인간의 노력은 덧없다고 하는, 거의 쇼펜하우어적인 사상이 있다. 승자로서의 생애의 만년에 인생은 살 만한 보람이 없다는 감정을 그는 토로했다. 스펜서도 너무 먼 앞날만 내다볼 뿐, 눈 앞에서 벌어지는 다양하고 다채로운 생활의 조촐한 즐거움을 모르는 철학자의 폐단에서 벗어나지 못했던 것이다.

사람들은 신과 천국으로 끝맺지 않고 균형과 분해로 끝맺는 철학을 좋아하지 않으리라는 것을 그는 잘 알고 있었다. 그러므로 그는 '제1부'를 끝내면서 예외적인 달변과 열의로 자신이 본 어두운 진실을 말하는 권리를 변호했다.

스스로 최고의 진리라고 생각하는 것이 너무 시대에 앞선 것이 아닐까 해서 발표하기를 주저하는 자는, 그의 행동을 비개인적 관점에서 보고 기운을 내야 한다. 의견은 외부 환경에 성격을 적응시키는 힘이고 따라서 그의 의견은 정당하게 이 힘의 일부를 형성하며, 다른 단위들과 함께 사회적 변화를 일으키는 일반적 세력을 구성하는 힘의 한 단위임을 잊지 말아야 한다. 그리고 그는 결과에 구애됨이 없이 자신의 가장 심오한 확신을 적절하게 발표할 수 있다는 것을 알게 될 것이다. 그가 어떤 원리에 공감하고 다른 원리에 혐오감을 느끼는 것은 우연한 일이 아니다. 온갖 능력과 포부와 희망을 가진 그는 우연한 존재가 아니라 시대의 소산인 것이다. 그는 과거의 자손인 동시에 미래의 어버이다. 그의 사상은 그가 낳은 자녀와 같아서 소홀하게 말살해서는 안 된다. 다른 모든 사람들과 마찬가지로 그는 스스로 '미지의 원인'을 작용시키는 무수한 힘 중의 하나라고 생각하는 것이 마땅하다. 따라서 '미지의 원인'이 그의 마음 속에 어떤 신념을 일으킬 때, 그는 이 신념을 공표하고 실현할 권위를 갖는다. ……그러므로 현인은 그의 마음 속의 신념을 우발적인 것으로 생각하지 않을 것이다. 이와 같이 함으로써 그 결과야 어떻든 그는 세계에서 자신의 올바른 역할을 수행하게 된다는 것을 알고 있기 때문이며, 그가 목표로 한 변화를 일으키면 물론 좋지만 일으키지 못하더라도 역시 좋다는 것—물론 '아주' 좋지는 않지만—을 알고 있기 때문이다.

생물학-생명의 진화

『종합철학』의 제2권과 제3권은 1892년에 『생물학 원리』라는 제목으로 출판되었다. 철학자가 전문가의 영역을 침범할 때 한계가 드러나는 것은 당연하거니와, 이 책에도 이러한 한계가 있기는 하지만 광범한 생물학적 사실에 새로운 통일성을 부여하여 이해하기 쉽게 한 명확한 일반화는 세부적인 오류를 보상하고 있다.

스펜서는 '생명은 내적 관계의 외적 관계에 대한 끊임없는 적응'(『생물학 원리』)이라는 유명한 정의로 시작한다. 생명의 완전성은 이러한 상응 관계의 완전성에 달려 있고, 상응 관계가 완전할 때 생명도 완전하다. 상응 관계는 단순히 수동적인 것은 아니다. 생명의 특색은 예컨대 동물이 몽둥이를 피하기 위해 몸을 움츠리거나, 인간이 음식을 데우기 위해 불을 일으키는 것처럼 외적 관계의 변화를 예상하고 내적 관계를 이에 적응시키는 것이다. 이 정의의 결함은 유기체가 환경에 미치는 형성력을 무시하는 경향뿐만 아니라 유기체로 하여금 생명력의 특징인 예언적 적응을 하게 하는 정교한 능력이 무엇인지를 설명하지 못하는 점에 있다. 스펜서는 개정판에 첨가된 장에서 '생명의 역동적 요소'를 검토하고, 그의 정의가 생명의 본성을 참되게 밝히지 못했음을 인정하지 않을 수 없었다. "생명은 그 본질에 있어서 물리화학적 용어로는 파악될 수 없다는 것을 고백하지 않을 수 없다"(『생물학 원리』). 그는 이와 같은 고백이 그의 체계의 통일성과 완전성에 얼마나 치명적인가를 알지 못했다.

스펜서는 개체의 생명에서 내적 관계의 외적 관계에 대한 적응을 인정하듯이 종(種)의 생명에서도 환경의 여러 조건에 대한 번식력의 현저한 적응을 인정한다. 번식은 원래 영양분을 섭취하는 표면을 이에 의해 양육되는 몸뚱이에 재적응시키는 것으로서 발생한다. 예컨대 아메바의 성장에서는 몸에 영양을 공급하는 표면의 증가보다 몸의 증가가 훨씬 빠르다. 분열, 발아, 포자형성 및 유성생식에는 표면에 대한 몸의 비율의 감소, 영양의 균형 회복이 공통되어 있다. 그러므로 개별적 유기체가 어떤 한계를 넘어서서 성장하는 것은 위험하고, 보통은 성장은 어느 정도 시간이 지난 다음에는 번식으로 변한다.

대체로 성장은 에너지 소비율에 역비례하고 생식률은 성장률에 역비례한다. "암망아지에게 새끼를 배게 하면 암망아지가 적절한 크기로 성장하지 못한다는 사실은 사육자들에게 잘 알려져 있다……반대로 거세된 식용 수탉이나 거세된 고양이처럼 거세된 동물은 대체로 불구가 된 동류보다 더 크다"(『생물학 원리』). 번식률은 개체의 발달과 능력이 진전됨에 따라 저하되는 경향이 있다. "저급한 유기체이기 때문에 외적 위험과 싸울 능력이 적은 경우에는 당연한 결과인 죽음을 보상하기 위해 번식력이 크지 않으면 안 된다. 그렇지 않으면 이 종(種)은 절멸할 것이다. 반대로 고도의 자질이 있어서 자기 보존의 능력이 큰 경우에는 이에 따라 번식력은 약하기 마련이다"(『생물학 원리』). 증가율이 식량공급을 상회하지 않기 위해서이다. 따라서 일반적으로 개체화와 발생, 혹은 개체의 발달과 번식력은 대립 관계에 있다. 이 규칙은 개체보다는 속(屬)이나 종에 더욱 해당된다. 곧 속이나 종은 고도로 발달할수록 출생률이 저하된다. 그러나 이 규칙은 대체로 개체에도 적용된다. 예를 들면 지적 발달과 번식력은 적대적인 것 같다. "예외적으로 다산인 경우에는 정신이 둔해지고 교육을 통해 정신적 활동이 과도한 경우에는 흔히 완전한 또는 부분적인 불임이 생긴다. 그러므로 앞으로 '인간'이 겪게 될 특별한 진화는 무엇보다도 번식력을 감소시킬 것으로 예상되는 진화이다"(『생물학 원리』). 철학자들은 어버이가 되는 것을 회피하기로 악명이 높다. 한편 여자는 어머니가 되면 대체로 지적 활동력이 감소된다. 그리고 여자의 청춘기가 짧은 것도 아마 일찍부터 생식의 희생이 되기 때문일 것이다.

대체로 출생률은 종족 보존의 필요에 적응함에도 불구하고 적응은 결코 완전하지는 않으며, 인구 증가는 생활수단의 증가를 상회한다는 맬서스의 일반적 원리는 옳다. "처음부터 인구의 이러한 압력은 진보의 직접적 원인이 되어왔다. 인구 증가는 인류를 처음으로 확산시키고 약탈의 관습을 버리고 농업에 전념하게 했다. 인구 증가로 지구 표면이 개간되었고 인간은 사회 상태로 들어서서……사회적 감정을 발달시키지 않을 수 없었다. 인구 증가는 생산 방법의 진보적 개선을 자극했고 기술과 지능을 증대시켰다"(『생물학 원리』). 인구 증가는 적자(適者)가 살아 남아 그 종족의 수준을 높이게 하는 생존 경쟁의 주요 원인이다.

적자생존이 주로 자발적인 바람직한 변이 때문인가, 또는 계기되는 세대에 의해 반복적으로 획득되는 특성 또는 능력의 부분적 유전 때문인가 하는 것은 스펜서가 독단적 태도를 취하지 않은 문제이다. 그는 서슴지 않고 다윈의 이론을 받아들였으나 이 이론으로는 설명될 수 없는 사실들이 있어서 라마르크의 이론을 일부 수정해서 받아들이지 않을 수 없다고 생각했다. 그는 바이스만[9]과의 논쟁에서 매우 정력적으로 라마르크를 옹호하고 다윈설의 결점을 지적했다. 당시 스펜서는 거의 홀로 라마르크를 옹호하고 있었다. 오늘날 신(新)라마르크 파에는 다윈의 후계자들이

---

9 Weismann : 19세기의 독일 생물학자.

포함되어 있고, 한편 가장 저명한 영국 생물학자가 현재의 발생학자들의 견해로서 진화에 대한 다윈의 '특수이론' (물론 일반이론은 아니다)은 포기되어야 한다는 견해를 밝힌 것은 다소간 흥미있는 일이다.

심리학 — 정신의 진화

두 권의 『심리학 원리』(1873년)는 스펜서의 사슬 중 가장 약한 고리이다. 이미 이 문제에 대해 한 권의 책을 쓰고(1865년) 젊은 정열을 기울여 유물론과 결정론을 정력적으로 옹호했으나 연령과 사색은 이 책을 보다 온화한 형태로 바꿔놓았고 수백 페이지의 고통스럽고 지루한 분석을 덧붙여 놓았다. 이 책에서는 다른 저서 이상으로 스펜서가 이론에 있어서는 풍부하고 증명에 있어서는 빈약하다.

그는 이 책에서 세포 간의 결합조직으로부터 신경이 발생한다는 이론, 후천적 성격의 반사와 전달이 복합하여 본능이 생긴다는 이론, 종족의 경험으로부터 정신의 범주가 생긴다는 이론, '변형된 실재론' [2] 그리고 사실적인 심리학의 명료한 장점보다는 오히려 매우 난해한 형이상학적 힘을 과시하는 그 밖의 많은 이론을 전개하고 있다. 이 책에서 우리는 실재론적인 영국을 떠나 '칸트에게로 되돌아가게' 된다.

이 책을 펴들자 우리들이 받는 강한 인상은 여기서 심리학사상 처음으로 명확한 진화론적 입장, 곧 발생론적 설명이 시도—복잡미묘한 사고를 가장 단순한 신경 작용으로, 최후에는 물질의 운동에 도달하려는 시도—되고 있다는 것이다. 이러한 시도는 실패했지만, 도대체 이러한 시도에 성공한 자가 있었는가? 스펜서는 의식이 진화해온 과정을 밝히려는

---

2) 스펜서는 이 말로 다음과 같은 의미를 나타낸다. 곧 경험의 대상은 지각에 의해 변형되어 외양과는 아주 달라진다 하더라도, 이 대상을 지각하는 자에게 전적으로 의존하지 않는 실재성을 갖고 있다(『심리학 원리』).

대규모의 프로그램을 세웠으나 결국 의식의 진화를 말하기 위해서 어디서나 의식을 전제하지 않을 수 없었다. 그는 성운으로부터 정신에 이르는 오직 한 갈래의 연속적인 진화가 있었다고 주장했으나 결국 물질은 정신을 통해서만 알려진다고 고백한다. 아마도 이 책에서 가장 중요한 구절은 유물론적 철학을 포기하는 구절일 것이다.

> 분자의 진동은 의식 속에서는 신경의 충동과 함께 표상되고 양자가 동일한 것으로 인정될 수 있는가? 아무리 노력하더라도 우리는 양자를 동일시할 수는 없다. 감각의 단위와 운동의 단위에는 공통점이 없다는 것은 양자를 대조할 때 어느 때보다도 더 명확해진다. 이와 같이 해서 내려진 의식의 직접적 판단은 분석적으로 정당화될 수 있다. ……진동하는 분자라는 개념은 많은 감각의 단위로 이루어져 있기 때문이다.[10] ……정신적 현상을 물리적 현상으로 바꾸든지, 물리적 현상을 정신적 현상으로 바꾸든지 양자택일이 불가피하다면 후자를 선택하는 것이 더 타당할 것이다(『심리학 원리』).

그럼에도 불구하고 물론 정신은 진화한다. 곧 반응 양식은 단순한 것에서 복합적인 것으로 그리고 복잡한 것으로, 반사 작용으로부터 향성으로 그리고 본능으로, 기억과 상상을 거쳐 지성과 이성에 이르는 발전을 하고 있다. 1천 4백 페이지에 달하는 생리학적 · 심리학적 분석을 읽고도 정신을 잃지 않는 독자가 있다면 그는 생명의 계속성과 정신의 계속성에 대한 압도적인 의미를 찾아낼 것이다. 그는 고속도 영화에서처럼 신경의 발생, 반사 작용과 본능의 순응적 발전, 상반되는 충동의 충돌을 통한 의식과 사상의 형성을 보게 될 것이다. "지성은 분명한 등급이 있거나 참으

---

10 다시 말하면 물질에 대한 우리들의 지식은 정신의 여러 단위——감각, 기억, 관념——로 이루어져 있다.

로 독립적인 능력에 의해 구성된 것이 아니며, 오히려 지성의 최고의 발현은 가장 단순한 요소로부터 눈에 띄지 않는 단계를 거쳐 도달된 복잡화의 결과이다"(『심리학 원리』).

본능과 이성 사이에는 틈이 없다. 각기 내적 관계의 외적 관계에의 적응이며, 본능에 의해 반응되는 관계는 비교적 정형적이고 단순하지만 정도에 의해 대처되는 관계는 비교적 새롭고 복잡하다는 의미에서 단지 정도의 차이가 있을 뿐이다.

이성적 행동은 상황에 의해 야기된 다른 본능적 반응들과의 투쟁에서 승리한 본능적 반응에 지나지 않는다. '숙려(熟慮)'는 적대적인 충동 간의 사투일 뿐이다. 근본에 있어서는 이성과 본능, 정신과 생명은 동일하다.

'의지'는 능동적 충동의 완화에 붙인 추상적 용어이고, 의욕은 저지되지 않은 관념이 행동화되는 자연적 흐름이다. 관념은 행동의 첫 단계이고 행동은 관념의 마지막 단계이다. 마찬가지로 정서는 본능적 행동의 첫 단계이고 감정 표현은 완료된 반응의 유용한 서곡이다. 화가 났을 때 이를 악무는 것은 적을 갈기갈기 찢어발기고 싶다는 것——이것은 이렇게 시작된 일의 자연적 귀결이다——을 나타내는 실질적 암시이다. 칸트가 내재적인 것으로 생각했던 공간과 시간의 지각, 또는 양과 원인이라는 개념 등 '사고의 형식'은 단지 본능적 사고방식일 뿐이다. 그리고 본능이 종족에 의해 획득되었으나 개체에서는 생득적인 습관인 것처럼, 이 범주도 진화의 과정에서 서서히 획득되었으나 이제는 우리의 지적 유산이 된 정신적 습관이다. 심리학상의 이러한 모든 지속적 문제들은 '끊임없이 축적되는 변화의 상속'에 의해 설명될 수 있다. 물론 이 공들여 쓴 책을 의심스럽게 만들고 어쩌면 헛된 것으로 만들지도 모르는 것은 바로 이러한 절대적 가정이다.

사회학―사회의 진화

사회학에 대해서는 평가는 상반된다. 20년 이상에 걸쳐 출판된 이 방대한 책은 스펜서의 걸작이다. 이 책은 그가 가장 좋아하는 분야를 다룬 것으로 암시적인 일반화와 정치철학에 있어서 그의 가장 뛰어난 면을 보여준다. 처녀작 『사회정학』으로부터 『사회학 원리』의 마지막 분책(分冊)까지에는 거의 반 세기의 간격이 있으나 그의 관심은 주로 경제와 정치의 문제에 있다. 그는 플라톤처럼 도덕적 및 정치적 정의에 대한 논의로 시작해서 이러한 논의로 끝맺는다. 어떤 사람도, 심지어 (사회학의 창시자이고 사회학이라는 말을 만들어낸) 콩트조차도 사회학에 이렇게 큰 기여를 하지는 못했다.

통속적인 서론인 『사회학 연구』(1873년)에서 스펜서는 이 새로운 과학의 승인과 발전을 위해 달변을 구사한다. 심리학에 있어서 결정론이 올바르다면 사회 현상에도 원인과 결과의 규칙성이 있지 않으면 안 된다. 그리고 인간과 사회를 철저히 연구하는 자는 리비우스[11] 등의 단순한 연대기적 역사나 칼라일 등의 전기적 역사에 만족하지 못할 것이다. 그는 인간의 역사에서 사실의 황야를 과학이라는 지도로 바꿔 놓는 발전의 일반적 계열, 인과적 연속, 해명적인 상호 관계를 찾아내려고 할 것이다. 역사와 사회학의 관계는 전기(傳記)와 인간학(anthropology)의 관계와 같다. 물론 사회학이 과학이라는 이름에 알맞게 되기까지는 사회 연구가 극복하지 않으면 안 될 무수한 장애물이 있다.

이 어린 학문은 다양한 편견―개인적, 교육적, 신학적, 경제적, 정치적, 민족적, 종교적인―에 시달리고 무식한 자의 무엇이든지 다 알고 있다는 태도 때문에 당황한다.[3] "어떤 프랑스인이 3주 동안 영국에 머물

---

11 Livius : 로마의 역사가.
3) 『윤리학 원리』 참조. 스펜서의 비판자들이 이 구절을 읽었다면, 사회학을 과대평가했다

고 영국에 관한 글을 쓰겠다고 제안했으나 3개월 후에는 준비가 되지 못했다는 것을 알게 되고, 3년 후에는 영국에 대해 전혀 모른다는 결론을 내렸다는 이야기가 있다"(『사회학 연구』). 이러한 사람이야말로 사회학 연구를 '시작할' 만한 준비가 되어 있다. 사람들은 물리학이나 화학이나 생물학의 권위자가 되기 위해서는 일생 동안 연구할 각오를 하면서도 사회나 정치 분야에서는 식료품점 점원조차도 전문가인 체하고 해결책을 알고 있으니 자기 말을 들어달라고 요구한다.

이 경우 스펜서 자신의 준비는 지적 양심의 전형이었다. 그는 자료를 수집하고 이 자료를 중요 국민들의 가정, 교회, 직업, 정치 및 산업제도를 나타내는 해당란에 분류하기 위해 세 명의 비서를 채용했다. 이와 같이 수집된 자료를 그는 다른 학자들이 자신의 결론을 확인 또는 수정하도록 여덟 권의 방대한 책으로 자비 출판했다. 그리고 죽을 때까지 이 자료의 간행이 끝나지 않았으므로 그는 이 사업을 완성하도록 얼마 안 되는 저축의 일부를 남겨 놓았다. 이러한 7년 동안의 준비 후에 1876년 『사회학』 제1권이 출판되었고, 1896년이 되어서야 비로소 마지막 권이 준비되었다. 스펜서의 그 밖의 저서는 고서(古書) 수집가의 대상이 되었으나 이 세 권의 책은 아직도 사회연구가들에게 풍성한 보상을 줄 것이다.

그러나 이 책의 최초의 구상은 성급히 일반화하는 스펜서의 습관을 여실하게 보여준다. 사회는 개인의 경우와 마찬가지로 영양, 순환, 조정, 생식 등의 기관[12]을 가진 유기체라고 그는 믿는다. 개인의 경우 의식은 지역화되어 있고, 사회의 경우 각 부분은 독자적인 의식과 의지를 갖고 있다는 것은 사실이다. 그러나 정치와 권위의 집중화는 이러한 구별의 여지를 감소시키는 경향이 있다. "사회적 유기체는 본질적인 특색에 있어서

고 스펜서를 비난하지는 않았을 것이다.

12 아생생식을 식민지 개발과 비교하고, 유성생식을 종족 간의 잡혼(雜婚)과 비교하라.

개체적 유기체와 비슷하다. 곧 사회적 유기체도 성장하고, 성장할수록 복잡해지고, 복잡해질수록 각 부분의 상호 의존도는 높아지고, 그 생명은 구성 단위의 생명과 비교하면 매우 길고 어느 경우에나 이질성의 증대와 함께 통합도 촉진된다"(『자서전』). 따라서 사회의 발달은 진화의 공식을 자유로이 실현한다. 곧 정치적 단위가 가정으로부터 국가 및 국제연합으로 성장하고, 경제적 단위가 소규모의 가내공업으로부터 트러스트나 카르텔로 성장하고, 인구 단위가 마을로부터 읍과 도시로 성장하는 것은 확실히 통합 과정을 보여주고, 한편 분업, 직업의 종류의 증가, 도시와 지방, 국민과 국민 사이의 경제적 의존도의 증대는 결합과 분화의 발달을 충분히 예시한다.

이질적인 것의 통합이라는 동일한 원리는 종교와 정치로부터 과학과 예술에 이르기까지 사회 현상의 모든 분야에 적용된다. 종교가 최초에는 다신(多神)과 정령의 숭배였다는 것은 다소간 모든 민족에 공통되며 종교는 중심적인 전능한 신이 다른 신들을 복종시키고 계급조직에 따라 신들에게 특수 역할을 할당한다는 개념을 통해 발달해왔다. 최초의 신은 아마도 꿈과 유령의 암시로부터 생겼을 것이다(『사회학 원리』). '정령' 이라는 말은 유령과 신에 동일하게 적용되었고 또 적용되고 있다. 원시인들은 죽을 때 또는 꿈꾸거나 실신할 때, 유령 또는 정령이 몸 밖으로 빠져나간다고 믿었고, 재채기할 때에도 내뿜는 숨이 정령을 몰아낼까 두려워 '하느님 돌봐주소서!' ──또는 이와 비슷한 말──를 이 위험한 모험에 덧붙이게 되었다. 산울림과 그림자는 자신의 유령이나 생령(生靈)의 소리이고 모습이다. 바스토인[13]은 악어가 자신의 그림자를 잡아먹지 못하도록 강가를 걷지 않는다. 신은 처음에는 '영원히 존재하는 유령' (『사회학 원

---

13 남아프리카의 흑인 종족.

리』)이었다. 지상에서 살 때에 권력이 있었던 자는 유령이 되어서도 이 권력을 유지한다고 믿었다. 탄나인[14] 사이에서는 신이라는 말은 글자 그대로 죽은 자를 의미한다. '여호와'는 '강자(強者)', '전사(戰士)'를 의미했고, 여호와는 사후에 '만군의 신'으로 숭앙받게 된 지방 호족이었던 듯하다. 이러한 위험한 유령들은 비위를 맞춰줘야 하므로 장례식이 예배식이 되었고, 지상의 주인의 비위를 맞추는 모든 수단이 기도의식으로 신들을 달래는 데 응용되었다. 국가의 세입이 임금에 대한 선물로서 시작된 것처럼 교회의 세입도 신들에 대한 선물로서 시작되었다. 왕에 대한 경례는 신의 제단 앞에 엎드려 비는 것으로 되었다. 죽은 군주를 신으로 생각한 것은 군주를 생시에 신으로 받든 로마인의 경우에서 분명히 볼 수 있다. 이러한 조상숭배에 모든 종교의 기원이 있는 것 같다. 이러한 관습의 힘은 천국에서 세례받지 않은 조상을 만날 수 있느냐는 물음에 대해 만족할 만한 대답을 듣지 못했기 때문에 세례를 거부한 추장의 이야기에 의해 분명해질 것이다(1905년의 전쟁[15]에서의 일본인의 용감성은 이러한 신앙과 약간 관계가 있다. 선조들이 하늘에서 내려다보고 있다는 사상 때문에 일본인들은 편안한 마음으로 죽을 수 있었다).

종교는 원시인들의 생활의 중심이었을 것이다. 원시인들의 생활은 불안정하고 초라했기 때문에 그들의 영혼은 눈 앞의 현실세계보다는 내세에 희망을 걸고 살았다. 어느 정도로는 초자연적 종교는 군국주의 사회의 수반 현상이다. 전쟁이 산업에 굴복할 때 사고는 죽음으로부터 삶을 향하게 되고 삶은 숭배의 오솔길을 벗어나 창의와 자유의 대로를 달린다. 사실상 서양 사회의 모든 역사에 일어난 가장 광범한 변화는 산업체제에 의한 군사체제의 점진적 대체이다. 국가를 연구하는 학자들은 사

---

14 남아프리카의 흑인 종족.
15 러일 전쟁.

회를 통치 형태에 따라 군주제, 귀족제, 민주제로 분류하는 것이 상례이지만 이것은 피상적 구분이다. 커다란 분할선은 군국주의 사회와 산업사회를 구별하고 전쟁으로 사는 국가와 노동으로 사는 국가를 구별하는 것이다.

군국주의 국가의 중심은 언제나 정부이며 이러한 국가는 거의 언제나 군주제도이다. 이러한 국가가 가르치는 협동은 군국적·강제적 협동이다. 이러한 국가는 군신(軍神)을 숭배하는 권위주의적 종교를 장려하고 엄격한 계급차별과 계급도덕을 발달시키고 가정에 있어서의 남자의 생득적 절대권을 지지한다. 호전적 사회는 사망률이 높기 때문에 이러한 사회는 일부다처제도를 택하고 여자의 지위는 낮아지기 쉽다. 전쟁은 중앙집권을 강화하고 모든 이해관계를 국가의 이해관계에 종속시키기 때문에 대부분의 국가는 호전적이었다. 그러므로 "역사는 제국민의 뉴 게이트 감옥 일람표[16]와 같은 것이고"(『사회학 원리』) 강탈, 배반, 살인, 국민적 자살의 기록이다. 사람을 잡아먹는 풍습은 원시사회의 수치였으나 현대의 일부 사회는 사회를 잡아먹는 풍습이 있어서 전 국민을 노예로 삼고 잡아먹는다. 전쟁이 추방되고 극복되기까지는 문명은 파국에 이르는 위태로운 간주곡에 지나지 않고, "고도의 사회 상태의 가능성은 근본적으로는 전쟁의 폐기에 달려 있다"(『사회학 원리』).

이러한 사회 상태에 도달할 희망은 인간의 심정의 개조에 있지 않고 산업사회의 발달에 있다(인간은 환경의 소산이기 때문이다). 산업은 민주주의와 평화를 촉진한다. 생활이 전쟁의 지배를 받지 않게 되면 경제 발전의 무수한 핵심이 생기고 권력은 고맙게도 대부분의 집단구성원들에게 분배된다. 자유로운 창의가 있는 곳에서만 산업이 발달하므로 산업사

---

16 뉴 게이트는 런던에 있던 유명한 감옥으로, 일람표는 중요 죄수의 경력을 기록한 것이다.

회는 군국주의 사회에서 활개를 치고, 또 군국주의 사회를 번창하게 하는 권위, 계급조직, 카스트의 전통을 단절시킨다. 군인이라는 직업은 이미 인기있는 직업은 아니며, 애국심은 모든 다른 나라를 미워하는 것이 아니라 자기 나라를 사랑하는 것이 된다. 국내의 평화가 번영의 첫 요건이 되고 자본이 국제적인 것으로 되고, 무수한 투자가 모든 국경을 넘어서게 되면 국제평화도 역시 필수적이다. 대외전쟁이 감소되고 국내의 야만행위가 줄어들면 남자의 수명이 여자의 수명과 거의 같아지므로 일부다처제 대신 일부일처제가 실시되고, 여자의 지위는 향상되며 '여성해방'은 당연한 일이 된다. 미신적 종교는 물러나고 지상의 인간 생활을 향상시키고 인간의 성격을 고상하게 하는 일을 노력의 초점으로 삼는 자유로운 신앙이 대두한다. 산업의 메커니즘은 인간들에게 우주의 메커니즘을 가르치고, 원인과 결과의 불변의 연속이라는 개념을 가르치며, 초자연적 설명에 대한 안이한 신뢰 대신 자연적 원인의 정확한 조사가 시도된다. 역사는 전시의 왕이 아니라 노동하는 민중을 연구하기 시작하고 이때 역사는 이미 개인에 대한 기록이 아니라 위대한 발전과 새로운 사상의 역사가 된다. 정부의 권력은 작아지고 국내 생산집단의 힘이 증대된다. 곧 '신분 관계로부터 계약 관계로', 평등한 복종으로부터 자유로운 창의로, 강제적 협동으로부터 자발적 협동으로 이행된다. 군국형 사회와 산업형 사회의 대조는 "개인은 국가의 이익을 위해 존재한다는 신앙을 국가는 개인의 이익을 위해 존재한다는 신앙으로 역전시킴으로써"(『사회학 원리』) 명시된다.

영국에서의 제국주의적 군국주의의 발전에 강력히 항의하면서 스펜서는 영국을 산업사회에 접근하는 유형으로, 또 프랑스와 독일을 군국주의적 국가의 예로 선택했다.

때때로 신문은 독일과 프랑스 사이의 군사발전 경쟁을 상기시킨다. 이 국가는 어느 경우에나 이빨과 발톱을 날카롭게 하는 데 대부분의 정력을 기울이고 있다. 한쪽에 어떤 증가가 있으면 다른 쪽의 증가를 촉진한다. 최근 프랑스 외무상은 튀니스, 통킹, 콩고, 마다가스카르에 대해 언급하면서 다른 국가와의 정치적 강도(強盜) 경쟁의 필요성을 강조하고 약소 민족이 차지한 영토를 강점함으로써 "프랑스는 지난 수세기 동안 여러 가지 고상한 모험을 통해 누려왔던 영광의 일부를 되찾았다"고 주장했다. ……여기에서 우리는 프랑스와 독일에서 사회의 재조직 계획——이 사회에서는 각 시민은 공동체에 의해 부양되면서 공동체를 위해 일하지 않으면 안 된다——이 막강한 정체(政體)의 형성과 마찬가지로 광범한 지지를 받고 있는 이유를 알 수 있고 프랑스인 사이에서 생 시몽, 푸리에, 프루동, 카베, 루이 브랑크, 피에르 레룩스 등이 언론과 행동에 의해 공산주의적 형태의 노동과 생활의 실현을 추구해온 이유를 알 수 있다. ……타인에 의한 소유권의 범위가 프랑스나 독일보다 좁은 영국에서는 군사적 형태와 시민적 형태에 있어서 사회주의가 전제하는 타인에 의한 소유권에 대한 감정이나 사상이 보다 덜 진전되었다는 사실을 관찰하면 우리는 대조를 통해 앞에서 말한 사실을 확인할 수 있다(『사회학 원리』).

이 구절에서 알 수 있듯이 사회주의는 군국적인 봉건적 국가 형태의 파생물로서 산업과의 자연적인 유대는 없다고 스펜서는 믿고 있다. 군국주의와 마찬가지로 사회주의에 있어서도 중앙 집권의 발달, 정치 권력의 확대, 창의력의 쇠퇴, 개인의 종속 등이 생긴다. "비스마르크 공이 국가사회주의로 기울어지는 것은 당연하다"(『사회학 원리』). "조직은 완성될수록 경직화된다는 것은 모든 조직의 법칙이다"(『사회학 원리』). 산업에 있어서 사회주의는 동물의 경직화된 본능 기구와 같다. 사회주의는 '인간 개미'나 '인간 벌'의 공동체를 형성할 것이고 현재의 사태보다 훨씬 단조롭고 절망적인 노예제도를 발생시킬 것이다.

사회주의의 불가피한 결과인 강제적 조정 밑에서는……개인적 이익을 추구하는 통제자들은 전(全) 노동자의 일치단결된 저항에 부딪치지 않을 것이고 그들의 권력은, 이제 규정된 조건을 제외하고는 노동의 거부에 의해 저지되지 않을 것이므로, 증대하고 퍼져나가고 강화되어서 마침내 불가항력의 것이 되리라. ……관료제도에 의한 노동자의 규제로부터 관료제도 자체에 시선을 돌려서 어떻게 관료제도가 규제되는가를 물을 때, 만족할 만한 대답은 없다. ……이러한 상황 밑에서는 반드시 새로운 귀족정치가 일어날 것이고, 새로운 귀족정치를 유지하기 위해 대중은 고생할 것이다. 그리고 이 귀족정치가 강화되면 과거의 어떤 귀족정치보다도 훨씬 강력한 권력을 휘두를 것이다(『사회학 원리』오늘의 러시아에는 이러한 위험이 있다).

경제 관계는 정치 관계와는 달라서 매우 복잡하므로, 인간을 노예화하는 관료제도가 없으면 어떠한 정부도 경제 관계를 규제할 수 없을 것이다. 국가의 간섭은 언제나 복잡한 산업적 상황의 일부를 무시해왔으므로 시도될 때마다 항상 실패했다. 중세 영국의 임금 통제법이나 혁명기 프랑스의 물가통제법을 상기하라. 경제 관계는(비록 불완전하더라도) 공급과 수요라는 자동적 조정에 맡겨야 한다. 사회가 가장 요구하는 것에 사회는 가장 많은 대가를 치를 것이다. 그리고 어떤 사람 또는 어떤 직능이 커다란 보상을 받는다면, 그것은 그들이 하는 일에 각별한 모험 또는 고통이 따르기 때문이다. 현재와 같은 구조를 가진 인간은 강제적 평등을 견뎌내지 못할 것이다. 자동적으로 변화한 환경이 자동적으로 인간의 성격을 변화시킬 때까지는 인위적 변화를 실현하려는 입법은 점성술과 마찬가지로 쓸데없을 것이다.

노임 노동자계급이 지배하는 세계를 생각하기만 해도 스펜서는 병이 들 것 같았다. 그는 런던의 『타임스』라는 보수적인 신문을 통해 노동조합

지도자들을 알게 되었는데, 이 지도자들은 그의 마음에 들지 않았다. 대부분의 스트라이크가 실패하지 않는 한, 스트라이크는 무용지물이라고 그는 지적했다. 모든 노동자들이 차례차례 스트라이크를 일으켜서 승리한다면 임금인상에 따라 물가도 올라서 사태는 이전과 다름이 없을 것이기 때문이다. "우리는 일찍이 고용계급에 의해 저질러지던 부정이 피고용계급에 의해 저질러지는 부정과 동일하다는 것을 곧 알게 되리라"(『자서전』).

그렇지만 그의 결론이 맹목적일 만큼 보수적인 것은 아니다. 그는 그가 살고 있는 사회체제의 혼란과 잔인성을 알고 있었고, 분명한 열의를 갖고 이 제도에 대체될 제도를 찾아내려고 했다. 결국 그는 협동조합 운동에 공명하고 이 운동을 헨리 메인 경[17]이 경제사의 본질로 본, 신분 관계로부터 계약 관계로의 이행의 절정이라고 생각했다. "사회가 고도의 형태를 가질수록 노동의 규제는 강제성이 감소된다. 여기에서 우리는 강제성이 협동노동과 모순되지 않을 만큼 최소한도로 감소된 형태에 도달한다. 각 구성원은 자신이 하고 있는 노동에 있어서는 주인이고, 질서 유지에 필요한 한도 내에서 대부분의 구성원에 의해 제정된 규칙에만 복종한다. 군국주의의 강제적 협동으로부터 산업주의의 자발적 협동으로의 이행이 완성된 것이다"(『사회학 원리』). 이와 같이 민주적인 산업체제를 효과적으로 운영할 만큼 인간이 이미 정직하고 유능한가 하는 점에 대해서 그는 회의적이지만, 이러한 시도에는 전적으로 찬성한다. 산업이 절대적 지배자의 지도를 받지 않고 인간이 잡동사니를 생산하기 위해 생활을 희생할 필요가 없는 시대를 그는 예견하고 있다. "군국형과 산업형의 대조는 개인이 국가의 이익을 위해 존재한다는 신앙을 국가가 개인의 이익을

---

17 영국의 법학자, 사회학자.

위해 존재한다는 신앙으로 역전시킴으로써 분명해지는 것처럼, 산업형과 산업형으로부터 진화될 듯한 형의 대조는 생활은 노동을 위한 것이라는 신앙을, 노동은 생활을 위한 것이라는 신앙으로 역전시킴으로써 명백해진다"(『사회학 원리』).

윤리학 – 도덕의 진화

스펜서에게 경제재건의 문제는 매우 중요하게 생각되었으므로 그는 『윤리학 원리』(1893년)에서 다시 이 문제에 대부분을 할당하고 있다. "나의 과제의 이 마지막 부분에 대해서……나는 앞선 부분들은 모두 보조적 부분이라고 생각한다"(『윤리학 원리』). 스펜서는 빅토리아조 중기의 도덕적 엄격성을 몸에 익힌 사람이었으므로 전통적 신앙과 결부된 도덕률을 대신할 새롭고 자연스러운 윤리를 찾아내는 문제에 특히 민감했다. "올바른 행동에 대한 이른바 초자연적 시인(是認)은 거부되기만 하면 그만이다. 초자연적 시인과 마찬가지로 정당하고 보다 광범한 영역에 타당한 자연적 시인이 있다"(『윤리학 원리』).

새로운 도덕은 생물학을 바탕으로 수립되어야 한다. "유기적 진화설의 채택은 어떤 도덕 개념을 규정한다"(『윤리학 원리』). 헉슬리는 1893년 옥스퍼드의 로마니즈[18] 기념 강연에서 생물학을 윤리의 안내자로 삼을 수는 없고, (테니슨의 말대로) '이빨과 손톱이 피로 물든 자연'은 정의와 사랑보다 잔인성과 교활성을 더 높이 평가한다고 주장했으나, 스펜서는 자연도태와 생존경쟁이라는 시련에 대처하지 못하는 도덕률은 처음부터 구두선(口頭禪)이고 무용지물이라고 생각했다. 다른 모든 일과 마찬가지로 행위도 생활의 목적에 잘 적응하는가 못하는가에 따라 선 또는 악으로

---

18 19세기의 영국 생물학자.

불려야 한다. "최선의 행위는 생활을 가장 길고 가장 폭넓고 가장 완전하게 하는 행위이다"(『윤리학 원리』). 또는 진화론적 용어로 말하면 행위는 개체 또는 집단을 여러 가지 이질적 목적 속에서 보다 통합적이고 보다 상관적인 것으로 만드는 만큼 도덕적이다. 도덕은 예술과 마찬가지로 다양 속에서 통일을 이룩하는 것이며, 인간의 최고의 유형은 스스로 효과적으로 생활의 가장 광범한 다양성, 복잡성, 완전성을 통일하는 자이다.

이것은 당연한 일이지만 매우 애매한 정의이다. 적응의 특수한 필요 조건만큼 장소와 때에 따라 변하는 것도 없고, 따라서 선(善)이라는 관념의 특수한 내용도 달라지기 때문이다. 어떤 형태의 행위는 자연도태가 종을 보존하고 확대하는 활동에 덧붙여준 쾌감에 의해 선—곧 대국적으로 가장 풍부한 생활에 적응하는 것—으로 규정되어온 것은 사실이다. 복잡한 현대 생활은 예의를 증가시키고 있지만 정상적으로는 쾌락은 생물학적으로 유용한 행동, 고통은 생물학적으로 위험한 행동을 가리킨다. 그럼에도 불구하고 우리는 이 원칙이 적용되는 넓은 범위 안에서 가장 다양하고 또한 분명히 가장 상반되는 선의 개념을 발견한다. 서양의 도덕률로서 다른 곳에서 부도덕한 것으로 간주되지 않는 항목은 거의 없다. 일부다처제만이 아니라 자살, 동포살해, 심지어 존친살해까지도 어떤 민족들에게서는 높은 도덕적 시인을 받고 있다.

피지 제도의 추장의 아내들은 남편이 죽으면 교살당하는 것을 신성한 의무로 생각한다. 윌리엄스가 구해준 어떤 여자는 "밤중에 도망쳐 강을 헤엄쳐 건너가 자기 종족을 찾아가서 마음이 약해졌을 때 마지못해 피하기로 동의했던 희생을 곧 실행해달라고 고집했다." 윌크스는 구조자를 '저주하고' 그 후에도 가장 지독한 증오를 나타낸 다른 여자에 대해 말하고 있다. 리빙스턴은 잠베지 강가에 사는 마콜로로족의 여자들에 대해 그들은 영국에서는 일부일처라는 말을 듣고 깜짝 놀라더라고 말하고 있다. 아내가 한 명밖에 없다는 것은 '존경할 만한 일'이 아니었던 것이다. 리드에 따르면 적도 아프리카에서도 마찬가지여서 남자가 결혼한 다음, 또 한 명의 아내를 거느릴 여유가 있다고 생각하면 아내는 다시 결혼식을 올리라고 남편을 들볶고 남편이 거절하면 그를 '인색한 놈'이라고 부른다(『윤리학 원리』).

물론 이러한 사실은 각자에게 무엇이 옳고 무엇이 잘못인가를 말해 주는 선천적 도덕감이 있다는 신앙과 충돌한다. 그러나 대체로 쾌락은 착한 행동, 고통은 나쁜 행동과 결부되어 있다는 것은 이러한 생각에도 어느 정도의 진리가 있음을 보여주며, 인류에 의해 획득된 어떤 도덕 개념은 개인에게 있어서 유전적인 것이 된다는 것도 있음직한 일이다. 여기에서 스펜서는 가장 좋아하는 공식을 이용해서 직관주의자와 공리주의자를 화해시켜 다시 한번 획득형질의 유전에서 논거를 구하고 있다.

그러나 생득적 도덕감은, 만일 있다면 오늘날 분명히 곤경에 놓여 있다. 일찍이 이렇게 도덕 개념이 혼란을 일으킨 적이 없었기 때문이다. 우리가 현실 생활에서 적용하고 있는 여러 원리는 대체로 교회와 서적에서 설교하고 있는 원리와는 모순된다는 것은 잘 알려져 있다. 유럽과 미국이 공언하는 윤리는 평화주의적 기독교이지만 현실적인 윤리는 약탈적인 튜튼[19]인—유럽의 거의 모든 곳의 지배층은 튜튼인 출신이다—의 군대 도덕이다. 가톨릭 국가인 프랑스와 신교 국가인 독일의 관습인 결투는 튜튼인의 원래의 관습의 끈기있는 유물이다. 우리 도덕주의자는, 후기의 일부일처제의 그리스와 인도의 도덕주의자들이 반난혼 시대(半亂婚時代)에 유행했던 신들의 행동을 설명하느라고 쩔쩔맸던 것처럼, 이러한 모순을 변명하기에 바쁘다.

---

19 게르만 민족의 한 파. 지금은 독일, 네덜란드, 스칸디나비아 등 북유럽 민족.

어떤 국가가 시민을 기독교 윤리에 따라 교육하느냐, 튜튼인의 도덕에 따라 교육하느냐 하는 것은 그 나라의 지배적 관심이 산업에 있느냐 전쟁에 있느냐에 달려 있다. 호전적 사회는 다른 사람들이 범죄라고 부를지도 모르는 덕을 찬양하고 허용한다. 침략, 강탈, 배반은 전쟁에서 이러한 일에 익숙해진 사람들 사이에서는, 산업과 평화를 통해 정직과 비침략의 가치를 배운 사람들 사이에서처럼 공공연한 비난을 받지 않는다. 관용과 인간성은 전쟁이 잦지 않고 장기적인 생산적 평화가 상호부조의 이익을 가르쳐준 곳에서 더욱 타당하다. 호전적 사회의 애국자들은 용감성과 힘을 남자의 최고의 덕으로, 복종을 시민의 최고의 덕으로, 어머니로서의 다양한 임무에 조용히 따르는 것을 여자의 최고의 덕으로 생각한다(니체의 철학 참조). 카이저는 신을 독일군의 지도자로 생각하고 예배에 참석하여 결투를 강조했다. 북미의 인디언은 "활과 화살, 전투용 곤봉과 창의 사용을 남자의 가장 고상한 일이라고 생각했다. 그들은 농업이나 육체노동을 부끄럽게 여겼다. …… 오직 최근에야, 이제는 국가의 번영이 점점 더 탁월한 생산력에 의존하게 되고 또 탁월한 생산력은 보다 고도의 정신적 능력에 의존하게 되었기 때문에 비군사적 직업이 존경받게 되었다"(『윤리학 원리』).

그런데 전쟁은 오직 대규모의 식인풍습에 지나지 않으며 전쟁을 식인풍습으로 분류하고 분명히 비난하지 말아야 할 이유는 없다. "정의의 관념이나 감정은 사회의 대외적 반목이 감소되고 국민 상호 간의 대내적인 조화로운 협동이 증가되는 속도에 따라 발달할 수 있다"(『윤리학 원리』). 어떻게 이러한 조화를 촉진할 수 있는가? 이미 보아온 바와 같이 규제가 아니라 자유에 의해 조화는 더 쉽게 이룩된다. 정의의 공식은 다음과 같아야 한다. 곧 "각자는 타인의 동등한 자유를 침범하지 않는 한, 자신이 바라는 바를 행할 자유가 있다"(『윤리학 원리』). 이것은 권위, 통제,

복종을 찬양하는 전쟁에는 불리한 공식이고 평화로운 산업에는 유리한 공식이다. 이 공식은 절대적인 기회균등에 의해 최대의 자극을 주기 때문이다. 이 공식은 기독교 윤리와 일치할 수 있다. 이 공식은 모든 사람들을 신성하다고 보고 공격으로부터 해방시켜주기 때문이다. 그리고 이 공식은 지상의 자원을 동등한 조건으로 만인에게 개방하고 각자에게 능력과 업적에 따라 번영하는 것을 허용하기 때문에 최후의 심판자, 즉 자연도태의 승인을 받고 있다.

이것은 얼핏 보기에는 무자비한 원리처럼 보일 것이다. 따라서 많은 사람들은 이 원리에 반대하고 국민 전체에 적용할 수 있는 원리로서 각자가 능력과 업적에 따라 받지 않고 필요에 따라 받는 가족적 원리를 세울 것이다. 그러나 이러한 원리에 의해 통치되는 사회는 곧 소멸될 것이다.

미숙한 단계에서의 수혜는 소유능력과 역비례하지 않을 수 없다. 가족 내에서는 공적이 가치에 의해 평가되는 한, 대체로 최소의 가치밖에 갖지 못한 것을 공적으로 여길 것이다. 반대로 성숙한 단계에 이르면 이익은 바로 가치에 따라 달라질 것이다. 생활조건에 얼마나 적합한가에 의해 가치가 평가되기 때문이다. 적합하지 못한 것은 적합하지 못하기 때문에 나쁜 결과를 일으키고, 적합한 것은 적합하기 때문에 이익이 된다. 종족이 유지되려면 지켜야 할 두 가지 법칙이 있다. 만일 어린이들 사이에서 이익이 능력에 따라 배당된다면 이 종족은 곧 소멸할 것이다. 만일 어른들 사이에서 이익이 비능률에 따라 배당된다면 이 종족은 2, 3세대 내에 쇠퇴할 것이다. ……정부와 국민을 어버이와 자녀의 관계에 유추하는 것을 정당화하는 유일한 사실은 이러한 유추에 만족하는 사람들의 유치함뿐이다(『윤리학원리』).

자유와 진화는 스펜서의 사랑을 얻기 위해 선두 다툼을 하지만 자유가 승리한다. 스펜서는 전쟁이 줄어들수록 국가에 의한 개인 통제는 그 구실을 대부분 잃는다고 생각한다. 영원한 평화의 상태에서는 국가는 단지 제퍼슨의 한계로 축소되어 동등한 자유의 침범을 방지하는 역할을 할 뿐이다. 이러한 정의는 아무런 비용 없이 실시되어서 가해자로 하여금 처벌을 면하는 방패로 피해자의 가난을 이용할 수 없다는 것을 깨닫게 해야 한다. 그리고 국가의 비용은 직접 과세로 충당되어야 한다. 눈에 띄지 않는 과세로 대중이 정부의 낭비를 모르는 일이 있어서는 안 되기 때문이다. 그러나 "국가는 정의 유지의 한계를 넘어서면 정의를 유린하지 않고는 어떠한 일도 할 수 없다"(『윤리학 원리』). 이 경우에 국가는 능력에는 보상, 무능력에는 처벌이라는 자연적인 할당—이러한 할당에 집단의 생존과 향상이 달려 있다—으로부터 열등한 개인을 비호하게 될 것이기 때문이다.

정의의 원리는, 토지와 토지의 개량을 분리해서 생각할 수 있다면, 토지의 공유를 요구할 것이다. 처녀작[20]에서 스펜서는 경제적 기회균등을 위해 토지의 국유화를 주장했다. 그러나 후에는 (이것이 헨리 조지가 그를 싫어하며 '당황하는 철학자'라고 부르게 한 이유이지만) 토지를 소유하고 토지에 기울인 노력의 결과를 자손에게 남겨줄 수 있는 가족에 의해서만 토지는 조심스럽게 경작된다는 이유로 이 주장을 철회했다. 사유재산의 권리는 정의의 법칙으로부터 직접 나온 것이다. 각자에게는 스스로 절약한 결과를 보유할 동등한 자유가 있어야 하기 때문이다. "유산상속권은 이렇게 명백하지는 않다. 그러나 유증(遺贈)의 권리는 소유권에 포함되어 있다. 그렇지 않으면 소유권은 완전할 수 없기 때문이다"(『윤리학 원리』). 상업은 개인 사이에서와 마찬가지로 국가 사이에서도 자유로

---

20 『사회정학』을 말한다.

워야 하며 정의의 법칙은 부족적 계율에 그치지 않고 국제 관계의 어길 수 없는 격률이다.

진정한 '인권'은 대체로 생활권, 자유권, 만인과 동등한 조건으로 행복을 추구하는 권리이다. 이러한 경제적 권리 이외의 정치적 권리는 보잘 것없고 비현실적인 것이다. 경제 생활이 자유롭지 못한 곳에서는 정치 형태의 변화는 쓸모가 없으며 사회주의적 민주주의보다는 자유방임주의의 군주정치가 훨씬 좋다.

> 투표는 권리보존의 기구를 창설하는 수단에 지나지 않으므로 문제는 투표의 보편성이 권리보존의 최선의 기구를 창설하는 데 공헌하는가 하는 것이다. 투표가 효과적으로 이러한 목적을 달성하지 못한다는 것을 우리는 알고 있다. ……경험을 통해, 사실상 경험을 하지 않더라도 분명한 일이지만, 보편적인 투표권은 반드시 소계급의 희생으로 대계급의 이익을 보장한다는 것이 밝혀졌다. 평등이 충분히 실현된 산업형 사회에 적합한 국가제도는 개인을 대표하는 것이 아니라 이익을 대표하는 제도여야 한다. 이러한 제도 밑에서는 산업형 사회는, 현재는 그렇지 않지만 이론적으로는 고용자와 피고용자의 구별을 제거해줄 협동조직의 발달에 의해, 상반되는 계급이익이 존재하지 않거나 심각하고 복잡한 문제를 야기시키지 않을 정도로 완화된 사회제도로 될 것이다. ……그러나 현재와 같은, 그리고 앞으로도 오랫동안 같은 상태일 것이 틀림없는 인간성을 갖고 있는 한, 이른바 동등권의 소유는 진정한 의미의 동등권의 유지를 보증하지 못할 것이다(『윤리학 원리』).

정치적 권리는 망상이고 오직 경제적 권리만이 중요하므로 부인들이 선거권을 얻기 위해 많은 시간을 소비하는 것은 잘못된 생각이다. 스펜서는 약한 자를 도우려는 모성 본능 때문에 여자가 온정주의적 국가에 호감을 갖지 않을까 걱정하고 있다. 이 점에서 그의 마음에는 약간의 혼란이 있다. 곧 그는 정치적 권력은 중요하지 않다고 주장하면서, 여자가 정치적 권력을 가져서는 안 된다는 것은 매우 중요하다고 말하며, 또한 전쟁을 비난하면서 여자는 목숨을 걸고 싸우지 않기 때문에 투표권을 가져서는 안 된다고 주장하고 있다. 이것은 여자의 산고를 통해 태어난 자가 전개하기에는 너무나 뻔뻔스러운 이론이다. 여자는 너무나 이타적일지도 모르기 때문에 스펜서는 여자를 두려워한다. 그러나 그의 저서는 산업과 평화가 이타주의를 발달시켜서 마침내 이타주의와 이기주의가 균형을 이루게 되어 철학적 무정부주의의 자발적 질서를 전개하게 되리라는 사상에서 절정에 이른다.

이기주의나 이타주의(이 말과 이러한 사상계열의 일부를 스펜서는 많든 적든 무의식 중에 콩트로부터 받아들인다)의 갈등은 개인과 가족, 집단 및 종족과의 갈등의 결과이다. 아마도 앞으로도 이기주의가 우세하겠지만 어쩌면 이것이 바람직할지도 모른다. 모든 사람들이 자신의 이익보다는 타인의 이익을 고려한다면 겸양과 은퇴의 홍수가 범람할 것이다. 그리고 아마도 "사회적 상황에 의해 허용된 한도 내에서의 개인적 행복의 추구가 최대의 일반적 행복을 달성하는 제1요건"(『윤리학 원리』)일지도 모른다. 그러나 우리가 기대할 수 있는 것은 동정(同情)의 범위를 넓게 확장하고 이타적 경향을 크게 발달시키는 것이다. 현재도 어버이로서의 희생은 즐거이 이루어지고 있다. "어린애가 없는 사람이 어린애를 소망하고 때로는 양자를 기르고 있는 사실은 어떤 이기적 만족에 도달하기 위해서는 이러한 이타적 활동이 얼마나 필요한가를 보여준다"(『윤리학 원리』). 강렬한 애국심은 자신의 직접적 이익보다는 대다수의 이익을 열렬히 바라고 있다는 또 하나의 실례이다. 사회 생활은 세대를 거듭할수록 상호부조의 경향을 현저하게 드러낸다. "부단한 사회적 훈련은 결국 동정의 기쁨을 자발적으로 추구해서 가능한 한 만인의 이익을 도모하도록 인간성을 도야할 것이다"(『윤리학 원리』). 이때에는 사회적 행동을 강요하던 시대의 유물인 의무감은 사라질 것이다. 이타적 행동은 사회적 효용을 위한 자연도태에 의해 본능이 되었으므로 모든 본능적 활동과 마찬가지로 강제 없이 즐거운 마음으로 행하게 될 것이다. 인간 사회의 자연적 진화는 끊임없이 완전한 국가에 접근하고 있다.

4. 비판

총명한 독자는 지금까지의 간단한 분석[4]을 통해 이 이론의 난점을 파악했을 것이므로, 결함은 개별적으로 지적하는 것으로 충분할 것이다. 부정적 비판은 항상 불쾌하기 마련이고 위대한 업적에 대해서는 특히 그렇다.

그러나 시간이 스펜서의 종합을 어떻게 다루었는가를 고찰하는 것도 우리들의 과제 중의 하나이다.

물론 첫번째 장애는 '인식할 수 없는 것'이다. 우리는 인간의 인식에는 한계가 있으리라는 것을 진심으로 인정해도 좋다. 우리는 존재의 대해(大海)—우리는 이 대해의 스쳐지나가는 물결에 지나지 않는다—의 깊이를 전혀 잴 수 없다. 그러나 우리는 이 대상에 대해 독단적 단정을 내려서는 안 된다. 엄격한 논리로 보면 인식할 수 없는 어떤 것이 있다는 주장에는 이미 이것에 대한 약간의 인식이 내포되어 있기 때문이다. 사실

---

4) 물론 이 분석은 불완전하다. "지면이 허락하지 않아서"(저자는 게으름을 숨기기 위한 이 구실을 비웃어왔지만 여기서는 이 말을 쓰지 않을 수 없다)『교육』『에세이집』『사회학』의 대부분은 검토하지 못한다. 교육론은 잘 알려져 있고 오늘날 우리는 문학과 예술보다 과학을 강조한 스펜서의 의기양양한 주장을 약간 수정할 필요가 있다. 에세이 중에서 가장 좋은 것은 문체, 웃음, 음악에 대한 것이다.

상 스펜서는 10권의 책을 통해 여기저기서 '인식할 수 없는 것에 대한 놀라운 인식'을 보여주지 않는가. 헤겔의 말처럼 이성을 추론에 의해 제한하는 것은 물에 들어가지 않고 헤엄을 치려는 것과 같다. '불가해성'에 대한 이러한 모든 논리적 천착——이것은 지금의 우리들에게는 얼마나 낯설고, 또 토론이 삶의 보람이었던 대학 2학년 시절을 회상하게 하는가! 그리고 이 문제에 대해서는 조작자가 없는 기계도 제1원인과 마찬가지로 불가해하다. 특히 우리가 제1원인이라는 말로 세계의 모든 원인과 힘의 총화를 나타내려고 한다면……. 기계의 세계에 살고 있던 스펜서는, 무자비한 개인주의적 경쟁의 시대에 살았던 다윈이 오직 생존경쟁에 주목했던 것처럼 기계론을 당연한 것으로 받아들였다.

진화에 대한 가공할 정의에 대해서는 뭐라고 말해야 할까? 이 정의는 무엇을 설명하고 있는가! "'처음에는 단순한 것이 있었고 그 다음에는 단순한 것으로부터 복잡한 것이 진화되었다'고 하는 것은 자연을 설명하지 못한다"(리트치, 『다윈과 헤겔』). 스펜서는 단편들을 다시 조립할 뿐 설명을 하지는 못한다고 베르그송은 말한다(『창조적 진화』). 결국 스스로 인정한 바와 같이 그는 세계의 생명적 요소를 간과하고 있다. 분명히 비평가들은 이 정의 때문에 당황했다. 정의에 사용된 라틴어 같은 영어는, 라틴어 공부를 비난하고 최소의 노력으로 이해할 수 있는 문장이 가장 좋은 문체라고 정의한 사람인 만큼 특히 인상적이다. 그러나 스펜서도 다음과 같은 점은 시인하지 않을 수 없으리라. 곧 분명히 그는 모든 존재의 흐름을 짧은 말 속에 집중시키기 위해 직접적인 명료성을 희생하는 길을 택했다. 그러나 사실은 어느 정도는 자신의 정의를 너무 좋아했다. 그는 가장 좋은 음식처럼 이 정의를 혀 위에서 굴리며 언제까지나 조각을 냈다가는 다시 뭉쳐 놓는 일을 계속하고 있다. 이 정의의 약점은 이른바 '이질적인 것의 불안정성'이다. 동질적 부분으로 구성된 전체는 이질적

부분으로 구성된 전체보다 더 불안정하고 변화하기 쉬운가? 이질적인 것은 보다 복잡한 것이므로 아마도 동질적으로 단일한 것보다는 더욱 불안정하리라. 인종학이나 정치학에서는 이류혼효(異類混淆)는 불안정을 조장하고 또한 이민집단이 어떤 국민의 유형에 융합되면 그 사회를 강화시킨다는 것은 당연시되고 있다. 문명은 수세대 동안의 상호 모방을 통해 집단성원 간에 동질성이 증대함으로써 발생한다고 타르드[21]는 생각한다. 이 경우 진화운동은 동질성의 방향으로 전진한다고 생각된다. 고딕 건축은 분명히 그리스 건축보다 더 복잡하지만 반드시 예술적 발전의 보다 높은 단계는 아니다. 스펜서는 너무나 성급하게 시간적으로 앞선 것은 구조도 그만큼 단순하다고 생각했고, 원형질의 복잡성이나 원시인의 지성을 과소평가했다. 끝으로 이 정의는 오늘날 대부분의 사람들이 진화라는 개념과 관련시키고 있는 항목, 곧 자연도태에 언급하지 않고 있다. 아마도 연관과 무연관, 동질성과 이질성, 분산과 통합이라는 공식보다는(이것도 역시 불완전하겠지만) 생존경쟁과 적자생존——가장 잘 적응한 유기체, 가장 잘 적응한 사회, 가장 잘 적응한 도덕, 가장 잘 적응한 언어, 관념, 철학의 생존——에 대한 설명이 역사를 더욱 잘 해명해주지 않을까?

"나는 추상 속에서 너무나 방황했기 때문에 구체적인 점에서는 인간성에 대한 서투른 관찰자"(『자서전』)라고 스펜서는 말한다. 이것은 위험할 만큼 정직하다. 물론 스펜서의 방법은 너무나 연역적이고 선천적이어서 베이컨의 이상, 곧 과학적 사고의 사실적 절차와는 매우 거리가 멀다. 그는 "상상할 수 있는 온갖 논제를 옹호하기 위해 선천적 논거와 후천적 논거, 연역적 논거와 귀납적 논거를 찾아내는 무진장한 능력"(로이스, 『허버트 스펜서』)을 갖고 있었다고 그의 비서는 말한다. 그리고 아마도

---

[21] 프랑스의 사회학자.

선천적 논거가 다른 논거들보다 강력했을 것이다. 스펜서는 과학자처럼 관찰로부터 시작해서 과학자처럼 가설로 나갔지만 다음에는 과학자답지 않게 실험이나 공평무사한 관찰이 아니라 선택적으로 쌓아놓은 유리한 자료에 의존했다. 그는 '부정적 사례'를 전적으로 도외시했다. 다윈의 절차와 비교해보라! 다윈은 자기 이론에 불리한 자료에 부딪치면 서둘러 기록해놓았다. 불리한 사실이 환영할 만한 사실보다 더 쉽게 기억 밖으로 빠져나간다는 것을 그는 알고 있었던 것이다.

H.G. 웰스의 말처럼 "공적 무능력이 품위 있는 국가 정책이 되기"를 바랐다. 그는 정부기관을 거의 믿지 않았으므로 우체국을 통해 원고를 보내지 않고 직접 인쇄소로 들고 갔다. 그는 개성이 강해서 독자적인 생활을 고집했고, 새로운 법률이 공포될 때마다 그의 개인적 자유가 침해받는다고 생각했다. 자연 도태는 계급경쟁과 국제경쟁에 있어서 점점 더 집단에 작용하고, 개인에 작용하는 경우는 점점 줄어들고 있으므로 가족적 원리(강자가 약자를 돕는)의 확대 적용은 집단의 통일성과 힘의 유지를 위해 불가결하다고 하는 벤저민 키드의 주장을 그는 이해할 수 없었다. 국가는 시민을 반사회적인 힘으로부터 보호해야 한다고 하면서 왜 반사회적인 경제적 힘으로부터의 보호는 거부하는가—이 점은 스펜서가 간과한 문제이다. 그는 정부와 시민을 어버이와 자녀에 비교하는 것을 유치하다고 비웃었지만 진정한 대비는 서로 돕는 형제 관계인 것이다. 그의 정치학은 그의 생물학보다는 훨씬 다윈주의적이다.

그러나 이것으로 비판은 충분하리라.

9
—

프리드리히 니체

1. 니체의 계보

니체는 다윈의 아들이고 비스마르크의 동생이었다.

그가 영국의 진화론자와 독일의 국가주의자를 비웃는 것은 중요하지 않다. 가장 많은 영향을 받은 사람을 비난하는 것은 그의 버릇이었고, 이 것은 그의 빚을 숨기려는 무의식적 방법이었다.

스펜서의 도덕철학은 진화론의 가장 당연한 필연적 결과는 아니었 다. 만일 삶이 적자생존의 생존경쟁이라면 힘은 최고의 덕, 약한 것은 유 일한 결점이다. 살아남아 승리하는 것이 '선'이고, 굴복하고 실패하는 것 이 '악'이다. 빅토리아조 중기의 사람들처럼 비겁한 영국의 다윈주의자 들이나 부르주아적 체면을 존중하는 프랑스의 실증주의자와 독일의 사회 주의자들만이 이러한 결론의 불가피성을 숨기려고 할 것이다. 이 사람들 은 대담하게도 기독교 신학을 배척했으나, 기독교 신학으로부터 나온 도 덕 관념, 곧 겸양, 친절 및 이타의 숭상을 논리적으로 부정할 용기는 없었 다. 그들은 이미 성공회 교도나 가톨릭 교도나 루터 교도는 아니었으나 감히 기독교도의 입장을 전적으로 포기할 수는 없었다. ──프리드리히 니체는 이렇게 주장했다.

기독교적 이상의 배후에 머무르지 않고 가능한 한, 이 이상을 능가하려는 것이 볼테르로부터 오귀스트 콩트에 이르는 모든 프랑스 자유사상가들을 은밀하게 고무한 태도였다. 콩트는 '남을 위해 살라' 는 유명한 도덕 공식으로 기독교를 탈(脫)기독교화했다. 공감, 동정 및 이타의 학설에 행위의 원리로서의 최대의 명예를 부여한 사람은 독일에서는 쇼펜하우어, 영국에서는 존 스튜어트 밀이었다. 모든 사회주의적 체제는 부지중에 이 학설을 공통의 기반으로 삼고 있다(『아침 노을』).

다윈은 무의식중에 백과전서파의 사업을 완성했다. 백과전서파는 근대 도덕의 신학적 기초를 제거했으나, 도덕성 자체는 원상 그대로 아무런 상처도 없이 기적처럼 허공에 떠 있었다. 이 협잡의 찌꺼기를 말끔히 치워버리려면 생물학이 숨 한번 쉬는 것으로 넉넉했다. 명석한 사고를 할 줄 알던 사람들은 모든 시대의 가장 심원한 인물들이 알고 있던 것, 곧 삶이라는 전투에서 우리들에게 필요한 것은 선량함이 아니라 힘, 겸손이 아니라 긍지, 이타심이 아니라 확고부동한 지성이며, 평등과 민주주의는 도태와 생존의 본질에 어긋나며, 대중이 아니라 천재가 진화의 목표이며, '정의' 가 아니라 권력이 모든 불화와 모든 운명의 심판자라는 것을 곧 깨달았다.——프리드리히 니체는 이렇게 생각했다.

위에서 한 말이 모두 옳다면 비스마르크보다 장엄하고 중요한 인물은 없을 것이다. 그는 삶의 현실을 알고 "국가 간에는 이타주의가 존재하지 않으며" 현대의 문제는 투표나 수사학이 아니라 피와 쇠로 결정되어야 한다고 퉁명스럽게 말한 인물이었다. 기만과 민주주의와 '이상' 으로 말미암아 썩어가는 유럽에 대해서 그는 얼마나 신선한 회오리바람이었던가! 겨우 2, 3개월 만에 그는 퇴폐한 오스트리아로 하여금 그의 지도권을 받아들이게 했고, 겨우 2, 3개월 만에 그는 나폴레옹 전설에 심취해 있던 프랑스를 굴복시켰다. 또한 이 짧은 기간에 그는 독일의 모든 소 '국가'들, 곧 약소한 모든 공국들, 그 주권자와 제세력을 연합시켜 정녕 새로운 권력 도덕의 상징인 강력한 제국을 형성하지 않았던가? 이 새로운 독일의 군사상 및 산업상의 증대하는 정력은 대변자를 요구했고, 전쟁에 의한 심판은 전쟁을 정당화하는 철학을 요구했다. 기독교는 전쟁을 정당화하지 못했으나 다윈주의는 정당화할 수 있었다. 약간 대담하기만 하면 일은 끝난다.

니체는 대담해서 대변자가 되었다.

2. 청년 시대

그러나 그의 아버지는 목사였다. 양친의 가계(家系)는 대대로 성직자였고 니체 자신도 끝까지 설교자였다. 그의 마음 속에는 기독교의 도덕 정신이 큼직하게 자리잡고 있었기 때문에 그는 기독교를 공격했다. 그의 철학은 온화함과 친절과 평화를 지향하는, 거역하기 힘든 경향을 격렬한 부정으로 조절하고 바로잡으려는 시도였다. 제노바의 선량한 사람들이 그를 성자라고 부른 것은 마지막 모욕이 아니었을까? 그의 어머니는 이마누엘 칸트를 기른 어머니와 마찬가지로 경건한 청교도 부인이었고, 니체도 아마 한 가지 비참한 예외를 제외하고는 끝까지 동상처럼 순수하게 경건한 청교도로 지냈다. 따라서 그는 청교도와 경건성을 공격하지 않을 수 없었다. 이 완고한 성자는 죄인이 되기를 얼마나 열망했던가!

그는 1844년 10월 15일 프로이센의 뢰켄에서 태어났다. 이 날은 마침 당시의 프로이센 왕 프리드리히 빌헬름 4세의 생일이었다. 아버지가 일찍 죽었기 때문에 그는 가족 중 신앙심 깊은 부인들의 제물이 되었고, 부인들은 그를 너무 귀여워해서 거의 여성적이라고 할 만큼 섬세하고 감

수성이 강한 소년으로 만들었다. 그는 새 둥
지를 헐어버리고, 과수원을 습격하고, 군대
놀이를 하고, 거짓말을 하는 이웃의 악동들
을 싫어했다. 급우들은 그를 '작은 목사'라
고 불렀고 한 급우는 '교회 안의 예수'라고
평했다. 혼자서 성경을 읽거나 감상적인 목
소리로 다른 사람에게 성경을 읽어주어 눈물
을 흘리게 하는 것이 그의 각별한 기쁨이었
다. 그러나 그의 마음 속에는 억센 극기심과
긍지가 숨어 있었다.

니체

18세 때 그는 조상이 믿어온 신에 대해 신앙을 잃고 그 후의 생애를
새로운 신을 찾는 데 바쳤다. 그는 이 신을 초인에게서 발견했다고 믿었
다. 그는 후에 이러한 변화를 쉽게 받아들였다고 말했으나, 그에게는 쉽
게 자신을 기만하는 버릇이 있었으므로 그는 믿을 수 없는 자서전 작가이
다. 그는 주사위를 한번 던지는 데에 모든 것을 건 사람처럼 냉소적인 사
람이 되었다. 종교는 그의 생활의 정수였으므로 이제 그의 생활은 공허하
고 무의미한 것으로 생각되었다. 그는 갑자기 본과 라이프치히에서 대학
급우들과 방탕한 생활을 보내게 되었고, 남자들의 특기인 끽연과 음주를
억제해왔던 결벽조차도 극복했다. 그러나 곧 그는 술, 여자, 담배에 혐오
감을 느꼈고, 반동적으로 당시 독일의 '맥주에 얼큰하게 취한 상태'를 엄
청나게 경멸하며 맥주를 마시고 파이프로 담배를 피우는 사람들에게는
명료한 인식이나 정밀한 사고가 불가능하다고 생각했다.

이 무렵, 곧 1865년에 그는 쇼펜하우어의 『의지와 표상으로서의 세
계』를 발견했고 이 책을 '세계, 인생, 자기의 마음을 무서울 만큼 분명하
게 비춰주는 거울'(『비극의 탄생』)이라고 생각했다. 그는 하숙에서 이 책

을 한마디 빼놓지 않고 탐독했다. "마치 쇼펜하우어가 나에게 친히 말을 하는 것 같았다. 나는 그의 신념을 느꼈고 그가 바로 내 눈앞에 서 있는 것 같았다. 각 행마다 포기와 부정과 체념의 절규가 있었다"(푀르스터 니체, 『프리드리히 니체의 생애』). 쇼펜하우어 철학의 어두운 색깔은 니체의 사상에 끈질긴 영향을 남겼다. '교육자로서의 쇼펜하우어'(이것은 그의 논문의 제목이기도 하다)의 열렬한 신봉자였을 때만이 아니라 염세주의를 퇴폐의 한 형태라고 비난하게 되었을 때에도 그는 마음 속으로는 불행한 사람이었고, 그의 신경조직은 고통을 받도록 세심하게 꾸며진 것 같았으며, 비극을 삶의 기쁨이라고 찬양한 것도 단지 또 하나의 자기 기만 같았다. 오직 스피노자나 괴테만이 그를 쇼펜하우어로부터 구제할 수 있을 것이다. 그러나 그는 '침착'과 '운명애'를 설교하면서도 스스로 실천한 적은 없었다. 현인의 평정과 균형잡힌 정신의 침착성은 그의 몫이 아니었다.

23세 때, 그는 군에 징집되었다. 그러나 낙마(落馬)로 가슴의 근육에 상처를 입었기 때문에 징집병 병사는 어쩔 수 없이 제대했다.

군대 생활로부터 그는 정반대되는 생활——언어학자로서의 학구 생활——로 옮겨왔다. 전사가 되는 대신 박사가 된 것이다. 25세 때 그는 바젤 대학교의 언어학 교수로 임명되었고, 그는 안전한 거리를 갖고 비스마르크의 철혈정책을 찬양할 수 있었다. 그는 앉아서 일하는 비영웅적 직업을 택하면서 묘한 후회감을 느꼈다. 한편 의사와 같은 활동적인 직업을 택했으면 좋았을 것이라고 생각하면서도 동시에 음악에 매력을 느꼈다. 그는 일류 피아니스트가 되어 몇 곡의 소나타를 작곡했다. 그는 "음악이 없으면 나에게 생활은 오류일 것"이라고 말했다.

바젤에서 멀지 않은 트리브쉔에서는 음악의 거장 리하르트 바그너가 유부녀와 함께 살고 있었다. 1869년, 니체는 초대를 받아 바그너와 함께 크리스마스를 보냈다. 니체는 미래의 열렬한 음악광이었고, 또한 바그너는 학식과 대학의 권위로써 자신에게 도움이 될 풋내기 학자를 소홀히 대접하지 않았다. 위대한 작곡가에게 매혹되어 니체는 그의 첫 번째 책[1]을 쓰기 시작했는데, 이 책은 그리스 극으로부터 시작해서 「니벨룽겐의 반지」[2]로 끝나고, 세상을 향해 바그너를 현대의 아이스킬로스라고 설교할 예정이었다. 그는 분주한 군중을 피해 조용히 글을 쓰고자 알프스 산으로 들어갔다. 그는 여기서 1870년에, 독일과 프랑스 사이에 전쟁이 일어났다는 소식을 들었다.

그는 주저했다. 그리스의 정신과 시, 극, 철학 및 음악의 모든 뮤즈의 여신들이 그를 축복해주고 있었기 때문이었다. 그러나 그는 조국의 부름을 물리칠 수 없었다. 약한 시력 때문에 그는 전선에 나가지 못하고 간호병으로 만족해야 했다. 따라서 그는 무서운 일을 많이 보기는 했지만 싸움터의 잔인한 현실을 알지는 못했으므로 후에 그의 소심한 영혼은 비경험자의 온갖 강렬한 상상력에 의해 이 잔인한 현실을 이상화하려고 했다. 그의 예민한 감수성으로는 간호조차도 벅찬 일이었고 피를 보면 기분이 나빴다. 그는 병석에 눕게 되어 쇠약한 몸으로 집에 돌아왔다. 그 후로 그의 신경은 셸리와 같았고, 그의 위는 칼라일 같았다. 전사의 갑옷 밑에는 여자의 영혼이 숨어 있었다.

3. 니체와 바그너

1872년 초, 니체는 그의 최초의, 그리고 유일하게 완성된 책, 곧 『음악의 정신으로부터의 비극의 탄생』[1)]을 출판했다.

---

1 『비극의 탄생』을 말한다.
2 바그너의 작품.

고전문헌학자가 이렇게 서정적으로 말한 적은 일찍이 없었다. 그는 그리스 예술이 예배해온 두 신에 대해 말했다. 첫째는 디오니소스(혹은 바쿠스), 곧 술과 환락, 생명의 향상, 행동의 환희, 황홀한 감정과 영감, 본능과 모험과 불굴의 신, 노래와 음악과 춤과 연극의 신이었고, 둘째는 아폴론, 곧 평화와 한가와 평정, 심미적 정서와 지적 관조, 논리적 질서와 철학적 평온의 신, 회화와 조각과 서사시의 신이었다. 가장 고상한 그리스 예술은 이 두 이상—디오니소스의 쉼없는 남성적 힘과 아폴론의 조용한 여성적 미—의 결합이었다.

그해에 니체는 아직 몸은 약했지만 야심에 불타는 정신을 갖고 강의의 고역에 정력을 소모하는 것을 싫어하면서 바젤로 돌아왔다. "내 앞에는 50년 동안 해야 할 일이 있었고 나는 시간을 정복하지 않으면 안 되었다"(할레비, 『프리드리히 니체의 생애』). 이미 그는 전쟁에 약간의 환멸을 느끼고 있었다. 그는 "독일 제국은 독일 정신을 근절시키고 있다"(『반시대적 고찰』)고 말했다. 1871년의 승리[3]는 독일 정신에 야비한 자만심을 일으켰고 이러한 자만심은 정신적 성장에 가장 해로웠다. 니체는 개구쟁이 같은 성질 때문에 어떠한 우상도 간과하지 않았다. 그는 당시의 가장 존경받는 대표적 인물, 곧 다비트 슈트라우스를 공격해서 이 우둔한 자기 만족을 공격하기로 결심했다.

알맞은 제목을 붙인 『반시대적 고찰』 제2편— '교육자로서의 쇼펜하우어' —에서 그는 광신적 배타주의에 사로잡힌 대학을 맹렬히 공격했다. "우리는 경험을 통해 서투른 국가의 어용 철학자들이 천부적 철학자의 발전을 가장 저해한다는 것을 배웠다"(『반시대적 고찰』). 어떠한 국가

---

1) 같은 무렵에 쓴 바그너의 「극으로부터의 음악의 발전에 대하여」라는 에세이가 후에 그들이 절교하는 원인이 되었다.
3 보불 전쟁의 승리.

도 플라톤이나 쇼펜하우어 같은 철학자들을 후원하지는 않을 것이다. 국가는 언제나 이러한 철학자들을 두려워하고 있기 때문이다. 그는 『우리의 교육제도의 장래』와 『역사의 선용과 악용』에서 독일 지성이 보잘것없는 골동품적 학식에 얽매여 있는 것을 조롱했다. 이 논문에는 그의 두 가지 독특한 사상이 이미 표현되어 있다. 곧 도덕도 신학도 진화론적 관점에서 재건되어야 하고, 삶의 기능은 '개별적으로 볼 때 가장 가치 없는 다수자를 개선'하는 것이 아니라 '천재의 창조', 곧 탁월한 인물을 육성하고 향상시키는 것이다(『반시대적 고찰』).

이 논문 중 가장 열렬한 것은 '바이로이트에 있어서의 리하르트 바그너'[4]였다. 이 논문은 바그너를 '두려움이라는 말을 전혀 몰랐던'(『반시대적 고찰』) 지그프리트[5]로서, 또한 유일한 예술의 창조자로서——처음으로 모든 예술을 거대한 미적 종합에 융해시켰기 때문에——찬양했다. 또한 이 논문은 독일을 향해 다가올 바그너 축제의 장엄한 의의를 깨달으라고 촉구했다. "우리들에게 바이로이트는 전투하는 날 아침의 성례를 의미한다"(『반시대적 고찰』). 이것은 젊은 숭배자의 발언이었고 바그너에게서 후에 초인(超人)의 개념이 된 남성적 결단과 용기를 본, 거의 여성적일 만큼 섬세한 정신의 발언이었다. 그러나 숭배자는 철학자이기도 해서, 바그너에게서 귀족적 영혼에게는 불쾌한, 어떤 독선적 이기주의를 간파했다. 그는 1871년 바그너가 프랑스인에게 퍼부은 비난(파리는 「탄호이저」에 호의를 보이지 않았던 것이다!)을 참을 수 없었고, 바그너의 브람스에 대한 질투를 보고 깜짝 놀랐다. 앞에 말한 찬양하는 논문에서조차도 그 중심적 테마는 바그너에게는 불리한 전조였다. "세계는 너무 오랫동안 동양

---

4 『반시대적 고찰』 제4편.
5 큰 용을 죽이고 보물을 빼앗아 여걸 브룬힐트를 군터 왕의 아내가 되게 했다는 독일 전설상의 인물.

화되었으므로[6] 이제 사람들은 그리스화를 열망하고 있다"(『반시대적 고찰』). 그런데 니체는 바그너가 반쯤은 유태인인 것을 알고 있었다.

1876년 마침내 바이로이트의 음악제가 열렸고 바그너의 오페라는 매일 밤—삭제 없이—상연되고 바그너 숭배자와 황제와 왕자와 소공자와 유한 계급이 밀려들어 가난한 숭배자들을 몰아냈다. 갑자기 니체는 바그너에게 얼마나 많은 가이어적 요소(니체는 유태인 배우 루트비히 가이어를 바그너의 아버지라고 생각했다)가 있는지, 「니벨룽겐의 반지」가 얼마나 무대 효과에 의존하고 있는지, 음악에는 적지 않게 결여되어 있는 멜로디가 극에는 얼마나 잘 나타나 있는지를 깨달았다. 니체는 심포니에 의해 전개되는 극, 곧 가곡으로부터 발달한 형식을 염두에 두고 있었으나 오페라의 또다른 매력이 바그너를 어쩔 수 없이 다른 방향으로 몰고갔다. 니체는 이 방향으로 갈 수는 없었다. 그는 극적인 것과 오페라적인 것을 몹시 싫어했던 것이다. 그는 "여기에 있으면 미칠 것 같다. 나는 기나긴 음악의 밤들이 무섭기만 하다. 더 이상 참을 수 없구나"(1876년 8월 5일자로 누이동생에게 보낸 편지)라고 말했다.

따라서 그는 바그너의 최대의 승리로 온 세상이 바그너를 찬양하고 있을 때, 바그너에게 한마디 인사도 없이 달아나버렸다. 그는 여기서는 가장 용감한 영혼조차도 정복하고 있는 낭만주의적이고 관념론적인 사기, 인간의 양심을 약하게 만드는 유약성과 문란한 광상곡에 대한 온갖 혐오에 지쳐서 달아났다. 그 후 먼 소렌토에서 그는 바그너를 우연히 만났으나 이때 바그너는 승리에 취해 휴식하면서 새 오페라 「파르지팔」의 집필에 전념하고 있었다. 이 오페라는 기독교 정신과 동정과 비육체적 사랑을 찬양하고 '순결한 바보',[7] 곧 '그리스도에 있어서의 바보'에 의해 구

---

6 기독교화되었다는 뜻.

제된 세계를 그릴 예정이었다. 니체는 한마디도 말하지 않고 돌아섰고, 그 후 바그너와는 다시는 말하지 않았다. "나는 자기 자신에 대한 성실과 결부되지 않은 '위대성'을 인정할 수 없다. 이러한 것을 발견하면 나에게는 인간의 성공은 나와는 전혀 관계가 없는 것으로 생각된다"(『서한집』). 그는 성자 파르지팔보다는 반항아 지그프리트를 좋아했고, 기독교에서 그 신학적 결함을 무시하고 도덕적 가치와 아름다움을 보게 된 바그너를 용서할 수 없었다. 『바그너의 경우』에서 그는 신경질적 분노를 갖고 바그너를 격렬하게 공격했다.

니체는 자신이 생각하는 것보다 훨씬 더 '아폴론적'이었다. 곧 정교하고 우아하고 섬세한 것을 사랑하는 자였고, 야성적인 디오니소스적 정력을 사랑하거나 술과 노래와 연애를 사랑하는 자는 아니었다. 바그너는 푀르스터 니체 부인에게 말했다. "당신의 오빠는 섬세하고 분명하기 때문에 가장 불쾌한 녀석이야. …… 때로는 나의 농담에 그는 매우 당황하는데, 그때 나는 어느 때보다도 더 난폭한 농담을 하지"(엘리스, 『증언』). 니체에게는 플라톤적 요소가 많아서 예술이 인간에게 엄격함을 잊게 하지 않을까 걱정했다. 그는 다감한 사람이었으므로 모든 사람들이 자기 자신과 마찬가지로 기독교 정신을 실천하는 위험에 휩쓸릴 것으로 생각했다. 이 온화한 교수에게 알맞은 전쟁은 아직 일어나지 않았던 것이다. 그러나 고요한 때에는 그는 바그너도 자기처럼 올바르고 파르지팔의 온화함도 지그프리트의 힘처럼 필요하며 이러한 정반대되는 대립도 어떤 광대무변한 방법에 의해 건전한 창조적 통일을 이루게 된다는 것을 잘 알고 있었다. 그는 가장 귀중하고 유익한 인생 경험을 하게 한 사람[8]에게 자신을 무언중에 결합시킨 '별에 새겨진 우정'을 생각하기를 좋아했다. 그리고 만

---

7 '파르지팔'은 아라비아 말로 순결한 바보라는 뜻.
8 바그너를 말한다.

년에 미쳤을 때 맑은 정신이 돌아오는 순간, 이미 오래 전에 죽은 바그너의 초상을 알아보며 그는 '나는 이 사람을 무척 사랑했어'라고 조용히 중얼거렸다.

4. 차라투스트라의 노래

이제 그는 그를 저버린 듯한 예술로부터 과학——과학의 냉정한 아폴론적 분위기는 트리브쉔과 바이로이트의 디오니소스적 열기와 소동을 겪은 후의 그의 영혼을 맑게 해주었다——과 '어떠한 폭군도 침입하지 못하는 피난처를 제공하는'(『반시대적 고찰』) 철학으로 피신했다. 스피노자처럼 그는 격정을 검토함으로써 그의 격정을 진정시키려고 했다.

우리들에게는 '감정의 화학'이 필요하다고 그는 말했다. 따라서 다음 저서 『인간적인, 너무나 인간적인』(1878~80년)에서는 그는 심리학자가 되어 외과의처럼 가차없이 가장 섬세한 감정과 가장 소중히 여기는 신앙을 분석하고, 가장 심한 반동기였음에도 불구하고 매우 대담하게 이것을 악명 높은 볼테르의 공적으로 돌렸다. 그는 이 책을 바그너에게 보냈고, 그 대신 「파르지팔」을 받았다. 그 후 그들은 다시는 편지를 주고받지 않았다.

그 후 장년의 절정이었던 1879년, 그는 심신이 쇠약해져 빈사 상태에 빠졌다. 그는 초연하게 죽음을 준비했다. 그는 누이동생에게 "약속해라, 내가 죽으면 내 친구들만을 내 관 옆에 서 있게 하겠다고. 호기심 많은 녀석들은 안 돼. 내가 무기력할 때에 무덤 옆에서 목사나 그런 종류의 인간들이 거짓말을 해서는 안 돼. 나를 정직한 이교도로서 묻어다오"(푀르스터 니체, 『외로운 니체』)라고 말했다. 그러나 그는 회복되었기 때문에 이 영웅적 장례는 연기되었다. 이 병 때문에 그에게는 건강과 태양, 삶과 웃음과 춤, 카르멘의 '남방의 음악'에 대한 사랑이 싹텄고, 이 병 때문에 죽음과의 투쟁에서 생긴 보다 강한 의지, 인생의 괴로움과 고통 속에서도 아름다움을 느끼는 '긍정'을 배웠고, 이 병 때문에 스피노자처럼 유쾌하게 자연의 제한과 인간의 운명을 받아들이려는 가련한 노력도 생겼을 것이다. "인간의 위대성을 나타내는 나의 공식은 운명애(amor fati)이다. ……필연적인 것은 감내할 뿐 아니라 사랑해야 한다"(『이 사람을 보라』). 슬프구나, 말하기는 쉬워도 행하기는 어렵다는 것은.

그의 다음 책의 제목——『아침 노을』(1881년)과 『즐거운 지혜』(1882년)——은 회복의 기쁨을 반영하고 있다. 이 책은 그 후의 저서보다 훨씬 논조가 부드럽고 어휘도 온건하다. 이제 그는 1년 동안 대학이 제공한 연금으로 조용한 생활을 하고 있었다. 자존심이 강한 철학자는 마음조차도 약해져서 갑자기 사랑을 느끼게 되었다. 그러나 루 살로메는 그의 사랑에 응답하지 않았다. 니체의 눈은 그녀를 즐겁게 하기에는 너무나 날카롭고 심원했다. 파울 레는 덜 위험했고 파겔로 박사는 니체에게 뮈세의 역할을 했다. 니체는 절망해서 달아났고 도중에 여자에 대한 여러 가지 경구를 지었다. 사실 그는 소박하고 열정적이고 낭만적이고 단순할 만큼 상냥했다. 상냥한 성격에 대한 그의 투쟁은 쓰라린 환멸과 결코 낫지 않을 상처를 남겨놓은 미덕을 몰아내려는 노력이었다.

이제 그는 마음껏 고독할 수 없었다. "침묵하기가 어렵기 때문에 인간과 함께 사는 것은 어렵다"(『차라투스트라는 이렇게 말했다』). 그는 이탈리아에서 알프스의 고원, 상(上) 엔가딘의 실스 마리아로——남자도 여자도 사랑하지 않고 인간을 초극하기를 기원하면서——옮겨갔다. 그리고 여기 쓸쓸한 고원에서 그의 최대 걸작의 영감이 떠올랐다.

나는 기다리며 여기 앉아 있다.

기다려도 소용없을 것을 기다리면서,
선악을 넘어서서 때로는
빛을, 때로는 그림자를 즐기면서,
있는 것은 오직 호수, 대낮, 끝이 없는 시간뿐.
그때 나의 벗이여, 갑자기 한 사람이 두 사람으로 되었다.
　—차라투스트라가 내 옆을 지나간 것이다(『즐거운 지혜』).

이제 그의 "영혼은 넘쳐 흘렀다"(『차라투스트라는 이렇게 말했다』). 그는 새로운 스승 '조로아스터'를, 새로운 신 '초인'을, 새로운 종교 '영원회귀'를 발견했다. 이제 그는 노래하지 않을 수 없었다. 철학은 그의 불타는 영감으로 말미암아 시로 변했다. "나는 한 가지 노래를 부를 수 있고 이 노래를 부르려고 한다. 비록 빈 집에 홀로 있어서 내 귀만이 듣는다 하더라도"(『차라투스트라는 이렇게 말했다』)(이 말에는 얼마나 고독이 나타나 있는가!).

"그대, 거대한 천체여! 그대에게 그대가 비추어줄 것이 없다면 그대의 행복은 어떻게 될까!……보라! 나는 꿀을 너무 많이 모은 꿀벌처럼 나의 지혜에 지쳤고 나에게는 나를 향해 내미는 여러 손이 필요하다"(『차라투스트라는 이렇게 말했다』). 그래서 그는 『차라투스트라는 이렇게 말했다』(1883년)를 썼고, "리하르트 바그너가 베니스에서 죽은 신성한 시각에"(『이 사람을 보라』) 탈고했다. 이 책은 「파르지팔」에 대한 그의 당당한 대답이었으나 「파르지팔」의 작자는 이미 이 세상 사람이 아니었다.

이 책은 그의 걸작이었고 그도 이러한 사실을 알고 있었다. 후에 니체는 이 책에 대해 다음과 같이 말했다. "이 책은 독자적인 위치를 차지하고 있다. 시인들은 젖혀놓기로 하자. 이와 같이 넘쳐흐르는 힘으로부터 태어난 책은 다시는 없을 것이다. ……온갖 위대한 영혼의 모든 정신과 선의를 모아 놓아도 차라투스트라의 말 한마디로 만들어 내지 못하리라"

(『이 사람을 보라』).

약간의 과장이 있기는 하다! 그러나 이 책은 분명히 19세기의 걸작 중의 하나이다. 그렇지만 니체는 이 책을 출판하는 데에 곤경을 겪었다. 출판사가 50만 권의 찬송가집을 주문받고 그 다음에는 대대적으로 반유 태인 팜플렛을 내놓았기 때문에 제1부의 인쇄는 늦어졌고, 제4부는 돈벌이의 관점에서는 전혀 가치가 없기 때문에 출판사는 인쇄를 거절했다. 따라서 저자는 자비로 제4부를 출판해야 했다. 팔린 것은 40권이었고 7권이 기증본으로 나갔다. 기증본을 받았다고 알려온 사람은 한 사람뿐이었고, 칭찬한 사람은 한 사람도 없었다. 이만큼 고독한 사람도 없었을 것이다.

차라투스트라는 그의 페르시아의 원형 조로아스터처럼 30세 때 은둔 생활을 하던 산에서 내려와 군중에게 설교하기 시작했으나 군중은 그에게 등을 돌리고 줄타기의 재주를 본다. 줄타기는 떨어져 죽는다. 차라투스트라는 시체를 짊어지고 간다. "그대는 위험한 일을 그대의 천직으로 삼았고 그대의 천직 때문에 파멸했으므로 나는 손수 그대를 묻어주는"(『차라투스트라는 이렇게 말했다』) 것이다. 그는 "위험하게 살아라. 그대의 도시를 베수비오스 산 기슭에 건설하라. 그대의 배를 탐험되지 않은 바다로 내보내라. 전쟁 상태에서 살아라"(『차라투스트라는 이렇게 말했다』)라고 설교한다.

그리고 신을 믿어서는 안 된다는 것을 명심하라. 차라투스트라는 산을 내려오다가 늙은 은자(隱者)를 만나는데 은자는 그에게 신에 대해 말한다. 그러나 차라투스트라는 이 은자와 헤어진 다음, 마음 속으로 다음과 같이 말한다. "도대체 이런 일이 있을 수 있을까! 저 늙은 성자는 숲 속에 살고 있어서 신이 죽었다는 것을 전혀 듣지 못했구나"(『차라투스트라는 이렇게 말했다』). 그러나 물론 신은 죽었다. 모든 신이 죽은 것이다.

정녕 늙은 신들은 벌써 오래 전에 최후를 맞이했다. ─그리고 정녕 늙은 신들은 착하고 즐거운 신들로서 최후를 맞이했던 것이다.

늙은 신들[9]이 황혼 속으로 사라져버린 것은 아니다.[2] 그것은 거짓말이다! 오히려 늙은 신들은 일찍 죽도록─웃었던 것이다.

이 일은 신을 가장 부정하는 말이 어떤 신[10]의 입에서 나왔을 때 일어났다. ─그 말은 "신은 유일하다. 그대는 나 이외의 다른 신을 섬겨서는 안 된다!"는 것이다! ─수염투성이의 늙은 분노의 신, 질투 많은 신[11]은 이만큼 자기 자신을 잊었던 것이다! ─

그리고 그때 모든 신들은 웃고 그들의 의자 위에서 몸을 흔들며 외쳤다. "신들은 존재하지만 하나의 신은 존재하지 않는다는 것, 이것이야말로 거룩하지 않은가?"

귀가 있는 자는 들어라. ─

차라투스트라는 이렇게 말했다.

얼마나 유쾌한 무신론인가! 신들은 존재하지 않는다는 것, 이것이야말로 신성의 본질이 아닌가? "만일 신들이 존재한다면 무엇이 창조될 수 있을 것인가? ……만일 신들이 존재한다면 나는 내가 신이 아닌 것을 어떻게 참을 수 있을 것인가? 따라서 신들은 존재하지 않는다." "나보다 더 신을 부정하는 자는 누구인가? 나는 그의 가르침을 듣고 싶다." "나의 형제들이여, 그대들에게 간청한다. 대지에 충실하고 그대에게 초지상적 희망에 대해 말하는 자들을 믿지 말라고! 의식적이든 무의식적이든 그들은 독을 배합하는 자들이다"(『차라투스트라는 이렇게 말했다』). 처음에는 반항하던 많은 사람들도 마침내 인생에 필요한 마취제인 이 달콤한 독[12]

---

9 그리스의 제신(諸神).

2) 바그너의 「신들의 황혼」에 대한 공격이다.

10 기독교의 유일신을 말한다.

11 기독교의 신.

12 종교를 말한다.

에 귀의한다. '보다 높은 인간들'[13]은 차라투스트라의 동굴에 모여 차라투스트라의 가르침을 설교할 준비를 한다. 차라투스트라는 잠시 그들의 곁을 떠났다가 돌아와보니, 보다 높은 인간들은 "자기 모습대로, 다시 말하면 가능한 한 어리석게 세계를 창조한"(『차라투스트라는 이렇게 말했다』) 나귀에게 향을 피우고 있다. 이것은 교훈적인 것은 아니지만 원문은 다음과 같다.

> 선과 악의 창조자가 되어야 하는 자는 정녕 우선 파괴자가 되어 여러 가치를 부숴버려야 한다.
>
> 이렇게 최고의 악은 최고의 선에 속해 있다. 그러나 최고의 선은 창조적인 선이다.
>
> 그대들, 최고의 현인들이여, 비록 이렇게 말하는 것이 나쁜 일이라 하더라도 우리는 오직 이에 대해서만 말하자. 침묵은 더 나쁘다. 숨겨진 모든 진리는 독을 갖게 된다.
>
> 그리고 우리들의 진리에 의해 부숴버릴 수 있는 것은 모두 부숴버리자! 아직도 지어야 할 집이 허다하다! ──
>
> 차라투스트라는 이렇게 말했다.

이 말은 불손한가? 그러나 차라투스트라는 "존경할 줄 아는 자는 하나도 없다"고 불평하고 자기 자신을 "신을 믿지 않는 자들 중에서 가장 경건한 자"(『차라투스트라는 이렇게 말했다』)라고 부른다. 그는 신앙을 열망하며 "늙은 신이 죽고 새로운 신은 아직도 요람 속 포대기에 누워 있기 때문에 나처럼 커다란 구역질에 시달리는 모든 사람들"(『차라투스트라는

---

13 일찍이 신을 믿고 피안에 정열을 기울였으나 신은 죽었고 따라서 신에의 열망을 품고 방황하는 자들이 있다. 그들은 신이 죽은 다음 남은 것은 허무뿐임을 알고 있다. 이 허무를 극복하기 위해 아직도 피안에의 열정을 버리지 못한다. 그들은 초인을 자각하고 있지는 못하지만 대중보다는 자각적이다. 이러한 의미에서 니체는 이런 사람들을 '보다 높은 인간'이라고 부른다.

이렇게 말했다』)을 동정한다. 그래서 그는 새로운 신의 이름을 선포한다.

모든 신은 죽었다. 이제 우리들은 초인이 살게 되기를 바란다. ……나는 그대들에게 초인을 가르친다. 인간은 초극되어야 할 그 무엇이다. 그대들은 인간을 초극하기 위해 무엇을 했는가?……

인간의 위대함은 그가 다리〔橋梁〕일 뿐, 목적이 아니라는 데 있다. 인간의 사랑스러움은 그가 과도(過渡)이며 몰락이라는 데 있다. 나는 사랑한다, 몰락하는 자로서 살 뿐, 그 밖의 삶을 모르는 자를. 그는 저 쪽을 향해 건너가기 때문이다.

나는 사랑한다, 커다란 경멸을 가진 자를. 그는 위대한 숭배자이 며, 피안으로 날아가는 동경의 화살이기 때문이다.

나는 사랑한다, 몰락과 희생의 원인을 성신(星辰)의 배후에서 구 하지 않고 언젠가는 대지가 초인의 것이 되도록 대지를 위해 희생되는 자를…….

지금은 인간이 자기 목표를 세워야 할 때다. 지금은 인간이 가장 빛나는 희망의 싹을 심을 때다. ……

나에게 말하라, 나의 형제들이여, 아직도 인류에게 목표가 없다 면, 마찬가지로―인류 그 자체도 아직은 없는 것이 아닌가?……
가장 가까이 있는 자들에 대한 사랑보다는 가장 멀리 있는 자들, 미 래의 사람들에 대한 사랑이 더 고귀하다(『차라투스트라는 이렇게 말 했다』).

니체는 모든 독자들이 니체 자신을 초인으로 생각할 것으로 예측한 듯하다. 그는 초인은 아직 태어나지 않았다고 고백함으로써 이렇게 생각 하는 것을 예방하려고 하기 때문이다. 우리는 단지 초인의 선구자, 초인 의 토양이 될 수 있을 뿐이다. "그대의 능력이 미치지 못하는 일은 무슨 일이든 원하지 말라. ……그대의 능력 이상으로 유덕(有德)해지려고 하 지 말라. 그리고 개연성에 어긋나는 일을 그대 자신에게 요구하지 말라" (『차라투스트라는 이렇게 말했다』). 초인만이 알게 될 행복은 우리들의 것이 아니다. 우리들의 최상의 목표는 일이다. "오래 전에 나는 나의 행복을 위한 노력을 포기했다. 이제 나는 오직 일하려고 할 뿐이다"(『차라투스트라는 이렇게 말했다』).

니체는 자기 모습대로 신을 창조한 것으로 만족하지 않는다. 그는 자신을 불멸의 존재로 만들어야 하는 것이다. 따라서 초인 다음에는 '영원회귀'가 온다. 만물은 조금도 변함 없이 무한히 회귀할 것이다. 니체 자신도 회귀하고 피와 쇠의 독일도, 누더기를 입고 재〔灰〕를 뒤집어쓰고 참회하는 독일도, 무지로부터 『차라투스트라는 이렇게 말했다』에 이르는 모든 노작도 회귀할 것이다. 이것은 무서운 이론이고 삶을 긍정하고 승인하는 가장 용감한 궁극적 형식이다. 도대체 이렇게 되지 않을 까닭이 무엇인가? 가능한 현실적 결합은 유한하고 시간은 무한하다. 언젠가는 불가피하게 물질과 생명은 전에 가졌던 형태와 동일한 형태를 갖게 될 것이고, 이러한 숙명적 반복으로 말미암아 모든 역사는 꾸불꾸불한 과정을 다시 되돌아가지 않을 수 없다. 결정론은 우리들을 이 오솔길로 몰고간다. 차라투스트라가 이 최후의 가르침을 말하기를 꺼린 것은 이상한 일이 아니다. 어떤 목소리가 그에게 "걱정할 것 없지 않은가, 차라투스트라여? 그대가 하고 싶은 말을 하고 부숴버려라!"(『차라투스트라는 이렇게 말했다』)라고 말할 때까지 두려워하고 떨고 주저한 것은.

5. 영웅도덕

『차라투스트라는 이렇게 말했다』는 니체에게는 복음서가 되었고, 그 후의 그의 저서는 단지 이 복음서에 대한 주석서에 지나지 않았다. 유럽은 그의 시를 이해하지 못하더라도 그의 산문은 이해할 것이다. 예언자의 노래 다음에는 철학자의 논리가 생긴다. 가령 이 철학자 자신이 논리를 믿지 않는다 하더라도 어쩔 수 없지 않은가? 논리는 진리의 징표는 아니더라도 진리를 명료하게 하는 도구인 것이다.

그는 이제 어느 때보다도 고독했다. 『차라투스트라는 이렇게 말했다』는 친구들에게도 약간 기묘하게 생각되었던 것이다. 바젤의 동료로서 『비극의 탄생』을 찬양했던 오베르크나 부르크하르트 같은 학자들은 뛰어난 고전문헌학자의 상실을 슬퍼할 뿐, 시인의 탄생을 축하할 수는 없었다. 누이동생(철학자에게 있어 누이동생은 아내의 훌륭한 대역임을 그녀는 거의 입증했다)은 갑자기 그의 곁을 떠나 니체가 경멸하던 반유태인주의자와 결혼했고 공산주의적 식민지를 찾아 파라과이로 떠났다. 누이동생은 창백하고 약한 오빠에게 건강을 위해 같이 가자고 했으나 니체는 육신의 건강보다는 유럽이 '문화박물관'으로서 필요했다. 그는 장소와 시간을 가리지 않고 불규칙한 생활을 했고 스위스, 베니스, 제노바, 니스, 토리노 등을 전전했다. 그는 성 마르코의 사자상 둘레에서 놀고 있는 비둘기떼 한가운데서 글을 쓰기를 좋아했다. '이 성 마르코 광장은 나의 가장 좋은 일터였다.' 그러나 그는 햇빛을 피하라는 햄릿의 충고를 따라야 했다. 햇빛은 그의 눈병에 좋지 않았다. 그는 음산하고 추운 다락방에서 발을 내려놓은 채 꼼짝 않고 일만 했다. 시력이 쇠약해졌기 때문에 그 후로 그는 책을 쓰지 못하고 잠언만을 썼다.

그는 이러한 단편들을 모아 『선악의 피안』(1886년), 『도덕의 계보학』(1887년)이라는 이름을 붙이고, 이 책들이 낡은 도덕을 파괴하고 초인의 도덕의 길을 개척하기를 바랐다. 잠시 동안 그는 다시 고전문헌학자가 되어 어원학(語源學)을 통해 새로운 도덕을 설명하려고 했는데 이것은 비난의 여지가 없는 것은 아니다. 그는 독일어에는 '악'이라는 말이 두 가지 있다고 생각한다. 곧 schlecht와 böse이다. schlecht는 상층계급에 의해 하층계급에 적용되었고 '평범한', '보통의'라는 뜻을 갖고 있으나, 후에

'저속한', '무가치한', '나쁜'이라는 뜻을 갖게 되었다. böse는 하층계급에 의해 상층계급에 적용되었고 '이상한', '불규칙한', '확실치 않은', '위험한', '유해한', '잔인한'이라는 뜻을 갖고 있었다. 나폴레옹은 böse였다. 많은 단순한 사람들은 예외적인 개인을 파괴력으로 보고 두려워했다. '위인은 세상의 불행'이라는 중국 속담도 있다. 마찬가지로 gut(선한)에도 schlecht와 böse에 대응하는 두 가지 의미가 있다. 귀족이 사용하는 경우, 이 말은 '강한', '용감한', '강력한', '호전적인', '신과 같은'〔gut는 Gott(신)에서 생긴 말이다〕이라는 뜻이었고 민중이 사용하는 경우, '친숙한', '평화로운', '무해한', '친절한'이라는 뜻이었다.

여기에 인간 행동에 대한 상반되는 두 가지 평가, 두 가지 윤리적 관점과 척도, 곧 '군주도덕'과 '군중도덕'이 있다. 전자는 고전적 고대에 있어서, 특히 로마인들 사이에서 일반적으로 인정되었으며 평범한 로마인에게도 virtue(덕)는 virtus〔남자다움, 용기, 모험심, 무용(武勇)〕를 의미했다. 그러나 아시아로부터, 특히 정치적 예속 시대의 유태인으로부터 또다른 기준이 생겼다. 곧 예속은 겸손을 낳고 무력함은 도움을 호소하는 이타주의를 낳는다. 이러한 군중도덕 밑에서 위험과 권력에 대한 사랑은 안전과 평화에 대한 사랑에 굴복하고 힘은 교지(狡智)로, 공공연한 복수는 은밀한 복수로, 엄격함은 연민으로, 독창은 모방으로, 명예심은 양심의 가책으로 변했다. 명예는 이교적, 로마적, 봉건적, 귀족주의적인 것이고, 양심은 유태적, 기독교적, 부르주아적, 민주주의적인 것이다. 예속계급의 견해를 거의 보편적인 도덕으로 만든 것은 아모스로부터 예수에 이르는 예언자들의 웅변이었다. '세상'과 '육신'은 악과 동의어가 되었으며, 가난은 덕의 시금석이 되었다.

이러한 평가는 예수에 의해 절정에 이르렀다. 예수에 의해 모든 인간은 동일한 가치, 동등한 권리를 갖게 되었다. 예수의 가르침으로부터 민주주의, 공리주의, 사회주의가 생겼다. 진보는 이제 평민철학의 관점에서 다시 말하면 촉진되는 평등화와 세속화의 관점, 퇴폐와 타락한 생활이라는 관점에서 정의되었다. 이러한 타락의 마지막 단계는 연민과 자기 희생의 과장, 범죄자에 대한 감상적 위로, '사회적 배설의 불능'이다. 동정은 능동적이면 정당하지만, 연민은 상대자의 마음을 마비시키는 정신적 사치이고, 불치의 종기 같은 인간, 무능력자, 불구자, 악한, 부끄러운 병을 앓는 자, 구제할 길 없는 범죄자를 위한 감정의 낭비이다. 연민에는 야비함과 심술이 있고 "문병은 이웃사람의 무력함을 보고 느끼는 우월감을 즐기는 것이다"(『아침 노을』).

이러한 '도덕'의 배후에는 권력에의 은밀한 의지가 있다. 사랑은 소유욕에 지나지 않고 구애는 전쟁이고 결혼은 정복이다. 돈 호세는 카르멘이 다른 사람의 '재산'이 되는 것을 막기 위해 카르멘을 죽인다. "사람들은 때로는 자신의 이익을 버리면서 타인의 이익을 도모하기 때문에 사랑에 있어서는 이타적이라고 믿는다. 그러나 이렇게 함으로써 그들은 바로 타인을 소유하려고 하는 것이다. ……사랑은 모든 감정 중 가장 이기적이다. 따라서 사랑은 배반당할 때 가장 관대하지 못하다'[3](『바그너의 경우』). 진리에의 사랑에도 진리를 소유하려는 욕망, 아마도 최초의 소유자가 되려는 욕망, 다시 말하면 진리를 순결한 채로 찾아내려는 욕망이 있다. 겸손은 권력에의 의지의 보호색이다.

권력에 대한 이러한 열정에 대해서는 이성도 도덕도 무력하다. 이성

---

3) 끝의 인용구는 방자맹 콩스탕의 말. 그런데 니체는 사랑에 대해 더욱 온화한 말을 하기도 한다. "여자에 대한 남자의 갑작스러운 격정은 어디서 생기는가?……반드시 육욕으로부터 생기는 것은 아니다. 그러나 남자는 연약함, 곤경, 오만이 한 사람에게서 뭉쳐져 있는 것을 볼 때 영혼이 넘쳐흐르는 듯한 느낌으로 이 순간에 감동을 받고 동시에 화가 난다. 여기에서 커다란 사랑의 샘이 솟아오른다"(『인간적인, 너무나 인간적인』). 그리고 그는 프랑스어로 그가 일찍이 들은 말 중 가장 순결한 말을 인용하고 있다. "참된 사랑에 있어서는 육체를 포옹하는 것은 영혼이다."

과 도덕은 이 열정의 손아귀에 든 무기이고 이 열정의 괴뢰이다. "철학적 체계는 번쩍거리는 신기루이다." 우리들이 보는 것은 오래 추구해온 진리가 아니라 우리들의 욕망의 반영이다. "모든 철학자들은 마치 그들의 진정한 의견이 냉철하고 순수하고 신과는 관계없는 변증법의 자기 전개를 통해 발견된 듯한 태도를 취한다. …… 한편 사실은 일반적으로 그들의 가슴 속의 욕망을 추상화하고 세련시킨 선입견, 기상(奇想) 또는 '영감'을 그들은 사후에 찾아낸 근거에 의해 변호한다"(『선악의 피안』).

우리의 사고를 규정하는 것은 이러한 잠재적 욕망, 권력에의 의지의 이러한 맥박이다. "우리들의 움직임은 대부분 무의식적이고 따라서 우리들에게 느껴지지 않는다. …… 의식적 사고는 가장 약한 것이다"(『권력에의 의지』). 본능은 의식에 의해 방해받지 않는, 권력에의 의지의 직접적 작용이기 때문에 "본능은 지금까지 발견된 온갖 지능 중 가장 지성적인 것이다"(『선악의 피안』). 사실상 의식의 역할은 무모할 만큼 과대평가되어 왔다. "의식은 제2차적인 것, 거의 어떻게 되든 상관없는 것, 불필요한 것으로서 아마도 완전한 자동 작용에 양보하고 사라져버려야 할 운명에 놓여 있다"(『권력에의 의지』).

강자의 경우, 욕망을 이성의 소매 밑에 숨기려는 노력은 거의 찾아볼 수 없다. 그들의 단순한 논법은 '나는 원한다' 이다. 군주적 영혼의 타락하지 않은 정력에 있어서는 욕망은 이 정력 자체를 정당화하는 것이며, 양심, 연민, 또는 후회는 끼여들 여지가 없다. 그러나 현대에는 유태=기독교적 민주주의의 입장이 널리 퍼져 있어서 이제는 강자들조차도 그들의 힘과 건강을 부끄러워하고 '이성'을 찾기 시작한다. 귀족주의적 덕과 평가는 사멸하고 있다. "유럽은 새로운 불교의 위협을 받고 있다." 쇼펜하우어와 바그너조차도 연민이 넘쳐흐르는 불교도가 되었다. "오늘날 도덕은 유럽에서는 군중도덕이다"(『선악의 피안』). 강자는 이미 자기의 힘을 마음대로 발휘할 수 없으며 가능한 한 약자처럼 되어야 한다. "선은 우리들의 힘이 미치지 않는 일을 전혀 하지 않는 것이다." '쾨니히스베르크의 위대한 중국인' 칸트는 인간을 수단으로 사용해서는 결코 안 된다고 입증하지 않았는가? 그 결과, 강자의 본능——수렵, 투쟁, 정복, 지배——은 탈출구가 없어서 내향적으로 자기 가책이 되었고, 금욕과 '나쁜 양심' 을 발생시켰다. '배출구가 없는 모든 본능' 은 안으로 향한다.——이것이 내가 인간의 "내면화라고 부르는 것이다. 여기에서 우리는 후에 '영혼' 이라고 부르게 된 것의 최초의 형태를 본다" 4)(『도덕의 계보학』).

타락의 공식은 군중에게 알맞은 여러 덕이 지도자들에게도 감염되어서 그들을 평범한 인간으로 저하시키는 것이다. "우리는 도덕을 억지로라도 위계 앞에 무릎 꿇게 해야 하며, '어떤 사람에게 정당한 것은 타인에게도 정당하다' 는 것은 부도덕하다고 말하는 것이 마침내 서로에게 분명해질 때까지 도덕의 월권을 도덕의 양심에 고발해야 한다"(『선악의 피안』). 기능이 다르면 성질도 다른 법이다. 따라서 강자의 '악' 덕은 사회에서는 약자의 '미' 덕과 마찬가지로 필요하다. 엄격함, 폭력, 위험, 전쟁은 친절이나 평화와 마찬가지로 가치있다. 위대한 개인은 위험, 폭력, 무자비한 곤경의 시대에만 출현한다. 인간의 가장 좋은 점은 의지의 힘, 격정의 힘과 지속성이다. 격정이 없으면 인간은 행동할 수 없는 무골충에 지나지 않는다. 탐욕과 질투, 그리고 증오조차도 투쟁과 도태와 생존의 과정에서는 불가결한 항목이다. 악과 선의 관계는 변이와 유전의 관계, 혁신이나 실험과 관습의 관계와 같아서, 선례나 '질서' 를 범죄에 가까울 만큼 침해

---

4) 심리학도는 『인간적인, 너무나 인간적인』과 『아침 놀』(꿈의 해석), 『인간적인, 너무나 인간적인』(아들러의 신경증적 성격), 『아침 놀』(과잉대상)에서, 정신분석의 주요 원천을 찾아보면 흥미 있을 것이다. 실용주의에 흥미가 있는 사람은 『선악의 피안』과 『권력에의 의지』에서 매우 완전한 선구적 사상을 찾아낼 것이다.

하지 않는 한, 발달은 있을 수 없다. 만일 악도 선이 아니라면 악은 이미 사라져버렸을 것이다, 우리는 너무 착하지 않도록 조심해야 한다. "인간은 보다 착해져야 하는 동시에 보다 악해져야 한다"(『선악의 피안』).

니체는 세상에서 많은 악과 잔인성을 찾아보고 위안을 느꼈다. 고대인의 커다란 기쁨이며 쾌락이었다고 그가 생각하는 잔인성의 범위를 생각해보는 것은 그의 사디즘적 즐거움이었고, 그는 비극이나 어떤 숭고한 것에서 느껴지는 쾌감은 세련된 대용적 잔인성이라고 믿었다. 차라투스트라는 "인간은 가장 잔인한 동물"이라고 말한다. "비극, 투우, 책형(磔刑)을 응시할 때, 인간은 지상에서 그 어느 때보다도 행복을 느껴왔다. 그리고 지옥을 발명했을 때……보라, 지옥은 지상에 있어서의 인간의 천국이었다"(『차라투스트라는 이렇게 말했다』). 이제 인간은 압제자들이 타계(他界)에서 받을 영원한 형벌을 생각하고 고난을 견뎌낼 수 있게 된 것이다.

최고의 윤리는 생물학적이다. 우리는 사물을 생명에 기여하는 가치에 따라 평가해야 하고 생리학적으로 '모든 가치를 전도할' 필요가 있다. 인간, 집단 또는 종(種)의 진정한 시금석은 에너지, 능력, 권력이다. 우리는 19세기의 모든 높은 덕이 파괴되지 않았더라면, 육체적인 것을 강조했다는 점에서 19세기와 부분적으로는 화해할 수 있을 것이다.

정신은 유기체의 기능이다. 뇌에 있어서의 피 한 방울의 과부족은 인간에게 프로메테우스가 독수리에게 받은 고통 이상의 고통을 줄 수 있다. 음식이 다르면 정신적 성과도 다르다. 쌀은 불교의 성립에 도움이 되었고 독일 형이상학은 맥주의 결과이다. 그러므로 철학은 생명의 상승을 표현, 강조하느냐 또는 생명의 하강을 표현, 강조하느냐에 따라 그 진위가 결정된다. 데카당은 "인생은 아무런 가치도 없다"고 말하지만 오히려 "나는 아무런 가치도 없다"고 말해야 할 것이다. 인생의 모든 영웅적 덕이 타락하고 민주주의—다시 말하면 위인에 대한 모든 신앙의 상실—
가 매년 새로운 사람들을 파멸시키고 있는 곳에 삶의 보람이 있을 까닭이
있는가?

> 오늘날 군거하는 유럽인은 마치 그들만이 허용될 수 있는 유일한 인간
> 인 것처럼 생각하고, 그들을 온화하고 끈기 있고 군중에게 유용하도록
> 만드는 여러 성질, 곧 공공심, 친절, 복종, 근면, 절도, 겸손, 관용, 동정
> 을 참으로 인간적인 덕으로서 찬양한다. 그러나 오늘날 지도자와 선도
> 자가 없어서는 안 될 경우에는, 군거적 인간들을 소집해서 사령관 대리
> 역할을 시키려는 시도가 거듭되고 있다. 예컨대 모든 대의제도의 기원
> 은 여기에 있다. 그럼에도 불구하고 군거적 유럽인들에게는 절대적 지
> 배자의 출현은 얼마나 큰 축복이며, 감당하기 어려워진 중하(重荷)로
> 부터의 구제인가. 이러한 사실에 대해 나폴레옹 출현의 영향은 최후의
> 거대한 증거였다. 나폴레옹의 영향의 역사는 이 세기 전체가 이 세기에
> 가장 귀중한 인간과 시기를 통해 달성한, 보다 높은 행복의 역사라고
> 할 수 있다(『선악의 피안』).

6. 초인(超人)

도덕성은 친절이 아니라 힘에 있는 것처럼 인간의 노력의 목표도 만
인의 향상이 아니라 보다 뛰어나고 보다 강한 개인의 육성에 있다. "인류
가 아니라 초인이 목표이다"(『권력에의 의지』). 분별심 있는 현인이 기도
하는 마지막 일은 인류의 개선이지만, 인류는 개선되지도 않을 뿐 아니라
존재하지도 않는다. 인류는 추상명사에 지나지 않기 때문이다. 존재하는
것은 개인이라는 개미가 살고 있는 광대한 언덕뿐이다. 그 전체적 모양은
거대한 실험실과 매우 흡사하다. 이 실험실에서는 어떠한 시대에나 약간
의 실험은 성공하지만 대부분의 실험은 실패하고 모든 실험의 목표는 집
단의 행복이 아니라 전형의 개선에 있다. 보다 높은 전형이 출현하지 않

을 바에야 그 사회는 멸망하는 편이 더 좋다. 사회는 개인의 힘과 개성을 고양시키는 도구이다. 집단은 그 자체로서는 목적이 아니다. "모든 인간(곧 인류)이 기계를 운전하는 데 필요할 뿐이라면, 이 기계는 무슨 소용이 있는가! 기계(혹은 사회 조직)는 그 자체가 목적인 한, 인간 희극(umana commedia)이다"(『권력에의 의지』).

처음에 니체는 마치 새로운 종의 산출이 그의 희망인 듯이 말했으나, 후에는 초인을 평범한 대중의 수렁 속에서 간신히 기어올라온 자연도태의 우연보다는 계획적인 훈육과 신중한 양성으로 존재하게 된 탁월한 개인으로 생각하게 되었다. 생물학적 과정은 예외적 개인에게는 불리하며, 자연은 자연의 가장 탁월한 산물에 가장 잔인하고 오히려 평균적인 것, 평범한 것을 사랑하고 보호하며 자연에는 유형, 곧 집단적 수준으로의 끊임없는 역행이 있고, 다수자에 의한 최우수자의 지배가 주기적으로 일어나기 때문이다. 초인은 인위적 도태, 곧 우생학적 선견지명과 인간을 고상하게 하는 교육에 의해서만 살아남을 수 있다.

결국 보다 탁월한 개인을 사랑 때문에 결혼시킨다는 것은, 영웅을 하녀와 결혼시키고, 천재를 침모와 결혼시키는 것은 얼마나 가소로운 일인가! 쇼펜하우어는 잘못 생각했다. 사랑은 우생학적인 것이 아니다. 남자는 사랑에 빠져 있을 때 전 생애에 영향을 미치는 결심을 해서는 안 된다. 사랑을 하면서 동시에 현명한 남자는 있을 수 없다. 우리는 연인끼리의 맹세를 무효화해야 하며 연애 결혼을 법적으로 금지해야 한다. 최우수자는 최우수자와 결혼해야 하며, 연애는 오합지졸에게 맡겨놓아야 한다. 결혼의 목적은 단지 번식만이 아니라 발전을 이룩하는 것이다.

그대는 젊고 어린애와 결혼을 원하고 있다. 그러나 나는 그대에게 묻는다. ──그대는 어린애를 원해도 좋을 만한 인간인가?

그대는 압도적인 승자, 자기를 극복한 자, 관능의 통치자, 그대의 덕의 지배자인가? 이렇게 나는 그대에게 묻는다.

혹은 그대의 이러한 소원은 짐승과 필요 때문에 생긴 것이 아닌가? 혹은 고독감 때문인가? 혹은 자기 자신에 대한 불만 때문인가?

그대의 승리와 자유가 스스로 어린애를 갈망하기를 나는 바라고 있다. 그대는 그대의 승리와 해방을 위해 살아있는 기념비를 세워야 한다.

그대는 그대를 넘어선 곳에 세워야 한다. 그러나 내가 보기에는 우선 그대 자신을 세워야겠구나. 육체도 영혼도 단정하게.

그대는 계속해서 그대 자신을 재배할 뿐 아니라 위로 뻗어 오르게 해야 한다! 그러기 위해 결혼이라는 정원이 그대의 도움이 되기를!

그대는 보다 높은 육체를, 제1운동을, 스스로 돌아가는 수레바퀴를 창조해야 한다. ─창조하는 자를 그대는 창조해야 한다.

창조한 자들보다 더 훌륭한 '한 사람'을 창조하려는 두 사람의 의지─이것을 나는 결혼이라고 부른다. 이러한 의지를 의욕하는 자들에 대한 외경으로서의 상호 간의 외경을 나는 결혼이라고 부른다(『차라투스트라는 이렇게 말했다』).

출생이 좋지 않은 고귀함은 불가능하다. "정신만으로는 고귀해질 수 없다. 오히려 정신을 고귀하게 하는 것이 언제나 필요하다. 도대체 무엇이 필요한가?……피이다. …… (나는 여기서 경이라는 칭호나 『고타 귀족 인명사전』을 말하는 것은 아니다. 이것은 바보를 위한 삽입구이다)"(『권력에의 의지』).그러나 출생이 좋고 우생학적으로 양육된 다음에는, 초인이 되는 공식의 다음 요인은 엄격한 훈련이다. 이 훈련에서는 완성은 당연한 일로 강요되고 칭찬조차도 받지 못하고 즐거움은 적고 책임은 무거우며 육체는 묵묵히 고난을 참는 것을 배우고 의지는 복종과 동시에 명령하는 것을 배울 것이다. 자유의지론자의 넌센스는 필요하지 않은 것이다!─방종과 '자유'에 의해 육체 및 도덕의 척추가 약해져서는 안 된다! 그러나 이 훈련에서 우리는 마음껏 웃는 것을 배울 것이다. 철학자는 웃는 능력에 따라 등급이 매겨져야 한다. "가장 높은 산을 오르는 자는 모든 비극을 비웃는다"(『차라투스트라는 이렇게 말했다』). 그리고 이러한 초인의 교육에는 도학자적 요소는 없다. 의지의 고행은 있어도 육체의 단죄는 없다. "춤을 멈추지 말라. 그대들, 귀여운 소녀들이여. 그대들을 찾아온 자는 사악한 시선을 번득이는 유희의 방해자, 소녀들의 적은 아니다. ……그대들 경쾌한 자들이여, 내가 어떻게 신성한 춤에 적의를 품을 수 있을 것인가? 또는 아름다운 복사뼈를 가진 소녀의 발에?"(『차라투스트라는 이렇게 말했다』). 초인이라도 아름다운 발목에 대한 안목은 있을 것이다.

이와 같이 태어나 이와 같이 교육된 인간은 선악의 피안에 있고, 그는 만일 목적이 요구하기만 한다면 악한 일도 서슴지 않을 것이다. 그는 선하기보다는 오히려 두려움이 없다. "무엇이 선인가?……용감한 것이 선이다"(『차라투스트라는 이렇게 말했다』). "무엇이 선인가? 인간에게 있어서 권력감, 권력에의 의지, 권력 자체를 증대시키는 모든 것이다. 무엇이 악인가? 모든 연약한 것이다"(『반기독교』). 아마도 초인의 지배적 특징은 만일 어떤 위험이나 투쟁에 목적이 있다면, 이 위험과 투쟁을 사랑하는 것이다. 초인은 안전 제일을 추구하지 않고 다수자에게 행복을 남겨 줄 것이다. "차라투스트라는 먼 여행을 하는 자를 좋아하고 위험 없이 사는 자를 싫어한다"(『반기독교』). 그러므로 현대에 있어서는 그 원인이 비속하고 사소하더라도, 모든 전쟁은 선이다. "훌륭한 전쟁은 어떠한 원인이든 신성하게 만든다"(『차라투스트라는 이렇게 말했다』). 혁명조차도 선이다. 물론 대중의 지배보다 더 불행한 일은 없기 때문에 혁명 자체가 선하지는 않다. 그러나 투쟁의 시대에는 전에는 자극이나 기회가 부족해서 나타나지 않던, 개인의 잠재적 위대성이 드러나기 때문에 혁명은 선하다. 이러한 혼돈으로부터 춤추는 별[14]이 탄생하고, 프랑스 혁명의 소란과 우행(愚行)에서 나폴레옹이 탄생하고, 르네상스의 횡포와 무질서로부터, 유럽이 그 후로 다시는 갖지 못했고 또한 이미 참아낼 수 없는 강렬한 개성이 탄생하는 것이다.

정력과 지성과 긍지—이것이 초인을 만든다. 그러나 이것은 조화를 이루지 않으면 안 된다. 격정은 욕망의 혼돈을 개성의 힘으로 바꾸어 놓는 어떤 거대한 목적에 의해 선택되고 통일될 때에만 힘이 된다. "슬프구나, 정원사가 되지 못하고 식물의 토양 구실만 하는 사상가들이여!"(『아침 노을』). 자신의 충동의 뒤를 따라다니는 자는 누구인가? 약자이다. 약자에게는 금지의 힘이 없다. 약자는 '아니다'라고 말할 만큼 강하지 못하다. 약자는 불협화음이고 데카당이다. 자기 자신을 단련하는 것—이것이 최고의 일이다. "대중의 일원이 되기를 바라지 않는 자는 자신에게 안일을 허용하지 말아야 한다"(『반시대적 고찰』). 타인에 대해서, 특히 자기 자신에 대해서 엄격할 수 있는 목적을 갖는 것, '친구를 배반하는 것만을 제외하고는' 거의 무슨 일이든지 할 수 있는 목적을 갖는 것—이것이 고귀함의 마지막 면허장이고 초인의 마지막 특징이다.

이러한 인간을 우리들의 노고와 목표와 보상으로 볼 때에만 우리는 삶을 사랑하고 향상시킬 수 있다. '우리는 모든 사람들이 그것을 위해 서로 사랑할 수 있는 목적을 가져야 한다!' 위대해지자, 그렇지 않으면 위인의 하인과 도구가 된다. 수백만의 유럽인들이 보나파르트의 목적을 위한 수단이 되어, 죽어갈 때에도 만세를 부르면서 그를 위해 즐거이 목숨을 바친 것은 얼마나 장관이었던가! 아마도 우리들 중 분별심이 있는 자는 '우리는 될 수 없는 것' [15]의 예언자가 될 수 있고 초인의 도래를 위해 길을 닦을 수 있다. 우리는 있는 곳이 서로 다르고 시대가 서로 다르더라도, 비

---

14 위인 또는 초인을 말한다.
15 초인을 말한다.

록 서로 흩어져 있기는 하더라도 이 목적을 위해 협동할 수 있다. 차라투
스트라는 이 숨은 조력자들, 곧 초인을 사랑하는 자들의 목소리를 들을
수만 있다면 어떤 고뇌 속에서도 노래를 멈추지 않을 것이다. "그대들, 오
늘날 외로운 자들이여, 그대들 이탈자들이여, 그대들은 언젠가는 민족이
되어야 한다. 그대들은 그대들 자신을 선택했고 이러한 그대들로부터 선
택된 민족이 탄생되어야 한다. ──그리고 이 민족으로부터 초인이 탄생되
어야 한다"(『차라투스트라는 이렇게 말했다』).

7. 퇴폐

따라서 초인에의 길은 귀족주의를 통과하지 않을 수 없다. 민주주
의─ '머리 수 세기에 여념이 없는 이 광기' ──는 너무 늦기 전에 근절되
어야 한다. 그 첫걸음은, 모든 보다 뛰어난 인간에 관한 한, 기독교의 파
괴이다. 그리스도의 승리는 민주주의의 시초였다. "최초의 기독교도는
가장 깊은 본능으로부터 모든 특권에 대항하는 반역자였다. 그는 언제나
평등한 권리를 위해 살고 투쟁했다!"(『반기독교』). 현대라면 그는 시베리
아로 유배당했을 것이다. '그대들 중 가장 위대한 자를 그대의 하인으로
삼아라.' 이것은 모든 정치적 지혜의 전도, 모든 상식의 전도이다. 사실상
우리는 복음서를 읽을 때, 러시아 소설의 분위기를 느낀다. 복음서는 일
종의 도스토예프스키의 표절물이다. 오직 천민 사이에서만, 오직 지배자
가 타락해서 다스리지 않게 된 시대에만 민주주의적 관념은 정착할 수 있
을 것이다. "네로와 카라칼라가 왕좌에 앉아 있었을 때 최하의 인간이 정
상의 인간보다 가치 있다는 역설이 생겼다."(『반기독교』).

기독교의 유럽 정복이 고대 귀족주의를 종식시킨 것처럼 게르만 무
인귀족의 유럽 침략은 옛날의 남성적 덕을 부활시키고 근대 귀족주의의

뿌리를 심어 놓았다. 무인귀족들은 '도덕'이라는 무거운 짐을 짊어지지 않았다. "그들은 모든 사회적 강제로부터의 자유를 즐겼고……그들은 마치 대학생의 장난이나 되는 듯이 거만하고 냉정하게 무서운 살인, 방화, 능욕, 고문을 연달아 자행하고 기뻐 날뛰는 괴물처럼 천진난만한 야수의 양심으로 되돌아갔다"(『도덕의 계보학』). 이러한 자들이 독일, 스칸디나비아, 프랑스, 영국, 이탈리아 및 러시아의 지배계급이 되었다.

나는 '국가'라는 말을 썼다. 국가에 대해 생각하는 자는 국가를 쉽게 이해한다. 곧 금모(金毛)의 맹수[16]의 무리, 곧 군사조직과 조직력을 갖고 있어서 어쩌면 수적으로 매우 우세한 주민들에게도 서슴지 않고 무서운 발톱을 내미는 정복자 및 주인계급……이 짐승떼가 지상에 '국가'를 창설했다. 국가는 '계약'으로 시작되었다고 하는 몽상은 사라졌다고 나는 생각한다. 명령할 수 있는 자, 본성상 '주인'인 자, 행동과 태도가 난폭한 자—그에게 계약이 무슨 상관이 있는가!(『도덕의 계보학』).

이 빛나는 통치자의 가계는 첫째로 가톨릭의 여성적 덕의 찬양에 의해서, 둘째로 종교개혁의 청교도적 및 평민적 이상에 의해서, 셋째로 열등한 가계와의 잡혼에 의해서 부패했다. 가톨릭이 원숙해져서 르네상스의 귀족적이고 무도덕적인 문화로 되고 있는 바로 그때에 종교개혁은 유태교적 엄격성과 엄숙성을 부활시켜 가톨릭을 진압했다. "르네상스가 무엇이었는가를 마침내 사람들은 이해하게 되었고 이해하려 하는가? 그것은 '기독교적 가치의 전도', 온갖 수단, 온갖 본능, 온갖 천재를 동원해서 반대 가치, 고귀한 가치에 승리를 안겨주려는 시도였다. 완전한 초지상적 마술과 장엄한 채색의 가능성을 나는 보고 있다. ……법황으로서의 체사

---

16 니체의 조어(造語)로 게르만 민족을 말한다.

레 보르자를……그대들은 나를 이해할 수 있는가?"(『반기독교』).

프로테스탄티즘과 맥주가 독일 정신을 둔하게 만들고 여기에 이제 바그너의 오페라가 덧붙여졌다. 그 결과 "오늘날의 프로이센은 문화의 가장 위험한 적의 하나가 되었다." "독일인이 한 사람이라도 옆에 있으면 나는 소화가 되지 않는다"(『이 사람을 보라』). "기번이 말한 것처럼 한 세계가 몰락하는 데는 단지 시간이, 그것도 많은 시간이 필요할 뿐이라면……독일에서 잘못된 개념이 파괴되는 데에도 오직 시간이, 그것도 많은 시간이 필요할 뿐이다"(『반시대적 고찰』). 독일이 나폴레옹을 타도했을 때 문화적으로는 루터가 교회를 타도했을 때와 마찬가지로 손해가 많았다. 그 후로 독일은 괴테나 쇼펜하우어나 베토벤을 잊고 '애국자'를 숭배하기 시작했다. "모든 것을 능가하는 독일(Deutschland über alles)—나는 이것이 독일 철학의 종말이 아니었을까 생각한다"(『신의 박명』).

그러나 독일인에게는 천부적 진지성과 깊이가 있으며 그것이 그들이 유럽을 구제할지도 모른다는 희망의 근거가 되고 있다. 그들은 프랑스인이나 영국인보다 더 많은 남성적 덕을 갖고 있다. 그들은 끈기있고 참을성이 있으며 부지런하다. 따라서 그들은 학식과 과학과 군사적 훈련에 있어서 우수하다. 유럽 전체가 독일 군대를 무서워하는 것을 보면 유쾌하다. 만일 독일의 조직력이 러시아의 잠재적인 물질적 및 인적 자원과 제휴한다면 위대한 정치시대가 시작될 것이다. "지상의 지배권을 장악하기 위해서는 독일민족과 슬라브민족이 함께 발달할 필요가 있다. 또한 가장 영리한 재정가 유태인도 절대로 필요하다. ……우리는 러시아와 허심탄회하게 제휴할 필요가 있다." 대안은 포위당하든가 교살당하는 것이다.

독일의 걱정은 정신이 둔하다는 것인데, 이것은 견실한 성격이 치르는 대가이다. 프랑스인을 유럽 전체에서 가장 세련되고 예민한 국민으로 만든 것은 그들의 오랜 문화적 전통이거니와 독일에는 이러한 전통이 없다. "나는 오직 프랑스 문화를 믿을 뿐이며 그 밖에 유럽에서 문화라고 자칭하고 있는 것은 오해라고 생각한다"(『이 사람을 보라』). "몽테뉴, 라 로슈푸코, ……보브나르그, 샹포르를 읽을 때, 우리는 다른 나라의 저자들이 쓴 것을 읽을 때보다 더욱 고대에 가까워진다"(『인간적인, 너무나 인간적인』). 볼테르는 '정신의 영주'이고 텐은 '현존 사가(史家) 중 제1인자'이다. 플로베르, 부르제, 아나톨 프랑스 등 그 후의 작가들도 사고와 언어의 명석성에 있어서는 다른 유럽인들을 무한히 능가하고 있다. ── '이 프랑스인들은 얼마나 명석하고 정교한가!' 유럽의 취미, 감정, 행동의 품위는 프랑스인이 이루어 놓은 것이다. 그러나 16, 17 세기의 옛 프랑스인이 이루어 놓은 것이다. 프랑스 혁명은 귀족을 파멸시켜 문화의 매체와 온상을 파괴했고 옛날과 비교해보면 지금의 프랑스 정신은 창백하고 여위었다. 그럼에도 불구하고 프랑스 정신은 아직도 약간의 훌륭한 기질을 갖고 있다. "프랑스에서는 거의 모든 심리학적 및 예술적 문제들이 독일과는 비교도 안 될 만큼 섬세하고 철저하게 고찰되고 있다. ……독일이 정치 세계에서 강대국으로 등장한 그 순간에 프랑스는 문화의 세계에서 새로운 중요성을 획득했다"(『이 사람을 보라』).

러시아는 유럽의 금모(金毛)의 맹수이다. "러시아 국민은 완고한 체념적 숙명관을 갖고 있고, 이 숙명관에 의해, 예컨대 생명의 처리에 있어서, 러시아인은 우리들 서구인보다 유리한 입장에 있다"(『도덕의 계보학』). 러시아에는 강력한 정부는 있으나 '우둔한 의회'는 없다. 러시아에서는 의지의 힘이 오랫동안 축적되어왔고, 이제 이 힘이 터져나오려고 한다. 러시아가 유럽의 지배자가 되더라도 의외의 일은 아닐 것이다. "충심으로 유럽의 미래를 생각하는 사상가는 미래에 대해 전망하는 경우, 언제나 유태인과 러시아인을 여러 세력들의 거대한 역할과 투쟁에 있어서 무엇보다도 가장 확실하고 가장 유망한 요인으로 꼽을 것이다"(『선악의 피안』). 그러나 결국 현존 국민 중에서 가장 훌륭하고 가장 정력적인 것은 이탈리아인이다. 알피에리가 자랑한 것처럼 이탈리아에서는 인간의 혈통이 가장 강력하게 성장하고 있다. 가장 신분이 낮은 이탈리아인조차도 남자다운 태도와 귀족적인 긍지를 갖고 있다. "베니스의 가난한 곤돌라 사공은 언제나 베를린의 추밀고문관보다 뛰어난 풍채를 갖고 있고, 결국 실제로 인품에 있어서도 더 뛰어나다"(『도덕의 계보학』).

가장 나쁜 것은 영국인이다. 민주주의의 환상으로 프랑스 정신을 부패시킨 것은 영국인이었다. '장사꾼, 기독교도, 암소, 여자, 영국인, 그 밖의 민주주의자는 한패이다.' 영국의 공리주의와 속물근성은 유럽 문화의 나락이다. 살인경쟁을 하는 땅에서만 우리는 인생을 단지 생존경쟁으로 볼 수 있을 것이다. 상인과 선주의 수효가 귀족주의를 압도할 만큼 증대된 땅에서만 민주주의가 날조될 수 있을 것이다. 민주주의는 영국이 오늘날의 세계에 준 선물이고, 그것은 그리스의 선물이기도 하다. 누가 유럽을 영국으로부터, 영국을 민주주의로부터 구출할 것인가?

8. 귀족주의

민주주의는 자유방임, 다시 말하면 유기체의 각 부분으로 하여금 각기 좋아하는 일을 하도록 하는 것을 의미한다. 따라서 민주주의는 긴밀한 결합과 상호 의존의 소멸, 자유와 혼돈의 등극을 의미한다. 민주주의는 범용(凡庸)의 숭배, 탁월성에 대한 증오를 의미한다. 또한 민주주의는 위인 출현의 불가능성을 의미한다. 어떻게 위인이 선거라는 모멸과 무례를 감수할 수 있을 것인가? 위인들에게 어떠한 기회가 있을 것인가? "개가 이리를 미워하듯, 민중이 미워하는 것은 자유정신, 모든 속박의 적, 비예배자(非禮拜者)"(『차라투스트라는 이렇게 말했다』), 그리고 정규당원이 아닌 자이다. 이러한 토양에서 어떻게 초인이 자라날 수 있는가? 가장 위대한 인물이 등용되지 않고 맥을 못추고 어쩌면 알려지지도 않았을 때에 어떻게 국민이 위대해질 수 있는가? 이러한 사회는 특성을 잃고 모방은 수직적이 아니라 수평적이다. 뛰어난 인물이 아니라 다수자가 이상이 되고 모범이 되는 것이다. 만인이 만인을 닮게 되고 양성조차도 접근해서 남자는 여성화하고 여자는 남성화한다.

따라서 여성해방론(feminism)은 민주주의와 기독교의 당연한 귀결이다. "여기에는 남자다운 자는 적다. 그러므로 그들의 여자들이 남성화된다. 충분히 남성적인 자만이 여자에 있어서의 여자를 구제할 것이기 때문이다"(『차라투스트라는 이렇게 말했다』). '전형적인 노처녀'(『이 사람을 보라』) 입센은 '해방된 부인'을 창작해냈다. 여자는 남자의 갈비뼈로 만들어졌는가? "나의 갈비뼈의 빈약함이야말로 이상하구나!"(『차라투스트라는 이렇게 말했다』)라고 남자는 말한다. 여성은 '해방'에 의해 힘과 특권을 잃은 것이다. 여자들은 부르봉 가 밑에서 누리던 지위를 지금은 어디서 차지하고 있는가? 남녀 간의 싸움은 영원한 싸움이기 때문에 남녀평등은 불가능하다. 남녀 간에는 승리 없이는 평화가 있을 수 없다. 남자든 여자든, 주인으로 인정될 때에만 평화가 가능하다. 여자에게 평화를 인정하는 것은 위험하다. 여자는 평등을 기뻐하지 않고, 오히려 남자가 남자다우면 즐거이 복종할 것이다. 여자의 완성과 행복은 무엇보다도 어머니가 되는 데 있다. "여자에게 있어서는 모든 것이 수수께끼다. 그리고 여자에 있어서는 모든 일은 한 가지 해결책을 갖고 있다. 이 해결책은 임신이다. 남자는 여자에 대해서는 수단이다. 목적은 언제나 어린애에 있다. 그러나 남자에 대해 여자는 무엇인가?……가장 위험한 장난감이다." "남자는 전쟁을 위한 교육을, 여자는 전사의 휴양에 이바지하는 교육을 받아야 한다. 다른 것은 모두 어리석은 일이다"(『차라투스트라는 이렇게 말했다』). 그러나 "완전한 여자는 완전한 남자보다 더 높은 인간형이다. 곧 더욱 희귀하다"(『인간적인, 너무나 인간적인』). 여자에 대해서는 아무리 친절해도 충분하지 못하다.

여자는 만족을 느끼지만 남자는 속박당하고 공허해진다는 것——여기에 부부관계의 긴장의 부분적 원인이 있다. 남자는 여자에게 구혼할 때, 여자에게 전 세계를 주겠다고 제의한다. 그리고 여자가 이 남자와 결혼하면 남자는 실제로 이렇게 한다. 그러나 어린애가 태어나자마자 남자는 세계를 잊지 않을 수 없다. 사랑의 이타주의는 가정의 이기주의로 변하는 것이다. 정직과 혁신은 독신생활의 사치이다. 최고의 철학적 사색이 문제가 될 때, 기혼 남자는 모두 의심스럽다. "존재 전체의 가장 보편적 인식과 평가를 자신의 과제로 선택한 자가 가족의 보호, 곧 처자의 부양, 안전 및 고려를 떠맡는다면 이것은 너무나 우습다"(푀르스터 니체, 『외로운 니체』). 따라서 어린애가 태어나자 생명을 상실한 철학자도 적지 않다. "바람은 열쇠구멍으로 들어와 나에게 '오라!'고 말했다. 문은 재치 있게 열리며 '가라!'고 말했다. 그러나 나는 나의 어린애들에 대한 사랑의 사슬에 묶여 누워 있었다"(『차라투스트라는 이렇게 말했다』).

여성해방론과 함께 사회주의와 무정부주의가 대두된다. 이것은 모두 민주주의의 형제이다. 정치적 권력의 평등이 정당하다면, 경제적 권력의 평등이 정당하지 못할 까닭이 있는가? 도대체 왜 지도자가 있어야 하는가? 차라투스트라의 가르침을 찬양하는 사회주의자들도 있겠지만 그들의 찬양은 바람직하지 못하다. "삶에 대한 나의 가르침을 설교하는 자들도 있다. 그런데 동시에 그들은 평등을 설교하는 자들이다. ……나는 평등을 설교하는 이러한 자들과 혼합되고 혼동되는 것을 바라지 않는다. 정의는 나에게 '인간은 평등하지 않다'고 말하기 때문이다"(『차라투스트라는 이렇게 말했다』). 우리는 공동 소유를 원하지 않는다. "그대들, 평등을 설교하려는 자들이여, 무력감에서 나온 폭군의 광기는 이와 같이 그대들의 마음 속으로부터 평등을 외친다"(『차라투스트라는 이렇게 말했다』). 자연은 평등을 싫어하고 개체와 계급과 종(種)의 분화를 좋아한다. 사회주의는 반생물학적이다. 진화론의 과정에는 우월한 자에 의한 열등한 종, 인종, 계급, 개체의 이용이 포함되어 있기 때문이다. 모든 생명은 착취이며 궁극적으로는 다른 생명에 의존해서 살고 있다. 큰 물고기는 작은 물고기를 잡아먹는다. 이것이 이야기의 전부이다. 사회주의는 질투이다. "그들은 우리가 갖고 있는 것을 부러워한다"[5](『차라투스트라는 이렇게 말했다』). 그러나 사회주의는 쉽게 조정할 수 있는 운동으로서, 이 운동을 통제하려면 때때로 주인과 노예 사이의 문을 열고 불평분자의 지도자들을 낙원에 들어오게 하면 되는 것이다. 두려운 것은 지도자들이 아니라 더욱 밑바닥에 있는 자들로서, 그들은 혁명이 일어나면 그들의 무능과 게으름의 당연한 결과인 예속 상태로부터 벗어날 수 있다고 생각한다. 그러나 노예도 반항할 때에만 고귀하다.

어쨌든 노예는 현재의 주인, 곧 부르주아지보다는 고귀하다. 부호가 대단한 숭배와 선망의 대상이 되어야 했다는 것은 19세기 문화의 열등성을 보여주는 징후이다. 그러나 이 실업가들도 노예, 틀에 박힌 일의 괴뢰, 다망함의 희생자이다. 그들에게는 새로운 아이디어를 생각해낼 시간이 없다. 그들 사이에서는 생각하는 것은 금기이며, 지적 환희는 그들이 도달할 수 없는 것이다. 그러므로 그들은 끊임없이 '행복'을 추구하고 그들의 대저택은 결코 가정이 아니며, 그들은 가격표를 붙인 '원화(原畵)'를

---

5) 니체는 어떤 혁명, "이것에 비교하면 파리 코뮌은 소화불량에 지나지 않을" 혁명을 예언하고 있다. 이러한 귀족주의적 구절을 쓸 때, 니체는 음산한 다락방에서 연 약 4천 마르크로 살고 있었고, 이 돈의 대부분은 저서를 출판하는 데 소비되었다.

진열해놓지만, 그들의 관능적 오락은 정신을 청신하게 하거나 고무하기보다는 오히려 둔하게 만든다. "이 쓸데없는 사람들을 보라! 그들은 부자가 될수록 가난해진다"(『차라투스트라는 이렇게 말했다』). 그들은 귀족주의를 제한하는 일을 떠맡았고 따라서 정신의 왕국에 접근하지 못한다. "그들이 기어오르는 것을 보라, 이 잽싼 원숭이들! 그들은 서로 앞을 다투어 기어오르고 따라서 서로 수렁과 심연 속으로 끌어내린다. ……우상 숭배자는 남김없이 악취를 풍긴다"(『차라투스트라는 이렇게 말했다』). 이러한 자들에게는 부는 무용지물이다. 그들은 부를 고귀하게 사용하고 학문이나 예술을 분별 있게 보호함으로써 부에 품위를 부여하지 못하기 때문이다. "오직 지성을 가진 자만이 재산을 가져야 한다"(『인간적인, 너무나 인간적인』). 그 밖의 자들은 재산 자체를 목적으로 생각하고 점점 더 무모하게 재산을 추구한다. 보라, '여러 국민들의 현재의 광기를. 그들은 무엇보다도 가능한 한 더 많이 생산하고, 가능한 한 부자가 되려고 한다.' 마침내 인간은 맹수가 된다. "그들은 서로 엿보고 서로 탐지한다. 이것을 그들은 선린(善隣)이라고 부른다. ……그들은 온갖 쓰레기로부터 최소의 이익이라도 주워 모은다!"(『차라투스트라는 이렇게 말했다』). "오늘날 상인도덕은 사실상 해적도덕의 교묘한 개량에 지나지 않는다. ——가능한 한 싸게 사서 가능한 한 비싸게 파는 것이다"(『인간적인, 너무나 인간적인』). 그들은 자유방임을 소리 높이 외친다. 이들이야말로 감독과 관리가 가장 필요한 자들이다. 어쩌면 이 경우에는, 비록 위험하기는 하더라도 사회주의가 어느 정도 정당화될지도 모른다. "우리는 거대한 재산을 축적하는 데 유리한 운수업이나 무역업의 모든 부분, 특히 금융업을 개인 또는 개인기업으로부터 빼앗고 너무 많이 소유한 자를 아무것도 소유하지 못한 자와 마찬가지로 공안(公安)을 해치는 자로 보아야 한다"(『인간적인, 너무나 인간적인』).

부르주아지보다는 높고 귀족보다는 낮은 것이 군인이다. 영광에 심취하여 즐겁게 죽어가는 병사들을 싸움터에서 부리는 장군은 자신의 수익기관에서 사람들을 부리는 고용주보다 훨씬 더 고귀하다. 사람들이 가벼운 기분으로 공장을 떠나 싸움터로 나가는 사실에 주목하라. 나폴레옹은 도살자가 아니라 은인이었다. 그는 사람들을 경제적 소모품으로 죽게 하지 않고 군인의 영광 속에서 죽게 했다. 사람들은 견딜 수 없이 단조로운 작업을 통해 또다시 1백만 개의 칼라 단추를 만드는 것보다는 전투의 위험을 더 좋아했기 때문에 나폴레옹의 죽음의 깃발 밑에 몰려들었던 것이다. 2세기 동안 전쟁이 끊이지 않은 것은 나폴레옹 때문이었다. ……따라서 유럽인이 다시 상인과 평민의 지배자로 된 것도 그의 덕택이라고 사람들은 생각하게 될 것이다(『즐거운 지혜』). 전쟁은 약해지고 편안해지고 천해진 사람들에게는 뛰어난 치료제이다. 전쟁은 평화 속에서 썩어가는 여러 본능을 흥분시킨다. 전쟁과 병역의 의무는 민주주의적 우유부단에 대한 필수적 해독제이다. "궁극적으로, 또한 본능에 따라 전쟁과 정복을 거부하는 사회는 몰락하고 있는 사회이다. 다시 말하면 민주주의와 상인의 통치에 알맞은 사회이다"(『권력에의 의지』). 그러나 근대의 전쟁의 원인은 조금도 고상하지 못하다. 대포로 상업상의 분쟁을 해결하는 것보다는 왕위 쟁탈전이나 종교전쟁이 더 훌륭하다. "50년 내에 이 바벨탑 같은 정부들(유럽의 민주정치)은 세계시장을 장악하기 위해 큰 전쟁을 벌일 것이다"(『도덕의 계보학』, 이것은 1887년에 쓴 예언이다). 그러나 아마도 이러한 광기로 말미암아 유럽은 통일될 것이다. 이러한 목적을 위해서는 경제전쟁은 값비싼 대가가 아닐 것이다. 통일된 유럽에서만 유럽을 구제할 수 있는, 보다 높은 귀족정치가 가능하기 때문이다.

정치의 과제는 실업가가 통치자가 되는 것을 막는 것이다. 실업가는 소견이 얕고 시야가 좁은 정략가여서, 정치가로서의 훈련을 받아 선견지

명이 있고 시야가 넓은 천부의 귀족과는 다르기 때문이다. 뛰어난 자에게
는 통치할 신성한 권리——다시 말하면 탁월한 능력이라는 권리——가 있
고, 평범한 자에게는 그 나름의 위치가 있으나, 왕좌는 평범한 자의 위치
는 아니다.

평범한 자는 이러한 위치에서 행복하고 평범한 자의 덕은 지도자의
덕과 마찬가지로 사회에 필요하다. "범용(凡庸)도 그 나름의 특색을 갖고
있다. 우리는 범용의 특색을 과소평가해서는 안 된다." 근면, 절약, 규칙
적 생활, 절제, 강한 신념, 이러한 덕에 의해 평범한 사람들은 완전해지지
만 단지 도구로서 완전해질 뿐이다. "높은 문화는 말하자면 피라미드이
다. 높은 문화는 광범한 기반 위에서만 수립될 수 있고, 높은 문화는 무엇
보다도 강하고 건전하게 다져진 범용을 전제하고 있다"(『반기독교』). 언
제 어디에나 지도자와 피지도자가 있기 마련이고 대다수의 사람들은 보
다 탁월한 사람들의 정신적 지도 밑에서는 일하지 않을 수 없고 행복할
것이다.

생명 있는 자들이 발견될 때마다 나는 복종에 대해 말하는 것을 들었
다. 모든 생명 있는 자는 복종하는 자다.
그리고 다음에 말하는 일이 두 번째 것이다. 자기 자신에게 복종할
수 없는 자에게는 명령이 내린다. 이것이 생명 있는 자의 특성이다.
그러나 다음에 말하는 일이 내가 들은 세 번째 것이다. 곧 명령을
내리는 것은 복종보다 더 어렵다. 명령하는 자는 모든 복종하는 자의
무거운 짐을 지고 이 짐이 명령하는 자를 짓눌러버리기가 일쑤이기 때
문만은 아니다.
내가 보기에는 모든 명령에는 시도와 모험이 따른다. 사실상 생명
있는 자가 명령할 때에는 언제나 자기 자신을 건다(『차라투스트라는
이렇게 말했다』).

그런데 이상적 사회는 세 계급으로 나뉠 것이다. 곧 생산자(농부, 무산자, 실업가), 공무원(군인, 공직자) 및 통치자이다. 후자는 통치하기는 하지만 정부에서 공직을 차지하지는 않는다. 정치 실무는 천한 일이기 때문이다. 통치자는 공직자라기보다는 철인 정치가이다. 통치자들의 권력은 국고와 군인의 감독에 바탕을 두겠지만 그들의 생활은 재정가보다는 병사에 가까울 것이다. 그들은 플라톤이 말하는 수호자와 같을 것이다. 플라톤은 옳았다. 철학자가 최고의 인간인 것이다. 철학자는 용기와 힘을 가진 사람인 동시에 고상한 사람이고, 학자인 동시에 장군이며, 예의와 기지를 갖춘 사람이다. 철학자들은 도덕, 존경, 습관, 감사, 더 나아가 상호 감시, 동료 간의 질투에 의해 엄격하게 자기의 분수를 지키지만, 한편 상호 간의 태도를 보면 이해, 자제, 세심한 마음씨, 긍지, 우정 등 여러 면에서 풍부한 창의력을 발휘할 것이다.

이 귀족주의는 카스트(caste)이고, 그들의 권력은 세습적인가? 대체로 그렇지만 때때로 새로운 혈통을 받아들인다. 그러나 이것은 영국 귀족의 습관이지만, 부유한 속물과의 결혼만큼 귀족주의를 더럽히고 약화시키는 것은 없다. 이 세상에서 가장 위대했던 통치기관—귀족주의적 로마 원로원—을 파괴한 것도 이러한 잡혼이었다. '출생의 우연'은 없고 모든 출생은 자연이 결혼에 내리는 판결이며, 여러 세대에 걸친 도태와 준비를 거친 다음에야 완전한 인간이 출현한다. "오늘의 인물이 있기까지는 그의 선조들이 대가를 지불했다"(『권력에의 의지』).

이러한 말들은 민주주의자의 커다란 귀에는 거슬리는 말인가? 그러나 '이러한 철학을 견뎌내지 못하는 인종은 몰락의 운명에 있고 이 철학을 최대의 축복으로 여기는 인종은 세계의 지배자가 될 운명을 갖고 있다.' 이러한 귀족주의에만 유럽을 하나의 국가로 만들고 둔한 민족주의, 인색한 조국주의를 종식시킬 수 있는 용기와 비전이 있다. 나폴레옹, 괴테, 베토벤, 쇼펜하우어, 스탕달, 하이네처럼 '훌륭한 유럽인'이 되자. 너무나 오랫동안 우리는 하나의 전체가 될 수도 있었으련만, 뿔뿔이 흩어져 있었다. 이러한 애국적 편견과 편협한 지방주의의 분위기로부터 어떻게 위대한 문화가 발생할 수 있는가? 인색한 정치의 시대는 지나가고 위대한 정치를 할 때가 다가왔다. 언제 새로운 인종, 새로운 지도자가 등장할 것인가? 언제 '하나의 유럽'이 탄생할 것인가?

> 그대들은 나의 어린애들에 대해 아직 아무것도 듣지 못했는가?…… 나의 여러 정원, 나의 지복의 섬들, 나의 새롭고 아름다운 종족에 대해 말해달라. ……그 애들 때문에 나는 부유하고 그 애들 때문에 나는 가난해졌다. 나는 모든 것을 주지 않았는가. 나는 뭣인들 주지 못하랴. 한 가지를 얻기 위해서는. 이 어린애들, 이 싱싱한 모종, 나의 의지와 나의 최고의 희망의, 이 싱싱한 생명의 나무를 위해서라면!(『차라투스트라는 이렇게 말했다』)

9. 비평

이것은 아름다운 시다. 아마도 철학이라기보다는 시일 것이다. 여기에는 부조리가 많고, 자기 자신을 설득하고 바로잡으려는 시도가 가득 차 있다는 것을 우리는 잘 알고 있다. 그러나 우리는 한 줄 한 줄에 그가 매우 고심했다는 것을 알 수 있고, 따라서 우리는 그의 사상이 의심스러울 때에도 그를 사랑하지 않을 수 없다. 우리는 감상과 환상에 지쳐 회의와 부정의 자극을 즐길 때가 있거니와, 이때 니체는 우리들에게는 청량제이다. 마치 초만원 교회의 지루한 예배가 끝난 다음 광장에 나와 신선한 바람을 즐기는 기분이다. "내 저서의 공기를 호흡할 줄 아는 자는 이것이 높은 산의 상쾌한 공기임을 알고 있다. 인간은 이 공기에 알맞도록 만들어져야 한다. 그렇지 않으면 이 공기 때문에 감기에 걸릴 위험이 적지 않다"(『이 사람을 보라』). 이 신랄함을 어린애용 밀크로 착각해서는 안 된다.

그의 사상은 그의 문체와 마찬가지로 그가 낭만주의 운동의 후예임을 드러낸다. "철학자가 자기 자신에게 요구하는 처음이자 마지막의 것은 무엇인가?"라고 그는 묻고 "스스로 자기 시대를 극복하고 '무시대적으로' 되는 것이다"(『바그너의 경우』)라고 말한다. 그러나 그 말은 완성을 위한 충고였고, 그는 이 충고를 지키기보다는 오히려 유린했다. 그는 시대의 세례를, 그것도 전신세례를 받았던 것이다. 그는 어떻게 해서 칸트의 주관주의—쇼펜하우어가 솔직히 표현했듯이 '세계는 나의 표상'이라는 것—가 피히테의 절대아(絕對我), 슈티르너의 일면적 개인주의, 초인의 무도덕주의를 발생시켰는가를 이해하지 못했다. 초인은 단지 쇼펜하우어의 '천재', 칼라일의 '영웅', 바그너의 지그프리트에 그치지 않는다. 오히려 초인에게는 실러의 칼 모르[17]나 괴테의 괴츠[18]의 면모도 있는 듯하다. 니체는 만년의 괴테의, 올림포스 산 같은 침착성을 매우 부러워하면서 비웃기는 했지만 젊은 괴테로부터 초인이라는 말 이상의 것을 받아들였다.

니체의 모든 저서 중 『차라투스트라는 이렇게 말했다』는 비판으로부터 가장 안전하다. 첫째는 애매하기 때문이고, 둘째는 확고부동한 공적이 온갖 트집을 침묵시키기 때문이다. 영원회귀 사상은 '아폴론적'인 스펜서나 '디오니소스적'인 니체에게 공통된 것이지만, 불사의 신앙을 회복하려는 불건전한 환상이며 무시무시한 마지막 노력으로서 우리들을 놀라게 한다. 모든 비판가들은 대담한 이기주의의 설교(차라투스트라는 '자아를 건전하고 신성한 것, 이기를 축복 받은 것이라고 선언한다'—틀림없이 슈티르너의 메아리다)와, 초인을 위해 준비하고 봉사하는 이타주의

---

17 『군도』의 주인공.
18 『괴츠 폰 베를리힝겐』의 주인공.

및 자기 희생의 호소 사이에는 모순이 있다는 것을 간파했다. 그러나 이 철학을 읽고 자기 자신을 초인이 아니라 봉사자로 분류할 사람이 있을 것인가?

『선악의 피안』과 『도덕의 계보학』의 윤리학설은 자극적인 과장이다. 우리는 사람들에게 자기 자신에 대해 보다 용감하고 보다 엄격하라고 요구할 필요를 인정하고, 또한 거의 모든 도덕철학이 이와 같이 요구해왔지만, 사람들에게 보다 잔인해지고 보다 악해지라고 해야 할 절박한 필요는 없다. 분명히 이것은 쓸데없는 짓이 아닌가? 또한 약자가 강자를 속박하는 무기가 도덕이라고 불평할 절박한 필요도 없다. 강자는 도덕에 의해 특별히 심각한 영향을 받지 않고 오히려 도덕을 교묘하게 이용한다. 대부분의 도덕률은 밑으로부터가 아니라, 오히려 위로부터 부과된 것이고 군중은 특권 모방에 의해 찬양도 하고 비난도 한다. 때때로 겸손을 천대하는 것도 좋은 일이다. 백발의 선량한 시인이 말한 것처럼 '우리는 매우 오래 전부터 간청을 하고 절을 해' 왔지만 현대인에게서는 이러한 성격을 흔히 볼 수는 없기 때문이다. 이러한 점에서 니체에게는 그가 철학에 꼭 필요하다고 한 역사감각이 부족했다는 것을 알 수 있다. 그렇지 않으면 그는 온순하고 겸손하라는 가르침을 야만인—니체가 영양과 위안을 찾아서 언제나 되돌아간 문화[19]를 기원 후 1천 년 동안에 거의 파괴해버린 야만인—의 격렬한 호전적 기질에 꼭 필요한 해독제라고 생각한 것일까. 권력과 행동을 이와 같이 과도하게 강조한 것은 분명히 열에 들뜬 혼란 시대의 메아리가 아니었겠는가? 보편적이라고 자칭하는 '권력에의 의지'는 인도인의 무위, 중국인의 유연함, 중세 농민의 일상생활에 대한 만족을 거의 나타내지 못하고 있다. 오늘날 권력은 일부 사람들의 우상이지

---

[19] 그리스의 문화.

만, 대부분의 사람들은 오히려 안전과 평화를 갈망하고 있다. 독자는 모두 알고 있겠지만, 니체는 일반적으로 사회적 본능의 지위와 가치를 인식하지 못했다. 그는 자기 본위의 개인주의적 충동을 철학에 의해 강화할 필요가 있다고 생각한 것이다. 전 유럽이 이기적 전쟁의 수렁 속에서, 그가 몹시 찬양했고 또한 위태롭게나마 협동, 교환, 자제에 의존하고 있던 문화적 관습과 획득물이 잊혀지고 있었을 때, 니체의 눈은 어디를 보고 있었는지를 생각해보면 놀라지 않을 수 없다. 기독교의 본질적 기능은 극단적인 온순함을 이상으로 가르침으로써 인간의 타고난 야만성을 완화시키는 것이다. 사람들은 이기주의를 버리고 기독교적 덕에 과도하게 심취함으로써 타락하게 되었다고 걱정하는 사상가는 자기 주변을 살펴보기만 하면 안도의 숨을 쉬며 안심하게 될 것이다.

병과 신경과민으로 고독해지고 인간의 게으름과 범용과 맞서 싸우지 않을 수 없었던 니체는 모든 위대한 덕은 고립한 자의 덕이라고 생각하게 되었다. 쇼펜하우어가 개체를 종속에 몰입시킨 데 대한 반동으로서 그는 개인을 사회적 속박으로부터 무제한으로 해방시키려고 했다. 사랑에 실패한 니체는 철학자답지 않게, 또한 남자답지 않게 여자를 격렬하게 공격했다. 아버지가 될 기회를 놓치고 우정을 잃었기 때문에 그는 인생의 가장 아름다운 순간은 지배와 전쟁으로부터가 아니라 오히려 상호 관계와 우애로부터 생긴다는 것을 알지 못했다. 그는 반면(半面)의 진리를 지혜로 성숙시킬 만큼 오랫동안, 또는 광범하게 살지 못했다. 만일 그가 더 오래 살았다면 아마도 눈에 거슬리는 그의 혼란도 조화로운 철학으로 변했을 것이다. 그가 예수에 대해 한 다음의 말은 자기 자신에게 더욱 타당하다. "그는 너무 일찍 죽었다. 만일 그가" 원숙한 나이까지 "살았다면 그는 그의 가르침을 철회했을 것이다. 그는 이와 같이 철회할 만큼 고상한 인간이었다!"(『차라투스트라는 이렇게 말했다』). 그러나 죽음은 다른 계획을 갖고 있었다.

아마도 정치에 있어서는 그의 비전은 도덕의 경우보다 건전할 것이
다. 귀족정치는 이상적 통치 형태이다. 누가 이것을 부정할 것인가? "오,
그대 친절한 하늘이여! 어떤 국민이든 그들 중에는 가장 적합하고 가장
현명하고 가장 용감하고 가장 훌륭한 자가 있다. 그를 찾아내서 우리를
지배하는 왕으로 삼을 수 있다면 만사형통이다. …… 어떠한 기술로 그를
찾아내는가? 하늘은 우리를 가엾이 여겨 이 기술을 가르쳐주지 않을까?
우리는 절실하게 그를 요구하고 있기 때문이다"(칼라일, 『과거와 현재』).
그러나 누가 최상의 인물인가? 최상의 자는 일정한 가문에서만 출현하며
따라서 세습적 귀족정치를 해야 하는가? 그러나 우리는 이미 세습적 귀
족정치를 경험한 바 있다. 세습적 귀족정치는 당파정치, 무책임한 계급의
식, 정체를 초래하지 않았던가. 아마도 귀족정치는 중산계급과의 결혼으
로, 물론 때때로 파괴되기도 했지만, 구제될 수 있었을지도 모른다. 그렇
지 않다면 어떻게 영국의 귀족정치가 유지되었을 것인가? 그리고 근친결
혼은 퇴화를 초래하지 않을까? 분명히 이 복잡한 문제에는 여러 가지 측
면이 있는데, 니체는 과감하게 이러한 측면에 '예' 또는 '아니다'로 대답
했다.[6] 세습적 귀족정치는 세계 통일을 좋아하지 않으며 귀족들이 아무
리 세계주의적으로 행동하더라도, 결국은 편협한 국가주의적 정책으로
기울어진다. 만일 국가주의를 포기한다면, 세습적 귀족정치는 권력의 주
요 원천—대외 관계의 조종—을 잃을 것이다. 또한 세계국가는 니체가
생각하는 만큼 문화에 유익하지도 않을 것이다. 독일은 통일과 제국과 팽
창의 시대보다는 예술의 보호를 위해 서로 경쟁하던 독립된 여러 궁정들
의 '지리학적 표현'에 지나지 않았을 때에 문화에 더 많은 기여를 했다.

---

6) 니체는 어떤 글에서 "청년시대에 나는 '예' 또는 '아니다'로 세상 일을 처리했으나 이
제 나이가 들면서 이러한 태도를 뉘우친다"고 말한다.

괴테를 아끼고 바그너를 구출한 것은 황제가 아니었다.

세습적 귀족정치 시대는 문화적으로도 위대한 시기였다는 생각은 흔히 범하기 쉬운 착각이다. 오히려 페리클레스나 메디치 가(家)의 사람들이나 엘리자베스나 낭만주의 시대의 난숙한 시기는 신흥 부르주아지의 부에 의해 출현되었고, 문학이나 예술의 독창적 작업도 귀족가문이 아니라 중산계급의 자제—산파의 아들 소크라테스, 변호사의 아들 볼테르, 고기 장수의 아들 셰익스피어 같은 사람들—에 의해 이루어졌다. 문화적 창조를 고무하는 시대는 활동과 변화의 시대, 새롭고 정력 있는 계급이 권력을 장악하고 긍지를 갖는 시대이다. 정치에 있어서도 마찬가지다. 귀족 출신이 아닌 천재를 정치에서 제외하는 것은 자살적 행동일 것이다. 더 좋은 공식은 분명히 출신이 어떻든 '재능 있는 자에게 길을 열어주는 것'이다. 그런데 대체로 천재는 가장 궁벽한 곳에서 태어난다. 가능한 한 가장 훌륭한 자의 통치를 받기로 하자. 귀족정치는 귀족이 가문 때문이 아니라 능력 때문에 특권을 갖게 된 사람들의 집단인 경우에만, 다시 말하면 만인에게 균등한 기회를 개방한 민주주의에 의해 끊임없이 선택되고 육성되는 경우에만 훌륭하다.

이러한 연역(만일 꼭 연역해야 한다면) 후에는 무엇이 남는가? 이것은 비평가를 난처하게 만드는 문제이다. 니체는 체면을 존중하는 모든 사람들로부터 반박을 받았으나 그는 변함없이 현대 사상의 이정표이며, 독일 산문의 한 산정(山頂)이다. 물론 미래에는 과거를 '니체 이전'과 '니체 이후'로 구분하게 될 것이라고 한 그의 예언은 약간 과장의 혐의가 있었다. 그러나 그는 수세기 동안 당연시해온 여러 가지 제도나 견해에 대한 효과적인 비판적 재음미에 성공했다. 그는 그리스 연극과 철학에 대해 새로운 전망을 열어놓았고 바그너의 음악에서 처음으로 낭만주의적 퇴폐의 싹을 찾아냈으며, 인간의 본성에 대해 외과의의 칼처럼 날카롭게, 그리고 아마도 유익한 방식으로 분석했다. 또한 그는 도덕의 숨겨진 뿌리를 드러나게 했는데, 이것은 근대의 다른 사상가들이 하지 못한 일이었다.[7] 다시 말하면 "그는 지금까지 윤리학의 영역에서 사실상 알려지지 않았던 가치, 곧 귀족주의를 도입했다"(짐멜). 또한 그는 다윈설에 내포된 윤리적 함축을 진지하게 받아들이게 했고, 19세기 문학의 가장 위대한 산문시를 썼으며(이것은 특히 중요하지만), 인간을 극복하지 않으면 안 될 것으로 파악했다. 그의 말은 신랄하지만 여기에는 헤아리기 어려운 성실성이 깃들여 있고, 그의 사상은 번갯불이나 돌풍처럼 근대 정신의 구름과 거미줄을 몰아냈다. 유럽 철학의 공기는 니체의 저서 때문에 이제 더욱 맑고 더욱 신선해졌다.[8]

10. 끝맺음

"자기 자신을 넘어선 것을 창조하고 그 다음에 몰락하려고 하는 자를 나는 사랑한다"(『차라투스트라는 이렇게 말했다』)고 차라투스트라는 말한다.

분명히 니체는 그의 사상의 강도 때문에 너무 일찍 소모되었다. 시대에 대항하는 전투 때문에 그의 정신은 균형을 잃었다. "자기 시대의 도덕 체계와 싸우는 것은 언제나 두려운 일이었다. 이러한 투쟁에는 반드시 복수가 뒤따를 것이다. ……안팎으로부터"(엘리스, 『긍정』). 최후가 가까워지자 니체의 저서는 더욱 신랄해졌고 사상만이 아니라 바그너, 그리스

---

7) 물론 니체 윤리학의 본질은 플라톤, 마키아벨리, 홉스, 라 로슈푸코, 심지어 발자크의 『고골리 영감』의 보트렝에서 발견되기는 하지만.

8) 현대 문학에 대한 니체의 광범한 영향은 아르치바셰프, 스트린드베리, 프시비셰프스키, 하우프트만, 데멜, 함순, 다눈치오 등의 작품에 정통한 사람들에게는 지적할 필요도 없을 것이다.

도 등 개인을 공격했다. "지혜의 성장은 신랄함의 감소에 따라 정확히 측정될 수 있다"(『인간적인, 너무나 인간적인』)고 그는 말했다. 그러나 그는 그의 펜을 설득하지는 못했다. 그의 정신이 파괴됨에 따라 그의 웃음도 신경질적인 웃음으로 변했다. "왜 인간이 웃을 줄 아는 유일한 동물인가를 아마도 내가 가장 잘 알 것이다. 인간만이 참기 어려운 고통을 당하기 때문에 웃음을 발명해내지 않을 수 없었다"(『권력에의 의지』)라는 반성은 그의 마음을 좀먹어들어가던 독소가 무엇이었는지를 가장 분명하게 보여준다. 병과 점점 약해지는 시력은 그의 붕괴의 생리적 측면이었다. 그는 편집병성의 과대망상과 추적망상을 보이기 시작했다. 그는 텐에게 자기 저서를 보내고 이 위대한 평론가에게 이 책은 지금까지 쓰여진 책 중 가장 놀라운 책임을 스스로 보증했다. 또한 그의 마지막 저서 『이 사람을 보라』는 이미 본 바와 같이 무모한 자찬으로 가득 차 있다. '이 사람을 보라!' —아, 우리는 여기서 그를 너무나 잘 보는 것이다!

만일 사람들이 그의 진가를 좀더 인정해주었더라면 그의 대상성(代償性) 자기중심벽은 방지되고 니체의 시야는 더욱 넓고 건전했을 것이다. 텐은 다른 사람들이 모두 니체를 무시하거나 비난하고 있었을 때에 니체에게 관대한 찬사를 아끼지 않았다. 브란데스는 코펜하겐 대학교에서 니체의 '귀족주의적 급진주의'에 대해 강의하고 있다고 편지로 알려줬다. 스트린드베리는 니체의 사상을 극화하려 한다고 편지로 알려줬다. 아마도 특기할 일은 익명의 숭배자가 1천 5백 마르크의 수표를 보낸 일일 것이다. 이와 같이 빛이 스며들기 시작했을 때는 니체의 눈과 영혼이 거의 시력을 잃고 모든 희망을 포기한 다음이었다. "나의 시대는 아직 오지 않았다. 나와 같은 자는 미래에 속한다"(『이 사람을 보라』)고 그는 말했다.

마지막 일격은 1889년 투리노에서 졸도의 형식으로 가해졌다. 그는 비틀거리면서 더듬더듬 다락방으로 돌아가, 무모한 편지를 쓰기 시작했다. 코지마 바그너에게는 '아리아드네여, 나는 그대를 사랑한다'는 네 마디를 썼고, 브란데스에게는 '십자가에 매달린 사람'이라고 서명한 비교적 긴 편지를 썼고, 부르크하르트와 오베르베크에게도 각기 괴상한 편지를 보냈다. 오베르베크는 그를 도우려고 급히 달려왔으나 니체는 무릎으로 피아노를 치며 디오니소스적 황홀경에서 노래하며 고함치고 있었다.

사람들은 처음에는 그를 정신병원으로 데리고 갔으나 늙은 어머니가 곧 찾아와 그를 데리고 가서 무한한 사랑으로 간호해주었다. 어머니가 소중히 여기는 모든 것을 배반한 아들 때문에 충격을 받고도 원래 섬세한 성격을 누르며 끈질기게 참아오다가 사랑하는 아들을 이제 또 하나의 피에타처럼 가슴에 안은 이 경건한 여인─얼마나 거룩한 모습인가! 어머니는 1897년에 죽었고, 바이마르에 살고 있는 누이동생이 니체를 맡았다. 바이마르에는 크라메르가 세운 그의 흉상이 있었는데, 이것은 지금은 쇠퇴해져서 무력하고 체념에 잠겨 있는, 한때는 강력했던 정신의 서글픈 기념비였다. 그러나 그는 반드시 불행하지만은 않았다. 건강했을 때에는 결코 누리지 못했던 평화와 안정이 이제 그의 것이었다. 자연이 그를 미치게 한 것은 자연이 베푼 자비였다. 그는 그를 바라보며 울고 있는 누이동생을 보았으나 그녀의 눈물을 이해할 수 없었다. 그는 "리스베트, 왜 울어? 우린 행복하지 못한가?"라고 물었다. 언젠가 그는 책에 대해 이야기하는 말을 들었다. 그 순간 그의 창백한 얼굴이 밝아졌다. "아! 나도 몇 권의 좋은 책을 썼어"라고 그는 밝은 어조로 말했다. 그리고 제 정신이 든 순간은 지나가버렸다. 그는 1900년에 죽었다. 천재이기 때문에 이와 같이 큰 대가를 치른 인물도 드물 것이다.

10

현대 유럽 철학자들

1. 앙리 베르그송

유물론에 대한 반항

근대철학사는 물리학과 심리학의 전쟁이라는 관점에서도 쓸 수 있을 것이다. 사고는 그 대상으로부터 시작되어 마침내 사고 자체의 신비적 실재조차도 물질 현상과 기계적 법칙의 범위 내에 철저하게 국한시키려고 하거나, 또는 사고 자체로부터 시작되어 일견 명백한 듯한 논리의 필연성에 따라 만물을 정신의 형태와 소산으로 보려고 하기 때문이다. 근대 과학이 발달함에 따라 물리학과 역학의 우위와 증대되는 필요는 공통된 압력이 되었고, 이 압력 밑에서 산업과 물리학이 서로 자극하게 됨으로써 사고는 유물론적 경향을 갖게 되고 가장 성공적인 과학은 철학의 모델이 되었다. 철학은 자아로부터 출발해서 그 후에 외계를 고찰해야 한다는 데카르트의 주장에도 불구하고 서구의 산업화는 사고를 사고 자체에서 쫓아내고 물질적 방향으로 나가게 했다.

스펜서의 체계는 이 기계론적 관점의 마지막 표현이었고, 그는 다윈주의 철학자로 불렸지만 사실은 오히려 산업주의의 반영이고 대표자였다. 그는 우리들의 가늠자로 보면 우스운 영광과 장점으로 산업을 찬양했고, 그의 견해는 생명의 약진을 느끼는 생물학자의 견해라기보다는 오히려 물질운동에 몰두한 기계공이나 기사(技士)의 견해였다. 그의 철학이 재빨리 퇴장한 것도 주로 최근의 사상에서는 생물학적 관점이 물

베르그송

리학적 관점을 대신하게 되었다는 것, 다시 말하면 자동력이 없는 사물보다는 생명의 활동에서 세계의 본질과 비밀을 보는 경향이 증대되었다는 사실에 원인이 있다. 그리고 사실상 우리 시대에는 물질 자체가 거의 생명을 모방하고 있다. 곧 전기, 자기, 전자의 연구는 물리학에 생명주의적 색채를 강하게 해서 우리는 심리학을 물리학으로 환원시키기—이것은 다소간 영국 사상의 의식적 야심이었다—보다는 오히려 생명주의적 물리학과 거의 정신화된 물질에 접근하고 있다. 힘의 개념보다도 생명의 개념을 더욱 근본적이고 더욱 포괄적인 것으로 볼 수 있는 가능성을 강조한 최초의 근대 사상가는 쇼펜하우어였고, 현대에 이르러 이 사상을 받아들여 성실성과 능변에 의해 회의적인 사람들조차도 이 사상으로 전향하게 한 사람은 베르그송이었다.

베르그송은 1859년 파리에서 프랑스인과 유태인 부모 밑에서 태어났다. 그는 열심히 공부하는 학생이었고, 온갖 현상에 응모해서 상을 탔던 것 같다. 그는 처음에는 수학과 물리학을 전공하여 근대 과학의 전통에 경의를 나타냈으나 그의 분석 능력은 곧 모든 과학의 배후에 숨어 있는 형이상학적 문제에 직면하게 되었고, 따라서 그는 자연히 철학으로 방향을 돌렸다. 1878년 그는 고등사범학교에 입학했고 졸업하자 크레르

몽-페랑 고등학교의 철학 교사로 임명되었다. 여기서 그는 1888년 최초의 주저 『의식에 직접 주어져 있는 것에 대한 시론』을 썼다. 조용히 8년을 보낸 다음, 그의 두 번째 저서(또한 가장 난해한) 『물질과 기억』을 발표했다. 1898년 고등사범학교 교수가 되었고, 1900년 프랑스 대학 교수가 되었으며, 1941년에 죽을 때까지 이 지위에 있었다. 1907년 그는 걸작 『창조적 진화』로 국제적 명성을 얻었고, 하룻밤 사이에 그는 거의 철학계의 가장 인기 있는 인물이 되었다. 그의 성공은 1914년 『로마교회 금서목록』에 그의 책이 등재되는 것으로 충분했다. 같은 해에 그는 프랑스 학사원의 회원이 되었다.

유물론의 골리앗을 죽일 운명인 다윗인 베르그송이 청년 시대에는 스펜서 숭배자였다는 사실은 주목할 만하다. 그러나 지식이 너무 많으면 회의주의에 빠지기 쉽고, 젊었을 때의 죄인이 늙어서 성인이 되는 것처럼 젊었을 때의 숭배자는 대개 변절자가 된다. 베르그송은 스펜서를 연구할수록 유물론적 기계론의 류머티스에 걸린 세 관절, 곧 물질과 생명, 육체와 정신, 결정론과 자유의지 사이의 관계를 더욱 날카롭게 의식하게 되었다. 파스퇴르의 끈기 있는 연구로 자연 발생(『생명 없는 물질로부터의 생명의 발생』)은 믿을 수 없는 것이 되었다. 그리고 오랫동안의 이론과 무수한 헛된 실험을 거친 다음에도, 유물론자는 생명의 기원 문제의 해결에 한 걸음도 다가서지 못했다. 또한 사고와 뇌는 분명히 관련되어 있음에도 불구하고 그 관련방식은 이전과 마찬가지로 분명하지 못했다. 만일 정신이 물질이고, 모든 정신작용이 신경 상태의 기계적 결과라면 의식은 무슨 소용이 있는가? 왜 뇌의 물질적 메커니즘에는 정직하고 논리적인 헉슬리가 '부대현상'이라고 부른 것, 곧 뇌과정(腦過程)이라는 열에서 생기는, 얼핏 보기에 무용한 듯한 불꽃이 불가결의 것인가? 끝으로 결정론은 자유의지론보다 이해하기 쉬운 것이었는가?

만일 현재의 순간이 생생한 창조적 결의가 전혀 포함되어 있지 않고 전적으로, 또한 기계적으로 이전의 순간의 물질과 운동의 소산이라면, 이전의 순간은 더 앞선 순간의 기계적 결과이고 이 순간 역시 더 앞선 순간의 결과일 텐데 이렇게 되면 결국 우리들은 이후의 모든 사건의, 심지어 셰익스피어의 희곡의 각 행, 그의 영혼의 온갖 고뇌의 총원인으로서 태고의 성운을 들지 않을 수 없다. 따라서 햄릿과 오셀로, 맥베스와 리어왕의 음울한 웅변은 아득한 하늘에서 아득한 옛날의 전설적인 성운의 형태와 내용에 의해 이미 쓰여졌던 것이라고 할 수밖에 없다.

이것은 얼마나 경솔한 믿음을 강요하는 것인가! 이 회의적 시대에 있어서 이 이론은 얼마나 신앙의 훈련을 강요하는가? 이 기괴한 숙명적 신화, 이 성운이 쓴 비극에 비교하면 『구약』이나, 『신약』의 신비나 기적은 차라리 반쯤은 믿음직하지 않을까? 여기에는 반항을 일으키기에 충분한 문제들이 있었으며, 베르그송의 명성이 갑자기 높아진 것도 모든 회의론자들이 경건하게 믿고 있는 것조차도 의심하는 용기가 그에게 있었기 때문이었다.

정신과 두뇌

우리는 공간적 개념으로 사고하려고 하기 때문에, 자연히 유물론으로 기울어지는 경향이 짙다. 다시 말하면 우리는 모두 기하학자라고 베르그송은 말한다. 그러나 시간은 공간과 마찬가지로 기초적이며, 분명히 시간이 생명과 아마도 모든 실재의 본질을 지탱하고 있을 것이다. 우리가 이해해야 할 것은 시간이 축적, 성장, 지속이라는 점이다. "지속은 과거가 미래를 좀먹어들어가며 앞으로 나갈수록 팽창하는 과정이다." 이것은 "과거 전체가 현재로 연장되어 현재 속에서 현실적으로 작용하고 있다"는 뜻이다. "분명히 우리는 우리의 과거의 작은 부분만을 갖고 사고한다.

그러나 우리는 우리의 과거 전체를 갖고⋯⋯욕망하고 의욕하고 행동한다. 또한 과거는 축적인 이상, 모든 단계에서 새로운 축적이 생기므로 미래는 결코 과거와 같을 수 없다.” “각 순간은 새로운 것일 뿐 아니라 예견할 수 없는 것이다. ⋯⋯변화는 우리가 생각하는 것보다 훨씬 근본적이다.” 따라서 기계론적 과학의 목표인 만물의 기하학적 예측 가능성은 주지주의적 환상에 지나지 않는다. 적어도 “의식적 존재자에 있어서는 존재하는 것은 변화하는 것이고, 변화하는 것은 성숙하는 것이고, 성숙하는 것은 자기 자신을 무한히 창조해가는 것이다.” 이 말이 모든 것에 있어서 사실이라면 어떻게 될까? 아마도 모든 실재는 시간과 지속, 생성과 변화가 아닐까(『창조적 진화』).

우리들에게 있어서는 기억은 지속의 매체, 시간의 하녀이고 기억을 통해 우리의 과거는 대체로 적극적으로 보존되므로, 모든 국면에서 많은 양자택일이 제시된다. 삶은 그 범위, 유전적 성질, 기억이 풍부해질수록 선택 영역이 넓어지고 마침내 다양한 반응의 가능성으로부터 의식이 생긴다. 의식은 반응의 리허설이다. “의식은 생물의 선택 능력과 비례하는 것 같다. 의식은 행위를 둘러싼 잠재력의 범위를 밝힌다. 의식은 이루어진 일과 이루어질 수도 있는 일 사이의 간격을 메운다.” 의식은 무용한 부속물은 아니며, 취소 불능한 선택에 앞서서 양자택일적 반응이 상상되고 시험되는 경우에는 상상력의 생생한 무대가 된다. 따라서 “사실상 생물은 행동의 중심이다. 생물은 세계에 일어나는 우발적 사건의 개요를 나타낸다. 다시 말하면 어느 정도의 가능한 행동을 나타낸다.” 인간은 수동적으로 적응하는 기계가 아니며 방향을 바꾼 힘의 초점, 창조적 진화의 중심이다(『창조적 진화』).

자유의지는 의식의 필연적 결과이다. 곧 우리들이 자유롭다고 하는 것은 우리가 무엇을 하고 있는지를 알고 있다는 뜻이다.

기억의 으뜸가는 기능은 현재의 지각과 비슷한 과거의 모든 지각을 환기하고 이 지각에 앞선 것과 후속된 것을 상기시키고 이렇게 해서 가장 적절한 결정을 우리들에게 제시하는 것이다. 그러나 이것이 전부는 아니다. 어떤 단일한 직관 속에서 지속의 복합적 순간을 파악하게 함으로써 기억은 우리들을 사물의 흘러가는 운동으로부터, 다시 말하면 필연성의 리듬으로부터 해방시킨다. 기억이 이 순간들을 더 많이 한순간에 집중시킬수록 기억이 우리들에게 부여하는, 물질을 지배하는 힘도 더욱 확고하다. 그러므로 어떤 생물의 기억력은 무엇보다도 사물에 대한 생물의 작용력의 척도인 것 같다(『물질과 기억』).

만일 결정론자가 옳아서 모든 행동이 선행된 힘의 자동적·기계적 결과라면 동기는 기름을 친 듯 쉽게 행동화될 것이다. 그러나 오히려 선택은 성가시고 힘들어서 결의, 다시 말하면 충동, 습관, 타성 등 정신적 중력에 대항하는 인격의 힘을 요구한다. 선택은 창조이고 창조는 노고이다. 그러므로 인간은 초조한 표정을 하고 있고 '평온하고 자족한' 동물의 선택 없는 일상생활을 지친 듯 부러워한다. 그러나 여러분이 기르는 개의 공자적 태연성은 철학적 평정, 곧 깊이를 알 수 없는 심연의 고요한 표면은 아니다. 이것은 본능의 확실성이고, 선택할 필요도 선택할 수도 없는 동물의 평온함이다. "동물에 있어서는 발명은 습성이라는 주제의 변주곡에 지나지 않는다. 종(種)의 습성에 갇혀 있으면서 동물은 스스로 창의적으로 이 습성을 확대하는 것은 틀림없지만 동물이 자동작용을 벗어나는 것은 오직 한순간, 곧 새로운 자동작용을 만들어내는 동안뿐이다. 동물이 갇혀 있는 감옥의 문은 열리자마자 닫혀서 동물은 그 사슬을 잡아당겨 사슬을 잡아늘일 수 있을 뿐이다. 인간의 경우에는 의식은 이 사슬을 끊어버린다. 인간에 있어서, 그리고 오직 인간에 있어서만 의식은 자기 자신을 자유롭게 한다"[1](『창조적 진화』).

따라서 정신은 뇌와 동일물은 아니다. 의식은 뇌에 의존하고 뇌와 운명을 같이하지만, 말하자면 못에 걸어 놓은 옷이 못과 함께 떨어지는 것과 같다. 옷이 못과 함께 떨어진다고 해서 옷이 못의 부대현상, 곧 못의 장식적 외형질로 증명되지는 않는다. 뇌는 형상(image)과 반응유형(反應類型)의 체계이고 의식은 형상의 환기, 반응의 선택이다. "물이 흐르는 방향은, 하상에 따라 굴곡이 있더라도, 하상과는 구별된다. 의식은 비록 의식을 활기있게 하는 기관과 흥망성쇠를 같이하더라도 이 기관과는 구별된다"(『창조적 진화』).

그럼에도 불구하고 우리는 왜 정신과 사고를 물질과 뇌라는 관점에서 생각하는가? 우리가 '지성'이라고 부르는 정신의 한 부분이 본질적으로 유물론적이기 때문이다. 지성은 진화의 과정에서 물질적·공간적 대상을 이해하고 처리하도록 발달되었고, 이 영역으로부터 지성은 모든 개념과 '법칙', 그리고 어디에나 숙명적이며 예측 가능한 규칙성이 있다는 관념을 이끌어낸다. "우리의 지성은 협의로는 우리들의 육체를 그 환경에 완전히 적응시키고 외계사물의 상호 관계를 표상하려고 한다. 요컨대 물질을 사고하려고 한다"(『창조적 진화』). 지성은 활발하지 못한 고정된 것을 좋아하고 모든 생성을 존재로,[2] 곧 상태의 연속으로 보고 사물의 결합조직, 곧 사물의 참된 생명인 지속의 흐름을 보지 못한다.

활동사진 카메라가 실재의 생생한 흐름을 정지된 모습으로 분할하듯이, 인간의 지성은 여러 상태의 연속을 포착하면서도 이러한 상태들을 얽어매서 생동하게 하는 연속성을 보지는 못한다. 우리는 물질을 보면서도

---

1) 이것은 안이하게 유추로 논증을 대신하고 동물과 인간 사이의 갭을 과장하는 베르그송의 경향을 보여주는 한 예이다. 철학은 아첨을 해서는 안 된다. 제롬콰냐르(아나폴 프랑스의 소설의 주인공—역자)는 보다 현명해서 "인간과 고릴라 사이에 날카롭고 부당한 차별을 두었다는 이유로 인권선언에 서명하기를 거절할 것이다."

2) "존재는 생성 때문에 괴로워하는 사람들이 꾸며낸 허구이다"(『비극의 탄생』)라는 니체의 말을 참조할 것.

에너지를 보지는 못한다. 우리는 물질이 무엇인지 알고 있다고 생각하지만 원자의 핵에서 에너지가 발견되면 당황하고 우리들의 범주는 사라져버린다. "물론 보다 엄밀하기 위해서 운동에 대한 모든 고찰을 수학적 절차로부터 제거할 수는 있다. 그러나 도형의 발생에 운동을 도입한 것이 근대 수학의 기원이었다"(『창조적 진화』). 19세기의 수학상의 거의 모든 진보는 종래의 공간의 기하학에 시간과 운동의 개념을 첨가함으로써 이루어졌다. 마하, 피어슨, 앙리 푸앵카레에서 볼 수 있듯이 현대 과학 전체를 통해서, '정밀' 과학은 실재의 생명보다는 실재의 관성을 더 잘 포착하는 접근법이 아닐까 하는 유쾌하지 못한 의혹이 일관되어 있다.

그러나 물리학적 개념을 사고의 영역에 적용하라고 주장해서 우리가 결정론, 기계론 및 유물론의 막다른 골목에 들어서게 된다면 이것은 우리들 자신의 과오이다. 잠시 반성해본다면 정신의 세계에는 물리학적 개념이 얼마나 부적합한가를 알 수 있을 것이다. 우리들의 경우, 1마일을 생각하는 것은 반 마일을 생각하는 경우와 마찬가지로 쉽고, 한순간의 사고는 지구를 일주할 수 있다. 우리들의 관념을 공간 속에서 움직이는 물질적 미립자, 또는 그 비행과 활동 범위에 공간적 제한이 있는 물질적 미립자라고 상상하려는 모든 노력은 도저히 이해할 수 없는 것이다. 생명은 이러한 '고정된' 관념으로는 파악되지 않는다. 생명은 공간의 문제이기보다는 오히려 시간의 문제이기 때문이다. 생명은 상태가 아니라 변화이고, 양이 아니라 질이고, 물질과 운동의 단순한 재분배가 아니라 유동적이고 부단한 창조이다.

그러면 우리는 사고나 지성에 의거하지 않는다면 어떻게 생명의 흐름과 본질을 파악할 수 있는가? 그렇다면 지성이 전부인가? 잠시 사고를 멈추고 우리들이 어떤 것보다도 더 잘 알고 있는 내적 실재—우리들의 자아—를 응시하기로 하자. 우리는 무엇을 보는가? 물질이 아니라 정신, 공간이 아니라 시간, 수동성이 아니라 능동성, 기계적 작용이 아니라 선택이다. 우리는 마치 동물학자가 죽은 개구리 다리를 조사하거나 현미경으로 조제품을 연구하면서 '나는 생명을 연구하는 생물학자다!' 라고 생각하는 것처럼 '정신의 상태', 곧 활력이 없는 분리된 부분에서 생명을 보는 것이 아니라, 그 정교하고 일관된 흐름에서 생명을 본다. 이러한 직접적 지각, 다시 말하면 사물에 대한 단적이고 확실한 직시가 직관으로서, 이것은 신비적 직관이 아니라 인간 정신에 가능한 가장 직접적인 고찰이다. 스피노자는 옳았다. 반성적 사고는 결코 인식의 최고 형식이 아니며, 반성적 사고는 물론 전문(傳聞)보다는 낮지만, 사물 자체의 직접적 지각에 비교하면 얼마나 박약한가! "참된 경험론은 일종의 정신적 청진(聽診)에 의해 가능한 한 원형에 도달해서 생명의 심오한 소리를 듣고 정신의 고동을 느끼는 것을 목표로 하는 경험론이다"(『형이상학서설』). 우리는 생명의 흐름을 '청취한다.' 직접적 지각에 의해서는 '정신'의 현존을 느끼지만, 지성의 완곡한 표현에 의해서는 사고는 뇌에 있어서의 분자의 춤이라는 견해에 도달한다. 이 경우 직관이 생명의 핵심을 더 참되게 파악한다는 것을 의심할 수 있는가?

그렇다고 해서 사고는 루소가 주장한 바와 같이 질병이거나, 점잖은 시민이라면 누구든 절교하지 않을 수 없는 배반자라는 뜻은 아니다. 지성은 물질적·공간적 세계를 다루고 생명과 정신의 물질적 측면 또는 공간적 표현을 다루는 정상적 기능을 보존하며, 직관은 생명과 정신을 외적 구현이 아니라 내적 존재에서 직접 느끼는 데 국한된다. "나는 지성을 어떤 다른 것으로 대체해야 한다든가, 본능을 지성보다 우위에 놓아야 한다고 주장한 적은 없다. 나는 다만 수학과 물리학의 영역을 떠나 생명과 의식의 영역으로 들어설 때 우리는 순수한 오성을 넘어서 있고 또한 본능과 동일한 생명충동—정확히 말하면 본능은 이것과는 별개의 것이다—에 근원을 두고 있는 생명감각에 호소하지 않을 수 없다는 것을 보여주려고 했을 뿐이다." 또한 우리는 '지성을 지성에 의해 반박하려는' 것이 아니고 단지 '오성만이 언어를 갖고 있으므로 오성의 언어를' 이용할 뿐이다. 우리가 사용하는 말이 상징적으로만 심리학적이고 그 기원 때문에 어쩔 수 없이 물질적 의미를 엿보이고 있더라도 다른 도리가 없다. 정신(spirit) 은 호흡(breath), 마음(mind)은 척도(measure)라는 뜻이고, 사고 (thinking)는 사물(thing)을 암시한다. 그러나 이러한 말들은 영혼이 자신을 표현하기 위해 사용하지 않을 수 없는 조잡한 수단이다. "우리는 우리의 지성을 초월할 수 없다고 말할 것이다. 우리는 의식의 다른 형식들도 우리들의 지성으로써, 또한 우리들의 지성을 통해 보기 때문이다." 심지어 내성(內省)이나 직관조차도 유물론적 비유이다. 그리고 이것은 "우리들의 개념적 논리적 사고의 주변에 희미한 안개――이른바 지성이라는 밝은 핵을 형성한 것과 동일한 재료로 만들어진 안개――가 남아 있지 않다면" 옳을 것이다. 새로운 심리학은 지성과는 비교할 수 없을 만큼 넓은 정신적 영역이 우리들의 내면에 있다는 것을 밝혀내고 있다. "무의식의 가장 신선한 심부(深部)를 탐구하고 의식의 하층토(下層土)를 파 내는 것――이것이 방금 시작된 세기의 주요한 과제일 것이다. 여기에는 놀라운 발견들이 심리학을 기다리고 있다는 것을 나는 의심하지 않는다"(『창조적 진화』).

창조적 진화

이와 같이 새로운 관점에서 보면 진화는 다윈이나 스펜서가 설명한 맹목적이고 황량한 투쟁과 파괴의 메커니즘과는 전혀 다른 것 같다. 우리는 진화에서 지속을, 생명력의 축적을, 생명과 정신의 발명력을, '절대적으로 새로운 것의 끊임없는 전개'를 본다. 우리는 제닝스[1]나 모파[2] 등 최근의 전문가들이 원생동물의 행동에 대한 기계론적 이론을 부인하는 이유, 그리고 현대 세포학의 태두(泰斗) E. B. 윌슨 교수가 세포에 관한 저술을 "세포의 연구는 전체적으로는 생명의 최저 형태를 무기계로부터 분리하는 거대한 간격을 좁히기보다는 오히려 넓히는 것 같다"는 말로 끝맺은 이유를 알 만하다. 생물학계 어디서나 다윈에 반대하는 소리가 들려온다.

　다윈주의는 아마도 유리한 변이의 자연 도태에 의해 새로운 기관과 기능, 새로운 유기체와 새로운 종이 발생했다는 것이리라. 그러나 이러한 견해는 반 세기도 지나기 전에 여러 가지 난점으로 이미 낡아버렸다. 이 학설은 본능의 발생을 어떻게 설명할까? 획득형질의 유전적 축적이라고 하면 편리하겠지만 전문가는 우리 눈앞에서 문을 닫아버린다. 언젠가 이 문은 열리겠지만——만일 선천적인 힘과 성질만이 전해진다면 모든 본능은 처음 출현할 때에 지금과 마찬가지로 생득적으로 강했을 것이다. 본능은 말하자면 행동을 위한 모든 준비를 갖추고 어른으로 태어난 셈이다. 그렇지 않다면 본능은 생존경쟁에서 그 소유자에게 유리할 수는 없었을 것이다. 만일 처음 출현할 때 본능이 약했다면, 본능은(현재의 가설에 의하면) 유전되지 않는, 후천적으로 획득된 힘을 통해 살아남을 가치를 얻을 것이다.

　그리고 최초의 본능이나 여러 가지 변이나 그 사정은 만찬가지이다. 어떻게 해서 변화가 그 최초의 형태에 도태의 계기를 제공했는지 의심스럽다. 눈처럼 복잡한 기관의 경우, 절망적인 난점이 생긴다. 곧 눈은 대뜸 완전한 형태와 작용력을 갖고 태어났거나(이것은 고래가 요나처럼 자기 반성을 했다는 것만큼이나 믿을 만하다), 일련의 '우연' 변이로 시작되어 우연변이보다 더 우연한 생존에 의해 우연변이가 눈을 만들어냈을

---

1 미국의 동물학자.
2 프랑스의 동물학자.

것이다. 변이와 도태의 맹목적 과정에 의해 복잡한 구조가 기계적으로 만들어졌다는 이론은 그 각 단계에서 어린이들이 좋아하는 옛이야기처럼 황당무계하면서도 이 이야기처럼 아름답지는 못한 동화에 지나지 않는다.

그러나 가장 결정적인 난점은 진화의 다기다양한 계열에 있어서 서로 다른 수단에 의해 유사한 결과가 생긴다는 점이다. 예로서 식물 및 동물의 유성생식의 발생을 생각해보자. 이 경우 온갖 진화의 계열이 있으나 식물이나 동물에 마찬가지로 복잡한 '우연'이 나타난다. 혹은 두 개의 아주 다른 동물의 종속, 예컨대 연체동물과 척추동물의 시각기관을 생각해보자. '만일 전적으로 우연이라면, 어떻게 미세하고 무수한 동일한 변이가 두 개의 독립적 진화계열에 같은 순서로 일어났는가?' 더욱 주목할 만한 것은,

자연이 때로는 인접한 종(種)에 있어서 전혀 다른 배형성(胚形成)의 과정에 의해 동일한 결과에 도달한다는 것이다. …… 척추동물의 망막은 배(胚)의 미발달 뇌의 팽창에 의해 만들어진다. 반대로 연체동물에서는 망막은 외배엽으로부터 직접 생긴다. …… 소라고동의 수정체를 절제하면 수정체는 홍채에 의해 재생된다. 그런데 원래의 수정체는 외배엽으로부터 형성되었으나 홍채는 중배엽으로부터 생긴다. 그뿐 아니라 살라만드라 마쿨라타에서는 수정체를 절제하고 홍채를 남기면 홍채의 상층부에 수정체가 재생한다. 그러나 홍채의 상층부 자체를 절제하면 재생은 남은 영역 중의 내층 또는 망막층에서 일어난다. 이와 같이 장소도 다르고 구성도 다르고 정상적으로는 다른 기능을 하는 부분이 동일한 임무를 수행하고 필요한 경우에는 기계장치의 동일 부분을 제조해내기도 한다(『창조적 진화』).

마찬가지로 건망증이나 실어증에서도 '상실한' 기억과 기능은 재생된, 또는 대용된 조직에서 재현한다. 우리는 여기에서 진화에는 물질적

부분들의 어쩔 수 없는 메커니즘 이상의 것이 있다는 압도적인 증거를 분명히 볼 수 있다. 생명은 기계장치 이상의 것이고, 성장할 수 있고 자기 자신을 회복할 수 있고 환경을 어느 정도 마음대로 만들어낼 수 있는 힘이다. 그렇다고 해서 이러한 놀라운 일을 결정하는 외적 계획이 있는 것은 아니다. 외적 계획이 있다고 하는 것은 전도된 기계론, 곧 인도의 더위에 침울하게 항복한 인도 사상과 마찬가지로 인간의 창의와 창조적 진화에 치명적인 숙명론에 지나지 않는다. "우리는 두 가지 견해, 곧 기계론과 목적론을 극복해야 한다. 두 견해는 인간이 하는 일을 고찰함으로써 인간 정신이 도달한 관점에 지나지 않기 때문이다"(『물질과 기억』). 곧 우리들은 처음에는 인간과 비슷한 어떤 의지가 만물을 우주적 유희의 도구로 사용하기 때문에 만물이 움직인다고 생각했고, 다음에는 우리들은 성격이나 철학에 있어서 우리들의 기계론적 시대에 지배되고 있었기 때문에 우주 자체를 하나의 기계로 생각했다. 사물에는 계획이 있지만 사물 안에 있고 사물 밖에 있는 것은 아니다. 곧 엔텔레케이아, 다시 말하면 전체의 기능과 모든 부분을 내적으로 규정하는 것이 있다.

생명은 노력하는 것, 위로 위로 끊임없이 밀고 나가는 것, '언제나 끊임없이 생산하는 우주적 충동'이다. 생명은 관성과 반대되고 우연과 반대되는 것이다. 생명이 스스로 지향하지 않을 수 없는 성장에는 일정한 방향이 있다. 그러나 생명을 저지하려는 물질이라는 저류, 다시 말하면 휴식과 휴지와 죽음을 지향하는 사물의 정체와 이완에 있어서, 생명은 각 단계에서 매체의 관성과 싸우지 않으면 안 된다. 그리고 생명이 생식에 의해 죽음을 극복한다 하더라도, 그것은 모든 요새를 차례로 점령당하고 모든 개체를 관성과 쇠멸에 맡겨 놓은 다음의 일이다. 서 있는 것조차도 물질과 그 '법칙'에 대한 도전이고, 한편 식물처럼 가만히 있지 않고 움직이고 돌아다니며 찾는 것은 매번 노력과 피로를 대가로 사는 승리이다.

그리고 의식은 틈만 있으면 본능과 습관과 수면의 편안한 자동작용으로 하락한다.

처음에는 생명도 물질과 거의 마찬가지로 활력이 없고, 마치 생명의 충동이 운동의 모험을 감행하기에는 너무나 약하기나 한 듯이, 정지적 형태를 취하고 있다. 그리고 발전의 어떤 대로에서는 이러한 움직이지 않는 정지가 생명의 목표였다. 구부러진 백합이나 당당한 참나무는 '안전'이라는 신에게 바친 제단이다. 그러나 생명은 답답한 식물적 생존에 만족하지 못하고 안전을 버리고 자유를 향해, 다시 말하면 갑각(甲殼), 경린(硬鱗), 극피(棘皮), 그 밖의 귀찮은 보호수단을 버리고 편안하지만 위험스러운 새의 자유를 향해 나아갔다. "그러므로 그리스의 중장갑병(重裝甲兵)은 로마 군단병에 의해 대체되고 갑옷을 입은 기사는 자유롭게 걷는 경쾌한 보병에 의해 대체되었다. 그리고 일반적으로 생명의 진화에서도 인간 사회나 개인적 운명의 진화와 마찬가지로 최대의 성공은 최대의 모험을 감행한 자들에게 주어졌다"(『창조적 진화』). 그러므로 인간도 몸에 새 기관을 발생시키는 일을 그만두고 그 대신 도구와 무기를 만들었고, 메스터돈[3]이나 메카테리움[4]처럼 거대한 요새 같은 모든 장비를 몸에 달고 걸어다니지 않고 필요하지 않을 때에는 도구나 무기를 다른 곳에 놓아둔다. 메스터돈이나 메카테리움은 중장비 때문에 세계 제패에 실패한 것이다. 생명은 도구 때문에 도움을 받기도 하고 방해를 받기도 한다.

본능이나 기관이나 마찬가지이다. 본능은 정신의 도구인 것이다. 따라서 육체에 속한 모든 영속적 기관의 경우와 마찬가지로, 그 본능을 필요로 하던 환경이 없어지면 본능은 부담이 된다. 본능은 기성의 것으로

---

3 전(前) 세계의 코끼리 비슷한 동물.
4 빙하기에 남미에 살았던 거수(巨獸).

나타나고 옛날부터의 고정된 상황에는 결정적인—그리고 대체로 성공적인—반응을 하지만 유기체는 본능만으로는 변화에 적응하지 못하고 인간은 변화무쌍하고 복잡한 현대생활에 유연하게 대처하지 못한다. 본능은 안정의 매체이고 지성은 모험적인 자유의 기관이다. 본능은 기계처럼 맹목적으로 복종하는 생명이다.

생물이 물질이나 기계처럼 행동하거나, 광대가 쓸데없이 굴러다니면서 있지도 않은 기둥을 붙잡으려고 할 때 우리는 흔히 웃지만, 또한 가장 사랑하는 이가 미끄러운 길에서 넘어졌을 때 처음에는 웃다가 겨우 별일 없느냐고 묻지만, 우리가 웃는다는 것은 얼마나 의미심장한가. 스피노자가 거의 신성과 혼동한 기하학적 생명은 사실상 눈물겨운 웃음거리이다. 인간의 철학이 인간을 이와 같이 설명해야 한다는 것은 우습고 부끄러운 일이다.

생명은 진화에 있어서 세 갈래의 방향을 갖고 있다. 그 한 갈래에서는 생명은 거의 물질적인 식물의 무감각에 빠져, 여기서 때로는 나태한 안전을 찾고 수천 년 동안 비겁하게 살아남는다. 또 한 갈래에서는 생명의 정신과 노력은 개미나 벌의 경우처럼 본능으로 응결된다. 그러나 척추동물의 경우에는 생명은 자유를 추구하고 기성의 본능을 벗어버리고 용감하게 사고의 무한한 모험을 감행한다. 본능은 여전히 현실을 통찰하고 세계의 본질을 파악하는 보다 심원한 양식이지만, 지성은 더욱 강하고 더욱 대담하고 더욱 광범해져서 마침내 생명은 지성에 관심을 갖고 지성에서 희망을 찾는다.

모든 개체와 모든 종을 실험 재료로 삼는 이러한 끈질긴 창조적 생명은 바로 우리가 신이라는 말로 나타내는 것이며 신과 생명은 동일하다. 그러나 이 신은 유한하고 전능하지 못하다. 곧 물질의 제약을 받고 물질의 타성을 차례차례 고통스럽게 극복한다. 또한 이 신은 전지(全知)하지 못하지만 점진적으로 인식과 의식과 '더 많은 빛을'[5] 찾아 암중모색을 거듭한다. "이와 같이 정의된 신에게는 기성의 것은 아무것도 없다. 신은 끊임없는 생명, 행동, 자유이다. 이와 같이 파악하면 창조는 신비가 아니다. 우리는 자유롭게 행위할 때" 곧 우리들의 행위를 의식적으로 선택하고 우리의 삶을 계획할 때 "우리들의 내면에서 창조를 경험한다"(『창조적 진화』). 우리들의 투쟁과 수난, 우리들의 야망과 좌절, 우리들보다 더 훌륭하고 강한 자에 대한 우리들의 갈망은 우리들의 내면의 '생명의 약진(elan vital)'의 소리, 곧 우리들을 성장하게 하고 이 방황하는 유성을 끊임없는 창조의 무대가 되게 하는 생명의 충동의 소리이고 흐름이다.

생명이 마침내 숙적, 곧 물질에 대해 최대의 승리를 거두고 죽음조차도 벗어나게 될지 그 누가 알랴?

우리들은 우리들의 희망에 대해서조차도 마음을 열어놓자. 시간만 충분하다면 생명에게는 모든 일이 가능하다. 1천 년이라는 짧은 순간에 생명과 정신이 유럽과 미국의 숲을 어떻게 만들어놓았는지 생각해보라. 그러면 생명이 하는 일에 장벽을 쌓는 것이 얼마나 어리석은지 알게 될 것이다. "동물은 식물을 발판으로 하고 인간은 동물성에 걸터앉아 있다. 그리고 인류 전체는 공간적으로나 시간적으로나 우리들의 전후좌우로 질주하는 거대한 군대로서 이 군대는 압도적인 돌격에 의해 모든 저항을 분쇄하고 가장 무서운 장애를, 아마도 죽음조차도 제거할 것이다."(『창조적 진화』).

---

[5] 괴테가 임종시에 남긴 말.

2. 베네데토 크로체

베르그송으로부터 크로체로 옮겨가는 것은 불가능하다. 그들의 방향에는 거의 유사점이 없다. 베르그송은 그의 비전을 기만적인 명석성으로 표현하는 신비주의자이고, 크로체는 애매성에 대해 거의 독일적인 천품을 가진 회의주의자이다. 베르그송은 종교적 기질을 가졌으면서도 철저한 진화론자처럼 말하고 크로체는 교권반대론자로서 미국의 헤겔 학파처럼 말한다. 베르그송은 스피노자와 라마르크의 전통을 계승한 프랑스의 유태인이고 크로체는 스콜라 철학과 아름다움에의 헌신을 제외하고는 그의 종교로부터 아무것도 물려받지 않은 이탈리아의 가톨릭 신자이다.

지난 1백 년 동안 철학 분야에서 이탈리아가 비교적 부진했던 것은 옛 신학을 포기한 사상가들조차도 스콜라 철학적 태도와 방법을 여전히 보존하고 있었다는 데 일부 원인이 있다(보다 큰 원인은 물론 산업과 부가 북쪽으로 옮겨졌다는 데 있다). 이탈리아는 르네상스를 경험했으나 종교개혁을 경험하지 못한 나라라고 설명할 수 있다. 이탈리아는 아름다움을 위해서는 스스로 희생할 수 있으나 진리를 생각할 때에는 빌라도[6]처럼 회의적이다. 어쩌면 이탈리아인은 우리들보다도 더 현명해서 진리는 신기루이고 아름다움은——아무리 주관적이라도——현실적 소유물이고 실재임을 알았을지도 모른다. 르네상스의 예술가들은(그 화필이 사보나롤라의 말의 메아리였던, 음울하고 거의 신교적인 미켈란젤로를 제외하고는) 윤리학이나 신학으로 괴로워하지 않았다. 교회가 그들의 천재를 인정하고 그들의 청구서에 지불을 해주는 한 그들은 만족했다. 이탈리아

---

6 예수를 심문하고 사형선고를 한 유태의 총독.

에서는 교양 있는 사람들은 교회를 성가시게 하지 않는 것이 불문율이었다. 세계의 모든 사람들을 카노사에 순례시키고 모든 나라들로부터 훌륭한 공물을 거둬들여 이탈리아를 세계의 미술관으로 만들어준 교회에 어떻게 이탈리아인이 불친철할 수 있을 것인가?

크로체

그러므로 이탈리아인은 옛 신앙에 충실했고 철학의 경우 아퀴나스의 『신학대전』으로 만족했다. G. 비코가 등장해서 이탈리아의 정신을 뒤흔들어놓았으나, 비코가 사라지자 철학도 그와 함께 죽은 것 같았다. 로스미니는 잠시 동안 반항하는 듯했으나 항복했다. 이탈리아 전국에서 사람들은 더욱더 신앙심이 깊어졌고 더욱더 교회에 충실했다.

베네데토 크로체는 예외이다. 1866년 아퀼라 지방의 작은 도시에서 부유하고 보수적인 가정의 외아들로 태어난 그는 철저한 가톨릭 신학의 훈련을 받은 결과, 마침내 균형을 유지하기 위해 무신론자가 되었다. 종교개혁을 겪지 않은 나라에는 정통신앙과 절대적 무신앙의 중간 노선은 존재하지 않는다. 베네데토는 처음에는 종교의 모든 면을 연구해야 한다고 주장할 만큼 경건했으나 마침내 종교의 철학 및 인간학에 도달해서 부지중에 그의 연구가 신앙을 대신하게 되었다.

1883년, 생활은 보통이라면 인간의 마음을 신앙에 되돌아가게 할 무자비한 타격을 가했다. 지진이 크로체의 가족이 머물고 있던 카사미키올라라는 작은 마을을 엄습해서 베네데토는 부모와 한 명뿐인 누이동생을 잃었다. 그 자신도 많은 뼈가 부러진 채 몇 시간 동안이나 폐허에 묻혀 있었다. 건강을 회복하기까지 몇 년이 걸렸으나 그 후의 생활과 작업에는 정신적 좌절은 전혀 나타나지 않았다. 회복기의 조용한 생활은 그의 마음 속에 학문에 대한 취미를 환기했거나 또는 강화했다. 그는 대재난 후에 남겨진 약간의 재산을 이탈리아의 가장 훌륭한 도서관 중의 하나를 설치하는 데 사용했다. 그는 가난이나 교수직 등 보통 치르는 벌금을 물지 않고 철학자가 되었다. 그는 '지혜는 훌륭한 유산'이라는 『전도서』의 조심스러운 충고를 실천한 것이다.

그는 평생 학자였고 학문과 여가를 사랑했다. 그가 정계로 끌려들어와 교육대신이 된 것은 정치가뿐인 내각에 철학적 위엄을 덧붙이기 위해서였겠지만, 이것은 그의 주장에 어긋나는 일이었다. 그는 상원의원으로 선발되었는데, 당시 이탈리아에서는 일반적으로 일단 상원의원이 되면 평생 상원의원이었다(종신직이었다). 크로체는 상원의원인 동시에 철학자라는 장관을 보여주었는데 이러한 일은 고대 로마에서는 드물지 않았지만 우리 시대에는 오히려 진기하다. 그는 이아고[7]에 흥미가 있었을 것이다. 그러나 그는 그의 정치 활동을 지나치게 진지하게 생각하지 않았고 주로 국제적으로 유명한 잡지 『라 크리티카』를 편집하며 시간을 보냈다. 이 잡지를 통해 그와 조반니 젠틸레는 사상계와 순수문학을 비판했다.

1914년의 전쟁이 일어났을 때, 크로체는 단순한 경제적 알력이 유럽 정신의 성장을 방해해도 좋다고 생각하는 사상에 격노해서 이 전쟁을 자살광의 소행이라고 비난했다. 또한 이탈리아가 어쩔 수 없이 연합국에 가담했을 때에도 여전히 초연했기 때문에 버트란드 러셀이 영국에서, 로맹 롤랑이 프랑스에서 인기가 없었던 것처럼 그는 이탈리아에서 인기가 없었다. 그러나 이탈리아는 그를 용서했고 이 나라의 모든 젊은이들은 그를

---

[7] 셰익스피어 『오델로』에 나오는 음흉하고 간악한 인물.

불편부당한 인도자이고 철학자이며 벗이라고 존경했다. 그는 젊은이들에게는 대학과 마찬가지로 중요한 인물이었다. G. 나톨리의 말처럼 "베네데토 크로체의 체계는 현대 사상의 최상의 정복"이라는 평가를 받게 된 것은 이상한 일이 아니다. 이러한 영향력의 비밀을 찾아보기로 하자.[8]

정신의 철학

그의 첫 저서 『사적 유물론과 카를 마르크스의 경제학』은 원래의 형태로는 그다지 긴밀한 관련이 없는 일련의 논문들(1895~1900년)이었다. 그는 로마 대학의 은사인 안토니오 라브리올라의 강렬한 영향을 받고 그의 지도 밑에서 마르크스의 『자본론』의 미궁으로 뛰어들었다. "마르크시즘의 문헌을 접하고 잠시 독일 및 이탈리아의 사회주의에 대한 간행물을 열심히 읽은 결과로, 나의 전 존재는 동요되었고 나의 마음 속에는 처음으로 정치적 정열이 불타올랐고, 신기한 것을 좇는 묘한 취미가 생겼다. 나는 젊지 않은 나이에 처음으로 사랑에 빠져 자신의 내면에서 새로운 정열의 신비한 작용을 깨닫게 된 사람과 같았다"(피코리, 『베네데토 크로체』). 그러나 사회개혁이라는 술은 그를 만취시키지 못했다. 그는 곧 인간의 정치적 우행과 타협했고 다시 철학의 제단에 꿇어앉았다.

이러한 모험의 한 가지 성과는 '효용'이라는 개념을 진선미(眞善美)와 동격으로 승격시킨 것이다. 그렇다고 해서 그가 마르크스와 엥겔스의 체계에서처럼 경제 관계에 최고의 중요성을 부여한 것은 아니다. 그는 전에는 과소평가되고 무시되었던 사실의 세계에 주목하게 만든 이론 때문에, 비록 이 이론이 불완전하기는 하지만 마르크스와 엥겔스를 칭찬했다. 그러나 그는 경제적 역사해석의 절대주의를 산업환경의 힘에 놀라서 일

---

8 크로체는 1954년에 사망했다.

변도적(一邊倒的)으로 항복한 것이라고 배척했다. 그는 유물론을 성인용 철학 또는 과학적 방법으로 인정하지 않았다. 그에게는 정신이 근본적이고 궁극적인 실재였다. 그리고 그의 사상체계를 쓰게 되었을 때, 그는 거의 도전적으로 이 체계를 '정신의 철학'이라고 불렀다.

크로체는 관념론자였고 헤겔 이후의 철학은 인정하지 않았기 때문이었다. 모든 실재는 관념이다. 우리는 우리의 감각과 사고 속에서 형태를 갖는 것 이외에는 아무것도 인식하지 못한다. 그러므로 모든 철학은 논리학으로 환원시킬 수 있고, 진리는 우리들의 여러 관념의 완전한 관계이다. 어쩌면 크로체는 이 결론을 지나치게 좋아한 것 같다. 그는 논리적이 아닌 것은 무시했다. 그는 그의 저서 『미학』에서도 논리학에 대해 한 장을 삽입하려는 유혹을 이겨내지 못했다. 그가 철학을 구체적 우주의 탐구, 과학을 추상적 우주의 탐구라고 부른 것은 사실이지만 크로체의 구체적 우주가 어디서나 추상적인 것은 독자의 불행이다. 그는 결국 스콜라 철학적 전통의 후예이고 주제와 독자를 기진맥진케 하는 난해와 구분과 분류에서 기쁨을 느낀다. 그는 쉽게 논리적 견강부회에 빠지고 결론보다는 논박을 더 잘한다. 니체가 이탈리아적 독일인이듯이 그는 독일적 이탈리아인이다.

3부작 『정신의 철학』의 제1권의 제목 『순수개념의 학(學)으로서의 논리학』(1905년)은 가장 독일적, 또는 가장 헤겔적이다. 크로체는 모든 관념이 가능한 한 순수하기를 원하는데, 이것은 가능한 한 이데올로기적, 가능한 한 추상적이고 비실용적이라는 뜻인 것 같다. 여기에는 철학의 안개 속에서 윌리엄 제임스를 봉화로 만든 명료성에 대한 정열이나 실천적 내용은 전혀 없다. 크로체는 관념을 실천적 결과로 환원시켜 정의하려고 하지 않으며 오히려 실제적 사건을 관념, 관계, 범주로 환원시키는 것을 좋아한다. 그의 저서에서 추상적 또는 전문적 용어를 제거한다면 그의 저서는 비대증으로 고생하지는 않을 것이다.

크로체는 '순수 개념'이라는 말로 양, 질, 진화, 그 밖의 모든 실재에 적용할 수 있는 개념 등 보편 개념을 나타낸다. 그는 마치 헤겔의 정신의 재현인 것처럼 또한 마치 애매하다는 점에서 스승의 명성과 경쟁을 하기로 결심한 것처럼 이러한 개념들을 이용해서 요술을 부리기 시작했다. 이러한 모든 일을 '논리학'이라고 부르면서, 크로체는 스스로 형이상학을 경멸하고 형이상학에 감염되지 않았다고 확신한다. 형이상학은 신학의 메아리이고 현대 대학의 철학교수는 중세 신학자의 최근의 형태에 지나지 않는다고 그는 생각한다. 그는 미묘한 신앙에 대한 엄중한 태도를 그의 관념론에 섞어 놓는다. 그는 종교를 부인하며 의지의 자유는 믿지만 영혼의 불멸은 믿지 않는다. 그의 경우 아름다움과 문화생활의 숭상이 종교를 대신한다. "원시인의 종교는 그들의 지적 세습재산의 전부였다. 우리들의 지적 세습재산은 우리들의 종교이다. …… 우리들은 인간의 이론 활동, 예술, 비평 및 철학과 함께 종교를 보존하려는 사람들이 종교를 어떻게 이용하고 있는지 알지 못한다. …… 철학은 종교로부터 모든 존재이유를 박탈한다. …… 정신의 학(學)으로서 철학은 종교를 하나의 현상, 하나의 과도기적인 역사적 사실, 초극되어야 할 정신적 상태라고 본다"(『미학』). 로마가 이 말을 읽었을 때 그 얼굴에 모나리자의 미소가 떠오르지 않았다면 이상한 일이다.

우리는 여기서 자연주의적이면서 유심론적이고, 불가지론적이면서 비결정론적이고, 실천적이면서 관념론적이고, 경제적이면서 미학적인 이상한 철학적 사건을 본다. 크로체의 관심은 생활의 실용면보다는 분명히 이론면에 집중되어 있는 것은 사실이지만 그가 논한 주제를 보면 그가 스콜라 철학적 경향을 극복하려고 한 명예로운 노력을 알 수 있다. 그는 대저(大著) 『실천의 철학』을 썼지만, 이 책은 일부분은 다른 이름으로 또 하나의 논리학을 쓴 것이고, 일부분은 자유의지라는 오래 된 문제에 대한 형이상학적 논의이다. 또한 적절한 분량의 『예술서술의 이론과 역사』에서 그는 역사를 움직이고 있는 철학이라고 보고, 역사가를 이론과 추상이 아니라 원인과 사건의 현실적 흐름과 작용에서 자연과 인간을 보여주려고 하는 자로 보는 유익한 견해에 도달했다. 크로체는 비코를 사랑했고 역사는 철학자에 의해 쓰여져야 한다는 이탈리아의 선인[9]의 갈망을 충심으로 지지한다. 완전히 과학적인 역사라는 우상은 현미경적 지식을 산출하고 이러한 지식 때문에 역사가는 너무나 많이 알고 있어서 진리를 잃는다고 그는 믿는다. 과학적 역사가들이 트로이는 존재하지 않았다고 입증한 다음에 슐리만이 하나가 아니라 일곱 개의 트로이를 발굴한 것처럼 혹평만 일삼는 역사가들은 과거에 대한 우리들의 무지를 과시할 뿐이라고 크로체는 생각한다.

크로체는 실제의 과거를 아는 것은 어렵다는 점을 인정하고 역사를 '많은 거짓말 중에서 진실과 가장 비슷한 거짓말을 골라내는 기술'이라고 정의한 루소의 말을 인용한다. 그는 헤겔, 마르크스, 버클처럼 선입견에 따라 결론을 내리는 삼단논법에 의해 과거를 왜곡하는 이론가를 동정하지 않는다. 역사에는 예정된 계획이 없고 따라서 역사를 쓰는 철학자는 우주적 계획을 뒤쫓지 말고 원인과 결과와 그 관계를 밝히는 데 헌신해야 한다. 또한 이 철학자는 그 중요성과 계몽도에 있어서 현대적인 과거의 한 부분만이 가치있다는 점을 명심할 것이다. 만일 역사가들이 역사를 자연의 묵시로서, 인간의 거울로서 쓰게 된다면 마침내 역사는 나폴레옹이 말한 바와 같이 '오직 하나의 참된 철학, 오직 하나의 참된 심리학'이 될 것이다.

---

9 비코를 말한다.

아름다움이란 무엇인가

크로체는 역사 및 문학 연구로부터 철학으로 옮겨왔으므로 그의 철학적 관심이 문예비판과 미학의 문제에 짙게 채색된 것은 당연한 일이었다. 그의 가장 중요한 저서는 『미학』(1902년)이다. 그는 형이상학이나 과학보다는 예술을 좋아한다. 과학은 효용을 제공하지만 예술은 아름다움을 준다. 과학은 우리들을 개별적인 것, 현실적인 것으로부터 점점 더 수학적인 추상의 세계로 인도하다가 마침내(아인슈타인의 경우처럼) 실천적으로는 조금도 중요하지 않은 중대한 결론을 내리지만, 예술은 직접 특수한 인물과 독특한 사실, 곧 구체적 개체의 형태로 직관되는 철학적 보편으로 우리를 인도한다.

"인식에는 두 형식이 있다. 곧 직관적 인식이거나 논리적 인식, 상상력에 의해 도달한 인식이거나 지성에 의해 도달한 인식, 개별적인 것의 인식이거나 보편적인 것의 인식, 개별적 사물의 인식이거나 개별적 사물 간의 관계의 인식이다. 인식은 심상이나 개념의 소산이다"(『미학』). 그러므로 예술의 기원은 심상을 형성하는 힘에 있다. "예술은 전적으로 상상력의 지배를 받는다. 심상은 상상력의 유일한 재산이다. 예술은 대상을 분류하지 않고 대상을 현실적 또는 상상적인 것으로 판별하지 않고 대상을 규정하거나 정의하지 않는다. 예술은 대상을 느끼고 표현한다. 그 이상의 것은 없다"(카, 『베네데토 크로체의 철학』).

상상력은 사고에 앞서 사고에 필수적인 것이므로 정신의 예술적—다시 말하면 심상 형성의—활동이 논리적—다시 말하면 개념 형성의—활동에 앞선다. 인간은 상상하기 시작하자마자, 그리고 추리하기 훨씬 전부터 예술가이다.

위대한 예술가들은 이 문제를 이와 같이 이해한다. "사람은 손이 아니라 머리로 그림을 그린다"고 미켈란젤로는 말했고, "고귀한 천재의 정신은 가장 외적이지 않은 일을 할 때 그 발명력에 있어서 가장 능동적이다"라고 레오나르도는 말했다. 누구나 레오나르도 다 빈치에 대해 전해지는 다음과 같은 이야기를 알고 있다. 그는 「최후의 만찬」을 그릴 때, 캔버스를 건드리지도 않은 채 며칠 동안 꼼짝 않고 있어서 이 일을 명령한 수도원장을 몹시 화나게 했고, 그는 알지 못하는 사이에 신사를 유다의 모델로 이용해서 언제 일을 시작하느냐고 끈질기게 추궁하는 추근추근한 수도원장에게 복수했다.

미적 활동의 본질은 마음 속의 주제를 표현할 완전한 심상을 얻기 위해 이와 같이 미동도 하지 않는 예술가의 노력에 있다. 다시 말하면 신비적 통찰이 아니라 완전한 시각, 완전한 지각, 충분한 상상을 포함한 직관에 있다. 예술의 기적은 사상의 외적 표현이 아니라 사상의 잉태에 있다. 외적 표현은 기계적인 기교의 문제, 솜씨의 문제이다.

우리가 내면적 언어를 지배할 때, 우리가 상(像)이나 형태를 생생하고 명료하게 구상할 때, 우리가 음악의 테마를 찾아낼 때, 그 표현은 태어나고 완성되며 그 이상의 일은 필요하지 않다. 따라서 우리가 입을 열어 말하거나 노래할 때……우리가 하는 일은 마음 속에서 이미 말한 것을 크게 말하거나 마음 속에서 이미 노래한 것을 큰소리로 노래하는 것이다. 우리들의 손이 피아노의 건반을 두드리거나 연필 또는 끌을 잡는다면 이러한 행동은 유의적(有意的) 행동이며(이러한 행동은 미적 활동이 아니라 실천적 활동에 속한다) 이때 우리가 하고 있는 일은 마음 속에서 이미 간결하고 신속하게 실행한 일을 큰 동작으로 실행하고 있는 것이다(『미학』).

이 말은 '아름다움이란 무엇인가?'라는 알기 어려운 물음에 대답하는 데 도움이 되는가? 이 문제에 대해서는 각자가 분명히 각기 다른 의견을 제시하고 애호자들은 모두 스스로 논의의 여지도 없는 권위자라고 생각한다. 아름다움은 지각된 사물의 본질을 파악한 어떤 심상(또는 일련의 심상들)에 대한 정신적 형성물이라고 크로체는 대답한다. 또한 아름다움은 내적 심상을 구체화한 외적 형태보다는 오히려 내적 심상 자체에 속한다. 우리들은 우리들과 셰익스피어의 차이는 주로 외적 표현력의 차이이고 우리들도 언어로 표현하기에는 너무나 심원한 사상을 갖고 있다고 생각하기 쉽다.

그러나 이것은 어처구니없는 망상이다. 차이는 심상을 외적으로 표현하는 능력이 아니라 대상을 표현하는 심상을 내면적으로 형성하는 능력에 있다.

창조라기보다는 오히려 관조인 미적 감각조차도 역시 내면적 표현이며 예술 작품을 이해 또는 감상하는 정도도 표현된 진실을 직접적 직관에 의해 파악하는 능력, 곧 충분히 표현된 심상을 스스로 형성하는 능력에 달려 있다.

아름다움을 창조하는 예술가이든 아름다움을 수용하는 감상자이든, 그 미적 비밀은 충분히 표현된 심상에 있다. 아름다움은 충분한 표현이며, 그것이 충분한 표현이 아니면 진정한 표현이 아니므로, 우리는 오래된 물음에 대해 아름다움은 표현이라고 매우 간단히 대답할 수 있다.

3. 버트란드 러셀

논리학자

우리 세대의 가장 젊고 가장 남자다운 유럽 철학자를 마지막까지 남겨 놓았다.[10]

버트란드 러셀이 1914년 컬럼비아 대학교에서 강연을 했을 때 그는 마치 강연 주제인 인식론처럼 야위고 창백하고 약해 보였다. 당장 죽는 것이 아닌가 하는 생각이 들 정도였다. 제1차 세계대전이 발발한 무렵이어서, 마음이 부드럽고 평화를 애호하는 이 철학자는 가장 문명화된 대륙이 야만 상태로 붕괴되는 것을 본 충격으로 고통을 받고 있었다. 그는 '외계에 대한 우리들의 지식' 이라는 현실과는 거리가 먼 제목으로 강연을 했는데, 사람들은 현실과 거리가 먼 주제임을 알고 있었으므로 그가 가능한 한 냉혹한 현실로부터 멀어지고 싶었기 때문에 이 주제를 택했을 것이라고 상상했다. 그 후 10년 지나 다시 그를 보았을 때, 그가 52세의 나이에도 불구하고 건장하고 쾌활하며 아직도 반항적 기질이 역력한 것을 보고 사람들은 기뻐했다. 이 10년 동안 그의 모든 희망이 거의 무너지고 모든 우정이 허물어지고 한때 그를 보호해주던 귀족생활의 모든 맥락이 거의 끊겨버렸음에도 불구하고 이와 같았던 것이다.

그는 영국에서 또는 세계에서 가장 오래 되고 가장 유명한 가문인 러셀 가 출신으로, 러셀 가에서는 여러 세대에 걸쳐 영국에 정치가를 배출했다. 조부 존 러셀 경은 자유무역, 자유로운 보통교육, 유태인의 해방,

---

10 『철학 이야기』의 초판은 1926년에 발행되었다는 사실을 염두에 두기 바란다. 그 후 저자는 약간의 수정을 가한 듯하지만(예컨대 베르그송의 사망년도를 밝힌 것) 전체적으로는 초판과 변함이 없는 것 같다. 러셀은 1970년에 세상을 떠났다.

각 분야의 자유를 위해 불굴의 투쟁을 한 자유당의 대재상이었다. 아버지 앰벌리 자작은 전통적인 서구 신학으로써 아들에게 과도한 부담을 주지 않은 자유사상가였다. 버트란드는 러셀 백작의 추정 상속인이었으나 그는 세습제를 부인하고 자랑스러운 마음으로 자활의 길을 택했다. 그의 평화주의 때문에 케임브리지가 그를 면직시켰을 때, 그는 세계

러셀

를 그의 대학으로 삼았고 여행하는 소피스트(한때는 명예로웠던 이 말의 원래의 뜻으로)가 됐고 세계는 즐거이 그를 지지했다.

버트란드 러셀은 두 명이 있었다. 한 명은 대전 중에 죽었고, 이 죽음을 이겨내고 일어선 또 한 명은 수학적 논리학자라는 잿더미에서 태어난, 거의 신비로운 공산주의자였다. 아마도 그에게는 언제나 미묘한 신비주의적 경향이 있어서 이 경향이 처음에는 산적한 대수공식으로 나타나고 다음에는 왜곡되어 철학적이라기보다는 오히려 종교적 특징을 가진 사회주의로 표현되었을 것이다. 그의 저서 중 이러한 특징을 가장 잘 보여주는 제목은 『신비주의와 논리학』으로서 이 책은 신비주의의 비논리성을 가차없이 공격하고, 논리학의 신비주의화라고 생각될 정도로 과학적 방법을 찬양한다. 그가 논리학의 힘을 강조하고 수학을 신격화한 것은 아마도 과잉 대상(代償)이었을 것이다. 1914년에는 그는 냉혈한, 잠시 생기를 갖게 된 추상 개념, 걸어다니는 수학 공식이라는 인상을 주었다. 베르그송이 지성을 영화와 비교한 것을 읽기까지는 한번도 영화를 본 적이 없었으나, 그 후 이것도 철학공부라고 생각하고 영화를 한번 보았다고 그는 말한다. 시간과 운동에 대한 베르그송의 생생한 감각도, 만물은 생명의 약진력에 의해 살고 있다는 그의 감정도 러셀에게는 아무런

인상을 남기지 못했다. 러셀에게는 이런 생각은 아름다운 시로 생각되었고 그 이상은 아니었다. 그에게는 수학 이외에는 신이 없었을 것이기 때문이다. 그는 고전을 좋아하지 않았다. 그는 마치 스펜서나 되는 듯이 정력적으로 과학 교육의 강화를 주장했다. 주로 신비주의, 곧 용서할 수 없는 애매한 사고 때문에 이 세상에는 재난이 있으며, 따라서 도덕의 제1법칙은 정확한 사고여야 한다고 그는 생각했다. "나나 다른 사람이 거짓말을 믿어야 한다면 차라리 세계가 멸망하는 것이 낫다. ……이것은 그 맹렬한 불꽃으로 세상의 쓰레기를 불태워버리는 사고의 종교이다"(『신비주의와 논리학』).

명석성에 대한 열정 때문에 그는 수학을 택하지 않을 수 없었다. 그는 이 귀족적 학문의 냉정한 정확성에 거의 전율을 느꼈다. "수학은 올바르게 파악한다면 진리만이 아니라 지고의 아름다움도 갖고 있다. 조각처럼 차고 엄숙하며, 우리들의 약한 본성의 어느 부분에도 호소하지 않고, 회화나 음악의 화려한 장식도 없으면서 숭고할 만큼 순수하고 오직 최고의 예술만이 보여줄 수 있는 완벽한 아름다움을"(『신비주의와 논리학』). 그는 수학의 진보가 19세기의 가장 훌륭한 특색이라고 믿으며, 특히 "수학적 무한을 둘러싸고 일어났던 종전의 난제가 해결된 것은 아마도 우리 시대가 자랑할 수 있는 최대의 업적"(『신비주의와 논리학』)이다. 한 세기 동안에 수학의 성채를 2천 년 동안 지켜온 옛 기하학이 거의 몰락하고 세계 최고의 학교 교과서인 유클리드의 교과서가 대체되었다.

현대 수학의 혁신의 주요 원천은 아마도 공리의 부인일 것이다. 따라서 러셀은 '자명한 진리'에 도전하고 자명한 일도 증명하라고 주장하는 사람들을 반긴다. 평행선도 어디선가 교차할지 모른다. 또는 전체는 그 부분 중의 하나보다 크지 않을지도 모른다고 주장하는 말을 듣고 그는 기뻐했다. 우수(偶數)는 수(數) 전체로 보면 반에 불과하지만 수 전체와 같은 수의 우수가 있다. 모든 수의 배수는 모두 우수이기 때문이다. ——이러한 수수께끼로 순진한 독자를 놀라게 하는 것을 그는 좋아했다. 사실상 이것은 지금껏 정의되지 않았던 일, 곧 수학적 무한의 급소이다. 수학적 무한은 전체와 마찬가지로 많은 요소 또는 항목을 포함한 여러 부분들로 이루어진 전체인 것이다. 독자는 만일 기운이 있거든 이 지시를 따라가 보라.[11]

러셀을 수학으로 이끌어들인 것은 역시 수학의 엄격한 비인격성과 객관성이다. 여기에, 그리고 여기에만 영원한 진리, 절대적 인식이 있으며, 이 '선천적 공리'야말로 플라톤의 '이데아', 스피노자의 '영원한 질서', 세계의 실체이다. 철학의 목적은, 그 진술을 수학과 마찬가지로 정확하고 수학과 마찬가지로 그 타당성이 경험 이전의 것에 있는 명제에 국한함으로써, 수학처럼 완전해지는 것이다. "철학적 명제는……선천적이어야 한다"고 이 기묘한 실증주의자는 말한다. 이러한 명제는 사물이 아니라 관계에, 그것도 보편적 관계에 관련되고 특수한 '사실'이나 사건과는 관련이 없을 것이다. 비록 세계의 특수한 것은 모두 변하더라도 이 명제만은 변함없이 참될 것이다. 예를 들면 '모든 A가 B이고 X가 A라면, X

---

11 그렇다고 해서 러셀의 수학서를 비전문가인 독자에게 권할 수는 없다. 『수리철학서설』은 처음에는 쉬운 듯하지만 곧 수학 전문가만이 만족시킬 수 있는 요구를 제시한다. 『철학이란 무엇인가』라는 작은 책은 대중적인 것이지만 어렵고 불필요하게 인식론적이다. 더 두꺼운 『신비주의와 논리학』이 보다 명석하고 이해하기 쉽다. 『라이프니츠의 철학』은 여기서는 지면의 제약으로 다루지 않았으나 위대한 사상가에 대한 훌륭한 해설서이다. 『정신의 분석』과 『물질의 분석』이라는 쌍둥이 같은 책은 독자들이 심리학과 물리학의 최근의 경향을 아는 데 도움이 될 것이다. 제1차대전 후에 쓴 책은 읽기 쉽고, 점차 환멸로 변해가는 이상주의를 신봉하는 사람에게는 당연한 혼란이 나타나 있기는 하지만 이 책들은 흥미있고 읽을 만하다. 『왜 인간은 싸우는가』는 아직도 최상의 평화주의 옹호서이다. 『자유에의 길』은 콜럼버스와 같은 정열을 갖고 러셀이 재발견한 사회철학——디오게네스까지 소급하는——의 친절한 개설서이다(러셀의 저서는 여기에 든 것 이외에도 중요한 것이 많다. 그는 최근까지도 왕성한 저작 활동을 한 바 있다).

는 B이다'라는 명제이다. 이 명제는 A가 무엇이든 참되며 이 명제는 소크라테스는 죽는다고 추리한 옛 삼단논법을 보편적·선천적 형식으로 환원시키며, 가령 소크라테스가 없더라도, 심지어 인간이 전혀 생존하지 않더라도 참될 것이다. 플라톤과 스피노자는 옳았다. "보편적인 것의 세계는 존재의 세계라고 부를 수도 있다. 존재의 세계는 불변이고 엄밀하고 정확하며, 수학자, 논리학자, 형이상학적 체계의 건설자, 그리고 생명보다는 완전성을 더 사랑하는 모든 사람들에게는 유쾌한 것이다"(『신비주의와 논리학』). 모든 철학을 이와 같은 수학적 형식으로 환원시키고 철학에서 모든 특수 내용을 제거하고 철학을(그 범위는 그대로 둔 채) 수학으로 압축하는 것——이것이 새로운 피타고라스의 야심이었다.

> 사람들은 추리를 대수의 경우처럼 기호화하는 방법을 발견했으므로 연역은 수학의 규칙에 따라 수행될 수 있다. ……순수수학은 이러이러한 명제가 어떤 것에 대해 참이라면 또 하나의 이러이러한 명제도 이 사물에 대해 참이라는 주장으로 전적으로 구성되어 있다. 첫째 명제가 사실상 참인가를 검토하지 않고 참이라고 말하는 대상이 무엇인지를 말하지 않는 것이 그 본질이다. ……그러므로 수학은 우리가 무엇에 대하여 말하고 있는지, 또 우리가 말하는 것이 참인지를 우리가 전혀 알 수 없는 학과라고 정의할 수 있다(『신비주의와 논리학』).

그리고 아마도 이러한 기술은(실례를 무릅쓰고 설명을 갑자기 중단했지만) 수리철학(數理哲學)에 대해서는 별로 부당한 것이 아니리라. 수리철학은 그 애호자들에게는 멋진 유희로서, 체스와 마찬가지로 시간을 보내기에 알맞은 것이며 고립의 새로운 형태이다. 따라서 이 유희는 가능한 한 사물에 오염되지 않은 채 즐겨야 한다. 버트란드 러셀이 몇 권의 이러한 학문적 공상물을 쓴 다음, 갑자기 지구의 표면으로 내려와서 매우 정열적으로 전쟁, 정치, 사회주의, 혁명 등을 논하기 시작한 것은 주목할 만한 일이다. 그런데 이때 그는 『수학원리』에서 높이 쌓아올린, 한 가닥의 결점도 없는 공식은 한번도 이용하지 않았다. 또한 그 밖의 사람도 이를 이용하지 않은 것은 분명하다. 유용한 것이 되려면 사고는 사물과 관계되어야 하고 어느 단계에서나 사물과의 접촉을 유지해야 한다. 추상은 총괄로서는 유용하지만 논증의 수단으로서는 경험에 의한 음미와 해설이 필요하다. 우리는 여기서 스콜라 철학적 위기를 맞이하게 되며, 이 위기에 비하면 중세 철학의 방대한 『신학대전』은 오히려 실천적 사고의 모형이다.

이와 같이 출발한 버트란드 러셀이 불가지론에 빠지는 것은 거의 운명적이다. 그는 기독교에서 수학적으로 표현할 수 없는 많은 것을 발견했기 때문에 도덕률만을 제외하고는 기독교를 전적으로 포기했다. 그는 기독교를 부인하는 자들을 박해하면서 한편으로는 기독교를 엄숙하게 생각하는 자들을 투옥하는 문명에 대해 경멸적인 어조로 말하고 있다(『왜 인간은 싸우는가』). 그는 이와 같이 모순에 찬 세계에선 신을 발견하지 못한다. 오히려 메피스토펠레스[12]가 각별한 마술을 부리는 기분으로 신을 만들어냈을 것이라고 말한다. 그는 세계의 종말관에서는 스펜서를 따르며, 능변으로 스토아적 체념을 설명하면서 모든 개인과 모든 종의 궁극적 패배를 물리친다. 우리는 진보와 진화에 대해 말하지만, 진보는 자기본위적 표현이고 진화는 분해와 죽음으로 끝나는 무도덕적 순환의 반면에 지나지 않는다. "유기적 생명이 원생동물로부터 철학자로 점진적으로 발달해왔다고 말하는데 분명히 우리는 이러한 발달을 진보로 확신하고 있다. 유감스럽게도 이러한 확신을 갖게 하는 것은 원생동물이 아니라 철학자이다"(『신비주의와 논리학』). 자유인은 어린애 같은 희망이나 신인동형적

---

12 괴테의 『파우스트』에 나오는 악마.

(神人同形的) 신에서 위안을 받을 수는 없다. 결국은 자기도 죽어야 하고 만물도 죽어야 한다는 것을 알더라도 자유인은 용기를 잃어서는 안 된다. 그렇더라도 자유인은 항복하지 않을 것이다. 승리할 수는 없더라도 그는 최소한 싸움을 즐길 수 있고, 자신의 패배를 예견하는 인식에 의해 그를 파멸시킬 맹목적 힘을 능가할 수 있다. 그는 잔인한 외적 힘——무목적적 지속에 의해 그를 정복하고 그가 애써 가꿔 놓은 모든 가정과 문명을 파괴하는 힘——을 숭배하지 않고, 패배에 직면해서도 여전히 싸우고 적어도 수세기 동안 보존될 조각이나 회화의 가련한 아름다움을 산출하고 파르테논의 장엄한 유적을 남겨놓은 내면의 창조적 힘을 숭배할 것이다.

이것이 버트란드 러셀의 제1차 세계대전 전의 철학이었다.

개혁가

그 후 대광란이 일어났다. 그리고 오랫동안 논리학과 수학과 인식론에 짓눌려 침묵을 지키던 버트란드 러셀은 갑자기 마치 타오르는 불꽃처럼 벌떡 일어났고 세상은 이 야위고 빈혈증에 걸린 듯한 교수가 무한한 용기와 인간성에 대한 뜨거운 사랑을 가진 인물임을 알고 깜짝 놀랐다. 구석진 수식(數式)의 세계에서 뛰어나온 이 학자는 영국의 가장 찬양받는 정치가들에게 끊임없이 논쟁을 걸었고, 대학 교수직에서 추방하고 제2의 갈릴레오처럼 런던의 비좁은 한구석으로 격리시켜놓아도[13] 그의 논쟁은 멈추지 않았다. 그의 지혜를 의심하는 사람들도 그의 성실성을 인정했으나, 그들은 그의 놀라운 변신에 당황해서 한동안 가장 비영국적으로 관대하지 못했던 것이다. 싸움을 건 우리 평화주의자는 그의 가장 존경할 만한 가문에도 불구하고 사회로부터 추방되고 전쟁의 소용돌이로

---

13 1918년 러셀은 주간지에 쓴 글이 문제가 되어 6개월 간의 금고형을 받았다.

생존조차도 위협을 받고 있는, 그를 키워준 조국에 대한 배반자라고 비난받았다.

이 반역의 배후에는 온갖 유혈의 참극에 대한 혐오가 있었을 뿐이었다. 육신을 벗어버리고 순수한 정신이 되려고 했던 버트란드 러셀은 사실은 감정의 덩어리였고, 그에게는 한 제국의 이해관계는 죽이고 죽기 위해 당당하게 행진해가는 젊은이들의 생명에 비하면 무가치한 것으로 생각되었다. 그는 이러한 대학살의 원인을 찾아내기 시작했고, 사회주의에서 병인(病因)과 동시에 유일한 치료법을 보여주는 경제적·정치적 분석을 발견했다고 생각했다. 병인은 사유재산이었고 치료법은 공산주의였다.

모든 재산의 기원은 폭력과 절도에 있다고 그는 그의 우아한 방식으로 지적했다. 킴벌리의 다이아몬드광과 랜드의 금광[14]에서는 세계의 코앞에서 강탈이 재산으로 변했다. "토지의 사유에는 공동체에 유리한 어떠한 이점도 없다. 만일 인간이 이성적이라면 토지의 사유를 내일부터 폐지하고 현재의 소유자에게는 적절한 생계비 이상의 보상은 줄 수 없다고 포고할 것이다"(『왜 인간은 싸우는가』).

사유재산이 국가의 보호를 받고 재산을 취득하는 강탈이 법률의 인정을 받아 총칼과 전쟁에 의해 강행되고 있으므로 국가는 거대한 악이다. 따라서 국가의 대부분의 기능을 협동조합이나 기업조합이 인수하는 것이 바람직할 것이다. 사회의 압력으로 인격과 개성은 기계 제품처럼 비슷해지고 있어서 우리들을 국가와 화해시킬 수 있는 것은 현대 생활의 보다 큰 안전과 질서뿐이다.

자유는 최고선(最高善)이다. 자유 없이는 인격은 불가능하기 때문이다. 오늘날 생활과 지식은 매우 복잡하므로 오직 자유로운 토론에 의해서

---

14 모두 남아프리카에 있다.

만 오류와 편견을 헤치고 진리인 포괄적 전망을 찾아낼 수 있다. 사람들로 하여금, 심지어 교사들까지도 각기 다른 의견을 주장하게 하자. 이러한 다양한 의견으로부터 신념의 이성적 상대성이 생기고 이때에는 쉽게 무력에 호소하지는 않을 것이다. 증오와 전쟁의 원인은 주로 고정관념과 독단적 신앙에 있다. 사상과 언론의 자유는 시원한 바람처럼 '현대' 정신의 노이로제와 미신을 날려버릴 것이다.

우리는 우리가 생각하는 바와 같이 충분한 교육을 받은 것은 아니어서 일반 교육이라는 대실험을 방금 시작한 데 지나지 않기 때문이다. 이 실험은 우리들의 사고와 공공생활에 깊은 영향을 미칠 시간을 갖지 못했다. 우리들은 이를 위한 시설을 갖추고 있는 중이지만, 방법과 기술에 있어서는 아직 원시적이다. 우리는 확정된 지식을 어느 정도 전달하는 것을 교육이라고 생각하지만 오히려 정신의 과학적 습성을 길러야 할 때인 것이다. 비지성적 인간의 현저한 특징은 경솔한 의견과 이 의견의 절대시이다. 과학자는 천천히 믿으며 한정하지 않고서는 말하지 않는다. 교육에 과학과 과학적 방법을 보다 광범하게 응용할 때, 우리는 분명한 증거가 있을 때에만 믿고 언제나 잘못일지도 모른다고 인정할 용의가 있는 지적 양심의 척도를 갖게 될 것이다. 이러한 방법을 갖게 되면 교육은 우리의 병폐의 커다란 해결책임이 밝혀질 것이다. 교육은 우리들의 손자들을 새 사회가 나타나기 전에 이미 존재해야 할 새로운 인간으로 만들 것이다. '우리 성격의 본능적 부분은 매우 온순한다. 이것은 신념, 물질적 환경, 사회적 환경, 제도 등에 의해 변화시킬 수 있다.' 예컨대 교육이 르네상스 시대처럼 부보다는 예술을 더욱 찬양하는 의견을 형성할 수 있고 또한 '모든 창조적인 것을 촉진하고 소유에 집중되는 충동과 욕망을 감소시키는' 결의를 갖도록 한다는 것은 충분히 생각할 수 있는 일이다. 이것이 '성장의 원리'이며 이 원리로부터 새롭고 자연스러운 도덕의 두 주요 계명이 파생될 것이다. 곧 첫째는 '개인과 공동체의 생명력은 가능한 한 촉진되어야 한다'는 '존경의 원리'이고 '개인 또는 공동체는 가능한 한 다른 개인 또는 공동체를 희생시키지 않고 성장해야 한다'는 '관용의 원리'이다(『왜 인간은 싸우는가』).

훌륭한 학교 및 대학 조직이 적절하게 발달하고 적절한 인재가 갖추어져서 인간의 성격을 개조하는 현명한 방향으로 나아간다면 인간이 하지 못할 일은 하나도 없을 것이다. 폭력혁명이나 지상입법(紙上立法)이 아니라 이것이 경제적 탐욕과 국제적 잔인성으로부터 벗어나는 길이다. 인간이 다른 모든 생명 형태를 지배하게 된 것은 인간의 성장에는 훨씬 많은 시간이 소요되었기 때문이다. 인간이 앞으로 더 많은 시간을 갖고 이 시간을 더욱 현명하게 사용할 때, 인간은 자기 자신을 지배하고 개선하는 방법을 배울 것이다. 우리들의 학교는 유토피아의 문을 여는 주문이 될 것이다.

에필로그

이러한 의견은 물론 낙천적이다. 절망을 위해 오류를 범하는 것보다는 희망을 위해 오류를 범하는 것이 좋기는 하지만. ──러셀은 사회철학에 형이상학이나 종교에 대한 태도로서는 단호하게 배척한 신비주의와 감상을 쏟아 넣었다. 그는 그의 경제이론이나 정치이론에는 수학이나 논리학에서 그를 충분히 만족시켜준, 모든 가정에 대한 엄격한 검토, 모든 공리에 대한 회의를 적용하지 않았다. 선천적인 것에 대한 욕망, '생명 이상의 완전성'에 대한 사랑 때문에 그는 여기서 인생의 문제에 대한 실천적 접근에 도움이 되기보다는 오히려 산문적 세계로부터의 시적 해방에 도움이 되는 눈부신 그림을 펼쳐놓았다. 예컨대 예술이 부보다 더 존중되는 사회를 상상하는 것은 즐거운 일이다. 그러나 여러 국가들이 집단적 자연도태의 흐름 속에서 예술적 능력보다는 오히려 경제적 능력에 따라 흥망을 거듭하는 한, 보다 큰 존속가치를 갖고 있어서 보다 큰 갈채와 보다 많은 보상을 받는 것은 예술적 능력이 아니라 경제적 능력이다. 예술은 부로부터 피어나는 꽃에 지나지 않으며, 부를 대신할 수는 없다. 미켈란젤로에 앞서 메디치 가가 등장한 것이다.

그러나 러셀의 빛나는 비전에서 더 이상 결점을 찾아낼 필요는 없다. 그 자신의 체험이 그에 대한 가장 신랄한 비판이기 때문이다. 러시아에서 그는 사회주의 사회를 건설하려는 노력을 직접 목격했다. 그리고 이 실험이 봉착한 여러 난점을 보고 자기 자신의 복음에 대한 러셀의 신앙은 거의 사라졌다. 러시아 정부가 그에게는 자유철학의 공리로 보이는 민주주의를 조금도 실시할 수 없었던 것을 보고 그는 실망했다. 또한 그는 언론과 출판의 자유의 억압, 모든 선전수단의 단호한 독점과 조직적 이용을 보고 격분해서 러시아 인민의 문맹을 다행으로 여겼다. 독해력은 신문이 매수된 시대에 있어서는 오히려 진실을 아는 데 방해가 되기 때문이다. 그는 토지의 국유화가(서류상으로는 그렇지 않았지만) 사유권에 굴복하지 않을 수 없었던 것을 보고 경악했다. 그리고 현재로서는 인간은 그들의 토지를 그들이 가한 개량도 곁들여서 자손에게 물려주지 못하는 경우, 토지를 성실하게 경작하지 못한다는 것을 그는 깨달았다. "러시아는 커다란 프랑스, 곧 대자작농가로 되고 있는 것 같다. 옛 봉건제도는 소멸했다"(『볼셰비즘의 실천과 이론』). 그는 이 극적 혁명과 온갖 희생과 온갖 영웅주의에도 불구하고 러시아는 1789년에 머물러 있는 데 지나지 않는다는 것을 이해하기 시작했다.

1년 동안 중국에서 가르쳤을 때, 그의 마음은 오히려 편안했을 것이다. 중국은 러시아보다는 덜 기계화되었고, 템포가 느려서 조용히 앉아 사색할 수 있었고, 여기서는 생활을 분석하고 있는 동안에는 생활은 정지하고 있었다. 이 인간성의 대해 속에서 우리 철학자에게는 새로운 시야가 열려, 그는 유럽은 보다 큰 대륙과 보다 오래된—그리고 보다 심원한—문화의 위족(僞足)에 지나지 않는다는 것을 깨달았다. 여러 국가 중의 거인[15] 앞에서는 그의 모든 이론과 삼단논법도 겸손한 상대성으로 용해되었다. 그가 다음과 같이 말할 때, 그의 체계가 이완되는 것을 우리는 알 수 있다.

> 나는 백인이 종전에 생각해온 만큼 중요하지 않다는 것을 깨닫게 되었다. 비록 유럽과 미국이 전쟁으로 절멸되더라도 이것은 반드시 인류의 절멸, 심지어 문명의 종말을 의미하지는 않을 것이다. 아직도 상당한 수의 중국인이 남아 있는 것이다. 여러 가지 면에서 중국은 내가 본 나라 중 가장 큰 나라이다. 비단 수적으로 또는 문화적으로 최대일 뿐 아니라 내 생각으로는 지적으로도 최대인 것으로 보인다. 이와 같이 활달하고 이와 같이 현실주의적이고, 이와 같이 스스로 있는 그대로의 사실에 직면할 뿐, 이 사실을 왜곡해서 특수한 유형에 맞추려고 하지 않는 문명을 나는 다른 곳에서는 보지 못했다(1924년 5월 4일 『뉴욕 월드』와의 인터뷰).

영국으로부터 미국, 러시아, 인도, 그 다음 중국으로 건너간 다음에도 자신의 사회철학을 변함없이 유지한다는 것은 약간 어려운 일이다. 세계를 돌아보고 버트란드 러셀은 세계가 그의 공식에 들어맞기에는 너무나 크고 그의 염원으로 재빨리 접근하기에는 아마도 너무나 넓고 무겁다는 확신을 얻었다. 인간의 욕망은 각양각색인 것이다! 이제 그는 시간의 흐름과 다양한 생활 때문에 원숙해지고 육신과 밀착된 모든 해악을 더욱 광범하게 보면서도 사회적 변화의 어려움을 알 만큼 온건한 경지에 도달

---

15 중국을 말한다.

한 '나이 들고 더욱 현명한 사람' 이 되었다는 것을 알 수 있다. 결국 매우 사랑스러운 사람이 된 것이다. 가장 심원한 형이상학과 가장 정교한 수학에 숙달했으면서도 오직 성실한 사람에게만 있는 명석성을 갖고 언제나 소박하게 말하는 사람, 흔히 감정의 샘을 메마르게 하는 사상 분야에 종사하면서도 따뜻하고 밝은 동정심을 갖고 있으며, 인류에 대해 거의 신비로운 사랑을 가득히 갖고 있는 사람이 된 것이다.

아첨꾼이 아니라 학자이고 신사이며, 기독교도로 자처하는 자들보다 더욱 훌륭한 기독교도이다.

11

현대 미국의 철학자들

서론

주지하다시피 두 개의 미국이 있으며 그 중 하나는 유럽적이다. 유럽
적 미국은 동부 제주(諸州)이며, 여기서는 구가문(舊家門)은 외국의 귀족
주의를 존경하고 보다 최근의 이주민들은 일종의 향수를 갖고 모국의 문
화와 전통을 회상한다. 유럽적 미국에서는 냉정하고 점잖은 앵글로색슨
정신과 새로운 국민의 쉼없는 혁신의 정신 사이에 활발한 갈등이 벌어지
고 있다. 영국적 사고방식이나 예절은 이 지역을 둘러싸고 범람하고 있는
대륙 문화에 결국 굴복하겠지만, 현재로서는 영국적 무드가 비록 현재의
도덕을 지배하지는 못하더라도 동부 미국의 문학을 지배하고 있다.

대서양 연안 여러 주의 예술과 취미의 기준은 영국적이고, 그 문학적
유산도 영국적이며 철학도, 물론 철학할 틈이 있는 경우이지만, 영국 사
상의 계열에 속한다. 워싱턴, 어빙, 에머슨, 포를 배출한 곳은 이 새로운
영국이고, 최초의 미국 철학자 조너선 에드워즈가 책을 쓴 곳도 이 새로
운 영국이며, 기묘하고 이국적 인물인 미국 최초의 사상가 조지 산타야나
를 사로잡고 개조시킨 곳도 이 새로운 영국이다. 확실히 산타야나는 지리

적 관계로 보아서만 미국 철학자라고 할 수 있기 때문이다. 그는 스페인에서 태어난 유럽인으로 아무것도 모르던 어린 시절에 미국으로 끌려왔다가 원숙한 나이가 되자 낙원으로 되돌아가듯 유럽으로 돌아갔고, 그가 미국에서 보낸 세월은 유럽 복귀를 위한 견습기간이었다. 산타야나는 옛 미국의 '품위있는 전통'에 젖어 있었다.[1]

또 하나의 미국은 미국적이다. 이 미국은 양키[1]나 후저[2]나 카우보이 등 유럽이 아니라 이 땅에 뿌리박고 있는 사람들로 구성되었고, 그들의 생활방식, 사상, 이상은 이 땅에서 형성되었고, 그들의 영혼은 보스턴, 뉴욕, 필라델피아, 리치먼드를 장식하고 있는 점잖은 가문이나 남부 또는 동부 유럽인의 들뜬 정열과는 관련이 없다. 남자나 여자나 원시적 환경과 일 때문에 몸은 튼튼하고 마음은 곧고 소박하다. 이것은 링컨, 드로우, 휘트먼, 트웨인을 배출한 미국이며, '주먹구구식 상식', '실리적 사람들', '완고한 실업인'의 미국이고, 윌리엄 제임스에게 강력한 영향을 미쳐 그를 이 미국의 철학적 대변인으로 만든(그의 동생은 영국인보다도 더 영국적이었지만) 미국이고, 존 듀이를 배출한 미국이다.

---

1) 두 미국에 대한 산타야나 자신의 다음과 같은 분석을 참조할 것. "미국은 단지 옛 정신을 가진 젊은 나라에 그치지 않는다. 미국에는 두 정신이 있다. 하나는 선조의 신앙과 규범의 유산이고, 또 하나는 젊은 세대의 본능, 행동, 발견의 표현이다. 정신의 보다 높은 형태—종교, 문학, 도덕감정—에서는 물려받은 정신이 지배적이어서 버나드 쇼는 미국은 1백 년쯤 시대에 뒤떨어졌다고 했을 정도다. 사실은 미국 정신의 반쪽은 좌초했다고까지 할 수는 없지만 어느 정도 무풍상태에 발이 묶여 역류를 타고 조용히 떠돌고 있으나 한편에서는, 곧 발명, 산업, 사회조직에서는 정신의 다른 반쪽이 마치 나이아가라의 급류처럼 흘러가고 있다. 이 점은 미국 건축에 상징적으로 나타나 있다. 미국의 의지는 마천루에, 미국의 지성은 식민지 양식의 대저택에 나타나 있다."
1 뉴잉글랜드 사람들.
2 인디애나 주 사람들.

1. 조지 산타야나

산타야나는 1863년 마드리드에서 태어나 1952년 로마에서 죽었다. 그는 1872년 미국으로 건너와 1912년까지 미국에서 살았다. 그는 하버드에서 학위를 받고 27세부터 50세까지 여기서 가르쳤다. 그는 자기가 선택한 나라에 전적으로 만족하지는 못했다. 광범한 학식으로 유연해지고 시인의 영혼처럼 민감한 그의 영혼은(그는 처음에는 시인이었고 다음에 철학자가 되었으므로) 미국의 소란하고 황급한 도시생활에 곤혹을 느꼈을 것이다. 그는 마치 가능한 한 유럽에 가까워지려는 것처럼 본능적으로 보스턴에 칩거했다. 그리고 보스턴에서 케임브리지와 하버드로 옮겨갔고, 제임스나 로이스보다는 플라톤과 아리스토텔레스를 더 좋아하며 조용히 지냈다. 그는 동료들의 인기에 약간 신랄한 미소를 지었고, 대중과 신문에 초연한 태도를 보였다. 그러나 그는 미국 대학 중 가장 훌륭한 '철학의 학교'에서 안식처를 찾은 것이 그의 행운임을 알고 있었다. "그것은 이성적 생활에 있어서 약간 구름이 꼈으나 밝고 신선한 아침이었다"(『미국의 성격과 견해』).

그의 최초의 철학 논문은 『미의 감각』(1896년)으로 실제적인 뮌스테르베르크도 이 논문을 미학에 대한 미국의 최대의 기여라고 평가했다. 5년 후, 보다 단편적이지만 보다 읽기 쉬운 『시와 종교의 해석』이 나왔다. 그 후 7년 동안, 사랑에 열중한 야콥처럼 그는 묵묵히 공부하며 때때로 시를 발표했다. 그는 주저 『이성의 생활』을 준비하고 있었던 것이다. 이 다섯 권의 책 『상식에 있어서의 이성』, 『사회에 있어서의 이성』, 『종교에 있어서의 이성』, 『예술에 있어서의 이성』, 『과학에 있어서의 이성』은 그의 자질로 그에게 결여되었던 대중성을 전적으로 보충해서 곧 산타야나를 유명하게 만들었다. 여기에서는 스페인의 최고 귀족의 영혼이 에머슨의

고귀한 심정과 결합되어 있고, 지중해의 귀족주의가 뉴잉글랜드의 개인주의와 미묘하게 혼합되어 있으며, 특히 시대정신도 거의 침투하지 못할 만큼 철저히 해방된 영혼이 침착하고 탁월한 안목으로 우리들의 보잘것 없는 체계들을 검토하고 가장 냉철한 추리와 가장 완전한 산문으로 우리들의 새롭지만 낡은 꿈을 짓부수기 위해 옛 알렉산드리아에서 온 이교학자처럼 말하고 있다. 플라톤 이후로 철학이 이와 같이 아름답게 표현된 일은 거의 없었다. 여기에는 새로운 맛으로 가득 찬 말들이 있고 맑은 향기와 찌르는 듯한 기지가 곁들인 미묘한 짜임새의 문장이 있다. 풍부한 비유에서는 시인이 모습을 드러내고, 잘 다듬어진 문장에서는 화가가 모습을 드러낸다. 아름다움의 유혹과 동시에 진리의 요구를 느낄 수 있는 인간을 찾아낸 것은 좋은 일이었다.

이 역작을 내놓은 다음 산타야나는 그의 명성을 즐기면서 시와 작은 책자를 발표하는 것으로 만족했다.[2] 그 후 그는 하버드를 떠나 영국으로 이주했으므로 세상 사람들은 그가 자기 일을 마친 것으로 여기고 있다고 생각했으나 이상하게도 1923년 그는 '존재의 영역'이라고 불리게 될 새로운 철학 체계의 서론에 지나지 않는다고 유쾌한 예고를 하면서 『회의와 동물적 신앙』이라는 내용이 충실한 저서를 발표했다. 60세의 노인이 새삼스레 먼 항해에 나서서 지금까지 쓴 책과 마찬가지로 그 사상이 정력적

---

2) 주요한 작은 책자는 다음과 같다. 『세 명의 철학적 시인』(1910) — 루크레티우스, 단테, 괴테에 대한 고전적 강의. 『이론의 선풍』(1913), 『독일 철학에 있어서의 이기주의』(1916), 『미국의 성격과 견해』(1921), 『영국에서의 독백』(1922). 이 책들은 모두 읽을 만하고 오히려 『이성의 생활』보다 더 쉽다. 『이성의 생활』 중 가장 좋은 것은 『종교에 있어서의 이성』이다.

이고 그 문체가 세련된 책을 발표하는 것을 보는 것은 감명깊은 일이었다. 우리는 이 새로운 저서부터 검토하기로 한다. 사실상 이 책은 산타야나의 모든 사고로 통하는 관문이기 때문이다.

회의와 동물적 신앙

"여기에는 또 하나의 철학 체계가 있다. 만일 독자들이 미소짓고 싶어진다면 나는 독자들과 함께 나도 미소지을 것을 보증할 수 있다. …… 나는 다만 독자들이 미소지을 때 이용하는 여러 원리를 독자를 위해 표현하고자 하기 때문이다." 서문에 나오는 말이다. 산타야나는 매우 겸손해서(철학자로서는 기묘한 일이지만) 자기의 체계 이외에도 여러 체계가 가능하다고 믿는다. "나는 다른 관점을 좋아하는 사람들에게는 나의 관점으로 생각하라고 요구하지 않는다. 그로 하여금, 만일 가능하다면, 다양하고 아름다운 전망이 눈 앞에 펼쳐지도록 스스로 그의 영혼의 창문을 닦게 하자"(『회의와 동물적 신앙』). 이 마지막 서론적인 저서에서 산타야나는 무엇보다도 현대 철학의 성장을 저지해온 인식론의 거미줄을 거둬버리려고 한다. 이성의 생활을 말하기 전에는 그는 전문적인 인식론자들이 좋아하는 온갖 전문적 용어로 인간 이성의 근원, 타당성, 한계를 밝히려고 했다. 그는 무비판적으로 전통적 가정들을 받아들이는 것이 사고가 빠지는 가장 큰 함정임을 알고 있다. "비판은 인습의 팔에 안겨 있는 영혼을 놀라게 한다"고 그는 인습에 얽매이지 않은 태도로 말한다. 그는 거의 모든 것을 의심하려고 한다. 세계는 그 동안 통과해온 감각의 질의 물방울을 뚝뚝 떨어뜨리며 우리들에게 다가오고, 과거는 욕망에 의해 왜곡되어 믿을 수 없는 것으로서 기억을 통해 우리들에게 다가오기 때문이다. 그에게는 오직 한 가지만이 확실하다고 생각되었는데, 그것은 순간의 경험, 곧 이 색깔, 이 모양, 이 맛, 이 냄새, 이 성질뿐이다. 이러한 것들이 '실재하는' 세계이며 이러한 것들에 대한 지각이 '본질의 발견' 이다.

관념론은 올바르지만 별로 중요하지 않다. 우리는 세계를 우리들의 관념을 통해서만 알 수 있다는 것은 사실이지만, 세상은 수천 년 동안 우리들의 서로 결합된 감각을 올바른 것으로 여겨왔으므로, 우리는 미래에 대해서는 걱정하지 말고 이 실용적 시인을 받아들여도 좋을 것이다. '동물적 신앙' 은 신화적 신앙일지도 모르지만, 생명은 어떠한 삼단논법보다도 더 중요한 것이므로 이 신화는 좋은 신화이다. 흄의 오류는 관념의 기원을 발견함으로써 관념의 타당성을 파괴해버렸다고 생각한 데 있었다. "관념은 자연의 소산이라는 생각은 흄에게는 부당한 생각이었다. 그의 철학은 모든 어린이들이 자연의 자식이 아닐까라고 물은 프랑스 부인의 지혜에도 미치지 못했다"(『상식에 있어서의 이성』). 회의론자처럼 엄격하게 경험의 타당성을 의심하려고 하는 이러한 노력은 독일인에 의해, 마치 광인이 더럽지도 않은 손을 끊임없이 씻으려고 하는 경우처럼 병적인 상태에까지 도달했다. 그러나 '그들 자신의 정신 속에서 우주의 기초를 찾으려고 한' 이 철학자들조차도 그 생활을 보면 사물은 지각되지 않을 때에는 존재하지 않게 된다고 정말로 믿었던 것 같지는 않다.

이렇게 해서 산타야나는 인식론과 관계를 끊었다. 따라서 우리들은 그와 함께 그가 '이성의 생활' 이라고 부른, 플라톤과 아리스토텔레스의 당당한 부흥에 도달하면 안도의 숨을 쉬게 된다. 이 인식론적 서론은 분명히 새로운 철학에 꼭 필요한 세례이다. 이것은 과도기적인 양보이다. 철학은 마치 왕을 알현할 때에는 성장을 하는 노동운동 지도자들처럼 아직도 인식론의 의상을 자랑하고 있기 때문이다. 언젠가 중세가 정녕 사라질 때, 철학은 이 구름 속에서 나와 인간사를 다루게 될 것이다.

『과학에 있어서의 이성』

　'이성의 생활'은 '의식에 있어서의 결과에 의해 정당화된 모든 실제적 사고와 행동을 일컫는 말'이다. 이성은 본능의 적이 아니라 여러 본능의 성공적 결합이다. 이성은 의식화된 우리들의 본성이며 그 나름의 진로와 목표를 밝힌다. 이성은 "두 요소——충동과 개념작용——의 행복한 결혼으로, 만일 완전히 이혼하면 인간은 짐승이나 광인이 된다. 이성적 인간은 이 두 괴물의 결합으로 생긴다. 이 인간은 공상적이지 않은 관념과 공허하지 않은 행동으로 이루어져 있다." 이성은 "인간의 신성의 모방이다"(『상식에 있어서의 이성』).

　'이성의 생활'은 명백하게 과학에 기초를 두고 있다. '과학에는 모든 믿을 만한 지식이 포함되어' 있기 때문이다. 산타야나는 이성이 믿을 수 없고 과학이 잘못을 범하기 쉽다는 점도 알고 있다. 그는 과학적 방법에 의한 현대의 분석에 대해 세계를 지배하는 불변의 '법칙'이라기보다는 오히려 우리들의 경험 속에서 관찰되는 규칙성의 단순한 속기적 기술이라고 생각한다. 그러나 이와 같이 한정하더라도 과학은 우리가 의거할 수 있는 유일한 것임에는 틀림이 없다. "지성의 신앙은……그 결과에 의해 시인되는 유일한 신앙이다"(『과학에 있어서의 이성』). 그러므로 산타야나는 소크라테스처럼 담론이 없는 삶은 인간에게는 보람이 없다고 느끼면서 삶을 이해하기로 결심한다. 곧 그는 모든 '인간 발달의 국면', 다시 말하면 인간의 관심과 역사의 모든 장관을 이성에 의해 음미하려고 한다. 그럼에도 불구하고 그는 매우 겸손하다. 그는 새로운 철학을 제시하지 않고 오직 옛 철학을 현재의 생활에 적용하려고 할 뿐이다. 그는 최초의 철학자들이 가장 뛰어난 철학자들이었다고 생각하고, 그들 중에서 특히 데모크리토스와 아리스토텔레스를 최고위에 앉힌다. 그는 데모크리토스의 단순하고 솔직한 유물론과 아리스토텔레스의 냉정한 온건성을 좋아한다.

"아리스토텔레스의 경우, 인간성의 개념은 매우 건전하다. 모든 이상에는 자연적 기초가 있고 자연적인 것은 모두 이상적 발전을 하고 있다. 그의 윤리학은 철저하게 소화하고 평가할 때 완전히 궁극적인 것으로 보일 것이다. 이성의 생활은 여기서 고전적 표현을 발견한다." 그러므로 데모크리토스의 원자와 아리스토텔레스의 중용으로 무장하고 산타야나는 현대 생활의 여러 문제들과 대결한다.

　　자연철학의 경우, 나는 확고부동한 유물론자이다. 분명히 이것이 살아 있는 유일한 철학이기 때문이다. ……그러나 나는 물질이 그 자체로서 무엇인지를 알고 있다고 말하지 않는다. ……나는 과학자들이 나에게 말해줄 때를 기다리고 있다. ……그러나 물질이 무엇이든 간에 나는 이것을 대담하게 물질이라고 부른다. 마치 내가 그들의 비밀을 알지 못하면서도 친구들을 스미스나 존이라고 부르는 것처럼(『회의와 동물적 신앙』).

　　그는 무신론의 핑계에 지나지 않는 범신론이라는 사치품을 허용하지 않을 것이다. 우리는 자연을 신이라고 부르더라도 자연에 아무것도 덧붙이지 못한다. "자연이라는 말은 매우 시적이다. 이 말은 생산적이고 통제적인 기능, 다시 말하면 내가 살고 있는 세계의 무한한 생명력과 변하기 쉬운 질서를 충분히 암시하고 있다." 이러한 세련되고 변질된 형태의 옛 신앙에 영원히 집착하는 것은 케케묵은 갑옷을 땜질하는 돈키호테와 같다. 그러나 산타야나는 시인이므로 신성을 남김없이 빼앗긴 세계는 냉정하고 불쾌한 거처가 될 것임을 잘 알고 있다. "왜 인간의 양심은 결국 언제나 자연주의에 반항하고 어떤 형태로든 보이지 않는 것을 예배하게 되었는가?" 아마도 "영혼은 영원하고 이상적인 것과 비슷한 것이기 때문"이리라. 영혼은 현재의 상태에 만족하지 않고 더 나은 생활을 갈망하며,

죽음을 생각하고는 슬퍼하고 변전무쌍한 가운데서도 영혼을 영원한 것으로 만들어줄 어떤 힘이 있을지도 모른다는 희망에 매달린다. 그러나 산타야나는 무뚝뚝하게 단정한다.

"나는 불멸하는 것은 없다고 믿는다. ……물론 우리들 속에서 작용하고 있는 것은, 마치 바다가 하나하나의 작은 물결에 의해 움직이는 것처럼 세계의 영혼이며 에너지이다. 그러나 이 영혼은 우리를 거쳐서, 우리가 아무리 소리를 치더라도 앞으로 앞으로 전진한다. 우리의 특전은 이것이 움직이는 것을 알 수 있다는 것뿐이다"(『회의와 동물적 신앙』).

기계론은 보편적일지도 모르며, '물리학이 인간사도 그 일부분인 지각의 미세한 움직임과 번식을 설명할 수 없다'고 하더라도 심리학의 최선의 방법은 영혼의 가장 깊은 구석에까지도 기계론이 타당하다고 가정하는 것이다. 심리학은 온갖 정신적 사건의 기계적 · 물질적 기초를 추구할 때에만 문학을 떠나 과학의 영역으로 들어간다. 열정에 대한 스피노자의 빛나는 노작도 '문학적 심리학', 곧 연역의 변증법에 지나지 않는다. 이 노작은 각각의 충동과 감정에 대해 그 심리적 · 기계적 근거를 추구하지 않았기 때문이다. 오늘날의 '행동주의자들'은 올바른 길을 발견했고 이 길을 두려움 없이 걸어갈 것이다.

생명은 철저하게 기계적이고 물질적이므로, 사물이 아니라 상태요 과정인 의식은 원인으로서의 작용력을 갖고 있지 못하다. 이 작용력은 충동과 욕망이 뇌와 육체를 움직이는 열에 있고, 사상으로서 번쩍이는 빛에 있는 것은 아니다. '사고의 가치는 이상적인 것이고 원인으로서의 가치는 아니다.' 다시 말하면 사고는 행동의 도구가 아니라 표상된 경험의 무대이고 도덕적 및 미적 환희의 용기이다.

혼란한 육체를 지배하고 그 결과가 불확실한 신체적 습관에 길을 지시하는 것은 정신인가? 혹은 이 놀라운 일을 수행하는 것은 오히려 자동적인 내적 기구이고 정신은 여기저기서 이러한 작용을 흘긋 보고서 어느 때는 기뻐서 밀착하고 어느 때는 무기력하게 저항하는가?……랄란드인가 뭔가 하는 사람은 망원경으로 하늘을 조사했지만 신을 찾아낼 수는 없었는데, 그가 현미경으로 뇌를 조사했더라도 인간의 정신을 찾아내지는 못했을 것이다. ……이러한 정신을 믿는 것은 마술을 믿는 것과 같다. ……심리학자들에 의해 관찰되는 유일한 사실은 신체적 사실이다. ……영혼은 물질적 동물의 내부에서 일어나는 뛰어나고 재빠른 조직 활동에 지나지 않으며……각 세대마다 종자로부터 성장하는 신경과 조직의 놀라운 네트워크이다(『상식에 있어서의 이성』).

우리는 이 경박한 유물론을 시인해야 할까? 산타야나처럼 치밀한 사상가이며 동시에 미묘한 시인인 사람이 수세기 동안의 노력을 거치고도 여전히 꽃의 성장이나 어린애의 웃음조차도 설명하지 못하는 철학의 맷돌을 목에 매달고 있다는 것은 놀라운 일이다. 세계를 반은 물질, 반은 정신으로 '양분할 수 있는 혼성물'이라고 보는 개념은 '자동인형과 유령의 서툰 결합'이라고 하는 것은 옳다. 그러나 이것은 산타야나가 자기 자신을 자신의 자동작용을 자동적으로 반영하는 자동인형으로 보는 견해와 함께 의인화된 논리, 의인화된 설명일 뿐이다. 그리고 만일 의식에 작용력이 없다면 왜 의식은 이와 같이 천천히, 그리고 어렵게 진화해왔으며, 무용지물은 곧 소멸해버리는 세계에서 왜 존속되고 있는가? 의식은 환희의 모체인 동시에 판단의 기관이다. 의식의 핵심적 기능은 반응의 리허설이고 반작용의 조정이다. 우리는 의식이 있기 때문에 인간인 것이다. 어쩌면 꽃과 그 씨앗, 어린애와 그 웃음은 육지나 바다에 존재하고 있던 어느 기계보다도 더 많은 우주의 신비를 간직하고 있을지도 모른다. 그리고 아마도 죽음의 관점이 아니라 삶의 관점에서 자연을 이해하는 것이 더 현

명하리라. 그러나 산타야나는 베르그송을 읽고도 그를 조소하며 외면할
따름이다.

베르그송은 생명에 대해 많은 말을 하고 생명의 본성에 깊이 파고들었
다고 생각한다. 그러나 죽음도 탄생과 마찬가지로 생명이 무엇인가를
분석하는 데 필요한 것이다. 태양과 비〔雨〕가 움직이기를 기다려야 하
는 창조적 목적은 무엇인가? 어떤 개체에서든 총알 하나로 갑자기 절
멸시킬 수 있는 생명은 무엇인가? 기온이 약간만 낮아져도 우주로부터
완전히 사라져버릴 '생명의 약진' 은 무엇인가?(『이성의 선풍』)

『종교에 있어서의 이성』

프랑스인은 기독교 신앙을 버린 다음에도 오랫동안 가톨릭 신자로
남아 있을 것이라고 생트 뵈브는 말했다. 이 분석은 르낭이나 아나톨 프
랑스에게 해당되지만 산타야나에게도 해당된다. 산타야나는 마치 배반한
여자를 잊지 못하는—— '나는 그녀가 거짓말을 하고 있다는 것을 알더라
도 그녀를 믿겠다' 는——사내처럼 가톨릭교를 사랑한다. 그는 잃어버린
신앙, 곧 생명 자체보다는 '영혼의 충동에 더 잘 순응하는 찬란한 오류' 를
그리워한다. 그는 옥스퍼드에서 어떤 고대 의식에 참가했을 때의 일을 다
음과 같이 묘사한다.

과다라나의 산봉우리가 붉게 물드는 곳,
사나운 바람 몰아치는 황야로부터 쫓겨났을 뿐 아니라
모든 희망의 목표, 지선(至善)의 세계의 비전,
영혼의 분명한 천국으로부터도 쫓겨난
추방자구나, 나는.

산타야나가 그의 걸작『종교에 있어서의 이성』을 쓴 것은 이러한 은밀한 사랑, 이러한 독신적 무신앙 때문이며 이 회의적인 책에는 부드러운 비애의 감정이 가득 차 있고 가톨릭교의 아름다움에서 발견한, 가톨릭교를 여전히 사랑하게 하는 많은 이유들이 있다. 그는 "전통적인 정통 신앙, 곧 우주는 인간, 또는 인간의 영혼을 위해 존재하고 또 이바지한다는 신앙"을 일소에 붙이는 것은 사실이지만, "과학적으로 본 종교의 어리석음—이것은 반쯤은 장님이더라도 알 수 있는 것이다—을 찾아냈다고 자랑하지만 이러한 교리를 산출한 사고의 습관이나, 그 원래의 의미와 참된 기능을 밝혀내지는 못한 젊은 재사(才士)들과 시대에 뒤떨어진 늙은 풍자가들에게 공통된 계몽주의"를 비웃는다. 결국 인간이 어디서나 종교를 믿어왔다는 것은 주목할 만한 현상이며, 우리는 종교를 이해하지 못한다면 어떻게 인간을 이해할 수 있을 것인가? "종교 연구는 회의하는 자를 가사적(可死的) 존재의 신비와 비애에 직면하게 만들 것이다. 그리고 이러한 연구는 회의하는 자로 하여금 왜 종교가 이렇게 깊이 인간의 마음을 감동시키고 또한 어떤 의미에서는 심원한 정당성을 갖고 있는가를 이해하게 할 것이다"(『종교에 있어서의 이성』).

산타야나는 루크레티우스처럼 처음으로 신을 만들어낸 것은 공포였다고 생각한다.

초자연적 존재에 대한 신앙은 가장 불행한 상태에 놓인 인간이 시도하는 필사적 도박이다. 이러한 신앙은 가능한 한, 그의 운이 트이면 서서히 다시 되찾게 될 정상적인 생명력의 원천으로부터 이끌어낸 것이다. ……모든 일이 뜻대로 될 때에는 우리는 우리의 힘으로 그렇게 되었다고 생각한다. ……인간이 구별하고 되풀이할 줄 알게 되는 첫번째 일은 자기 자신의 의지로 하는 일, 자신의 그때그때의 요구에 저항하는 일이다. 그러므로 그가 최초로 직면하는 감정은 일종의 증오심이고 이 증오심은 약자에 대해서는 잔인성으로, 강자 앞에서는 공포심과 아첨으로 변한다. 종교, 심지어 최고의 종교에서도 신성(神性)에 원인이 있다고 하는 동기가 얼마나 초라한가. 또한 얼마나 곤궁하고 처량한 생활로부터 이러한 동기를 이끌어냈는가를 알게 되면 애처롭기만 하다. 최상의 음식을 얻고 기억되고 찬양받고 맹목적으로 곰상스럽게 복종하는 것——이것이 신들에게 바치는 명예라고 생각되었고 이 명예에 따라 신들은 은총이나 처벌을 매우 엄청난 규모로 분배한다(『과학에 있어서의 이성』).

공포에는 상상력이 덧붙여진다. 인간은 뿌리 깊은 물활론자(物活論者)로서 만물을 의인화해서 해석한다. 인간은 자연을 인격화하고 극화하고 자연을 무수한 신성으로 가득 채운다. "무지개는……아름답고 신출귀몰하는 여신이 하늘에 남겨 놓은 발자국이라고 생각된다." 그렇다고 해서 사람들이 이 대단한 신화를 글자 그대로 믿는 것은 아니다. 그러나 이러한 신화에 담긴 시는 사람들이 산문적 생활을 견뎌내는 데 도움이 된다. 오늘날은 이러한 신화시적 경향이 약해지고 과학은 상상력에 대해 난폭하고 의심 많은 반발을 일으켜 놓았지만 미개민족 사이에서는, 특히 근동(近東)에서는 이러한 경향은 저지되지 않았다. 『구약』에는 시와 비유가 풍부하지만 『구약』을 쓴 유태인들은 그들 자신의 묘사를 글자 그대로 해석하지 않았다. 그러나 보다 더 문자에 구애되고 보다 덜 상상적인 유럽인들이 이 시를 과학으로 착각했을 때 서양 신학이 탄생했다. 기독교는 처음에는 그리스 신학과 유태의 도덕의 결합이었다. 그러나 이것은 어느 한 요소가 결국은 굴복하게 될 불안한 결합이었다. 가톨릭교에서는 그리스의 이교적 요소가 승리했고 신교에서는 엄격한 헤브라이의 도덕률이 승리했다. 전자는 르네상스를 경험했고 후자는 종교개혁을 겪었다.

독일인——산타야나는 독일인을 '북방의 야만인' 이라고 부른다——

은 진정으로 로마의 기독교를 받아들인 적이 없었다. "용기와 명예의 비기독교적 윤리, 미신과 전설과 감정의 비기독교적 축적은 중세인들 사이에 항상 남아 있었다." 고딕식 교회 건물은 야만인의 양식이고 로마인의 양식은 아니었다. 게르만인의 호전적 기질은 동양인의 평화 애호를 무시하고 기독교를 동포애의 종교로부터 상업도덕의 엄격한 타이름으로, 청빈의 종교로부터 번영과 권력의 종교로 변질시켰다. "게르만인으로 하여금 교묘하게 기독교의 환심을 사서 절멸되어가고 있는 두 세계의 마지막 숨을 거두게 한 것은 이러한 젊고 심원하고 야만적이고 시적인 종교였다"(『종교에 있어서의 이성』).

기독교를 글자 그대로 해석하지 않으면 기독교보다 더 아름다운 것은 없으나 독일인은 글자 그대로 해석할 것을 고집했다고 산타야나는 생각한다. 그 후에 독일에서 기독교의 정통신앙이 소멸한 것은 불가피한 일이었다. 문자 그대로 해석한다면 죄 없는 자가 받는 천벌, 전능한 신의 자비에 의해 창조된 세계에 존재하는 악 등, 몇 가지 옛 교리보다 더 불합리한 것은 있을 수 없기 때문이었다. 종교에 대한 개별적 해석은 자연히 대중 사이에 종파를 난립시켰고, 엘리트 사이에 온화한 범신론—'시적으로 표현된 자연주의'에 지나지 않는 범신론—을 퍼뜨렸다. 레싱과 괴테, 칼라일과 에머슨은 이러한 변화의 이정표였다. 요컨대 예수의 윤리 체계는 역사의 짓궂은 우연에 의해 예언자와 그리스도의 평화주의와 함께 기독교에 전달되었던 호전적 여호와를 절멸시킨 것이다.

산타야나는 체질적으로나 가문으로 보거나 신교에 공명할 수는 없었다. 그는 청년 시절의 신앙의 색깔과 냄새를 좋아했다. 그는 신교도들이 중세의 아름다운 전설을 버린 것을, 특히 그가 하이네처럼 '가장 아름다운 시의 정화'라고 생각하고 있는 처녀 마리아를 무시하는 것을 질책한다. 어떤 재사(才士)의 말처럼 산타야나는 신은 존재하지 않지만 마리아는 신의 어머니라고 믿는다. 그는 그의 방을 마리아와 성인들의 초상화로 장식했다. 그는 산업보다 예술을 더 좋아한 것과 똑같은 이유에서 다른 신앙의 진리보다는 가톨릭교의 아름다움을 사랑한다.

> 신화비평에는 두 단계가 있다. …… 첫째는 노해서 신화를 미신으로 취급하는 것이고, 둘째는 미소지으며 시로 보는 것이다. …… 종교는 인간의 상상력에 의해 해석된 인간의 경험이다. …… 종교는 진리와 생활의 축어적(逐語的) 서술이고 상징적 표현은 아니라고 하는 견해는 전혀 불가능한 견해이다. 이와 같이 생각하는 자는 이 주제에 대한 유익한 철학적 사색의 영역에 들어와본 적이 없는 자이다. …… 종교의 문제는 결코 논쟁의 문제가 될 수 없다. 우리는 오히려 이 우화에 구현된 경건성을 존중하고, 그 시를 이해하고자 한다(『미의 감각』).

따라서 교양인은 민중의 생활을 즐겁게 하고 고무하는 신화를 교란시키지는 않을 것이다. 그리고 아마도 그는 얼마쯤은 그들의 희망을 부러워할 것이다. 그러나 그는 내세를 믿지는 않을 것이다. "태어났다는 것은 불사에 대한 흉조이다"(『종교에 있어서의 이성』). 그의 흥미를 끄는 불사는 오직 스피노자가 설명한 불사[3]일 것이다.

산타야나는 말한다. "이상에 살고 이 이상을 사회 또는 예술에 표현해서 남겨 놓은 사람은 이중의 불사를 누린다. 살아 있을 때에는 영원한 것이 그를 열중시키고 죽은 다음에는 그의 영향력으로 다른 사람들도 마찬가지로 열광하게 되어, 그들은 그의 내면의 최선의 부분과 이상적인 일치를 이룸으로써 그가 당연히 파멸로부터의 구출을 희망할 수 있었던 그의 내면의 모든 것의 화신이 되고 영원한 거처가 될 것이다. 그는 궤변이

---

3 명성에 의한 불사(不死)를 말한다.

나 자기 기만 없이 자신은 완전히 죽지는 않았다고 말할 수 있다. 그는 그의 존재의 본질에 대해 대중보다 더 잘 알고 있기 때문이다. 그는 자신의 죽음과 보편적 변화의 목격자와 고백자가 됨으로써 자기 자신을 모든 영혼 속에 있는 영적인 것, 모든 이해 속에 있는 정교한 것과 동일시할 것이다. 자기 자신을 이와 같이 생각함으로써 그는 자신이 영원하다는 것을 참되게 느끼고 인식하게 될 것이다"(『종교에 있어서의 이성』).

『사회에 있어서의 이성』

철학의 커다란 문제는 초자연적 희망이나 공포를 통해 자극하지 않더라도 사람들에게 덕을 설득할 수 있는 방법을 찾아내는 것이다. 이론적으로는 철학은 이 문제를 두 번 해결했다. 소크라테스와 스피노자를 통해 철학은 세상에 자연적 윤리학 또는 이성적 윤리학의 완벽한 체계를 제시했다. 만일 사람들이 이 철학 중의 하나를 규범으로 삼고 자라난다면 만사는 다 잘될 것이다. 그러나 "참으로 이성적인 도덕이나 사회제도는 세상에 존재한 적이 없고, 이러한 것을 기대하기도 어렵다." 이러한 것은 언제까지나 철학자들의 사치품이다. "철학자는 자기 마음 속에 안식처를 갖고 있다. 이 안식처에 내세에서 추구하게 될 우화화(寓話化)된 지복이 있는지는 의심스럽고……이것은 시적 상징에 지나지 않는다. 그는 진리에서 즐거움을 느끼고 이 장면이 계속되든 중단되든 태연하다"(철학자에게도 장수를 바라는 끈질긴 소망이 엿보이기는 하지만). "철학자가 아닌 사람들의 경우, 도덕적 발달의 대로는 과거와 마찬가지로 미래에 있어서도 사랑과 가정의 관대한 분위기 속에서 꽃피는 사회적 감정의 성숙에 있을 것이다"(『과학에 있어서의 이성』).

쇼펜하우어의 말처럼 연애는 종족이 개인을 속이는 사기이고 "연애의 원인의 10분의 9는 사랑하는 자에게 있고 10분의 1만이 사랑받는 쪽에 있으며" 연애는 "영혼을 다시금 비인격적인 맹목적 흐름 속으로 들어가게 하는 것"은 사실이지만, 그럼에도 불구하고 연애는 그 보상을 받으며, 인간은 그의 최대의 희생에서 가장 행복한 만족을 얻는다. "라플라스는 임종의 자리에서 과학은 보잘것없으며 사랑보다 더 진실한 것은 없다고 말한 것으로 전해지고 있다." 결국 낭만적인 연애는 그 시적 망상에도 불구하고 보통은 독신의 안일보다는 훨씬 만족스러운 관계——어버이와 자녀의 관계——로 끝난다. 자녀는 우리들의 불사이며, "우리들은 보다 깨끗한 원고에 불사의 원문이 반쯤 청서(淸書)되어 있는 것을 보면 생활이라는 잉크로 얼룩진 원고를 마음 가볍게 태워버린다"(『사회에 있어서의 이성』).

가족은 인류의 영원한 길이고 따라서 한결같이 인간의 기초적 제도이다. 다른 모든 제도가 붕괴되더라도 가족만 유지되면 종은 보존될 것이다. 그러나 가족은 어떤 단순한 단계까지만 문명을 이끌어갈 수 있고, 그 이상의 발전에는 보다 크고 보다 복잡한 조직이 요구되며, 이 조직에서는 가족은 이미 생산단위가 아니어서 그 구성원의 경제관계에 대한 통제력을 상실하고, 그 권위와 권력도 점점 더 국가에 의해 박탈된다는 것을 알게 된다. 국가는 니체의 말처럼 괴물, 그것도 불필요할 만큼 큰 괴물일지 모르나 국가의 중앙집권적 전제에는 옛날에 생활을 방해하고 속박하던 잡동사니의 무수하고 작은 전제들을 폐지시키는 장점이 있다. 조용히 공물을 받아들이는 한 명의 해적 두목이 경고나 제한 없이 돈을 빼앗는 수백 명의 해적들보다 낫다.

여기에 인민의 애국심의 일부 근원이 있다. 그들은 정부에 지불하는 돈은 혼란이라는 대가보다는 싸다는 것을 알고 있다. 산타야나는 이러한 애국심은 이롭기보다는 오히려 해로울 것이라고 생각한다. 이러한 애국심은 변화의 주창자에게 충성스럽지 못하다는 낙인을 찍기 때문이다. "조국애는, 이 사랑이 아주 맹목적이고 타성적인 것이 아닌 한, 국가의 현재의 상태와 그 고유한 이상을 구별할 줄 알아야 한다. 그리고 이와 같이 구별하게 되면 다음에는 변화를 위한 노력이 필요하게 된다." 한편 민족애도 불가결하다. "어떤 민족은 분명히 다른 민족보다 더 우수하다. 생존의 조건에 더욱 철저히 적응하면 그 민족의 정신은 승리, 활동의 기회, 상대적 안정을 얻게 된다." 그러므로 민족 간의 결혼은 동등한 우수성과 안정성을 가진 민족 사이의 결혼을 제외하고는 위험하다. "유태인, 그리스인, 로마인, 영국인은 이민족들에게 반대하면서 동시에 아마도 그들의 문화를 받아들일 때 가장 위대했다. 그러나 이러한 위대성도 인종 혼합이 이루어지면 언제나 내적으로 붕괴되었다"(『사회에 있어서의 이성』).

국가의 최대의 악은 전쟁기관, 곧 열등하다고 생각되는 세계의 눈 앞에서 휘두르는 적대적인 주먹이 되려는 경향이다. 산타야나는 전쟁에서 이겨본 민족은 없다고 생각한다.

> 대부분의 시대와 국가에서 그랬던 것처럼 당과 정부가 악할 때에는 전쟁에서 자기 나라 군대가 이기든 적군이 이기든 토지의 황폐를 제외하고는 공동체에는 실제로 아무런 차이도 없다. ……어느 경우에든 개개의 시민은 계속해서 최대한의 세금을 물고 개인적 이익에 있어서는 최대한의 고통과 무시를 당한다. 그럼에도 불구하고……억압받는 백성들은 그렇지 않은 사람들과 마찬가지로 애국적 정열을 불태울 것이고 공공이익을 대표하지 않는 정부에 대한 이러한 어처구니없는 충성이 얼마나 그릇된 것인가를 지적하는 사람을 의무감도 명예심도 없는 자라고 비난할 것이다(『사회에 있어서의 이성』).

이것은 철학자로서는 너무 격렬한 말이지만 산타야나의 말을 삭제하지는 말자. 보다 큰 나라에 의한 정복이나 병합은 대체로 인류의 조직화

와 평화를 향한 일보 전진이라고 그는 생각한다. 한때 전 세계가 처음에
는 칼에 의해, 다음에는 말〔言語〕에 의해 로마의 지배를 받았던 것처럼,
만일 전 세계가 어떤 강국 또는 강국의 집단의 지배를 받게 된다면 이것
은 전 세계에 혜택을 줄 것이다.

어쩌면 국제 스포츠의 발달은 집단적 경쟁심에 탈출구를 마련하고
어느 정도 '전쟁의 도덕적 대용물'로 이바지할지도 모른다. 또한 자본의
교호투자(交互投資)는 세계 시장을 위해 전쟁도 불사하는 상업의 경향을
극복할지도 모른다. 산타야나는 스펜서처럼 산업에 매혹당하지는 않았으
며 산업의 평화적 측면과 함께 전투적 측면도 알고 있다. 요컨대 그는 현
대의 대도시의 소음 속에서보다는 옛날의 귀족주의적 분위기 속에서 마
음이 더 편하다고 느낀다. 우리는 너무나 많이 생산하고 우리가 만든 물
건에 압도당하고 있다. 에머슨의 말처럼 "물건이 인간을 말〔馬〕로 삼아
타고 다닌다." "철학자들만 살고 있는 세계라면 하루에 한두 시간 노동을
해도——매우 바람직한 상태이다——물질적 욕구를 충족시킬 수 있을 것
이다." 영국은 미국보다는 현명하다. 영국도 역시 생산열에 들떠 있지만
영국에서는 최소한 여가의 가치와 기술을 알고 있는 국민들이 있기 때문
이다. 산타야나는 세상에 알려진 문화는 언제나 귀족주의의 결실이었다
고 생각한다.

지금까지의 문화는 좋은 조건을 가진 중심지에서 생긴 풍습이 주변으
로 퍼져 희석된 것이다. 문명은 민중으로부터 발생한 것이 아니고 그들
과는 다른 집단에 의해 그들 사이에서 발생하여 후에 위로부터 그들에
게 부과된 것이다. ……현대 국민의 대부분을 차지하고 있는 노동자나
농민만으로 구성된 나라는 매우 야만적인 나라일 것이다. 이러한 나라
에서는 자유로운 모든 전통이 소멸할 것이고, 애국심의 합리적 역사적
본질도 상실될 것이다. 물론 애국적 감정은 지속될 것이다. 민중에게

관대한 마음씨가 없는 것은 아니기 때문이다. 그들에게도 온갖 충동이 있으나 그들은 경험을 집적하지 못한다. 경험을 집적할 수 있다면 그들은 귀족사회를 이루는 고급 기관들을 조직할 수 있었을 것이기 때문이다(『사회에 있어서의 이성』).

그는 평등이라는 이상을 싫어하며 플라톤처럼 불평등한 것의 평등은 결국 불평등이라고 주장한다. 그럼에도 불구하고 그는 귀족주의에 조용히 몸을 내맡기지는 않는다. 역사는 귀족주의를 실험해본 결과 공과가 반반임을 알아냈으며, 귀족주의는 명문 출신이 아닌 인재에게는 출세의 문을 닫아버리며, 이론적으로는 귀족주의가 개발하고 이용하기로 되어 있는 탁월성과 가치의 성장을 한정된 가계를 제외하고는 전적으로 저지한다는 것을 그는 잘 알고 있다. 귀족주의는 문화를 촉진하지만 전제도 조장한다. 소수의 자유를 위해 수백만 명이 노예 상태라는 대가를 치른다. 정치학의 제1원리는 개개의 구성원의 생활과 능력을 고양하는 정도에 따라 사회를 평가해야 한다는 것이리라. "전형적이고 단일한 생활의 탁월성이 없었다면 어느 민족이든 바다의 모래처럼 기억되지 않았을 것이다"(『사회에 있어서의 이성』). 이러한 관점에서 본다면 민주주의는 귀족주의에 대한 거대한 개선이다. 그러나 민주주의에도 악폐(惡弊)는 있다. 그 부패와 비능률뿐 아니라, 더 나쁜 것은 민주주의 특유의 전제, 곧 획일성의 미신이다. "민중이라는 익명의 전제자보다 더 미운 전제자는 없다. 민중은 어디에나 파고들어 무슨 일이든 방해한다. 민중은 편재해 있는 지독한 어리석음으로써 싹터오르는 새로움과 천재의 어린 가지를 모두 꺾어버린다"(『사회에 있어서의 이성』).

산타야나가 특히 경멸하는 것은 현대 생활의 혼란과 점잖지 못한 성급함이다. 선은 자유가 아니라 지혜이며, 자신의 자연적 한계에 만족하는 것이라고 하는 옛 귀족주의의 이론에 인간의 더 큰 행복이 있지 않을까 그는 생각한다. 고전적 전통은 오직 소수의 사람들만이 승리할 수 있다는 것을 알고 있었다. 그러나 이제는 민주주의는 자유방임의 산업주의라는 자유형 레슬링 경기인 위대한 만인 자유의 길을 열어 놓았기 때문에, 사람들은 모두 입신출세에 조바심을 내고 아무도 만족할 줄 모른다. 계급은 거리낌 없이 서로 대립하고 "이 투쟁에서(이 투쟁을 위해 터전을 닦아 놓은 것은 자유주의이다) 승리하는 자는 자유주의를 종식시킬 것이다" (1923년 3월호 『아메리칸 리뷰』의 허버트 W. 스미스의 글에서). 이것은 다시 말하면 생존하기 위해서 그들이 스스로 타도한 전제정치를 부활시키는 것은 혁명의 인과응보이기도 하다.

혁명은 양면을 갖고 있다. 혁명의 성공은 일반적으로 혁명이 반대했던 것에 대한 적응력과 그것을 자체 내에 재흡수하는 힘에 비례한다. 수많은 개혁도 세상을 이전과 마찬가지로 부패시켰다. 모든 성공적 개혁은 새로운 제도를 수립하고 이 제도는 새롭고 본질적인 악폐를 발생시키기 때문이다(『종교에 있어서의 이성』).

그러면 우리는 어떤 형태의 사회를 추구할 것인가? 아마도 없을 것이다. 어떤 사회 형태든 대단한 차이는 없기 때문이다. 그러나 특히 하나를 지목하라면 '명예정치(timocracy)'[4]이다. 이것은 공적과 명예가 있는 자들에 의한 정치로서 일종의 귀족정치이지만 세습제는 아니며, 남자든 여자든 모든 사람들에게 능력에 따라 국가 최고의 공직에 도달하는 길이 열려 있지만 무능력한 자에게는 아무리 많은 투표를 얻었더라도 이 길은

---

4 아리스토텔레스가 주장한 것으로, 가문이 아니라 능력과 능력에 따르는 명예에 비례해서 정치 권력을 맡기는 일종의 귀족주의 정치 형태.

열리지 않을 것이다. "유일하게 남아 있는 평등은 기회의 균등뿐이다" (『사회에 있어서의 이성』). 이러한 정치 밑에서는 정부의 부패는 최소한으로 그칠 것이며, 과학과 예술은 선택적 장려에 의해 번창할 것이다. 이 것이야말로 오늘날 정치적 혼란의 소용돌이 속에서 세계가 열망하고 있는 민주주의와 귀족주의의 종합일 것이다. 오직 가장 훌륭한 인물만이 다스릴 것이지만 최상의 인물에 끼도록 자신을 가꾸어나가는 기회는 만인에게 균등할 것이다. 이것은 물론 플라톤의 되풀이지만,『공화국』의 철인왕은 모든 선견지명 있는 정치철학의 수평선에 불가피하게 나타난다. 이 문제를 생각하면 할수록 우리는 더욱 분명하게 플라톤에게 되돌아간다. 우리들에게는 새로운 철학이 필요한 것이 아니라 가장 오래 되고 가장 훌륭한 철학에 따라 살아갈 용기만이 필요하다.

2. 윌리엄 제임스

방금 요약한 철학은 쓰여진 장소를 제외하고는 모든 점에서 유럽적 철학이었다는 것을 새삼스럽게 독자들에게 상기시킬 필요는 없을 것이다. 이 철학에는 옛 문화 특유의 뉘앙스와 광채와 달콤한 체념이 있다. 『이성의 생활』의 어느 구절을 보더라도 이것이 토착적 미국인의 발언이 아님을 알 수 있다.

윌리엄 제임스의 경우, 그 발언이나 용어나 표현은 미국적이다. '시정인(市井人)' 들도 이해할 수 있도록 그는 '현금가치', '결과', '이윤' 등 독특한 표현에 열중한다. 그에게는 산타야나나 헨리 제임스에게서 볼 수 있는 귀족적 겸양이 없고 싱싱한 미국어로 힘차게 말하고 있어서 그의 '실용주의'와 '비축 에너지'의 철학은 '실제적'이고 '불굴의' 루스벨트

와 정신적 관련을 갖고 있다. 동시에 그는 평
범한 시민을 위해서 '유연한 정신'에 바탕을
두고 옛 신학의 본질에 대해 신뢰를 표명했
는데, 이러한 신뢰는 상업 및 재정의 현실주
의적 정신, 그리고 황야를 '약속된 땅'으로
바꿔놓은 불굴의 용기와 함께 미국의 영혼
속에 살아 있다.

제임스

월리엄 제임스는 1842년 뉴욕 시에서 태
어났다. 아버지는 스웨덴보리[5]를 신봉하는 신비주의자였으나 그의 신비
주의는 위트나 유머에 장애가 되지 않았다. 그리고 아들에게도 이 세 가
지가 모두 갖추어져 있었다. 월리엄은 잠시 미국의 사립학교에서 공부한
다음 동생 헨리(한 살 아래의)와 함께 프랑스의 사립학교로 옮겨졌다. 프
랑스에서 그들은 샤르코[6]와 그 밖의 정신병리학자들의 업적을 알게 되어
둘 다 심리학을 공부했다. 잘 알고 있는 말을 되풀이한다면, 동생은 심리
학 같은 소설을 썼고, 형은 소설 같은 심리학을 썼다. 헨리는 생애의 대부
분을 외국에서 보냈고 마침내 영국 시민이 되었다. 동생은 유럽 문화와
더욱 자주 접촉함으로써 형이 도달하지 못한 원숙한 사상에 도달했으나,
미국으로 돌아온 월리엄은 마음이 젊고 기회와 희망에 넘쳐흐르는 국민
들의 자극을 받아 시대와 국토의 본질을 잘 파악했기 때문에 '시대정신'
의 날개를 타고 어떤 미국 철학자도 아직 맛보지 못한 인기의 외로운 절
정에 올랐다.

그는 1870년, 하버드에서 의학박사 학위를 받고 1872년부터 1910년

---

5 18세기 스웨덴의 저명한 신비주의자.
6 19세기 프랑스의 신경학, 정신의학의 대가. 프로이트의 선구.

죽을 때까지 이 학교에서, 처음에는 해부학과 생리학을, 다음에는 심리학을, 끝으로는 철학을 가르쳤다. 그의 최대의 업적은 처녀작이라고 할 수 있는『심리학 원리』(1890년)로서 이 책은 해부학, 철학, 심리분석의 황홀한 혼합물이다. 제임스의 경우, 심리학은 아직도 그 모태인 형이상학과 매우 흡사했기 때문이다. 그러나 이 책은 매우 유익하고 매우 흥미있는 심리학 입문서이다. 헨리가 문장에 사용한 세밀한 분석력을 윌리엄 제임스는 가장 예리한 내성(內省)에 사용했으며, 심리학은 데이비드 흄의 무시무시할 만큼 명석한 분석이 있은 후 처음으로 가장 날카로운 내성을 보게 되었다.

분석에 의해 해명하려는 이러한 열정으로 말미암아 제임스가 심리학으로부터 철학으로, 그리고 마지막에는 형이상학 자체로 전환한 것은 불가피한 일이었다. 그는(자신의 실증주의적 경향과는 어긋나지만) 형이상학을 끝까지 명석하게 문제를 고찰하려는 노력이라고 주장하며, 그의 단순하고 특별한 방식에 따라 철학을 '사물에 대한, 가능한 한 포괄적인 사고'(『철학의 문제들』)라고 정의했다. 따라서 1900년 이후의 그의 저서는 거의 모두 철학 분야에 속하는 것이었다. 처음에『신앙에의 의지』(1897년)가 나오고, 이어서『여러 가지 종교적 경험』(1902년)이라는 심리학적 해석의 걸작을 내놓은 다음, 유명한『프래그머티즘』(1907년),『다원론적 우주』(1909년),『진리의 의미』(1909년)가 나왔다. 사후 1년 만에『철학의 문제들』(1911년), 약간 뒤에『근본적 경험론』(1912년)이라는 중요한 책이 나왔다. 우리는 이 마지막 저서부터 검토하기로 하자. 제임스는 이 책에서 그의 철학적 기초를 가장 명백하게 표현하고 있기 때문이다.

실용주의

제임스의 사상은 언제나 사물을 지향하며 그가 심리학으로부터 출발하더라도 미묘한 애매성을 사랑하는 형이상학자이기 때문이 아니라, 사고는 물질과는 다르더라도 본질적으로는 외부의 물질적 실재의 거울이라고 보는 실재론자이기 때문이다. 그리고 사고는 어떤 사람들이 믿어왔던 것보다 더 훌륭한 거울이다. 사고는 흄이 생각했듯이 개별적인 사물을 지각하고 반영하는 데 그치지 않고 개별적인 사물들의 관계도 지각하고 반영하기 때문이다. 사고는 모든 것을 그 관련에서 보고 이 관련은 사물의 형태나 촉감이나 냄새와 마찬가지로 직접 지각된다. 여기에 칸트의 '인식 문제' ——어떻게 우리는 감각에 의미와 질서를 부여하는가 하는 문제—— 가 무의미한 까닭이 있다. 그 의미와 질서는 적어도 그 윤곽만은 사물에 이미 포함되어 있는 것이다. 사고를 기계적으로 결합된 여러 가지 관념의 계열이라고 보는 영국 학파의 오래 된 원자론적 심리학[7]은 자칫하면 오해를 일으키기 쉬운, 물리학과 화학의 모방이다. 사고는 지각과 감정의 계열이 아니라 흐름, 다시 말하면 지각과 감정의 연속으로서 이 연속 속에서 관념은 혈액 속의 혈구처럼 잠시 작은 덩어리를 이룬다. 우리는 언어의 명사나 대명사에 해당되는 정신적 '상태' (이 말도 역시 오해되기 쉬운 정적인 용어이지만)뿐 아니라 전치사, 동사, 부사, 접속사에 해당되는 정신적 상태도 갖고 있다. 우리는 물질이나 인간에 대한 느낌과 동시에 '~을 위해서(for)', '~으로(to)', '~에 반대하여(against)', '~때문에 (because)', '~의 뒤에(behind)', '~다음에(after)' 등에 대한 느낌도 갖고 있다. 사고의 '흐름' 속의 이러한 '일시적' 요소가 우리의 정신생활을 이어주는 실이며 어느 정도 우리들에게 지속성을 알려준다. 의식은 존재, 곧 사물이 아니라 흐름이고 관계이다. 의식은 사고의 연속과 관계가 사건의 연속 및 사물의 관계와 분명히 일치하게 되는 점이다. 이 순간에 사고

---

7 연상심리학을 말한다.

속으로 섬광처럼 흘러들어오는 것은 단순한 '현상'이 아니라 실재 자체이다. 현상의 피안에는 아무것도 존재하지 않기 때문이다. 또한 경험 과정의 배후에서 영혼을 찾을 필요도 없다. 영혼은, '본체(Noumenon)'가 모든 현상의 총화이고, '절대자'가 세계의 여러 관계의 직물인 것처럼 우리들의 정신생활의 총화에 지나지 않는다.

제임스를 실용주의로 인도한 것도 직접적이고 현실적이고 실재적인 것에 대한 이러한 정열이다. 프랑스적 명석성을 훈련받으며 자라난 그는 독일 형이상학의 애매하고 현학적인 용어를 몹시 싫어했다. 해리스와 그밖의 사람들이 다 죽어가는 헤겔주의를 미국으로 수입하기 시작했을 때, 제임스는 전염병에 감염된 이민을 찾아낸 검역관처럼 반발했다. 그는 독일 형이상학의 문제나 용어는 모두 비현실적이라고 믿었다. 따라서 공평한 사람이라면 누구든 이러한 추상의 공허성을 알게 될 의미의 기준을 찾기 시작했다.

1878년, 『통속과학월보』에서 찰스 퍼스의 「어떻게 우리의 관념을 명석하게 만들 수 있는가?」라는 논문을 읽었을 때, 그는 찾고 있던 무기를 발견했다. 어떤 관념의 의미를 찾아내려면 우리는 그것이 행동에서는 어떤 결과를 일으키는가를 검토해야 하며, 그렇지 않으면 관념에 대한 논의는 한이 없을 것이고 아무런 결실도 보지 못할 것이 분명하다고 퍼스는 말했다. 이것은 제임스가 즐거이 따르기로 한 선도였다. 그는 이 기준을 이용해서 종래의 형이상학의 여러 문제와 관념을 검토했다. 그러자 이것들은 갑자기 전류가 통한 화합물처럼 분해되었다. 그리고 의미 있는 문제들은 플라톤의 비유 그대로 어두운 동굴에서 햇빛 찬란한 대낮의 밝음으로 나온 것처럼 분명하고 현실적인 것이 되었다.

제임스는 이 단순한 구식의 기준을 통해 진리에 대한 새로운 정의에 도달했다. 진리는 일찍이 선과 아름다움이 그렇게 생각되었던 것처럼, 객관적 관계로 해석되어왔다. 그러나 만일 진리가 선이나 아름다움처럼 인간의 판단이나 인간의 요구와 관련된다면 어떻게 될까? '자연법칙'은 영원불변의 '객관적' 진리로 생각되었고, 스피노자는 자연법칙을 그의 철학의 실체로 삼았다. 그렇지만 이러한 진리는 실제적으로 편리하고 성공적이었던 경험의 정식화에 불과하지 않은가? 대상의 모사(模寫)가 아니라 오히려 특수한 결과의 정확한 계산이 아닌가? 진리는 어떤 관념의 '현금가치'이다.

> 진리는…… '정의'가 우리들의 행위를 촉진하는 수단이듯이, 우리들의 사고를 촉진하는 수단일 뿐이다. 거의 모든 사고방식은 수단이다. 결국 전체적으로 보아도 물론 수단이다. 눈 앞의 모든 경험에 수단으로서 유용한 것이 반드시 모든 미래의 경험도 마찬가지로 만족시켜주지는 못한다. ……진리는 선의 '한 종류'로서 흔히 생각되듯이 선과 구별되거나 선과 병렬되는 범주의 것은 아니다. 진리는 신념에 의해 좋다고 판명된 것에 붙이는 이름이다(『프래그머티즘』).

진리는 과정이며 '관념에 발생한다'. 진리는 검증에 있다. 어디서 관념이 발생했는가, 그 전제는 무엇인가라고 묻는 대신, 실용주의는 그 결과를 검토한다. 실용주의는 '강조점을 바꾸고 앞을 바라본다.' 실용주의는 "최초의 것, 원리, '범주', 이른바 필연성으로부터 눈을 돌려 최후의 것, 효과, 귀결, 사실을 바라보는 태도"(『프래그머티즘』)이다. 스콜라 철학은 사물은 무엇인가라고 묻고 '사물의 본질 문제'에서 미아가 되었다. 다원주의는 사물의 기원을 묻고 성운 속에서 미아가 되었다. 실용주의는 사물의 결과를 묻고 사고의 얼굴을 행동과 미래 쪽으로 돌린다.

다원론

이 방법을 철학의 가장 오래 된 문제—신의 존재와 본성—에 적용해보자. 스콜라 철학자들은 신을 "모든 종(種)의 밖에, 또 위에 자존하는 필연인 동시에 하나이고 무한 · 완전 · 단일 · 불변하는, 무한하고 영원한 지적 존재"라고 정의한다. 이것은 매우 당당한 정의이지만, 이러한 정의를 과시하지 않는 신이 있는가? 도대체 이 정의의 뜻은 무엇인가? 인간에 대해 어떠한 결과를 일으키는가? 만일 신이 전지전능하다면, 우리는 괴뢰이며, 신의 의지가 처음부터 윤곽을 잡아놓고 결정해놓은 운명의 과정에는 우리들이 변경시킬 수 있는 것은 하나도 없다. 칼뱅주의[8]와 숙명론은 이러한 정의의 논리적 귀결이다. 기계론적 결정론을 같은 기준으로 검토해도 결과는 동일하다. 만일 정녕 결정론을 믿는다면 우리는 인도의 신비주의자가 되어 우리를 인형처럼 번롱하는 광막한 운명에 자신을 내맡겨야 한다. 물론 우리는 이 음울한 철학을 받아들이지 않는다. 인간의 지성은 이 철학을 그 논리적 단순성과 균제성 때문에 되풀이하고 있지만 생명은 이 철학을 무시하고 넘어서서 앞으로 나간다.

다른 면에서는 전혀 비난의 여지가 없는 철학이라도 다음 두 가지 결점 중 하나만 있으면 그 보편적 적용에 치명적이다. 첫째 철학의 최고 원리는 우리들의 가장 소중한 소망이나 가장 아끼는 희망을 저지하거나 실망시켜서는 안 된다. …… 철학의 두 번째의, 그리고 우리들의 적극적 경향에 반대하는 보다 더 나쁜 결점은 이 적극적 경향이 대항할 대상을 전혀 제공하지 않는 것이다. 그 원리가 보편적 사건에 있어서의 우리들의 가장 내적인 힘의 의의를 모두 부정하고 일격에 이 힘의 동기들을 소멸시킬 만큼 이 힘에 적합하지 못한 철학은 염세주의보다도 인기가 없을 것이다. …… 여기에 유물론이 보편적으로 승인되지 못하는

---

8 예정설을 주장한다.

원인이 있다(『심리학 원리』).

따라서 사람들은 '객관적 진리'가 아니라 그들의 필요와 기질에 따라 철학을 받아들이거나 배척한다. 그들은 이 철학이 논리적이냐고 묻지 않고 이 철학에 실제로 따르는 것이 우리들의 생활과 이해에 어떤 의미를 갖느냐고 묻는다. 찬반의 논거는 해명에는 도움이 되겠지만 결코 증명이 되지는 못한다.

논거는 우리의 욕구의 지시를 받지만 우리의 욕구는 논거의 지시를 받지 않는다는 것을 우리는 알고 있다.

철학사는 대체로 인간의 기질의 충돌의 역사이다. ……직업적 철학자가 어떠한 기질을 가졌든, 그는 철학적 사고를 할 때에는 자기의 기질을 드러내지 않으려고 한다. 기질은 일반적으로 인정된 논거가 아니므로 그는 자신의 결론에 대해 비개인적 논거만을 역설한다. 그러나 사실은 그의 기질이 보다 엄격한 객관적 전제들보다도 더 강력하게 그의 편향을 규정한다(『프래그머티즘』).

철학을 선택하고 규정하는 기질은 '유연한 정신'과 '완고한 정신'으로 나눌 수 있다. 유연한 정신적 기질은 종교적이며, 일정불변의 교리와 선천적 진리를 좋아하고 자연히 자유의지론, 관념론, 일원론, 낙천주의에 적합하다. 완고한 정신적 기질은 유물론적, 비종교적, 경험주의적('사실'에만 의존한다), 감각주의적(모든 인식의 유래를 감각에서 찾는다), 숙명론적, 다원론적, 염세주의적, 회의적이다. 어느 그룹에나 커다란 모순이 있으며, 물론 이론의 일부는 한쪽 그룹에서, 다른 부분은 또 한쪽의 그룹에서 선택하는 기질도 있다. 사실에 집착하고, 감각에 의거한다는 점에서는 '완고한 정신'이지만 결정론을 무서워하고 종교적 신앙을 요구하는 점에서는 '유연한 정신' 인 사람들(예컨대 윌리엄 제임스)도 있는 것이다. 이와 같이 일견 모순되는 요구를 조화시키는 철학이 발견될 수 있을까?

다원론적 유신론은 이런 종합을 가능하게 한다고 제임스는 믿는다. 그는 어떤 유한한 신, 곧 구름 위에 초연히 앉아 있는 올림포스의 제우스가 아니라 '세계의 이 커다란 운명을 형성하는 만인의 한가운데에 있는 조력자, 곧 제1인자'(『프래그머티즘』)를 제시한다. 우주는 밀폐된 조화의 체계가 아니라 엇갈리는 흐름과 상반되는 목적의 싸움터이다. 우주는 '하나로 되는 것(universe)' 이 아니라 '다양으로 변하는 것(multiverse)' 임을 분명하게 보여준다. 우리가 그 안에서 살고 활동하는 이 혼돈(chaos)은 하나의 시종일관한 의지의 소산이라고 말하는 것은 무익하다. 이 혼돈 안에는 모순과 내적 분열의 모든 징후가 있다. 어쩌면 고대인들이 우리들보다 더 현명할지도 모르고 세계의 놀라운 다양성에 대해서는 우리들의 일신론보다는 그들의 다신론이 더 정당할지도 모른다. 이러한 다신론은 "언제나 서민들의 현실적 종교였고, 오늘날도 그렇다"(『여러 가지 종교적 경험』). 민중이 옳고 철학자는 틀렸다. 일원론은 철학자들의 유전병으로서 철학자들은 (그들이 생각하는 것과는 달리) 진리가 아니라 통일성을 갈망하고 있다. "'세계는 하나다!' ─이 공식은 일종의 수(數) 숭배일 것이다. 과연 '3' 과 '7' 은 신성한 수로 여겨졌지만, 추상적으로 생각할 때 왜 '1' 이 '43' 또는 '2백 10만' 보다 더 뛰어날까?"[3](『프래그머티즘』)

universe의 가치와 비교할 때, multiverse의 가치는 다음과 같은 점에 있다. 곧 엇갈리는 흐름과 서로 다투는 세력이 있는 경우, 우리들의 힘과

---

3) 대답은 물론 통일 또는 우주에 편재하는 온갖 법칙들의 하나의 체계가 설명, 예견, 지배에 편리하다는 것이다.

의지가 끼여들어 결과의 결정을 도울 수 있으며, 이것은 확고부동하게 결정된 것은 하나도 없고, 모든 행동이 문제로 되는 세계이다. 일원론적 세계는 우리들에게는 죽은 세계이다. 이러한 세계에서는 우리는 싫든 좋든 전능한 신이나 태고의 성운이 우리들에게 맡긴 역할을 수행해야 하고 온 인류의 눈물로도 영원한 계획서의 단 한마디나마 씻어내지 못한다. 완성된 universe에서는 개성은 망상이다. 일원론자들은 우리들이 '사실상' 하나의 모자이크적 실체의 한 조각일 뿐이라고 보증한다. 그러나 미완성의 세계에서는 우리들의 역할 중 몇 줄은 스스로 쓸 수 있고 우리들의 선택은 어느 정도 우리가 살게 될 미래를 형성할 수 있다. 이러한 세계에서는 우리는 자유로울 수 있다. 이것은 선택의 세계이고 숙명의 세계가 아니며 모든 것은 '완벽한' 것이 아니어서 우리들의 존재 또는 행동은 모든 것을 변경시킬 수 있다. 클레오파트라의 코가 1인치쯤 길거나 짧았다면 모든 역사는 달라졌을 것이라고 파스칼은 말했다.

이러한 자유의지, 이러한 multiverse, 이러한 유한한 신에 대한 이론적 증거에도 정반대의 철학과 마찬가지로 결함이 있다. 실천적 증명조차도 사람에 따라 달라질 수 있다. 자기의 생활에 대해 자유주의적 철학보다는 결정론적 철학으로부터 더 좋은 소득을 얻는 사람도 있을 수 있기 때문이다. 그러나 증명이 결정적인 것이 아닌 경우에는 우리들의 생활 및 도덕적인 관심이 선택을 해야 한다.

만일 그러한 생활을 하는 편이 우리들에게 실제로 더 좋다고 할 수 있는 생활이 있다면, 그리고 믿기만 하면 우리들을 도와서 이러한 생활을 하게 하는 관념이 있다면, 이 관념을 믿는 것이, 때때로 다른 보다 큰 생활상의 이익과 충돌하지 않는 한, 사실상 좋을 것이다(『프래그머티즘』).

그런데 신에 대한 신앙이 지속되는 것은 위에 말한 믿음이 거의 보편적인, 생활 및 도덕상의 가치를 갖고 있다는 최상의 증명이다. 제임스는 종교적 경험과 신앙의 무한한 다양성에 놀라고 매혹되어서, 이러한 경험과 신앙에 동의하지 못하는 경우조차도 예술가적 공감을 갖고 설명한다. 그는 이러한 경험과 신앙에서 각기 어떤 진리를 인정하고 모든 새로운 희망에 대해 허심탄회하라고 요구한다. 그는 조금도 주저하지 않고 심령연구회에 입회했다. 심령현상이 다른 현상과 마찬가지로 끈질긴 검토의 대상이 되어서는 안 될 까닭은 무엇인가? 마침내 제임스는 또 하나의—영적인—세계의 실재를 확신하게 되었다.

나 자신은 인간의 경험이 우주에 현존하는 경험의 최고의 형태라고 믿지 않는다. 오히려 나는 우리들과 우주 전체의 관계는 귀여운 개나 고양이와 인간 생활 전체의 관계와 같다고 믿는다. 개나 고양이는 우리들의 방이나 서재에서 살면서 그들의 역할의 의의를 전혀 모르는 채 무대에서 한 역할을 맡고 있다. 개나 고양이는 역사라는 곡선의 접선일 뿐, 역사의 시작도 끝도 형태도 전혀 알지 못한다. 이와 같이 우리들도 사물의 보다 포괄적인 생명에 대해 접선에 지나지 않는다(『프래그머티즘』).

그러나 그는 철학을 죽음에 대한 명상으로는 생각하지 않는다. 우리들의 지상의 생활을 인도하고 촉진하지 않는 한, 어떠한 문제든 그에게는 무가치하다. "그가 관심을 가진 것은 우리들의 본성의 지속성이 아니라 탁월성이었다"(칼렌, 『윌리엄 제임스와 앙리 베르그송』). 그는 서재보다는 오히려 생명의 흐름 속에서 살았고, 인간의 개선을 위해 무수한 노력을 한 능동적 일꾼이었다. 그는 언제나 누군가를 도와주었고, 감동적인 용기로 사람들을 격려했다. 때때로 환경이 산파 역할을 하면 터져나오는

'비축 에너지'는 모든 사람들에게 있다고 그는 믿었고, 개인에게나 사회에 대해서나 이 자원을 완전히 이용하라고 호소하는 설교를 했다. 그는 전쟁에서 인간의 정력이 낭비되는 것을 두려워했고, 이 전투와 지배의 강력한 충동은 '자연과의 싸움'에서 더 좋은 탈출구를 찾을 수 있을 것이라고 시사했다. 다른 국민을 죽이기 위해서가 아니라 전염병을 정복하고 늪을 건조시키고 사막을 관개하고 운하를 파고 전쟁이 순식간에 파괴해버리는 것을 천천히 애써서 건설하는 자연적·사회적 공사를 민주적으로 수행하기 위해서, 빈부를 막론하고 모든 사람들이 생애 중 2년을 국가에 헌신해서는 안 될 까닭이라도 있는가?

그는 사회주의에도 동정적이었지만 사회주의가 개인과 천재에 반대하는 것을 싫어했다. 모든 문화 현상을 '종족, 환경, 시대'에 환원시킨 텐의 공식은 개인을 고려하지 않았기 때문에 불충분하다. 그러나 가치있는 것은 오직 개인뿐이다. 그 밖의 모든 것은—철학까지도—수단에 지나지 않는다. 그러므로 우리들에게는 한편으로는 개인의 이익의 수탁자이고 봉사자임을 이해하고 있는 국가가 필요하고 또 한편으로는 '우주를 계획이 아니라 모험으로 보게 하고', 세계를 무수한 실패가 있으나 쟁취되기를 기다리는 승리도 있는 곳으로 보고 모든 정력을 기울이게 하는 철학과 신앙이 필요하다.

논평

독자는 이 철학의 새 요소와 낡은 요소를 구별하기 위해 지침을 요구하지 않을 것이다. 이 철학은 과학과 종교 사이의 근대전(近代戰)의 일부이고, 칸트나 베르그송처럼 보편화된 유물론적 역학으로부터 신앙을 구출하려는 또 하나의 노력이다. 실용주의의 뿌리는 칸트의 '실천이성', 쇼펜하우어의 의지에 대한 찬양, 적자(따라서 가장 적합하고 가장 참된 관념) 생존이라는 다윈의 개념, 모든 선을 효용에 따라 측정하는 공리주의, 영국 철학의 경험적 · 귀납적 전통, 끝으로 미국적 환경의 감화에 있다.

누구나 지적하다시피 제임스의 사고방식은, 비록 그 실질은 그렇지 않더라도, 각별히 또한 독특하게 미국적이었다. 미국의 활동욕과 획득욕이 그의 문체와 사상을 움직이게 하고 경쾌한, 거의 공기 같은 유동성을 부여했다. 하네커[9]는 이 철학을 '속인의 철학'이라고 부르는데, 실제로 이 철학에는 외판원적 체취가 있다. 제임스는 신에 대해, 온갖 낙천주의적 광고 수단을 동원해서 유물론적 기질의 소비자들에게 팔려고 하는 상품인 것처럼 말한다. 또한 그는 마치 손해보는 것은 없고 오히려 모든 세계(피안의 세계까지도)를 벌게 되는, 배당률 높은 장기투자를 권하듯이 우리들에게 신앙을 권고한다. 그의 철학은 유럽의 형이상학과 유럽의 과학에 대한 젊은 미국의 방어반응이었다.

진리의 새로운 기준은 물론 예로부터 있었던 것이다. 그러므로 이 정직한 철학자는 실용주의를 '옛 사고방식에 대한 새로운 명칭'이라고 겸손하게 말한다. 이 새로운 기준이 진리는 경험과 실험에 의해 음미된 것이라는 뜻이라면 대답은—'물론 그렇다.' 만일 개인적 효용성이 진리의 기준이라는 뜻이라면 대답은—'물론 그렇지 않다.' 개인의 효용성은 결국 개인적 효용성에 지나지 않고 오직 보편적이고 영원한 효용성만이 진리의 본질이 될 수 있다. 어떤 신념이(비록 지금은 그렇지 않지만) 한때는 유용했기 때문에 참이었다고 말하는 실용주의자가 있다면 그는 학자로서는 넌센스를 말하고 있다. 그것은 진리가 아니라 유용한 오류이다. 실용주의는 평범한 것일 때만 올바르다.

---

9 미국의 평론가. 특히 음악 평론으로 유명하다.

그러나 제임스가 하려고 한 일은 철학을 얽어매고 있던 거미줄을 거둬내는 것이었다. 그는 새롭고 놀라운 방식으로 이론과 신학에 대한 옛 영국의 태도를 재현하려고 했다. 그가 철학의 얼굴을 결코 피할 수 없는 사물의 세계로 돌리게 한 것은 베이컨의 사업의 계승에 지나지 않는다. 그는 그의 진리론보다는 오히려 이러한 경험의 강조, 이러한 신실재론(新實在論) 때문에 기억될 것이며, 철학자로서보다는 심리학자로서 더욱 존경받을 것이다. 그는 옛 문제에 대해 아무런 해결도 찾아내지 못했다는 것을 알고 있었고, 또 하나의 추측, 또 하나의 신앙을 표명했을 뿐임을 솔직히 시인했다. 그가 죽었을 때, 그의 책상 위에는 한 장의 종이가 놓여 있었다. 이 종이에는 그의 마지막, 어쩌면 가장 특징적인 글이 적혀 있었다. "결론은 없다. 우리가 이에 대해 결론을 내릴 수 있다는 결론을 어떻게 이끌어냈는가? 말해둘 만한 예언도 없고 남길 만한 충고도 없다. 안녕."

3. 존 듀이

교육

결국 실용주의는 '완벽한' 미국 철학은 아니었다. 실용주의는 뉴잉글랜드 주의 남쪽과 서쪽에 있는 보다 큰 미국의 정신을 파악하지 못했다. 실용주의는 매우 도덕주의적인 철학으로 저자가 청교도 출신임을 역력히 보여주고 있다. 실용주의는 실제의 결과와 사실에 관해 단숨에 말하고 다음에는 성급한 희망에 쫓겨 지상에서 천국으로 뛰어올랐다. 실용주의는 형이상학과 인식론에 대한 건전한 반발로 시작되었으므로 사람들은 자연철학과 사회철학을 기대했다. 그러나 실용주의는 모든 간절한 신앙은 지적으로 존중할 만하다는 거의 변명에 가까운 간청으로 끝났다. 언제

철학은 귀찮은 내세의 문제를 종교에, 인식 과정이라는 미묘한 난제는 심리학에 맡기고 그 자신은 온 힘을 기울여 인간의 목적의 해명과 인간생활의 조정 및 향상에 전념하게 될 것인가?

존 듀이가 이러한 요구를 만족시키고 견문이 넓고 자각적인 미국인의 정신을 표현할 철학을 구상하기에는 환경은 안성맞춤이었다. 그는 '무기력한 동부'에서(버몬트의 벌링턴에서 1859년에) 태어나, 마치 새로운 세계의 모험을 시작하기 전에 옛 문화를 흡수하려는 것처럼 여기서 학교교육을 받았다. 그러나 곧 그릴리[10]의 권고에 따라 서부로 옮겨가 미네소타 대학교(1888~89년), 미시간 대학교(1889~94년), 시카고 대학교(1894~1904년)에서 철학을 가르쳤다. 그 후 그는 동부로 돌아와 컬럼비아 대학교 철학과 교수가 되었고, 후에는 과장이 되었다. 생애의 처음 20년 동안에 그는 버몬트의 환경으로부터 전세계가 환호하고 있을 때에도 그의 특색이 되었던, 거의 농부 같은 소박한 태도를 배웠다. 그 후 20년 동안 중서부에서 지내면서 그는 동부인들이 자랑스럽게 무시하고 있는 광대한 미국을 보았고 미국의 한계와 힘을 알았다. 그리고 자신의 철학을 쓰게 되었을 때, 그는 학생과 독자들에게 미국의 '각 지방'의 피상적인 미신 밑에 잠재하는, 건전하고 소박한 자연주의를 해석해주었다. 휘트먼의 시처럼, 그는 뉴잉글랜드 한 주가 아니라 한 대륙을 위해서 철학을 전개했다.[4]

---

10 19세기 미국의 저명한 저널리스트, 『트리뷴』지를 창간하였다.

4) 듀이의 저서 중 중요한 것은 다음과 같다. 『학교와 사회』(1900), 『논리적 이론의 연구』(1903), 『윤리학』(타프츠와의 공저, 1908), 『우리는 어떻게 사고하는가?』(1909), 『철학에 미친 다윈의 영향』(1910), 『민주주의와 교육』(1913), 『내일의 학교』(딸 이블린과의 공저, 1915), 『실험논리학론』(1916), 『창조적 지성』(1917), 『철학의 재건』(1920), 『인간성과 행위』(1922), 마지막에 든 두 책은 그의 사상의 가장 쉬운 입문서이다(그 후의 저서로는 『경험과 자연』, 『확실성의 탐구』, 『경험으로서의 예술』, 『논리학』, 『자유와 문화』, 『인간의 문제들』 등이 유명하다—옮긴이).

듀이는 시카고의 '교육학교'에서의 업
적으로 최초로 세상의 주목을 받았다. 이때
그는 그의 사고의 실험적 경향을 분명히 드
러냈고, 1952년 그가 죽을 때까지 교육상의
모든 새로운 움직임에 여전히 민감했으며
'내일의 학교'에 대한 관심은 결코 흔들리지
않았다. 아마도 그의 가장 훌륭한 저서는 『민
주주의와 교육』일 것이다. 이 책에서 그는 그

듀이

의 철학의 여러 갈래를 한 점에 모아서 더 나은 세대의 개발이라는 과제
에 집중시켰다. 모든 진보적 교사들은 그의 리더십을 인정하며, 미국에서
그의 영향을 받지 않은 학교는 거의 없다. 그는 어디서나 세계의 학교를
개조하는 과제에 참여했다. 그는 2년 동안 중국에서 교사들에게 교육 개
혁에 대한 강의를 했으며 터키 정부를 위해 국민학교 재조직에 대한 보고
서를 작성했다.

인문교육을 줄이고 과학교육을 늘리라는 스펜서의 요구에 따르면서,
듀이는 교과서 중심의 과학교육이 아니라 유용한 직업의 현장 실습을 강
조했다. 그는 '인문' 교육을 중요하게 생각하지 않았다. '인문' 교육이라
는 말은 원래 '자유인' ─곧 일하지 않는 사람들─의 교양을 나타내기
위해 사용되었고 이러한 교육이 산업사회의 민주적 생활보다는 귀족사회
의 유한계급에 더 적합한 것은 당연한 일이었다. 오늘날 우리들은 거의
모두 유럽과 미국의 산업화를 이해해야 하므로 우리가 배워야 할 지식은
책이 아니라 직업을 통해 얻는 지식이다. 학교 교육은 신사연하는 태도를
조장하지만 직업에 있어서의 동료의식은 민주주의를 촉진한다. 산업사회
에서는 학교는 소규모의 공장, 소규모의 공동체가 되어야 하고, 실습과
시행착오를 통해서 경제적 · 사회적 질서를 위해 필요한 기능과 훈련을

가르쳐야 한다. 그리고 끝으로 교육은 성숙기를 위한 준비(여기에서 청년기 이후에는 교육이 필요없다는 어리석은 관념이 생겼다)가 아니라 끊임없는 정신적 성장, 끊임없는 생활의 해명으로 재인식되어야 한다. 어떤 의미에서는 학교는 우리의 정신적 성장의 수단을 제공할 수 있을 뿐이고 그 나머지 일은 우리들의 경험의 흡수와 해석에 달려 있다. 참된 교육은 우리가 학교를 떠난 다음부터 시작되며, 죽기 전에 교육을 중단해야 할 이유는 하나도 없다.

도구주의

듀이의 특색은 솔직하고 철저하게 진화론을 받아들인 것이다. 그는 신체는 물론 정신도 생존경쟁을 통해 낮은 형태로부터 진화해온 기관으로 보았다. 모든 분야에서 그의 출발점은 다윈주의적이었다.

데카르트가 "물질적 사물의 본성은 완성된 완전한 상태로 일거에 만들어졌다고 생각될 때보다는 서서히 발달해왔다고 볼 때 더욱 쉽게 이해된다'고 말했을 때, 근대 세계는 그 후로 근대 세계를 지배하게 된 논리, 곧 다윈의 『종의 기원』을 최선의 과학적 업적으로 하는 논리를 자각하게 되었다. …… 갈릴레오가 지구에 대해 "그래도 지구는 돌고 있다"고 말한 것을 다윈이 종에 대해 말했을 때, 다윈은 묻고 설명을 구하는 도구로서 발생에 대한 실험적 관념들을 한꺼번에 해방시켰다"(『철학에 미친 다윈의 영향』).

따라서 초자연적 인과관계에 의해서가 아니라 환경에 있어서의 사물의 위치와 기능에 의해 사물이 설명되어야 한다. 듀이는 명확하게 자연주의적이었고, "우주 전체를 이성화하는 것은 우리와 특별한 관계에 있는 사물의 과정을 지배할 능력이 없다는 고백"(『철학에 미친 다윈의 영향』)이라고 단언했다. 그는 쇼펜하우어의 의지나 베르그송의 약진도 믿지 않으며, 이러한 것들이 존재할지는 모르지만 숭배할 필요는 없다고 생각했다. 이러한 우주력은 흔히 인간이 창조하고 존중하는 모든 것을 파괴하기 때문이다. 신성은 이러한 모호한 우주력이 아니라 우리들의 내면에 있다. "지성은 부동의 동자(動者), 궁극적 선으로서 작용하고 있던 사물로부터 멀리 떨어진 외로운 자리에서 내려와 인간의 활발한 사건 속에 자리잡고 있다"(『철학에 미친 다윈의 영향』). 우리는 지상생활에 충실해야 한다.

훌륭한 실증주의자답게, 또한 베이컨, 홉스, 스펜서, 밀의 후예로서 듀이는 형이상학을 신학의 메아리이고 위장이라며 배척했다. 철학의 분란은 언제나 철학 문제가 종교 문제와 혼동될 때 일어났다. "나는 플라톤을 읽어보고, 철학은 본질적으로 정치적인 기초와 사명에 대한 의식을 갖고 시작되었고, 철학의 문제는 올바른 사회질서의 조직화임을 알았다. 그러나 철학은 내세에 대한 꿈에 취해버렸다"(『철학에 미친 다윈의 영향』).

독일 철학에서는 종교 문제에 대한 관심이 철학의 발전 방향을 빗나가게 했고, 영국 철학에서는 사회적 관심이 초자연적인 것을 압도했다. 2세기 동안 권위주의적 종교 및 봉건적 귀족주의를 반영하는 관념론과 진보적 민주주의의 자유신앙을 반영하는 감각주의 사이에 격렬한 전쟁이 벌어졌다.

이 전쟁은 아직도 끝나지 않았고, 따라서 우리는 아직도 중세로부터 완전히 벗어나지 못했다. 자연주의적 관점이 모든 분야에서 채택될 때 비로소 현대가 시작될 것이다. 이 말은 정신이 물질로 환원된다는 뜻이 아니라 다만 정신과 생명은 신학적 개념이 아니라 생물학적 개념에 의해 환경 속에서 환경의 작용을 받고 반작용을 하고 환경에 의해 형성되는 동시에 환경을 형성하는 기관 또는 유기체로 이해되어야 한다는 뜻이다. 우리는 '의식의 상태'가 아니라 반응 양식을 연구해야 한다. "뇌는 원래 세계 인식의 기관이 아니라 어떤 종류의 행동기관이다"(『창조적 지성』). 사고는 재적응의 도구이고 사지나 치아와 마찬가지로 기관이다. 관념은 상상된 연관, 곧 적응 실험이다. 그러나 이것은 수동적 적응이 아니며 단순한 스펜서적 적응도 아니다. "환경에 대한 완전한 적응은 죽음을 의미한다. 모든 적응의 핵심은 환경을 지배하려는 욕구이다"(『심리학적 윤리학』에 대한 강의). 철학의 문제는 어떻게 외계를 인식하는가 하는 것이 아니라 어떻게, 또 어떠한 목적으로 외계를 지배하고 외계를 개선하는가 하는 것이다. 철학은 감각과 인식의 분석이 아니라(이것은 심리학의 과제이다), 인식과 욕망의 종합이고 조정이다.

사고를 이해하려면 우리는 사고의 발생을 특별한 상황에서 관찰해야 한다. 그러면 우리는 이성의 활동이 전제로부터 출발하는 것이 아니라 난제로부터 시작된다는 것을 알게 된다. 이 경우, 이성은 가설을 세우지만, 이 가설은 결론이 되는 것으로서, 이 결론을 위해 여러 전제들이 필요하며, 끝으로 이성은 이 가설을 관찰이나 실험에 의해 음미한다. "사고의 현저한 첫째 특징은 사실에 직면하는 것——탐구, 정밀하고 상세한 검토, 관찰——이다"(『철학의 재건』). 여기에는 신비주의가 끼여들 여지가 없다.

또한 사고는 특별한 사회적 상황만이 아니라 특정한 문화적 환경 속에서도 발생한다. 사회가 개인의 소산인 것처럼 개인은 사회의 소산이다. 관습, 풍속, 인습, 언어, 전통적 관념의 거대한 네트워크가 기다리고 있다가, 신생아가 태어나면 이 애를 얽어매서 이 애가 태어난 곳의 국민상(國民像)대로 길러낸다. 이러한 사회적 유산의 작용은 매우 신속하고 철저하기 때문에 흔히 자연적 또는 생물학적 유전으로 착각된다. 스펜서조차도 칸트의 범주, 곧 사고의 습관과 형식은 개인이 태어날 때부터 갖고 있는 것으로 믿었으나 아마도 이것은 정신적 습관이 어른으로부터 어린애에게 사회적으로 전달된 결과일 것이다. 일반적으로 본능의 역할은 과대평가되고 초기 훈련의 역할은 과소평가되어 왔다. 성본능 또는 투쟁본능 등 가장 강력한 본능은 사회적 훈련에 의해 상당히 완화되고 제어되어 왔으므로 획득본능, 지배본능 등 다른 본능도 사회적 영향과 교육에 의해 마찬가지로 완화되어서는 안 될 이유가 없다. 우리는 불변의 인간성과 전능한 환경이라는 관념을 버려야 한다. 변화와 성장에는 인식할 만한 한계는 없으며 사고가 저지하지 않는 한 아마도 불가능한 일은 없을 것이다.

과학과 정치학

듀이가 온갖 일 가운데서 가장 아름다운 일로 보고 존중하는 것은 성장이었다. 따라서 그는 절대 '선'이 아니라 성장이라는 상대적이지만 특수한 개념을 윤리적 기준으로 삼았다.

궁극적 목표로서의 완전성이 아니라 완성, 성숙, 세련의 영속적 과정이 생명의 목적이다. ……악인은, 비록 지금까지는 아무리 착했더라도 현재 타락하고 있는 자, 곧 점점 덜 착해지고 있는 자다. 착한 사람은 비록 지금까지 아무리 도덕적으로 무가치했더라도 점점 더 착해지고 있는 사람이다. 이러한 개념은 사람들로 하여금 자신을 비판하는 데 엄격하고 타인을 비판하는 데 관대하게 한다(『철학의 재건』).

그리고 착하다는 것은 온순하고 천진난만하다는 뜻은 아니다. 능력이 없는 선량함은 절름발이이고, 만일 우리들에게 지성이 없다면 세상의 모든 덕도 우리를 구제하지는 못할 것이다. 무지는 지복이 아니라 무자각이며 예속이다. 우리는 지성에 의해서만 우리의 운명을 형성하는 데 참여할 수 있다. 의지의 자유는 인과관계의 방해가 아니라 인식에 의한 행위의 조명이다. "의사 또는 기술자는 무엇을 다루고 있는지를 아는 정도에 따라 그 사상과 행동에 있어서 자유롭다. 아마 우리는 여기서 자유를 푸는 열쇠를 찾아낼지도 모른다"(『인간성과 행위』). 결국 우리는 본능이 아니라 사고를 신뢰해야 한다. 어떻게 본능이 산업에 의해 형성되어 점점 더 인위적인 것으로 되고 있는 환경과 우리가 휩쓸려든 복잡한 문제들의 미궁에 우리들을 적응시킬 수 있을 것인가?

자연과학은 현재 정신과학을 훨씬 앞지르고 있다. 우리는 여러 가지 귀중한 것들을 만들어내기에 충분할 만큼 자연의 메커니즘을 지배하고 있지만 가능적 가치를 생활 속에 현실화하는 조건들에 대한 지식은 아직 획득하지 못했으며, 따라서 우리는 아직도 습관이나 우연, 곧 맹목적인 힘에 좌우되고 있다. ……자연을 지배하는 힘, 자연을 인간의 필요와 만족을 위해 이용하는 능력은 엄청나게 증대했지만, 목적의 실현, 가치의 향수는 점점 더 불확실해지고, 위태로워지고 있다는 것을 우리는 알고 있다. 때때로 우리는 모순에 빠져 있는 것처럼 생각된다. 곧 수단이 늘어나면 늘어날수록 이 수단을 이용하는 목적은 일반적으로 더욱 더 애매해진다. 칼라일이나 러스킨이 산업문화 전체를 배척하고, 톨스토이가 황야로 돌아가자고 선언한 것도 이상한 일은 아니다. 그러나 사태를 확고하게 전체적으로 보는 유일한 방법은 모든 문제가 과학의 발달과 과학의 생활에의 응용에 달려 있다는 것을 명심하는 것이다. ……도덕이나 철학은 그 최초의 사랑, 곧 선의 유모인 지혜에의 사랑으로 되돌아간다. 다시 말하면 탐구와 음미의 많은 특수 방법을 갖추고 있고, 대량의 조직화된 지식을 갖고 있으며, 지금까지 획득한 모든 가치에 만인을 흡수능력에 따라 참여시키는 문제에 산업, 법률, 교육을 집중시킬 수 있는 방안을 마음대로 세울 수 있는 소크라테스적 원리로 되돌아간다(『철학에 미친 다윈의 영향』).

대부분의 철학자와는 달라서 듀이는 그 결점을 알면서도 민주주의를 시인한다. 정치질서의 목적은 개인으로 하여금 자기 자신을 완전히 발전시키도록 도와주는 것이며, 각자가 자신의 능력에 따라 자신이 속한 집단의 정책과 운명의 결정에 참여할 때에만 이러한 목표는 달성된다. 계급은 고정되어 있다고 하는 것은 종(種)이 고정되어 있다는 생각에 속하고, 계급은 유동적이라는 생각은 종의 변형설과 동시에 생긴 것이다. 귀족정치와 군주정치는 민주정치보다는 능률적이지만 동시에 더욱 위험하다. 듀이는 국가를 신용하지 않았으며, 가능한 한 사회의 일을 자발적 협동으로 처리해 가는 다원적 질서를 원했다. 그는 협동조합, 정당, 회사, 노동조합 등 다양한 협동체에서 개인주의와 공동 행동의 조화를 보았다. 이러한 협동체의 중요성이 증대됨에 따라 국가는 협동체 간의 조정자 또는 중개자가 되어 각 협동체의 활동 한계를 확정하고 분쟁을 해결하려는 경향을 더욱 강화시키고 있다. …… 게다가 자발적 협동은……정치적 경계와는 관계가 없다. 수학자, 화학자, 천문학자의 단체, 실업단체, 노동단체, 교회 등은 그들이 대표하는 관심이 세계적이므로 초국가적이다. 이러한 영역에서는 국제주의는 포부가 아니라 사실이며 감상적 이상이 아니라 힘이다. 그러나 이러한 관심은 배타적 국가주권이라는 전통적 이론 때문에 방해받고 궤도에서 벗어난다. 이러한 이론의 유행은 국제정신—이 정신만이 오늘날의 노동, 상업, 과학, 예술, 종교를 움직이는 힘과 일치한다—의 효과적 형성을 저지하는 가장 강력한 장벽이다(『철학의 재건』).

그러나 정치적 재건은 자연과학에서 훌륭한 성과를 보인 실험적 방법과 태도를 사회 문제에 응용할 때에만 실현될 것이다. 정치학의 경우, 우리는 아직도 형이상학적 단계에서 서로 추상적인 말을 주고받고 있어서 싸움이 끝나더라도 얻는 것은 하나도 없다. 우리는 일반적 개념 곧 개

인주의, 질서, 민주정치, 군주정치, 귀족정치 등 장엄한 일반화에 의해서
는 사회적 병폐를 고치지 못한다. 우리는 하나하나의 문제에 보편적 이론
이 아니라 특수한 가설로 대처해야 한다. 이론은 촉수이며, 유익한 진보
적 생활은 시행착오에 의존할 수밖에 없다.

> 실험적 태도는……일반론 대신 구체적 분석을, 기질적 확신 대신 특
> 수한 탐구를, 규모의 대소에 따라 애매성도 늘어나는 견해 대신 조촐한
> 사실을 이용한다. 사회과학, 윤리학, 정치학, 교육학에서는 사고는 아
> 직도 대규모의 대립, 곧 질서와 자유, 개인주의와 사회주의, 교양과 효
> 용, 자발성과 훈련, 현실과 전통 등 이론적 대립에 의해 진행되고 있다.
> 한때는 자연과학의 영역에서도 이러한 '총체적' 견해가 지배적이었고,
> 이러한 견해의 감정적 호소력은 그 지적 명석성과 역비례의 관계에 있
> 었다. 그러나 실험적 방법의 발전에 따라, 두 적대적인 주장자 중 어느
> 쪽이 이 분야에서 권리를 갖고 있느냐 하는 문제는 마무리되고 혼란한
> 문제를 조금씩 공격해서 해결해나가는 것이 문제로 되었다. 최후의 결
> 과가 실험 이전의 개념들을 위해서 승리를 확보한 사례를 나는 알지 못
> 한다. 이러한 개념은 새로이 발견된 사태에 더욱더 부적합하기 때문에
> 사라졌고, 부적합하다는 것이 밝혀지자 무의미하고 흥미없는 것이 되
> 었다(1917년 2월 3일 『뉴 리퍼블릭』).

철학이 해야 할 일은 이 분야, 곧 인간의 지식을 사회적 대립에 응용
하는 것이다. 철학은 수줍은 노처녀처럼 시대에 뒤떨어진 문제와 관념에
집착하고 있다. "현대의 난제를 직접 다루는 것이 문학이나 정치학에 남
겨진 일이다"(『창조적 지성』). 철학은 오늘날 과학 앞에서 도피하고 있
고, 과학은 차례차례 철학을 버리고 생산의 세계로 달려갔기 때문에, 철
학은 이제 내장이 쇠약해진 데다가 찬장도 거의 비어버린 고독한 어머니
처럼 춥고 쓸쓸하다. 철학은 참된 관심사——세계 안에서의 인간과 그 생

활──로부터 소심하게 물러나서 인식론이라는 허물어질 듯한 건물의 한 구석에 쭈그리고 앉아 있지만, 낡아서 허물어질 듯한 건물에서 살아서는 안 된다는 법률 때문에 언제 쫓겨날지 모르는 위험에 직면해 있다. 그런데 이 낡은 문제[11]는 우리들에게는 무의미한 것이 되었다. "우리는 이 문제를 해결하지 않고 건너뛴다"(『철학에 미친 다윈의 영향』). 이 문제는 사회적 마찰과 생생한 변화의 열 속에서 증발해버린다. 철학은 다른 모든 것과 마찬가지로 세속화되어야 한다. 철학은 지상에 머무르며 생활을 해명하는 것으로 생계를 유지해야 한다.

> 철학을 전문으로 하지 않는 진지한 사람들이 가장 알고 싶어하는 것은 산업, 정치, 과학의 보다 새로워진 운동으로 말미암아 우리들의 지적 유산에 어떠한 변경과 폐기가 요구되고 있는가 하는 것이다. ……미래의 철학의 과제는 그때의 사회적·도덕적 투쟁에 대한 인간의 관념을 명료하게 하는 것이다. ……철학의 목적은 인간에게 가능한 일인 한, 이러한 투쟁을 처리하는 도구가 되는 것이다. ……서로 다투고 있는 생활의 요인들을 조정하는, 보편적이고 선견지명이 있는 이론이 철학이다(『창조적 지성』).

이와 같이 이해된 철학은 마침내 왕으로서의 자질이 있는 철학자를 배출할지도 모른다.

맺음말

만일 이제 독자들이 스스로 이 세 철학자를 요약해본다면 연대를 무

---

[11] 인식론의 문제를 말한다.

시하고 산타야나를 제임스와 듀이보다 앞세운 것이 처음 생각했던 것보다는 훨씬 정당했음을 알게 되리라. 뒤돌아보면 가장 웅변적이고 가장 섬세한 미국의 현대사상가는 거의 전적으로 유럽의 문화적 전통에 속해 있고, 윌리엄 제임스는 여러 가지 면에서 유럽의 문화적 전통에 미련을 갖고 있지만, 그 사고에 있어서는 적어도 동부 미국의 정신을, 그 문체에 있어서는 전 미국의 정신을 파악했으며, 동부 및 서부의 소산인 존 듀이는 미국 국민의 현실주의적, 민주주의적 기질을 철학적으로 표현했다는 점이 더욱 분명해진다. 전과는 달라서 미국의 유럽 사상에 대한 의존도는 점점 감소되고 있고 철학, 문학, 과학 분야에서 미국인이 미국적 방식으로 자기 자신의 일을 하기 시작한 것은 분명하다. 물론 이것은 시작에 지나지 않는다. 미국은 아직 젊고 유럽의 선조들의 도움 없이 혼자 걸을 수 있는 정도에는 아직 도달하지 못했기 때문이다.

그러나 만일 미국인이 자기 자신을 넘어서는 일이 어렵다고 생각한다면, 또한 미국인의 피상적이고 지방주의적이고 편협하고 완고한 태도, 곧 혁신과 실험에 대한 유치한 배타심과 소심한 난폭성에 때때로 실망한다면——기억하기로 하자. 영국이 건국된 다음 셰익스피어가 등장하기까지는 8백 년이 소요되었다는 사실을, 프랑스가 건국된 다음 몽테뉴가 출현하기까지는 8백 년이 걸렸다는 사실을. 미국은 유럽으로부터 명상적이고 예술적인 사람들보다는 진취적 개인주의자, 욕심 많은 개척자를 끌어들였고 이들만이 살아남아 정착했다. 미국인은 미국의 대삼림을 개척하고 미국의 토지자원을 개발하기 위해 모든 정력을 기울여야 했으므로 국민문학과 원숙한 철학을 탄생시킬 틈이 없었다.

그러나 우리는 부유해졌고 부는 예술의 서곡이다. 수세기에 걸친 물질적 노력으로 사치와 휴가를 위한 여력을 축적한 나라에서는 비옥하고 물이 많은 땅에서 식물이 잘 자라는 것처럼, 문화가 자연히 발달한다. 부유해지는 것이 첫째 요건이다. 국민도 철학하기 전에 우선 생존하지 않으면 안 되기 때문이다. 확실히 미국은 다른 나라가 성장해온 속도에 비하면 훨씬 빨리 성장했다. 미국은 갑작스러운 성장과 사춘기의 경험으로 잠시 혼란을 일으키고 균형을 잃은 젊은이와도 같다. 그러나 곧 미국의 성숙기가 다가올 것이며 미국의 정신은 미국의 물질을, 미국의 문화는 미국의 재산을 뒤쫓아올 것이다. 아마도 셰익스피어보다도 위대한 영혼, 플라톤보다도 위대한 정신이 탄생을 기다리고 있을지 모른다. 부와 함께 자유를 존중할 줄 알 때, 미국은 미국의 르네상스를 경험할 것이다.

이 책은 윌 듀랜트의 『*The Story of Philosophy* : *The Lives and Opinions of the Greatest Philosophers*』를 옮긴 것이다.

윌 듀랜트는 1885년 매사추세츠 주 노스 애덤즈에서 프랑스계 캐나다인으로 태어났다. 그는 1917년 컬럼비아 대학교에서 철학박사 학위를 얻고 이 대학에서 가르치다가, 1935년부터는 캘리포니아 대학교 철학교수로 재직했다. 저서로는 『역사이야기』, 『문학이야기』 등 대중 계몽적인 것이 유명하다.

그러나 듀랜트를 세계적인 저술가로서 유명하게 만든 것은 이 책 『철학이야기』이다. 이 책은 출판되자마자 미국의 베스트 셀러가 되었고, 단기간 내에 세계의 거의 모든 언어로 번역되어 흥미있고 유익한 철학 입문서로서 정평을 얻고 있다.

이 책은 그 양식으로 본다면 일종의 철학사이다. 그러나 매우 독특한 철학사로서, 이 책을 전문적인 철학사로 보려고 하면 상당한 결점이 있다. 이 책의 의도는 철학사가 아닌 다른 곳에 있다. 이 책은 철학을 일부 철학자의 먼지 긴 서재에서 해방시켜 대중에게 되돌려주려고 집필된 것이다. 미국의 저명한 철학자 존 듀이는 이 책에 대해 다음과 같이 말하고 있다.

"종래의 철학적 저술은 너무나 전문적이어서 상당히 교양있는 사람들도 읽기 어려웠다. 그러나 듀랜트는 철학자의 사상을 일반 사람들도 가벼운 마음으로 읽을 수 있게 했다. 따라서 이 책은 틀림없이 철학의 대중화를 시도했지만 단순한 대중화에 그치지는 않았다. 오히려 매우 학문적이다. 듀랜트는 이론의 인용, 기타 모든 면에서 일일이 원전에 의거하고 결코 어물어물 넘어가지 않기 때문이다. 철학자의 선택도 매우 타당하고 설명도 정확하고 명석하며 비판도 정곡을 찌르고 있다."

듀랜트는 이 책을 위해 11년 간 준비했고 집필 기간도 3년이 넘었다. 따라서 이 책에서는 중요한 철학자들을 거의 그들 자신의 말로, 곧 원전을 인용해서 소개한다. 이러한 의미에서 이 책은 '철학 명저 해설'이라는 성격도 갖고 있다. 원전에 충실하면서 독특한 수법과 탁월한 내용으로 뛰어난 철학자들의 사상과 인간성을 흥미있게 소개한다.

이 책을 읽기 시작하면 근엄하게 멀리 떨어져서 일상인들이 알 수 없는 세계를 초연한 자세로 사색하는 듯하던 철학자들이 갑자기 가까운 친구처럼 느껴진다. 가까운 친구와 어깨를 겨누고 고요한 숲 속에서 다정하게 인생을 논하는 듯한 기분이 든다. 우리는 난해한 용어나 논리에 집착함이 없이 쉬운 수필을 읽듯 심원한 철학사상을 터득하게 된다.

듀랜트는 뛰어난 철학자들의 사상을 소개하는 데 그치지 않고 각 철학자들의 사상을 통해 '삶이란 무엇인가?' '도덕이란 무엇인가?' '정치란 무엇인가?' '정의란 무엇인가?' 등 인간 생활의 가장 중요한 문제들을 슬기롭게 해설한다. 그러므로 이 책은 위대한 철학자의 학설을 빌려서 쓴, 듀랜트의 '인생론'이라고 할 수 있다. 우리는 이 책에서 참으로 눈부신 '인생의 파노라마'에 마주친다. 그는 솜씨 있는 숙수(熟手)처럼 영양분이 풍부한 인생론을 우리의 탐구의 식탁 위에 차려놓는다.

철학이 무엇인가를 알려는 사람들, 특히 철학을 통해 '어떻게 살 것인가?'를 터득하려고 하는 사람들에게 서슴지 않고 권할 수 있는 명저가 『철학이야기』이다.

본문에 나오는 저자 주(註)는 **1) 2)**로, 옮긴이 주는 **1 2**로 하였다.

번역을 하면서 이 책의 독역판(獨譯版)인 『*Die Grossen Denker*(Ernst Howald 역)』를 수시로 참고했다. 특히 독일계 철학자의 인용문은 이 책에 따랐다.

_황문수

옮긴이 **황문수**

고려대학교 문리대 철학과와 동 대학원을 졸업했으며
고려대, 한양대 강사를 역임하고 경희대학교 문리대 철학과 교수를 지냈다.
저서로 《실존과 이성》, 《동학운동의 이해》 등이 있고,
역서로는 플라톤 《소크라테스의 변명》, 《향연》,
윌 듀랜트 《철학이야기》, 카를 야스퍼스 《이성과 실존》,
윌리엄 드레이 《역사철학》, 프리츠 파펜하임 《현대인의 소외》,
니체 《차라투스트라는 이렇게 말했다》, 에리히 프롬 《인간의 마음》 등이 있다.

철학이야기

1판 1쇄 발행 1978년 10월 30일
3판 재쇄 발행 2022년 2월 10일

지은이 윌 듀랜트 | 옮긴이 황문수
펴낸곳 (주)문예출판사 | 펴낸이 전준배
출판등록 2004. 02. 12. 제 2013-000360호 (1966. 12. 2. 제 1-134호)
주소 03992 서울시 마포구 월드컵북로 6길 30
전화 393-5681 | 팩스 393-5685
홈페이지 www.moonye.com | 블로그 blog.naver.com/imoonye
페이스북 www.facebook.com/moonyepublishing | 이메일 info@moonye.com

ISBN 978-89-310-0022-1 93100

· 잘못 만든 책은 구입하신 서점에서 바꿔드립니다.

▲문예출판사® 상표등록 제 40-0833187호, 제 41-0200044호